Janne Mende/Stefan Müller (Hrsg.)

Emanzipation in der politischen Bildung

Theorien – Konzepte – Möglichkeiten

WOCHEN
SCHAU
VERLAG

Bibliografische Information Der Deutschen Bibliothek

Die Deutsche Bibliothek verzeichnet diese Publikation in der Deutschen Nationalbibliografie; detaillierte bibliografische Daten sind im Internet unter http://dnb.ddb.de abrufbar.

Mit großzügiger Unterstützung
- des Jugendbildungsnetzwerkes der Rosa-Luxemburg-Stiftung *(http://www.rosalux.de/cms/index.php?id=jugendbildungswerk)*
- der Rosa-Luxemburg-Stiftung *(www.rosaluxemburgstiftung.de)*
- des Bündnisses für Politik- und Meinungsfreiheit *(www.pm-buendnis.de)*

www.wochenschau-verlag.de

Umschlaggestaltung: Ohl Design
Gedruckt auf chlorfrei gebleichtem Papier
Gesamtherstellung: Wochenschau Verlag
ISBN 978-3-89974512-2

Inhalt

Einleitung

Politische Bildung und Emanzipation

Politische Bildung umfasst – historisch wie thematisch – ein sehr breites, nicht ohne weiteres auf einen Nenner zu bringendes Spektrum. Die Hauptschwerpunkte bilden zweifelsohne schulische und außerschulische sowie Jugend- und Erwachsenenbildung. Während die öffentliche schulische politische Bildung in Deutschland auf der Länderebene, trotz des Versuchs der Formulierung nationaler Bildungsstandards, sehr unterschiedlich gehandhabt wird, lässt sich in der außerschulischen Bildung zwischen öffentlichen und freien Trägern unterscheiden (vgl. Massing 2007). Die Konzepte reichen hier von Erziehung jenseits schulischer und familiärer Strukturen bis zu Empowerment; vom Erlernen von Demokratie bis zum Verlernen von Vorurteilen; vom Überwältigungsverbot (Sander 2007: 18) zur autoritären Provokation (vgl. kritisch dazu Lang/Leiprecht 2001); von reiner Wertevermittlung zu avisierter struktureller Veränderung (z.B. Elvererich et al 2006) – kurz, das Spektrum außerschulischer politischer Bildung, auf die sich der vorliegende Sammelband konzentriert, ist breitgefächert.

Politische Bildung ist keineswegs per se emanzipatorisch. Dieser Ausgangspunkt mag auf dem ersten Blick verwunderlich erscheinen, doch der Anspruch, Subjekte einem bestimmten Bilde nach zu formen, sie auf bestimmte Werte und Moralvorstellungen auszurichten oder gar zu verpflichten, hat gerade in Deutschland die repressivsten Formen angenommen: Zu den größten und erfolgreichsten politischen Bildungsorganisationen gehörten die Hitlerjugend und der Bund deutscher Mädel. Eine Auseinandersetzung mit politischer Bildung muss daher die Möglichkeit nicht nur ihres Scheiterns, sondern ihres erfolgreichen Abgleitens in Repressivität reflektieren, indem herausgearbeitet wird, was eine emanzipatorische politische Bildung unabdingbar benötigt. Repressive Momente lassen sich nicht nur in ihren offensichtlichen Ausprägungen finden: „Jede Form der Betroffenheits- und Gefühlspädagogik, die nur die Erkenntnis des unmittelbar Erfahrbaren gelten lassen will und sich der Anstrengung des Begriffs verweigert, muß sich den Vorwurf gefallen lassen, mit ihrem eigenen Selbstverständnis den verschiedenen Formen des individuellen und gesellschaftlichen Irrationalismus

Vorschub zu leisten, so menschenfreundlich sie sich auch gibt." (Ahlheim 1990: 39)

Ebenso wie in anderen (Sozial-) Wissenschaften richtet sich die Art der Theorie der politischen Bildung nach deren Erkenntnisinteresse: Als kritische Wissenschaft (und Praxis) hebt sie sich mit einem emanzipativen Erkenntnisinteresse deutlich ab von traditioneller Theorie (vgl. Horkheimer 1937) oder den empirisch-analytischen und historisch-hermeneutischen Wissenschaften, in die demgegenüber ein technisches oder rein praktisches Erkenntnisinteresse eingeht (Habermas 1968: 155). Unabdingbar ist also eine bewusste Bezugnahme auf kritische Wissenschaft und kritische Praxis.

Der Begriff und die Idee emanzipatorischer politischer Bildung müssen spezifiziert, unterfüttert und inhaltlich gesättigt werden. Was ist Bildung? Wem nützt sie? Mit welchen Intentionen, Zielen, Ansätzen und Möglichkeiten operiert sie? Mit diesen Fragen sollte es möglich sein, in den verschiedenen und widersprüchlichen Ansätzen politischer Bildungsarbeit sowohl die emanzipatorischen Momente als auch deren Grenzen herauszuarbeiten.

1. Aufklärung

Dies bedeutet für einen ersten programmatischen Punkt emanzipativer politischer Bildungstheorie und -arbeit, dass sie sich nicht in bloßem Methodenwissen erschöpfen oder gar in postmoderner Manier auf jegliche Werte oder Normvorstellungen verzichten kann. Will politische Bildungsarbeit ihren emanzipatorischen Kern stärken, benötigt sie unabdingbar eine stete Reflexion auf ihre (oft auch impliziten) moral- und sozialphilosophischen Annahmen. Emanzipatorische Bildung greift auf eine imperative Grundlage zurück, auf der die Menschen nicht als Mittel zum Zweck degradiert, sondern Wege und Möglichkeiten eröffnet werden, um Herrschaftsverhältnisse aller Art zu thematisieren und zu kritisieren. Der Rückbezug auf die Aufklärung, in der solche Forderungen bereits formuliert wurden, bietet sich daher an. Aufklärung, nach Kant der Ausgang der Menschen aus ihrer selbstverschuldeten Unmündigkeit, wäre somit nach wie vor der zentrale Dreh- und Angelpunkt jeglicher Diskussion oder Versuche, Bildung nachdrücklich nicht nur zu thematisieren, sondern im umfassenden Sinne zur Geltung zur bringen. Dazu gehört eine Vermittlung von Wissen, anhand dessen die sich Bildenden sich selbst Urteile bilden können. „Einer so orientierten Bildungsarbeit geht es um Bewußtseinsbildung, Selbstverfügung und Utopiefähigkeit der Menschen. Ihre Vorgehensweise ist die Erschließung der Zusammenhänge und Interessen durch Aufklärung." (Hufer 1999: 55) Nicht zuletzt, weil Wesen und Erscheinung der Dinge auseinanderfallen und sich die objektiven Strukturen im Kapitalismus oft ‚hinter dem Rücken der Beteiligten vollziehen' (Marx), reicht Alltagswissen zum angemessenen Verständnis vieler Sachverhalte nicht aus.

Die Konsequenz aus antiemanzipatorischen, repressiven Konzepten kann allerdings nicht lauten, alle Normen und Werte aufzugeben und als politische BildnerIn bloß wissenvermittelndes, begleitendes Handwerkszeug zu sein. Vielmehr muss eine normative Basis so eng formuliert sein, dass menschenverachtende Theorie und Praxis zurückgedrängt und ausgeschlossen wird; sie muss gleichzeitig so breit formuliert sein, dass die freie Entwicklung eines jeden die Bedingung der freien Entwicklung aller ist. Somit muss sie gleichermaßen offen sein wie sich zu ihrer historischen Kontextualität bekennen, damit nicht neue Hierarchien und Ausschlüsse produziert werden. Ein möglicher Orientierungspunkt dafür wäre ein (objektiver) Vernunftbegriff, der eine subjektive, zweckrationale Vernunft zwar nicht gänzlich ausschließt, ihren repressiven Charakter allerdings umso deutlicher (vgl. Ritsert 2005): „Sowohl die Getrenntheit als auch die wechselseitige Verbundenheit der beiden Begriffe muß verstanden werden. Die Idee der Selbsterhaltung, das Prinzip, das die subjektive Vernunft zum Wahnsinn treibt, ist zugleich die Idee, die die objektive Vernunft vor demselben Schicksal bewahren kann. Auf die konkrete Wirklichkeit angewandt, bedeutet dies, daß nur eine Definition der objektiven Ziele der Gesellschaft, die den Zweck der Selbsterhaltung des Subjekts einschließt, die Achtung vor dem individuellen Leben, es verdient, objektiv genannt zu werden." (Horkheimer 1967: 164) Den Maßstab für eine solche Vernunft, für universalistische Normen und Werte im Allgemeinen, bilden die Beschädigungen und Zumutungen, denen das Subjekt ausgesetzt ist sowie die Perspektive auf die mögliche Abschaffung dieses Leidens.

2. Grenzen der Aufklärung

Politische Bildungsarbeit steht selbstverständlich nicht außerhalb konkreter, historisch spezifischer Verhältnisse und befindet sich im Spannungsfeld zwischen den (noch nicht eingelösten) Versprechen der Aufklärung und deren Realisierung in der warenverwertenden Gesellschaft. Die Widersprüchlichkeit, die den Begriffen von Freiheit, Selbstbestimmung und Aufklärung inhärent ist, steht im Mittelpunkt politischer Bildung. Damit muss auch der Bezug auf die Aufklärung insofern relativiert werden, als es die Aufklärung selbst war und ist, die ihre barbarischen Momente hervorbrachte. Zum einen müssen die Ausschlüsse, welche die Aufklärung des achtzehnten Jahrhunderts gegenüber Frauen und Nicht-Weißen reproduzierte, in aller Deutlichkeit benannt und herausgearbeitet werden. Ressentiments und Projektionen, die die Geschichte des Rassismus und des Antisemitismus prägen, sind ihrer Unwahrheit zu überführen. Sexistische Ausgrenzungen und Diskriminierungen, in denen Mündigkeit nur partikularistisch gedacht wird, muss ebenso weiter untersucht und kritisiert werden. Hinter diese Erfordernisse darf politische Bildungsarbeit nicht zurückfallen, um ihren emanzipatorischen Anspruch nicht zu verlieren. Zum anderen betonen Adorno und Horkheimer, dass unreflektiert auf die Idee der Aufklärung, der Emanzipation, nach dem Zivilisationsbruch Auschwitz nicht mehr zurückgegriffen werden kann: „Die Aporie, der wir uns bei unserer Arbeit gegenüber fanden, erwies sich somit als der erste Gegenstand, den wir zu untersuchen hatten: Die Selbstzerstörung der Aufklärung. Wir hegen keinen Zweifel – und darin liegt unsere petitio principii –, daß die Freiheit in der Gesellschaft vom aufklärenden Denken unabtrennbar ist. Jedoch glauben wir, genauso deutlich erkannt zu haben, daß der Begriff eben dieses Denkens, nicht weniger als die konkreten historischen Formen, die Institutionen der Gesellschaft, in die es verflochten ist, schon den Keim zu jenem Rückschritt enthalten, der heute überall sich ereignet“ (Horkheimer/Adorno 1947: 13).

Unter anderem der politischen Bildungsarbeit obliegt es demnach, die repressiven Momente der Aufklärung kritisch in aller Deutlichkeit herauszuarbeiten und zu benennen, um sie ihrer Unwahrheit zu überführen – damit ist nicht zuletzt der Anspruch auf eine ‚versöhnte Gesellschaft‘ (Adorno) bewahrt. Diese Schwierigkeit, die Hoffnung und Perspektive auf die vernünftige Einrichtung des Ganzen nicht angesichts des Zivilisationsbruches (Diner) zu verlieren, zieht Adorno in der berühmten Forderung zusammen, ‚die Verhältnisse so einzurichten, dass Auschwitz nicht sich wiederhole‘.

3. Selbstreflexion

Nicht zuletzt bedeutet dies, dass politische Bildungsarbeit sich auf sich selbst besinnen muss, ihre eigenen Grundlagen stets hinterfragen muss. Das Projekt der Emanzipation wie auch der Bildung zielt thematisch auf ein ‚Besser machen‘ ab: Besser als das Gegebene, das Herrschende, das Vorgeprägte, das Überlieferte, das Althergebrachte. Die Motivation und der Anspruch der politischen Bildung können in aller Kürze mit dem pädagogischen Imperativ eines ‚Besser machens‘ zusammengefasst werden. Jede neue Generation versucht sich daran – und scheitert zuweilen; bis wiederum die darauf folgenden Generationen grundsätzlich neue Überlegungen, Ansätze, Methoden und Themenfelder einbringen. „Vor allem ‚Orientierungen' konkurrieren in einem raschen Wechsel miteinander: Lebensweltorientierung, Schülerorientierung, Erfahrungsorientierung, Zukunftsorientierung, Handlungsorientierung usw." (Massing 1999: 25) Jedoch wird gerade das Scheitern in der pädagogischen Praxis zu selten reflektiert. Scheitern gilt gemeinhin als Niederlage, als Eingeständnis der eigenen Unzulänglichkeiten, als Unvermögen, Sachverhalte adäquat zu erfassen oder gar zu verändern. Problemkonstellationen um das Thema des ‚Nicht-in-den-Griff-bekommens' stellen aber gerade in der Pädagogik, in der Bildungsarbeit nicht die Ausnahme dar – im Gegenteil. Im Regelfall zeitigen noch die bestgemeinten und moralisch einwandfrei intendierten Handlungen und Anweisungen unbeabsichtigte Nebenfolgen. Hier gilt es, nicht einfach ein Bildungskonzept durch ein nächstes, neues zu ersetzen, sondern die Gründe des Scheiterns genauer zu analysieren: Nach den Ursachen für Fehlentwicklungen zu forschen, emanzipative Momente zu bewahren, ins Repressive tendierende Momente zu überwinden. Eine ständige Reflexion der eigenen Theorie und Praxis ist für eine emanzipatorische Bildungstheorie unhintergehbar. Eine reflexive Haltung wird nach der Kenntnisnahme der Grenzen eines Konzeptes dieses entweder verbessern, verändern oder gar verwerfen. ‚Besser machen' kann daher auch nicht ein ausschließlich individuelles oder intersubjektives sein – die objektiven Bedingungen und Möglichkeiten sind mindestens ebenso sehr in die Überlegungen miteinzubeziehen.

4. Gesellschaft ...

Zum pädagogischen Imperativ des ‚Besser machens' kommt damit ein gesellschaftstheoretischer hinzu, der die Reflexion vor den Reflex setzt. Die reflexhafte Wiedergabe, das Ressentiment und die Projektionen stehen im Gegensatz zur Reflexion, die die gesellschaftlichen und subjektiven Beschädigungen und Zumutungen in einem ersten Schritt offen legt, um diese im nächsten Schritt abschaffen zu können. In einem vierten Anspruch an emanzipative politische Bildung müssen also immer auch gesellschaftliche Verhältnisse und die spezifisch dialektische Vermittlung zwischen Mensch und Gesellschaft, zwischen Objektivem und Subjektivem, mitgedacht werden, um der Tendenz zu „Zeitgeistthemen, methodisch Modische[m] und Gesellschaftsdiagnosen statt Gesellschaftstheorien" (Massing 1999: 26) in der politischen Bildung entgegenzuwirken: „Wenn der Mensch von den Umständen gebildet wird, so muss man die Umstände menschlich bilden." (Marx 1973: 138). Objektive Verhältnisse, die die Reflexionsfähigkeit der Subjekte steigern, nicht untergraben oder hintergehen, stehen im Widerspruch zu institutionellen Einrichtungen, die die Individuen auf das ‚Stadium der Lurche' (Adorno) degradieren. Autonomie, Freiheit und Emanzipation verkommen zur idealistischen Phrase, wenn eine intersubjektive und objektive Absicherung derselben nicht gewährleistet ist. „Wäre Spekulation über den Stand der Versöhnung erlaubt, so ließe in ihm weder die ununterschiedene Einheit von Subjekt und Objekt noch ihre feindselige Antithetik sich vorstellen; eher die Kommunikation des Unterschiedenen. [...] Friede ist der Stand eines Unterschiedenen ohne Herrschaft, in dem das Unterschiedene teilhat aneinander" (Adorno 1997b: 743). In diesem Horizont bewegt sich eine emanzipative politische Bildungsarbeit, die die repressiven objektiven Verhältnisse ebenso mitdenkt und zurückdrängt, um den Subjekten die Beschädigungen und Entmündigungen nicht noch länger zuzumuten.

5. ... und Individuum

Das Festhalten an universalisierbaren Normen bedeutet nicht eine disziplinierende, herrschaftsförmige Indoktrinierung derselben. Vielmehr handelt es sich gerade um moral- und sozialphilosophische Grundannahmen, die ein solches hierarchisches Verhältnis von BildnerInnen und sich Bildenden ausschließen. Emanzipatorische politische Bildung unterstützt die Subjekte und befähigt in der Praxis dazu, kritisch und selbstreflexiv die Gegebenheiten zu hinterfragen. Das heißt, genau zu den Fähigkeiten und Implikationen, die aus politischer Bildungsarbeit eine emanzipative machen, sollen auch die sich Bildenden befähigt werden: Kritik- und Handlungsfähigkeit sowie Erkenntnismöglichkeiten der relevanten gesellschaftlichen Um- und Zustände.

Um einem Zwangsverhältnis so weit wie möglich zu entgehen, muss dafür an den Interessen der Subjekte angesetzt und es müssen die Teilnehmenden als begründet handelnde Subjekte wahrgenommen werden. Wird deren Subjektstandpunkt derart berücksichtigt, dass sie aus eigenem Interesse das Bildungsangebot für sich übernehmen, weil sie darin eine Erweiterung der eigenen Denk- und Handlungsmöglichkeiten antizipieren können, ist eine Voraussetzung für die Ziele emanzipatorischer Bildungsarbeit geschaffen (vgl. Holzkamp 1993; vgl. auch Schmiederer 1977: 109).

Damit ist freilich die Frage nach dem Zusammenhang zwischen ‚Politischer Bildung und Gesellschaftskritik', wie sie der vorliegende Sammelband zu stellen versucht, bei weitem noch nicht beantwortet – vielmehr sind zunächst einige Überlegungen zusammengetragen, die bis heute ihrer Einlösung harren. Versuche, nützliches und sittliches Leben in Einklang zu bringen, reichen historisch viel weiter zurück: *utilitas vel honestas* – Nützlichkeit oder Sittlichkeit –, dieses Spannungsfeld durchzieht die Geschichte der abendländischen Moralvorstellungen, die um den Gedanken des ‚Besser machens' gruppiert sind, von der Antike bis heute (vgl. Ritsert 2002).

Standardisiert in der kritisch-emanzipatorischen politischen Bildungsarbeit ist mittlerweile die Infragestellung gängiger Identitätskonzeptionen und der eigenen Positionierung: durch Öffnung, Erweiterung und Problematisierung einschränkender Lebensentwürfe pluralisieren und differenzieren sich Möglichkeiten der Selbstverwirklichung immer weiter aus. Emanzipatorisch wirkt dieser Prozess jedoch erst, wenn die repressiven Zumutungen und Beschädigungen überführt werden in Momente, die die je einzelnen in ihrer Autonomie fördern und fordern, bei gleichzeitiger Wahrung der Autonomie aller Anderen. Eine bloße Pluralisierung der Lebensstile und Möglichkeiten, so wünschenswert und befreiend diese wirkt, reicht daher kaum aus – es bedarf auch ihrer individuellen, institutionellen und gesamtgesellschaftlichen Absicherung. In der emanzipationslogischen Lesart Hegels erscheint dieser Gedanke in der Rechtsphilosophie als „der freie Wille, der den freien Willen will" (Hegel 1970: 79, Herv. entf.). Anders formuliert geht es um nicht weniger, als um Denk- und Praxismodelle, die die Verquickung von Mythos und Aufklärung, Repression und Emanzipation denken und darstellen können. Insbesondere geht es um die Absicherung individueller Chancen und Möglichkeiten – bei gleichzeitiger Bewahrung und Sicherstellung dieser Chancen und Möglichkeiten für alle.

Theorien, Konzepte und Möglichkeiten

Im vorliegenden Sammelband bildet die Frage nach den Möglichkeiten und Grenzen emanzipatorischer Bildungsarbeit den Fokus, der allen Beiträgen zugrunde liegt. Dies bedeutet jedoch nicht die Erstellung eines einheitlichen Kataloges, der einmal aufgestellt darauf wartet, abgearbeitet zu werden. Ansätze und Möglichkeiten, Mittel und Methoden, Wege und Ziele aktueller politischer Bildungsarbeit werden samt ihrer Probleme und Grenzen ebenso ausführlich in Einzelbeispielen und Falldarstellungen diskutiert wie ein Blick auf die Geschichte der politischen Bildung und des Bildungsbegriffs geworfen wird. Mit dem Verständnis, dass eine emanzipatorische Bildungsarbeit, sei es in Gewerkschaften, bei freien Trägern oder Organisationen, dem Diktum, die Verhältnisse menschlich einzurichten, zur Wirkmächtigkeit verhelfen muss, werden zentrale Motive emanzipatorischer Bildungsarbeit in den Blick genommen. Die Antworten auf Fragen der Didaktik, der Reichweite von verschiedenen Konzepten, der Einschätzung bestimmter zu favorisierender Methoden fallen in den einzelnen Beiträgen unterschiedlich aus; gemeinsam bleibt ihnen aber stets die Hoffnung und der Anspruch eines ‚Besser Machens', das nicht in einer reflexionslosen affirmativen pädagogischen Haltung verharrt. Eine genauere Einschätzung des Möglichen wird durch die stete Reflexion erst erreichbar – Reflexion in Theorie und Praxis.

Im ersten Beitrag widmet sich *Bettina Dettendorfer* der Geschichte der politischen Bildung in Deutschland. Sie zeigt die Verknüpfung von gesellschaftlichen Entwicklungen und Konzepten der politischen Bildung auf und stellt die Frage nach aktuellen Herausforderungen. Dass politische Bildung – zumal in Deutschland – nicht per se emanzipatorisch ist, verweist auf die Frage nach (heutigen) bestimmten Minimalbedingungen politischer Bildungsarbeit. Der Blick auf die Geschichte der politischen Bildung in Deutschland öffnet die Perspektive auf Möglichkeiten und Anforderungen für die heutige Bildungsarbeit.

Der Gedanke, dass fernab allen realpolitischen Jargons individueller Bildung utopisches Potential zukommt, wird von *David Schneider* dargestellt. Bedacht wird das Dilemma, dass Bildung unter herrschenden Verhältnissen zwar Ideologie ist, selbst aber die Voraussetzungen dafür sichert, Ideologie als notwendig falsche begreifen zu können. Weil Humboldt selbst schon, trotz des seiner Bildungstheorien innewohnenden Glücksversprechens, von den antagonistischen Verhältnissen, die der je individuellen Bildung notwendig vorausgehen, abstrahiert, hat die Rekonstruktion des Bildungsbegriffs in kritischer Absicht die ursprünglichen Verzichtleistungen und Mythologisierungen zu reflektieren. Max Horkheimers bildungstheoretische Schriften stehen im Zeichen dieser Anstrengung und werden mit Blick auf deren Möglichkeiten und Grenzen aktualisiert.

Die Idee einer ‚ungegängelten Erfahrung' (Adorno) verweist auf zentrale Überlegungen Theodor W. Adornos. Diese stehen im Mittelpunkt der Ausführungen von *Stefan Müller* und *Alexander Witzig*. Ihr Artikel widmet sich der These, dass den pädagogischen Schriften Adornos keinesfalls nur marginale Bedeutung zukommt. Innerhalb des Gesamtkomplexes der älteren Kritischen Theorie bilden die Ausführungen Adornos zum Bildungsbegriff einen zentralen Fixpunkt. Sie umfassen Fragen der Erziehung, der Ausbildung von angehenden LehrerInnen und nicht zuletzt der Möglichkeiten und Grenzen von Reeducation und lassen sich nach Auschwitz vor allem im Imperativ zusammenfassen, alle Verhältnisse so einzurichten, dass Auschwitz (oder ähnliches) nicht sich wiederhole.

Der Begriff der politischen Bildung zielt auf die mündige Bürgerin, den mündigen Bürger; vor allem in ihm ist die Forderung der bürgerlichen

Tradition an den Einzelnen, als aufgeklärtes, autonomes Subjekt zu handeln, aufbewahrt. Dieser Forderung steht jedoch die Verfasstheit der bürgerlichen Gesellschaft selbst entgegen. In dem Artikel von *Torsten Feltes* wird anhand der gegenwärtigen Diskussion um die allgemeinbildende Schule, die durch die Untersuchungen der empirischen Bildungsforschung geprägt ist, gezeigt, inwiefern die Orientierung von Bildungsforschung und Bildungspolitik an der gesellschaftlichen Funktionalität der Heranwachsenden deren Befähigung zur Mündigkeit untergräbt.

Selbst der Begriff und die Idee der Emanzipation sind vor dem Zugriff der instrumentellen Vernunft nicht gefeit. *Janne Mende* untersucht die unterschiedlichen Bedeutungsdimensionen, die dem Begriff der ‚Emanzipation' in der Diskussion um die Möglichkeiten politischer Bildung heute zukommen und welche Konsequenzen für die Praxis daraus entstehen. Der Rückgriff auf den Begriff der Emanzipation bedeutet dabei noch lange nicht: Emanzipation! Eine Unterscheidung zwischen instrumentellen, restringierten Emanzipationsvorstellungen und einem erweitertem, objektiven Begriff der Emanzipation (wie er bereits bei Marx zu finden ist) wird hier besonders deutlich.

Ausgehend von der Lerntheorie Klaus Holzkamps untersucht *Christina Kaindl* in ihrem Beitrag ‚Über die Unmöglichkeit, emanzipatorische Ziele für Andere zu setzen. Anregung eines kritisch-psychologischen Lernbegriffs für linke Bildungsprozesse', inwieweit sich auch in emanzipatorischen Bildungsprozessen Konstellationen ‚defensiv motivierten Lernens' ergeben können. Das Setzen von Zielen – Lernzielen oder Erziehungszielen – für Andere wird problematisiert und nach Konsequenzen für die Auseinandersetzung mit dem Lerngegenstand befragt. Dagegen werden die Möglichkeiten eines ‚partizipativen Lernens' in der politischen Bildung untersucht.

Emanzipatorische politische Bildungsarbeit benötigt unabdingbar ein kritisch-interdependentes Verständnis von Kategorien gesellschaftlicher Ungleichheit, Macht und Unterdrückung, Identität und Differenz. Dieses muss – genau wie die Bildungspraxis selbst – immer wieder reflektiert werden, um nicht im Bildungsprozess gesellschaftliche Machtstrukturen (auch unintendiert) festzuschreiben, anstatt sie aufzubrechen. Dieses Verhältnis diskutiert *Pia Garske* in ihrem Artikel „Politische Bildung und die Interdependenz gesellschaftlicher Ungleichheiten". Sie stellt einige mögliche Probleme multidimensionaler Bildungsarbeit dar, für die in der Auseinandersetzung mit Ansätzen feministischer Intersektionalitätstheorien nach Lösungen gesucht wird.

Thomas Viola Rieske untersucht die konzeptuellen und theoretischen Grundlagen eines Projektes, in dessen Rahmen in Berlin Aufklärungsveranstaltungen durchgeführt werden. Aus einer queer-theoretischen Perspektive zeigt sich, dass die Praxis des Projekts auf identitäts- und repräsentationspolitischen Ideen basiert, die zu normierten Selbsterzählungen der Aufklärerinnen führen. Das kritische Potenzial der Arbeit wird darüber hinaus eingeschränkt durch lerntheoretische Grundlagen, die Fragen nach Lerninteressen der AdressatInnen verhindern. Es wird vorgeschlagen, Aufklärung über lesbische, schwule, bisexuelle und transgeschlechtliche Lebensweisen als soziale Selbstverständigung über Heteronormativität zu reformulieren, in welcher biographische Erzählungen hilfreich sind, wenn sie in ihrer gesellschaftlichen Vermitteltheit begriffen werden.

Fehlende Reflexion auf gesellschaftliche Vermitteltheit bildet den Grund für Begrenzungen der politischen Bildungsarbeit gegen Rechtsextremismus. Konzeptionell verfangen sie sich mit dem Lob der Vielfalt allerdings im Netz von Corporate Diversity – einer Logik, in der Verwertungsinteressen mit der partiellen Aufhebung rassistischer, homophober etc. Schranken einhergehen, die Reproduktion von Klassenverhältnissen aber ausgeblendet bleibt. Weil der gegenwärtige bewegungsförmige Rechtsextremismus vor allem als Antikapitalismus von rechts wirksam wird, ist der Erfolg von Diversity-Ansätzen mehr als fraglich. Darüber hinaus gerät auch aus dem Blick, was dem Anspruch nach ‚emanzipatorische' von ‚traditioneller' Bildungsarbeit unterscheiden soll: der Zusammenhang von Individuum und Gesellschaft. Der Beitrag von *Katrin Reimer* spürt diesen Dilemmata nach und versucht Perspektiven einer kritischen Bildungsarbeit aufzuzeigen.

Gänzlich verkehrte, ressentimentgeladene Vorstellungen vom Zusammenhang des falschen Ganzen arbeitet *Anke Schu* in der Analyse von Interviews mit migrantischen Jugendlichen heraus. Insbesondere der Antisemitismus, der dabei in aller Deutlichkeit sichtbar wird, bildet nicht selten einen weiteren klassischen blinden Fleck emanzipatorischer Bildungsarbeit. In ‚Von Geiern, dem Mann mit dem Ziegenbart und normalen Menschen. Antisemitismus bei Jugendlichen mit muslimischem Hintergrund' wird weder der Antisemitismus der Mehrheitsgesellschaft vernachlässigt, noch der spezifische Antisemitismus migrantischer Jugendlicher hypostasiert, sondern der Blick auf einen lange vernachlässigten Bereich in der politischen Bildungsarbeit geworfen.

Ausgehend von ihren Erfahrungen in der Arbeit mit Jugendlichen erläutern *I. Niowe Bark* und *Birgit Halberstadt* grundlegende Voraussetzungen für eine Jugendarbeit jenseits der Reproduktion hierarchischer Gesellschaftsstrukturen. Dazu gehören neben strukturellen Bedingungen emanzipatorischer Bildungsarbeit vor allem Methoden zur Stärkung des Selbstbewusstseins und die Problematisierung von Identitätskonzepten. Hierdurch wird es den Jugendlichen möglich, den gesellschaftspolitischen Zusammenhang zwischen verschiedenen Identitätskategorien wie sozialem Hintergrund oder Geschlecht und ihren Ausgrenzungserfahrungen zu erkennen. Die Bereitschaft der Seminarleitung, sich mit ihrer Rolle und eigenen Identitätskategorien auseinanderzusetzen, erweist sich dabei als unabdingbar für den gesamten Seminarprozess.

Anhand von Interviews mit fünf GendertrainerInnen aus dem Feld der MultiplikatorInnen-Fortbildung und politischer Bildung beschreiben *Ines Pohlkamp* und *Mart Busche* das emanzipatorische Potential von Gender-Trainings und entwickeln aus der theoretischen Reflexion nützliche Impulse für eine weitere Praxis. Der Artikel beleuchtet zunächst die Geschichte der Gendertrainings, bietet dann einen empirischen Einblick in die aktuelle Praxis der Gendertrainings und zeigt relevante Dimensionen emanzipatorisch-kritischer Geschlechterbildung auf. Hierzu gehören u.a. eine Reflexion des pädagogischen Subjektbegriffs, die Kritik an Zweigeschlechtlichkeit sowie der Umgang mit Widersprüchlichkeiten. Der Artikel analysiert, wie heute Geschlecht unter den aktuellen, komplexen gesellschaftlichen Bedingungen in Gender-Trainings thematisiert wird und wie der emanzipatorisch-kritische Gehalt dieser Angebote aussieht.

Christian Geißler-Jagodzinski und *Verena Haug* fragen nach den Bedingungen und Möglichkeiten einer gesellschaftskritischen Gedenkstättenpädagogik. Neben einem knappen historischen Überblick bieten sie eine Bestandsaufnahme pädagogischer Praxis an Orten ehemaliger Konzentrationslager und anderen NS-Tat- und Täterorten. Dabei werden einerseits Widersprüche in der Programmatik deutlich, andererseits zeigt sich die Spannung zwischen gesellschaftskritischem Anspruch und staatlicher Förderung der Einrichtungen. Dass Gesellschaftskritik in letzter Konsequenz auch bedeuten könnte, eine endlich etablierte Deutungshoheit wieder zur Diskussion zu stellen, berührt das pädagogische Selbstverständnis und die Konventionen für den Besuch von KZ-Gedenkstätten in empfindlicher Weise. Möglicherweise muss vom Anspruch abgerückt werden, die Geschichte so zu vermitteln, dass die Lernenden sie als Anstoß zur Veränderung der Gegenwartsgesellschaft verstehen – oder von den Gedenkstätten als den geeigneten ‚Lernorten'.

In ihrem Beitrag ‚Zwischen Selbstreflexion und politischer Praxis: Weißsein in der antirassistischen Bildungsarbeit' nehmen *Mitja Sabine Lück* und *Kevin Stützel* Erfahrungen aus Seminaren zur kritischen Reflexion von Weiß-Sein auf. Nach einer Einführung in den Ansatz der Critical Whiteness Studies erarbeiten die AutorInnen Vorschläge, wie der Übertrag des theoretischen Konzepts in die Bildungsarbeit erfolgen kann. Darauf aufbauend wird diskutiert, welche Möglichkeiten und Grenzen sich in Gruppen mit weißen und nicht-weißen Teilnehmenden ergeben.

Abschließend macht *Sebastion Bischoff* den ‚Union Check'. Anlässlich der Ergebnisse einer Studie, die unter Gewerkschaftsmitgliedern eine 20- bis 60-prozentige Zustimmung zu rechtsextremen Thesen feststellte, wurde innerhalb ver.dis der Kampf gegen Rassismus und Rechtsextremismus verstärkt. Der Beitrag zeigt sowohl organisatorische Antworten wie inhaltliche Fort- und Rückschritte in ver.di und anderen Gewerkschaften auf. Zudem werden drei gewerkschaftliche Bildungskonzepte vorgestellt, die versuchen, Sozialpartnerschaftsgedanken durch klare Interessenpolitik zu ersetzen und Mitglieder dabei unterstützen wollen, sich zu aufmüpfigen politischen Subjekten zu emanzipieren, die rechten Thesen Paroli bieten können. Schließlich bietet die gewerkschaftliche Verankerung in den Betrieben eine einzigartige Möglichkeit zur Intervention, wenn rechte Interpretationen ökonomischer Prozesse AnhängerInnen finden.

Das verbindende Moment in der Heterogenität der einzelnen Beiträge, sowohl in ihren unterschiedlichen Schwerpunktsetzungen als auch in den konkreten Vorstellungen, wird in der Idee gewahrt, unterschiedliche Elemente einer politischen Bildungsarbeit herauszuarbeiten, die die Möglichkeiten einer Versöhnung des falschen Ganzen stets mitdenken. Absicht des Ganzen ist die Vorbereitung eines veränderten Begriffs von Bildung.

Berlin/Frankfurt am Main 2009
Janne Mende und Stefan Müller

Wir bedanken uns bei all jenen, die zum Gelingen dieses Bandes beigetragen haben, insbesondere bei den Autorinnen und Autoren sowie bei Ronald Höhner und Sören Steffe. Dem Wochenschau Verlag gilt unser Dank für die freundliche und kompetente Betreuung.

Bibliographie

Adorno, Theodor W. (1997a): Erziehung nach Auschwitz, in: Kulturkritik und Gesellschaft II, Gesammelte Schriften 10.2, Frankfurt a.M., S. 674-690.

Ders. (1997b): Zu Subjekt und Objekt, in: Kulturkritik und Gesellschaft II, Gesammelte Schriften 10.2, Frankfurt a.M., S. 741-758.

Ahlheim, Klaus (1990): Mut zur Erkenntnis. Über das Subjekt politischer Erwachsenenbildung, Bad Heilbrunn/Obb.

Elverich, Gabi/Kalpaka, Annita/Reindlmeier, Karin (Hrsg.) (2006): Spurensiche-

rung. Reflexion von Bildungsarbeit in der Einwanderungsgesellschaft, Frankfurt a.M./London.
Hufer, Klaus-Peter (1999): Emanzipation, in: Ders. (Hrsg.): Außerschulische Jugend- und Erwachsenenbildung, Lexikon der politischen Bildung Band 2, Schwalbach/Ts., S. 55-56.
Gagel, Walter (2007): Wissenschaftsorientierung, in: Sander, Wolfgang (Hrsg.): Handbuch politische Bildung, Bonn, S. 156-167.
Habermas, Jürgen (1968): Technik und Wissenschaft als ‚Ideologie', Frankfurt a.M.
Hegel, G.W.F. (1970): Grundlinien der Philosophie des Rechts, Frankfurt a.M.
Holzkamp, Klaus (1993): Lernen. Subjektwissenschaftliche Grundlegung, Frankfurt a.M.
Horkheimer, Max (1937): Traditionelle und kritische Theorie, in: Zeitschrift für Sozialforschung, Jg. VI, Heft 2, Paris, S. 245-294.
Horkheimer, Max (1967): Zur Kritik der instrumentellen Vernunft. Frankfurt a.M.
Horkheimer, Max/Adorno, Theodor W. (1947): Dialektik der Aufklärung, Amsterdam.
Kant, Immanuel (1964): Beantwortung der Frage: Was ist Aufklärung?, in: Schriften zur Anthropologie, Geschichtsphilosophie, Politik und Pädagogik, Werke 9, Darmstadt.
Lang, Susanne/Leiprecht, Rudolf (2001): Autoritarismus als antirassistisches Lernziel? Eine kritische Betrachtung des Blue Eyed/Brown Eyed-Trainings (Jane Elliot), in: Forum Kritische Psychologie, Heft 43, Hamburg, S. 136-162.
Marx, Karl /Engels, Friedrich (1973): Die heilige Familie oder Kritik der kritischen Kritik, MEW Bd. 2, Berlin.
Massing, Peter (2007): Die Infrastruktur der politischen Bildung in der Bundesrepublik Deutschland – Fächer, Institutionen, Verbände, Träger, in: Sander, Wolfgang (Hrsg.): Handbuch politische Bildung, Bonn, S. 62-76.
Ders. (1999): Theoretische und normative Grundlagen politischer Bildung, in: Beer, Wolfgang /Cremer, Will /Massing, Peter: Handbuch politische Erwachsenenbildung, Schwalbach/Ts., S. 25-60.
Ritsert, Jürgen (2002): Asymmetrische und reine Anerkennung. Notizen zu Hegels Parabel über „Herr und Knecht", in: B. Hafeneger, P. Henkenborg, A. Scherr (Hrsg.): Die Idee der Anerkennung in der Pädagogik. Grundlagen, Konzepte, Praxisfelder, Schwalbach/Ts. 2002, S. 80-103.
Ritsert, Jürgen (2005): Dimensionen des Vernunftbegriffs in der ‚Dialektik der Aufklärung', Beitrag zum Colloquium von Heinz Steinert im Sommersemester 2005, Manuskript, Frankfurt a.M.
Sander, Wolfgang (2007): Theorie der politischen Bildung: Geschichte – didaktische Konzeptionen – aktuelle Tendenzen und Probleme, in: ders. (Hrsg.): Hand-buch politische Bildung, Bonn, S. 13-47.
Schmiederer, Rolf (1977): Politische Bildung im Interesse der Schüler, Köln/Frankfurt a.M.

Bettina Dettendorfer

Zur Geschichte der politischen Bildung in Deutschland und ihren aktuellen Herausforderungen

Den Beginn der Geschichte der politischen Bildung in Deutschland zu datieren, ist nicht ganz einfach. Je nachdem, wie politische Bildung definiert und ob von schulischer oder außerschulischer politischer Bildung gesprochen wird, zählen unterschiedliche Formen von staatsbürgerlicher Erziehung in der ständischen Gesellschaft des Kaiserreichs ebenso dazu wie Konzepte der politischen Bildung in der DDR und BRD nach 1945. Es erscheint einfacher, den aktuellen Stand der politischen Bildung heutzutage zu betrachten: Pessimistische Menschen sehen die politische Bildung in einer Krise, andere sprechen von neuen Herausforderungen, denen die politische Bildung heute begegnen muss. Aber welche Sicht man auch auf die politische Bildung heute hat, eines scheint deutlich zu werden: Die Zeit der ‚großen Diskussionen' um Konzepte der politischen Bildung, wie sie zumindest in der BRD nach 1945 in unterschiedlichen Facetten und Formen geführt wurden, ist vorbei. Müssen sie neu belebt werden?

Dieser Artikel soll den Leserinnen und Lesern zunächst einen Überblick über die Entstehungsgeschichte der politischen Bildung in Deutschland verschaffen. Unter politischer Bildung werden allgemein diejenigen pädagogischen Prozesse verstanden, die dazu beitragen, Jugendlichen und Erwachsenen politische Mündigkeit und Verständnis über die Gesellschaft und ihre Strukturen zu vermitteln und die kritische Teilhabe an ihr zu ermöglichen. Politische Bildung kann unterschiedliche Funktionen haben, sie kann z.B. eine „Stabilisierung der bestehenden Ordnung" oder eine „Förderung der politischen Mündigkeit" oder gar eine Veränderung der gesellschaftspolitischen Ordnung zum Ziel haben (Detjen 2007: 5). Diese und andere Funktionen werden durch den Überblick über die Geschichte der politischen Bildung in diesem Artikel deutlich.

Da politische Bildung ihre Wurzeln in der Verbindung von Politik und Pädagogik hat, wird im Folgenden auch die Verknüpfung von gesellschaftlichen Entwicklungen und Konzepten der politischen (Jugend-)Bildung dargestellt. Der Focus liegt hierbei klar auf den Entwicklungen der konzeptionellen Diskussionen in der Bundesrepublik Deutschland nach 1945, da diese das heutige Verständnis von politischer Bildung in Deutschland entscheidend geprägt haben. Eine kritische Betrachtung dessen, was zum heutigen Verständnis von politischer (Jugend-)Bildung in Deutschland führte, ist nötig, da es ermöglicht, jene Aspekte herauszufiltern, die erhaltenswerte und tragbare Ideen für die Zukunft der politischen Jugendbildung sind. So wird in der Hinführung auf die Geschichte der politischen Bildung nach 1945 ein kurzer Abriss über die Formen der politischen Bildung und Erziehung in der Zeit des Kaiserreichs, der Weimarer Republik und der Zeit des Nationalsozialismus dargestellt. Auch die Ausprägungen von politischer Bildung und Erziehung in der DDR können nur kurz gestreift werden.

1. Legitimation von Macht- und Herrschaftsinteressen einer staatsbürgerlichen Erziehung in der Monarchie: 1871–1918

Obwohl es bereits in den mittleren Schulen im 18. Jahrhundert zweckgebundene (utilitaristische) Standeserziehung zum Bürger im Staat gegeben hat und in manchen Werken die Entwicklungsgeschichte der modernen politischen Erziehung und Bildung in Deutschland bis in die Fürstentümer des 17. Jahrhunderts datiert wird (vgl. Kuhn/Massing 1993), sehen viele AutorInnen die Anfänge der politischen Bildung in Deutschland im Kaiserreich. Erst hier wurde Politik im allerweitesten Sinne im schulischen Unterricht thematisiert. Allerdings hatte diese im Kaiserreich etablierte Form der politischen Bildung eine klare Zielsetzung, nämlich die „Entwicklung gehorsamer Untertanen in einer ständischen Gesellschaft" (Händle 2002). Staatliche politische Erziehung bediente sich der „Selektion und Hierarchie als zentrale Prinzipien der Schulorganisation", in denen sich die durch die Geburt erworbene Ungleichheit in den Bildungsgängen fortsetzte (ebd.). Darüber hinaus war die staatliche politische Erziehung ein Instrument, um Identitäts- und Integrationsprobleme zu bewältigen. Eingebettet in den historischen Kontext der immer stärker werdenden Arbeiterbewegung, die nach den Sozialistengesetzen einen regen Zulauf verzeichnen konnte, waren konservative Kreise bemüht, neue Wege zu finden, um der sozialistischen Bewegung Einhalt zu bieten und die Jugend von den revolutionären Ideen der neu entstandenen sozialistischen und proletarischen Jugendbewegungen abzuschirmen. In dem Erlass von Wilhelm II. von 1889 wurde die Zweckbestimmung der staatsbürgerlichen Erziehung unmissverständlich formuliert: Schule muss bemüht sein,

„der Ausbreitung sozialistischer und kommunistischer Ideen entgegenzuwirken […]. Sie muss bestrebt sein, schon der Jugend die Überzeugung zu verschaffen, dass die Lehren der Sozialdemokratie nicht nur den göttlichen Geboten und der christlichen Sittenlehre widersprechen. Sie muss […] nachweisen, dass die Staatsgewalt allein dem Einzelnen seine Familie, seine Freiheit, seine Rechte schützen kann" (Sander 1997: 6).

Schule und deren staatsbürgerliche Erziehung dienten folglich als Instrument der Herrschaftssicherung. Sie waren zusammen mit Gottesfurcht und Vaterlandsliebe ein Instrument gegen die Sozialdemokratie und den Kommunismus. „Die Ordre verriet ein bestimmtes Verhältnis von politischer Bildung und Erziehung: Diese wurde nicht wie in der Aufklärungspädagogik um der Belehrung des Menschen und der Verbesserung der Staatsverwaltung willen eingerichtet. Sie wurde auch nicht, wie es dem Neuhumanismus entsprochen hätte, als ein Moment allgemeiner Menschenbildung angesehen. Politische Bildung und Erziehung sollte vielmehr als ein Instrument zur Legitimationsbeschaffung bei der Masse der Bevölkerung und als Kampfmittel in der Auseinandersetzung mit der inneren Opposition eingesetzt werden" (Detjen 2007: 53).

2. Staatsbürgerkunde und Reformansätze in der Weimarer Republik: 1918–1933

In der Weimarer Republik kam es zunächst zu einem Bruch mit dieser Form der politischen Bildung: der zentrale Begriff war jetzt die ‚Staatsbürgerkunde', die neben Prinzipien gleicher politischer und sozialer Rechte (wie z.B. das Wahlrecht, das Recht auf Bildung und Gleichheit vor dem Gesetz) einen verfassungsmäßigen Rang zugesprochen bekam. Die Staatsbürgerkunde zeichnete sich nach Detjen (ebd.: 72) durch vier Grundgedanken aus:

- Es galt nun, eine staatsbürgerliche Gesinnung zu fördern, statt der Untertanenhaltung. Dabei stand staatsbürgerliche Gesinnung aber auch für die Identifizierung mit der neuen Ordnung. Mit der Abgrenzung vom Obrigkeitsstaat ist also gleichzeitig die Forderung nach einem politischen Verantwortungsgefühl bei allen BürgerInnen verbunden.
- Grundlage dieser Gesinnung war jedoch eine nationale: das deutsche Volkstum wurde betont. „Die Betonung des Volkstums war eine Reaktion auf den verlorenen Krieg. Das Volkstum sollte die Sehnsucht nach Einheit und Gemeinschaft symbolisieren" (ebd.).
- Damit verbunden war der Gedanke der Volksversöhnung, verstanden als Bekenntnis zum äußeren Frieden.

- Wichtig war auch die Schonung der Empfindungen Andersdenkender, die auf dem pädagogischen Gebot basierte, sich bei wertbesetzten Themen zu mäßigen.

Basierend auf diesen vier Grundsätzen wurde der Staatsbürgerkundeunterricht, wenn auch nicht als eigenständiges Fach, im Schulsystem verankert. Dennoch blieb die praktische Umsetzung deutlich hinter den theoretischen Grundlagen zurück: „Das Wort *Staatsbürgerkunde* führte nämlich dazu, dass sich der konzeptionelle Blick auf den Staat konzentrierte, ja verengte. [...] Und so trug die geforderte staatsbürgerliche Gesinnung Züge von Pflichterfüllung, Vaterlandsliebe und Opferwilligkeit für den Staat“ (ebd.: 81).

Somit bleibt festzuhalten: obwohl in der Weimarer Republik das Leitbild für die politische Erziehung nicht mehr der gehorsame Untertan, sondern der gebildete Staatsbürger war, blieben „selektive und hierarchische Traditionen stark und behaupteten sich vielfach gegen demokratische Reformansätze, die auf mehr Beteiligung, Offenheit und Gleichheit zielten“ (Händle 2002). Der Gedanke der nationalistischen Gemeinschaft stellte der eher liberalen Staatsbürgerkunde eine Form der politischen Erziehung entgegen, die Ein- und Unterordnung auszeichnete, die die Betonung von Führergrößen stark machte und der chauvinistischen Deutschtümelei Vorschub leistete (Blankertz 1982: 224 ff).

3. Indoktrination über politische Erziehung im Nationalsozialismus: von 1933–1945

Obwohl der Nationalsozialismus in seiner Ideologie komplex war und sich diese nicht nur aus den Vorstellungen einer einzelnen Person speiste, basieren doch zentrale Grundsätze der nationalsozialistischen Erziehung auf den von Adolf Hitler in „Mein Kampf“ formulierten Erziehungszielen. Die nationalsozialistische Erziehung stellte einen Bruch mit der Weimarer Republik dar. Im Vordergrund stand die Sicherung des Systems über Indoktrination und die hegemoniale Verankerung der Ideologie über einen ‚Erziehungsstaat‘. Ziel der nationalsozialistischen Erziehung war die Schaffung des opferbereiten, kämpfenden Nationalsozialisten, der gebunden an die Befehlsgewalt des Führers im Dienst der nationalsozialistischen Gemeinschaft agiert: Der Einzelne bedeutet nichts, die Gemeinschaft alles (vgl. Händle 2002). Zentrale Grundlage von Selektion, Diskriminierung und Vernichtung war die Rassenlehre, mit dem Ziel der Reinhaltung der ‚arischen Rasse‘, die als ‚überlegene Rasse‘ das Recht besitzen sollte, andere zu beherrschen und zu unterwerfen. Diese Grundsätze der nationalsozialistischen Erziehung erfassten das gesamte gesellschaftliche System und hatten als Zielgruppe sowohl Erwachsene als auch Kinder und Jugendliche. Im außerschulischen Bereich sind hier als politische Form von Disziplinierung und Indoktrination politische Organisationen wie Hitlerjugend und Bund Deutscher Mädel zu nennen. In ihnen sollte nach der Gleichschaltung der Jugendverbände die ‚arische Jugend' im außerschulischen Bereich erfasst werden. Politische Erziehung und Bildung wurde in dieser Phase der deutschen Geschichte pervertiert, von Bildung kann nicht mehr gesprochen werden – sie standen in der Diensterfüllung und Aufrechterhaltung der nationalsozialistischen Propaganda.

4. Politische Bildung im Spannungsfeld von Restauration und Neubeginn: 1945–1960

Politische Bildung in Deutschland nach 1945 war zunächst gekennzeichnet durch das Bildungsprogramm der Alliierten, das je nach Siegermacht zwar unterschiedlich, jedoch durch das überlagernde Ziel der Entnazifizierung und bei den westlichen Alliierten auch der Demokratisierung geprägt war. Jeder der Alliierten entwickelte ein eigenes Programm der Umerziehung. Da das bekannteste wohl das Programm der ‚Reeducation' der USA war, soll es an dieser Stelle skizziert werden (vgl. dazu auch Gagel 1995: 32 ff).

Der Begriff der Reeducation ist eigentlich ein Begriff der amerikanischen Psychologie und Psychiatrie und bezeichnet den Heilungsvorgang einer kranken Psyche. Gagel (ebd.: 32) führt an, dass in den amerikanischen Diskussionen um Programme der Umerziehung von „mentally sick German people" gesprochen wurde, der Nationalsozialismus also als pathologische Erscheinung und „Eigentümlichkeit des deutschen Wesens" definiert wurde.

Für die amerikanischen Alliierten standen die Reform des Bildungswesens und seine Demokratisierung als zentrales Instrument der gesellschaftlichen Veränderung im Mittelpunkt. Das Ziel war die Übertragung des amerikanischen Schulsystems in die Besatzungszone, in der sie nach 1945 ein ihnen völlig unbekanntes Schulsystem vorfanden. Zentrale Prinzipien waren für die politische Bildung hierbei eine „Erziehung zur Selbständigkeit im Denken und Handeln, Vermittlung von demokratischen Grundwerten sowie Einführung eines Unterrichtsfaches für die politische Bildung – analog zu den Social Studies in den USA" (Gagel 2002: 6). Demokratie wird im Programm der Reeducation – angelehnt an den amerikanischen Reformpädagogen John Dewey – nicht als Regierungsform, sondern als soziales Lernen und als Lebensform verstanden, in der an erster Stelle eine Form des gleichberechtigten Zusammenlebens steht (Blankertz 1982: 255). Schule bleibt zwar weiter der Hauptfaktor für Demokratisierung, aber es geht um eine gelebte, demokratische Auseinandersetzung. Demokratisierung des Schullebens durch kooperative Methoden und Einbezug von SchülerInnen und Eltern in der Mitverwaltung wurden folglich als wichtiger Schritt angesehen. Darüber hinaus sollten grundlegende Wertvorstellungen in einem neu angelegten Unterrichtsfach vermittelt werden, wie zum Beispiel der Respekt vor der Würde und dem Wert eines jeden Menschen, gleiche soziale und politische Rechte für alle, Meinungs- und Versammlungsfreiheit und das Recht auf Kritik (Gagel 1995: 35 f).

Neben dem Reeducation-Programm der USA entwickelten auch die anderen Alliiertenmächte Umerziehungsprogramme, die sich zum Teil deutlich von den Grundprinzipien der amerikanischen Reeducation unterschieden (ebd.: 37 ff). Das Bildungsprogramm in der französischen Besatzungszone zum Beispiel war gekennzeichnet durch eine Orientierung an der französischen Freiheitsidee, dem Individualismus und dem Laizismus. Auf dem Programm stand die Einrichtung eines einheitlichen, laizistischen Schulsystems, das aber in der französischen Besatzungszone bis zur Gründung der Bundesrepublik Deutschland nicht realisiert werden konnte. Die britische Umerziehungspolitik dagegen war geprägt durch Pragmatismus, dem Prinzip der Nichteinmischung und einer eher distanzierten Beobachterrolle. Anders als die amerikanischen Alliierten hielten die Briten eine ‚Re-Orientation' statt einer ‚Re-Education' für nötig, die sich nicht nur als sprachliche Feinheit, sondern auch als anderer Ansatz darstellte: Da die britischen Alliierten davon ausgingen, dass Reformen nur durch die Deutschen selbst initiiert werden können, wurde keine spezielle schulische oder außerschulische Form der politischen Bildung gefordert, sondern eher indirekte Wege (z.B. Einladungen von SchülerInnen nach England, um dort Demokratie ‚erleben' zu können) beschritten. In der sowjetischen Besatzungszone wurden als dringlichste Aufgaben die Entnazifizierung und der Aufbau eines einheitlichen Schulsystems wahrgenommen.

Den Maßnahmen der Bildungsprogramme der Alliierten für Umerziehung und Entnazifizierung wurde von der deutschen Bevölkerung durchaus mit Widerstand begegnet. Der Widerstand der deutschen Behörden führte zum Beispiel dazu, dass in der französischen Zone – anders als von Frankreich geplant – nicht das laizistische, einheitliche Schulsystem, sondern doch wieder das dreigliedrige Schulsystem eingeführt wurde. An anderer Stelle werden auch psychologische Barrieren gegenüber der Besatzungspolitik und eine verbreitete Ablehnung von Schuldeingeständnissen als Grund für das Scheitern angesehen: Legenden wie die von der ‚sauberen' Wehrmacht, die das wahre Ausmaß der Beteiligung von Wehrmachtssoldaten an der systematischen Ermordung von Partisanen, Kriegsgefangenen und Zivilisten verschleierten, und eine auch in den Bildungsprogrammen der Alliierten zu kurz kommende Auseinandersetzung mit der nationalsozialistischen Vergangenheit sind dabei ebenso zu nennen wie die materiellen Probleme der deutschen Bevölkerung, die für viele nach 1945 im Vordergrund standen. Als 1947 die bipolare Blockkonfrontation zwischen den USA und der Sowjetunion immer deutlicher wurde, wurde anderes wichtig: „Die westlichen Alliierten benötigten ihre deutschen Besatzungszonen als Vorfeld zum Schutz gegen den Kommunismus" (Gagel 2002: 7). Die außen- und wirtschaftspolitischen Interessen erhielten somit Vorrang, gegen den Widerstand der Bevölkerung gegenüber den Reformprogrammen wurde immer weniger angegangen. Mit der Gründung der Bundesrepublik Deutschland 1949 endeten die Reformprogramme weitgehend wirkungslos. Für die BRD verfestigte sich die Westannäherung, für die sowjetische Besatzungszone begann mit der Gründung der Deutschen Demokratischen Republik die Ostintegration.

In der BRD blieb der Einfluss der amerikanischen Reeducation jedoch nicht vollkommen aus. Grundzüge daraus (vor allem der amerikanischen Social Studies) lassen sich in dem ersten Buch wiedererkennen, das 1951 als Beitrag zur Weiterentwicklung der schulischen politischen Bildung nach dem Ende der Naziherrschaft in der BRD erschien. Das Buch trägt den Titel „Wendepunkt der politischen Erziehung. Partnerschaft als pädagogische Aufgabe" und ist von Friedrich Oetinger verfasst.[1] Oetinger beschäftigte sich mit der Fragestellung, wie „neue politische Irrwege" durch politische Erziehung verhindert werden können. „Das Ziel der politischen Bildung ist nach Auffassung Oetingers Erziehung zur Initiative und zur Verantwortung für die Gemeinschaft. Politische Bildung versteht Oetinger als Sozialerziehung." (Gagel 1995: 58) Oetinger begreift politische Bildung (im schulischen Kontext) zwar als Erziehung zur Kooperation und zu friedliebenden Menschen, aber gerade die Betonung des Gemeinschaftsbegriffs ließ viele Kritiker[2] Oetingers aufhorchen und an die Zeit des Nationalsozialismus zurückdenken. Auch ist eine Auseinandersetzung mit dem Nationalsozialismus in Oetingers „Politische Bildung als Partnerschaft" nicht benannt, denn seine Konzeption berücksichtigte nur den sozialen, nicht aber den politischen Bereich:

---

1 Nach Gagel war der Name Friedrich Oetinger jedoch ein Pseudonym. Der Autor hieß Theodor Wilhelm, er lehrte nachfolgend als Hochschulprofessor an den Universitäten Flensburg und Kiel. Vgl. Gagel 1995: 51.

2 Die kritisierenden und diskutierenden Wissenschaftler waren Männer, es gab zu jener Zeit keine Frauen, die sich an diesen Diskussionen beteiligt haben.

„Dieser Einwand meint, dass die Partnerschaftspädagogik das Machtmotiv verharmlose und ein harmonisierbares Gesellschaftsbild verlange, dass die vorhandenen Interessenskonflikte auf die Frage nach einer ordentlichen Gesinnung beschränke. Ein weiterer Kritikpunkt betraf das Fehlen eines emanzipatorischen Ansatzes“ (Dichatschek o.J.).

Oetinger löste mit seiner Konzeption eine bis zum Ende der 50er Jahre vorherrschende Debatte unter den Erziehungswissenschaftlern darüber aus, wie viel Gemeinschaftssinn in der politischen Bildung vermittelt werden sollte.[3]

Im Bereich der außerschulischen politischen Bildung wurde nach 1945 sehr schnell eine engere Zusammenarbeit zwischen dem Staat und freien Trägern eingeleitet. Hier herrschte aber vor allem das – durchaus auch wieder staatsstabilisierende – Ziel vor, durch die außerschulische politische Bildung dazu beizutragen, die materiell-soziale Not zu beheben und Jugendliche in Notstandsgebieten zu fördern. Dieser Fürsorgecharakter wurde mit Beginn der 50er Jahre durch politische Bildungsangebote ergänzt, die „die Orientierungen und Verhaltensweisen vermitteln sollten, mit der die Aufbauphase der jungen Demokratie gesichert und Gefährdungen der Demokratie (‚von links und rechts‘) verhindert werden sollten.“ (Hafeneger 1997: 260) Außerschulische politische Jugendbildung war also unter anderem auch, ebenso wie von manchen Pädagogen für die schulische politische Bildung formuliert, ein Instrument im Kalten Krieg. Trotz (oder eventuell auch wegen) dieser an die Träger der außerschulischen politischen Bildung herangetragenen Forderungen durch die Politik setzte gegen Ende der 50er Jahre bei vielen Trägern der außerschulischen politischen Bildung ein Reflexionsprozess ein, der eine Neudefinition der außerschulischen politischen Bildung in den 60er Jahren forcierte und dazu führte, dass politische Bildung als Grundlage der Jugendarbeit im Allgemeinen betrachtet wurde.

Das Bildungssystem der DDR entstand Ende der 1940er Jahre in der Sowjetischen Besatzungszone (SBZ) mit umfassenden Reformen von Entnazifizierung und Entwicklung eines neuen Systems. Das Bildungsmonopol lag in der DDR beim Staat, wobei das Bildungssystem zentral und in der gesamten DDR einheitlich organisiert war. Es unterstand der inhaltlichen und ideologischen Kontrolle durch die SED und dem Ministerium für

3 Zwei weitere wichtige diskutierte Zielrichtungen der politischen Bildung in den 50er Jahren waren die Funktion von politischer Bildung als Institutionenkunde (vor allem auch als kritische Weiterentwicklung der Weimarschen Staatsbürgerkunde) und ihre Funktion im Antikommunismus, mit der Vorurteile und Feindbilder als Weg zur Integration in das westliche Bündnis geschaffen wurden.

Volksbildung, deren langjährige Ministerin von 1963 bis 1989 Margot Honecker war. Das staatliche Bildungssystem hatte neben der Wissensvermittlung die Aufgabe der politisch-ideologischen Erziehung, es sollte klassenbewusste sozialistische Bürgerinnen und Bürger heranbilden, die sich ihrem Staat gegenüber loyal verhalten. Antifaschismus und Kapitalismuskritik waren weitere zentrale Prinzipien. Als für die politische Bildung geeignete Referenzwissenschaft galt die marxistisch-leninistische Theorie (Detjen 2007: 200). Obwohl die politische Bildung also eine klar parteiliche Sichtweise hatte, die zentral definiert und hierarchisch vermittelt wurde, gab es dennoch auch andere, außerschulische Formen der politischen Bildung: „Politische Bildung war in dieser Gesellschaft so widersprüchlich: einerseits parteilich und hierarchisch, auf der anderen Seite bezogen auf egalitäre Ziele und Traditionen sozialer Bewegungen, insbesondere der Arbeiterbewegung" (Händle 2002). Auch wenn es somit in der DDR politische Bildungsprozesse im Kontext von Bürgerbewegungen, Kirchen und anderen Trägern gab, war politische Bildung offiziell nur in einer „spezifischen Eindimensionalität und Ideologielastigkeit" (Scharenberg 2004: 8) möglich, die aber mit Inhalten wie Antifaschismus und Kapitalismuskritik durchaus Elemente enthielt, die emanzipatorisches Potenzial in sich trugen. In einer Gesellschaft, in der jedoch entscheidende Menschenrechte nicht garantiert waren, bestand ihre zentrale Aufgabe in der Stabilisierung der politischen Ordnung, die offiziell kaum Auseinandersetzungen und Kritik oder Vielfalt an Inhalten und Trägern zuließ.

5. Politisch-didaktische Diskussionen und Politisierung der politischen Bildung: 1960–1976

Mit der ‚Didaktischen Wende' Ende der 50er Jahre wurde die Entwicklung einer systematisierten Theoriebildung zur politischen schulischen Jugendbildung eingeläutet. Didaktik als Frage nach dem ‚Was?' und ‚Wie?' wurde als Instrument des pädagogischen Prozesses in den Blick genommen. Auch wenn diese didaktische Systematisierung nicht für die politische Bildung spezifisch war, sondern typisch für die allgemein um sich greifende Verwissenschaftlichung pädagogischer Diskussionen, begann damit ab 1960 eine Zeit der politisch-didaktischen Diskussionen. Politische Bildung wurde als neu zu denkend verstanden.

Alle in dieser Zeit entstandenen Konzeptionen sind im Lichte der damaligen historischen Umstände zu betrachten. Einerseits herrschte Antikommunismus als integratives Moment im Westen bei gleichzeitiger Errichtung der DDR im Osten vor, andererseits waren die 1960er Jahre ein

Jahrzehnt des Wandels und der Krisen: die erste Wirtschaftskrise erschütterte die BRD 1966/1967, ein zunehmender Rechtsextremismus war mit Hakenkreuzschmierereien, Friedhofschändungen und dem Einzug der Nationaldemokratischen Partei Deutschlands (NPD) in sieben Landtage zu spüren; eine politische Lethargie, hervorgerufen durch die Große Koalition von CDU und SPD in den Jahren 1966 bis 1969, führte zu einer lauter werdenden Forderung nach mehr Demokratisierung; die Außerparlamentarische Opposition (APO) und die Studentenbewegung strebten nach einer Aufarbeitung der Nazi-Vergangenheit und einem radikalen Wandel der gesellschaftlichen Verhältnisse. Diese gesellschaftspolitischen Entwicklungen brachten auch zahlreiche Impulse für die politische Bildung, die vielfach von Pädagogen und Lehrern[4] einer neuen Generation getragen wurde – sie gehörten nicht mehr der Kriegsgeneration, sondern der Spätkriegs- oder der Nachkriegsgeneration an. „Die vorherrschende Denkstruktur dieser Generation war das Offenhalten von Möglichkeiten, die Bereitschaft, neue Denkansätze zu erproben." (Gagel 2002: 12)

In der Literatur oft als Kerngedanken präsentiert werden die Ideen von drei Pädagogen, die die politisch-didaktischen Diskurse der politischen Bildung von 1960 an entscheidend mitbestimmt haben und mit dem Anspruch antraten, eine auf Institutionenkunde verengte alte Staatsbürgerkunde und eine naive Gemeinschaftspädagogik zu überwinden:

Wolfgang Hilligen stellte als Erster einen „Zusammenhang zwischen Zeitdiagnose und Lernaufgaben" (Gagel 1995: 105) her und legte ein „Warum – Was – Wie?" als zentrale Fragestellungen für die politische Bildung fest. Dies hat sich überliefert, denn nicht selten sind diese Fragestellungen heute Leitfragen bei der Konzeption von Veranstaltungen der politischen Bildung: Was sind die Ziele, welches die Inhalte und mit welchen Methoden können sie umgesetzt werden? In seinem Werk „Plan und Wirklichkeit im sozialkundlichen Unterricht" (Hillingen 1955) stellt er als grundlegendes Konzept von politischer Bildung vor, dass die Lernenden (Jugendliche) nicht nur „Wissen", sondern ein „Situationsbewusstsein" brauchen, um die „Herausforderungen in unserer Zeit zu erkennen und positiv zu beantworten, das heißt: als Mitmenschen, Sozialpartner und Glieder des Staates und der menschlichen Gesellschaft so zu handeln, dass ein menschenwürdiges Dasein gesichert, die Zivilisation sittlich bewältigt und die soziale Gerechtigkeit gefördert wird" (ebd.: 116). Hilligen formuliert seine Konzeption von politischer Bildung somit nicht auf das staatliche

4 Bekannt sind ausschließlich Männer, die zu dieser neuen Generation gehörend definiert werden.

Sozialgebilde bezogen, sondern auf eine höhere Ebene verweisend: er stellt die menschliche Gesellschaft an sich und die soziale Gerechtigkeit in den Vordergrund. Einige Jahre später präzisiert er seine Konzeption und macht noch stärker deutlich, dass „politisches Lernen untrennbar auf Dasein und Welt bezogen [ist]; es soll ein Bewusstsein von den ‚Herausforderungen' dieser Welt vermitteln".[5]

Kurt Gerhard Fischer formulierte im selben Zeitraum in „Der politische Unterricht" (Fischer et al. 1960) die „Gewinnung von Einsichten", die zur Auffassung von Demokratie gehören und demokratische Politik beschreiben, als zentrale Aufgabe der politischen Bildung. Fischer skizzierte damit Vorboten einer Demokratieerziehung, die „im Unterschied zu Oetinger nicht Verhaltenserziehung, sondern Bewusstseinsbildung" (Gagel 1995: 148) beschreiben. Interessanterweise sind die zu gewinnenden Einsichten nicht den politischen BildnerInnen überlassen, sondern bereits vorformuliert:

- „Ohne die Kulturschöpfung ‚Staat' ist menschliches Leben nicht denkbar; denn der Mensch ist nicht geschaffen, ein Einzeldasein zu führen.
- Politik ist das Ringen um den Besitz von Macht, mittels derer ein bestimmtes Bild staatlicher Ordnung verwirklicht werden soll. Politik ist aber auch der Gebrauch der Macht zur Verwirklichung einer Ordnung.
- Wer meint, in der Politik heilige der Zweck die Mittel, übersieht, dass der Wert einer Politik nie allein durch den Erfolg bestimmt wird, sondern ebenso durch den Preis, der dafür zu zahlen ist.

[...]

- Menschliches Freiheitsstreben richtet sich auf Autonomie in der Entscheidung für Werte und bei ihrer Verwirklichung. Demokratie ist diejenige Herrschaftsform, welche individuelle und Gruppeninteressen am wenigsten einschränkt und damit am wirksamsten den Missbrauch staatlicher Macht hindert. Deshalb ist Demokratie das ‚geringere Übel' [...]" (Fischer et al 1960: 28 f).

Eine „Didaktik der politischen Bildung" wurde auch von Herrmann Giesecke entworfen (Giesecke 1965). Der Kern seiner Konzeption war die Übertragung der soziologischen Konflikttheorie Ralf Dahrendorfs. Für die politische Bildung mit Jugendlichen bedeutete dies in den Augen Gieseckes, die Alltagserfahrung eines Konflikts zu nutzen, zu untersuchen und zu fragen, was Interessen, was Machtverhältnisse sind und was die jeweilige Streitfrage beinhaltet (ebd.: 75 ff).[6] Für Giesecke ist der Konflikt das „noch

5 Die Grundgedanken Hilligens sind wiedergegeben bei Gagel 1995: 113.

6 Am Beispiel der Didaktik von Giesecke, die als grundlegendes Werk der politischen Bildung gilt, zeigt sich sehr gut, dass mit der Verwissenschaftlichung der politischen Bildung auch der Bezug zu anderen wissenschaftlichen Disziplinen (wie der Sozio-

nicht Entschiedene", etwas „Offenes". In seiner Konzeption setzt er also an den Alltagserfahrungen von Politik, an Streitfragen in der Gesellschaft mit offenem Ausgang an und macht diese zum Lerngegenstand (ebd.: 21). Über diese Konflikttheorie soll eine Transformation der Erkenntnisse in Erfahrungswissen hin zu eigener Urteilsbildung geschaffen und politische Beteiligung bei Jugendlichen dadurch ermöglicht werden, dass sie Politik in ihrer Alltagswelt entdecken.

Zu der Zeit der Außerparlamentarischen Opposition und der Studentenbewegung kam es zu einer Polarisierung und einer Politisierung der politischen Bildung. Politische Bildung erhielt explizit und offen geäußert eine politische Funktion, sie sollte als Bewusstseinsbildung entweder systemstabilisierend oder systemverändernd wirken. So lag es beispielsweise im Interesse der Bundesregierung, dass die Politische Bildung eine „politische Funktion [wahrnehmen soll], die folgender Satz beschreibt: ‚Es ist eine Situation entstanden, die es allen gesellschaftlichen Kräften und dem Staat dringend gebietet, dem verbreiteten Unbehagen entgegen zu wirken und das Bewusstsein vom Wert unserer freiheitlichen Staatsordnung und den Möglichkeiten ihrer zeitgerechten Fortentwicklung zu stärken.'"[7] Mit „Unbehagen" sind die erstarkenden Protestbewegungen gemeint, die als Gefahr für die politische Ordnung betrachtet wurden – das Interesse der politischen VertreterInnen an der politischen Bildung war somit zweckbezogen.[8]

Rolf Schmiederer formulierte – auch als Replik auf Giesecke – neue Terminologien in den Diskussionen um die Konzeptionen von politischer Bildung. Er entwickelte in „Zur Kritik der politischen Bildung. Ein Beitrag zur Soziologie und Didaktik des Politischen Unterrichts" (1971) so etwas wie eine ‚linke' Didaktik. Beeinflusst durch die marxistisch fundierte Kritische Theorie der Frankfurter Schule Max Horkheimers und Theodor W. Adornos kritisiert er an Giesecke die fehlende Wahrnehmung von „Grundwidersprüche(n) und Herrschaftsstrukturen einer Gesellschaft" (Schmiederer 1972: 113). Politische Bildung müsse zur Emanzipation von Menschen beitragen, sie müsse die Analyse von Herrschaft und gleichzeitig ihre Aufhebung zum Gegenstand haben und für „‚Engagement' [werben], das in

logie, der Politikwissenschaft und der Ökonomie) in die Konzeptionen von politischer Bildung aufgenommen wurde.

7 Die funktionale Zuordnung der politischen Bildung durch die Bundesregierung ist zitiert bei: Gagel 1995: 193.

8 Interessant ist, dass in diesem Dokument auch weiterhin der politischen Bildung nicht die Aufgabe zugesprochen wird, zur Auseinandersetzung mit der nationalsozialistischen Vergangenheit beizutragen. Der Nationalsozialismus bleibt nach wie vor tabuisiert.

Richtung auf eine bessere, d.h. den realen Interessen der Menschen gerechter werdende, Gesellschaft hin tendiert".[9] Emanzipation wird bei Schmiederer verstanden als die „Befreiung von überflüssig gewordener Herrschaft und Unmündigkeit, von entfremdeter Arbeit und Lustverweigerung". Er verknüpft Erziehungsziele wie Mündigkeit und Selbstbestimmung mit der Veränderung politischer Strukturen und definiert die Aufgabe von politischer Bildung als „Aufklärung über die gesellschaftlichen Abhängigkeiten des Menschen, über jene Mächte, die sein Schicksal bestimmen und jene Strukturen, die seine Autonomie behindern" (Schmiederer 1971: 33). Auch unterscheidet er zwischen politischer Bildung und politischer Praxis: „Jedenfalls kann sie [die politische Bildung, BD] die Praxis vorbereiten, indem sie gesellschaftliche Institutionen und Zusammenhänge transparent macht, Ideologien und Verschleierungen auflöst und indem sie gesellschaftliche Organisationen und politisches Handeln als Ausdruck von Interessensstrukturen aufzeigt und die Gesellschaft als vom Menschen gestaltete und gestaltbare, also als veränderbare erklärt" (ebd.: 43).

Diese Denkansätze wurden zu Beginn der 70er Jahre häufig formuliert, als eine stärker marxistisch fundierte Terminologie in die Konzeptionen der politischen Bildner einfloss und bestehende Konzepte kritisiert wurden. Alle bisherigen Versuche der politischen Bildung wurden als Beitrag zur Verschleierung der Verhältnisse bewertet und es wurde ihnen die Möglichkeit abgesprochen, zur Ideologiekritik beitragen zu können.

Auch im Bereich der außerschulischen politischen Jugendbildung setzte sich bei verschiedenen Trägern ein Wandel im Selbstverständnis durch. Eine subjektbezogene, gesellschaftskritische und emanzipatorische Orientierung war vielen wichtig geworden. Texte wie „Erziehung und Emanzipation" (Mollenhauer 1968) und „Erziehung zur Mündigkeit" (Adorno 1970) waren dabei grundlegende Werke, die einen Perspektivwechsel einleiteten, „mit dem die TeilnehmerInnen nicht mehr Objekt, sondern Subjekt politischer Bildung sein sollen, es geht in den theoretischen Begründungen und der praktischen Ausgestaltung von Lernprozessen um deren Erfahrungen, Lebenszusammenhänge und Lernmotive" (Hafeneger 1997: 263). Politische Bildung wurde als „kritisches Potenzial" betrachtet, dass zu „Mündigkeit im individuellen und gesellschaftlichen Sinne", zu politischem Engagement und Gesellschaftsveränderung führt und mit „kritischer Rationalität und Aufklärung verbunden" ist. In den weiteren Jahren wird in diesem Verständnis trotz pluraler Trägerlandschaft außerschulische politische Bil-

9 Schmiederers Plädoyer für Systemveränderung wird umschrieben in Gagel 1995: 176.

dung als „freiwilliger und sich selbst tragender Bildungsprozess – in Abgrenzung zur schulischen Pädagogik“ formuliert, der „grundsätzlich jegliche Form von oktroyierten ‚Maßnahmen‘, von Überbürdung“ ausschließt (ebd.).

Die Polarisierungen und Polemiken waren also in den 70er Jahren vielfältig. Dennoch wurden im so genannten Beutelsbacher Konsens 1976[10] die Gemeinsamkeiten diverser streitender Theoretiker in drei Punkten als Zielsetzung und Grundlage der politischen Bildung (im schulischen Kontext) festgehalten:

- Überwältigungsverbot: Politische Bildung ist weder Indoktrination noch Überrumpelung der jungen Menschen. PädagogInnen dürfen keine eigene Meinung aufzwingen, sondern sie müssen eine eigenständige Urteilsgewinnung bei den Jugendlichen anregen.
- Beachtung kontroverser Positionen: PädagogInnen müssen ein Thema kontrovers darstellen und diskutieren, wenn es in der Öffentlichkeit kontrovers erscheint.
- Befähigung der SchülerInnen, (eigene) Interessen auch in politischen Situationen vertreten zu können.

Wichtig an diesem Beutelsbacher Konsens ist, dass er als ‚Minimalkonsens‘ betrachtet wurde, der – obwohl so genannt – keinen Konsens zwischen den widerstreitenden Konzepten, sondern eher minimale Bedingungen und Regeln für die pädagogische Praxis darstellte. Fragen wie ‚Soll politische Bildung zu politischem Handeln oder rationaler Urteilsfähigkeit führen?‘; ‚Geht es in der politischen Bildung um kritische Distanz oder um Herrschaftskritik?‘ oder ‚Dient politische Bildung der Vorbereitung von politischem Handeln oder ist politisches Handeln nicht sogar Teil der politischen Bildung?‘ wurden damals nicht weiterführend thematisiert. Dennoch oder vielleicht gerade deswegen hat dieser Konsens in seiner grundsätzlichen Aussage für die Praxis bis heute überwiegend Gültigkeit.

6. Zwischen neuen Ansätzen und stagnierender Flaute: Politische Bildung in den 80er Jahren

Walter Gagel spricht von den 80er Jahren als der Zeit der „nachkonzeptionellen Phase“ der politischen Bildung, vor allem im Bereich der Didaktik, bei gleichzeitiger Pluralisierung und Aufsplitterung in verschiedenste Ansätze (Gagel 1995: 281). Damit sind die Entwicklungen der politischen Jugendbildung sowohl für den schulischen als auch für den außerschulischen Bereich in den 80er Jahren gut umrissen.

10 Der Beutelsbacher Konsens entstand 1976 auf einer Tagung der Landeszentrale für politische Bildung Baden-Württemberg. Vgl. Sutor 2002.

Zum einen kann festgestellt werden, dass sich die politische Bildung in den 80er Jahren gewissermaßen in einem Konjunkturtief befand. Waren die 1960er und 1970er Jahre geprägt von der Produktion unterschiedlichster (didaktischer) Konzepte sowie ihrer diskursiven Weiterentwicklung und Neuschaffung, so wurde 1986 aufgrund fehlender Auseinandersetzungen von Gagel die Frage aufgeworfen: „Stirbt die politische Didaktik aus?" (ebd.: 281) Sutor andererseits sieht in den Entwicklungen der 80er Jahre eher eine Abwendung vom Theoriestreit hin zur Praxis (Sutor 2002: 27 f): Begleitet von sozialwissenschaftlichen Theorien wie der zunehmenden Individualisierung und dem Leben in einer ‚Risikogesellschaft' (Ulrich Beck), stand in der Pädagogik und somit auch im Bereich der politischen Bildung zunehmend das ‚Subjekt' – das Individuum und sein ‚Lebensweltbezug' im Sinne einer neuen Subjektivität – im Mittelpunkt. Im Praxisfeld der politischen schulischen und auch außerschulischen (Jugend-)Bildung standen drei didaktische Kernkonzepte: die Subjektorientierung, die Lebensweltorientierung und die Handlungsorientierung.

Mit der Subjektorientierung in der politischen Bildung (zum Teil auch als Erfahrungs- oder Teilnehmendenorientierung bezeichnet) ist gemeint, den Lernenden selbst, mit seinen Erfahrungen, seiner Lebensgeschichte und seinen Interessen zum Ausgangs- und Mittelpunkt des Lernprozesses zu machen und ihn aus seiner Objektrolle zu befreien.

Die Lebensweltorientierung stellt für die Subjektorientierung eine Ergänzung dar, denn sie erweitert den Ansatz, indem „sie Alltagserfahrungen mit gesellschaftlichen Problemlagen und Strukturen verbindet" (ebd.) und die subjektive Betroffenheit der Teilnehmenden zum Ausgangspunkt des politischen Bildungsprozesses macht. Verbunden mit aktuellen gesellschaftspolitischen Ereignissen wie dem Nato-Doppelbeschluss, dem Streit um die Nachrüstung, der starken Mobilisierung der Friedensbewegung und dem Entstehen einer Ökologiebewegung ließen sich so in den 80er Jahren auch neue Inhalte der politischen Bildung mit einem Ansatz der Lebensweltorientierung verbinden: Friedens-, Umwelt- und Ökologieproblematiken sind neue und wichtige Inhalte in der schulischen und außerschulischen politischen Bildung.

Mit der Handlungsorientierung wurde einerseits eine stärkere Hinwendung zu aktiven, Handlung anleitenden Methoden verbunden wie z.B. Methoden zu simulativem Handeln (Planspiele, Rollenspiele, Zukunftswerkstätten, etc.). Andererseits ist damit aber auch eine Hinwendung zu Methoden des produktiven Gestaltens (Video, Plakate, Ausstellungen, etc.) und des realen Handelns (Interviews, Projekte, etc.) beschrieben. Umstritten blieb für den Grundsatz und die Ausgestaltung der Handlungsorientierung jedoch die Frage, ob politische Bildung auch in politische Aktion als letztendliches Resultat einer Handlungsorientierung münden kann und darf. Was ist das Ziel politischer Bildung: mündige, aktive Menschen oder ‚nur' die Kritik- und Interventionsfähigkeit? Verfolgen politische Bildung und politische Aktion gleiche Ziele und Regeln oder sollten sie besser unterscheidbar bleiben? In einem emanzipatorischen Sinne muss politische Bildung zu mündigen, aktiven und kritikfähigen Menschen führen, deren Handlung im gesellschaftlichen Rahmen sichtbar wird. Politische Aktion und politische Bildung sind zwar zu unterscheiden, allerdings ist Erstere nicht ohne Letztere denkbar.

Im Bereich der außerschulischen politischen Bildung, in dem diese neuen didaktischen Ansätze ebenso aufgenommen, weiterentwickelt und zum Teil auch heute noch angewandt werden, lässt sich – seit Anfang der 80er Jahre auch im Zuge von Abbauprozessen aufgrund von Spardiskussionen und Haushaltssanierungen – ein Trend hin zu einer ‚Entpolitisierung' und einem ‚politischen Bedeutungsverlust' erkennen. Das in den 70er Jahren oft vorhandene emanzipatorische Verständnis von politischer Bildung rückte bei vielen Trägern eher in den Hintergrund. Verstärkte Ausdifferenzierungen, Institutionalisierungen und Mittelkürzungen standen paradoxerweise gleichzeitig wachsenden Ansprüchen und Anforderungen an die außerschulische politische Jugendbildung als ein „Instrument" zur „Abwehr demokratiegefährdender Tendenzen" gegenüber (Hafeneger 1997: 262 ff).

7. Aktuelle Situation, Fragen und Herausforderungen der politischen Bildung – der Weg von den 1990ern bis heute

Betrachtet man die politische Bildung sowohl im schulischen Sektor als auch im außerschulischen Bereich seit den 90er Jahren, so lässt sich einerseits feststellen, dass die oben skizzierte Entwicklung der politischen Bildung in Deutschland zu einem einzigartigen System führte. Es gibt eine Vielzahl von Trägern, Institutionen und Einrichtungen der Jugend- und Erwachsenenbildung. Es gibt ein ausdifferenziertes System von Finanzierungsmöglichkeiten. Die politische Bildung ist sowohl im schulischen als auch im außerschulischen Bereich in der pädagogischen Praxis differenziert, institutionell gesichert und wissenschaftlich-konzeptionell untermauert. Eine reine Erfolgsgeschichte also? Wo steht die politische Bildung heute?

Sander gibt dazu in seinem Artikel „Politische Bildung nach der Jahrtausendwende. Perspektiven und Modernisierungsaufgaben" (Sander 2002) eine gute Einschätzung und hilft, diese vermeintliche Erfolgsgeschichte zu hinterfragen.

In der schulischen Bildung ist das Fach Politische Bildung zwar verankert, dennoch ist sein Stand prekär, es gibt weder eine einheitliche Fachbezeichnung noch grundlegende Vereinbarungen über Ziele und Inhalte. Je nach Bundesland behelfsweise auch als Sozialkundeunterricht oder Politikunterricht veranstaltet, scheint das Profil von politischer Bildung zu verschwimmen.[11] Für den Bereich der außerschulischen Jugendbildung zeigt sich im internationalen Vergleich, dass es in Deutschland zwar eine gute Infrastruktur gibt, aber der Anteil der *politischen* Bildung in allen außerschulischen pädagogischen Praxisfeldern auf einem niedrigen Niveau stagniert.

Darüber hinaus scheint die politische Bildung mit gesellschaftlichen Übergangs- und Umbruchssituationen konfrontiert, auf die sie nur schwer eine Antwort findet.

Nach Scharenberg ist dieser Umbruch gekennzeichnet durch einen „Strukturwandel des Politischen", der eine immer komplexer werdende moderne Gesellschaft ausmacht. Kernelemente sind dabei beispielsweise die wachsende „Medialisierung einer in Teilen de-territorialisierten Informationsgesellschaft", auf die die politische Bildung relativ spät reagierte und sich erst allmählich das Lernpotenzial digitaler Medien zu erschließen beginnt. Ähnlich schwer fällt der politischen Bildung eine adäquate Reaktion auf die „Prozesse gesellschaftlicher ‚Enttraditionalisierung'" und den damit einhergehenden Wertewandel, die zu einer pluralisierten, posttraditionalen Gesellschaft führen, in der soziale Schichten und politisch-kulturelle Milieus erodieren (Scharenberg 2004: 7 f).[12]

Unsere Gesellschaft ist heute eine „Informations-, Wissens- und Dienstleistungsgesellschaft", in der das „Beherrschen und Wiedergeben von ‚Stoffwissen'" (Sander 2002: 37) mehr und mehr in den Vordergrund rückt. Hier steht die politische Bildung in der Gefahr, auf die bloße Vermittlung von Sozialkompetenzen oder berufsbezogenes Lernen reduziert zu werden, um zur Qualifizierung für den Arbeitsmarkt beizutragen.

Die Frage nach Konsequenzen aus der Globalisierung, die komplexe Prozesse der Internationalisierung von Ökonomie, Politik, Kultur etc. nach sich zieht, scheint für die politische Bildung noch nicht gestellt. Was sind beispielsweise Lösungen dafür, dass die politische Bildung im Wesentlichen

11 Ein sehr gutes Beispiel für das Verschwimmen des Profils nennt Sander (2002: 36). In Hessen wurde 2002 nach über 50 Jahren das Fach Sozialkunde, das politische Bildung umfasst, ohne größere Diskussionen in das Fach „Politik und Wirtschaft" umbenannt und somit als „Leitfach der ökonomischen Bildung" etabliert.

12 Das Erodieren von sozialen Schichten und Milieus führt zu einem erschwerten Erreichen von traditionellen Zielgruppen, die früher in ihren Milieus ansprechbar waren.

an das Bezugssystem des Nationalstaats gebunden und die Fachkultur der politischen Bildung wenig internationalisiert ist? Wie kann sich die politische Bildung sowohl im Bereich der Jugend- als auch der Erwachsenenbildung diesen Herausforderungen stellen?

Mancherorts wird der Ruf nach mehr Professionalität in der politischen Bildung laut. Politische Bildung müsse sich stärker als Profession in Theorie und Praxis wahrnehmen und dabei ihr eigenes Selbstverständnis schärfen. Denn nur so könne eine Autonomie gegenüber staatlichen Interessen, gegenüber Instrumentalisierung bewahrt, verteidigt und gegen die immer strikter werdenden Förderbedingungen angegangen werden. Politische Bildung muss also ihrem Bedeutungsverlust entgegentreten, indem sie sich ihres Selbstverständnisses klar wird und selbstbewusst ihre Bedeutung in der politischen Sozialisation von Jugendlichen und Erwachsenen vertritt.

Aber es drängen sich noch andere Fragen auf: Wie reagiert politische Bildung auf den gesellschaftlichen Wandel und Restriktionen? Wie gestaltet sich heute eine linke und emanzipatorische politische Bildung, die auf Restriktionen in der öffentlichen Förderung, auf das Nicht-Erreichen von Teilnehmenden und auf den beschriebenen gesellschaftlichen Wandel adäquat reagieren möchte? Wie stark kann und muss der normative Hintergrund in der politischen Bildung sein: Sind Werte in der politischen Bildung denkfeindlich und fungieren als Stopp jeder Reflexion? (ebd.: 39) Oder dient politische Bildung nicht gerade der Verwirklichung von Werten? Sind ihre Aufgaben und Ziele überhaupt wertfrei zu formulieren?

Nein, denn politische Bildung braucht einen normativen Horizont, nur so kann sie eine eigene Legitimität erhalten.

Politische Bildung verstanden in einem emanzipatorischen Sinne ist die Grundlage für Mündigkeit und Emanzipation der Menschen und muss zur Entwicklung ihrer Kritik- und Widerstandsfähigkeit beitragen. Sie kann Bildung nicht als Ware betrachten oder sie auf die bloße Vermittlung von Wissen reduzieren. Ihre Aufgabe ist es, für Jugendliche und Erwachsene Kompetenzen zu vermitteln, die zur Kritik an und Analyse von gesellschaftlichen Verhältnissen und Herrschaftsstrukturen befähigen. Im Sinne Oskar Negts geht es darum, gesellschaftliche Kompetenzen wie die Fähigkeit zu Selbst- und Fremdwahrnehmung, technologische, ökologische, historische Kompetenz und Gerechtigkeitskompetenz zu vermitteln (vgl. Negt 1984). Emanzipatorische politische Bildung setzt bei den Teilnehmenden an und macht ihre Wünsche, Erfahrungen und Interessen zum Ausgangspunkt des Bildungsprozesses. Sie ist partizipativ und hierarchiefrei.

Emanzipatorische politische Bildung darf nicht nur die Praxis im Blick haben, sie muss sich auch um die eigene Professionalität bemühen. Denn die

Praxis der politischen Bildung bedarf immer theoretischer Begründung und Reflexion, sonst kann sie ihr eigenes Selbstverständnis nicht entwickeln und wird betriebsblind.

Eine so definierte emanzipatorische Bildung ist im schulischen Kontext kaum denkbar. Umso mehr müssen politische BildnerInnen im außerschulischen Kontext und in der Erwachsenenbildung dazu beitragen, den Bereich der politischen Bildung als Erfahrungs- und Lernort und als einen Bereich des freien und experimentellen Handelns zu wahren, das in politische Handlungen führt. Politische Bildung verstanden in einem emanzipatorischen Sinne fungiert somit als Teil der Auseinandersetzung für eine Welt, in der ein gleichberechtigtes und hierarchiefreies Miteinander herrscht. Sie denkt Alternativen eines gleichberechtigten Zusammenlebens und ist eine Verschränkung von Bewusstseinsbildung und Handlungsfähigkeit zugleich.

Bibliographie

Adorno, Theodor W. (1970): Erziehung zur Mündigkeit, Frankfurt a.M.

Blankertz, Herwig (1982): Die Geschichte der Pädagogik. Von der Aufklärung zur Gegenwart, Wetzlar.

Detjen, Joachim (2007): Politische Bildung – Geschichte und Gegenwart in Deutschland, Oldenburg.

Dichatschek, Günther (o.J.): Theorieansätze der Politischen Bildung, online: *http://www.politik-lernen.at/_data/pdf/Theorie_der_politischen_Bildung.pdf*

Fischer, Kurt Gerhard/Herrmann, Karl/Mahrenholz Hans (1960): Der politische Unterricht, Bad Homburg.

Gagel, Walter (2002): Der lange Weg zur demokratischen Schulkultur. Politische Bildung in den fünfziger und sechziger Jahren, in: Aus Politik und Zeitgeschichte, Heft B45, S. 6-16.

Ders. (1995): Geschichte der politischen Bildung in der Bundesrepublik Deutschland 1945–1989, Opladen.

Giesecke, Hermann (1965): Didaktik der politischen Bildung, München.

Hafeneger, Benno (1997): Politische Bildung in der außerschulischen Jugendbildung, in: Sander, Wolfgang (Hrsg.): Handbuch politische Bildung, Schwalbach/Ts., S. 258-270.

Händle, Christa (2002): Lasten der Vergangenheit? Politische Bildung in deutschen Schulen, online: *www.sowi-online.de/journal/2002-2/deutschland_haendle.htm*

Hilligen, Wolfgang (1995): Plan und Wirklichkeit im sozialkundlichen Unterricht. Untersuchungen, Erfahrungen, Vorschläge, Frankfurt a.M.

Kuhn, Hans-Werner/Massing, Peter (Hrsg.) (1993): Politische Bildung in Deutschland. Entwicklung – Stand – Perspektiven, Opladen.

Mollenhauer, Klaus (1968): Erziehung und Emanzipation, München.

Negt, Oskar (1994): Wir brauchen eine zweite, eine gesamtdeutsche Bildungsreform, in: Ders. (Hrsg.): Die zweite Gesellschaftsreform, Göttingen, S. 276-290.
Sander, Wolfgang (2002): Politische Bildung nach der Jahrtausendwende. Perspektiven und Modernisierungsaufgaben, in: Aus Politik und Zeitgeschichte, Heft B 45, S. 36-44.
Ders. (1997): Theorie der politischen Bildung: Geschichte – didaktische Konzeptionen – Aktuelle Tendenzen und Probleme, in: Sander, Wolfgang (Hrsg.): Handbuch politische Bildung, Schwalbach/Ts., S. 5-45.
Scharenberg, Albert (2004): Zustand und Perspektiven der politischen Bildungsarbeit in Ostdeutschland, in: Aus Politik und Zeitgeschichte, Heft B 7-8, S. 7-15.
Schmiederer Rolf (1972): Zwischen Affirmation und Reformismus. Politische Bildung in Westdeutschland seit 1945, Frankfurt a.M.
Ders. (1971): Zur Kritik der Politischen Bildung. Ein Beitrag zur Soziologie und Didaktik des Politischen Unterrichts, Frankfurt a.M.
Sutor, Bernhard (2002): Politische Bildung im Streit um die intellektuelle Gründung der Bundesrepublik Deutschland. Die Kontroversen der siebziger und achtziger Jahre, in: Aus Politik und Zeitgeschichte, Heft B 45, S. 17-27.

David Schneider

Bildung und Befreiung – von Humboldt zu Horkheimer

„Bildung ist etwas Wunderbares. Doch sollte man sich von Zeit zu Zeit daran erinnern, daß wirklich Wissenswertes nicht gelernt werden kann."

Oscar Wilde

1. Bildung als Universalschlüssel

Nicht nur unter engagierten Lehrerinnen und Sozialarbeitern, die mit politischer Bildungsarbeit befasst sind, herrscht Einverständnis darüber, dass Bildung das probate Mittel zur Verhinderung aller denkbaren Übel sei. Auch über die inhaltlich befangenen Professionen hinaus wird keiner der hierzulande öffentlich Diskutierenden den gesellschaftlichen Nutzen dessen, was als Bildung verhandelt wird, infrage stellen; ausnahmslos erscheint sie als subjektgewendete Lösungsweise für sozialpolitisch Unliebsames. Dabei steht die Frage nach einem Begriff der Bildung, also danach, was diese unter herrschenden Bedingungen ist oder sein könnte, nicht zur Debatte. Zur Differenz zwischen Phrase und Begriff im traditionsreichen Bildungsdiskurs notierte Theodor W. Adorno vor fast 50 Jahren: Die „Frischfröhliche Verbreitung von Bildung unter den herrschenden Bedingungen ist unmittelbar eins mit ihrer Vernichtung" (Adorno 1979: 210). Die regelmäßigen Forderungen nach bildungspolitischen Offensiven, in der die Bildungssubjekte als Zwecke für die Zukunft der Nation gesetzt sind und die von den berufsmäßigen Politikern und Kulturrettern ausnahmslos aller demokratischen Parteien vorgetragen werden, sind meist nicht mehr als Manifestationen ebenjener frisch-fröhlich daherkommenden Bemühung, unter wortreichem Pathos die real vorherrschenden Bildungsziele Produktivität und Staatsloyalität werbend zu präsentieren. Immer dann, wenn von ‚Bildungsverlust' oder komplementär von ‚Kulturverfall' die Rede ist, wird eine nationale Bildungs- und Kulturtradition beschworen, die als Erfolgsgeschichte vom Land der Dichter und Denker firmiert. Je pathetischer von Bildung gesprochen wird, desto schärfer wird die Abgrenzung von allem Ungebildeten und Kulturlosen. Elitärer Distinktionsgewinn im Inneren und Abgrenzung nach Außen sind jeglichem Geraune von Bildung inhärent. Bildung erscheint dann „als Besitz, als sozialreputative Aktivposten, mit denen man sich schmückt" (Bollenbeck 1994: 27); als privater und kollektiv gehegter Narzissmus. Durch ihre Nationalisierung wird verunmöglicht, was Bildung auch sein könnte: eine Möglichkeit, die Restvernunft der Einzelnen gegen die Übermacht des Gesamtzusammenhangs auszubilden und zu verteidigen. Weil die ideologische Verhunzung eines Begriffs nicht notwendigerweise diesen selbst eskamotiert, wird im Folgenden der Begriff Bildung, den Wilhelm von Humboldt maßgeblich geprägt hat, zur Diskussion gestellt.

2. ‚Edukation' im Geiste der Aufklärung

Der Bildungsbegriff, der hier vorgestellt wird, hat seinen Ursprung in den philosophischen und pädagogischen Auseinandersetzungen, die den Übergang von der Feudalgesellschaft zur Gesellschaft des Kapitals begleiten. Die praktische Befreiung des Individuums aus unmittelbarer Abhängigkeit ist zugleich die historische Voraussetzung des neuzeitlichen Erziehungs- und Bildungsbegriffs.[1] In der bürgerlichen Gesellschaft sind die zu Erziehenden und zu Bildenden nicht nur mehr das Material, das in die gesellschaftliche Ordnung hineinzudisziplinieren ist. Erziehung soll nicht mehr allein „den Nacken beugen, die Zunge beherrschen, den Gaumen zügeln, den Zorn beschwichtigen und den Gang regeln" (Mollenhauer 1968: 97), sondern die Heranwachsenden zur Entfaltung ihres subjektiven Vernunftvermögens befähigen. Aus primitiver Natur sollen Vernunftmenschen geformt werden, denen nicht nur die selbstmächtige Bemeisterung der Welt, sondern auch Einsicht in übergeordnete Gattungs-Prinzipien gelingen soll. Kant weist der Erziehung eine grundlegende Rolle zu. Sie soll den Prozess des Übergangs „aus der Rohigkeit eines bloß tierischen Geschöpfes in die Menschheit, aus dem Gängelwesen des Instinkts zur Leitung der Vernunft, mit einem Worte: aus der Vormundschaft der Natur in den Stand der Freiheit" besorgen. Soll das teleologisch bestimmte Ziel von „einem künftigen glücklichern Menschengeschlechte" erreicht werden, muss Erziehung ihren Beitrag leisten; denn hinter der „Edukation steckt das große Geheimnis der Vollkommenheit der menschlichen Natur" (Kant, zitiert in Herrmann 1993: 43). Kindheit und Jugend werden in der bürgerlichen Gesellschaft durch die Etablierung der Kleinfamilie zu separat wahrgenommenen Erfahrungsräumen. Die familiären Interaktionsmuster in der geschlossenen Familiengesellschaft wirken

1 Beide Begriffe werden in Deutschland zunächst synonym gebraucht. Erst später, in den Jahrzehnten um 1800, bekommt der Begriff seinen spezifischen Bedeutungsgehalt (vgl. Bollenbeck 1994: 96f.).

zugleich disziplinierend und intimisierend. Die Ausbildung von Verhaltensqualitäten, die zur Betriebsführung und geregelten Lohnarbeit nötig sind, bedarf eines sozialisatorischen Vorlaufs, innerhalb dessen triebhafte und eigenwillige Impulse domestiziert werden. Dieser Erfahrungsraum ist für den bürgerlichen Nachwuchs noch nicht unmittelbar von Arbeit bestimmt. Der relative Freiraum, in dem auch die individuelle Einführung von Distanziertheit möglich wird, soll pädagogisch bemeistert werden, was der Pädagogik eine konstitutive Rolle in der arbeitsteiligen Gesellschaft einbringt. Fragen nach der gemäßen Erziehung und Bildung des Menschen gewinnen an Relevanz. Kaum einer der bedeutenden Philosophen der Epoche der Aufklärung spart Fragen solcherart aus. Das Kind als Gegenstand pädagogischer Maßnahmen ist im Aufklärungsdiskurs somit nicht mehr bloß Instrument unmittelbarer Herrschaft, sondern entwicklungsfähiges und eigenständiges Individuum – wohl mehr noch in den philosophischen Zusammenhängen, als in den realen. Denn selbst den Aufklärern schon sind die Nachwachsenden neben dem Zweck, der sie an sich sein sollen, immer auch Ressource im Einsatz für eine bessere Zukunft der Gattung Mensch. Der Glaube an die Perfektibilität des Gattungs-Menschen entspringt dem bürgerlichen Zukunftsoptimismus, der umso drastischer wurde, je reibungsloser die Beherrschung der Natur gelang. Im Verlauf dieses Prozesses schimmert nicht nur die Freiheit für die Individuen und das Ziel einer vollkommenen Menschheit auf, sondern auch deren praktische Widerlegung. Die Besinnung der Einzelnen auf sich selbst und die sie umgebende Welt wirkt als reale Geistestätigkeit und Ideologie zugleich.[2] So sehr durch die Kapitalentwicklung der unmittelbare Zugriff auf die Einzelnen durch die realabstrakten Verlaufsformen des Tauschverkehrs abgefedert wird, für die Individuen Frei- und Zwischenräume entstehen, in deren Schutz subjektive Qualitäten gebildet werden, die eine Aufklärung über Aufklärung erst ermöglichen, und konkrete Handlungs-Optionen nicht nur zum Schein eröffnet und erweitert werden, so sehr unterliegen die Individuen einem neuen Zugriff durch den in der wertförmigen Gesellschaft sich konstituierenden quasi-natürlichen Zwang universeller Vermittlung. Sie geraten nicht nur in relative Freiräume, sondern auch als Erkenntnisobjekte in „das Prinzip der Immanenz, der Erklärung jeden Geschehens als Wiederholung"

2 Der epochale pädagogische Perspektivenwechsel im Zeitalter der Aufklärung, welcher in der pädagogischen Literatur als Beginn einer ‚Pädagogik vom Kinde aus' benannt wird, kommt der Erziehung „vornehmer Jünglinge" (Bernfeld) zugute, während für die meisten Kinder die im wörtlichsten Sinne bildende Kraft des Arbeitens genügen sollte. Von der Klassenspezifik der Kindesentwicklung will Pädagogik keine Notiz nehmen.

(Adorno 2000: 18). Der Zwang zur Wiederholung im Denken entspringt dem realen Zwang zur Gleichförmigkeit im Produktions- und Zirkulationsprozess. Gleichheit ist von Beginn der bürgerlichen Gesellschaft an schon real: als repressive Egalität. Nicht nur die Waren, sondern auch ihre Produzenten, Verkäufer und Käufer werden kommensurabel. Während die Aufklärung das „Unrecht der alten Ungleichheit" zersetzt, „schneidet" sie „das Inkommensurable weg. Nicht bloß werden im Gedanken die Qualitäten aufgelöst, sondern die Menschen zur realen Konformität gezwungen." (ebd.: 19)

So sehr Selbstzweck, wie die bürgerliche Ideologie es zumindest den Ihrigen verspricht, sind die empirischen Einzelnen nicht. Auch bei Kant wird der Einzelne im teleologischen Denken der Gattung subsumiert. Dass ihre Freiheit immer auch die Freiheit zur besinnungslosen Hingabe an eine Praxis ist, deren ökonomisches Subjekt, der Wert, die Einzelnen als Anhängsel setzt, bleibt unausgesprochenes Betriebsgeheimnis. Dass die protegierte Erziehung zur Vernunft auch eine ist, die das Kinde zum Objekt macht, und unter den herrschenden ökonomischen und politischen Verhältnissen auch eine ist, die die Einpassung des Kindes in den Vollzug der Ordnung besorgt, gehört zu den verdrängten Momenten fast ausnahmslos aller (Aufklärungs-) Pädagogik. Das Kind ist gerade bei denen, die am rührseligsten von seiner Unverdorbenheit und Potentialität sprechen, auf Anderes bezogen und nicht Zweck an sich: „Das Kind ist Mittel zum theologischen, ethischen, sozialutopischen Zweck" (Bernfeld 2000: 37). Der Selbst-Wert des Einzelnen ist unmittelbar gebunden an seine Rolle im Prozess des blind angepriesenen Fortschritts von Staat und Kapital.[3]

Der Pädagoge Peter Villaume formuliert eine repräsentative Programm-Metapher für die Aufklärungspädagogik: „Man kann von dem Menschen sagen, dass er ein Rad in einer großen Maschine, der Gesellschaft, ist. Das Rad muß genau in die andern Theile greifen" (Villaume, zitiert in Vallentin 1999: 27), der Mensch habe die Pflicht, „sich um die Gesellschaft verdient zu machen und ihr nützlich zu werden" (ebd.: 25). In aller Konsequenz wird hier das regressive Moment der Aufklärung samt ihrer praktischen Anweisungen affirmativ festgehalten. Nur was nützlich und brauchbar ist, verdient

3 Die im Streit zwischen Aufklärungspädagogen und Neuhumanisten noch klare Differenz zwischen partikularistischer Staatsbürger-Erziehung und universeller Erziehung zum Menschen an sich wird bald schon ideologisch überwölbt durch die Nationalisierung der vermassten Individuen, die in der völkischen Mobilmachung endgütig alles Zivilisierende ablegt. Der Staat als ‚militanter Garant des verkehrten gesellschaftlichen Zusammenhangs' (Bruhn) übernimmt in der nachliberalen Massengesellschaft die Generaldirektion über die Erziehung.

gefördert zu werden. Die Instandsetzung und Kontrolle der ,großen Maschine' wird dem Staat überantwortet. So sind es die Aufklärer selbst, die die historische Möglichkeit einer Befreiung aufheben und die Transformation alter Unfreiheit in ein neuartiges Stadium perennierender Unfreiheit mitgestalten: „Die dafür erforderliche Theorie, die die Aufklärung als Befreiung im pädagogischen Gedanken ausdrücken wollte, war es schließlich selbst, die zugleich die Unterwerfung der befreienden Pädagogik unter den Staat dekretierte" (Blankertz 1982: 82).

3. Politische Dialektik des neuhumanistischen Bildungsgedankens

Die durch neuhumanistische Bildungstheoretiker[4] entwickelten Begriffe entstehen in Auseinandersetzung mit der Aufklärungspädagogik des ausgehenden 18. Jahrhunderts. Die Verteidigung des Sinnes alter Sprachen für die individuelle Bildung in der Gegenwart, die Forderung nach einer universellen und formalen Bildung anstelle einer an nützlichen Inhalten und gesellschaftlichen Zwecken orientierten Pädagogik, die Kritik des Staates und die Entschlossenheit, mit der Individualität gegen alles Determinierende abgedichtet wird, sind gleichsam Antworten auf die philosophischen und pädagogischen Gebrauchsanweisungen der Aufklärung. Zu Recht weist Georg Bollenbeck auf den teilweise reaktionären Gehalt der neuhumanistischen Attacken gegen die Aufklärung hin und bestimmt dessen fortdauernde Attraktivität: „In der Polemik gegen den Philanthropismus finden wir schon die Formeln späterer Kulturkritik, wenn etwa von einer ,mechanischen Fertigkeit' oder einem ,seelenlosen Mechanismus' in der ,materiellen Produktion' gesprochen wird" (Bollenbeck 1994: 150). Zweifelsohne war der neuhumanistischen Idee nicht selten antiaufklärerisches Ressentiment beigemischt. In seiner 1807 erschienen Polemik gegen die Aufklärungspädagogik „Über die Schulbildung zur Bestialität", ein nach wie vor äußerst lesenswerter Text, verleiht Ernst August Evers seiner Befürchtung Ausdruck, dass der „humane Mann" auf den Müllhaufen der Geschichte abtrete und polemi-

4 Während Neuhumanisten wie Reinhold Bernhard Jachmann, Carl August Evers, Friedrich Immanuel Niethammer oder Wilhelm von Humboldt in der Debatte zur anstehenden Schulreform zu Beginn des 19. Jahrhunderts eine zweckfreie und berufsferne Bildung zum Zwecke der Entfaltung der ,ganzen Persönlichkeit' fordern, in welcher den alten Sprachen eine entscheidende Rolle zukommen sollte, zweifelten Aufklärungspädagogen wie Trapp oder Campe am Nutzen der alten Sprachen für eine gegenwärtige Erziehung und forderten stattdessen Utilitarismus und Pragmatismus: die Vermittlung von Berufsspezifischem und moderner Wissenschaft zum Zwecke gesellschaftlichen Fortschritts (Blankertz 1982: 89 f).

siert gegen einen neuen, durch die Aufklärungspädagogik produzierten Menschentypus, den „Tiermensch", welcher „für das Höchste wie für das Niedrigste nur einen Maßstab", und zwar „den Ertrag" habe (Evers 1962: 53). In Evers' Charakterisierung des ‚Tiermenschen' schwingen ebenjene Ressentiments gegen die Aufklärung mit, die in Deutschland stets wirkmächtiger geblieben sind als die Ideen der Aufklärung selbst. „[Z]urückbebend vor jeder kühnen Folgerung, vor jeder neuen Entdeckung oder Anwendung einer Entdeckung, die ihn in seinem mechanischen Schneckengange zu stören droht, brandmarkt er jeden Versuch dieser Art mit dem höhnenden Versuch der Aufklärung: selbst wenn er (ein seltner Fall!) durch Not getrieben weiter geht und Neues zu entdecken versucht, so ist es ihm nicht um Wahrheit, sondern nur um ein Rezept zum Wohlbefinden zu tun, und die Wissenschaft sinkt ihm herab zum Hausmittel für den Hausbedarf. Auch alle seine moralische Tatkraft hat der Egoismus verschlungen" (Evers 1962: 54).

Der begründeten Kritik an der Aufklärung, dass durch systematische Vorentscheidungen bloß Immergleiches zugelassen werde, dass in ihrem Wissenschaftsbetrieb „der Prozeß von vornherein entschieden ist" (Adorno 2000: 31), ist hier, in der Geißelung des Pragmatismus und Egoismus, die regressive Feindschaft gegen rationales und selbstbezogenes Handeln, das in seiner Bewahrung praktischer Vernunft romantisch-abwendendem Welthass ebenso wie antikapitalistischer Mobilmachung vorzuziehen ist, eingeschrieben.[5] Allerdings wäre es falsch, den Neuhumanismus auf die ideologisch genormten Fehlschlüsse manch seiner Vertreter zu reduzieren. Denn ob Wilhelm von Humboldt als Repräsentant eines heute noch wirksamen „spezifisch deutschen Bildungsideals", der „wie kein anderer" die „problemgeschichtliche Tradition" (Bollenbeck 1994: 151) verkörpere, zu begreifen ist,[6] müsste an seinen Texten erwiesen werden und nicht daran, wie Hum-

---

5 Dass genau jene regressiven Momente in Deutschland durchgesetzt werden, lässt sich am zeitgenössischen Antiamerikanismus, dessen kulturkonservative Anhängerschaft durch Ausfälle deutscher Kulturhüter gegen amerikanischen Materialismus regelmäßig verzückt wird, besonders hervorragend exemplifizieren. Karl Kraus gelangte schon vor 90 Jahren zur trefflichen Entlarvung eines schier untilgbaren Phänomens: „Die Selbstlosigkeit, aus der deutsche Kulturhüter sich zu Protesten entschließen, ist wohl am deutlichsten in der Tatsache ausgeprägt, dass kein einziger von ihnen auch nur einen Augenblick vor der Möglichkeit erschrickt, man könnte seine Existenz zum Beweise heranziehen, daß in Deutschland gar keine Kultur in Gefahr ist" (Kraus 1919).

6 Humboldt wird vorgeworfen, einer Enthistorisierung der Subjekte der Bildung und der Vergeistigung der Objekte der Bildung zugearbeitet zu haben. Zudem sei in seinen Theorien der Bildungsbegriff zu stark aufgewertet worden, während er den Kulturbegriff abgewertet habe.

boldt in hegemonialen Diskursen vorgestellt und präsentiert wird.[7] Humboldt als den Stichwortgeber kulturkonservativer Gegenaufklärung einzusetzen, geht allein schon deshalb an der Sache vorbei, weil Humboldt keine direkte Auseinandersetzung mit den Aufklärungspädagogen niedergeschrieben hat.[8]

Mehr noch als solche politischen Proklamationen, die von einem Optimismus getragen sind, dessen Wirkungsmacht nur unter Reflexion auf die spezifisch-historische Epoche, in der Humboldt lebte und dachte, angemessen gedeutet werden kann, zeigen Humboldts theoretische Überlegungen, dass er nicht als Kronzeuge deutscher Befindlichkeiten, sondern als universalistischer Aufklärer zu gelten hat. Und dass sein Humanismus nicht bloß der herrschenden Unfreiheit den nötigen Schein verleihen sollte, sondern realistische Menschlichkeit zum Ziel hatte, lässt sich besonders eindrucksvoll an seinen Schriften zur Gleichstellung der Juden exemplifizieren. Allein durch diese Intervention wird die Behauptung, Humboldt habe apolitische Anpassung durch Rückzug in Vergeistigung und Innerlichkeit protegiert, ad absurdum geführt. Während bei seinen Zeitgenossen fast ausnahmslos judenfeindliche Ressentiments zu finden sind (vgl. Horkheimer 1988), setzt er sich in aller Deutlichkeit für sofortige und kompromisslose Gleichstellung von Juden ein: „Meiner Überzeugung wird daher keine Gesetzgebung über Juden ihren Endzweck erreichen, als nur diejenige, welche das Wort Jude in keiner andern Beziehung mehr auszusprechen nöthigt, als in der religiösen, und ich würde allein dafür stimmen, Juden und Christen vollkommen gleich zu stellen" (Humboldt 1960a: 109). Die Anordnung, Juden in Verzeichnissen aufzulisten, bezeichnete er als „kleinliche Aengstlichkeit, daß sich ja kein Fremder ansiedele" (ebd.: 103). Joachim Heydorn nennt diese Schrift „eines der mutigsten Dokumente der Deutschen Literatur" (Heydorn 2004b). Das

7 Während Bollenbecks grundlegende Kritik des deutschen Kultur- und Bildungsbegriffs oftmals Vernachlässigtes trifft, gelingt ihm keine überzeugende Analyse der bildungspolitischen Texte Humboldts. Vor allem, weil er bevorzugt das heranzieht, was seiner Argumentation zu Gute kommt, Entgegenstehendes aber unerwähnt lässt. Zu ganz anderen Ergebnissen kommt nach weiterreichenden Auseinandersetzungen etwa Dietrich Benner (1990).

8 Die politischen Revolten und Maßnahmen im Kontext der Französischen Revolution lehnte er ab und redete einer so genannten ‚Revolution von Oben' das Wort. Die Aufklärung, verstanden als aufklärendes Denken, verwirft er aber nicht einmal mit Blick auf die Geschehnisse in Frankreich: „Die Menschheit hatte an einem Extrem gelitten, in einem Extrem musste sie ihre Rettung suchen. Ob diese Staatsverfassung Fortgang haben wird? Der Analogie der Geschichte nach, Nein! Aber sie wird die Ideen aufs neue aufklären, aufs neue jede thätige Tugend anfachen, uns so ihren Segen weit über Frankreichs Gränzen verbreiten." (Humboldt 1791, zitiert in Benner 1990: 38)

stimmt wohl, was nicht nur für Humboldt, sondern vor allem auch gegen das spricht, was Heydorn ‚Deutsche Literatur' nennt. Das entsprechende Denkmal sollten ihm dann auch die deutschesten der Deutschen, die erkannt hatten, dass mit Humboldt kein antisemitischer Volksstaat zu machen ist, setzen: „Die nationalsozialistischen Humboldtforscher nehmen Humboldt nicht als Vorbild in Anspruch, zu dem ihre Gegenwart aufschauen und nach dem sie sich richten könne, sondern er erscheint als der Gegentypus. Humboldt wird als eine Gestalt gezeichnet, die fast alle Entscheidungen grundsätzlich anders traf als der Mensch des Nationalsozialismus" (Kawohl 1969: 64).

4. Wilhelm von Humboldts Theorie individueller Bildung

„Then you better start swimmin' or you'll sink like a stone."

Bob Dylan

In seiner 1792 entstandenen Schrift „Ideen zu einem Versuch, die Gränzen der Wirksamkeit des Staats zu bestimmen" formuliert Humboldt den Zweck und den Maßstab seiner politischen und philosophischen Theorien:

> „Der wahre Zwek des Menschen – nicht der, welchen die wechselnde Neigung, sondern welchen die ewig unveränderliche Vernunft ihm vorschreibt – ist die höchste und proportionirlichste Bildung seiner Kräfte zu einem Ganzen. Zu dieser Bildung ist Freiheit die erste, und unerlässliche Bedingung. Allein ausser der Freiheit erfordert die Entwikkelung der menschlichen Kräfte noch etwas andres, obgleich mit der Freiheit eng verbunden, Mannigfaltigkeit der Situationen. Auch der freieste und unabhängigste Mensch, in einförmige Lagen versetzt, bildet sich minder aus." (Humboldt 1960c: 64)

Im Mittelpunkt seiner Reflexionen, die nicht als pädagogische Gebrauchsanleitungen konzipiert sind, steht das Individuum in einem Sinn, „der nicht einfach das biologische Einzelwesen, sondern das durch dessen Selbstreflexion als Einheit erst konstituierte meint" (Adorno 1973: 218). Seine Parteinahme für das Individuum gegen dessen gesellschaftliche Vereinnahmung wendet Humboldt nicht bloß gegen expandierende Staatszwecke, sondern gegen alle Tendenzen einer Vereinnahmung der Individuen. Humboldts Innervieren auf das Individuum ist nur zu begreifen als Versuch, die konkreten Einzelnen gegen den allgemeinen Zwang zu immunisieren.[9] Inmit-

9 Wohl deswegen sollte der Staat, das Medium solch falscher Vermittlung, sich aus Erziehung heraushalten. Die ‚Lufthoheit über den Kinderbetten', die der SPD-

ten des Determinierenden besinnt sich Humboldt auf das Individuum, welches ihm als ausschließliches Subjekt der Bildung und Aufklärung gilt. Humboldt präzisiert seine durchaus idealistischen Thesen nicht bloß als affirmative Heilsversprechen, sondern als Prämissen, denen die Erkenntnis gesellschaftlichen Unheils stets beigemischt ist:

> „Der Mensch erscheint also seltner als die einzige Ursache einer Begebenheit und noch seltner als unmittelbare. Er handelt nicht allein oder nicht frei oder wenigstens nicht selbst und geradezu. Das Zusammenwirken der Menschen und Ereignisse ist so vielfach und mächtig geworden, daß wir weit öfter den Zufall – das Zusammentreffen kleiner, für sich nicht bemerkbarer Umstände – als den Entschluß einzelner herrschen sehen" (Humboldt, zitiert in Heydorn 2004b: 116).

Viel mehr als unbestimmtes Unbehagen liegt seiner Kritik des Allgemeinen nicht zugrunde. Wodurch die Menschen determiniert sind, steht nicht zur Debatte: Humboldt entwickelt keine hinreichende Kritik der politisch-ökonomischen Verhältnisse seiner Zeit – politisch bleibt er Liberaler. In seiner anti-etatistischen Staatskritik gelangt er noch nicht zu jenen radikalen Konsequenzen, die einige Jahre später von Marx entwickelt werden. Ebenso wie seine humanistischen Zeitgenossen abstrahiert auch Humboldt allzu eilfertig von den herrschenden Realitäten. So schreibt Wolfgang Klafki in seiner Reformulierung des klassischen Bildungskonzepts mit Blick auf die neuhumanistische Theoriebildung mit gutem Recht, dass „die ökonomisch-gesellschaftlich-politischen Bedingungen der Einlösung jenes allgemeinen Bildungsanspruchs von keinem Denker jener Epoche mit hinreichender Konsequenz reflektiert worden ist" (Klafki 1996: 22).[10]

Die gesellschaftliche Determination ist nach Humboldt nicht total, eine „unbekannte Größe" bleibt zurück, „die primitive Kraft, das ursprüngliche Ich, die mit dem Leben zugleich gegebne Persönlichkeit." Auf ihr basiere die

---

Politiker Scholz gefordert hat, ist das Kontrastprogramm zur humanistischen Bildung, die keinem anderen Zwecke dienstbar gemacht werden sollte. In einem gänzlich anderen Sinn als Scholz, aber auch einem gänzlich anderen als der postnazistischer Ideologen, die den Staat ins Innere verlagern wollen, ist das Staatsverständnis von Humboldt. Er hält am unauflöslichen Widerspruch zwischen Individuum und Staat fest.

10 Zur epochalen Verzichtsleistung zählt auch das theoretische wie praktische Übergehen von Mädchen und Frauen in den Konzeptionen zur humanistischen Bildung. Gleichwohl wird die Determination der Einzelnen ‚unerbittlich gefasst' (Heydorn). Die Vereinheitlichung alles Seienden wird antizipiert und daraus die Erkenntnis gewonnen, die Verschiedenheit der Kräfte gegen die platonische ‚Erlösung des Denkens in der ewigen Ruhe des Schönen' kultivieren zu können (Borsch 1990: 116).

Freiheit des Menschen. Gegen das „Übergewicht der Kultur" fordert er weder Affirmation noch Aufgabe, sondern Selbstreflexion: „Wir wissen auch, was wir sind, und blicken darüber hinaus" (Humboldt, zitiert in Heydorn 2004b: 115). Die Hoffnung auf ‚sprachmächtige Vernunft' ist und bleibt Ausgangspunkt seiner Bildungstheorie. Die Bildung, die Humboldt fordert, soll frei von allen Zwecken und von gesellschaftlicher, staatlicher oder technischer Verplanung sein. Dabei übersieht er, dass genau dies, die Ausbreitung neuer Unfreiheit, sich durch die gesellschaftliche Praxis einer sich ausbreitenden Warengesellschaft bereits durchgesetzt hat und das Unheil voranschreitet. Dessen ungeachtet hält er stoisch am idealistischen Gedanken fest, dass der wahre Zweck des Menschen nur „die proportionirlichste Bildung seiner Kräfte zu einem Ganzen" sein könne. Es soll nicht sein, dass die Einzelnen gesetzt sind als Mitzuschleppendes auf dem Weg zu einer wie auch immer teleologisch vorgestellten Menschheit. Seine Verteidigung des Individuums ist deshalb nicht ausgeschrieben als harmonisierender Appell an die Heteronomen, sondern als Fluchtpunkt. Die Separation des Individuums und seiner Bildung sei, so Heydorn, nicht illusionär, sondern der „Versuch, den Menschen in ein wie immer auch bedrohtes Versteck zu retten" (Heydorn 2004b: 216).

Was Humboldt von der deutschen Romantik unterscheidet, ist seine spannungsreiche Unentschiedenheit im Verhältnis zur Wirklichkeit. Wohl lassen sich bei ihm Momente des Rückzugs in die Innerlichkeit finden, doch hält er an der Notwendigkeit praktischer Veränderung fest. Rückzug – „Es war eine tötende Gleichgültigkeit in mir, so gar keine Erwartung" –, lässt sich bei Humboldt ebenso finden wie pathetische Auslassungen zum „Auf- und Niedergange der Sonne" (ebd.: 114). Dennoch führt alle romantische Attitüde, die sich in seinem fragmentarischen Werk finden lässt, nicht zur Verdrängung oder Umdeutung herrschenden Elends. Das Studium der Sprache, der Musik oder die Praxis des Zeichnens – ästhetische Bildung – soll die Individuen befähigen, in Distanz zum gesellschaftlichen Handlungszwang treten zu können. Deutsche Innerlichkeit, Rückzug von der Welt oder romantischen Antikapitalismus protegiert er nicht. Die Gesellschaft ist ihm nicht Anlass zu trotzigem Rückzug in konstruierte Geistigkeit, sondern Feld individueller Bewältigung. „Jede Beschäftigung vermag den Menschen zu adeln, ihm eine bestimmte, sehr würdige Gestalt zu geben. […] Nur auf die Art, wie sie betrieben wird, kommt es an – nämlich durch die vollständige Einsicht der streng aufgesuchten Gründe und die Erhebung zu einer allgemein gültigen Anschauung, die die Denk- und Einbildungskraft zur äußersten Anspannung bringt" (Humboldt, zitiert in Gruschka 2004: 22). Anspannung des Denkens statt Ruhe: Falsche Versöhnung, das Geschäft der späteren Pädagogik, war ihm als zu Kritisierendes noch gegenwärtig. Auch wenn Humboldt dann, wenn er ‚jede Beschäftigung' als potentiell würdevoll verklärt, im Sinne hat, dass das Besondere als Allgemeines erst im formal geschulten Denken erschlossen werden kann, wird die Invektive, wenn sie auf die Realität bezogen wird, unwahr und zynisch. Durch die Nivellierung der konkreten Tätigkeit kann selbst den elendsten Arbeiten der schöne Schein angedichtet werden.

Besonderes und Allgemeines im individuellen Prozess zusammenfinden lassen zu können, ist seine Hoffnung. Medium des Vermittlungsprozesses zwischen Ich und Welt ist die allem Denken vorausgesetzte Sprache. Denken wird an Sprache gekoppelt.[11] In der Sprache ist das Allgemeine, die Vernunft, objektiviert; zugleich gilt sie ihm auch als Medium individuellen Begriffs- und Gestaltungsvermögens. In begrifflicher Auseinandersetzung mit der objektiv vorgegebenen Sprache sei dem Menschen die Möglichkeit gegeben, eine vernünftige Bewältigung der Welt zu bewirken. Zugleich könne es dem Menschen nur so, in Ausbildung seines Sprachvermögens, gelingen, seine individuellen Potentiale bestmöglich zu entfalten.

Die gängige Rede, in der Humboldt allein als geistiger Vater einer humanistischen Schulform vorkommt, blamiert sich schon am von ihm eingeführten Bildungsbegriff selbst. Bildung ist ihm nicht ein zeitlich fixiertes Intermezzo, das mit einem Zertifikat zum Eintritt in die Berufswelt endet, sondern lebenslanger Prozess selbstreflexiver Konstitution: „Die unendliche Aufgabe, das war Individualität selbst" (Blankertz 1982: 101). Mehr noch als bei Kant, der die empirischen Individuen dem Gang der Gattung einverleibte, bleibt der Gedanke des Selbstzwecks der Individuen theoretische und praktische Bestimmungsgrundlage. Die bestmögliche Entfaltung der Menschheit schwebt auch Humboldt vor, die Idee menschlicher Vollkommenheit ist bei ihm aber nicht als teleologische Zielbestimmung ausgestaltet. Der Sinn von Geschichte liegt nicht in einem Ziel. Sinn bewährt sich an der Bildung des konkreten Einzelnen. Die ‚Idee des Menschlichen' verwirklicht sich in den Einzelnen, sonst nirgendwo. Auch nicht im Staat, dem vorzüglichsten Adressat kapitaler Sinnstiftungswünsche. Anders als die Staatstheoretiker vor ihm, fragt er in seiner Staatstheorie nicht nach einem ‚Ursprung'

11 Dietrich Benner verortet die Sprachtheorie philosophiegeschichtlich und erblickt in ihr eine grundlegende Erweiterung der Erkenntnistheorie Immanuel Kants. Die von Kant aufgestellte „bloße Entgegensetzung" zwischen intelligibler Welt der Dinge an sich und empirischer Welt werde durch Humboldts vermittelnde Instanz Sprache aufgehoben, wodurch die Sprachtheorie hier über Kant hinausführe (Benner 1990: 106). In der Tat, indem Humboldt die Sprache als eine Kraft geistigen Gestaltens konzeptualisiert, erweitert er den Rahmen erkenntnistheoretischen Philosophierens.

des Staates, sondern nach dessen Zweck. Er ersetzt die genetische durch die funktionale Betrachtungsweise (Borsche 1990: 41) und kommt zu dem Ergebnis, dass der Staat keinen eigenständigen Zweck habe. Statt Erzieherisches zu wollen, solle er nur das Nötigste unternehmen: die Handlungsfreiheit der Bürger schützen, um somit freie Zwecktätigkeit zu wahren: „einmal sind schon Gesetze nicht der Ort, Tugenden zu empfehlen, sondern nur erzwingbare Pflichten vorzuschreiben, und nicht selten wird nur die Tugend, die jeder Mensch nur freiwillig auszuüben sich freut, dadurch verlieren" (Humboldt, zitiert in: Ostermann 1993: 144).

Bildung zielt, das ist angesprochen worden, auf die Vermittlung zwischen der individuellen und der gesellschaftlichen Existenz. Kristallisationspunkt des lebenslangen Bildungsprozesses ist die Individualität. In seinem Konzept ist sie als ursprüngliche Entität gesetzt und ist die kreative Kraft in der Konfrontation von Ich und Welt. Erst in dieser Auseinandersetzung wird Freiheit konkret. Dietrich Benner folgert, dass der Freiheitsbegriff von Humboldt nicht positiv als affirmative Freiheit gesetzt war, sondern als fortdauernde Bestimmung, „Nicht-Identität als Moment der eigenen Bestimmung anzunehmen" und „weder mit sich selbst, noch mit einem bestimmten Weltinhalt identisch zu sein." (Benner 1990: 52 f) Was Humboldt anstelle einer teleologischen[12] oder identitätsstiftenden Verbrüderung fordert, ist, durch geistige Auseinandersetzung mit der Welt zu höchstmöglicher Erkenntnis zu gelangen. Wenn er nun das Denken und die Bildung auf ein ‚Ganzes' bezieht, dann ist das negativ bezogen auf standesspezifische ebenso wie auf industrielle, warenförmige Einseitigkeit. Bildung in Bezug aufs Ganze meint dann nicht nur das Vermögen, sich der Temporalität menschlicher Existenz bewusst zu werden und auf Erfahrung basierend Vergangenheit auf Zukünftiges zu beziehen, sondern auch das Vermögen, mannigfaltige Einseitigkeiten nicht nur summarisch fassen, sondern in ihrem Zusammenhang aufeinander beziehen zu können: Aufs Ganze der Vermittlungen bezogene Selbstreflexion.

Woran Humboldt festhält, ist die dem Menschen eigene Potentialität zu geistiger Selbsttätigkeit und bestimmter Reflexion. Bildung entfaltet sich im Spannungsverhältnis zwischen Denktätigkeit und Mannigfaltigkeit der

12 „Den Gedanken an originale Identität verwirft Humboldt. Keiner Originalität nacheifern zu können stellt die Aufgabe und zugleich die neuzeitliche Grundaporie einer Bildung dar, in der der Mensch seine Bestimmung gerade nicht mehr aus der Zugehörigkeit zu einem bestimmten Stand bezieht, auch nicht eine fiktive Bestimmung als Lebensziel setzen kann, um sich dieser dann unterzuordnen, sondern seine Unbestimmtheit als Moment seiner Bestimmtheit und Ausdruck seiner Inperfektheit aushalten muss." (Benner 1990: 53)

Situationen, was impliziert, dass Bildung in Verhältnissen, die durch die Wiederholung des Immergleichen konstituiert sind, nicht zu haben ist. Einzige Bestimmung ist der je spezifische Bildungsprozess, die ‚proportionierlichsten' Bilder der Kräfte zu einem Ganzen. Wenn auch Humboldt selbst in seiner Zeit nicht angetreten ist, um die herrschenden Zustände zu verewigen, sondern im Gegenteil dort, wo er wirkt, auf Veränderung setzt und dabei die revolutionäre Tat, die ihm durch die Französische Revolution vor Augen steht, ablehnt, konnten sich Generationen von deutschen Bildungsphilistern in restaurativer Absicht auf den Großmeister des deutschen Bildungsbegriffs beziehen; eben weil sein bildungsoptimistischer Subjektivismus die Determinationsmacht des Gesellschaftlichen, speziell des Ökonomischen und Politischen verkennt und dem Individuum größere Optionen beigibt, als diesem real je zukommen. Die Praxis individueller Bildung, die in permanenter Begriffsarbeit sich entfalten soll, war und ist privilegierter, als Humboldt zugeben wollte. Gleichwohl bleibt die Forderung trotz aller Widrigkeit als konkrete Utopie notwendig: „Wo der Zufall zu herrschen scheint, muß die Vernunftmäßigkeit seines Besitzes zu prüfen versuchen" (Humboldt, zitiert in Gruschka 2004: 221).

5. Max Horkheimer und der Kultus des Individuums

> „Wahrheit kommt nicht den Werbeworten zu, wie ernst sie gemeint sein mögen, sondern begrifflichen Zusammenhängen, der aufhellenden Theorie, die an der Welt sich abmüht, damit sie von ihrem Schrecken etwas verliert."
>
> *Max Horkheimer*

Max Horkheimer, der in seiner Ansprache zum „Begriff der Bildung" anlässlich der Immatrikulationsfeier der Universität Frankfurt im Jahre 1952 zentrale Gedanken zur Bildung vorträgt, entfaltet darin zugleich eine Kritik des klassischen Bildungsbegriffs. Humboldt, den er zusammen mit Herder, Schiller und Schleiermacher aufführt, ohne auf die Differenzen ihrer jeweiligen Bildungsideen überhaupt einzugehen, wirft er vor, einen „Kult des Individuums" verbreitet zu haben, was „auf das Ende substantieller Bildung und eben damit auf die Abschaffung des Individuums" hinauslaufe. Einem Vorrang subjektiver Formkraft setzt Horkheimer den Vorrang des Objekts entgegen: Gebildet werde man nicht dadurch, was man aus sich selbst mache, sondern „einzig in der Hingabe an die Sache, in der intellektuellen Arbeit sowohl wie in der ihrer selbst bewußten Praxis" (Horkheimer 1985b: 415). Hier kommt der Begriff der Erfahrung ins Spiel: die Fähigkeit, sich in „ein Anderes, Objektives ganz und gar verlieren (zu) können und arbeitend doch darin sich [zu] erhalten" (ebd.). Dazu allerdings, zur Entäußerung als der bestimmten Negation durch reflexives Bewusstsein, bedarf es – bei Strafe einer heillosen Überflutung und Regression des Hingebens an eine Sache ohne Bewusstheit für das eigene Interesse – der Versuche individueller Selbstsetzungen, die Humboldt als Zweck an sich zur Basis seiner Bildungstheorie machte. Das weiß auch Horkheimer, wenn er am Ende seines Vortrags festhält, dass es in „der Welt des Gegengeistes" allein auf „geistige Menschen" ankomme, „die nicht wie die manipulierten Massen überall auf brausende Worte und Führerrufe reagieren" und deren Schritte „einzig am eigenen entfalteten Denken und Gewissen" (ebd.: 418) sich messen lassen. Trotz der Übernahme grundlegender Prämissen aus der Humboldtschen Bildungstheorie bleibt die Kritik am klassischen Begriff der Bildung evident: „Die sogenannte Bildung der Persönlichkeit, die Verinnerlichung, die Rückwendung des gestaltenden Willens auf sich selbst, so viel Positives sie auch gewirkt haben mögen, trugen doch zweifellos zur Verhärtung der einzelnen Menschen, zum Hochmut, zum Privilegbewusstsein und der Verdüsterung der Welt bei" (ebd.: 414).

Die Fixierung aufs Ich, das nur noch sich selbst zum Objekt der eigenen Formung mache, impliziere eine Abkehr von der Realität. Die Geistestätigkeit werde von den Objekten der Außenwelt abgezogen und auf das sich selbst genügende Ich gewendet. Mit Blick auf die ihm vor Augen stehende perennierende ‚Bildungskrise' konstatiert Horkheimer, dass gerade „im Festhalten [des] aufs vereinzelte Ich bezogenen Bildungsbegriffs" eine der geistigen Ursachen für den Verfall auszumachen sei. Über den alten Bildungsbegriff, der sich vom Gesellschaftlichen bloß absetze, sei deshalb hinauszugehen. Auch wenn auf Horkheimers Humboldt-Kritik zutrifft, was Dietrich Benner als Kernproblem so mancher Humboldt-Kritik ausgemacht hat, nämlich, dass sich „nicht auf eine systematische Interpretation der Schriften W. von Humboldts, sondern auf das wirkungsgeschichtlich vorgefundene Humboldtverständnis" (Benner 1990: 103) gestützt wird,[13] trifft er in der Tat den schwächsten Punkt der Humboldtschen Bildungstheorie.

Die vorgestellte Individualität, die Humboldt mit metaphysischen Weihen versehen hat und als innere Formkraft versteht, mit Hilfe derer das Äußere dem „eigenen Wesen" anverwandelt werden soll, ist genuines Produkt der Aufklärung. Wenn er schreibt, dass alles Denken, das in Auseinandersetzung mit der äußeren Natur „die Masse der Gegenstände sich selbst

13 Darauf verweist die unbegründete Aneinanderreihung ganz unterschiedlicher Bildungstheoretiker ebenso wie das falsche Bild eines bloß auf Verinnerlichung setzenden Humboldt.

näher bringen" müsse, um „diesem Stoff die Gestalt seines Geistes aufzudrücken und beide einander ähnlicher [zu] machen" (Humboldt 1960c: 237), damit das Individuum in der Entfremdung sich nicht verliere, dann spricht die Dialektik der Aufklärung aus diesen Zeilen. Das Denken, das Humboldt hier protegiert, ist die Form klassifizierenden und identifizierenden Denkens in der bürgerlichen Gesellschaft, die unter der Vormacht des Tauschwertes zur Gleichmacherei tendiert. Dass die geforderte Angleichung von Stoff und Mensch fortschreitende Tendenz einer realen Bewegung ist, in welcher der Mensch sich im Zuge seiner Bewusstwerdung gleich wieder als Ding, als etwas zu Vergleichendes verliert, deutet Humboldt affirmativ. Seine Invektive erklingt unter der sich ausbreitenden Warenwirtschaft als Vorschein auf reale Autonomie und als Durchhalteparole zugleich. Die Potenz zu Formung, die er in maßloser Übertreibung den Subjekten zueignet, verkennt er auf Seite der Objekte. Die Präponderanz des Objekts, die real als Vormacht gesellschaftlicher Objektivität nicht nur erscheint, sondern auch wirkt, und die Adorno erkenntnistheoretisch wie folgt zuspitzt: „Vom Subjekt ist Objekt nicht einmal als Idee wegzudenken; aber vom Objekt Subjekt" (Adorno 1973: 184), wird von Humboldt nicht gefasst. Obwohl er die Vermittlung zwischen Subjekt und Objekt denkt und dabei gerade im menschlichen Sprachvermögen unerschöpfliche Gestaltungskraft konstruiert, begreift er Objektives, also vornehmlich Gesellschaftliches und damit Prozessierendes, nicht als Entgegenstehendes, das immer wieder Ohnmacht und Panik auf der Subjektseite produziert. Auch Humboldt will sich als Zeitgenosse des idealistischen Diskurses nicht von der – fragmentarisch angedeuteten – Ahnung leiten lassen, dass das Heteronome, das in Staat und ausbreitender Warenwirtschaft Zusammenfließende, mächtiger sei als die Möglichkeit, unabhängig zu denken und zu sprechen. Die Analyse der gesellschaftlichen Präformation dessen, was Humboldt als autonome Individualität ausschreibt, bleibt naiv: „Das Individuationsprinzip, Gesetz der Besonderung, an welche die Allgemeinheit der Vernunft in den Einzelnen geknüpft ist, dichtet diese tendenziell gegen die sie umgreifenden Zusammenhänge ab und befördert dadurch das schmeichelhafte Vertrauen auf die Autarkie des Subjekts" (ebd.: 218).

Denn weder bestimmt das Subjekt die objektiven Bewegungsgesetze, noch bleibt Bildung inmitten des Bestehenden frei von Zwecken. Man muss nicht erst die endgültigen Bankrotterklärungen hoffnungsfroher Bildungstheorien bemühen, die in der geschichtlichen Wirklichkeit zu Tage getreten sind und Bildung und Menschlichkeit untrennbar voneinander gelöst haben. Dem klassischen Bildungsbegriff selbst ist ein gehöriges Maß an verblendender Wortmischung beigegeben. Und doch ist jeder Versuch, in verändernder Absicht in die Verhältnisse einzugreifen, notwendig auf die Individuen und deren Denken bezogen. Während den Aufklärern reale Besserung vor Augen stand, leben die Menschen im nachbürgerlichen Zeitalter ohne historisch gedeckte Glücksversprechen. Freiheit und Humanität sind nunmehr völlig entleerte Worte. Selbst den geschliffensten Sprechautomaten aus dem politischen Betrieb dürfte eine Ahnung von Peinlichkeit und Scham ereilen, wenn sie davon sprechen. Der klassische Begriff der Bildung, der gekoppelt ist an den Fortschritt der Menschheit, ist nicht mehr gegenwärtig. Jene, die dennoch den Schein des Höherwertigen, des Kulturellen, des Gebildeten zwecks Abgrenzung benutzen, präsentieren den Geist der Halbbildung, den vom „Fetischcharakter der Ware ergriffene(n) Geist", der zur notwendig misslungenen Identifikation verhilft. Die distinktiven Fragmente aus dem Reservoir der andächtig bewahrten Geisteskultur-Geschichte, die der bösen Zivilisation und dem kalten Materialismus absolut entgegengesetzt wird, bestärken in dem Glauben, die „Identifikation wäre ihnen geglückt" (Adorno 1979: 108).

Wenn das gesellschaftlich erzwungene Schicksal absoluter Austauschbarkeit jedem Einzelnen vor Augen führt, dass das Glücksversprechen als durchschaubare Farce erscheint, dann soll zumindest ein Beethoven oder Kant als Dekoration noch stehen. Das Refugium der Bildung wird deshalb sorgfältig abgegrenzt von allem Gesellschaftlichen und erscheint als Bandenwerbung im Trauerspiel. Die rigide Abwehr aller Ahnungen, dass das kulturbeflissen Erkaufte und abgeschottet Angeeignete nur Abspaltungen wertförmiger Vergesellschaftung sind, kulminiert in neurotischer Realitätsverlassenheit. Dass der sture Verweis auf Bildung an einer Wirklichkeit scheitert, die selbst ihren Begriff entstellt, darf nicht ins Bewusstsein dringen: „Weil der Einzelne von der durch die Allherrschaft des Tauschprinzips virtuell entqualifizierten Gesellschaft nichts an Formen und Strukturen empfängt, womit er, geschützt gleichsam, überhaupt sich identifizieren, woran im wörtlichsten Verstand sich bilden könnte; während andererseits die Gewalt des Ganzen über das Individuum zu solcher Disproportion gediehen ist, da das Individuum in sich das Entformte wiederholen muß" (ebd.: 104). Die Deformation des Ichs und die Verkümmerung der Bildung sind eines Schlages. Unter dem gesellschaftlichen Druck verwandelt sich Bildung in „Embleme des Status" (ebd.: 108). Der Bezug auf die Klassik tritt in den Dienst veredelter Elendsverwaltung. Subjektgewendet bedeutet der irreale Bezug auf Bildung kollektiven Narzissmus. In der subjektiven Attitüde derer, die sich wegen eines Jargons, einer Schule, eines Studiums oder einer Kultur zu ‚Gliedern von etwas Höherem' machen, sind Halbbildung und Narzissmus vereint. Die erhaben daherkommende Bescheidwisserei ist nicht nur die Form, in der individuell gehegte Erbärmlichkeit sich präsentiert, sondern zugleich die synthetisierte Form der Abwehr gefühlter Ohnmacht.[14] Das, was als Bildung angegeben wird, dient in einer Zeit, in der die individuelle Präsentation für die Stellung im Gefüge ausschlaggebend sein kann, als abgrenzendes Instrument dem Vorwärtskommen, und ist damit von weniger elaborierten Anpassungsleistungen nicht zu unterscheiden. Damit sind die zeitgenössischen Varianten der ‚Bildung' reduziert auf „Wissen – die wichtigste Ressource" (R. Herzog). Von der Idee einer Bildung als Prozess der Umformung der primitiven Natur (Horkheimer 1985: 411), die dann zu gelingen beginnt, wenn dieser Prozess selbst in den Blick gerät, weil der Entwicklung der Qualitäten der eigenen Erfahrungen keine vorgeschalteten Grenzen gesetzt werden, ist bloß noch Propaganda übrig geblieben. Als Antithese zur sozialisierten Halbbildung tauge „kein anderer als der traditionelle Bildungsbegriff, der selber zur Kritik steht" (Adorno 1972: 102). In der Tat, jedes Insistieren darauf hat als Adressat immer nur Individuen, die so aufgeklärt sind, dass sie in Erfahrung der eigenen Ohnmacht zu Kritikern sich aufschwingen. Einhalt gebieten zu können setzt voraus, das Unheil als solches erkennen zu können. Das, was die Entfaltung solcher Qualitäten verhindert, beim Namen zu nennen, ist daher die Aufgabe von Kritik. Sie hat zur Voraussetzung, was im klassischen Bildungsbegriff angelegt ist.

6. Politische Bildung und Bildung zur Kritik

In einem weiteren zentralen bildungstheoretischen Text, in dem Vortrag „Der Bildungsauftrag der Gewerkschaften" von 1961, wiederholt Horkheimer seine Kritik am klassischen Bildungsbegriff, folgert aber mit Blick auf die Leitbegriffe der klassischen Bildung: „[T]rotz der stereotypen Formulierung ist daran ein Richtiges. Eigene Erfahrung in den Qualitäten zu gewinnen, die auf solche Worte weisen sollen, gehört zur Anstrengung, die Bildung heißt" (Horkheimer 1985a: 209). Was von Humboldt bei „aller Vergötzung des sich selbst genügenden Ichs" (ebd.) aber gerettet werden kann, ist das Beharren auf Individualität zum Trotze der Ohnmacht im Bestehenden. Dass der Verblendungszusammenhag ebenso Schein wie reale Praxis ist, der einzig und allein durch Reflexion durchschaut werden kann, ist ebenso wahr wie die objektive Grenze subjektiver Bildung im Erkenntnisprozess. Denn genau dies, das Vermögen zur reflexiven Besinnung auf sich selbst ebenso wie auf die vermittelte Außenwelt, ist die Grundvoraussetzung

14 Wie sehr in Deutschland das Erleben der tagtäglichen Ohnmacht gekoppelt ist an die symbolisch vermittelte NS-Deutung – wie Gesellschaft und Geschichte im Inneren des Subjekts kulminieren –, wäre zu untersuchen. Allerdings nicht hier.

des Horkheimerschen Bildungsbegriffs, den er über den „alten Bildungsbegriff" hinausgehend als bestimmte Negation, als Entäußerung, als Hingabe an die Sache „in der intellektuellen Arbeit sowohl wie der in ihr selbst bewußten Praxis" (ebd.: 415) entwickelt. So sei Bildung nicht zu bescheiden bei individueller Selbstentfaltung, sondern sei zu erweitern als kritische Erkenntnis, die auch vor der Einsicht in die Grenzen der persönlichen Bildung nicht halt macht. Das Moment des Verhärteten, das jedem Bildungsprozess zukomme, indem die Bildung als Umformung der primitiven Natur in der Gesellschaft des Kapitals als instrumentelle Verarbeitung, Planung und Selbstdisziplinierung erscheint, gilt es bewusst zu machen.

Eine realpolitische Invektive formuliert Horkheimer, wenn er fordert, dass Bildung nicht zum Zwecke nationaler Erbauung verkommen soll (ebd.: 204). Eine Forderung, die heute nicht weniger aktuell, sondern von perennierender Drastik ist. Wenn Bildung verstanden wird als subjektgewendete Förderung zum Zwecke ökonomischen Fortschritts oder nationaler Zukunftsplanung, kann sie nichts anderes mehr sein als ein Gegenstand von polemischer Kritik. Völlig zu Recht verweist Horkheimer, daran anknüpfend, auf den phrasenhaften Gebrauch solcher Begriffe, der damals wie heute die dominante Form ist, wenn Bildung parteipolitisch reklamiert wird. Deutlicher als in Horkheimers Vortrag wird Bildung nun politisch konnotiert. Denn gerade arbeitende Menschen bringe „der Wille, daß es besser werden soll, das Interesse an der Wirklichkeit..." (ebd.: 211) zur bildenden Beschäftigung mit kulturellen Dingen. Die ‚Kenntnis der Gesellschaft' wird zum zentralen Inhalt der Bildung. Kunst, Literatur und Philosophie zählen zum Verständnis der Gesellschaft. Voraussetzung hierfür bildet nicht nur die objektive, materielle Freiheit, sondern auch die subjektive; nicht zwangsläufig schließt die materielle Freiheit die intellektuelle ein. Sinnliches und ästhetisches Erfahrungsvermögen behandelt Horkheimer nicht randständig, sondern macht es gleich dem, „was zu bürgerlichen Zeiten geistig hieß" (ebd.), zur Bedingung unreglementierter Erfahrung. Solcherlei Qualitäten seien zu koppeln an die Verteidigung des traditionellen Gehalts der Demokratie, der das Recht der Einzelnen gegen Willkür garantiert.

„Wie viele Weine im besten Restaurant auf der Karte stehen, die feinen Unterschiede der Blume, die an Regionen der Heimat oder fremder Länder erinnern, sind für den nicht da, der nicht gelernt hat, sie zu schmecken, auch wenn er den ganzen Keller kaufen könnte" (ebd.: 212). Politische und ästhetische Erfahrungsfähigkeit sind nicht gegeneinander auszuspielen – eine Neigung, die im antiästhetischen und antiintellektuellen Reflex beheimatet ist –, sondern sind aufeinander angewiesene Momente aufklärenden Denkens. Der Bildungsauftrag der Gewerkschaften, den Horkheimer als universalistischer Denker nicht als partikulares Interesse gewerkschaftlich Organisierter, sondern als allgemeine Notwendigkeit begreift, besteht folglich in der Anstrengung, ästhetische und politische Bildung zusammenzubringen. Politische Bildung, wie Horkheimer sie im Sinn hat, ist nicht zu verwechseln mit affirmativem Einüben in die Spielregeln der bestehenden Demokratie, sondern gelangt erst als Kritik des Bestehenden zur Bestimmung.

> „Bildung im Sinne der Gewerkschaften, so sagte ich, gründet im Verständnis der Gesellschaft, in der Erkenntnis der eigenen Möglichkeiten und des richtigen Ziels. So verstanden heißt Theorie nicht Verkündung einer fertigen Lehre, sondern fortschreitende Analyse, kritische Erkenntnis." (ebd.: 216)

Anders als Wolfgang Klafki, einer der bekanntesten deutschen Pädagogen, der in seiner Reformulierung des Bildungsbegriffs Allgemeinbildung primär als politische Bildung,[15] als „Konzentration auf epochaltypische Schlüsselprobleme unserer Gegenwart und der vermutlichen Zukunft" (Klafki 1996: 56) begriffen wissen will, verzichtet Horkheimer auf einen inhaltlichen Kanon. Indem Klafki Schlüsselprobleme definiert – eines davon ist in seinem Konzept die „Friedenserziehung"[16] –, entwirft er eine positive Heilslehre, die in ihrer inhaltlichen Bestimmtheit in Kombination mit der pädagogischen Vermittlung allzu schnell zu einer primär appellativen Praxis der integrierenden Staatsbürgererziehung verkommt, und deren mögliche Einsichten nicht unbedingt tiefergehen als das bloße Übernehmen sozial erwünschter Deutungsmuster. Denkt man „allein postulativ darüber nach, was der politisch aufgeklärte Mensch begriffen haben sollte, so bereitet man den Boden für politische Halbbildung und Indoktrination" (Gruschka 2004: 223). Diese richtige Erkenntnis erstarrt dann zur Ideologie, wenn eine wie auch immer zu verstehende politikfreie Bildung eingefordert wird. Auf die Form der Vermittlung eines politischen Inhalts, wovon dieser nicht unberührt ist, wäre zu achten. Horkheimer erkennt die Gefahr der politischen Indoktrination ebenso wie den restaurativen Charakter des Antipolitischen. Er vertraut primär auf die formale Bildung zu kritischem Bewusstsein und „eine am Ästhetischen geschliffene Erfahrungsfähigkeit", die der politischen Theoriebildung und Handlungspraxis zugute kommt.[17]

15 Treffender wäre wohl der Begriff politische Erziehung.

16 Die Unsinnigkeit des willkürlich ausgerufenen Imperativs Frieden dürfte sich unterdessen solang bewahrheiten, wie Verhältnisse andauern oder ausbrechen, zu deren Abschaffung Kriege nötig sind bzw. sein können.

17 Der materiale Teil seiner Bildungstheorie bleibt unterdessen antifaschistisch, jedoch nicht als positive Lehre, sondern als negative Kritik, der wohlverstandenes Interesse an der Bekämpfung ‚totalitärer Diktaturen' beigemischt wird.

Im Gegensatz zu Horkheimer, der über die klassische Bildung hinaus will,[18] teilt Adorno das Unbehagen am Prozess der Auflösung dessen, was als Bildung konzipiert und gefordert worden ist. Was sich als konservative Rückwendung auf Vergehendes weniger kritisch liest als die gesellschaftskritischen Invektiven von Horkheimer, erweist sich bei näherem Hinsehen als das dialektischere und radikalere Modell.[19] Denn mehr noch als Horkheimer hält Adorno an der transformativen Erkenntniskraft eines entkollektivierten Geistes fest. Kein Gedanke lässt sich außerhalb des Gesellschaftlichen entfalten, gleichwohl lässt sich in der Gesellschaft über sie hinaus denken. „Die unwiderrufliche Verselbständigung des Geistes gegenüber der Gesellschaft, die Verheißung von Freiheit, ist selber so gut ein Gesellschaftliches, wie die Einheit von beidem es ist“ (Adorno 1979: 121).

Wohl auch deshalb, weil Adorno auf das Veränderungspotential soziologischer Großgruppen weniger vertraute als Horkheimer,[20] steht am Ende seine Theorie der Halbbildung die Verteidigung eines am Individuum orientierten Bildungsbegriffs. Wo Horkheimer auf gesellschaftliche und institutionelle Vermittlungen und Veränderungen hofft, fokussiert Adorno die Ohnmacht des Einzelnen, der gerade im Bewusstsein seiner Vereinzelung der herrschenden Ordnung in kritischer Absicht zu entraten vermag. Adorno bemüht keinen blinden Subjektivismus, sondern entfaltet in der „Theorie der Halbbildung“ einen konsequenteren Totalitäts- und Subjektbegriff. Dabei begreift er das Leben der Einzelnen als „bis in die letzten Verästelungen nach dem vom Äquivalenzprinzip gemodeltes“ Leben (ebd.: 107) und das Bewusstsein als vom „Fetischcharakter der Ware ergriffener Geist“ (ebd.: 108). Er reflektiert also auf die warenförmig vermittelte Verfasstheit der Subjekte und rekonstruiert Vergesellschaftung in spezifisch kapitalistischen Formen. So ist es gerade die radikale Einsicht in die zwangsläufige Fatalität des gesellschaftlichen Verhängnisses, das ihn in letzter Konsequenz in Ermangelung eines revolutionären Kollektiv-Subjekts zur Rück-

---

18 Dass am klassischen Bildungsbegriff trotz ‚der stereotypen Formulierung‘ ‚ein Richtiges‘ sei, betont auch Horkheimer (Horkheimer 1985: 209).

19 Dass wesentliche Gemeinsamkeiten in ihren Bildungstheorien trotz dieser Differenz in der Konsequenz bestehen, ist unbestritten.

20 Von der Hoffnung auf politische Emanzipation durch die Gewerkschaften und die ‚Generation‘ der Studenten, welcher Horkheimer in den beiden hier vorgestellten Texten Ausdruck verleiht, ist in Adornos Theorie der Halbbildung wohl nicht nur der unterschiedlichen Textform wegen nichts zu finden. Das heißt nicht, dass Horkheimer im Eifer des realpolitischen Einmischens von Individualität abstrahiert. Ganz explizit wendet er sich an das Reflexionsvermögen der Einzelnen. Seinen Bildungstheorien fehlt aber die Adornosche Emphase im theoretischen Besinnen aufs Individuum.

wendung aufs Individuum – der „Integrität der eigenen geistigen Gestalt" (ebd.: 121) – bringt.[21] Weil das vereinzelte Subjekt nicht idealistisch gesetzt, sondern gleichsam als Gegenstand von Kritik firmiert und seine gesellschaftliche Zurichtung als eine begriffen wird, die bis ins Innerste reicht, sind die Grenzen politischer Aufklärung mitbestimmt. Umso bedeutsamer wird so die Anspannung der Reflexion, die von den Vergesellschafteten zu bewerkstelligen ist. Indem Adorno das Individuum als den einzig und allein in Betracht kommenden Adressat von Aufklärung setzt, bleibt die begriffliche Nähe zu Humboldt, dessen subjektiver Idealismus durch die Forderung kritischer Selbstreflexion auf die Halbbildung aufgehoben wird, evident. Die Verteidigung der Individualität ist unterdessen heute so dringlich wie eh und je. Sie gilt es gegen die gesellschaftliche Tendenz der Ent-subjektivierung und gegen politische Kollektivierungsprozesse ebenso zu verteidigen wie gegen postmoderne Gegenaufklärungsversuche. Hinter die Einsicht, dass die bewahrten Begriffe vom Geist der Reklamesprache affiziert sind, muss nur zurückfallen, wer die Anspannung im Denken nicht gebrauchen kann. Während Humboldts Gegenwelt die Welt der Griechen sein soll, spricht Adorno Kunstwerken kontrastiv-negatives Potential zu. Ein Potential, das sich dann zu entfalten vermag, wenn die reale Welt sich an Werken, die ihr entsprungen sind, zu blamieren beginnt. Das ästhetische Verhältnis zur Welt als einer Form von Erkenntnis ist nicht eines zum Bild im Museum, sondern zu den Dingen der Welt schlechthin (vgl. Nachtmann 2006: 48). Es wird auf einen wichtigen Punkt verwiesen: Erfahrung als eine, die negativ entfaltet wird; die nicht Eintritt als Folge pädagogischer Motivationen, sondern Resultat von spontaner Erkenntnis ist, die dann entsteht, wenn das Unbegriffene nicht abgewehrt, sondern sich seinen Objektivationen hingegeben wird und das Verstörende in all seinen Vermittlungen nicht panisch abgewehrt wird. Ein solches Verhältnis zu den Dingen entsteht nicht voraussetzungslos, sondern ist an Bildung gekoppelt; jedoch auch nicht darauf zu reduzieren. Die Forderung, dass allen die bestmögliche Förderung zukommen möge, ist unter gegebenen Verhältnissen illusorisch, aber notwendig. In erster Linie aber bestimmt Außerplanmäßiges und vor allem Außerpädagogisches den Prozess der bestimmten Sozialisation – darauf wird jede pädagogische oder politische Praxis, die in kritischer Absicht auftritt, sich besinnen müssen.

21 Eine Hoffnung, die affiziert ist von Auschwitz. Worte wie ‚Selbstreflexion', ‚Individualität' oder ‚Freiheit' zu verwenden, nachdem Millionen Menschen vergast wurden, bevor es munter weiterging, ist immer auch zynisch und hohl. Dass aber ohne das, worauf diese Worte verweisen, auch der kategorische Imperativ leer bleiben würde, ist eine unauflösbare Aporie.

Wichtiger als das unerlässliche Beharren auf der Forderung nach einer institutionalisierten Bildung ist die Betonung des Individuellen am Bildungsprozess. Erst dadurch wird die Grenze zwischen Besonderem und Allgemeinem markiert. Entgegen der allgemeinen Verhärtung ist darauf zu hoffen, dass unreglementierte Erfahrung und Fähigkeit zum Wundern, Negieren und kritischen Reflektieren an möglichst vielen Stellen wirklich wird. Kein Bildungsplan der Welt kann dies erzwingen. Bildung ist nicht zu dekretieren, sondern entsteht im individuellen Fertigwerden mit der Welt. Pädagogische Bildungswut bewirkt das Gegenteil: sie befördert Verdummung.

„Die Erwachsenen, die noch immer eine kritische Freude haben, den vor der Tür des Lebens Wartenden den Christbaum mit den Geschenken einer fertigen Bildung zu behängen, wissen nicht, wie unempfänglich sie die Kinder für alles das machen, was die wahre Überraschung des Lebens bedeutet" (Kraus 1987: 356). Die hier angedeutete Spontaneität des Denkens kann niemand anderes leisten als die Menschen selbst. Gleichsam setzt Aufklärung nicht nur voraus, dass ihre Adressaten dazu bereit sind, sondern auch, dass Aufklärung als Objektives in Schrift, Bild oder Klang überhaupt noch existiert. Dafür zu sorgen ist die Aufgabe der Kritik, die keine affirmativen Lehren anzubieten, sondern dort einzugreifen hat, wo sich aus dem ideologisch präformierten Konsens die feindsuchende Hetzmasse mobilisiert. Der Kritik geht es um Brüche und Irritationen, um die Destruktion der falschen Versöhnung im Konsens. Der Zusammenhang von Kritikfähigkeit und individueller Bildung ist hierbei evident: Begriffsarbeit und Selbstreflexion in entzaubernder Absicht bleiben die Voraussetzung jedweden Eingriffs in die Verhältnisse. Subjekt der Bildung ist vorrangig die Welt der Objekte. Als bildungsfördernde Momente kommen nicht in erster Linie die umwerbenden Angebote der Eltern, Pädagoginnen und Kulturhüter oder gar ‚öde Paukerei' in Betracht, sondern vor allem die „Worte der Lehrer, um ihre Lächerlichkeiten zu beobachten, das Leben der Straße, die Geräusche des Tages als Akkorde der Ewigkeit" (ebd.: 256 f). Solcherlei Bereitschaft zu Erfahrungen, die das Vorfindliche erkennbar werden lassen, ermöglichen Einblick in die Eigendynamik gesellschaftlicher Formen und ihrer sprachlichen Verschleierung. Der Grund, warum an formaler Bildung also festzuhalten ist, muss nicht pathetisch daherkommen, sondern kann pragmatisch wie folgt gefasst werden: individuelle Bildung schafft die Voraussetzungen für die Kritik einer Gesellschaft, die ihre Glücksversprechen – auch das auf eine Bildung für alle – längst zu Durchhalteparolen verkehrt hat.

Bibliographie

Adorno, Theodor W. (1979) [1959]: Theorie der Halbbildung, in: Soziologische Schriften I. Frankfurt a. M., S. 93-122.

Adorno, Theodor W. (1973) [1966]: Negative Dialektik, Frankfurt a.M.

Benner, Dietrich (2003) [1990]: Wilhelm von Humboldts Bildungstheorie, Weinheim/München.

Bernfeld, Siegfried (2000) [1925]: Sisyphos oder die Grenzen der Erziehung, Frankfurt a.M.

Borsche, Tilman (1990): Wilhelm v. Humboldt, München.

Bollenbeck, Georg (1994): Bildung und Kultur. Glanz und Elend eines deutschen Deutungsmusters, Frankfurt a.M./Leipzig.

Blankertz, Herwig (1982): Die Geschichte der Pädagogik, Wetzlar.

Bruhn, Joachim (1994): Was deutsch ist. Zur kritischen Theorie der Nation, Freiburg.

Evers, Ernst August (1962) [1807]: Über die Schulbildung zur Bestialität, in: Blochmann Elisabeth/Geißler, Georg/Nohl, Herman/Weniger, Erich (Hrsg.): Dokumente des Neuhumanismus I, Weinheim.

Gruschka, Andreas (2004) [1988]: Negative Pädagogik, Wetzlar.

Herrmann, Ulrich (1993): Aufklärung und Erziehung, Weinheim.

Heydorn, Heinz Joachim (2004a) [1970]: Über den Widerspruch von Bildung und Herrschaft, Wetzlar.

Heydorn, Heinz Joachim (2004b) [1968]: Wilhelm von Humboldt. Abstand und Nähe, Wetzlar.

Horkheimer, Max (1988) [1941]: Zur Tätigkeit des Instituts. Forschungsprojekt über den Antisemitismus, in: Gesammelte Schriften, Bd. 4, Frankfurt a.M., S. 373-412.

Horkheimer, Max (1985a) [1962]: Der Bildungsauftrag der Gewerkschaften, in: Gesammelte Schriften, Bd. 8, Frankfurt a.M., S. 201-221.

Horkheimer, Max (1985b) [1952]: Begriff der Bildung, in: Gesammelte Schriften, Bd. 8, Frankfurt a.M., S. 409-420.

Horkheimer, Max/Adorno, Theodor W. (1988) [1944]: Dialektik der Aufklärung, Frankfurt a.M.

Humboldt, Wilhelm von (1960a) [1809]: Über den Entwurf zu einer neuen Konstitution für die Juden, in: Werke Bd. 1, Darmstadt.

Humboldt, Wilhelm von (1960b) [1794]: Theorie der Bildung des Menschen, in: Werke Bd. 1, Darmstadt.

Humboldt, Wilhelm von (1960c) [1792]: Ideen zu einem Versuch, die Gränzen der Wirksamkeit des Staats zu bestimmen, in: Werke Bd. 1, Darmstadt.

Kawohl, Irmgard (1969): Wilhelm von Humboldt in der Kritik des 20. Jahrhunderts, Ratingen.

Kraus, Karl (1987) [1909]: Die chinesische Mauer, Frankfurt a.M.

Kraus, Karl (1919): Brot und Lüge, in: Die Fackel, Heft 519/520.

Klafki, Wolfgang (1996): Neue Studien zur Bildungstheorie und Didaktik, Weinheim.
Mollenhauer, Klaus (1968): Erziehung und Emanzipation, München.
Nachtmann, Clemens (2006): Freiheitsbewegung und autoritärer Staat, in: Bahamas, Heft 49, S. 42-50.
Ostermann, Rainer (1993): Die Freiheit des Individuums, Frankfurt a.M./New York.
Vallentin, Rudolf (1999): Wilhelm von Humboldts Erziehungs- und Bildungskonzept, München.

Stefan Müller/Alexander Witzig

Busse aufs Land schicken?

Zum Begriff der Bildung in der Kritischen Theorie Theodor W. Adornos

> „Bildung ist nichts anderes als Kultur nach der Seite ihrer subjektiven Zueignung.“ *(Adorno 1959a: 94)*
>
> „Halbbildung ist der vom Fetischcharakter der Ware ergriffene Geist.“ *(Adorno 1959a: 108)*

Der Kreis der älteren Kritischen Theorie bestand in erster Linie aus von Max Horkheimer eigenhändig ausgewählten Fachspezialisten, um, wie heute vielfach angestrebt, aber selten verwirklicht, interdisziplinär zu arbeiten. Es gab die Spezialisten für Ökonomie, Philosophie, Literatur und Musik, Psychoanalyse. Auffällig scheint zu sein, dass es keinen expliziten Erziehungswissenschaftler gab. Das Feld der Erziehung, der Bildung, auf das sich die Bemühungen der älteren Kritischen Theorie auch in weiten Teilen zurückführen lassen, scheint auf den ersten Blick nicht vorhanden zu sein und im umfangreichen Kanon der Kritischen Theorie nicht vorzukommen. Die Möglichkeiten und vor allem die Grenzen der Aufklärung sind jedoch eng mit Fragen der Bildung, der Erziehung und der Sozialisation verbunden und bilden seit jeher das zentrale Erkenntnisinteresse der älteren Kritischen Theorie. So veröffentlichte Theodor W. Adorno, neben Horkheimer einer der entscheidenden Vertreter der Frankfurter Schule, nach der Rückkehr aus der Emigration eine ganze Reihe von Aufsätzen, in denen er sich mit Fragen der Erziehung, der Ausbildung von angehenden LehrerInnen und vor allem mit der Frage nach Möglichkeiten und Grenzen der Reeducation beschäftigte.

Um einen Einblick in Adornos Werk zu bekommen, finden sich in der Sekundärliteratur unterschiedliche Möglichkeiten, einen systematischen Zugang zu finden. So ist es beispielsweise über die theoretischen Referenzlinien wie Kant, Hegel, Marx, Freud oder auch über bestimmte Schlüsselbegriffe wie (Waren-)Tausch, Gesellschaft, Objektivität, Dialektik, Ästhetik möglich und sinnvoll, das Gesamtwerk zu erschließen. „Adornos Werk stellt sich dar als komplexes, weit verzweigtes Gedankengewebe, dessen Einzeleinsichten nicht aus einem obersten Prinzip abgeleitet werden, sondern gleich weit entfernt sind vom Mittelpunkt seines Denkens, der durch die Kategorien ‚Kritik' und ‚Utopie' gekennzeichnet ist." (Schmidt 2002: 89)

Adornos Werk aus bestimmten inhaltlichen Motiven oder auch über die theoretischen Referenzlinien heraus zu verstehen, bietet sicherlich genügend Anhaltspunkte, einen einführenden und auch weitergehenden Einblick in die Gesamtarchitektur der Kritischen Theorie zu bekommen. Alle diese Möglichkeiten bewegen sich in einer bestimmten Art und Weise zwischen den beiden Polen der Kritik und der Utopie. In diese beiden mündet auch der Begriff der Bildung ein. Adornos Engagement war nicht zuletzt davon geprägt, ‚ungegängelte Erfahrung' zu denken und zu ermöglichen – thematisch zielen diese Überlegungen in das Zentrum eines emanzipatorischen Bildungsbegriffs.

Im Folgenden möchten wir versuchen, Adornos vielschichtiges Werk unter dem Aspekt der Bildung genauer zu betrachten, um eine Einführung in die Kritische Theorie Adornos und zudem eine Reflexion auf Anforderungen an eine emanzipatorische Bildungstheorie zu ermöglichen. Verschiedene Dimensionen sind dabei besonders zu betrachten, die hier nur wegen der Übersichtlichkeit künstlich getrennt werden – in Adornos Werk sind sie als Einheit zu begreifen. Unser Ziel ist es, die unterschiedlichen Dimensionen und Anschlussmöglichkeiten, die sich am Begriff und an der Idee der Bildung abzeichnen, genauer herauszuarbeiten und darzustellen. Dazu werden wir die expliziten Ausführungen Adornos zum Subjekt- und Gesellschaftsbegriff näher erläutern, um dann in einem weiteren Schritt den impliziten Folgerungen daraus nachzugehen. Ein genauerer Blick auf die Freudsche Theorie und auf die (scheinbar fehlenden) Bereiche der Intersubjektivität und der Institutionen innerhalb einer Bildungstheorie wird dabei unumgänglich sein.

Alle genannten Ebenen können zudem nicht vom zugrunde liegenden Imperativ Adornos, die Verhältnisse so einzurichten, dass Auschwitz nicht sich wiederhole, getrennt werden. Abschließend werden wir diese unterschiedlichen Dimensionen in Adornos Bildungsbegriff diskutieren: In der Idee der ‚ungegängelten Erfahrung' als Reflexion der objektiven, subjektiven und intersubjektiven Zumutungen in der Perspektive auf die versöhnte Gesellschaft hin ziehen sich die Überlegungen Adornos zusammen.

1. Dimensionen im Bildungsbegriff bei Adorno

Die philosophische Idee der Bildung, auf die Adorno rekurriert, ist historisch mit dem Aufstieg des Bürgertums im Zuge der Entfaltung kapitalistischer Verhältnisse verknüpft. Sie steht im Kontext der Ablösung von der feudalen Ständegesellschaft und damit der Herausbildung der Idee eines bürgerlichen autonomen Individuums. Bildung dient dieser Idee nach keinem übergeordneten Zweck, sondern macht stattdessen als allgemeingültiger Anspruch das Wesen des Menschen aus. Anstatt den Menschen auf Funktionen innerhalb des gesellschaftlichen Reproduktionsprozesses kapitalistischer Warenproduktion zu reduzieren, wird die Perspektive eines vernunftbegabten, handelnden Subjektes eingenommen; ein Subjekt, das sich mittels zweckfreier Aneignung der Natur jenseits herrschaftlicher, repressiver Interessen frei entfaltet. „Bildung sollte sein, was dem freien, im eigenen Bewußtsein gründenden, aber in der Gesellschaft fortwirkenden und seine Triebe sublimierenden Individuum rein als dessen Geist zukäme" (Adorno 1959a: 97). Dieses Verständnis eines emphatischen Bildungsbegriffs spricht dem Menschen ganz basal die Fähigkeit zu freier, voneinander unterschiedlicher Entfaltung zu. Gleichzeitig ist diese Fähigkeit, eine von der Gesellschaft autonome Position einzunehmen und zu verfolgen, auch die Grundbedingung jeder Kritik an ihr. Im unreflektierten Bezug auf das Bildungsideal finden sich allerdings bereits die Momente, die ideologisch die Anpassung an die von den Menschen gemachte Ordnung legitimieren und damit auf die Verneinung der emanzipatorischen Momente im Bildungsbegriff abzielen. „Die philosophische Bildungsidee auf ihrer Höhe wollte natürliches Dasein bewahrend formen. Sie hatte beides gemeint, Bändigung der animalischen Menschen durch ihre Anpassung aneinander und Rettung des Natürlichen im Widerstand gegen den Druck der hinfälligen, von Menschen gemachten Ordnung" (ebd.: 95). Autonomie, das „Apriori im bürgerlichen Bildungsbegriff" (ebd.: 99) ist so bereits als Idee gebunden an heteronome Anforderungen, die in erster Linie als gesellschaftliche Erfordernisse erscheinen, und steht damit im Widerstreit zu einer gesellschaftlichen Objektivität, die zur Anpassung zwingt, zu domestizieren trachtet. Allerdings findet sich in der Idee der Bildung auch ein Ideal: Die zweckfreie Aneignung in und durch Natur, in dessen Zuge der Mensch sich sowohl individuell als auch gesellschaftlich entfaltet, hätte eine Einrichtung der objektiven Verhältnisse zur Voraussetzung, in der Verschiedenheit ohne Angst möglich ist. Damit zeigt sich die Idee der Bildung zwischen den beiden Polen der Kritik einerseits und dem der Utopie andererseits verortet. Die utopischen Momente ruhen in der (universellen) Vorstellung, dass die Erfüllung der Idee von Bildung, nämlich die Hervorbringung von wahrer Autonomie, eine notwendige Bedingung erfüllen müsste: die ‚richtige Einrichtung des Ganzen' (Adorno), die mit sich und der Natur ‚versöhnte Gesellschaft' (Adorno). Die Idee der Bildung „hat als ihre Bedingung Autonomie und Freiheit, verweist jedoch zugleich, bis heute, auf Strukturen einer dem je Einzelnen gegenüber vorgegebenen, in gewissem Sinn heteronomen und darum hinfälligen Ordnung, an der allein er sich zu bilden vermag" (ebd.: 104). Bildung ist demnach nicht statisch, sondern wesentlich dynamisch, prozesshaft zu verstehen. Der Bildungsbegriff enthält ein Moment des ,Fortschritts im Bewusstsein der Freiheit' (Hegel), das sich in der Fähigkeit des Menschen zur Reflexion begründet. Ist die Möglichkeit zur Reflexion stattdessen tendenziell verbaut, gar verunmöglicht, bedeutet dies unweigerlich nicht nur den Stillstand des menschlichen Bildungsprozesses, sondern die Idee der Bildung selbst steht zur Disposition.

Verdeutlichen lässt sich diese Denkbewegung in der historischen Situierung des Bildungsbegriffs, wie Adorno ihn skizziert: Die Idee und die Entstehung von ,Bildung' wird von ihm sozialgeschichtlich vor dem Hintergrund der Entstehungsgeschichte der bürgerlichen Gesellschaft kontextualisiert. Danach sind – idealtypisch – die Menschen gegenüber der feudalen Herrschaft innerhalb der bürgerlichen Gesellschaft politisch gleichgestellt. Die Entfaltung der kapitalistischen Produktionsweise macht diese Form der Freiheit seiner inneren Logik nach notwendig, weil der Tausch von Waren als Prinzip des gesamtgesellschaftlichen, materiellen Reproduktionsprozesses impliziert, dass sich die Menschen im Tausch wechselseitig als Privateigentümer anerkennen. Fundamentale Vorbedingung hierfür ist der Schutz von Privateigentum und politischer Integrität durch eine das Gewaltmonopol innehabende und damit die gesellschaftlichen Tauschakte gewährleistende Institution. Der idealtypische demokratische Staat kann daher auch, mit Marx gesprochen, als „vollendete politische Emanzipation" (Marx 1956a: 352) bezeichnet werden. Ein Zustand, der bei Marx als eine Art geschichtliches Übergangsstadium begriffen ist, welches eine Vorbedingung für die menschliche Emanzipation bildet, die auch die Ungleichheit in der Privatsphäre und damit die Sphärentrennung überhaupt aufheben würde (Marx 1956b: 386).

Gegen die Form der ,unfreien Freiheit' erheben sowohl (theoretisch) das Bildungsideal als auch (praktisch) die sozialistischen Revolutionen Einspruch. Aber das „Scheitern der revolutionären Bewegungen, […] hat die Ideen jener Bewegungen gleichsam auf sich selbst zurückgeworfen und den Zusammenhang zwischen ihnen und ihrer Verwirklichung nicht nur verdunkelt, sondern mit einem Tabu belegt" (Adorno 1959a: 94). Autonomie, Emanzipation überwintern seitdem als Ideen in der Geisteskultur. Die Verschleierung gesellschaftlicher Herrschaftsverhältnisse bildet den Preis, welcher die Verwirklichung realer Autonomie verhindert, ohne deren Existenz aber die Bewahrung der an der Realität gescheiterten Ideale in Form von Geisteskultur ihren Sinn verlieren würde.[1] „Fraglos ist in der Idee der Bildung notwendig die eines Zustands der Menschheit ohne Status und Übervorteilung postuliert, und sobald sie davon etwas sich abmarkten lässt und sich in die Praxis der als gesellschaftlich nützliche Arbeit honorierten partikularen Zwecke verstrickt, frevelt sie an sich selbst. Aber sie wird nicht minder schuldig durch ihre Reinheit; diese zur Ideologie" (ebd.: 97 f).

1.1. „Denken und Handeln so einzurichten, dass Auschwitz nicht sich wiederhole, nichts Ähnliches geschehe..."

Wenn ein positiver Bezug auf das emphatische Bildungsideal, die Idee, Vorstellung und Hoffnung eines autonomen Subjekts, das durch heteronome Verhältnisse überhaupt erst konstituiert wird, nachzuzeichnen ist, hätte dann eben dieser Bildungsbegriff die von den Nazis betriebene „selbstzufriedene Kulturbarbarei, die nach der Abschaffung der Kritik schrie" (Adorno 1949: 14) nicht scheitern lassen, wenn nicht sogar verunmöglichen müssen? Adorno stellt in der Einleitung der ‚Theorie der Halbbildung' (1959a) genau diese Frage, indem er auf eine Bemerkung des Schweizer Schriftstellers Max Frisch eingeht. Das Grauen der von den Deutschen verübten Verbrechen an den europäischen Jüdinnen und Juden, nicht gegen, sondern in, durch und mit Kultur, lässt den Rückgriff auf eben diese Kulturbegriffe sinn- und machtlos erscheinen. Frisch führt dies 1949 in seinem Essay ‚Kultur als Alibi' in einer Art und Weise aus, die gleichsam paradigmatisch für die Reflexionen Adornos steht: „Wenn Menschen, die gleiche Worte sprechen wie ich und eine gleiche Musik lieben wie ich, keineswegs gesichert sind, Unmenschen zu werden, woher beziehe ich fortan meine Zuversicht, dass ich davor gesichert sei?" (Frisch 1949: 340)

Um diese historische Erfahrung kreist Adornos Denken, an dessen Endpunkt für ihn jedoch nicht Resignation oder gar die Flucht in die Ästhetik, sondern eine Art Wendung aufs Subjekt steht. Statt Kultur resignativ zu verwerfen, begründet er aus der Kritik an ihrer historisch gewordenen Form nur umso eindringlicher die Notwendigkeit des Festhaltens am Inhalt. „Wenn Max Frisch bemerkte, dass Menschen, die zuweilen mit Passion und Verständnis an den sogenannten Kulturgütern partizipierten, unangefochten der Mordpraxis des Nationalsozialismus sich verschreiben konnten, so [...straft dies, d.A.] objektiv den Gehalt jener Kulturgüter, Humanität und alles, was ihr innewohnt, Lügen, wofern sie nichts sind als Kulturgüter. Ihr eigener Sinn kann nicht getrennt werden von der Einrichtung der mensch-

1 Siehe hierzu auch Schäfer 2004: 41 ff.

lichen Dinge. Bildung, welche davon absieht, sich selbst setzt und verabsolutiert, ist schon Halbbildung geworden" (Adorno 1959a: 94 f). Adornos Reflexionen über die Verstricktheit der Geisteskultur in die im Nationalsozialismus begangenen Verbrechen an der Menschheit bilden den Ausgangspunkt dafür, dass Fragen bezüglich einer an der Emanzipation des Individuums orientierten Bildungsarbeit angegangen werden müssen. „Jede Debatte über Erziehungsideale ist nichtig und gleichgültig diesem einen gegenüber, daß Auschwitz nicht sich wiederhole. Es war die Barbarei, gegen die alle Erziehung geht. Man spricht vom drohenden Rückfall in die Barbarei. Aber er droht nicht, sondern Auschwitz *war* er; Barbarei besteht fort, solange die Bedingungen, die jenen Rückfall zeitigten, wesentlich fortdauern" (Adorno 1966a: 88; Hervor. i. O.). Der ‚Zivilisationsbruch' (Diner) Auschwitz lässt ein Denken jenseits des Imperativs nicht mehr zu.

Statt also die Aufklärung aufgrund des von Max Frisch gegen sich selbst erhobenen Misstrauensvotums als Intellektueller zu verwerfen, reflektiert Adorno in einer Art Reformulierung des kategorischen Imperativs die offenbar gewordenen destruktiven und mörderischen Tendenzen innerhalb der Aufklärung mit. Die Anstrengung seines Denkens leitet sich fortan aus dem Entwurf einer „Theorie [ab, d.A.], welche der Wahrheit einen Zeitkern zuspricht, anstatt sie als Unveränderliches der geschichtlichen Bewegung entgegenzusetzen" (Horkheimer/Adorno 1947: 13). Das Festhalten am Bildungsideal wird eins mit der Kritik an dessen Zerfallsform: „Was aus Bildung wurde und nun als eine Art negativen objektiven Geistes, keineswegs bloß in Deutschland, sich sedimentiert, wäre selbst aus gesellschaftlichen Bewegungsgesetzen, ja aus dem Begriff von Bildung abzuleiten. Sie ist zu sozialisierter Halbbildung geworden, der Allgegenwart des entfremdeten Geistes" (Adorno 1959a: 93).

Damit sind die basalen und fundamentalen moral- und sozialphilosophischen Hintergrundannahmen benannt, von denen Adorno spätestens ab 1945 ausgeht und in die auch seine bildungstheoretischen Überlegungen eingebettet sind. Er rekurriert auf zentrale Elemente philosophischer, soziologischer und psychoanalytischer Reflexionen, die um die Frage der Möglichkeit von Mündigkeit, von Kritik und Emanzipation konzentriert sind. Mit dem Bildungsbegriff als Ausgangspunkt eröffnen sich somit verschiedene Perspektiven auf das Gesamtgefüge der Theorie Adornos. Die basale Dimension einer spezifischen moral- und sozialphilosophischen Grundannahme, die in aller Kürze mit dem adornitischen Imperativ zusammengefasst werden kann, kann gleichsam als Ausgangspunkt verstanden werden. Im Folgenden werden wir zunächst auf die gesellschaftlichen Herrschaftsverhältnisse, den berühmten ‚Vorrang des Objekts' in der Theorie Adornos eingehen. Anschließend daran eröffnet sich die subjektzentrierte Dimension, über die in einem weiteren Schritt die (freilich implizite) Intersubjektivitätstheorie Adornos erschlossen werden kann, die kaum auf einer Subjekt-Subjekt-Ebene verharrt, sondern vielmehr die gesellschafts- und subjekttheoretischen Positionen in sich vermittelt aufgreift. Diese Hauptdimensionen bilden in den bildungstheoretischen Überlegungen Adornos eine eng miteinander verzahnte Einheit, in der sich Adornos Idee einer ungegängelten Erfahrung als Mündigkeit nachzeichnen lässt. Auf subjektiver Ebene zielt sie auf jene Verhältnisse ab, die Adorno auf einer objektiven als ‚versöhnte Gesellschaft' begreift.

1.2. Die gesellschaftszentrierte Dimension

Dem Bildungsbegriff wohnen widersprüchliche Momente inne. Einerseits vertritt er den Anspruch, dass das bürgerliche Subjekt autonom über den Zweck seiner Bildungsarbeit verfügt und entscheidet, andererseits verweist diese Einforderung wesentlich zweckfreier Bildung auf einen Zwang zur Anpassung, der diese Form freier Entfaltung nicht dulden will. In diesem Antagonismus eines objektiven Zwangs zur Anpassung und dem Widerstand des Subjekts dagegen ergreift das philosophische Bildungsideal die Partei des Subjekts. „Bildung ist nichts anderes als Kultur nach der Seite ihrer subjektiven Zueignung" (Adorno 1959a: 94). Die doppelte Bestimmung der Bildung als Autonomie und Zwang findet sich im Begriff der Kultur wieder. Es ist dies die Perspektive des objektiven Zwanges auf das Subjekt, sich den kulturellen Normen und Werten in ihrer Repressivität zu unterwerfen. In der Freudschen Psychoanalyse, der Adorno den Kulturbegriff entlehnt hat, wird entsprechend analog zum Bildungsideal energisch die Position des Subjekts vertreten. Gleichzeitig entspringt diese Theorie aber der Erkenntnis, dass es im Sinne des Subjekts unumgänglich ist, die gesellschaftliche Macht nicht idealistisch zu verschleiern, sondern im Gegenteil die daraus entspringenden Konflikte mit den eigenen Wünschen hinsichtlich der individuellen Lebensgestaltung reflexiv zu bearbeiten und damit einer Umgestaltung zuzuführen. Die kritische Position der Freudschen Gesellschaftstheorie besteht darin, dass „sie die gesellschaftlichen Institutionen und Vorkehrungen an dem Leiden misst, das sie der Mehrzahl der unter ihnen Lebenden zufügen" (Zepf 2000: 674).

Im Rückgriff auf die Freudsche Theorie zeigt sich die historische Situierung und eine doppelte Bestimmung von Kultur, auf die Adorno maßgeblich zurückgreift. Es eröffnet sich auch ein geschichtsphilosophischer Blick auf den prozesshaften Charakter: Kultur dient „zwei Zwecken [...]: dem

Schutz des Menschen gegen die Natur und der Regelung der Beziehungen der Menschen untereinander" (Freud 1930: 220). Kultur wird begriffen nicht bloß als Quelle, sondern als das Produkt von Leiden, das sich für die Menschen aus der ihnen feindlich gegenüber stehenden Natur ergibt. Auf diese Weise ist der Mensch im Verlauf seiner Geschichte „eine Art Prothesengott geworden, recht großartig, wenn er alle seine Hilfsorgane anlegt, aber sie sind nicht mit ihm verwachsen und machen ihm gelegentlich noch viel zu schaffen" (ebd.: 222). Das Dasein als Prothesengott, gekennzeichnet durch die Beherrschung der Natur und gleichzeitig dieser unmittelbar unterworfen, findet sich in der Kultur als Gesamtheit der Vermittlungsleistungen wieder, die mit dem Schutz gegen die Natur mit jener Anpassung unnachgiebig eingefordert werden, die die kulturelle Regelung der sozialen Beziehungen bildet. Unterwerfung der (äußeren) Natur durch den Menschen bedeutet gleichzeitig auch die Unterwerfung der inneren Natur. Die damit einhergehende Triebsublimierung findet ihren Ausdruck in Kreativität, ohne die kulturelle Veränderung nicht denkbar wäre. Der Kulturbegriff ist von Freud wesentlich als ein von den Menschen angetriebener doppelter Prozess gefasst, dessen Erscheinungsform sich stetig wandelt. „Ein gut Teil des Ringens der Menschheit staut sich um die eine Aufgabe, einen zweckmäßigen, d.h. beglückenden Ausgleich zwischen diesen individuellen und den kulturellen Massenansprüchen zu finden, es ist eines ihrer Schicksalsprobleme, ob dieser Ausgleich durch eine bestimmte Gestaltung der Kultur erreichbar oder ob der Konflikt unversöhnlich ist" (ebd.: 226).

Bereits in der Freudschen Theorie erscheint Kultur doppelt gefasst: als unhintergehbare Notwendigkeit, auch wenn sie Quelle großen Leidens ist. Zudem lässt der Freudsche Kulturbegriff menschliche Geschichte prinzipiell offen, gerade weil in der Betonung der Eigengesetzlichkeit objektiver Verhältnisse die repressiven Momente nie gänzlich verschwinden werden – stets können (und müssen) sich in der geschichtlich spezifischen Situation die Menschen dazu verhalten, können eingreifend und verändernd tätig werden. Anders formuliert: Kultur entspringt der Suche nach „Methoden, das Leiden fernzuhalten" (ebd.: 213). Die Momente von Freiheit, die in der Möglichkeit spontanen, eigenständigen Handelns ihren Platz im Kulturprozess zugesprochen bekommen, ergeben sich aus einem als begrenzt eingeschätzten Einflussbereich. Momente von Autonomie sind gleichwohl in ihrer Eigenständigkeit, aber auch in ihrer inneren Vermittlung im Freudschen Kulturbegriff mitgedacht. „Der Entwicklungsprozeß des Einzelnen darf also seine besonderen Züge haben, die sich im Kulturprozeß der Menschheit nicht wiederfinden; nur insofern dieser erstere Vorgang den Anschluß an die Gemeinschaft zum Ziel hat, muß er mit dem letzteren zusammenfallen" (ebd.: 266).

Adorno greift zur Beschreibung objektiver gesellschaftlicher Prozesse zwar auf entscheidende Einsichten der Freudschen Kulturanalyse zurück. Gerade in der doppelten Bestimmung der objektiven Zumutungen, die höchstgradig repressive Züge annehmen können, dies aber nicht notwendigerweise müssen, zeigt sich eine flexible, dynamische und prozesshafte Theorie, die die Eigenständigkeit menschlichen Reflexionsvermögens in die theoretische Konzeption mit aufnimmt. Auch der weitere Schritt Freuds, Kultur als Sublimationsleistung zu begreifen, umfasst eine Vorstellung, die in der gesellschaftstheoretischen Perspektive Adornos eine entscheidende Rolle einnimmt.

Doch letztlich finden sich bei Adorno zur Beschreibung objektiver Eigengesetzlichkeiten, die sich sogar ‚hinter dem Rücken der Beteiligten vollziehen' (Marx), zumeist Hinweise auf die marxsche Theorie. Der (Waren-)Tausch[2] bildet für Adorno das zentrale Analysemerkmal zur Beschreibung objektiver gesellschaftlicher Verhältnisse. Adorno greift in erster Linie auf die marxschen Ausführungen im Fetischkapitel (vgl. Marx 1970: 85 ff) zurück. Kurz gefasst zeichnet Marx eine Verkehrung von Wesen und Erscheinung nach, mit der das Dilemma erfasst werden soll, in dem die Menschen das von ihnen hervorgebrachte Produktionsverhältnis nicht unmittelbar und bewusst im Sinne einer ‚freien Assoziation freier Assoziierter' gestalten. Mit der Analyse einer Fetischisierung des Bewusstseins zielt Marx auf die Darstellung der Vergegenständlichungen und Verdinglichungen vor allem der äußeren, aber auch der inneren Welt ab.

Im Freudschen Kulturbegriff und im Marxschen Fetischbegriff finden sich die gesellschaftstheoretischen Referenzlinien, auf die Adorno auch im Bildungsbegriff rekurriert. „Im Klima der Halbbildung überdauern die warenhaft verdinglichten Sachgehalte von Bildung auf Kosten ihres Wahrheitsgehalts und ihrer lebendigen Beziehung zu lebendigen Subjekten. Das etwa entspräche ihrer Definition" (Adorno 1959a: 103).

Um einem Missverständnis vorzubeugen: Die von Adorno konstatierte Halbbildung zielt keinesfalls auf einen arroganten bildungselitären Blick auf die weniger Gebildeteten ab. Vielmehr verweist er auf die Motive, die den Begriff der Bildung[3] durch all die Vergegenständlichungen und Verdingli-

2 Zu den unterschiedlichen Bedeutungsdimensionen im Tauschbegriff Adornos vgl. Ritsert 1998a.

3 Vgl. auch: „Gemessen am Zustand jetzt und hier ist die Behauptung von der Universalität der Halbbildung undifferenziert und übertrieben. Sie möchte aber gar nicht alle Menschen und Schichten unterschiedslos unter jenen Begriff subsumieren, sondern eine Tendenz konstruieren, die Physiognomik eines Geistes entwerfen, der auch dann die Signatur des Zeitalters bestimmt, wenn sein Geltungsbereich quanti-

chungen, der Fetischisierung, nachhaltig beschädigen. „Halbbildung ist der vom Fetischcharakter der Ware ergriffene Geist." (ebd.: 108) Halbbildung ist als historisch gewordenes Phänomen zu begreifen, in dem die zur Anpassung zwingende objektive Seite der Kultur übermächtig geworden ist und zudem in fetischisierter Form erscheint. Sie ist ein Ergebnis jener weit reichenden Veränderungen der Gesellschaftsstruktur, die mit der Durchsetzung des fordistischen Akkumulationsmodells nach der Weltwirtschaftskrise in den 1930er Jahren erfolgten. Die in diesem Zuge über den Massenkonsum vollzogene Integration der Arbeiterschaft ins kulturelle Leben hat durch Möglichkeiten der Massenproduktion – neben vielem anderen – auch Bildungswerke hervorgebracht, die nun einer breiten Bevölkerungsschicht zugänglich waren.

Kultur war bereits vorher Ware, nun aber (tendenziell) universalisiert, da verfügbar und erschwinglich. Kultur, Bildung ändert sich damit nachhaltig. Denn Waren werden nicht autonom, sondern für den Markt produziert. Das wirkt sich nicht nur auf den Gebrauchswert selbst aus; ein autonomer, gar zweckfreier Zugang zu Kulturprodukten wird dadurch enorm erschwert – obwohl sich Adorno nur allzu bewusst darüber war, dass diese Vorstellung auch seinerzeit ein Stück Ideologie darstellte: Der autonome, zweckfreie Gebrauch existierte als Idee, als Vorstellung, kaum praktisch. Wenn, dann sporadisch und in glücklich gelungener subjektiver, nie gesamtgesellschaftlicher Aneignung. Das Kulturprodukt aber in seiner Form als Ware preist mittels Reklame seinen Gebrauchswert an. Die Fähigkeit der Kulturkonsument/innen zu Spontaneität und Phantasie, damit auch zu Kritik und Utopie, wird so gelähmt und verkümmert. Als historisch entstandenes Dilemma versucht der Begriff der Halbbildung diese Transformation zu fassen. „Was man den Gebrauchswert in der Rezeption der Kulturgüter nennen könnte, wird durch den Tauschwert ersetzt, anstelle des Genusses tritt Dabeisein und Bescheidwissen, Prestigegewinn anstelle der Kennerschaft" (Horkheimer/Adorno 1947: 186). Diese historisch neuere Form eines verdinglichten Zuganges zur Kultur, in der Bildung nur mehr als Quelle ‚sozialen Kapitals' (Bourdieu) seine Berechtigung zu haben scheint, ist der philosophischen Bildungsidee diametral entgegen gesetzt. Jener gesellschaftliche Raum für autonome Gedanken und Empfindungen, der seine Berücksichtigung in der freudschen Kulturtheorie hat, wurde so mit der Entfaltung kulturindustri-

tativ und qualitativ noch zu sehr einzuschränken wäre." (Adorno 1959a: 102) Adorno geht es schlicht und einfach darum, auf antiemanzipatorische Tendenzen innerhalb der (aus dem historischen Blickwinkel) zerfallenden und in Auflösung begriffenen Bildung in aller Deutlichkeit hinzuweisen.

eller Warenproduktion[4] nachhaltig beeinträchtigt. „Der Fordismus bedeutete insofern auch eine entscheidende Etappe bei der vollen historischen Durchsetzung des Kapitalismus. Jetzt erst wurde die Gesellschaft in ihren wesentlichen Bereichen dem Kapitalverhältnis unterworfen" (Hirsch 2005: 116).

Bei Adorno findet sich diese Bewegung in der These einer (tendenziellen) Entsubjektivierung des Subjekts wieder. „Der Halbgebildete betreibt Selbsterhaltung ohne Selbst. Worin nach jeglicher bürgerlichen Theorie Subjektivität sich erfüllte, Erfahrung und Begriff, kann er sich nicht mehr leisten: das höhlt die Möglichkeit von Bildung subjektiv ebenso aus, wie ihr objektiv alles entgegen ist" (Adorno 1959a: 115). Doch das Bedürfnis und die Fähigkeit zur Selbstbestimmung wird trotz aller (repressiven) Heteronomie zu keinem Zeitpunkt vollends und ausschließlich negiert. Adorno will in diesem Sinne „die Physiognomie eines Geistes entwerfen, der auch dann die Signatur des Zeitalters bestimmt, wenn sein Geltungsbereich quantitativ und qualitativ noch so sehr einzuschränken wäre" (ebd.: 102).

Auf der einen Seite wird Halbbildung als fetischisiertes, verdinglichtes Bewusstsein vor allem innerhalb der kulturindustriellen Zurichtung klassischer Bildungsprodukte zu Waren konstatiert. Auf der anderen Seite findet sich aber kein relatives Gegenstück, das als utopisches Moment, als Gegenmodell gestärkt werden könnte. So muss Adorno in paradoxer Weise mit dem Bildungsideal an einem Begriff festhalten, der sich als solcher historisch überdauert hat: „Taugt jedoch als Antithese zur sozialisierten Halbbildung kein anderer als der traditionelle Bildungsbegriff, der selber zur Kritik steht, so drückt das die Not einer Situation aus, die über kein besseres Kriterium verfügt als jenes fragwürdige, weil sie ihre Möglichkeit versäumte. [...] Maß des neuen Schlechten ist einzig das Frühere" (ebd.: 102). Die Antithese zur Halbbildung ist folglich, obwohl historisch bereits überholt, Bildung.

1.3. Die subjektzentrierte Dimension

Statt resigniert das Subjekt der Hoffnungslosigkeit preiszugeben, verweist Adorno stets auf die Möglichkeiten zur Reflexion – auch wenn diese nur unter großen Anstrengungen leistbar sind: weder objektive noch intersubjektive Momente regen besonders eindringlich dazu an. Kultur als warenförmige überformt alle individuellen Lebensbereiche und dennoch stellt sich

4 „Der Ausdruck Industrie ist dabei nicht wörtlich zu nehmen. Er bezieht sich auf die Standardisierung der Sache selbst [...] und auf die Rationalisierung der Verbreitungstechniken, nicht aber streng auf den Produktionsvorgang." (Adorno 1963: 339)

dieses Modell als durchaus nicht frei von Friktionen heraus. Nicht nur im Kulturindustriellen, zuvörderst im Blick auf die Verbrechen des Nationalsozialismus, scheint das Modell einer hermetischen Totalität, die den Subjekten keine Möglichkeit zu ungegängelter Erfahrung, autonomem Denken und Handeln lässt, vorzuherrschen. Trotzdem und gerade deswegen verweist Adorno auf die Möglichkeiten des Subjekts: „Die einzig wahrhafte Kraft gegen das Prinzip von Auschwitz wäre Autonomie, wenn ich den Kantischen Ausdruck verwenden darf; die Kraft zur Reflexion, zur Selbstbestimmung, zum Nicht-Mitmachen" (Adorno 1966a: 93).

Doch befindet sich dieses unabdingbare Moment der Reflexion, die Fähigkeit zu Kritik und Utopie, in permanenter Gefahr, zum Reflex zu verkommen. Bereits in den frühen sozialwissenschaftlich wegweisenden Studien im Institut für Sozialforschung (IfS)[5] war eine der entscheidenden Leitfragen, ob und wie Reflexion und Reflex mit spezifischen Charakterstrukturen korrelieren. Auch die Arbeiten in den frühen 1940er Jahren während der Emigration in den USA[6] lassen sich unter diesem Blickwinkel betrachten. An dem wohl berühmtesten Projekt des IfS, der in Zusammenarbeit mit der Berkeley Public Opinion Study durchgeführten Studie zur ‚Authoritarian Personality'[7] war Adorno maßgeblich beteiligt. In diesen Untersuchungen wird mit der Analyse und Dechiffrierung des ‚autoritären Syndroms' (Adorno) das theoretische Modell eines reflexhaft agierenden Sozialcharakters entwickelt. Die Sozialisationsbedingungen und damit Erziehungsfragen, insbesondere bezüglich der Familienstruktur, werden dabei systematisch in Beziehung gesetzt mit eben jener autoritären Charakterstruktur, die für das Erstarken des Faschismus als von wesentlicher Bedeutung angesehen wird. Die analytische Kritik der autoritären Charakterstruktur stellt eine Negativfolie dar, auf deren Grundlage emanzipatorische Bildung postuliert werden kann.

Adorno ging in den ‚Studien zum autoritären Charakter' sozialpsychologisch von einer Ich-Schwäche aus, die sowohl Dispositionen für autoritätsfixierte Charakterstrukturen bereitstellt, als auch zumeist damit korreliert. Subjekttheoretisch arbeitet er spätestens mit der 1955 erschienenen pro-

5 Vgl. insbesondere Fromm 1980; Adorno 1973. Jay 1973 dokumentiert ausführlich die Studien.

6 Zur Geschichte des Frankfurter Instituts für Sozialforschung vgl. Demirović 1999b.

7 Adornos Beitrag zum fünfbändigen Werk ‚Studies in Prejudice' findet sich (vor allem) im Band ‚Authoritarian Personality', der dann 1973 mit den ‚Studien zum autoritären Charakter' in Deutschland erschien. Einleitend heißt es darin: „Im Mittelpunkt des Interesses stand das potentiell faschistische Individuum, ein Individuum, dessen Struktur es besonders empfänglich für antidemokratische Propaganda macht." (Adorno 1950: 1)

grammatischen Schrift ‚Zum Verhältnis von Soziologie und Psychologie' mit einer anderen psychodynamischen Konstellation. Die tendenzielle Zurücknahme des Ichs ins Es steht im Mittelpunkt der Überlegungen. „Zeitgemäß sind jene Typen, die weder ein Ich haben noch eigentlich unbewußt handeln, sondern reflexartig den objektiven Zug widerspiegeln. Gemeinsam üben sie ein sinnloses Ritual, folgen dem zwanghaften Rhythmus der Wiederholung, verarmen affektiv: mit der Zerstörung des Ichs steigen der Narzißmus oder dessen kollektivistische Derivate. Der Differenzierung gebietet die Brutalität des Außen, die gleichmachende totale Gesellschaft, Einhalt, und sie nutzt den primitiven Kern des Unbewußten aus. Beide stimmen mit der Vernichtung der vermittelnden Instanz sich aufeinander ab; die triumphalen archaischen Regungen, der Sieg des Es über das Ich, harmonieren mit dem Triumph der Gesellschaft über den einzelnen" (Adorno 1955: 83).

Die doppelte Anforderung ans vormalige Ich, sowohl gegen die Innen- als auch gegen die Außenwelt gleichzeitig als Vermittler auftreten zu müssen, wird damit erheblich erschwert. Die Ich-Schwäche als Mittel der notwendigen Anpassung an die Außenwelt wird in der Realitätsprüfung, die die Strebungen aus dem Es und dem Über-Ich versagen muss, ins Unbewusste verlagert. „Das ins Unbewußte sich selbst zurücknehmende Ich verschwindet nicht einfach, sondern bewahrt manche der Qualitäten, die es als gesellschaftliches agens erworben hatte. Aber es unterwirft sie dem Primat des Unbewußten. So kommt der Schein einer Harmonie zwischen Realitätsprinzip und Lustprinzip zustande" (Adorno 1955: 72). Die falsche Einheit von Allgemeinem und Besonderem, wie sie besonders in der gesellschaftszentrierten Dimension deutlich wird, stellt sich aus Perspektive des Subjekts so dar, dass die Aufgaben des Ichs der Außenwelt überantwortet werden, eine Außenwelt, die gleichsam ungefiltert auf ein undifferenziertes Es-Ich trifft. Sozialpsychologisch entspricht dieser Prozess einer (permanenten) Regression; psychoanalytisch entspricht der Zustand, in dem das Ich-Es undifferenziert auftritt, dem Narzißmus. „Die Gestalt der Triebenergie, an die nach dem Freudschen anaklitischen Typus das Ich sich anlehnt, wenn es zum obersten Opfer, dem des Bewußtseins selber schreitet, ist der Narzißmus." (ebd.: 72). Das regressive Zurückfallen auf den narzisstischen Zustand lässt das Individuum nicht unberührt und beschädigt es um den Preis der Reflexion: „Die Erkenntnisleistung, die vom Ich um der Selbsterhaltung willen vollzogen wird, muß das Ich um der Selbsterhaltung willen immer wieder zugleich auch sistieren, das Selbstbewußtsein sich versagen" (ebd.: 71). Einerseits ist die selbsterhaltende Funktion des Ichs, seine wesentliche Bestimmung, dem Schein nach bewahrt, andererseits ist im Narzissmus die Regression des Ichs ins Es bis zur Unkenntlichkeit des vormaligen Ichs vollzogen. In der Rücknahme libidinös besetzter Objektbeziehungen ins eigene Ich findet auch die für den Narzissmus charakteristische, überhöhte Besetzung des Ich-Es statt. Omnipotenzphantasien und Ressentiments finden hier ihre Quelle. Die Reflexion verkommt zum Reflex; das befreiende Versprechen der Emanzipation verkommt zur ressentimentgeladenen Hoffnung in der Affirmierung der Totalität. Das Ich als vermittelnde Mitte zwischen den Anforderungen der Außenwelt einerseits und denen der Innenwelt andererseits geht unter dem übermächtigen Druck tendenziell zugrunde, indem es sich der Struktur des Narzissmus nach ins Es zurückzieht.

Dennoch versucht Adorno die Idee von Mündigkeit keinesfalls preiszugeben. Auch auf der subjekttheoretischen Ebene bewegt er sich in der für sein Denken so charakteristischen Dialektik, dem Festhalten an den tendenziell verunmöglichten Möglichkeiten gelingender Autonomie. Die subjekttheoretischen Überlegungen zeigen aber auch, dass das Festhalten am Bildungsbegriff als Kritik an seiner zerfallenen Form der Halbbildung sich nicht bloß auf die phänomenologischen Erscheinungen bezieht. Dem halbgebildeten Bedürfnis entspricht ein Subjekt, das sich aufgrund der übermächtigen Objektivität selbst objektiviert, indem es die herrschende Ideologie affektiv besetzt und sich so gegen Kritik immunisiert. „Die gegenwärtig in Wahrheit wirksamen Leitbilder sind das Konglomerat der ideologischen Vorstellungen, die in den Subjekten sich zwischen diese und die Realität schieben und die Realität filtern. Sie sind affektiv derart besetzt, daß sie nicht ohne weiteres von der ratio weggeräumt werden können. Halbbildung faßt sie zusammen“ (Adorno 1959a: 104).

1.4. Die intersubjektive/institutionelle Dimension

Maßgeblich unter Bezugnahme auf die Marxsche Fetischkritik und weitgehend an die Freudsche Subjekttheorie angelehnt, beschreibt Adorno in erster Linie prozesshafte Vermittlungsverhältnisse von Subjekt-Objekt-Konstellationen. Zentral in einer Beschäftigung mit gesellschafts- und/oder subjekttheoretischen Fragen ist daneben die Subjekt-Subjekt-Begegnung. Vermittlung geschieht in und durch die Subjekte, sowohl durch aktive Gestaltung als auch hinter dem Rücken der Beteiligten. Adorno arbeitet mit einer komplexen dialektischen Konfiguration, in der sowohl objektive Verhältnisse in ihrer Verselbständigung als auch die intra- und intersubjektive Dimension gedacht werden können. Gleichzeitig sollen damit verdinglichte Verhältnisse in ihrer Selbständigkeit und in ihrer inneren Vermittlung weder strikt ableitungsdeterministisch, noch als bloße Erscheinungen erfasst werden. Die

Konstellation von Subjekt und Objekt, damit auch der intersubjektiven Verhältnisse, bleibt geschichtlich in und an die konkreten Verhältnisse gebunden. Die Bedingungen der Möglichkeit von Reflexion bestehen in dem Versuch, die objektiven und die subjektiven (repressiven) Verhältnisse in der Struktur der ‚Vermittlung der Gegensätze in sich'[8] herauszuarbeiten – beide sind maßgeblich der Wertvergesellschaftung unterworfen.

Adorno legt damit ein Modell vor, welches erlaubt, einen dialektischen Begriff des Ichs zu denken, in den sowohl ‚seelische und nichtseelische' (Adorno)[9] Momente eingehen und durch den die dadurch gebildete Reflexion als doppelte bestimmt werden kann: Reflexion als destruktiver Widerspruch, der als Herrschaftsmoment repressive Verhältnisse reproduziert *und* aber stets auch als produktiver Widerspruch, der die Zumutungen und Beschädigungen in aller Deutlichkeit benennen und damit der Abschaffung preisgeben kann. Gleichwohl ist das Subjekt als reflexives unter dem Primat des Objekts zu verstehen: „Allgemein ist das Individuum nicht bloß das biologische Substrat, sondern zugleich die Reflexionsform des gesellschaftlichen Prozesses, und sein Bewußtsein von sich selbst als einem an sich Seienden jener Schein, dessen es zur Steigerung der Leistungsfähigkeit bedarf, während der Individuierte in der modernen Wirtschaft als bloßer Agent des Wertgesetzes fungiert. Die innere Komposition des Individuums an sich, nicht bloß dessen gesellschaftliche Rolle wäre daraus abzuleiten" (Adorno 1951: 261).[10] Der objektive Zwang der Verhältnisse und der subjektive Zwang im Unbewussten vollzieht sich durch die Subjekte hindurch, die aber diesen Prozess erst in Gang setzten und seitdem der nicht-bewussten Reproduktion unterworfen sind. So zeigen sich in der Analyse des Unbewussten bei Freud und in der Wertformanalyse bei Marx beide Male Momente, die diese Theorien letztlich auch verbinden.

Im Nachweis eines übersubjektiven und doch nur durch die Subjekte hervorgebrachten repressiven Zwangsverhältnisses, das sich hinter dem Rücken der Beteiligten bzw. unbewusst durchsetzt, findet sich die Analogie Marxscher und Freudscher Theorie. Das Eingedenken des unbewussten Zwangs und des unbewussten Produktionsprozesses veranlasst Adorno zu einer Konzeption, die in der Struktur der *Vermittlung der Gegensätze in sich*

8 Vgl. zu dieser Argumentationsfigur Ritsert 1997.

9 „Der Begriff des Ichs ist dialektisch, seelisch und nichtseelisch, ein Stück Libido und der Repräsentant der Welt." (Adorno 1955: 70)

10 Die innere Komposition des Individuums ist freilich nicht auf gesellschaftliche Determinanten herunterzubrechen: „Nur wer es vermöchte, in der blinden somatischen Lust, die keine Intention hat und die letzte stillt, die Utopie zu bestimmen, wäre einer Idee von Wahrheit fähig, die standhielte." (Adorno 1951: 68)

beschrieben werden kann. Adorno begreift auf der einen Seite Gesellschaft als Totalität und auf der anderen die vereinzelten Einzelnen in ihrer Selbstständigkeit – beide Momente gleichzeitig aber auch in ihrer Verselbständigung und Fetischisierung. Dieses Modell erlaubt es, die Internalisierung von Autorität und Herrschaft als repressiv und aber potentiell emanzipatorisch zu verstehen. In der Internalisierung zeigen sich sowohl gesellschaftliche Herrschaftsverhältnisse (beispielsweise in der geschlechtsspezifischen Sozialisation mit ihren Zuschreibungen an Rollen und Verhaltensweisen) als auch die Möglichkeiten, diese dem Ich zugänglich werden zu lassen. Statisch und unveränderlich ist das so beschriebene Unbewusste keineswegs, obwohl nur ‚kraft äußerster Anstrengung' (Adorno) Reflexion möglich ist. Adornos scheinbar fehlende Intersubjektivitätstheorie betont daher vor allem und in erster Linie die (verstellten) Reflexionsmöglichkeiten. Die Anerkennung bedeutsamer Anderer, nicht selten die Grundlage für eine Theorie der Intersubjektivität (vgl. Benjamin 1990), erscheint bei Adorno als eine der Bedingungen für gelingende Reflexion – stets aber ist die Anerkennung eingebettet in einen spezifischen subjektiven und objektiven Zwangszusammenhang.

Analog zur (zumeist implizit auftauchenden) intersubjektiven Dimension, die Adorno in der Tat nicht ‚ausgepinselt' hat, scheint Adorno Fragen institutioneller Art zunächst aus dem Weg zu gehen bzw. zu vernachlässigen. Wie die zugrunde liegenden Annahmen der subjekt-, gesellschafts- und intersubjektiven Dimensionen unterstützt, gefördert und hervorgebracht werden können, verweist unter anderem auf Probleme wie beispielsweise der Frage nach einer möglichen institutionellen Absicherung, um letztlich auch Bildung im umfassenden Sinne zu ermöglichen. Gemeinhin (und empirisch) stehen Institutionen der Bildung im emphatischen Sinne – gelinde gesagt – nicht besonders freundlich gegenüber. Um aber Bildung im emanzipatorischen Sinne zu ermöglichen, sind institutionelle Absicherungen unabdingbar, die Subjekte in ihren Bildungsmöglichkeiten unterstützen und nicht unterjochen. „Reflexive Institutionen entlasten die Menschen nicht nur vom Willen zur Macht in der Bürokratie bzw. der ‚verwalteten Welt' (Adorno), sie sind vor allem so verfasst, dass sie die Autonomie des Subjekts fördern, nicht untergraben. Sie ‚entlasten' die Individuen allerdings nicht von ihrer Autonomie" (Ritsert 2005: 11).

Die Forderung nach reflexiven Institutionen bildet sicherlich keine eingängige Vorstellung, vergegenwärtigt man sich all die repressiven Tendenzen, die auch Adorno innerhalb von Institutionen in aller Deutlichkeit herausarbeitet (vgl. Adorno 1960). Dass allerdings Organisationen, Strukturen, Verbände an sich und ausschließlich stets zur Repressivität neigen, bildet eine höchst undialektische Annahme, die Adorno fern liegt. Auf die Schwierigkeit, Bedingungen der Möglichkeit reflexiver Institutionen genauer herauszuarbeiten, verweist Adorno selbst an einigen Stellen. Zudem überrascht er mit eigenen höchst konkreten Vorschlägen: „Ich dächte an eine Reihe von Möglichkeiten. Eine wäre – ich improvisiere –, daß Fernsehsendungen geplant werden unter Berücksichtigung von Nervenpunkten jenes spezifischen Bewußtseinszustands. Dann könnte ich mir vorstellen, daß etwas wie mobile Erziehungsgruppen und -kolonnen von Freiwilligen gebildet werden, daß sie aufs Land fahren und in Diskussionen, Kursen und zusätzlichem Unterricht versuchen, die bedrohlichsten Lücken auszufüllen. Ich verkenne dabei freilich nicht, daß solche Menschen sich schwerlich beliebt machen werden" (Adorno 1966a: 94).

1.5. Mündigkeit als ungegängelte Erfahrung

Adornos Ausführungen zum (historisch überholten) Bildungsbegriff, der sich in fetischisierter Form als Halbbildung zeigt, lassen sich vor dem Hintergrund der unterschiedlichen Dimensionen in das Gesamtwerk Adornos einordnen: die beiden theoretischen Säulen des Subjekt- und des Gesellschaftsbegriffes (Freud und Marx) finden sich explizit wieder, implizit lassen sich daraus Bedingungen für intersubjektivitätstheoretische und institutionelle Absicherungen ableiten. Die Reflexionsmöglichkeiten der Subjekte müssen institutionell unterstützt werden, ebenso ihre intersubjektive Aushandlung. Zudem findet sich in allen genannten Verhältnissen eine sozial- und moralphilosophische Dimension wieder. Einzelne Momente dieser unterschiedlichen Ebenen isoliert herauszugreifen, verändert das Gesamtgefüge. Beispielsweise verhindert der alleinige Rückgriff auf die Ebene der Intersubjektivität eine angemessene Betrachtung objektiver und intrasubjektiver Verhältnisse.

Aber auch die theoretischen Referenzen Adornos sind nicht zu hypostasieren: Die Marxsche Kritik der politischen Ökonomie sowie andererseits und in struktureller Analogie dazu die Kritik der psychischen Ökonomie, wie sie Freud in seiner Neurosentheorie aufgestellt hat, sind in der Kritischen Theorie Adornos nur vor dem Hintergrund einer spezifischen Idee der Versöhnung vollständig zu erfassen. Im Rückgriff auf diese Idee der Emanzipation erscheint die adornitische Denkbewegung, die das Gegebene stets prüft an den Beschädigungen der Subjekte. Seine Perspektive geht aus vom Leiden und der (verstellten) Emanzipation des Individuums. Obwohl „isoliert nicht geändert werden kann, was von objektiven Gegebenheiten produziert und reproduziert wird" (Adorno 1959a: 119), bedeutet dies nicht, dass die

Hinweise auf den gesamtgesellschaftlichen Zwangszusammenhang eindimensional verstanden werden müssen. Adornos vermittlungslogische Argumentation ist bis in ihre Grenzen hinein eine prozesshafte Denkbewegung, die stets ‚das Andere' mitdenkt und in die Reflexion aufnimmt.

Gleichzeitig kann Adorno – bei aller ‚Universalität des Verblendungszusammenhangs' – behaupten, auch und notwendigerweise die inter- sowie intrasubjektiven Momente in die Kritische Theorie mitaufzunehmen. Aufgrund der Präponderanz des Objekts, „einer überaus mächtigen gesellschaftlichen Tendenz" (Adorno 1966a: 89), sieht Adorno sich „notwendig auf die subjektive Seite abgedrängt" (ebd.). Dabei stellt er auch grundsätzliche und strategische Überlegungen an im Umgang mit dem Problem jener der Halbbildung immanenten Kritik- bzw. Aufklärungsresistenz. Da der Ideologie als affektiv besetzter anhand der Vernunft, der ratio allein zuweilen nicht beizukommen ist, müssen die Abwehrmechanismen der Individuen in den Aufklärungsbemühungen ihre Berücksichtigung finden: „Man muß die Mechanismen erkennen, die die Menschen so machen, daß sie solcher Taten fähig werden, muß ihnen selbst diese Mechanismen aufzeigen und zu verhindern trachten, daß sie abermals so werden, indem man ein allgemeines Bewußtsein jener Mechanismen entwickelt" (ebd.: 90). Ihm geht es wesentlich darum, Reflexion durch Reflektion auf den Reflex zu ermöglichen. Hieraus ergibt sich gleichzeitig die Schwierigkeit, eine gegenüber der Halbbildung autonome Position zu entwickeln, da Halbbildung als sozialisierte auch das eigene Bewusstsein prägt: „Eitel aber wäre auch die Einbildung, irgend jemand – und damit meint man immer sich selber – wäre von der Tendenz zur sozialisierten Halbbildung ausgenommen. Was mit Fug Fortschritt des Bewußtseins heißen darf, die illusionslos kritische Einsicht in das, was ist, geht mit Bildungsverlust zusammen" (Adorno 1959a: 120).

Jenen kritikresistenten Individuen gegenüber hingegen, die auf Autorität ansprechen, muss auch mit Autorität begegnet werden: „Wo sie sich ernsthaft vorwagen bei antisemitischen Manifestationen, müssen die wirklich zur Verfügung stehenden Machtmittel ohne Sentimentalität angewandt werden, gar nicht aus Strafbedürfnis oder um sich an diesen Menschen zu rächen, sondern um ihnen zu zeigen, daß das einzige, was ihnen imponiert, nämlich wirklich gesellschaftliche Autorität, einstweilen denn doch noch gegen sie steht" (Adorno 1962b: 364).

Adorno denkt streng vermittlungslogisch, so dass er keineswegs unreflektiert das Subjekt hypostasiert oder verklärt. Stets sind die Einzelelemente bezogen in ihrer Reflexion auf (gesellschaftliche) Herrschaft, ohne dass die Einzelelemente in ihrer Vereinzelung subsumtionslogisch dem Ganzen untergeordnet werden. Die jeweiligen Spezifika bleiben in aller Verselbständigung und Verdinglichung erhalten. Insofern kann Adorno auch auf den antinomischen Charakter der Bildung, die gleichzeitig Autonomie und ihre Negation beinhaltet, verweisen: „Sie ist in sich antinomischen Wesens. Sie hat als ihre Bedingung Autonomie und Freiheit, verweist jedoch zugleich, bis heute, auf Strukturen einer dem je Einzelnen gegenüber vorgegebenen, in gewissem Sinn heteronomen und darum hinfälligen Ordnung, an der allein er sich zu bilden vermag" (Adorno 1959a: 104).

Allen Zwangsverhältnissen zum Trotz, die sich hinter dem Rücken der Beteiligten gegen ihren Willen durchsetzen, wie Marx und Freud herausgearbeitet haben, sieht Adorno in der Idee der ,ungegängelten Erfahrung', in der ,lebendigen Erfahrung' die Möglichkeiten verankert, an der Vorstellung von Mündigkeit festzuhalten. Die Idee der ,ungegängelten Erfahrung' zieht die Überlegungen Adornos, die sich in den pädagogischen Schriften finden lassen, als Reflexion auf objektive, subjektive und intersubjektive Zumutungen in der Perspektive auf eine mögliche Aufhebung, zusammen. Eine für Adorno spezifische Zärtlichkeit für die Dinge wird erkennbar, wenn er sich zudem für die „Schonung des Einzelsubjekts" (ebd.: 106) ausspricht: „Ungedeckte Gedanken" (Adorno 1969: 135) sollen den vereinzelten Einzelnen Möglichkeiten einer gelingenden Sozialisation bereitstellen, die mündige und reflexive Subjekte hervorbringen könnte.

2. Zur Aktualität der (Bildungs-) Theorie Adornos

Die kritische Theorie Adornos verweist auf den engen Zusammenhang von Bildung und Herrschaft, wobei Bildung die Voraussetzung zur Einforderung und Durchsetzung von Autonomie bildet. Autonomie in diesem Sinne wäre begriffen als Reflexion. Der Bildungsbegriff ist nicht zuletzt auch historisch spezifisch situiert und kann nicht losgelöst von seiner Epoche verwendet werden; die Historizität muss mitgedacht werden. Mit der Theorie der Kulturindustrie und der sozialisierten Halbbildung nimmt Adorno die gesellschaftlichen Transformationsprozesse auf, die den Stand der Wertvergesellschaftung und damit der (gesellschaftlichen) Herrschaft auszeichnen. Es ist nicht bloß das Ergebnis beruflicher Zwänge, dass Adornos Engagement gerade auf dem Sektor der Bildungspolitik sehr ausgeprägt war. Durch erzieherische Einflussnahme auf die Gesellschaft „unmittelbar zur Verbesserung der kulturellen Atmosphäre [beizutragen, d.A.] die von Hass erfüllt ist" (Horkheimer 1950: 416) bildete vor dem Hintergrund der Erfahrung des Nationalsozialismus *die* unumgängliche Notwendigkeit.[11]

11 Vgl. Demirović 1999a: 339 ff.

Dementsprechend spricht Adorno beispielsweise der Schule eine Schlüsselrolle zu, auch wenn nicht unerhebliche Einschränkungen zu verzeichnen sind: „Nun, die Barbarei, der Begriff der Barbarei, und das ist das, was wir erlebt haben, ist ja der Rückfall der Menschen in einen Zustand, in dem alle jene Formungen sich als Bankrott erklären, denen die Schule dient. Sicherlich ist, so lange die Gesellschaft die Barbarei aus sich heraus reproduziert, von der Schule allein her das nicht zu schaffen. Aber wenn man die Barbarei, um die es sich handelt und die der Gegensatz zur Bildung ist, [betrachtet, d.A.] würde ich sagen, dass so etwas wie Auschwitz nicht noch einmal in der Welt ist, hängt eben doch wesentlich auch davon ab, dass die Menschen entbarbarisiert werden. Und die Frage der Entbarbarisierung der Menschheit, [...] die wird zu einem gewissen Grad von der Schule eben doch, so beschränkt auch die Schule sein mag, geleistet" (Adorno 1965: 183). Dieses hohe Maß an gesellschaftlicher Verantwortung überträgt er auch auf die Universitäten. Als Lehrender trägt Adorno hier selbst mit an dem „schweren Maß an Verantwortung für die geistige und reale Entwicklung" (Adorno 1962c: 32), die er u.a. auf den Schultern der angehenden Lehrerinnen und Lehrer liegen sieht. Die Bildungsaufgabe, die nach Adornos und Horkheimers Ansicht der Universität zukommt, ist das Bemühen um die junge Generation im postnazistischen Deutschland, dass sie „die Kraft – und vor allem die Zeit – findet, Einsicht zu gewinnen in das Wesen des anscheinenden Verhängnisses, und schließlich die Macht, es abzuwenden, ehe sie in es hineingezogen wird" (Horkheimer 1952: 413).

Der Zweck schulischer (auch der der Hochschulen) und außerschulischer Bildungsinstitutionen ist demnach grundsätzlich, erstens das Wissen, also die Begriffe bereitzustellen, um verhängnisvolle Tendenzen der Gesellschaft und des Subjekts zur Katastrophenpolitik kritisch zu reflektieren. Damit geht zweitens die Notwendigkeit einher, dass Möglichkeiten, Räume eröffnet werden, in denen der ‚ungeschützte Gedanke' (Adorno) Platz findet, in denen – allgemeiner und abstrakter – jene herrschaftlichen Zwecke, die durchschaut werden sollen, offen gelegt und damit einer Veränderung zugeführt werden können. Das für Adorno vor allem auf der Ebene der Musik sowie der Literatur so charakteristische Verhältnis zur Hochkultur steht gesellschaftlichen Tendenzen gegenüber, wonach gegenüber diesen kulturellen Inhalten ein nur mehr instrumentelles Verhältnis übrig bleibt. Damit sind auch die inhaltlichen Motive, worauf Bildung zumindest als Idee und Vorstellung emphatisch einmal abzielte, nicht nur dem Verfall, sondern auch dem Vergessen preisgegeben.

So ist es wenig verwunderlich, dass Adorno mittlerweile der Ruf eines bildungselitären Snobs anhängt, der offenbar nicht verstanden werden will und deshalb auch der Mühe eines eingehenderen Studiums nicht lohnt. „Man hat Adorno als Snob und bildungselitär wahrgenommen und daran ist jedenfalls so viel, daß wir die Art von Bildung einfach nicht mehr haben – noch ganz abgesehen davon, was er daraus machte" (Steinert 1998: 28). Adornos Texte versperren sich einer einfachen kulturindustriellen Vereinnahmung, dem halbgebildeten Bedürfnis. Es ist eine Form der Verweigerung, die vor dem Hintergrund der historischen Erfahrung des Nationalsozialismus versucht, „die Haltung zu bewahren, wenn die Welt, in der man gelebt hat, untergeht und die besonderen Fähigkeiten, die man in ihr entwickelt, nutzlos werden" (ebd.). Der Vorwurf des ‚Snobismus' erweist sich so rasch als haltlos, zuweilen auch als antiintellektueller Reflex. Dass Adorno an der Hochkultur, insbesondere der humanistischen Bildung, trotz deren zunehmender Irrelevanz nur umso kompromissloser festgehalten hat, verweist eher auf eine reflexive Haltung gegenüber jenem historisch-kulturellen Transformationsprozess, der sich als Entfaltung der Kulturindustrie zu seinen Lebzeiten vollzogen hat.

Ist das heute vorfindliche Desinteresse an den Ideen der Aufklärung noch adäquat mit dem Begriff der Halbbildung erfasst? Findet sich etwa in der Forderung nach einer besseren Ausstattung von Universitätsbibliotheken oder der Einforderung von ‚Emanzipation', wie sie heute als Allgemeingut in allen politischen Bildungsansätzen aufzufinden ist, überhaupt noch jenes fetischistische, verdinglichte Bewusstsein, auf das die Theorie der Halbbildung einmal abzielte? Hier zeigt sich kaum ein instrumentelles Verhältnis zur Bildung, sondern (in einem gänzlich verkehrten Sinne) ein äußerst realitätstüchtiges: Bildung muss nicht mühselig und reflexiv erarbeitet werden – auf sie kann in gut ausgestatteten Bibliotheken jederzeit zurückgegriffen werden. Emanzipation muss nicht mühsam auf ihre Verwirklichungsbedingungen hin überprüft[12] werden, sondern gilt als gesetzt. Während für Adorno in Anbetracht der von ihm beschriebenen fetischisierten Bildung, der Halbbildung, kaum anderes übrig blieb, als am traditionellen Bildungsbegriff als Kritik an dessen zerfallender Form festzuhalten, zeichnet sich mittlerweile diese selbst als historisch überdauert ab. Die von Adorno in der Kulturindustrie diagnostizierte Tendenz zur Vereinnahmung aller gesellschaftlichen Lebensbereiche bestätigt sich in der Transformation des Bildungswesens hin zu Dienstleistungsunternehmen, in denen (schulische, hochschulische und außerschulische) Bildung längst um ihre warenförmige Anerkennung kämpft. Das Ranking in den entsprechenden Studien wiegt

---

12 Vgl. zur Diskussion um ein restringiertes und ein erweitertes Emanzipationsverständnis den Beitrag von Janne Mende in diesem Band.

nicht nur im Zweifelsfall schwerer als die Idee dessen, worauf Bildung einmal abzielte. Selbst die makulaturhafte Orientierung gesellschaftlicher Bildungsaufgaben an einer ‚Erziehung zur Mündigkeit' wird von einem Effizienzgedanken verdrängt, der zu Bildung im humanistischen Sinne nicht mehr nur der Tendenz nach ein instrumentelles Verhältnis aufbringt.

Was sich abzeichnet, ist neben dem expliziten Desinteresse an einem als zu schwerfällig und ineffizient geltenden Festhalten an der Aufklärung (es sei denn zu Reklamezwecken) auch die Überwindung eines scheinbar veralteten Begriffs, der den heutigen Anforderungen kaum mehr genügt. Die Transformationsprozesse des Bildungswesens setzen das Bestreben einer Fortführung der Kritischen Theorie auf diese Weise einem Zwang zur Rechtfertigung aus, dessen Maßstab die marktförmige Verwertbarkeit ist. Ein Rechtfertigungszwang, der davon zeugt, dass ebenso wie die Ideale der Aufklärung offenbar auch die selbsterklärende Notwendigkeit vergessen werden soll, die von jenem „ungeheuer ernsten Erfahrungskern" (Adorno 1956a: 183) ausgeht, dessen moralphilosophische Reflexion Adorno in seinem kategorischen Imperativ gefasst hat. Der „Fortschritt[s] der Verdummung", der nicht „hinter dem gleichzeitigen Fortschritt der Intelligenz zurückbleibt" (Horkheimer/Adorno 1947: 171), ist bereits vor über einem halben Jahrhundert in der ‚Dialektik der Aufklärung' ausführlich beschrieben worden. Je anachronistischer die Gesellschaft im Verhältnis zu den der Entwicklung der Produktivkräfte innewohnenden Möglichkeiten menschlicher Emanzipation wird, desto mehr wird Adorno, als Fürsprecher einer humanistischen Bildung, ihrer Zeit voraus sein.

Eine Kritische Theorie fordert auch und zuallererst eine historische Perspektive ein. Aufgabe einer Aktualisierung der ‚Theorie der Halbbildung' könnte es demgemäß sein, die qualitativen Veränderungen im Verfallsprozess der Bildung im Kontext jenes gesellschaftlich ökonomischen Transformationsprozesses zu analysieren, durch den Bildung im traditionellen Sinne, obwohl stets auch Ideologie, als Instrument gesellschaftlicher Herrschaft (und damit Quelle ‚sozialen Kapitals') eine nur mehr randständige Bedeutung hat. „Zu visieren wäre ein Zustand, der weder Kultur beschwört, ihren Rest konserviert, noch sie abschafft, sondern der selber hinaus ist über den Gegensatz von Bildung und Unbildung, von Kultur und Natur. Das aber erheischt, daß nicht nur die Verabsolutierung von Kultur gebrochen wird, sondern auch, daß ihre Auffassung als die eines Unselbständigen, als bloßer Funktion von Praxis und bloßer Anweisung auf sie, nicht hypostasiert werde, nicht zur undialektischen Theorie gerinne" (Adorno 1959a: 120).

Bibliographie

Adorno, Theodor W. (1973): Studien zum autoritären Charakter, Frankfurt a.M.

Ders. (1969): Erziehung zur Mündigkeit, in: Kadelbach, Gerd (Hrsg.): Erziehung zur Mündigkeit, Frankfurt a.M. (1971), S. 133-147.

Ders. (1966a): Erziehung nach Auschwitz, in: Kadelbach, Gerd (Hrsg.): Erziehung zur Mündigkeit, Frankfurt a.M. (1971), S. 88-104.

Ders. (1966b): Negative Dialektik, Gesammelte Schriften 6, Frankfurt a.M. (1997)

Ders. (1965): Diskussion über Adornos „Tabus über den Lehrberuf", in: Brumlik, M./Ortmeyer, B. (Hrsg.): Erziehungswissenschaft und Pädagogik in Frankfurt – eine Geschichte in Portraits, Frankfurt a.M., S. 171-184.

Ders. (1963): Résumé über Kulturindustrie, in: Kulturkritik und Gesellschaft, Gesammelte Schriften 10.1, Frankfurt a.M. (1997), S. 337-345.

Ders. (1962a): Notiz über Geisteswissenschaft und Bildung, in: Kulturkritik und Gesellschaft II, Gesammelte Schriften 10.2, Frankfurt a.M. (1997), S. 495-498.

Ders. (1962b): Zur Bekämpfung des Antisemitismus heute, in: Vermischte Schriften I, Gesammelte Schriften 20.1., Frankfurt a.M. (1997), S.360-383.

Ders. (1962c): Philosophie und Lehrer, in: Kadelbach, Gerd (Hrsg.): Erziehung zur Mündigkeit, Frankfurt a.M. (1971), S. 29-49.

Ders. (1962d): Vorurteil und Charakter, in: Soziologische Schriften II; Gesammelte Schriften 9.2., Frankfurt a.M. (1997), 360-373.

Ders. (1960): Kultur und Verwaltung, in: Soziologische Schriften I, Gesammelte Schriften 8.1, Frankfurt a.M. (1997), S. 122-146.

Ders. (1959a): Theorie der Halbbildung, in: Soziologische Schriften I, Gesammelte Schriften 8.1, Frankfurt a.M. (1997), S. 93-121.

Ders. (1959b): Was bedeutet: Aufarbeitung der Vergangenheit, in: Kadelbach, Gerd (Hrsg.): Erziehung zur Mündigkeit, Frankfurt a.M. (1971), S. 10-28.

Ders. (1956): Ideologie, in: Adorno, Theodor W./Dierks, Walter: Soziologische Exkurse. Nach Vorträgen und Diskussionen, Frankfurt a.M., S. 162-181.

Ders. (1955): Zum Verhältnis von Soziologie und Psychologie, in: Soziologische Schriften I, Gesammelte Schriften 8.1, Frankfurt a.M. (1997), S. 42-85.

Ders. (1951): Minima Moralia. Reflexionen aus dem beschädigten Leben, Gesammelte Schriften 4, Frankfurt a.M. (1997)

Ders. (1949): Kulturkritik und Gesellschaft, in: Kulturkritik und Gesellschaft I, Gesammelte Schriften 10.1, Frankfurt a.M. (1997)

Benjamin, Jessica (1990): Die Fesseln der Liebe. Psychoanalyse, Feminismus und das Problem der Macht, Frankfurt a.M.

Demirović, Alex (1999a): Der nonkonformistische Intellektuelle. Die Entwicklung der Kritischen Theorie zur Frankfurter Schule, Frankfurt a.M.

Ders. (1999b): Mitteilungen des Instituts für Sozialforschung, Heft 10, Frankfurt a.M.

Freud, Sigmund (1930): Das Unbehagen in der Kultur, in: Fragen der Gesellschaft. Ursprünge der Religion, Studienausgabe IX, Frankfurt a.M., S. 191-270.

Ders. (1923): Das Ich und das Es, in: Psychologie des Unbewußten, Studienausgabe III, Frankfurt a.M., S. 273-330.
Frisch, Max (1949): Kultur als Alibi, Gesammelte Werke in zeitlicher Folge II, Frankfurt a.M., S. 337-343.
Fromm, Erich (1980): Arbeiter und Angestellte am Vorabend des Dritten Reiches. Eine sozialpsychologische Untersuchung, Stuttgart.
Hirsch, Joachim (2005): Materialistische Staatstheorie. Transformationsprozesse des kapitalistischen Staatensystems, Hamburg.
Horkheimer, Max (1952): Begriff der Bildung, in: Vorträge und Aufzeichnungen 1949-1973, Gesammelte Schriften 8, Frankfurt a.M., S. 409-419.
Ders. (1950): Vorwort [zu *The Authoritarian Personality*], in: ‚Dialektik der Aufklärung und Schriften 1940-1950', Gesammelte Schriften 5, Frankfurt a.M., S. 415-420.
Ders. (1937): Traditionelle und kritische Theorie, in: Schriften 1936-1941, Gesammelte Schriften 4, Frankfurt a.M., S. 162-216.
Horkheimer, Max/Adorno, Theodor W. (1947): Dialektik der Aufklärung, Frankfurt a.M.
Jay, Martin (1973): Dialektische Phantasie. Die Geschichte der Frankfurter Schule und des Instituts für Sozialforschung 1923-1950, Frankfurt a.M.
Lorenzer, Alfred (1984): Intimität und soziales Leid. Archäologie der Psychoanalyse, Frankfurt a.M.
Marx, Karl (1970): Das Kapital, Marx Engels Werke 23, Berlin.
Ders. (1956a): Zur Judenfrage, Marx Engels Werke 1, Berlin, S. 347-377.
Ders. (1956b): Zur Kritik der Hegelschen Rechtsphilosophie. Einleitung, Marx Engels Werke 1, Berlin, S. 378-391.
Paffrath, F. Hartmut (1992): Die Wendung aufs Subjekt. Pädagogische Perspektiven im Werk Theodor W. Adornos, Weinheim.
Ritsert, Jürgen (2005): Dimensionen des Vernunftbegriffes in der ‚Dialektik der Aufklärung', Manuskript, Frankfurt a.M.
Ders. (1998a): Realabstraktion – Ein zu recht abgewertetes Thema der Kritischen Theorie?, in: Christoph Görg/Roth, Roland (Hrsg.): Kein Staat zu machen – Zur Kritik der Sozialwissenschaften, Münster, S. 324-348.
Ders. (1998b): Spekulatives Denken. Adorno als akademischer Lehrer, in: Drei Studien zu Adorno. Studientexte zur Sozialwissenschaft Bd.14, Frankfurt a.M., S. 34-69.
Ritsert, Jürgen (1997a): Kleines Lehrbuch der Dialektik, Darmstadt.
Ders. (1997b): Das Nichtidentische bei Adorno – Substanz- oder Problembegriff?, in: Zeitschrift für kritische Theorie, Jg. 3, Heft 4., S. 29-51
Schäfer, Alfred (2004): Theodor W. Adorno: ein pädagogisches Porträt, Weinheim/Basel/Berlin.
Schmidt, Alfred (2002): Adornos Spätwerk: Übergang zum Materialismus als Rettung des Nichtidentischen, in: Fetscher, Iring/Schmidt, Alfred (Hrsg.): Emanzipation als Versöhnung. Zu Adornos Kritik der ‚Warentausch'-Gesellschaft und Perspektiven der Transformation, Frankfurt a.M.

Steinert, Heinz (2007): Das Verhängnis der Gesellschaft und das Glück der Erkenntnis. Dialektik der Aufklärung als Forschungsprogramm, Münster.
Ders. (1998): Kulturindustrie, Münster.
Ders. (1993): Adorno in Wien. Über die (Un-)Möglichkeit von Kunst, Kultur und Befreiung, Frankfurt a.M.
Zepf, Siegfried (2000): Allgemeine psychoanalytische Neurosenlehre, Psychosomatik und Sozialpsychologie, Gießen.

Torsten Feltes

Bildung als Kulturtechnik?

Zur Widersprüchlichkeit des Bildungsbegriffs am Beispiel der empirischen Bildungsforschung

Jede Form außerschulischer politischer Bildung muss sich – affirmativ oder kritisch, explizit oder implizit – auf die als Zwangsinstitution etablierte allgemeinbildende Schule beziehen. Die Schule ist eine alle nachwachsenden Generationen vereinnahmende gesellschaftliche Macht; das allgemeine Erziehungs- und Bildungsverständnis wird durch ihre Funktionsweise bestimmt, durch die Erfahrungen, die alle Gesellschaftsmitglieder in ihr haben machen müssen. Auch die Teilnehmerinnen und Teilnehmer sowie die Bildnerinnen und Bildner der außerschulischen politischen Bildung sind von ihren schulischen Erfahrungen tiefgreifend geprägt, stehen den erlebten Mechanismen der Schule akzeptierend, ablehnend oder ambivalent gegenüber. Eine Reflexion auf die Bedingungen und Prämissen schulischer Erziehungs- und Bildungsprozesse scheint mir daher für das Selbstverständnis außerschulischer politischer Bildung unverzichtbar. Bereits mit der Charakterisierung politischer Bildung als einer außerschulischen ist der negative Bezug auf die Schule gegeben; politische Bildung, die nicht Bestandteil der Schule selbst ist, kann ihr Selbstverständnis nur in Abgrenzung zu dieser gewinnen – affirmativ versteht sie sich als Ergänzung, kritisch als eine Gegeninstitution. Die gesellschaftliche Übermacht der Schule in allen Erziehungs- und Bildungsfragen lässt sich am historischen Bedeutungswandel ihres Begriffs nachvollziehen:

> „Die Einrichtung der ‚Schule' […] nimmt heute einen viel breiteren Raum im Leben und Denken der Völker ein als die Muße, von der Aristoteles einst als der scholē im spezifischen Sinne gesprochen hat. Diese Veränderung ist ein historischer Wandel von Freiheit zu Notwendigkeit. […] Das Wort scholē ist in seiner Bedeutung als Muße ein Gegensatz zu dem ‚Tempo' des modernen Lebens. Muße haben heißt für den Hellenen Zeit haben, Herr über die Zeit sein, nicht ein so merkwürdiges Abstraktum wie ‚die Zeit' als Herrn über sich anerkennen. […] Aus der scholē wurde die Schule und schließlich auch das Laboratorium. Die Entwicklung eines immer größeren Umkreises menschli-

cher Fähigkeiten, Tätigkeiten, Produkte, Erkenntnisse zu historischer Notwendigkeit brachte auch den Bedeutungswandel des Begriffs scholē zur Schule mit sich, eine Entwicklung, die sich begrifflich schon bei Aristoteles andeutet" (Welskopf 1962: 6 u. 295).

Eine kritisch-emanzipatorische Bildungsarbeit sollte diesen nicht allein semantischen Wandel wieder umzukehren suchen, da Muße, d.h. die Möglichkeit „aus sich heraus[zu]gehen, sich an ein Anderes, Objektives ganz und gar [zu] verlieren und arbeitend doch darin sich [zu] erhalten" (Horkheimer 1972: 169), eine zentrale Bedingung für Bildung ist. Dem entgegen steht jedoch die gesellschaftliche Funktion der Schule (und die daraus resultierende Haltung der meisten Menschen zum eigenen Lernen), vor allem die Aneignung von Wissen für instrumentelle Zwecke sicherzustellen. Dieses Wissen ist ahistorisch, orientiert die Menschen auf die Lösung vorgegebener Probleme und verhindert, dass sie sich als historisch konstituierte und durch die gegebenen gesellschaftlichen Verhältnisse bedingte Wesen begreifen. „Die entfremdete Rationalität in ihr Verhältnis zur humanen zu setzen, das ist die Aufgabe; wo dies gelingt, wird das Bewußtsein revolutioniert" (Heydorn 1969: 387). Die hier entwickelten Gedanken sind der Versuch, dazu einen Beitrag zu leisten.

Dass und inwiefern die Funktionsweise der Schule der Bildung eines aufgeklärten, kritischen Bewusstseins entgegensteht, lässt sich anhand der Konflikte um die Modifikation ihrer Funktionsweise darstellen. Angesichts des kontinuierlichen Wandels der gesellschaftlichen Existenzbedingungen der Menschen wird ebenso kontinuierlich die Frage aufgeworfen, ob die Schule die gesellschaftlich von ihr geforderte Anpassung der Subjekte an diese Bedingungen überhaupt noch adäquat leistet bzw. wie diese Anpassung künftig adäquat zu leisten wäre. Der politische Streit um die angemessene Ausstattung der Subjekte mit gesellschaftlich notwendigen instrumentellen Fähigkeiten durch die Schule wird gegenwärtig vor allem auf der Grundlage empirischer Schulleistungsuntersuchungen geführt. Daher kommt der diese Untersuchungen durchführenden empirischen Bildungsforschung inzwischen eine herausragende politische Bedeutung zu. Die politische Relevanz von empirischen Studien wie dem *Programme for International Student Assessment* (PISA) und der *Third International Mathematics and Science Study* (TIMSS) verweist auf die gesellschaftliche Relevanz ihres den Untersuchungskonzeptionen stets vorausgesetzten Bildungsverständnisses. Im Folgenden geht es deshalb darum, das Bildungsverständnis der empirischen Bildungsforschung herauszuarbeiten und der Kritik zugänglich zu machen.

1. Bildungsforschung und Bildungsbegriff

Der Begriff der Bildung, welchen sich die empirische Bildungsforschung zur Bestimmung ihres Programms wählte, scheint mit Implikationen behaftet, die Abwehr hervorrufen. Noch vor jeder Diskussion des Forschungsprozesses und seiner Resultate wird auf die Frage, wie es um die Bildung der nachwachsenden Generation bestellt sei, eine bemerkenswerte, weil ausweichende Antwort gegeben. Der Bildungsforschung ginge es mit Studien wie TIMSS oder PISA – so die Selbstauskunft – gerade nicht darum, „den Horizont moderner Allgemeinbildung zu vermessen, oder auch nur die Umrisse eines internationalen Kerncurriculums nachzuzeichnen", sondern es komme – um der wissenschaftlichen Redlichkeit willen – darauf an, „sich solchen Allmachtsfantasien zu verweigern und sich stattdessen [...] auf Basiskompetenzen zu konzentrieren" (Dt. PISA-Konsortium 2001: 21). Begründet wird die Abweisung, mit Bildung sich zu befassen, durch einen methodologischen und einen gesellschaftstheoretischen Einwand. Zum einen hätten die Versuche der frühen, auch als Curriculumtheorie bezeichneten Bildungsforschung im Anschluss an Robinsohn (1967) gezeigt, dass sie letztlich „an ihrem Rationalitäts- und Begründungsanspruch gescheitert sind" (Dt. PISA-Konsortium 2001: 19), und zum anderen sei die Bestimmung eines verbindlichen Inhalts von Bildung unter gesellschaftlichen Bedingungen der „Unentscheidbarkeit, Offenheit, Unbestimmtheit, Pluralität und Konflikthaftigkeit" (Klieme 2007: 61 f) schlicht unmöglich. Auf der Grundlage dieser zweigleisigen Argumentation postuliert die gegenwärtige Bildungsforschung die Beschränkung ihres Forschungsprogramms auf erweiterte Kulturtechniken: Literalität, insbesondere mathematische und naturwissenschaftliche, sowie Methoden-, Kooperations- und Kommunikationskompetenz. Die damit vollzogene Reduktion dessen, was einstmals Bildung hieß, wird als Lösung methodischer und sachlicher Probleme dargestellt.

Die Untersuchung der beiden zur Begründung dieser Reduktion angeführten Argumente zeigt, dass sie unmittelbar aufeinander verweisen. Das methodologische Argument bezieht sich auf das Problem der Messbarkeit von Bildung. Diese entzieht sich dem mit der Bildungsforschung verbundenen Anspruch auf Messbarkeit, weil sie sich – als Realisation der Vernünftigkeit der Menschen – immer erst im allgemeinen, gesellschaftlichen Handeln erweisen kann und somit auf die Totalität menschlicher Existenz zielt; messbar ist hingegen nur das Partikulare, aus dem Zusammenhang Gelöste. Daher ist es zwar plausibel, wenn die Bildungsforschung nach vierzig Jahren wissenschaftlicher Praxis zu dem Schluss gelangt: „[D]ie alte

Hoffnung curriculumtheoretischer Debatten ist zerstört, als ließen sich aus allgemeinen Bildungszielen in eindeutiger Weise konkrete, am Verhalten ohne Widerspruch messbare Lernziele ableiten“ (Klieme 2007: 64). Nicht plausibel ist jedoch, dass sie dabei impliziert, mangelnde Messbarkeit sei schlechthin mit mangelnder Überprüfbarkeit gleichzusetzen.

Das zweite, das ‚gesellschaftstheoretische‘ Argument scheint von diesen methodologischen Überlegungen weit entfernt. Es bezieht sich zum einen auf die kontinuierliche, durch die ökonomische Entwicklung bewirkte Entwertung von Qualifikationen und zum anderen auf den daraus resultierenden bildungspolitischen Streit, welche Kenntnisse und Fähigkeiten mittels der Institution Schule zu generalisieren seien. Gegenstand des wissenschaftlichen Interesses der Bildungsforschung sind angesichts dessen nicht die sozial-ökonomischen Grundlagen von ‚Unentscheidbarkeit‘, ‚Offenheit‘ und ‚Unbestimmtheit‘ der Bildungsinhalte, sondern allein der bildungspolitische Aspekt der ‚Pluralität‘ und ‚Konflikthaftigkeit‘, weshalb von einem gesellschaftstheoretischen Argument im engeren Sinn nicht die Rede sein kann. Der Bildungsforschung geht es darum, wie das Bildungswesen mit dem als notwendig vorausgesetzten, sich beschleunigenden Wandel gesellschaftlich nachgefragter Qualifikationen besser umgehen kann. Genau diese Fragestellung war bereits der Ausgangspunkt der curriculumtheoretischen Forschung, die daher als der Ursprung der heutigen Bildungsforschung angesehen werden muss. Sie hatte sich die Aufgabe gestellt, den sich wandelnden gesellschaftlichen Qualifikationsbedarf möglichst genau zu ermitteln und dessen Realisation durch das Bildungswesen zu überprüfen:

> „Jedenfalls aber haben der rapide Wandel in den Produktionsmethoden und in der Berufsstruktur, die Erfordernisse beruflicher Mobilität und Disponibilität, die Forderung nach zunehmend gesteigerter Produktivität eine unabweisbare Bedeutung für das Programm einer Erziehung, die längst als primärer Produktionsfaktor anerkannt ist“ (Robinsohn 1972: 78 f). „Damit ergibt sich für die Curriculumforschung die Aufgabe, Methoden zu finden und anzuwenden, durch welche diese *Situationen* und die in ihnen geforderten *Funktionen*, die zu deren Bewältigung notwendigen *Qualifikationen* und die *Bildungsinhalte* und *Gegenstände*, durch welche diese Qualifizierung bewirkt werden soll, in optimaler Objektivierung identifiziert werden können. Eine solche Identifizierung wiederum kann nur erfolgen, indem die Adäquatheit und Effektivität bestimmter Inhalte zum Erwerb jener Qualifikationen und die Adäquatheit und Effektivität der Qualifikationen zur Ausübung eben jener Funktionen und zur Bewährung in den ausgemachten Lebenssituationen systematisch überprüft werden“ (ebd.: 45; Hervor. i.O.). „Darüber hinaus

> kann Curriculumforschung – im weitesten Sinne – zusätzliche empirische Überprüfungen der vermuteten oder behaupteten Bildungseffekte anstellen" (ebd.: 53 f).

Beides, die Ermittlung des Qualifikationsbedarfs und die Überprüfung seiner Realisation, verlangt nach Messbarkeit, weshalb der methodologische und der ‚gesellschaftstheoretische' Vorbehalt der gegenwärtigen Bildungsforschung gegenüber der früheren Curriculumforschung nur zwei Aspekte der gleichen Problematik sind. Mit der Anerkennung unüberwindbarer methodischer Probleme und gesellschaftlich bestimmter Unschärfen soll jedoch das Ziel curriculumtheoretischer Ansätze nicht aufgegeben, sondern durch die Reduktion der Ansprüche ein Festhalten an ihm ermöglicht werden, denn „die interessante Frage ist, wie man dennoch in der Diskussion über die Qualität von Bildungsprozessen weiter kommt" (Klieme 2007: 65).

Trotz der Reduktion des Bildungsbegriffs auf ein quantifizierbares Maß an Kulturtechniken wird er von der Bildungsforschung nicht durch einen bloßen Lernbegriff ersetzt, denn die untersuchten „Basiskompetenzen" gelten ihr als entscheidende Voraussetzungen für „eine aktive Teilnahme am gesellschaftlichen Leben" (Dt. PISA-Konsortium 2001: 16), für „die selbständige Teilhabe an Gesellschaft und Kultur" (Klieme 2007: 59), „autonome Handlungsfähigkeit" (Artelt 2004: 10) oder gar für „Mündigkeit" (Klieme 2007: 64). Damit die Subjekte unter den jeweils gegebenen Bedingungen mündig oder autonom handeln können, müssen sie die Fähigkeit zur Reflexion auf diese Bedingungen erworben haben; genau diese Fähigkeit bezeichnet in der aufklärerischen, kritischen Tradition der Begriff der Bildung. Die Bildungsforschung orientiert sich daher an historisch entstandenen und tradierten *Bildungs*zielen. Dem Bildungsprozess vorausgesetzt ist jedoch die Aneignung von Kulturtechniken, die als Mittel den Zugang zu den in der Menschheitsgeschichte erworbenen Erkenntnissen erst ermöglichen. Wenn der Begriff der Bildung allerdings auf diese Kulturtechniken reduziert wird, dann bleibt offen, anhand welcher Erkenntnisse die Fähigkeit zur Reflexion und damit untrennbar verbunden die Fähigkeit zu *autonomem* Handeln erworben werden kann, also zu einem Handeln, das um seine individuellen und gesellschaftlichen Konsequenzen weiß. Im Selbstverständnis der Bildungsforschung zeigt sich deshalb zwischen der Beschränkung auf Kulturtechniken und dem Festhalten am Mündigkeitsanspruch des aufklärerischen Bildungsbegriffs ein Widerspruch. Dieser Widerspruch tritt am schärfsten hervor, wo die als Basiskompetenzen bezeichneten Kulturtechniken nicht nur als notwendige, sondern zugleich als *hinreichende* Bedingungen ‚gesellschaftlicher Teilhabe' oder Mündigkeit beschrieben werden:

> „Nach der Vorstellung der OECD werden mit PISA Basiskompetenzen erfasst, die in modernen Gesellschaften für eine befriedigende Lebensführung in persönlicher und wirtschaftlicher Hinsicht sowie für eine aktive Teilnahme am gesellschaftlichen Leben notwendig sind. Die PISA zu Grunde liegende Philosophie richtet sich also auf die Funktionalität der bis zum Ende der Pflichtschulzeit erworbenen Kompetenzen für die Lebensbewältigung im jungen Erwachsenenalter und deren Anschlussfähigkeit für kontinuierliches Weiterlernen in der Lebensspanne" (Dt. PISA-Konsortium 2001: 16).

Die ‚Basiskompetenzen' sollen also nicht nur Voraussetzung für weiterführendes schulisches Lernen sein, sondern bereits Fähigkeiten und Kenntnisse darstellen, die es dem *formal* mündigen Bürger ermöglichen, seine individuelle Existenz unter den gegebenen und sich kontinuierlich verändernden gesellschaftlichen Bedingungen zu reproduzieren. Die Kulturtechniken, die ehedem als Voraussetzung von Bildung verstanden wurden,[1] gelten der Bildungsforschung bereits als deren ‚inhaltliche' Bestimmung, so dass die Aneignung von Kulturtechniken und der Bildungsprozess als identisch gesetzt sind. Das bleibt nicht ohne Konsequenzen für den Begriff der Mündigkeit, da Bildung wiederum deren Voraussetzung ist. Der Mündigkeitsbegriff der Bildungsforschung kann daher – entgegen dem ersten Anschein – nicht mehr der aufklärerischen Tradition entstammen, sondern muss ebenso wie ihr Bildungsbegriff ein reduzierter sein. Ein reduzierter Mündigkeitsbegriff ist derjenige, welcher das Moment der Anpassung an Bestehendes, das allen Bildungs- und Erziehungsvorgängen unvermeidlich angehört, verabsolutiert. In ihm drückt sich das Ideal bloß formaler Integration aus; Mündigkeit wird mit der Affirmation der gegebenen gesellschaftlichen Lebensumstände der Menschen gleichgesetzt und deshalb lediglich als ‚Teilhabe' oder ‚Teilnahme' an der Gesellschaft bestimmt:

> „Die Beherrschung der Muttersprache in Wort und Schrift sowie ein hinreichend sicherer Umgang mit mathematischen Symbolen und Modellen gehören in allen modernen Informations- und Kommunikationsgesellschaften zum Kernbestand kultureller Literalität. [...] Beide Sprachen sind kulturelle Werkzeuge, die instrumentelle Bedeutung für die Erschließung ganzer Erfahrungsbereiche haben. Schwerwiegende Defizite in der Beherrschung

---

1 „Der Elementarunterricht soll bloß in Stand setzen, Gedanken zu vernehmen, auszusagen, zu fixieren, fixiert zu entziffern, und nur die Schwierigkeit überwinden, welche die *Bezeichnung* in allen ihren Hauptarten entgegenstellt. Er ist noch nicht sowohl Unterricht, als er zum Unterricht vorbereitet, und ihn erst möglich macht" (Humboldt 1956a: 70; Hervor. i.O.).

dieser Werkzeuge gefährden in modernen Gesellschaften die Teilnahme an zentralen gesellschaftlichen Lebensbereichen und stellen Risikofaktoren individueller Lebensführung dar. Ohne diese Basiskompetenzen können im Notfall nicht einmal die Einrichtungen des Wohlfahrtsstaates erfolgreich in Anspruch genommen werden" (Baumert 2000: 85).

Gemäß des aufklärerischen und auch des neuhumanistischen Bildungsverständnisses erschöpft sich der Begriff der Mündigkeit keineswegs in der gesellschaftlichen Integration der Individuen. Denn die Reflexion auf die Bedingungen des Bestehenden – zu der Bildung befähigen soll – weist über dieses hinaus, ermöglicht die Antizipation eines künftig verbesserten individuellen und gesellschaftlichen Zustands. Die Reduktion von Mündigkeit auf ‚gesellschaftliche Teilhabe' hingegen verweist auf das Interesse der Bildungsforschung an der bloßen *Disponibilität* der Menschen; sie bedeutet ihre Verpflichtung auf das Hier und Jetzt. Dass mit diesem Interesse die spezifische Begründung der Bildungsforschung, mit Bildung sich nicht befassen zu *können*, korrespondiert, wurde oben erläutert. Programmatisch wird dieses Interesse folgendermaßen formuliert:

> „PISA ist Teil des Indikatorenprogramms der OECD, dessen Ziel es ist, den OECD-Mitgliedsstaaten vergleichende Daten über die Ressourcenausstattung, individuelle Nutzung sowie Funktions- und Leistungsfähigkeit ihrer Bildungssysteme zur Verfügung zu stellen [...] Primäre Aufgabe des Programms ist es, den Regierungen der teilnehmenden Staaten auf periodischer Grundlage Prozess- und Ertragsindikatoren zur Verfügung zu stellen, die für politisch-administrative Entscheidungen zur Verbesserung der nationalen Bildungssysteme brauchbar sind. Dabei ist der Begriff der politisch-administrativen Entscheidung weit gefasst" (Dt. PISA-Konsortium 2003: 12).

Die „Verbesserung" der nationalen Bildungssysteme, von der hier gesprochen wird, ist auf die Disponibilität der Menschen gerichtet, weil ohne diese keine Veränderungen in der Struktur der gesellschaftlichen Produktion möglich sind. Die „Funktions- und Leistungsfähigkeit" der Bildungssysteme ist die Funktions- und Leistungsfähigkeit ihrer Absolventen, die als „Ertrag" aufgefasst werden, als etwas, das sich künftig ‚rechnen' soll. Wer sich hinsichtlich der Enkulturation der nachwachsenden Generationen darauf fixiert, was für „die Gesellschaft" brauchbar ist, der behandelt die heranwachsenden Menschen als bloße Mittel für ihnen äußerliche Zwecke. Mündigkeit – als Resultat von Bildung – wird mit Nützlichkeit *für anderes* gleichgesetzt. Aus dieser Gleichsetzung ergeben sich für die Bildungsforschung zwei Konsequenzen. Zum einen wird eine Bildung, die die Menschen zu den Subjekten ihrer gesellschaftlichen Lebensumstände befähigt, grundsätzlich ausgeschlossen, weil der Objektcharakter der Subjekte gegenüber den gesellschaftlichen Bedingungen bei der Beurteilung schulischer Lernprozesse stets vorausgesetzt ist. Zum anderen ergibt sich die Aufgabe, bestimmen zu können, was für ‚die Gesellschaft' überhaupt nützlich ist. Dass dies von der Bildungsforschung selbst als problematisch angesehen wird, ist bereits erörtert worden. Die gegenwärtige empirische Bildungsforschung geht jedoch davon aus, für dieses Problem eine praktikable Lösung gefunden zu haben.

2. Die Neufassung des Begriffs der formalen Bildung

Trotz der gezeigten Reduktion im Bildungs- wie im Mündigkeitsbegriff kann auch die Frage nach der gesellschaftlichen Nützlichkeit der in der Schule vermittelten Kenntnisse und Fähigkeiten als eine Frage der Bildung gefasst werden, da es nach wie vor um die Konstitution von Subjektivität geht, diese zwar für heteronome Zwecke dienstbar gemacht, aber nicht aufgehoben werden kann. Dem Bildungsverständnis der empirischen Bildungsforschung entspricht daher jener unbegrenzt Anpassungsfähige, der bei Adorno als „subjektloses Subjekt" bestimmt ist (Adorno 1979: 68). Um die Anpassung an das Bestehende vollziehen zu können, muss zunächst das Subjektvermögen entwickelt werden. Damit allerdings Anpassung das Primat des Willens des einzelnen Subjekts bleibt, muss es diesen beständig an den äußeren Bedingungen relativieren, sich die Relevanz *eigener* Zwecke bestreiten und schließlich die eigene Subjektivität, die Voraussetzung der Anpassung, im Zuge dieser Anpassung verleugnen. Diese Unterordnung der Subjekte unter das Objektive, das Gesellschaftliche, wird von der Bildungsforschung als Selbstbewegung des Ökonomischen beschrieben:

> „Vor dem Hintergrund einer ständigen Veränderungen unterliegenden Arbeitswelt dürfte es für Arbeitnehmer immer wichtiger werden, den [sich] wandelnden Anforderungsstrukturen im Berufsleben mit der Einstellung zu begegnen, dass Weiterbildungs- und Qualifizierungsprozesse für langfristigen beruflichen Erfolg notwendig sind" (Baumert 2000: 246). Aufgrund dieser „Anforderungsstrukturen" komme es künftig darauf an, „das eigene Leben als Lernprozess selbst gestalten zu können, trotz der Unsicherheit von Beruf und Arbeit, Karriere und sozialer Lage" (Klieme 2007: 63).

In diesen Zitaten kommen drei Bestimmungen zum Ausdruck, die für das Bildungsverständnis der empirischen Bildungsforschung konstitutiv sind: (1) der Vorrang des ökonomisch Objektiven vor den Subjekten, (2) die sich der Kontrolle der Subjekte entziehende Dynamik des ökonomischen Prozesses und (3) die Abhängigkeit der Lebensbedingungen der Subjekte von den Resultaten dieser unkontrollierbaren Dynamik. Anhand dieser Bestimmungen lässt sich die für die Bildungsforschung zentrale Frage, welche Kenntnisse und Fähigkeiten in der Schule als gesellschaftlich nützliche zu generalisieren seien, präzisieren. Die gesellschaftliche Integration der nachwachsenden Generationen ist demnach bedingt durch ihre ökonomische Funktionalität, die jedoch im umfassenden Sinne nur gegeben ist, wenn sie die Fähigkeit, adäquat auf den ökonomischen Wandel reagieren zu können, einschließt. Ein in dieser Weise flexibler Mensch soll trotz der allgemeinen „Unsicherheit von Beruf und Arbeit, Karriere und sozialer Lage" ein persönlich befriedigendes Auskommen finden können und somit auch Garant für den Zusammenhalt der Gesellschaft sein. Deshalb werden diejenigen Schülerinnen und Schüler, welche von der Bildungsforschung eine ungenügende Vorbereitung auf die Herausforderungen der ‚Wissensgesellschaft' bescheinigt bekommen haben, von dieser als „Risikopersonen" klassifiziert.[2] Fraglich ist für die empirische Bildungsforschung daher nicht, *worin* die gesellschaftlich nützliche Integration bestehen könnte, auch nicht so sehr, welcher *Stoff* im Sinne dieser Integration obligatorisch in der Schule zu behandeln wäre, sondern vor allem, *wie Kenntnisse und Fähigkeiten beschaffen sein müssen*, um als Grundlage der Anpassung an veränderte Arbeitsprozesse tauglich zu sein.

Dieses Bildungsverständnis verweist auf den Ursprung bürgerlicher Bildungsvorstellungen: den Realismus. Bürgertum definiert sich ökonomisch, realistische Bildung bezieht sich daher auf Bildungsgegenstände, die an den Bedürfnissen der Produktion und des Handels ausgerichtet sind. Mathematik, Naturwissenschaft, Technik, Staats- und Rechtswissenschaft sowie neue Sprachen sind der Horizont dieser realistischen, für die Verwertung der Arbeitskraft notwendigen Bildung. Demgegenüber wurde eine klassisch-humanistische Bildung tradiert, die an den alten Sprachen und den in ihnen überlieferten Schriften als den wichtigsten Bildungsgegenständen festhielt. Diese Art der Bildung wurde zum Refugium einer gesellschaftlichen ‚Aristokratie' und kam deshalb in Verruf. Doch gerade der aus dieser Bildungstradition hervorgehende Neuhumanismus wurde für das Bildungsverständnis der heutigen Bildungsforschung bedeutsam. Während die realistische und die klassisch-humanistische Bildung den Schwerpunkt ihrer Konzeptionen

2 „Diese Jugendlichen sind gleichwohl keine Analphabeten. Sie besitzen elementare Lesefertigkeiten, die jedoch einer praktischen Bewährung in lebensnahen Kontexten nicht standhalten. Der Anteil dieser Risikopersonen [sic!] ist in der Sozialschicht, die durch Familien ungelernter Arbeiter bestimmt wird, am größten" (Baumert 2001: 36).

auf das *Material*, die Gegenstände des Bildungsprozesses legten, überwiegen in der Bildungstheorie des Neuhumanismus die formalen Aspekte. Entsprechend einer Formulierung Hegels (der dennoch kein Neuhumanist war) sollte es nicht länger darum gehen, das Lernen auf bloßes Empfangen einzuschränken,[3] sondern darum, die unentwickelten Vermögen und Kräfte des Subjekts *auszuformen*. Nach der Bildungstheorie des Neuhumanismus sollen die Subjekte durch Bildung ihrer selbst habhaft werden. Dafür müssen sie sich von den Zwängen der Gesellschaft, der Kultur distanzieren, denn die Kultur „geht auch noch darauf aus, Selbständigkeit, Kraft und Leben überall zu töten, wo sie es findet. In dem Augenblick also, da der Mensch Kultur sucht, muß er ihr auch entgegenarbeiten" (Humboldt 1964: 339). Der Rekurs der Bildungsforschung auf diesen Ansatz ist hingegen von jener Voraussetzung bestimmt, die bereits das Motiv des realistischen Bildungsansatzes war: Die Subjekte sollen den unabhängig von ihrem Willen existierenden Anforderungen der Ökonomie gerecht werden können. Diesen Anforderungen im Prozess der Bildung „entgegenzuarbeiten", ist im Bildungsverständnis der Bildungsforschung nicht vorgesehen.

Der Vorzug, den die Bildungsforschung der formalen vor der materialen Bildung gibt, d. i. die Aneignung von formalen Bedingungen, um hinsichtlich des Erwerbs von Kenntnissen flexibel sein zu können, hat drei Gründe, die mit den Intentionen des Neuhumanismus nicht zusammenstimmen. *Zum Ersten* ist die moderne Schule eine Institution der Auslese, werden die Resultate schulischer Bildungsprozesse als Resultate des je persönlichen Subjektvermögens, der Begabung, des Talents aufgefasst und für die Konstruktion einer gesellschaftlichen Hierarchie der Individuen verwendet. Ein „bildungstheoretischer Objektivismus", wie er bei Klafki als eine Form materialer Bildung beschrieben ist (vgl. Klafki 1971: 28 ff), widerspricht daher der gegenwärtigen Funktionsweise der Schule, die von der empirischen Bildungsforschung durch die Untersuchung von Schülerleistungen nachvollzogen wird. *Zum Zweiten* ist das Telos institutionalisierter Bildungsprozesse gesellschaftlich umstritten. Die Bildungsforschung geht davon aus, das diese Umstrittenheit durch die Betonung dessen, was als „Zone des Konsenses" bereits existiert (Klieme 2007: 62), zu beenden sei. Da die „Zone des Konsenses" den Erwerb erweiterter Kulturtechniken meint, tritt das formale Moment von Bildung in den Vordergrund. *Zum Dritten* erscheint der gegenwärtigen Bildungsforschung das Realismuskonzept der bürgerlichen Bildungstradition zunehmend ungeeignet für eine moderne

3 „Schränke aber das Lernen sich auf bloßes Empfangen ein, so wäre die Wirkung nicht viel besser, als wenn wir Sätze auf das Wasser schrieben" (Hegel 1970: 332).

Allgemeinbildung, weil – verursacht durch die beschleunigte Dynamik des globalen ökonomischen Prozesses – ein schnelles Veralten von Wissen, dem ‚Material' des Bildungsprozesses, festzustellen ist. Der Wert eines bestimmten Wissens für die Qualifikation der künftigen Arbeitskraft ist immer weniger absehbar. Deshalb verspricht die Betonung des Formalen an der Bildung, das als Befähigung zur Selbstanpassung verstanden wird, Kontinuität im Wandel. Diese Befähigung zur Selbstanpassung bezeichnet die Bildungsforschung als selbstreguliertes, lebensbegleitendes und lebenslanges Lernen oder – mit direktem Bezug auf Wilhelm von Humboldt – als Lernen des Lernens. Aus Schülerinnen und Schülern sollen „enthusiastische Lerner" werden (Artelt 2004: 3).

Während der Vorzug formaler Bildung von der gegenwärtigen empirischen Bildungsforschung in der weitgehenden Unbestimmtheit und Offenheit der Bildungs*gegenstände* gesehen wird, ist das ‚Lernen des Lernens' bei Humboldt gerade nicht Inbegriff von formaler Bildung schlechthin, sondern *eine* Bedingung des *systematischen* Erkenntnisfortschritts des einzelnen Subjekts:

> „Der Elementarunterricht soll bloß in Stand setzen, Gedanken zu vernehmen, auszusagen, zu fixieren, fixiert zu entziffern, und nur die Schwierigkeit überwinden, welche die *Bezeichnung* in allen ihren Hauptarten entgegenstellt. Er ist noch nicht sowohl Unterricht, als er zum Unterricht vorbereitet, und ihn erst möglich macht. [...] Der Zweck des Schulunterrichts ist die Übung der Fähigkeiten und die Erwerbung der Kenntnisse, ohne welche wissenschaftliche Einsicht und Kunstfertigkeit unmöglich ist. Beide sollen durch ihn vorbereitet, der junge Mensch soll in Stand gesetzt werden, den Stoff, an welchen sich alles eigene Schaffen immer anschließen muß, teils schon jetzt wirklich zu sammeln, teils künftig nach Gefallen sammeln zu können und die intellektuell-mechanischen Kräfte auszubilden. Er ist also auf doppelte Weise, einmal mit dem Lernen selbst, dann mit dem Lernen des Lernens beschäftigt. [...] Der Schüler ist reif, wenn er so viel bei andern gelernt hat, daß er nun für sich selbst zu lernen im Stande ist. [...] Wenn also der Elementarunterricht den Lehrer erst möglich macht, so wird er durch den Schulunterricht entbehrlich. Darum ist auch der Universitätslehrer nicht mehr Lehrer, der Studierende nicht mehr Lernender, sondern dieser forscht selbst, und der Professor leitet seine Forschung und unterstützt ihn darin" (Humboldt 1956a: 70 f).

Das Lernen des Lernens ist hier bestimmt als die Ausbildung der „intellektuell-mechanischen Kräfte", welche Voraussetzung ist für „alles eigene Schaffen", für „wissenschaftliche Einsicht und Kunstfertigkeit". Nach Humboldt ist die allseitige, ausgeglichene Entwicklung der Kräfte eines jeden

Menschen ein Gebot seines Menschseins, denn: „Was verlangt man von einer Nation, einem Zeitalter, von dem ganzen Menschengeschlecht, wenn man ihm seine Achtung und Bewunderung schenken soll? Man verlangt, daß Bildung, Weisheit und Tugend so mächtig und allgemein verbreitet als möglich unter ihm herrschen“ (Humboldt 1956c: 29). Für die Entwicklung der menschlichen Wesenskräfte, für ihre Überführung von Potentialität in Aktualität, ist das (schulische) Lernen des Lernens nur ein Zwischenschritt, dem das (universitäre) Studium zu folgen hat. Auch die Teilung der gesellschaftlichen Arbeit in Hand- und Kopfarbeit ist dabei bedacht:

> „Dieser gesamte Unterricht kennt daher auch nur ein und dasselbe Fundament. Denn der gemeinste Tagelöhner, und der am feinsten Ausgebildete muß in seinem Gemüt ursprünglich gleich gestimmt werden, wenn jener nicht unter der Menschenwürde roh, und dieser nicht unter der Menschenkraft sentimental, chimärisch und verschroben werden soll. [...] Bleibt man fest dabei stehen, Zahl und Beschaffenheit der Unterrichtsgegenstände nach der Möglichkeit der allgemeinen Bildung des Gemüts in jeder Epoche zu bestimmen, und jeden Gegenstand immer so zu behandeln, wie er am meisten und besten auf das Gemüt zurückwirkt, so muß eine ziemliche Gleichheit herauskommen. Auch Griechisch gelernt zu haben könnte auf diese Weise dem Tischler ebenso wenig unnütz sein, als Tische zu machen dem Gelehrten“ (Humboldt 1956b: 77 f).

Im Gegensatz zu Humboldt lässt die Bildungsforschung vollkommen offen, was auf die Ausbildung intellektueller Kräfte und auf die Aneignung von Kulturtechniken wie Lesen, Schreiben und Rechnen folgt. Offensichtlich soll der Einzelne ab dem Ende der Pflichtschulzeit den Zufällen politischer oder gesellschaftlicher Konstellationen und Konjunkturen überlassen werden. Das Lernen gelernt zu haben, scheint in der Perspektive der Bildungsforschung eine solche Selbstüberlassenheit geradewegs zu rechtfertigen, während hingegen das Lernen des Lernens im Humboldtschen Sinn eine systematische Fortsetzung des Bildungsprozesses intendiert. Denn erst die gezielte Betätigung der „intellektuell-mechanischen Kräfte“ (Humboldt) ermöglicht, „daß [...] die Idee des Erkennens, das höchste Bewußtsein der Vernunft, als ein leitendes Prinzip in dem Menschen aufwacht“, wie Friedrich Schleiermacher 1808 in einer Schrift, die ebenfalls das Lernen des Lernens behandelt, formuliert (Schleiermacher 2000: 117). Die Bildungsforschung nimmt dagegen eine Stufe des Bildungsprozesses für das Ganze.

Der Bildungsbegriff des Neuhumanismus zielt auf die Selbsterkenntnis der Vernunft mittels der umfassenden und genauen Kenntnis ihrer historischen Erscheinungsformen. Deshalb wird das Studium des Altertums so hervorgehoben. Für die Bildungsforschung ist die Ausbildung des Erkenntnisvermögens der Subjekte jedoch nicht Zweck, sondern Mittel für den über dem gesamten Bildungsprozess stehenden Zweck der gesellschaftlichen Anpassung, weshalb die Selbsterkenntnis der Vernunft ihre *Grenze* an den Erfordernissen dieser Anpassung bzw. den Funktionalitätskriterien der Gesellschaft hat. Werden die gegebenen gesellschaftlichen Bedingungen – wie von der Bildungsforschung – als Bedingungen der „Unentscheidbarkeit, Offenheit, Unbestimmtheit, Pluralität und Konflikthaftigkeit" beschrieben, denen die Menschen quasi naturnotwendig unterworfen seien (Klieme 2007: 61f), dann ist dies bereits die Absage an die mit der Aufklärung einsetzende und vom Neuhumanismus beibehaltene Hoffnung, auf Vernunft gegründete gesellschaftliche Verhältnisse realisieren zu können. Vernunft bezeichnet dabei Bedingungen gesellschaftlichen Handelns, die von allen Subjekten qua Einsicht akzeptiert werden können. Bildung ist die Voraussetzung dieser Einsicht. Die Bildungsforschung geht hingegen von einem Bildungsverständnis aus, das die Menschen nur als *Objekte* jener gesellschaftlichen Bedingungen begreift, die von ihnen selbst in einem historischen Prozess hervorgebracht worden sind:

> Bildungsarbeit „kann sich schon deswegen nicht einfach an einer gegebenen Struktur von zukünftigen Aufgaben – in Arbeit und Beruf oder in Kultur, Gesellschaft und Politik – orientieren und darauf vorbereiten, weil diese Aufgaben selbst nicht gleich bleiben. [...] Der Berufswechsel z.B. ist ebenso alltäglich wie die Notwendigkeit, bereit zur Weiterbildung zu sein oder angesichts politischer Konflikte und des raschen kulturellen oder sozialen Wandels durch Anpassung an das Neue handlungsfähig zu bleiben" (Klieme 2007: 61).

Woraus sich die zukünftigen Aufgaben ergeben, wie „das Neue", das nach Anpassung verlangt, entsteht, bleibt dabei im Dunkeln. Das Subjekt erscheint als Spielball des „technologischen Wandels", der „Veralterung des Wissens" und des „rapiden Zuwachses an Technologien" (Klieme 2007: 60); es wird als ein bloß reagierendes beschrieben. In einer Welt des permanenten Wandels der Ansprüche und Aufgaben müsse das bedrängte Subjekt seine Zuflucht zu einem Lernen nehmen, das ihm ständige ‚Anschlussfähigkeit', also Funktionalität im Hinblick auf den gesellschaftlich-ökonomischen Zweck sichert:

> „Die ‚Basisfähigkeiten', die man von allgemeiner Bildung heute erwarten darf, lassen sich auch ganz konkret nennen: Sie beziehen sich auf die Fähigkeit, an Gesellschaft selbstbestimmt teilzunehmen, die unterschiedlichen Dimensio-

nen des Handelns – moralische, kognitive, soziale und individuelle – in ihrer je eigenen Bedeutung zu sehen und nutzen sowie das eigene Handeln an einem allgemeinen Gesetz [Kants Sittengesetz?[4] T.F.] ausrichten zu können. Bezogen auf den Lebenslauf wird zugleich unterstellt, dass alle Heranwachsenden dabei auch fähig werden, mit neuen Herausforderungen, einer ungewissen Zukunft und alternativen Optionen in der Gestaltung des eigenen Lebens im Modus des Lernens umzugehen. Das ‚Lernen des Lernens' ist die grundlegende, für das gesamte Leben unverzichtbare Kompetenz, die in modernen, offenen Gesellschaften in schulischer Arbeit generalisiert werden muss" (Klieme 2007: 66).

Mit der Verpflichtung der Schule darauf, die Grundlagen lebensbegleitenden Lernens zu ‚sichern', wird Bildung zu einer Angelegenheit der Individuen erklärt, die sie tatsächlich nur soweit ist, wie Bildung als individuelle Aneignung der Kultur verstanden wird. Sie bedarf darüber hinaus der Bereitstellung gesellschaftlicher Ressourcen. Anstatt diese Ressourcen näher zu bestimmen, wird mit dem Argument, dass heute kein bestimmtes Wissen *künftige* ‚gesellschaftliche Handlungsfähigkeit' garantiere, die Bildung zunehmend ihrer Gegenstände beraubt. Darüber geben auch die von der Kultusministerkonferenz (KMK) in Auftrag gegebenen Expertisen zum „Kerncurriculum Oberstufe" Auskunft. In ihnen steht notwendigerweise der *materiale* Aspekt des Bildungsprozesses im Vordergrund. Und obwohl vor allem die Bedeutung der *naturwissenschaftlichen* Bildung für die „Leistungsfähigkeit von Staaten im globalen Kontext" allgemein anerkannt sei, wie die Verfasser einer der Expertisen schreiben, stellen sie dem widersprechend fest, dass ihr dennoch „im Kanon der schulischen Fächer nur ein geringer Stellenwert zugemessen" werde, der naturwissenschaftliche Unterricht „hinsichtlich seiner spezifischen wissenschaftlichen Denk- und Arbeitsweise zu gering profiliert" sei (Harms 2004: 22). Dieser Widerspruch resultiert aus der unterschiedlichen Betonung des materialen und des formalen Aspekts von Bildung. Während die Didaktik auf der Aneignung eines Gegenstandsbereichs im Detail und gemäß seiner immanenten Systematik besteht, betrachtet die Bildungsforschung, ganz in Übereinstimmung mit der herrschenden Bildungspolitik, die verschiedenen Gegenstandsbereiche lediglich als Bedingung der Aneignung verschiedener ‚Modi der Welterfahrung' oder anders formuliert: als Bedingung der Aneignung erweiterter Kulturtechniken:

---

4 „Der kategorische Imperativ ist also nur ein einziger, und zwar dieser: Handle nur nach derjenigen Maxime, durch die du zugleich wollen kannst, daß sie ein allgemeines Gesetz [!] werde" (Kant 1974: 51).

„Sicher ist jedoch, dass ein basales Verständnis naturwissenschaftlicher Konzepte und naturwissenschaftlichen Argumentierens und Arbeitens, das durch den experimentellen Durchgriff auf Realität gekennzeichnet ist, weltweit zum Bestandteil eines modernen Kerncurriculums gehört [...] Die latente Struktur dieses Kerncurriculums ist jedoch nicht auf der Ebene von Themen, Fächern oder gar Problemen – mögen es auch Schlüsselprobleme sein – beschreibbar. Kanonbildend wirkt vielmehr der *reflexive* Zugang zu unterschiedlichen, nicht wechselseitig substituierbaren Modi der Welterfahrung, die Humboldt im königsberger und litauischen Schulplan (1809) *linguistisch*, *historisch*, *mathematisch* und *gymnastisch-ästhetisch* nennt und die im Anschluss an Wilhelm Flitner (1960) als Aufgabenfelder in der gymnasialen Oberstufe strukturbildend wirken [...] In der Substanz geht es um die Orientierungswissen vermittelnde Begegnung mit kognitiver, moralisch-evaluativer, ästhetisch-expressiver und religiös-konstitutiver Rationalität. Gegenüber diesen kanonischen Prinzipien moderner Allgemeinbildung sind Fächer und Themen variabel, nicht aber die in PISA untersuchten kulturellen Basiskompetenzen" (Dt. PISA-Konsortium 2001: 21; Hervor. i. O.).

Der materiale Aspekt des Bildungsprozesses wird so zu einer bloßen Funktion des formalen. Wenn die Bildungsforschung daher von Wissen spricht, dann geht es ihr nicht um *Sach-*, sondern immer um *Methoden*wissen. Formale Bildung als Befähigung zur Selbstanpassung, wie sie von der Bildungsforschung intendiert ist, drängt deshalb darauf, am jeweiligen Stoff etwas zu lernen, was dieser an und für sich genommen nicht ist: eine jeweils bestimmte Form des Umgangs mit Realität und Erfahrung, und insofern eine bestimmte Form von ‚Rationalität'. Die Akzentverschiebung von der Sache zur Methode erzwingt von Lehrenden und Lernenden einen Abstraktionsprozess, dessen Resultat in der Verarmung der Unterrichtsinhalte besteht – zugunsten des Wie wird auf das Begreifen des Was verzichtet. Die jeweils besonderen Entstehungsbedingungen der in der Schule behandelten Erkenntnisresultate bleiben dabei im Dunkeln. Diese Indifferenz gegenüber dem Material, an dem allein das Subjektvermögen sich entwickeln kann, dementiert die systematische Grundlage des Bildungsprozesses, die nur in der immanenten Systematik der Gegenstände bestehen kann; das lernende Subjekt muss sich an eine Sache verlieren, um sich selbst finden zu können.

Denn: „Mit dem Aneignen ist es nicht getan. Wer nicht aus sich herausgehen, sich an ein Anderes, Objektives ganz und gar verlieren und arbeitend doch darin sich erhalten kann, ist nicht gebildet, und der sogenannte Gebildete, der dazu unfähig ist, wird stets Male einer Beschränkung und Befangenheit aufweisen, die seinen eigenen Anspruch auf Bildung Lügen strafen. Das Andere, Objektive aber ist heute nicht bloß das Besondere, [...] sondern ebenso und in erster Linie das, ohne was die Entfaltung des einzelnen gar nicht möglich ist; ich meine die vernünftige und menschliche Einrichtung, die Verbesserung und Durchbildung des gesellschaftlichen Ganzen“ (Horkheimer 1972: 169). Weil jedoch die „Entfaltung des einzelnen“, also die Entwicklung seines Subjektvermögens, ihre Grenze an den Funktionalitätserfordernissen der Gesellschaft hat und haben soll, ist die von der Bildungsforschung intendierte formale Bildung eine funktionalistische.

3. Konsequenzen des funktionalistischen Bildungsbegriffs

Ein Bildungsbegriff, der allein die Integration des Besonderen in das Allgemeine als Zweck von Bildung anerkennt, erklärt dieses Allgemeine zur Inkarnation von Vernunft schlechthin. Das herrschende Allgemeine ist die bürgerliche Gesellschaft. Sie ist das Resultat sozialer Kämpfe und der emphatische Begriff der Bildung wurde zu einem bedeutsamen Mittel ihrer Durchsetzung. In der bürgerlichen Bildungstheorie ist Bildung daher widersprüchlich bestimmt: Der Integration in Funktionszusammenhänge steht die Subversivität aufgeklärten Denkens gegenüber. Das integrative Moment von Bildung zielt auf die Bewahrung des Überlieferten, das subversive Moment auf Innovation und Fortschritt. Nur beide Momente zusammen ermöglichen, was Hegel den „Fortschritt im Bewußtsein der Freiheit“ (Hegel 1961: 61) nennt: die Realisation der Vernünftigkeit der Menschen in einer adäquaten gesellschaftlichen Form. Deshalb findet die mit der Herausbildung der bürgerlichen Gesellschaft einhergehende staatliche Reglementierung von Bildungs- und Erziehungsprozessen ihre Legitimation vor allem in den der aufklärerischen Tradition folgenden Bildungstheorien.

So heißt es etwa bei Kant: „Der Mensch kann nur Mensch werden durch Erziehung“ (Kant 1977: 699). Mit diesem oder ähnlichen Dikta ist nicht allein die Notwendigkeit begründet, gesellschaftliche Funktionalität durch Erziehung zu perpetuieren, sondern ebenso die Notwendigkeit, das, was den Menschen als Gattungswesen ausmacht – seine Vernünftigkeit –, durch Erziehung freizusetzen, damit kein Mensch „unter der Menschenwürde roh“ (Humboldt) verbleibt. Wenn nur „wirklich Mensch sein kann, wer sich [...] als Mensch zu verhalten gelernt hat, d.h. zu dem, was den Menschen ausmacht, herangebildet worden ist“ (Comenius 2000: 41), dann ist die Instanz der Erziehung, sofern sie bezogen auf die Gattung als Ganzes bestimmt wird, die menschliche Geschichte. Sie gibt Auskunft, was der Mensch war, von daher wird erhellt, was er ist, und schließlich darauf verwiesen, was er sein kann, was in der Geschichte bisher uneingelöst geblieben ist.[5] Wird die Geschichte als erzieherische Instanz der Gattung bestimmt, dann bedeutet dies jedoch nicht, mehr Zeit auf den Unterricht im Fach Geschichte zu verwenden, sondern es bedeutet, dass die Subjekte im Bildungsprozess der Geschichtlichkeit jeglicher Erkenntnis gewahr werden sollen. Bildung in diesem Sinne ist deshalb die Fähigkeit zur Reflexion auf die *Genesis* der Erkenntnisresultate und nicht die Beschränkung auf die bloße Kenntnis derselben zum Zweck ihrer Anwendung. Ich werde weiter unten darauf zurückkommen.

Weil die gesellschaftliche Durchsetzung der früher Schulzwang genannten Schulpflicht vor allem mit dem Diktum von der Menschwerdung durch Erziehung begründet wurde, der Zwang daher in letzter Konsequenz im Interesse der Gezwungenen liegen soll, steht die Schule gegenüber den von ihr in die Pflicht Genommenen auch selbst in der Pflicht. Denn wenn diese ‚Menschwerdung', d.h. die Selbstermächtigung der Vernunft, scheitert, dann muss die Ursache den *eigenen* Konstitutionsbedingungen gemäß in einem Mangel der Erziehung und daher in einem Mangel der Erziehungsinstitution gesucht werden. Diese mit Notwendigkeit aus der anthropologischen Prämisse der Schule folgende selbstkritische Haltung gegenüber dem eigenen Tun und die damit gleichfalls postulierte institutionelle Verantwortung sind durch den funktionalistischen Bildungsbegriff existentiell in Frage gestellt, da er die Prämisse von Selbstkritik und Verantwortung dadurch negiert, dass er Bildung und Erziehung dem Maßstab der gesellschaftlichen Funktionalität unterwirft. Die Konsequenzen dieser Negation hat Heinz-Elmar Tenorth, Mitglied des wissenschaftlichen Beirats des Deutschen PISA-Konsortiums, mit dankenswerter Offenheit dargelegt:

> „[E]ine funktionale Analyse von Gesellschaften ernüchtert die pädagogischen Hoffnungen; denn sie verweist auf die engen Grenzen dessen, was an Qualifikationen zum Funktionieren moderner Gesellschaften universell notwendig ist. Jenseits der Kulturtechniken läßt sich der Qualifikationsbedarf nämlich ökonomisch oder technologisch nicht präzise ableiten" (Tenorth 1994: 95). „Man muß [deshalb] froh sein, wenn das Bildungsminimum garantiert und die Lernfähigkeit kultiviert wird und das ökonomische System [sic!] darauf setzen kann, daß die Bildungsbereitschaft universell und die Mobilität nicht behindert wird. [...] Es wäre daher auch nur plausibel, würden Pädagogen sich endgültig von der Fiktion verabschieden, sie wären für die Egalisie-

5 „Da der Mensch keine Natur, sondern Geschichte ist, konstituiert ihn der geschichtliche Inhalt, den er für sich erwerben kann; durch diesen Inhalt wird neuer möglich" (Heydorn 1970: 326).

rung der Lebenschancen verantwortlich" (ebd.: 191 f). Auch das Resultat, wenn Pädagogen sich von dieser „Fiktion" verabschieden, ist benannt und gar nicht fiktiv, denn „aktuelle Analysen eines funktionalen Analphabetismus, der keineswegs ein unbekanntes Problem ist, zeigen, daß er entsteht und sich ausweitet, ohne daß die Gesellschaften akute Funktionsstörungen erkennen lassen (und auch die Betroffenen entwickeln Strategien der Kompensation, die erstaunlich und leistungsfähig sind)" (ebd.: 70 f).

Dass die Gesellschaft keine „akuten Funktionsstörungen" zeigt, wenn sich die Anzahl derjenigen erhöht, die nicht einmal über die elementarsten Kulturtechniken verfügen, sagt zweierlei über ihre Verfasstheit aus. Zum einen werden Menschen durch das ‚Funktionieren' der Gesellschaft entweder gänzlich überflüssig für dessen Perpetuierung oder von ihnen wird nur noch ein rohes, ganz unentwickeltes Arbeitsvermögen verlangt. Zum anderen akzeptieren die ‚Betroffenen' die daraus folgende Verkümmerung ihres Subjektvermögens als einen ihnen gemäßen ‚natürlichen' Zustand (und entwickeln Ressentiments gegenüber ‚den Gebildeten') oder sie verstehen ihre Situation als ein über sie verhängtes, zwar leidvolles, aber unabwendbares Schicksal. Gemessen an der gesellschaftlichen Funktionalität erscheinen die materiellen und geistigen Bedürfnisse der in der *ökonomischen* Sphäre der bürgerlichen Gesellschaft mehr oder weniger Überflüssigen als dysfunktional, weshalb z.B. der Analphabetismus solange kein gesellschaftliches Problem ist, wie die „Betroffenen" „erstaunliche" und „leistungsfähige" „Strategien der Kompensation" entwickeln, also das fortgesetzte ‚Funktionieren' der Gesellschaft nicht behindern.

Durch die Subsumtion von Bildungs- und Erziehungsprozessen unter den Maßstab gesellschaftlicher Funktionalität sind die Einrichtungen des Bildungswesens zwangsläufig dem fortwährenden Verdacht ausgesetzt, ein Zuviel gesellschaftlicher Mittel für ihre Zwecke zu binden und dadurch die Funktionalität der Gesellschaft in anderen Sphären zu gefährden oder einzuschränken. Tatsächlich eingeschränkt – ganz jenseits eines bloßen Verdachts, wie das Beispiel des funktionalen Analphabetismus zeigt – werden jedoch die Möglichkeiten der Heranwachsenden, ihre Urteilskraft zu entwickeln und daher autonom handeln zu können. In der Aufklärungsepoche war das Allgemeine der allgemeinen Bildung – wenigstens seinem Begriff nach – auf die Universalität der Bildungsgegenstände und die kontinuierliche Ausweitung des Kreises derer, die sie sich aneignen, bezogen. Im Zeitalter der freiwilligen Unterwerfung unter die gesellschaftliche Objektivität – nichts anderes bedeutet die Priorität des Funktionalen – wird dieses Allgemeine zu einem von den Gegenständen abstrahierenden Formalismus:

> „Fern der Möglichkeit einer materialen Bestimmung des Allgemeinen der allgemeinen Bildung bleibt nur der Formalismus einer in sich paradoxen Lösung: Allgemeine Bildung wird anscheinend die Form, in der moderne Gesellschaften die Tatsache bearbeiten, daß sie gesamtgesellschaftlich auf Selbstverständlichkeiten nicht mehr bauen und ihren Qualifikationsbedarf technologisch nicht bestimmen können" (Tenorth 1994: 96).

Somit zielt allgemeine Bildung nicht mehr auf die individuelle Aneignung der Kultur, sondern fungiert als eine Art Notlösung, die dem letztlich unbestimmbaren gesellschaftlichen Qualifikationsbedarf wenigstens annäherungsweise gerecht werden können soll. In der Konsequenz dieses Bildungsverständnisses wird die Zufälligkeit der Marktkonstellationen, aus denen der Qualifikationsbedarf hervorgeht, auf das Bildungswesen übertragen. Indem vor allem Methodenwissen die Anpassung der Subjekte an die Resultate des ökonomisch-technischen Wandels der Gesellschaft garantieren soll, wird die Systematik des Bildungsprozesses oder genauer: der systematische Nachvollzug der Genesis der Systematik der Erkenntnisresultate zerstört und durch einen blinden Experimentalismus ersetzt. Der Vorrang der Methode tilgt den ursprünglichen Zusammenhang von Inhalt und Form, von Erkenntnisobjekt und Erkenntnissubjekt und der Bildungsprozess verliert dadurch seine Gerichtetheit. Jedes Wissen erscheint daher potentiell für sehr verschiedene Anwendungszusammenhänge tauglich. Die Überlegungen der Bildungsforschung zur naturwissenschaftlichen Bildung machen diese Tendenz deutlich:

> „Die Naturwissenschaften repräsentieren einen bestimmten Weg, *eine Methode* zu denken, Wissen zu generieren und zu prüfen sowie Probleme zu lösen. Dieser naturwissenschaftliche Denkansatz kann vielseitig und in verschiedenen Lebensbereichen außerhalb der Naturwissenschaften genutzt werden, um sich Wissen zu erschließen oder Vermutungen kritisch zu prüfen. [...] Die Vorstellung ‚Naturwissenschaft für alle' betont den Beitrag der Naturwissenschaft zur *Allgemeinbildung* (vgl. Klafki, 1986). Bezogen auf den lebenslangen und nicht abgeschlossenen Bildungsprozess kann und muss die Schule eine naturwissenschaftliche *Grundbildung* anstreben" (Dt. PISA-Konsortium 2001: 194; Hervor. i. O.).

Wenn die Naturwissenschaften lediglich behandelt werden als „eine Methode zu denken, Wissen zu generieren und zu prüfen sowie Probleme zu lösen", dann ist ‚naturwissenschaftliche Bildung' das Erlernen der Resultate vergangener Erkenntnisprozesse und deren Anwendung. Dieses Erlernte ist ahistorisch, zu instrumentellen Zwecken angeeignetes Wissen. So werden Pragmatiker hervorgebracht, die auf die Lösung vorgegebener (naturwissenschaftlich-technischer) Probleme orientiert sind; ihr Denken ist auf die unmittelbar gegebene Problemkonstellation fixiert und bewegt sich in den Kategorien Beobachten, Experimentieren, Messen, Sammeln, Ordnen und Schließen. Die bloße Kenntnis der Resultate der Wissenschaften zum Zweck ihrer Anwendung verstellt jedoch, was zu Beginn dieses Abschnitts als Bedingung von Bildung erläutert wurde: die Fähigkeit zur Reflexion auf die *Genesis* der Erkenntnisresultate. Deshalb ist der implizite Schluss von den naturwissenschaftlich-technischen Grundlagenkenntnissen, die sich jemand erworben hat, auf dessen spätere Fähigkeit zum lebenslangen Lernen problematisch – und das nicht nur bezogen auf gesellschaftliche und individuelle bzw. lebensgeschichtliche Fragen, die im Prozess lebenslangen Lernens zwangsläufig zu bearbeiten wären, sondern auch bezogen auf die naturwissenschaftlich-technischen Belange selbst. Die am naturwissenschaftlichen Erkenntnisideal orientierte positivistische Bildungstheorie, deren Konturen als Bestandteil der Bildungsforschung hier nachgezeichnet werden, sucht ein Programm zu entwickeln, das in den Subjekten ein Denken verankert, welches sie auf das Hier und Jetzt vereidigt, sie blind macht gegenüber historisch-gesellschaftlichen Prozessen und Entwicklungen. Die Realisation dieses Programms würde letztlich auch den Intentionen der Bildungsforschung zuwiderlaufen. Denn Naturwissenschaft wird fälschlicherweise verstanden als einfaches Sammeln von Daten und Ziehen von Schlüssen daraus; sie hat in Wahrheit wie die Philosophie ein spekulatives Moment, ohne welches Erkenntnis und Akkumulation des Wissens unmöglich wären:

> „Die systematische Einheit der Resultate einer Wissenschaft ist sowenig wie die diese Einheit stiftenden Begriffe aus dem empirisch gewonnenen Material herauszulesen, noch ist sie durch ein bloß konventionelles Ordnungsschema, das mit dem Material nichts gemein hätte, zu begründen. Die Begriffe, durch die die systematische Einheit der Resultate gestiftet wurde, haben ihren Ursprung in der Metaphysik, mit ihnen reicht die Metaphysik in die gegenwärtige Wissenschaft, was sich auch darin äußert, daß die Form, in der das Wissen über empirisch ausweisbare Gegenstände in Lehrbüchern überliefert wird, von der Form, in der Metaphysik tradiert wurde, nicht unterschieden ist: als ein durch Deduktion aus Prinzipien zu gewinnendes. [...] Begriffe wie Element und Atom sind keine Beschreibungen von Sachverhalten, sondern Reflexionsformen der Subjektivität. Entstanden sind sie in der Tradition der metaphysischen Spekulation, die die Einheit alles Seienden begründen wollte, um das Seiende den Subjekten kompatibel denken zu können“ (Bulthaup 1973: 74 u. 81).

Wird das spekulative Moment der Erkenntnis innerhalb des Bildungsprozesses übergangen, dieser auf die Aneignung der Resultate der Wissenschaften beschränkt, dann werden die Subjekte allein für mechanisch-reproduktive Tätigkeiten qualifiziert, was insofern der gesellschaftlichen Entwicklung entspricht, als Wissenschaft Technologie nicht bloß ermöglicht, sondern zunehmend selbst zu Technologie wird. Der Prozess der Technologisierung der Wissenschaft erweitert die Arbeitsteilung und verschärft dadurch für den Einzelnen die Unübersichtlichkeit des wissenschaftlichen Gesamtprozesses. Dieser Gesamtprozess kann aber nur fortschreiten, die Akkumulation des Wissens vorantreiben und damit „das gesellschaftliche Potential der Menschen gegenüber der Natur“ vergrößern, wenn das einzelne Bewusstsein der in diesem Prozess tätigen Menschen qua spekulativem Denken den in der isolierten Tätigkeit verlorengegangenen Begriff des sachlichen Zusammenhangs der Einzelarbeiten für sich zurückgewinnt (vgl. Bulthaup 1998: 199). Ein solches spekulatives, die begriffliche Synthese der analytischen Wissenschaftspraxis leistendes Denken benötigt jedoch kategoriale Formen, die selbst Resultate eines historischen Prozesses sind und deshalb durch die Bildungsinstitutionen tradiert werden müssen. Weil die „Reflexionsformen der Subjektivität“ (Bulthaup) von der Bildungsforschung jedoch nicht als dynamisches Moment des Wissenschaftsprozesses verstanden werden, erscheinen sie ihr als obsolet, die metaphysisch-philosophische Tradition als Archaismus:

> „Nach wie vor gilt es, die in Deutschland erkennbare Neigung zum fragend-entwickelnden und fachsystematisch orientierten Unterricht zu überwinden und durch Anwendungsbezug, Problemorientierung sowie Betonung mentaler Modelle das Interesse an den Naturwissenschaften und die Entwicklung eines tiefer gehenden Verständnisses und flexibel anwendbaren Wissens zu fördern“ (Baumert 2001: 32).

Der für unzeitgemäß erklärte „fragend-entwickelnde und fachsystematisch orientierte Unterricht“ bewahrt die für die produktive Einbildungskraft unverzichtbare metaphysisch-spekulative Tradition: Wissen soll durch die Deduktion aus Prinzipien gewonnen werden. Dem setzt die Bildungsforschung den Begriff des Problemlösens entgegen. „Problemorientierung“ und „Anwendungsbezug“ sollen ein „tiefer gehendes Verständnis“ der Unterrichtsgegenstände ermöglichen, implizieren jedoch, dass den Subjekten die Kenntnis des gesellschaftlichen Ganzen schwindet. Die aufgeworfenen Probleme erscheinen isoliert. Durch diese Isolation, die dem naturwissenschaftlich-methodischen Prinzip der Isolierung von Sachverhalten entspricht, werden die in den Problemen zum Ausdruck kommenden gesellschaftlichen Zwecke der Kritik entzogen. Es soll nurmehr um den zweckdienlichen Mitteleinsatz gehen. Dadurch wird das Verständnis der Handlungsumstände und -möglichkeiten nicht vertieft, sondern verengt. Die Konsequenz ist das Wachsen von Dummheit und Schurkerei,[6] denn spekulatives Denken ist zunächst einmal keine spezifische Tätigkeit wissenschaftlicher Art – auch keine veraltete –, sondern mit dem Begriff der Spekulation sind assoziative Bewusstseinsakte bezeichnet, die die Einheit des individuellen Bewusstseins herstellen und erhalten. Ist diese Einheit bedroht, dann ist es auch die Herrschaft des Individuums über sich selbst, weshalb sich ein Widerspruch im Bildungsverständnis der Bildungsforschung zeigt. Einerseits ist von ihr die Integration der Subjekte in den Funktionszusammenhang des Bestehenden bezweckt; und andererseits bewirkt der am Ideal des Problemlösens ausgerichtete Unterricht Desintegration, weil zugunsten instrumenteller Fähigkeiten auf die Reflexion gesellschaftlicher Zwecke verzichtet wird. Dieser Verzicht verhindert, was Kant als den Fortschritt vom bloß zivilisierten zum moralisierten Zustand der Kultur bezeichnet (vgl. Kant 1959: 15), denn das hieße:

> „Der Mensch soll nicht bloß zu allerlei Zwecken geschickt sein, sondern auch die Gesinnung bekommen, daß er nur lauter gute Zwecke erwähle. Gute Zwecke sind diejenigen, die notwendigerweise [!] von jedermann gebilligt werden; und die auch zu gleicher Zeit jedermanns Zwecke sein können" (Kant 1977: 707).

Die Fähigkeit zu prüfen, inwiefern die eigenen Zwecke mit den Zwecken aller anderen Gesellschaftsmitglieder zusammenstimmen bzw. welche Zwecke sich weshalb wechselseitig ausschließen, begründet das subversive Potential von Bildung. Dieses emanzipatorische Moment der Rationalität, das den bürgerlichen Bildungsbegriff radikalisierte und durch den funktionalistischen in Frage gestellt wird, ist letztlich nur durch die Preisgabe der Rationalität selbst, also auch ihres instrumentellen Moments, zu tilgen. Denn die „herrschaftsbedrohende Möglichkeit gleicher Bildung für alle, die die Organisation bietet, kann nur durch die Verkehrung der Bildung in Unbildung für alle aufgefangen werden" (Koneffke 1969: 409). Die Untersuchungsergebnisse der empirischen Bildungsforschung sind daher – ganz entgegen ihrem eigenen Verständnis und ihren Intentionen – auch ein Beleg dafür, dass das nicht unmittelbar ökonomisch relevante und daher scheinbar nutzlose Reflektieren auf praktische und theoretische Bedingungen des

6 „Die Dummheit, die Schurkerei wachsen: *das gehört* zum ‚Fortschritt'" (Nietzsche 1954: 599; Hervor. i.O.).

eigenen Tuns und damit die Stärkung des kritischen Elements von Bildung nicht ohne Folgen zurückgedrängt werden kann. Ausbildung – in beruflicher und staatsbürgerlicher Hinsicht – ist ohne Bildung nicht zu haben. Auf der Seite der Erkenntnis*produktion* zeigt die Einsicht in die Bedeutung spekulativen Denkens, „warum durch die Aneignung der Wissenschaft eine sinnvolle Arbeit bei der Akkumulation dieses Potentials möglich wird, obwohl für den Einzelnen die empirische Realität des arbeitsteiligen Wissenschaftsprozesses sowie die des arbeitsteiligen Produktionsprozesses nicht mehr überschaubar ist"; auf der Seite der Erkenntnis*aneignung* könnte diese Einsicht „zugleich dazu dienen, die Angst vor der erdrückenden Stoffülle durch das Vertrauen in das eigene Denkvermögen zu bannen" (Bulthaup 1998: 199).

Klassische außerschulische Bildungsarbeit ist zwar ebenso wie die schulische durch gesellschaftliche Zwänge bestimmt, zielt im Bereich der Weiterbildung auf die Anpassung von beruflichen Qualifikationen und im Bereich der politischen Bildung auf die Herstellung der Bereitschaft, an den für eine parlamentarische Demokratie grundlegenden Wahlen teilzunehmen; für die außerschulische Bildungsarbeit entfällt jedoch, was für die Schule selbst konstitutiv ist: die Selektion der Subjekte nach Leistung. In der Schule resultiert aus der erzwungenen Leistungskonkurrenz und der damit notwendig verbundenen Subsumtion des Lernens unter das Diktat der Zeit die Entfremdung von den Lerngegenständen und damit vom Lernen selbst, während alle von diesem Prinzip emanzipierten Lernprozesse ganz auf das Begreifen des jeweiligen Gegenstands, auf ein in-der-Sache-Sein ausgerichtet werden können.

Soll die Aneignung eines Gegenstands einen Bildungseffekt in aufklärerisch-kritischer Hinsicht haben, dann muss an ihm die Fähigkeit zur Reflexion erworben werden. Dies ist nur möglich, wenn die Lerngegenstände nicht als fertige und bloß gegebene behandelt werden, sondern wenn ihre impliziten historischen, moralischen, logischen und erkenntnistheoretischen Bedingungen und Voraussetzungen erschlossen werden, also das, was die Gegenstände zu dem macht, was sie jeweils sind. Ihre historischen Voraussetzungen sind bis in die Gegenwart wirksam. Für die reflexive Erschließung von Lerngegenständen ist Muße eine unabdingbare Voraussetzung, denn die notwendige Lernzeit kann der Beschaffenheit der Gegenstände nicht entnommen werden; sie hängt von den bisherigen Erfahrungen und Kenntnissen der Lernenden ab und diese Erfahrungen und Kenntnisse wiederum von den familiären, milieu- und klassenspezifischen Lebensbedingungen.

Bildung als die Fähigkeit zur Reflexion auf die Bedingungen und Voraussetzungen der eigenen Existenz und die aller anderen Menschen kann in der

Gegenwart nur zu der Erkenntnis führen, dass die auch heute noch wirksame, der bürgerlichen Tradition entstammende Forderung an den Einzelnen, als aufgeklärtes, autonomes Subjekt zu handeln, durch die gegebene Einrichtung der Welt verstellt ist. Die praktische Konsequenz des aufklärerischen Bildungsbegriffs – die Emanzipation der Menschen von jeglicher Gestalt von Herrschaft – ist deshalb ein bis heute uneingelöster Anspruch.

Für eine emanzipatorische Bildungsarbeit bleibt daher aktuell, was Heinz-Joachim Heydorn einst programmatisch formulierte: „Es ist Aufgabe der Bildung, Möglichkeit schon zum lebenden Hinweis zu bringen. Sie muß den möglichen Menschen in seine Gegenwärtigkeit setzen. [...] Es ist dies das Ziel, das über Ausbeutungsfreiheit hinausweist auf Aufhebung aller Unterdrückung. Bildung ist uneingeschränkte Selbstentfaltung des durch seine Geschichte erzogenen und frei gewordenen Menschen. [...] Sie geht davon aus, daß es auch in der Zukunft nur so viel Menschlichkeit geben kann, wie wir fähig sind, vorzuleisten. [...] Sie vermag nicht alles allein, aber dieses ist ihre Sache" (Heydorn 1972: 148 ff).

Literatur

Adorno, Theodor W. (1979): Zum Verhältnis von Soziologie und Psychologie, in: Soziologische Schriften I, Frankfurt a.M., S. 42-85.

Artelt, Cordula u.a. (2004): Das Lernen lernen. Voraussetzungen für lebensbegleitendes Lernen. Ergebnisse von PISA 2000, Paris.

Baumert, Jürgen u.a. (Hrsg.) (2000): TIMSS/III. Dritte Internationale Mathematik- und Naturwissenschaftsstudie. Mathematische und naturwissenschaftliche Bildung am Ende der Schullaufbahn, Band 1: Mathematische und naturwissenschaftliche Bildung am Ende der Pflichtschulzeit, Opladen.

Baumert, Jürgen/Klieme, Eckhard/Prenzel, Manfred u.a. (Hrsg.) (2001): PISA 2000. Zusammenfassung zentraler Befunde, Berlin.

Bulthaup, Peter (1973): Systematische Kategorien und historische Entwicklung einer Naturwissenschaft – dargestellt an der Chemie als Modell, in: Ders.: Zur gesellschaftlichen Funktion der Naturwissenschaften, Frankfurt a.M., S. 64-83.

Bulthaup, Peter (1998): Fachsystematik und didaktische Modelle, in: Ders.: Das Gesetz der Befreiung. Und andere Texte, Lüneburg, S. 179-199.

Comenius, Johann Amos (2000): Große Didaktik, Stuttgart.

Deutsches PISA-Konsortium (Hrsg.) (2003): PISA 2000. Ein differenzierter Blick auf die Länder der Bundesrepublik Deutschland, Opladen.

Dass. (Hrsg.) (2001): PISA 2000. Basiskompetenzen von Schülerinnen und Schülern im internationalen Vergleich, Opladen.

Harms, Ute u.a. (2004): Kerncurriculum und Standards für den Biologieunterricht in der gymnasialen Oberstufe, in: Tenorth, Heinz-Elmar (Hrsg.): Kern-

curriculum Oberstufe II. Biologie, Chemie, Physik, Geschichte, Politik, Weinheim/Basel, S. 22-84.
Hegel, Georg Wilhelm Friedrich (1970): Rede zum Schuljahrabschluß am 14. September 1810, in: Ders.: Nürnberger und Heidelberger Schriften 1808–1817, Werke Bd. 4:, Frankfurt a.M., S. 327-343.
Ders. (1961): Vorlesungen über die Philosophie der Geschichte, Stuttgart.
Heydorn, Heinz-Joachim (1972): Zu einer Neufassung des Bildungsbegriffs, Frankfurt a.M.
Ders. (1970): Über den Widerspruch von Bildung und Herrschaft, Frankfurt a.M.
Ders. (1969): Ungleichheit für alle, in: Das Argument, 11. Jg., Heft 54, Berlin, S. 361-388.
Horkheimer, Max (1972): Begriff der Bildung, in: Ders.: Sozialphilosophische Studien. Aufsätze, Reden und Vorträge 1930–1972, Frankfurt a.M., S. 163-172.
Humboldt, Wilhelm von (1964): Über Goethes Hermann und Dorothea, in: Ders.: Werke Bd. 2, Darmstadt, S. 125-356.
Ders. (1956a): Der Königsberger Schulplan, in: Ders.: Schriften zur Anthropologie und Bildungslehre, Reihe: Pädagogische Texte, hrsg. von Wilhelm Flitner, Düsseldorf, S. 69-76.
Ders. (1956b): Der Litauische Schulplan, a.a.O., S. 77-82.
Ders. (1956c): Theorie der Bildung des Menschen, a.a.O., S. 27-32.
Kant, Immanuel (1977): Über Pädagogik, in: Ders.: Schriften zur Anthropologie, Geschichtsphilosophie, Politik und Pädagogik, Werke Bd. 12, Frankfurt a.M., S. 691-761.
Ders. (1974): Grundlegung zur Metaphysik der Sitten, Werke Bd. 7, Frankfurt a.M.
Ders. (1959): Idee zu einer allgemeinen Geschichte in weltbürgerlicher Absicht, in: Ders.: Kleinere Schriften zur Geschichtsphilosophie, Ethik und Politik, Hamburg.
Klafki, Wolfgang (1971): Studien zur Bildungstheorie und Didaktik, Weinheim/Berlin/Basel.
Klieme, Eckhard u.a. (2007): Zur Entwicklung nationaler Bildungsstandards. Eine Expertise, Berlin.
Koneffke, Gernot (1969): Integration und Subversion. Zur Funktion des Bildungswesens in der spätkapitalistischen Gesellschaft, in: Das Argument, 11. Jg., Heft 54, Berlin, S. 389-430.
Nietzsche, Friedrich (1954): Aus dem Nachlaß der Achzigerjahre, in: Werke Bd. 3, München, S. 417-925.
Robinsohn, Saul B. (1972): Bildungsreform als Revision des Curriculum und: Ein Strukturkonzept für Curriculumentwicklung, Neuwied.
Schleiermacher, Friedrich (2000): Gelegentliche Gedanken über Universitäten in deutschem Sinn, in: Ders.: Texte zur Pädagogik. Kommentierte Studienausgabe in zwei Bänden, Bd. 1, Frankfurt a.M., S. 101-165.
Tenorth, Heinz-Elmar (1994): „Alle alles zu lehren". Möglichkeiten und Perspektiven allgemeiner Bildung, Darmstadt.
Welskopf, Elisabeth Charlotte (1962): Probleme der Muße im alten Hellas, Berlin.

Janne Mende

„Let's change the World"?

Bedingungen für eine kritisch-emanzipatorische politische Bildung

1. Ziele politischer Bildung

1.1. Restringierte und erweiterte Formen politischer Bildung

Der Begriff der politischen Bildung wird, je nach Intention und Stoßrichtung, in den verschiedensten Bedeutungen und Schattierungen verwendet. Dennoch ist es möglich, für die heutigen Konzepte progressiver politischer Bildung[1] eine – sehr breit formulierte – gemeinsame Zielsetzung zu benennen. Zentral sind dafür Emanzipation, Mündigkeit und Aufklärung. Die grundlegenden Differenzen zwischen verschiedenen Ansätzen werden jedoch deutlich sichtbar, wenn diese Begriffe inhaltlich gefüllt werden. Es lassen sich zwei idealtypische Formen politischer Bildung herausarbeiten, die trotz der häufigen Verwendung gleicher Begriffe damit sehr unterschiedliche Intentionen und Herangehensweisen verbinden. Diese Richtungen sollen im Folgenden als *restringierte* und als *erweiterte* Formen bezeichnet werden, ohne damit zu negieren, dass es weitere Ausdifferenzierungen und Widersprüche in ihnen gibt.

Um deutlich zu machen, was mit einem restringierten Emanzipationsbegriff gemeint ist, sollen am Beispiel des Bildungswissenschaftlers Wolfgang Sander die dahinter stehenden Bedeutungsdimensionen und gesellschaftstheoretischen Vorstellungen herausgearbeitet werden. Sander charakterisiert die Ziele politischer Bildung folgendermaßen:

> „Politische Bildung ermöglicht Qualitätszuwächse in politischen Urteilen, verbessert politische Handlungskompetenzen, erweitert und vertieft auf diese Kompetenzen bezogenes und an die Wissensnetze der Lernenden anschlussfähiges politisches Wissen, fördert methodische Fähigkeiten zum selbständigen Weiterlernen und zum selbständigen politischen Informieren; sie ermutigt zum politischen Engagement, ohne dieses Engagement in Ziel und Umfang

1 Nicht gemeint sind Formen der Indoktrination oder der Vermittlung menschenverachtender Werte, wie sie von rechten Organisationen angeboten werden.

vorschreiben zu wollen", also „ohne dass es dabei zu inhaltlichen Festlegungen der Lernenden kommt" (Sander 2002: 42, Herv. entf.).

Die oben genannten Begriffe finden sich hier durchaus wieder: Mündigkeit – d.h. selbständiges Beurteilen von Sachverhalten und dementsprechendes eigenes Handeln – durch Aufklärung, Vermittlung von Wissen, Bildung. Sander selbst bezeichnet das Denkmuster Mündigkeit als das einzige für eine demokratische politische Bildung mögliche (Sander 2007: 17) und weiß sich in seiner Definition in Übereinstimmung mit Kant: „Habe Mut, dich deines eigenen Verstandes zu bedienen!" (Kant 1968: 53)

Was die restringierte jedoch so vehement von der erweiterten Form politischer Bildung unterscheidet, ist der Bezug auf das Bestehende. Erweiterte oder kritische (Bildungs-)Theorien machen das Leiden der Subjekte zu ihrem Ausgangspunkt und setzen es in Bezug zu den objektiven Verhältnissen. Diese Vermittlungsrelation und die ständige Reflexion darauf spielen eine zentrale Rolle innerhalb eines umfassenden, emanzipatorischen Bildungskonzeptes. Das dementsprechende Ziel lautet, die Verhältnisse, unter denen die Subjekte leiden, zu verändern. Die ‚Klassiker' kritischer (Bildungs-)Theorien machen das immer wieder deutlich: Heinz-Joachim Heydorn unterscheidet zwischen bloßer Erziehung und ermächtigender Bildung, da Erziehung Unterwerfung, Herrschaft und Leiden immer mit enthält. Erst im Begriff der Bildung, indem diese Momente in die Reflexion aufgenommen werden, kann sie über sich selbst und das Bestehende hinausweisen und die Umstände menschlich einrichten (Heydorn 1979: 9). „Ebenso wie Erziehung erst im Begriff der Bildung zu sich selbst kommt, läßt sich umgekehrt Bildung im historischen Prozeß nicht ohne das Moment des Leidens denken" (Pongratz 1995: 21). Bildung muss dazu die objektiven Verhältnisse und deren Widersprüche ins Bewusstsein bringen, damit die eigene Gewordenheit und Geschichte eingeholt werden können (ebd.: 12).

Ute Osterkamp (1976) und Klaus Holzkamp (1985) weisen nach, dass es ein spezifisch menschliches Bedürfnis ist, die „Verfügung über seine eigenen Lebensbedingungen [zu] gewinnen" (Holzkamp 1997: 138), also selbst die gesellschaftlichen Verhältnisse mitgestalten zu können, in denen man lebt. Diese Möglichkeit ist gegenwärtig, abhängig von der eigenen Positionierung in den verschiedenen Machtgefügen, nur begrenzt gegeben. Die Aufgabe erweiterter politischer Bildung wäre es demnach, mit den Subjekten gemeinsam eine Perspektive zu erarbeiten, aus der sie die eigene Betroffenheit und die Gründe für die eigene Betroffenheit in bestimmten gesellschaftlichen Strukturen erkennen. Daran kann der (langfristige) Versuch einer Änderung jener Strukturen anschließen (vgl. Holzkamp 1994).

Obwohl Theodor W. Adorno die Möglichkeiten, „die objektiven, nämlich gesellschaftlichen und politischen Voraussetzungen, die solche Ereignisse ausbrüten, zu verändern“ (Adorno 1977a: 675), als gering beschreibt, so dürfe dennoch keine Form von Erziehung oder politischer Bildung hinter den Imperativ zurückfallen, „daß Auschwitz nicht noch einmal sei“ (ebd.: 674). Bildung obliegt es also, die Menschen auf eine solche Weise über sich selbst und ihre Umwelt aufzuklären, dass ihre Autonomie, ihre „Kraft zur Reflexion, zur Selbstbestimmung, zum Nicht-Mitmachen“ (ebd.: 679) der Repressivität der Verhältnisse etwas entgegensetzen kann.

Ansätze heutiger politischer Bildung, die sich gegen Rassismus, Antisemitismus, Sexismus, gegen alle Formen von Herrschaft und Unterdrückung richten, müssen den Anspruch eines gesellschaftsverändernden Moments, der Kritik und Bearbeitung bestimmter Strukturen, in sich aufgenommen haben, will ihr Impetus nicht zur Farce verkommen.[2]

Das unterscheidet sie grundsätzlich von den restringierten Formen von Emanzipation. Sander fällt in seinem (berechtigten) Bemühen, sich von indoktrinären und/oder herrschaftsstabilisierenden Konzepten abzusetzen, auf ein Wissenschaftsverständnis zurück, das eine ‚neutrale‘, ‚professionelle‘, gleichsam sterile Position in striktem Gegensatz stellt zu jeglicher Form von Interessengebundenheit oder Parteilichkeit. Diese Dichotomisierung weist Max Horkheimer bereits 1937 zurück und sie ist seitdem immer wieder Streitpunkt wissenschaftstheoretischer Auseinandersetzungen.[3]

> „Er [der Wissenschaftler] mag ebenso wohl an ein unabhängiges, ‚suprasoziales‘ freischwebendes Wissen glauben wie an die soziale Bedeutung seines Fachs, dieser Gegensatz der Interpretation übt auf sein faktisches Tun nicht den geringsten Einfluss. Der Gelehrte und seine Wissenschaft sind in den gesellschaftlichen Apparat eingespannt, ihre Leistung ist ein Moment bei der Selbsterhaltung, bei der fortwährenden Reproduktion des Bestehenden, gleichviel, was sie sich selbst für einen Reim darauf machen“ (Horkheimer 1937: 252).

---

2 Exemplarisch für antirassistische Bildungsarbeit soll der Hinweis auf einen maßgeblichen kritischen Sammelband genügen: „Wir grenzen uns damit von einem Rassismusverständnis ab, das Rassismus primär als Einstellungsproblem begreift und auf dessen Grundlage Bildungsarbeit auf die Veränderung individueller Einstellungen abzielt.“ „Als gesellschaftliches Prinzip, das tief in Strukturen und Diskurse eingelassen ist, hat Rassismus Konsequenzen für das individuelle Denken und Handeln – oft auch unabhängig von den eigenen Ansichten. Die gesellschaftlich strukturellen Ebenen von Rassismen stehen somit in einem engen Wirkungszusammenhang mit den subjektiven Denk- und Handlungsweisen.“ (Elverich et al 2006: 14)

3 Vgl. Ritsert 2002 zur Frage der Interessengebundenheit und Adorno et al. 1969 zum Positivismusstreit.

Bei Sander wird dieser herrschaftsblinde Charakter deutlich (obwohl er ihn in anderen Zusammenhängen auch kritisiert, vgl. Sander 2007: 15), wenn er politische Bildung als „Instrument zur Veränderung der Gesellschaft oder zur Behebung von Missständen“ (Sander 2002: 39) vehement kritisiert und als vorprofessionell ablehnt.[4] Diese Betonung von Neutralität kann so weit führen, dass in einem ‚problemlösenden Ansatz' am Beispiel der Asyl-Problematik Handlungsmöglichkeiten gleichberechtigt nebeneinander stehen sollen, die die Sichten der Asylsuchenden und der (potentiell eher rassistischen) Mehrheitsbevölkerung repräsentieren (Breit 2007: 120 f). Für ein Konzept, das für sich in Anspruch nimmt, die Subjektorientierung wirklich ernst zu nehmen, wird gar der Vorschlag unterbreitet, Elitenbildung von Massenbildung zu trennen und letztere in kleinen, nachfrageorientierten „Häppchen“ anzubieten (Rudolf 2002). Als Begründung dafür dient eine Umfrage, laut der die meisten Menschen wenig Zeit und Energie für politische Bildung aufzubringen bereit sind. Die Möglichkeit, dass der Arbeitsalltag vieler Menschen weit über das Erträgliche hinausgeht oder bestimmte Formen der Kulturindustrie nun einmal andere Arten der Freizeitbeschäftigung näher legen, damit die Möglichkeit, die Strukturen, in welche die Befragten eingebunden sind, kritisch zu thematisieren, wird außen vor gelassen.[5]

Durch den Anspruch auf Neutralität – im Sinne vorgeblicher Interessenungebundenheit – können also bestimmte Themen und Bereiche gar nicht erst in den Blick und so auch nicht in die Kritik bzw. Reflexion geraten. Ein differenzierteres Vorgehen, welches sich der Problematik des Neutralitätsanspruches bewusst ist, schlägt dagegen Peter Massing vor. Ausgehend von seiner Diagnose, dass statt Gesellschaftstheorien nur „Zeitgeistthemen, methodisch Modisches und Gesellschaftsdiagnosen“ (Massing 1999: 26) in der politischen Bildung dominieren,[6] formuliert er die Forderung nach einer theoretisch-normativ fundierten Bildungsarbeit, die er an Begriffe wie Aufklärung, Freiheit, Mündigkeit und Emanzipation knüpft. In diesem Sinne weist sie „über bloße Systemstabilität hinaus“ und drängt auf „weitere demo-

4 Dennoch betont Sander an anderen Stellen, dass politische Bildung ohne jegliche normative Grundlage nicht möglich ist. Diese Normen will er so eng wie möglich halten und sie weisen einen eigentümlich affirmativen Charakter auf. Die repressiven Seiten, die der progressive Bezug auf freiheitlich-demokratische Werte auch enthält, werden nicht thematisiert. Damit bestätigt er Horkheimers Analyse.

5 Eine für diese Umfrage sehr naheliegende Möglichkeit, Strukturen zu thematisieren, gibt Kurz-Scherf in ihrem Plädoyer für eine Arbeitszeitverkürzung (Kurz-Scherf 1994).

6 Also genau die Art politischer Bildung, deren Forcierung und Verstärkung Rudolf (2002) propagiert, s.o.

kratische Entwicklung, auf ‚Radikalisierung' der Demokratie ebenso [...] wie auf individuelle Autonomie" (ebd.: 29). Doch auch in diesem wichtigen Anspruch findet sich ein Moment, das auf den restringierten Bildungsbegriff verweist. Indem allein die politische Sphäre getrennt von der ökonomischen behandelt wird, wird ein auf Ungleichheit beruhendes Wirtschaftssystem nicht in die Analyse einbezogen. Die folgenden Überlegungen zu einer erweiterten, kritischen politischen Bildung sollen darüber hinaus weisen.

1.2. Kritik und Emanzipation

Die Alternative zu einem scheinbar neutralen, Repressives deswegen blind reproduzierenden Verständnis politischer Bildung besteht in einem kritisch-orientierten, emanzipativen Wissenschaftstypus.[7] Seine zentralen Motive bilden Ideologiekritik, die Aufdeckung von Verhältnissen, die den Menschen als scheinbar naturwüchsige gegenübertreten, und die Perspektive der Selbstreflexion. Interessengebundenheit wird hier nicht als Verkehrung, sondern als Bedingung von Wahrheit verstanden (Ritsert 2002: 117 ff). Es geht um eine emanzipative Wissenschaft, eine emanzipative politische Bildung, die an den Bedürfnissen der Menschen ansetzt, und zwar sowohl auf der individuellen Ebene als auch auf der gesellschaftlichen Ebene, der Ebene des menschlichen Zusammenlebens. Wird auf dieser Basis eine Abschaffung von Leiden angestrebt, geht es um eine Gesellschaftsform, in der ‚die freie Entwicklung eines jeden die Bedingung für die freie Entwicklung aller ist' (Marx).

Mit solch einem Wissenschaftsverständnis ist es möglich, die unterschiedliche Verwendung von Begriffen wie Emanzipation, Aufklärung, Menschlichkeit und Mündigkeit zu erfassen. Auch wenn sie an vielen Stellen als Mittel zum (unlauteren) Zweck eingesetzt werden und zur „negativen Utopie" (Heydorn 1980: 149) verkommen; wenn sie instrumentell benutzt werden und Anpassung gemeint ist, so steckt in ihnen gleichzeitig immer noch ein immanentes Glücksversprechen, das über das Bestehende hinausweist. Mündigkeit und Emanzipation als bürgerliche Kategorien wurden erst mit der Aufklärung möglich und dienten gleichzeitig mit ihrem Entstehen schon dazu, den Status ihrer Nicht-Erfüllung zu ummänteln. Die bürgerliche Emanzipation ging historisch einher mit der Verfestigung der bürgerlichen Herrschaft und der kapitalistischen Produktionsweise. Die Werte der Auf-

7 Dieser steht im Gegensatz zu den empirisch-analytischen Wissenschaften, in die ein technisches Erkenntnisinteresse, und zu den historisch-hermeneutischen Wissenschaften, in die ein praktisches Erkenntnisinteresse eingeht (vgl. Habermas 1968: 155ff).

klärung, die ihrer inneren Logik nach universell für alle Menschen gelten sollten, wurden partikularistisch eingeengt. Trotzdem transportieren sie immer noch einen Begriff von Freiheit und menschlicher Emanzipation.

Der Zwiespalt im Emanzipationsbegriff zwischen einer restringierten und einer erweiterten Form wird bereits in der marxschen Theorie sichtbar, in der die beiden unterschiedlichen und doch zusammengehörenden Emanzipationsbegriffe genauer eruiert werden. Der Bezug auf Karl Marx wird in den meisten wissenschaftlichen Zusammenhängen als problematisch betrachtet: Oft liegt dem ein Verständnis von Marx zugrunde, das durch den Marxismus-Leninismus geprägt wurde. Ein kritischer Marxismus dagegen ist in der Lage, Marx zu reaktualisieren, ohne auf ein dichotomes Verständnis von Basis und Überbau oder auf eine Geschichtsteleologie zurückzufallen, die orthodoxe Marx-Auslegungen wie den Marxismus-Leninismus entscheidend geprägt haben. Stattdessen kann mit einem aktualisierten Verständnis von Dialektik ein Verhältnis von Basis und Überbau, von Sein und Bewusstsein, von Objekt und Subjekt gedacht werden, in welchem jeweils beide in einer Trennung, aber gleichzeitig in einer Einheit zu verstehen sind. Die Einheit zeigt sich in inneren Vermittlungsverhältnissen, die den jeweils entgegenstehenden Pol in sich selbst enthalten – bei gleichzeitiger strikter Trennung.[8] „Damit gibt es keinen Automatismus jedweder Art – weder auf Seiten des Subjekts, noch auf Seiten des Objekts. Allerdings Strukturbedingungen, die gleichwohl Verhaltensdispositionen und Reflexionsmöglichkeiten einschneidend verändern, sich sogar hinter dem Rücken der Subjekte reproduzieren und Gestalten annehmen, die wesenhaften Charakter besitzen“ (Müller 2009). Ausgerüstet mit einer solchen Reaktualisierung Marxens sowie mit seiner Kritik der politischen Ökonomie, die bis heute ihre Gültigkeit hat, ist der Rückgriff auf die marxsche Theorie für eine kritische politische Bildung unabdingbar – zumal mit dem marxschen Verständnis von Emanzipation, welches es erlaubt, zwischen verschiedenen Formen von Emanzipation angemessen zu differenzieren.

Die europäische Aufklärung ging mit der *politischen Emanzipation* des Bürgers einher: Die bürgerliche Gesellschaft konnte sich mit ihren Rechten und Pflichten entfalten, staatsbürgerliche Grundrechte, die Gleichheit aller vor dem Gesetz wurden gesichert und vor religiösen Dogmen sowie feudaler Willkür geschützt. „Die politische Emanzipation ist allerdings ein großer Fortschritt, sie ist zwar nicht die letzte Form der menschlichen Emanzipation überhaupt, aber sie ist die letzte Form der menschlichen Emanzipation

8 Ausführlicher zu Vermittlungsmodellen und Dialektik als strikter Antinomie vgl. Ritsert 2002: 77ff, Ritsert/Knoll 2006: 22ff und Müller 2008.

innerhalb der bisherigen Weltordnung. Es versteht sich: wir sprechen hier von wirklicher, von praktischer Emanzipation" (Marx 1976: 356). Eine Emanzipation also, deren konkreter Fortschritt für den Einzelnen unbedingt anerkannt werden muss. Dennoch ist *menschliche Emanzipation* in ihr noch nicht vollzogen. Menschliche Emanzipation würde die weitestmögliche Zurückdrängung aller repressiven Strukturen bedeuten; die Möglichkeit des Einzelnen, bewusst die gesellschaftlichen Verhältnisse mitzubestimmen. Menschliche Emanzipation hieße, dass der Mensch seine eigenen Kräfte als gesellschaftliche Kräfte erkennt und organisiert und die Verhältnisse nach seinen Bedürfnissen einrichtet (ebd.: 370). Diese Fähigkeit ist untrennbar verwoben mit einem angemessenen Wissen über die Strukturen und über die eigene Eingebundenheit in diese, mit einer politischen Urteilsfähigkeit, der Fähigkeit zu selbständigem Denken und Handeln – kurz, mit Aufklärung und Mündigkeit.

In diesem Sinne soll hier emanzipative politische Bildung verstanden werden, die Sachverhalte nicht ‚neutral' vermittelt, sondern sie stets mit dem Maßstab universeller Menschlichkeit bewertet und gleichzeitig die Maßstäbe für ihre Bewertung offen legt. So ist es möglich, sie immer wieder reflexiv und ideologiekritisch zu hinterfragen, von politischen BildnerInnen und von den sich Bildenden gleichermaßen.

2. Grenzen und Möglichkeiten politischer Bildung

2.1. Politische Bildung vs. politisches Handeln?

Politische Bildung kann und darf politisches Handeln nicht ersetzen. Sollen gesellschaftliche Strukturen angegangen werden, um Missstände zu verringern, so bedarf dies vielfältiger, mit Geduld ausgestatteter und langfristiger Formen politischer Interventionen. Zugleich bedarf kritische Bildung selbst dieser Interventionen, um ermöglicht zu werden. Wohlgemerkt: kritische Bildung, in ihrer erweiterten Form. Denn die Notwendigkeit restringierter politischer Bildung hat sich mit dem gesellschaftlichen Entwicklungs- und Modernisierungsprozess, dem Demokratisierungsprozess (Massing 1999: 28) *und* dem Prozess der ökonomischen Entwicklung selbst herausgebildet. Im neoliberalen Zeitalter mehr denn je sind Arbeitskräfte gefragt, die sich ständig weiterbilden, die eine eigene Urteilsfähigkeit besitzen und ihre (begrenzten) Beteiligungsmöglichkeiten als BürgerInnen wahrnehmen. Will ein kritisches Bildungskonzept darüber hinausgelangen, kann es das nur so weit, „als die Kräfte, die es vertreten, zugleich eine direkten Kampf um die Veränderung der Gesellschaft führen. Nur damit werden die Möglichkeiten der Bildung aktualisiert" (Heydorn 1980: 109). Politische Bildung selbst kann *eine* mögliche Form solcher Interventionen darstellen, denn Bildung ist „eine Waffe" (Heydorn 1980: 151). Sie wirkt (im Idealfalle) auf das Bewusstsein ein, sowohl auf das der BildnerInnen als auch auf das der sich Bildenden. Marx formuliert die Wichtigkeit dessen in seiner dritten Feuerbachthese: „Die materialistische Lehre von der Veränderung der Umstände und der Erziehung vergißt, daß die Umstände von den Menschen verändert und der Erzieher selbst erzogen werden muß. [...] Das Zusammenfallen des Ändern(s) der Umstände und der menschlichen Tätigkeit oder Selbstveränderung kann nur als revolutionäre Praxis gefaßt und rationell verstanden werden" (Marx 1978: 6, Herv. entf.). Von einer Determination, die linear und eindimensional vom Sein auf das Bewusstsein ausgeübt wird, kann kaum ernsthaft die Rede sein. Vielmehr liegt ein inneres Vermittlungsverhältnis vor, das aber unter der Beachtung des Objektiven, des Vorrangs der gesellschaftlichen Zumutungen gefasst und gedacht ist. An dieser Stelle zeigt sie die Vormacht des Objekts – mit Adorno: die Tücke bzw. Präponderanz des Objekts –, die die Spezifika kritischer Gesellschaftstheorie überhaupt erst bilden.

Dennoch, bei aller Betonung objektiver Verhältnisse fällt das Subjekt keinesfalls aus den Betrachtungen heraus: im Gegenteil. Das Subjekt wird zwar erst durch historisch-spezifische Objektverhältnisse konstituiert, doch konstituiert das Subjekt auch die Objektwelt. Will man dieses Verhältnis nicht entscheidend verkürzen, kann dies auf einer bestimmten Ebene nur durch innere Vermittlungsverhältnisse adäquat dargestellt werden: „Will man indessen das Objekt erlangen, so sind seine subjektiven Bestimmungen oder Qualitäten nicht zu eliminieren: eben das wäre dem Vorrang von Objekt entgegen. Hat Subjekt einen Kern von Objekt, so sind die subjektiven Qualitäten am Objekt erst recht ein Moment des Objektiven" (Adorno 1977b: 747). Es wäre unzureichend, lediglich ‚bei sich selbst zu beginnen', bei einer „individuelle[n] Profilierung hin zu persönlicher Tadellosigkeit gegen alle anderen" (Holzkamp 1997: 140) zu verharren. Ebenso falsch wäre es, in einer Art Praxisfetischismus Strukturen verändern zu wollen, ohne dies durch Wissen und Aufklärung, durch ein allgemeines Bewusstsein der Notwendigkeit von Veränderung abzustützen, sprich die wichtige Rolle kritischer politischer Bildung außen vor zu lassen. Deren Aufgabe wäre es, das individuelle Leiden an den Verhältnissen fass- und verstehbar zu machen. Erfolgreich wäre sie, wenn aus diesem neu gewonnenen Wissen der Wunsch sich entwickelt, das Leiden für sich und alle anderen gemeinsam zu verringern, die Welt nicht nur zu interpretieren, sondern sie auch zu verändern (Marx 1978: 7).

2.2. Bedürfnisse der Subjekte

Emanzipation bedeutet nicht zuletzt, sich selbst zu emanzipieren. Überwunden werden muss also ein Lehr-Lern-Verhältnis, in welchem hierarchisch, paternalistisch oder auch nur ‚gut gemeint' die BildnerInnen den Subjekten der politischen Bildung ihre eigenen Norm- und Zielvorstellungen aufpfropfen. Nichtsdestotrotz existieren diese eigenen Norm- und Zielvorstellungen immer. Die Schwierigkeit besteht darin, sowohl das Überwältigungsverbot des Beutelsbacher Konsens zu beachten als auch auf bestimmte Minimalbedingungen für einen emanzipativen Anspruch[9] nicht zugunsten einer postmodernen Beliebigkeit zu verzichten. Mit diesem Widerspruch umzugehen und ihn nicht auf eine Seite hin aufzulösen, ist eine der bedeutenden Herausforderungen an emanzipative politische Bildungsarbeit. Eine erste Möglichkeit ist, die eigenen Normen und Ziele immer transparent zu machen, sie zu begründen und nicht starr moralisierend von außen heranzutragen, verschiedene Zugänge zuzulassen. Damit ist aber noch kein Interesse der Teilnehmenden an der Teilung dieser Normen vorprogrammiert.

Eine Voraussetzung für die perspektivische Übernahme von Bildungszielen liegt darin, dass die sich Bildenden die Lerninhalte freiwillig und aus eigenem Erkenntnisinteresse heraus bearbeiten. Sei es, weil sie darin eine Erweiterung ihrer Handlungsmöglichkeiten antizipieren können, oder weil sie in einem (außerhalb des Seminars gelagerten) Erkenntnisprozess eine ‚Lernschleife' (Holzkamp) einlegen, also einen Sachverhalt vertiefend bearbeiten wollen, um ihn begreifen und anwenden zu können. Die so motivierte Übernahme von Bildungsinhalten fasst Holzkamp als ‚expansiv begründetes Lernen'. ‚Defensiv begründetes Lernen' liegt demgegenüber vor, wenn nur unwillig, in einer Situation, die nicht auf Freiwilligkeit beruht, sich mit Lerninhalten so kurz und oberflächlich wie möglich beschäftigt wird (Holzkamp 1995, v.a. Kap. 3 und 4). Eine interessierte, auf eigener und kritischer Auseinandersetzung basierende Übernahme von Bildungszielen kann also nur erfolgen, wenn Ziele und Inhalte bei den Interessen der Teilnehmenden ansetzen bzw. mit jenen vermittelt sind. Um dies zu erreichen, müssen jeweilige Subjektstandpunkte, die Funktionalität von bestimmten Verhaltensweisen sowie gegenwärtige gesellschaftliche Verhältnisse thematisiert werden, wie Holzkamp (1994) exemplarisch für antirassistische Pädagogikkonzepte herausarbeitet. Demnach ziehen sich Menschen aus den sie umgebenden strukturellen Bedingungen bestimmte Bedeutungen, aus denen sie

9 Vgl. die Einleitung in diesem Band.

schließlich die Prämissen für die Gründe ihres Handelns bilden. Anders formuliert: Menschliches Handeln ist immer subjektiv begründet.[10] So muss, um bei dem Beispiel antirassistischer Bildungsarbeit zu bleiben, die Funktionalität von Rassismus herausgearbeitet werden, um dann, auf der Folie der subjektiven Handlungsgründe, die „institutionell-rassistischen Diskursformen in ihrer den Individuen zugekehrten Seite als ‚gesellschaftliche Bedeutungsstrukturen' aufzufassen – d.h. als bestimmte verallgemeinerte Handlungsmöglichkeiten und -beschränkungen, die von den Individuen übernommen, aber auch in bewußtem ‚Verhalten' dazu reflektiert und verändert werden können" (Holzkamp 1994: 17). Die Funktionalität oder Begründetheit des eigenen Verhaltens zu verstehen und zu reflektieren, setzt an der eigenen konkreten Lebenswelt an, übergeht nicht die Bedürfnisse der Teilnehmenden und bietet darüber hinaus die Möglichkeit, nach alternativen Handlungsoptionen zu suchen, die nicht auf der Ausschließung Anderer beruhen. Das Interesse an alternativen Handlungsmöglichkeiten besteht beispielsweise dann, wenn klar wird, dass ausgrenzendes Verhalten auch selbstschädigend sein kann, weil damit Strukturen unterstützt werden, deren potentielles Opfer man selbst werden kann: ‚Rassismus als Selbstentmächtigung' (Osterkamp 1996, Holzkamp 1994).

Doch ist allein schon der Prozess der Bewusstwerdung eigenen funktionalen Verhaltens ein äußerst schwieriger und belasteter. Ebenso, wie es begründet sein kann, gegen ausgrenzende Mechanismen anzugehen, sei es aus Selbstschutz, Empathie oder schlicht und einfach Menschlichkeit,[11] gibt es ‚gute Gründe' für zahlreiche Abwehrmechanismen, wenn solch ein Prozess (unbewusst) als zu schmerzhaft, schamhaft, oder bedrohlich antizipiert wird. Klaus Ahlheim (1990) erarbeitet die Mechanismen von emotionaler Verdrängung (Verdrängung gerade in Deutschland der Vergangenheit) und vorgeblicher Erfahrungsgebundenheit,[12] von Ich-Schwäche

---

10 „Dieser Ansatz ist nicht zu verwechseln mit rationalen Handlungstheorien, die menschliches Handeln an einer von außen gesetzten [instrumentellen, J.M.] Vernunft messen und Irrationalität (in Form von Emotionen, Ängsten etc.) als Gegenpol dieser Vernunft aufmachen." (Mende 2008: 162) Ausführlicher zum Bedingungs-Bedeutungs-Begründungs-Zusammenhang und zu begründetem Handeln vgl. Holzkamp 1985 und Markard 2000.

11 Steinert spricht von „jene[r] diskreditierte[n] ‚Humanität', die in jeder Begegnung einfach eine zwischen zwei Menschen in ihrer Verletzlichkeit und zuletzt Hoffnungslosigkeit sehen möchte, die möglichst unbeeinträchtigt oder gut über die nächsten Runden kommen wollen" (Steinert 2007: 126).

12 VertreterInnen des Konzeptes der Erfahrungsgebundenheit bestreiten die Möglichkeit der Auseinandersetzung mit vergangenem Leid, das nicht an die eigene Erfahrung gekoppelt ist.

und Erkenntnisblockaden, vom Unwillen der Subjekte und der Neigung zu simplen Lösungen, die der Aufklärung Grenzen setzen. „Was soll und was kann politische Erwachsenenbildung, wenn die ‚Not zwar beten lehrt', Angst aber und Bedrohung, Unübersichtlichkeit und Perspektivlosigkeit eben gar nichts lehren, vielmehr lernunfähig und ‚dumm' machen?" (Ahlheim 1990: 16).

Dieser unbewussten Seite[13] muss unbedingt Rechnung getragen werden, vor allem dem Aspekt, dass die Abwehr gegen die naheliegende Erkenntnis der eigenen Ohnmacht und Handlungsunfähigkeit (ebd.: 16) mehr als nachvollziehbar ist. Politische Bildung muss daher immer Strategien zur Handlungsfähigkeit in ihrem Programm enthalten – Handlungsfähigkeit nicht als abstrakte Kategorie, sondern als konkrete Teilhabe an den für das eigene Leben relevanten Verhältnissen (Holzkamp 1997: 141). Anderenfalls läuft Bildung Gefahr, Abwehr, Schuld- und Ohnmachtsgefühle lediglich zu verstärken, statt ihnen etwas entgegenzusetzen. Das bedeutet nicht, die eigene Verstricktheit in Machtmechanismen zu dethematisieren. „Bildung macht sehend, doch läßt sie keine Ausflüchte zu. Sie setzt Hoffnungszeichen, doch nimmt sie den Schmerz nicht fort." (Pongratz 1995: 37) Vielmehr können auch schmerzhafte Erkenntnisse produktiv gewendet werden, können gerade aufkommende Widersprüche Ansätze für Möglichkeiten zur Veränderung bieten – ein gewisser ‚Mut zur Erkenntnis' (Ahlheim) ist dafür allerdings unabdingbar. Politische Bildung könnte die Unterstützung für solch einen Mut anbieten.

2.3. Zum Umgang mit dem Vorrang des Objekts

Ahlheim weist auf ein nicht zu unterschätzendes Problem der emanzipativen politischen Bildungsarbeit hin: Sie befindet sich immer in dem Dilemma, dass die Ansprüche, Normen und Ziele, die sie vertritt, in einem eklatanten Widerspruch zu real existierenden Verhältnissen stehen. Ein bewusster Umgang mit diesem Widerspruch erlaubt jedoch eine realistische Einschätzung der Möglichkeiten und Grenzen politischer Bildung (Ahlheim 1990: 36). Ihre Grenzen liegen ganz offensichtlich in der Unmöglichkeit, durch bloße Aufklärung – im Sinne von Wissensvermittlung – Strukturen zu verändern. Ihre Möglichkeiten jedoch bestehen in der fundamentalen Rolle, die das Wissen um jene Strukturen für ein veränderndes Potential spielt.

13 Ahlheim nennt sie irrational, obwohl er selbst von guten Gründen für derlei Abwehrmechanismen spricht, sie also subjektiv begründet sind und somit kaum als irrational gelten können.

Somit kommt kritische Bildung „nicht umhin, sich auf die widersprüchliche, verworrene Wirklichkeit einzulassen“ (Pongratz 1995: 35).

Dass Individuum und Gesellschaft in einem Vermittlungsverhältnis gedacht werden müssen, dass emanzipatorische politische Bildung nicht ohne den Bezug auf die konkreten gesellschaftlichen Verhältnisse auskommt, ist evident und wurde und wird von kritischen WissenschaftlerInnen immer wieder – zu Recht – betont. Auch die psychischen Dispositionen, die Ahlheim als bedeutendes Hindernis aufklärerischer Bildungsarbeit herausarbeitet, sind gesellschaftlich vermittelt: „Es sind die gesellschaftlichen Prozesse selbst, arbeitsteilig organisierte Produktion, Herrschafts- und Gewaltverhältnisse, die auch die Produktion des Unbewußten bestimmen“ (Ahlheim 1990: 97). Mit Holzkamp ist stets zu betonen, dass diese Bedingungen menschliches Verhalten nicht determinieren, sondern man sich bewusst zu ihnen verhalten kann. Bewusstes Verhalten jedoch setzt eine genauere Kenntnis der Verhältnisse voraus, in die verändernd eingegriffen werden soll. Hierin liegt die Stärke aufklärender, emanzipativer Bildungsarbeit: Erweiterung der Handlungsfähigkeit durch ein größeres Wissen über Strukturen, gesellschaftliche wie auch psychische Mechanismen und Funktionen sowie Handlungsspielräume, überhaupt die Möglichkeit, die eigene Situation als veränderbare begreifen zu können. Diesen Möglichkeiten sind allerdings Grenzen gesetzt, die nicht verschwiegen werden dürfen. Anderenfalls würde das ein Abgleiten in aktuelle Machbarkeitsparolen bedeuten, nach denen ‚jede Managerin werden könne, wenn sie sich nur genug anstrenge‘. Eben diese Ideologien, die Verlagerung von Verantwortung für gesellschaftliche Ungleichheiten und Ausgrenzung, für Armut und Arbeitslosigkeit ins Subjekt (Candeias 2004), müssen kritisch reflektiert werden. Die Rolle von strukturellen Machtmechanismen muss beleuchtet und realistisch eingeschätzt werden können, um über vereinfachende Dichotomisierungen hinauszukommen. Dafür bedarf es des Rückgriffs auf die der gesamten Gesellschaft zugrunde liegenden Mechanismen, der Thematisierung der kapitalistischen Produktionsweise. Zwar können Ausgrenzungen und Machtverhältnisse wie Rassismus, Antisemitismus oder Sexismus auch ohne Kapitalismus existieren, jedoch sind sie in den Epochen der kapitalistischen Produktionsweise spezifisch ausgeformt. Diese Spezifik lässt sich ohne eine Kapitalismusanalyse, die den strukturellen Interessengegensatz von Produktionsmittel besitzenden und lediglich die eigene Arbeitskraft besitzenden Klassen benennt, nicht ohne weiteres begreifen.

Da jede auf Veränderung abzielende soziale Praxis von einem bestimmten Verständnis des Bestehenden ausgeht, ist die Frage nach den Funktionsmechanismen und Wirkungsweisen des Kapitalismus keine abstrakt akademische, sondern von praktischer Relevanz (Heinrich 2005: 8). Marxens Kritik der politischen Ökonomie, die die kapitalistische Produktionsweise analysiert, ist für ein solches Verständnis nach wie vor unabdingbar, unbenommen historisch-spezifischer Aktualisierungen, die die „Gefahr [ausschließen], dass das *Kapital* wieder als ein ‚vollendetes Projekt' gelesen wird, das alle Probleme gelöst und alle Fragen beantwortet hätte", das aber nichtsdestotrotz „den bisher substantiellsten und auch reflektiertesten Versuch darstellt, diese Fragen zu beantworten" (Wolf 2006: 8f; Herv. J.M.). Natürlich wird es in keinem Seminar und kaum einem Setting politischer Bildungsarbeit möglich sein, den gesamten Inhalt der drei Bände des Marxschen ‚Kapital' zu vermitteln. Und doch ist es im Zusammenhang mit den meisten Themen, die üblicherweise verhandelt werden, möglich und nötig, einen Bezug zu kapitalistischen Strukturen herzustellen: Rassismus, Antisemitismus und Sexismus sind, sowohl global als auch national und lokal, funktional für die Produktionsweise, den eingeschränkten Zugang zu Ressourcen und die Verteilung von Macht. Das muss von Konzepten gegen Ausgrenzung berücksichtigt werden. Scheinbar individuelle Probleme, z.B. Selbstbehauptung und Berufsfindung in der Jugendbildung, Umgang mit Arbeitslosigkeit und Weiterbildung in der Erwachsenenbildung, sind verknüpft mit gesellschaftlichen Strukturen: Arbeitslosigkeit, Hauptschulen und Ausgrenzung sind strukturelle Probleme, die nur als solche verstanden einen adäquaten Umgang mit ihnen gestatten. In gewerkschaftlicher Bildungsarbeit muss die Verknüpfung von Standortargumenten mit Rassismus ebenso bewusst werden wie die Begrenztheit von – nichtsdestotrotz erkämpfenswerten – Lohnerhöhungen, die den Widerspruch zwischen Kapital und Arbeit nie transzendieren werden.

Der Bezug auf Kapitalismuskritik im eigenen Konzept darf allerdings, auch wenn er nur in Kürze möglich ist, nicht auf Verkürzungen verfallen. Die Thematisierung von Strukturen und Interessengegensätzen bedeutet gerade nicht eine personalisierte Kritik an ‚Wirtschaftsbossen' oder ‚Heuschrecken' oder einen platten, völkischen Antikapitalismus, der die ‚Unteren' gegen ‚die da oben' mobilisiert. Im Gegenteil: Der Verweis auf ‚Charaktermasken', auf die Zwänge der Kapitalakkumulation ‚bei Strafe des eigenen Untergangs' und auf verdinglichte Strukturen ermöglicht erst einen Erkenntnisprozess, der die Voraussetzung für eingreifendes Handeln darstellt. „Wir benötigen heute mehr denn je einen Begriff von der Geschichte der objektiven Strukturverhältnisse, um allgemeines Wissen in ein praktisches Handlungswissen umzusetzen" (Negt 1994: 290).

Das Wissen um Strukturen und um die eigene Eingebundenheit in diese bedeutet auch eine Auseinandersetzung mit der eigenen Gewordenheit, mit der eigenen Geschichte. Nur in dem Wissen um Vergangenheit und die eigene Verstricktheit in diese liegt die Möglichkeit, Zukunft humaner zu gestalten. Auschwitz als ‚Zivilisationsbruch' (Diner) muss erinnert und als Bestandteil deutscher Vergangenheit bewusst werden, um Gegenwart und Zukunft bewältigen zu können. Diese Forderung darf keine bloße Floskel bleiben, sondern sollte in entsprechenden Bildungsangeboten auch für MultiplikatorInnen ihre Beachtung finden. Tatsächlich ist das Wissen um den Nationalsozialismus unter PädagogInnen und BildnerInnen mitunter erschreckend unausgeprägt. Somit fehlt die Kompetenz, auch in themenfremden Bereichen, auf Fragen, Vorurteile oder ‚Sprüche' angemessen reagieren zu können. Als ‚historische Kompetenz' bezeichnet Oscar Negt (ebd.: 286 ff) das unabdingbare Wissen über die Geschichte von Gesellschaft, Strukturen, Klassen, politischen Entwicklungen und der eigenen Biographie, das politische Bildung vermitteln können muss, um Kraft für die Bewältigung des Gegenwärtigen und für Utopien zu haben. „Zur wichtigsten Aufgabe bildungstheoretischer Reflexion gehört daher, die Menschen in ihrer geschichtlichen Wirklichkeit einzuholen, um den historischen Prozeß mit der realen Aussicht auf Befreiung zu verbinden" (Pongratz 1995: 33), denn herrschenden Strukturen kann erst auf der Grundlage des „Bewußtseins der eigenen geschichtlichen Persönlichkeit" etwas entgegengesetzt werden (Gramsci 1991: 374).

Dieses Wissen um gesellschaftliche, strukturelle und historische Zusammenhänge ist nicht durch bloße Alltagserfahrungen erreichbar – wenn es auch an ihnen anknüpft –, weil das Wesen und die Erscheinung der Dinge nicht zusammenfallen, ebenso wenig wie Subjekt und Objekt. Der Konnex zwischen den Bedürfnissen des Subjekts und der Objektwelt muss erst hergestellt werden, genau wie eine wissenschaftliche Herangehensweise erst die spezifische Beziehung von Wesen und Erscheinung herausarbeiten kann.[14] Um einen Zusammenhang zwischen der eigenen Lebenswelt und gesellschaftlichen sowie geschichtlichen Verhältnissen bilden zu können, bedarf es „situationsunabhängiges Wissen, das begrifflicher Vorarbeit entspringt" (Negt 1994: 280). Dementsprechend formuliert Negt diese Fähigkeit, als Bedingung für orientierendes und konkretes Denken und somit für aktives Eingreifen, als eines der obersten Lernziele. „Ist aber ‚Zusammenhang' eigentümlicher Zweck des Lernens, dann ist *dialektisches Denken*, d.h. die lebendige Bewegung in Widersprüchen, die sich weder aufheben noch umgehen lassen, von äußerster Aktualität." (ebd.: 281, Herv. i. O.) In der

14 „[A]lle Wissenschaft wäre überflüssig, wenn die Erscheinungsform und das Wesen der Dinge unmittelbar zusammenfielen" (Marx 1989: 825).

kritischen Reflexion von Widersprüchen liegt gleichzeitig die Möglichkeit zur Veränderung; in Widersprüchen, die beispielsweise zwischen dem Glücksversprechen von Begriffen wie Freiheit, Emanzipation oder Autonomie und der deren Erfüllung verweigernden Realität liegen.

3. Rückschlüsse für Praxis-Konzepte

Der Aufgaben, derer eine kritisch-emanzipatorische politische Bildung sich bewusst sein muss, sind somit nicht wenige: Die Interessen der Teilnehmenden müssen den Ausgangspunkt bilden, gleichzeitig bedeutet das nicht den Verzicht auf emanzipatorische Wertvorstellungen, welche wiederum so offen – und zugleich so geschlossen[15] – formuliert sein müssen, dass sie keine neuen Ausschlüsse produzieren. Das Wirken objektiver gesellschaftlicher Strukturen sowie die eigene Gewordenheit müssen ebenso thematisiert werden wie die gleichzeitig vorhandenen eigenen Einflussmöglichkeiten darauf. Der Bezug auf gesellschaftliche Zusammenhänge ebenso wie ein kritischer Zugang dazu sollten immer feste Bestandteile politischer Bildung sein. Wenn auch all diesen Forderungen nicht immer gerecht begegnet werden kann – zumindest eine ständige Reflexion und Messung der verwendeten Konzepte an diesen sollten unabdingbarer Bestandteil jeder Bildungsarbeit sein –, so ist deren Einbezug dennoch nicht völlig utopisch.[16] Dies zu demonstrieren, soll im Folgenden anhand einiger Beispiele aus der Praxis exemplarisch versucht werden.

3.1. Kritik der politischen Ökonomie

Der Deutsche Gewerkschaftsbund (DGB), Bereich Jugend, hat für seinen Projekttag „Demokratie und Mitbestimmung", der bundesweit an Berufsschulen durchgeführt wird, ökonomiekritische Methoden entwickelt, die auch in anderen thematischen Zusammenhängen eingesetzt werden können, um einen Einblick in die basalen gesellschaftlichen Funktionsweisen zu ermöglichen. Insbesondere die Methode der ‚Reichtumsverteilung in Deutschland' (DGB 2008) bietet sich dafür an. Die Teilnehmenden wer-

15 Vgl. die Einleitung in diesem Band zu der Schwierigkeit und Notwendigkeit der Formulierung universalistischer Prinzipien.

16 Steht man bspw. vor dem Dilemma, bestimmte Lerninhalte vermitteln zu müssen und dennoch auf die Bedürfnisse der Teilnehmenden eingehen zu wollen, ist es möglich, sich die Verbindung gemeinsam zu erarbeiten: In einem Tafelbild können die eigenen Ansprüche und Inhalte schematisch dargestellt und daneben die abgefragten Interessen der Teilnehmenden visualisiert werden. Damit kann gemeinsam nach möglichen Übereinstimmungen und Verknüpfungsmöglichkeiten gesucht werden.

den, entsprechend der Gruppengröße, in drei Gruppen eingeteilt, die für die oberste (10 Prozent), die mittlere (40 Prozent) und die untere (50 Prozent) Schicht der deutschen Bevölkerung stehen. Sie erhalten, gemäß ihrer Anzahl, Schokoriegel, die sie entsprechend der von ihnen vermuteten Verteilung des privaten Vermögens auf die Gruppen aufteilen sollen. Anschließend korrigiert man die Verteilung ggf. (meist müssen der unteren Gruppe noch Schokoriegel weggenommen werden) und visualisiert dazu die Zahlen der tatsächlichen Verteilung. Danach entfallen auf die reichsten zehn Prozent der Bevölkerung 47 Prozent des Privatvermögens (4,23 Billionen Euro), auf die mittlere Schicht 50 Prozent (4,55 Billionen Euro) und auf die untere Hälfte der Bevölkerung drei Prozent (0,32 Billionen Euro, wobei die Schichten in sich natürlich noch einmal stark differenziert sind).[17] Wäre das gesamte Vermögen gleich verteilt (was die Teilnehmenden anschließend auch mit den Schokoriegeln tun können), hätte jede/r etwa 110.000 Euro auf dem Konto.

Diese Methode ist in Antirassismus-Workshops anwendbar, wenn es beispielsweise um die Frage der Flüchtlinge in Deutschland geht und ‚ob man sie sich leisten könne', oder in zahlreichen anderen Zusammenhängen, die Arbeitslosigkeit, Hauptschulen, Reichtum und Armut oder Achsen von Ungleichheit zum Thema haben. Der oft bemühten Annahme, dass Hartz IV-EmpfängerInnen sich ein leichtes und faules Leben machen, kann damit ebenso begegnet werden. Denkbar wäre im Anschluss daran auch eine kritische Medienanalyse: Was vermitteln Sendungen wie „Gnadenlos gerecht. Sozialfahnder ermitteln"[18] oder Aussagen wie „Trinken Sie das gesunde Leitungswasser!",[19] „Waschen und rasieren, dann kriegen Sie auch einen Job"?[20] Demgegenüber ließe sich die Realität auf der Grundlage eines erweiterten emanzipativen Ansatzes erarbeiten, der nicht auf der Oberfläche

17 Der DBG benutzt als Quelle die Daten aus dem Report des Instituts für sozial-ökologische Wirtschaftsforschung e.V. (isw) vom September 2006 sowie aus dem II. Armuts- und Reichtumsbericht der Bundesregierung (2005: 36, Tabelle 1.9). Der DGB weist selbst auf die Schwierigkeit bei der Verwendung solch allgemeiner Statistiken hin und geht davon aus, „dass die Wahrheit noch schlimmer ist als hier sichtbar" (DGB 2008: 5, Abschn. 3, Anl. 11)

18 Vgl. kritisch dazu: *http://www.elo-forum.net/termine/kultur/-200808151900.html* (Zugriff 04.12.08)

19 Thilo Sarrazin rechnet in der B.Z. Hartz IV-EmpfängerInnen vor, wie man von 3,98 € am Tag leben kann. Quelle: *http://www.bz-berlin.de/BZ/berlin/2008/02/17/sarrazin-trifft-harz-IV-empfaenerin/sarrazin-trifft-harz-IV-empfaenerin,geo=3787036.html* (Zugriff am 02.12.08)

20 Kurt Beck sieht die Ursache in Arbeitslosigkeit in einem ungepflegten Erscheinungsbild. Quelle: *http://www.spiegel.de/politik/deutschland/0,1518,454389,00.html* (Zugriff 02.12.08)

einer ungleichen Reichtumsverteilung verbleibt, sondern nach den Strukturen und Ursachen forscht. Ähnliches ist in Antirassismus-Workshops durchführbar: Eine Gegenüberstellung rassistischer Ressentiments und Schlagzeilen mit den Zahlen der Reichtumsverteilung oder mit Daten und Fakten über den Ressourcenzugang von Menschen ohne deutschen Pass hat das Potential, basale Denkanstöße zu geben und die Thematik darauf aufbauend zu vertiefen.

In dem Konzept der DGB-Jugend wird an dem Ansatz angeknüpft, indem von den teilnehmenden Azubis deren Wünsche als ArbeitnehmerInnen und deren Wünsche als ArbeitgeberInnen gesammelt und gegenübergestellt werden. Es wird verdeutlicht, dass der ‚Interessengegensatz' (DGB 2008) zwischen den Klassen ein struktureller ist und nicht auf dem bösen Willen Einzelner beruht. So lässt sich eine Abgrenzung herstellen zu oberflächlichen und personifizierten, verkürzten Kritiken, wie sie bspw. ver.di mit der Broschüre zu ‚Geldgier' vorgelegt hat.[21]

3.2. Gegen Intoleranz und ‚Fremdenfeindlichkeit'?

Dem Anspruch, Zusammenhänge mit gesellschaftlichen Strukturen herzustellen, gegenüber stehen erzieherische Ansätze gegen Intoleranz, die die Mechanismen, gegen die sie anzugehen vorgeben, vollständig ins Individuum verlagern. Hier werden „Intoleranz wie Ausgrenzung und Benachteiligung sozial Schwacher oder Gewalt gegen Ausländer" explizit nicht im Zusammenhang mit institutionellem Rassismus oder staatlicher Asylpolitik gesehen, sondern als Folge von „Überforderung" aufgrund der „Zunahme an Vielfalt" und der „damit verbundene[n] Freiheit" (sic!) gewertet. Aus diesem Grund widmet sich solch ein pädagogisches Konzept lediglich der „Förderung der Toleranzkompetenz als Handlungsanleitung zur kreativen und gewaltlosen Regelung von Konflikten".[22] Wird Intoleranz nur als persönlicher Defekt gesehen, so braucht es wahrlich lediglich ‚Erziehung' hin zum Besseren statt Bildung, die gerade dadurch, dass sie die Gründe für intolerantes Verhalten im Bestehenden aufdeckt, auch Handlungsmöglichkeiten durch bewusstes Verhalten liefert. Bei diesen individualisierenden Ansätzen bzw. Ansätzen, die Ausgrenzungsmechanismen auf die „Zunahme an Vielfalt" zurückführen und damit ein anthropologisch existierendes ‚fremden-

---

21 Vgl. zu der Broschüre von ver.di und zu den innergewerkschaftlichen Reaktionen darauf den Beitrag von Bischoff in diesem Band.

22 Alle Zitate entstammen dem „Projekt Erziehung zu Demokratie und Toleranz" der Bertelsmann-Stiftung. Quelle: *http://www.betzavta.de/offen/offen.html* (Zugriff 05.11.08).

feindliches' Moment in jedem Menschen ausmachen, wird zweierlei systematisch ausgeblendet: Zum einen die Möglichkeit, dass „die ‚Identitäts- und Selbstwertproblematik' sowie das ‚Sicherheitsstreben' durch die gegenwärtigen gesellschaftlichen Verhältnisse bzw. die dadurch bestimmten Lebensbedingungen und durch die aktuelle Ungesichertheit und Bedeutungslosigkeit der individuellen Existenz" (Osterkamp 1996: 11), bspw. durch zunehmende Prekarisierung der Arbeitsverhältnisse begründet sein kann. Zum anderen wird damit auch die Möglichkeit eines sich bewussten und begründeten Verhaltens zu diesen Verhältnissen abgesprochen – höchstens kann man zu einem ‚besseren' Verhalten *erzogen* werden.

Ähnlich gelagert ist die Kritik an interkulturellen Ansätzen, die der Vorstellung anhängen, gegen Rassismus mit einem besseren Wissen über die ‚fremde Kultur' angehen zu können. Rassismus als Strukturprinzip findet in solchen Konzepten keine Erwähnung. Der Abbau von Intoleranz durch bloßes Kennenlernen gestattet es nicht, über Machthierarchien und strukturelle Ausgrenzungsmechanismen, in die auch Angehörige der Mehrheitsgesellschaft immer involviert sind, zu sprechen (vgl. Elverich/Reindlmeier 2006: 46f).

Die Tendenz der Ausblendung bestimmter Ebenen äußert sich in vielen Konzepten in der Vermeidung von Begriffen wie Rassismus oder Antisemitismus. Oft ist die Rede von Fremdenfeindlichkeit oder Rechtsextremismus. Neben dem Umstand, dass Rassismus sich nicht unbedingt gegen ‚Fremde' richtet (ist eine Schwarze Deutsche eine Fremde?), impliziert der ständige Bezug auf Rechtsextremismus dreierlei: Eine Auseinandersetzung mit sich selbst und mit der politischen Mitte der Gesellschaft wird unnötig, denn Rechtsextreme sind immer Andere. Darüber hinaus liegt für nicht Wenige die Gleichsetzung mit so genanntem Linksextremismus nahe – eine totalitarismustheoretische Verknüpfung, die jeglichen ‚Extremismus' verurteilt, indem sie von politischen Zielen abstrahiert. Durch eine absolute Grenzziehung zwischen der ‚normalen' Gesellschaft und Rechtsextremismus verschwinden außerdem die Ursachen und Verknüpfungen zwischen beiden. Eine adäquate Analyse von Rechtsextremismus, die einem angemessenen Umgang vorausgeht, kann auf diese Weise nicht stattfinden und das begrüßenswerte Ziel, Hass und Intoleranz abzubauen, wird in diesen restringierten Formen politischer Bildung immer nur begrenzt erreicht.

3.3. Empowerment

Empowerment – Selbstermächtigung –, ein Konzept, das in der feministischen Entwicklungstheorie zuerst Verbreitung fand, um die Handlungsfähigkeit von Frauen zu stärken, wurde ursprünglich konzeptualisiert als „Weg und Ziel einer umfassenden politischen Vision von weltweiter Gleichberechtigung, Entwicklung und Frieden" (Kerner 2000: 10). Allerdings entwickelten sich recht schnell theoretische Ansätze, die den Begriff heranzogen, um Machtverhältnisse auszublenden und ihn auf bloße individuelle Handlungsfähigkeit zu reduzieren, die in keinem Bezug mehr steht zu objektiven Strukturen.[23]

Bei Empowerment-Ansätzen in der politischen Bildung besteht ebenfalls die Gefahr, die eigene Handlungsfähigkeit zu hoch einzuschätzen, was zu Enttäuschung und Frustration bei Nicht-Gelingen führen kann. Entgegen einem Verständnis von Empowerment, das explizit nur auf individuelle Veränderungen abzielt, die unweigerlich früher oder später an strukturelle Grenzen stoßen müssen, bräuchte es einen Ansatz, der „immer mit der Veränderung gesellschaftlicher Machtverhältnisse im Sinne sozialer Gerechtigkeit verquickt" ist (Rosenstreich 2006: 196). Das Ziel der erweiterten individuellen Handlungsfähigkeit, der eigenen ‚Ermächtigung', muss demnach eng verknüpft sein mit der Frage nach den gesellschaftlichen Handlungsmöglichkeiten und -behinderungen. Die Frage bleibt, ob nicht der Begriff des Empowerments in sich schon eine Überbetonung des individuellen Handelns birgt. Dafür spricht eine Analyse von Ansätzen, die mit einem emanzipativen und politischen Begriff von Empowerment arbeiten und dennoch betonen, dass „eine Befreiung nur im eigenen Handeln verborgen liegt" (Yiğit/Can 2006: 188) und die vor allem auf individuelle Änderungen abheben. Der Bezug zu gesellschaftlichen Machtstrukturen wird zwar nicht negiert, dennoch scheint dem Konzept des Empowerments eine Vorstellung vom Subjekt-Objekt-Verhältnis zugrunde zu liegen, in welcher das Subjekt den Vorrang hat. Trotzdem kann Selbstermächtigung eine wichtige Rolle in emanzipativen (Bildungs-)Prozessen einnehmen. Die verschiedenen Dimensionen des Empowerment-Konzeptes zeigen, dass sich restringierte und erweiterte Formen emanzipativer Bildung in der Praxis selten in ihrer Reinform finden lassen, sondern auf vielfältige Weise miteinander verwoben sind.

Eine adäquate emanzipative Bildungstheorie benötigt demnach mehr als den Rückgriff auf gesellschaftliche Zusammenhänge. Das Wechselverhältnis von Mensch und Gesellschaft muss als spezifisches unter der Präponderanz des Objekts gedacht werden. Anderenfalls fiele man auf eine Umdeutung der Begriffe zurück, die explizit individuelles Handeln und Leistung in den Vordergrund rückt, während strukturelle Begrenzungen als vernachlässigbare oder aber leicht zu verändernde Größen erscheinen, deren Zähigkeit

23 Vgl. Moser 1993 und kritisch dazu Kerner 2000.

und Verdinglichung nicht mehr wahrgenommen werden. Dies entspräche gleichzeitig dem neoliberalen Bildungsideal, welches auf Beschäftigungsfähigkeit, Marktorientierung, Verwertung, Leistungsprinzipien, Druck und ständige Weiterqualifizierung orientiert ist: „Weiterbildungslehrgänge statt Höherqualifizierung, Lernmethoden statt -inhalte" (Candeias 2004: 306). Lebenslanges Lernen wird hier zu einem „Bildungsdauerlauf", in welchem „die Subjekte ruhelos ihrer immer schneller verfallenden Brauchbarkeit hinterher rennen" (Geißler 1998: 79, zitiert in Candeias 2004: 306). Um diesen Tendenzen, die hier nur angedeutet werden können, etwas entgegenzusetzen, ist es Aufgabe emanzipativer politischer Bildung, Inhalte zu vermitteln – und zwar Inhalte, die mit Bezug auf gesellschaftliche Strukturen zu eigenem Denken und zur Kritikfähigkeit anregen; zu der Möglichkeit, Gegebenes aus einer anderen Perspektive zu betrachten, einer Perspektive, die gleichzeitig neue Handlungsmöglichkeiten eröffnet.

4. Fazit

Die Ansprüche eines erweiterten Emanzipationsverständnisses an politische Bildungsarbeit sind hoch und, selbst wenn sie alle beachtet werden, noch kein Garant für Erfolg. Zu viele andere Faktoren, wie dem der Freiwilligkeit der Teilnehmenden, der Länge und damit verbundenen Nachhaltigkeit eines Seminars sowie der Charaktere der Teilnehmenden spielen eine Rolle – glücklicherweise. Denn emanzipatorische Bildung möchte nicht indoktrinieren und determinieren, sondern die Möglichkeiten für Kritikfähigkeit, Emanzipation und Autonomie schaffen. Was daraus genau gemacht wird, verbleibt nicht zuletzt in den Händen der sich Bildenden als selbstbewussten Individuen. Der politischen BildnerIn obliegt eine ständige Reflexion und Überarbeitung ihres Konzeptes, um den Bedingungen für Emanzipation so nahe wie möglich zu kommen.

Bibliographie

Adorno, Theodor W. (1977a): Erziehung nach Auschwitz, in: Kulturkritik und Gesellschaft II, Gesammelte Schriften 10.2, Frankfurt a.M., S. 674-690.

Ders. (1977b): Zu Subjekt und Objekt, in: Kulturkritik und Gesellschaft II, Gesammelte Schriften 10.2, Frankfurt a.M., S. 741-758.

Adorno, Theodor W. et al. (1969): Der Positivismusstreit in der deutschen Soziologie, Darmstadt/Neuwied.

Ahlheim, Klaus (1990): Mut zur Erkenntnis. Über das Subjekt politischer Erwachsenenbildung, Bad Heilbronn/Obb.

Breit, Gotthard (2007): Problemorientierung, in: Sander, Wolfgang (Hrsg.): Handbuch politische Bildung, Bonn, S. 108-125.

Bundesregierung Deutschland (2005): Lebenslagen in Deutschland. Der II. Armuts- und Reichtumsbericht der Bundesregierung.

Candeias, Mario (2004): Neoliberalismus, Hochtechnologie, Hegemonie. Grundrisse einer transnationalen kapitalistischen Produktions- und Lebensweise. Eine Kritik, Hamburg.

DGB Bundesvorstand Bereich Jugend (2008): Gemeinsam gewinnen. Projekttag Demokratie und Mitbestimmung, Berlin.

Elverich, Gabi/Reindlmeier, Karin (2006): „Prinzipien antirassistischer Bildungsarbeit". Ein Fortbildungskonzept in der Reflexion, in: Elverich, Gabi/Kalpaka, Annita/Reindlmeier, Karin (Hrsg.): Spurensicherung. Reflexion von Bildungsarbeit in der Einwanderungsgesellschaft, Frankfurt a.M./London, S. 27-62.

Elverich, Gabi/Kalpaka, Annita/Reindlmeier, Karin (2006): Spurensicherung durch Reflexion von Bildungsarbeit in der Einwanderungsgesellschaft, in: dies. (Hrsg.): Spurensicherung. Reflexion von Bildungsarbeit in der Einwanderungsgesellschaft, Frankfurt a.M./London, S. 9-24.

Geißler, Karlheinz (1998): Das Diktat der Tempomacher, in: Widerspruch 36, Jg. 18, Heft 2.

Gramsci, Antonio (1991): Gefängnishefte, Bd. 2, Hamburg/Berlin.

Habermas, Jürgen (1968): Technik und Wissenschaft als ‚Ideologie', Frankfurt a.M.

Hegel, G.W.F. (1970): Grundlinien der Philosophie des Rechts, Frankfurt a.M.

Heinrich, Michael (2005): Kritik der politischen Ökonomie. Eine Einführung, Stuttgart.

Heydorn, Heinz-Joachim (1980): Ungleichheit für alle. Zur Neufassung des Bildungsbegriffs, Bildungstheoretische Schriften Band 3, Frankfurt a.M.

Ders. (1979): Über den Widerspruch von Bildung und Herrschaft. Bildungstheoretische Schriften Band 2, Frankfurt a.M.

Holzkamp, Klaus (1997): Was kann man von Karl Marx über Erziehung lernen? Oder: Über die Widersprüchlichkeit fortschrittlicher Erziehung in der bürgerlichen Gesellschaft, in: Normierung, Ausgrenzung, Widerstand, Schriften I, Hamburg/Berlin, S. 136-155.

Ders. (1995): Lernen. Subjektwissenschaftliche Grundlegung, Frankfurt a.M./ New York.

Ders. (1994): Antirassistische Erziehung als Änderung rassistischer Einstellungen? – Funktionskritik und subjektwissenschaftliche Alternative, in: Jäger, Siegfried (Hrsg.): Aus der Werkstatt: Antirassistische Praxen. Konzepte – Erfahrungen – Forschung, Duisburg, S. 8-29.

Ders. (1985): Grundlegung der Psychologie. Frankfurt a. M./New York.

Horkheimer, Max (1937): Traditionelle und kritische Theorie, in: Zeitschrift für Sozialforschung, Jg. VI, Heft 2, Paris, S. 245-294.

ISW (Institut für sozial-ökologische Wirtschaftsforschung) (2006): Report „Armut und Reichtum".

Kant, Immanuel (1968): Beantwortung der Frage: Was ist Aufklärung?, in: Schriften zur Anthropologie, Geschichtsphilosophie, Politik und Pädagogik, Werke 9, Darmstadt, S. 53-61.

Kerner, Ina (2000): Empowerment durch Geschlechterplanung? Postkoloniale Kritik am Genderansatz, in: blätter des informationszentrums dritte welt, Sonderausgabe Malestreaming Gender? Geschlechterverhältnisse in der Entwicklungspolitik, Freiburg i.Br., S. 10-14.

Kurz-Scherf, Ingrid (1994): Es gibt nur zwei Freiheiten – Plädoyer für eine konsequente Politik der Arbeitszeitverkürzung, in: Negt, Oskar (Hrsg.): Die zweite Gesellschaftsreform, Göttingen, S. 55-64.

Markard, Morus (2000): Verbale Daten, Entwicklungsfigur, Begründungsmuster, Theorieprüfung: Methodische Probleme und Entwicklungen in der Projektarbeit, in: Markard, Morus/ASB (Hrsg.): Kritische Psychologie und studentische Praxisforschung, Hamburg, S. 227-250.

Marx, Karl (1989): Das Kapital, Bd. 3, in: MEW Band 25, Berlin.

Ders. (1978): Thesen über Feuerbach, in: MEW Band 3, Berlin, S. 5-7.

Ders. (1976): Zur Judenfrage, in: MEW Band 1, Berlin, S. 347-377.

Ders. (1970): Das Kapital. Kritik der politischen Ökonomie, Band 1, in: MEW Band 23, Berlin.

Massing, Peter (1999): Theoretische und normative Grundlagen politischer Bildung, in: Beer, Wolfgang/Cremer, Will/Massing, Peter: Handbuch politische Erwachsenenbildung, Schwalbach/Ts., S. 25-60.

Mende, Janne (2008): Antirassismus als Selbstermächtigung? Rassismus und Anti-Bias-Training aus Kritisch-psychologischer Sicht, in: Jilek, Grit/Kalmring, Stefan/Müller, Stefan (Hrsg.): Von Honig und Hochschulen. Dreizehn gesellschaftskritische Interventionen, Berlin, S. 161-180.

Moser, Caroline (1993): Gender Planning and Development. Theory, Practice and Training, London.

Müller, Stefan (2009): Ideologie – eine dialektische Argumentationsfigur Theodor W. Adornos, in: Gerheim, Udo/Storozenko, Victoria/Teubl, Thorsten/Trogisch, Corinna (Hrsg.): Beiträge des 12. und 13. DoktorandInnenseminars der Rosa-Luxemburg-Stiftung, Berlin (im Erscheinen).

Ders. (2008): Dialektik und Methode. Ein kleiner Blick auf eine große Diskussion, in: Freikamp, Ulrike/Leanza, Matthias/Mende, Janne/Müller, Stefan/Ullrich, Peter/Heinz-Jürgen Voß (Hrsg.): Kritik mit Methode? Forschungsmethoden und Gesellschaftskritik, Berlin, S. 287-298.

Negt, Oscar (1994): Wir brauchen eine zweite, eine gesamtdeutsche Bildungsreform, in: Ders. (Hrsg.): Die zweite Gesellschaftsreform, Göttingen, S. 276-290.

Osterkamp, Ute (1996): Rassismus als Selbstentmächtigung, Berlin/Hamburg.

Dies. (1976): Motivationsforschung 2, Frankfurt a.M.

Pongratz, Ludwig A. (1995): Aufklärung und Widerstand. Kritische Bildungstheorie bei Heinz-Joachim Heydorn, in: Euler, Peter/Pongratz, Ludwig A. (Hrsg.): Kritische Bildungstheorie. Zur Aktualität Heinz-Joachim Heydorns, Weinheim, S. 11-38.

Ritsert, Jürgen (2002): Ideologie. Theoreme und Probleme der Wissenssoziologie, Münster.

Ritsert, Jürgen/Knoll, Heiko (2006): Das Prinzip der Dialektik. Studien über strikte Antinomie und kritische Theorie, Münster.

Rosenstreich, Gabriele (2006): Von Zugehörigkeiten, Zwischenräumen und Macht: Empowerment und Powersharing in interkulturellen und Diversity-Workshops, in: Elverich, Gabi/Kalpaka, Annita/Reindlmeier, Karin (Hrsg.): Spurensicherung. Reflexion von Bildungsarbeit in der Einwanderungsgesellschaft, Frankfurt a.M./London, S. 195-231.

Rudolf, Karsten (2002): Politische Bildung: (K)ein Thema für die Bevölkerung? Was wollen die Bürger? Ergebnisse und Schlussfolgerungen einer repräsentativen Bevölkerungsbefragung, in: Aus Politik und Zeitgeschichte, Heft B 45, S. 45-53.

Sander, Wolfgang (2007): Theorie der politischen Bildung: Geschichte – didaktische Konzeptionen – aktuelle Tendenzen und Probleme, in: ders. (Hrsg.): Handbuch politische Bildung, Bonn, S. 13-47.

Ders. (2002): Politische Bildung nach der Jahrtausendwende. Perspektiven und Modernisierungsaufgaben, in: Aus Politik und Zeitgeschichte, Heft B 45, S. 36-44.

Steinert, Heinz (2007): Das Verhängnis der Gesellschaft und das Glück der Erkenntnis. Dialektik der Aufklärung als Forschungsprogramm, Münster.

Wolf, Frieder Otto (2006): Vorbemerkung, in: Hoff, Jan/Petrioli, Alexis/Stützle, Ingo/Wolf, Frieder Otto (Hrsg.): Das Kapital neu lesen. Beiträge zur radikalen Philosophie, Münster, S. 7-9.

Yiğit, Nuran/Can, Halil (2006): Politische Bildungs- und Empowerment-Arbeit gegen Rassismus in People of Color-Räumen – das Beispiel der Projektinitiative HAKRA, in: Elverich, Gabi/Kalpaka, Annita/Reindlmeier, Karin (Hrsg.): Spurensicherung. Reflexion von Bildungsarbeit in der Einwanderungsgesellschaft, Frankfurt a.M./London, S. 167-194.

Christina Kaindl

Über die Unmöglichkeit, emanzipatorische Ziele für Andere zu setzen.

Anregung eines kritisch-psychologischen Lernbegriffs für linke Bildungsprozesse

> Die materialistische Lehre von der Veränderung der Umstände und der Erziehung vergisst, dass die Umstände von den Menschen verändert und der Erzieher selbst erzogen werden muss.
>
> *Karl Marx, Thesen über Feuerbach*

Die Besonderheiten linker Bildungsprozesse und -angebote werden meist an ihren Zielen identifiziert: Kritik der gesellschaftlichen Verhältnisse, Erweiterung von Handlungsfähigkeit, Kenntnisse in linker Geschichte und Theorie, Entwicklung von Teamfähigkeit, Solidarität usw. Das hat zur Kennzeichnung eines spezifisch ,linken' Bildungsangebots seine Berechtigung. Gleichzeitig ist aus subjektwissenschaftlicher Perspektive das Setzen von Zielen *für Andere* potenziell problematisch: Leicht gerät der zwischenmenschliche Kontakt zu einer pädagogischen „Sonderveranstaltung" (Holzkamp 1983: 115), in der es darum geht, die eigenen – gut gemeinten – Ziele dem/der Anderen mit Tricks oder Macht überzustülpen. Holzkamp bezeichnet mit ,Sonderveranstaltung' das erziehungsförmige Verhältnis zwischen Erwachsenen und Kindern, bei dem stillschweigend vorausgesetzt wird, dass der „Erwachsene dem Kind gegenüber gesellschaftliche Anforderungen hinsichtlich bestimmter Fähigkeiten und Haltungen [vertritt], die das Kind zunächst nicht nur nicht erfüllen kann, sondern auch nicht erfüllen will bzw. erfüllen wollen kann" (ebd.). Weiter impliziert Erziehung, dass die Erwachsenen Maßnahmen ergreifen, um das Kind fähig oder willig ,zu machen', die gesellschaftlichen Anforderungen zu übernehmen und beinhaltet daher immer auch eine Machtausübung gegenüber den Kindern.

Im Folgenden soll untersucht werden, wie die Vorstellung der Planbarkeit von Lernprozessen auch in emanzipatorischen Bildungsveranstaltungen deren – politisch sinnvolle – Intentionen unterlaufen kann, wenn allgemeine politische Ziele in individuelle Lernziele umformuliert werden. Dabei beleuchte ich schlaglichtartig einige Konzepte und Vorstellungen aus dem

Horizont linker Bildungskonzepte. Diese dienen rein exemplarischen Zwekken und sollen in keiner Weise das jeweilige Bildungsprogramm oder den Ansatz insgesamt desavouieren – umgekehrt habe ich die Beispiele gerade den Materialen entnommen, auf die ich selber in politischer Bildungsarbeit bisweilen zurückgreife und die zu den sinnvollsten Konzepten gehören. Daher bleiben die konzeptionellen Bezüge der einzelnen Methoden unausgeleuchtet, wenn sie nicht spezifisch für einen Ansatz oder ein Programm sind. Darüber hinaus greife ich auf Äußerungen von Teilnehmenden zurück, die ich in Gruppeninterviews nach Bildungsseminaren erhoben habe. Auch diese sollen Erfahrungen veranschaulichen und können keine systematische Analyse von Bildungserfahrungen leisten.[1]

1. Bildung und Lernen

1.1. Verkürzungen im traditionellen Verständnis von Lernen[2]

In traditionellen Lerntheorien sind die Subjekte meist unsichtbar. So geht der Behaviorismus von allgemein geltenden Verhaltensgesetzen aus, die sich gerade unabhängig von bewussten Lerninteressen und -entscheidungen der Einzelnen zu realisieren scheinen: Zwar wird beinahe sämtliche Lebensäußerung und Verhaltensweise als Ergebnis von Lernen, dieses aber nur als Verknüpfung von Umweltreizen mit Verhaltensreaktionen gesehen, die nicht Ergebnis bewusster Lernbewegungen der Einzelnen sind. Die Welt, damit auch mögliche Lerngegenstände, wird nicht als von Menschen produziert und potenziell veränderbar gefasst; die ‚Reizkonstellation' der Umwelt kann nur auf das Individuum ‚wirken'. Dabei liegt in der Unverfügbarkeit der Bedingungen für die zu Organismen abstrahierten Subjekte die immanente Herrschaftsförmigkeit dieser Theorie.

Im Kognitivismus mit seiner Anlehnung an informationstechnologische Modelle scheint das Lernsubjekt im Gehirn zu verschwinden: ‚Information' wird hier von einem Speicher in den anderen verschoben, ohne dass ein Subjekt vorkäme, das Gründe hat, das Eine erinnern, das Andere vergessen zu wollen. Lernen scheint entsprechend nur eine Frage der zeitlich gut geplanten Konfrontation mit Information zu sein:[3] Wenn die Aufmerksam-

---

1 Im Sinne der Kritischen Psychologie stellen sie Denk- und Begründungsfiguren dar, die aber nicht als Begründungsmuster auf den Prämissenbezug in den konkreten Seminaren hin analysiert werden – vor allem weil die konkreten Zusammenhänge aus Gründen der Vertraulichkeit nicht dargelegt werden können.

2 Vgl. zu den folgenden Ausführungen Holzkamp 1993, Kap. 2-2.3.

3 Dies trifft allerdings nicht zu für Ansätze wie von Craik/Lockart (1972), für die die

keitsspanne erschöpft ist, ist die Aufnahme in den Speicher blockiert. Das Modell der verschiedenen ‚Speicher' ist weit in den Alltagsverstand vorgedrungen, verstärkt wohl vom alltäglichen Umgang mit dem eigenen Computer und den Problemen von Arbeitsspeichern, Festplatten und dem subjektiven Erleben, dass das, woran ich mich erinnern will oder soll, nicht immer zur Verfügung steht. Die Vorstellung verschiedener Speicher, die irgendwann ‚voll' sind, verbindet sich mit administrativen Vorschriften und Gewohnheiten: Wie durch Zauberhand ist die Aufmerksamkeitsspanne so lang wie eine gewöhnliche Schulstunde, unabhängig davon, ob ich mich mit Beethovens Violinkonzert befasse (das in der Aufnahme von Anne-Sophie Mutter und Herbert Karajan mit den Berliner Philharmonikern 48,11 Minuten dauert), mit Elementarformen der Mathematik oder dem Sezieren eines Bullenauges.

Nicht nur die Subjekte als (Lern-)Handelnde kommen in den gängigen Theoretisierungen nicht vor, auch die Lerngegenstände, das, was es in der Welt zu lernen gibt, und die Gründe, die je konkrete Lernende haben könnten, sich damit auseinanderzusetzen, wirken seltsam abstrakt.

1.2. Grundzüge einer subjektwissenschaftlichen Theorie des Lernens

Dagegen fasst eine subjektwissenschaftliche Theorie Lernen als intendierte Handlung ‚des' Subjekts,[4] das sich unter Bezug auf ein Handlungsproblem zum Lernen entschließt. Die Gründe zum Lernen können sich dabei auf die vordergründige Bewältigung von (fremdgesetzten) Problemen und Handlungseinschränkungen beziehen oder auf die Aneignung eines Lerngegenstandes mit all seinen gesellschaftlichen Verweisen und Verzweigungen sowie den Möglichkeiten der Erweiterung von Lebensqualität.

Holzkamp unterscheidet nach diesen Gründen defensiv und expansiv begründetes Lernen – wobei dies vor allem eine begriffliche Unterscheidung ist, mit der die in der Realität meist widersprüchlich vermengten und überlagerten Lernbegründungen zugänglich gemacht werden sollen und vor allem die Verhältnisse analysiert werden, die eher die einen oder anderen Lernbegründungen nahe legen. In expansiven Lernbegründungen werden

Frage der Verarbeitungstiefe in der Auseinandersetzung mit dem zu erinnernden Lerngegenstand im Mittelpunkt steht.

4 Um zu betonen, dass Subjektwissenschaft nicht über Objekte, Versuchspersonen oder Organismen spricht, sondern über ‚Meinesgleichen', verwendet Holzkamp oft die Formulierung „je ich". Damit wird gleichzeitig gezeigt, dass es nicht um konkrete eigene Erfahrungen geht. Aus Gründen der Lesbarkeit wird hier darauf verzichtet.

die „zu erwartenden Anstrengungen und Risiken des Lernens […] unter der Prämisse von mir motiviert übernommen, dass ich im Fortgang des Lernprozesses in einer Weise Aufschluss über reale Bedeutungszusammenhänge gewinnen und damit Handlungsmöglichkeiten erreichen kann, durch welche gleichzeitig eine Entfaltung meiner Lebensqualität zu erwarten ist" (Holzkamp 1993: 190). Diese Erwartung spiegelt sich auch in der emotionalen Befindlichkeit expansiv begründeten Lernens: bei allen möglicherweise auftretenden Anstrengungen ist doch jederzeit klar warum ‚ich' mir den Lerngegenstand aneignen will, macht es Spaß, meinen Weltausgriff zu erweitern. Dies trifft für defensive Lernbegründungen nicht zu. Dennoch kann ich gute Gründe haben, mich zum Lernen zu entscheiden, wenn „mit Unterlassung oder Verweigerung des Lernens für mich eine Beeinträchtigung meiner Weltverfügung/Lebensqualität droht" (ebd.: 191), auch wenn sich diese Art von Lernen gebrochen, abgestanden und zäh anfühlt. Weil für viele Menschen Lernen biografisch mit Situationen der Bedrohung und Bestechung (Schulnoten), also der Nahelegung defensiver Lernbegründungen verbunden ist, wird eine Rückkehr zum Lernen in späteren Lebensabschnitten oft als Zumutung wahrgenommen oder abgewehrt.

Die Unterscheidung von expansiven und defensiven Lerngründen hat auch Konsequenzen für die Frage, wie ich mich dem nähere, was gelernt werden ‚soll'. Beim expansiven Lernen steht die innere Struktur des Lerngegenstandes im Vordergrund und die eigenen Lernbewegungen werden daran orientiert. Beim defensiven Lernen bleibt die Bewältigung der Ausgangssituation dominant und führt so weit, dass es vor allem um die Darstellung oder Vortäuschung von Lernergebnissen geht. Defensive Lernsituationen legen also nahe, sich an fremdgesetzten Anforderungen zu orientieren und diese zu bewältigen, während in expansiven Lernsituationen der Lerngegenstand im Mittelpunkt steht und ggf. auch seinen Verweisungen, weiteren Fragen und Zusammenhängen nachgegangen wird, sich so die Welt in ausgreifender Weise angeeignet wird.[5]

5 Dabei meint die Unterscheidung von expansiven und defensiven Lerngründen nicht das gleiche, was mit intrinsischer und extrinsischer Motivation etwa von Heckhausen (1980) ausgeführt wird. Holzkamp (1993: 72 f) kritisiert, dass von der Abwesenheit externer Verstärker auf eine Motivation geschlossen wird, die im Lerngegenstand selbst oder im Erleben der eigenen Tüchtigkeit liegt. Damit wird Motivation oder besser, werden die Lerngründe aus dem Gegenstand erschlossen. Die Frage nach der Bedeutung des Lerngegenstandes für die Erweiterung von Verfügungsmöglichkeiten und die Verbesserung von Lebensqualität kann so nicht gestellt werden, ist aber kennzeichnend für expansive Lernbegründungen.

1.3. Lehren als Lernbehinderung

Holzkamp analysiert in Anknüpfung an Foucaults Arbeiten (Foucault 1977) die Anordnung von Schule und Unterricht unter dem Gesichtspunkt, inwieweit hier defensive bzw. expansive Lernbegründungen nahe gelegt werden. Dabei fällt die zentrale Funktion der Schule ins Auge: die Zuweisung von unterschiedlichen Lebensläufen und Berufslaufbahnen in einer gesellschaftlich akzeptierten Form – das bedeutet ohne die allgemeine Thematisierung der Produktion von Ungleichheit durch die Schule und das Bildungssystem – zu realisieren. Die Vermittlung von formalen Gleichheitsansprüchen bei gleichzeitiger institutionell hergestellter Ungleichheit benötigt die Vorstellung von ‚natürlichen Unterschieden', denen gegenüber die schulische Organisation von Lernen quasi machtlos sei. Einen zentralen Stellenwert nimmt hier die Vorstellung von natürlichen Begabungsunterschieden ein. Parallel dazu wird die Vorstellung der Normalverteilung von Begabung in praktisch beliebigen Populationen zur anthropologischen Konstante – so etwa in jedem einzelnen Klassenraum.[6] Nur so lässt sich rechtfertigen, dass es die impliziten Anforderungen an Lehrende gibt, eine in jeder Klasse ungefähr an die Gaußsche Kurve angelehnte Verteilung der Prüfungsergebnisse herzustellen, die sich etwa im Notenspiegel kontrollieren lässt. Sowohl zu viele gute als auch zu viele schlechte Ergebnisse werden über kurz oder lang die Schuladministration auf den Plan rufen. Für die Organisation von Lern- und Prüfungsprozessen im Klassenraum bedeutet dies, dass die Leistungsunterschiede immer wieder hervorgebracht werden müssen.

Die Inhalte, auf die hin die Differenzierungen vorgenommen werden, sind durch den allgemeinen Lehrplan vorgegeben. Dort werden ‚Lernziele' definiert und doch eigentlich Lehrthemen verzeichnet. Holzkamp spricht daher von einem „Lehrlernkurzschluss", der Lehren und Lernen gleichsetzt, also die Frage gar nicht stellen muss, warum die Schülerinnen und Schüler die präsentierten Probleme als eigene Lernprobleme übernehmen sollten: „Man kann es nicht praktisch zulassen und deswegen auch nicht offiziell ‚denken', dass die Schülerinnen/Schüler *von sich aus*, aufgrund ihrer *eigenen* Interessenlage und Zielsetzung lernen könnten, weil derartige Lernprozesse ja von der Schule nicht kontrollierbar und planbar sind und damit die gesamte machtökonomische[7] Anordnung des Lernens als abhängige Größe der Schulorganisation/Lehrereinwirkung ins Wanken geraten müsste." (Holzkamp 1993: 391)

6 Zur Kritik der Begabungsvorstellung vgl. Holzkamp 1992b, Ulmann 1991, Lewontin et al. 1984.

7 Die Machtökonomie betrifft sowohl die Organisation der Kommunikation im Klas-

Aus den institutionellen Anforderungen und Anordnungen ergibt sich die Notwendigkeit für den Lehrer, die Kontrolle über die Lernbewegungen der Schüler zu behalten. In Anlehnung an Foucaults Analysen weist Holzkamp in den gesetzlichen[8] und administrativen Rahmenbedingungen schulischen Lernens die Dimensionen von normalisierender Differenzierung, Überwachung, Sanktionierung, Isolierung, Zwang, Zeitökonomie, Organisation von Entwicklungen etc. nach. Bei seinen Bedeutungsanalysen der Schulanordnungen spricht er von der „Grunderfahrung des Eingekreistseins" auf Seiten der Lernsubjekte als institutionelle Nahelegung defensiver Lernbegründungen (ebd.: 441 ff).

Im Zusammenhang emanzipativer politischer Bildung – in dem das Lernen von derartig administrativen Bestimmungen weitgehend verschont ist – soll vor allem interessieren, wie die Kommunikationsformen im Klassenraum dazu beitragen, den Schülerinnen und Schülern defensive Begründungen für ihre Lernhandlungen nahe zu legen.[9] Dabei zeigt sich, dass die Kommunikation im Klassenraum nicht vorrangig durch Fragen auf Seiten der Schüler gekennzeichnet ist, die durch die Lehrenden beantwortet würden. Vielmehr werden die Fragen auf Seiten der Lehrenden ‚monopolisiert'. Auf Seiten der Schüler bedeutet das, dass der Lehrer nur Fragen stellt, auf die er die Antwort schon weiß. „Ich kann also mit meiner Antwort dem Lehrer grundsätzlich nichts sagen, was für ihn irgendwie neu und wichtig sein könnte, indem es zur Klärung des Problems auch für den Lehrer beiträgt [...] So habe ich keinen vernünftigen Grund, mich unabhängig dem Problem, der Sache zuzuwenden, die der Lehrer angesprochen hat" (Holzkamp 1992a: 13). Die Kommunikation ist also eine pädagogische „Sonderveranstaltung" (1983: 115) – außerhalb des Klassenraumes würde sie als absonderlich erscheinen. Unter Bezug auf Hugh Mehan erläutert Holzkamp dies an der kurzen Kommunikationssequenz „wie spät ist es, Denise?" – „halb drei" – „sehr gut Denise". Es ist sofort klar, dass eine solche Gesprächssequenz nur in erziehungsförmigen Situationen vorstellbar ist. Die Allgegenwart von Bewertungen bis in kleinste Gesprächssequenzen hinein bedeutet, dass eine sachbezogene Auseinandersetzung ohne kommunikative Behinderungen nicht vorkommt. Den Schülern wird so gleichzeitig nahe gelegt, dass es am präsentierten Lerngegenstand nichts gibt, was von solcher Bedeutung für ihn

---

senraum als auch die gesellschaftliche Funktion der Schule, über die Herstellung von Leistungsunterschieden die Zuweisung unterschiedlicher Lebensläufe und Berufslaufbahnen zu organisieren.

8 Holzkamp bezieht sich hier auf das Berliner Schulgesetz von 1989.

9 Dabei weiß Holzkamp auch um die Möglichkeit der widerständigen Aneignung von fremdgesetzten oder sachfremd zugeschnittenen Lerngegenständen.

oder so interessant wäre, dass es ohne Bestechung oder Bedrohung der lernenden Zuwendung lohnt. Statt sich dem Lerngegenstand entsprechend dem eigenen Interesse und den im Gegenstand enthaltenen gesellschaftlichen Verweisungszusammenhängen zu nähern, steht vor allem der Gesichtspunkt des ‚Vorweg-Ahnens' der Wünsche, Ansichten und Antworten des Lehrenden im Vordergrund, da jede Frage-Antwort-Sequenz im Unterricht tendenziell eine Bewertungssituation darstellt. Die Motivation, sich mit dem Lerngegenstand zu befassen, steht also im Zusammenhang mit „verinnerlichtem Zwang" (Holzkamp 1992: 411 ff).

Gleichzeitig werden Fragen der Schüler, so sie über das dem Lehrplan entsprechende Design hinausgehen, vom Lehrer leicht als störend und die Anordnung als potenziell sprengend wahrgenommen.[10] Insofern ist es für den Lehrer sinnvoll, Fragen, die sich stärker am Lerngegenstand und dessen Verweisungen, Implikationen und Folgeproblemen orientieren, also Fragen, wie sie dem expansiv begründeten Lernen entsprechen würden, klein zu halten und unter Kontrolle zu bringen. Die wenigen Momente, in denen auch in der Schule das gemeinsame Interesse am Gegenstand die Kommunikation zwischen Lehrenden und Lernenden strukturiert, bezeichnet Holzkamp als „Sternstunden", die innerhalb der Institution – nicht zuletzt aufgrund ihrer gesellschaftlichen Herrschafts- und Selektionsfunktion – nicht zu verallgemeinern seien.

2. Emanzipatorische politische Bildung?

Seminare und Veranstaltungen der politischen, gewerkschaftlichen, unabhängigen o.ä. Bildungsarbeit unterliegen nicht denselben Zwängen, wie sie von Seiten der gesellschaftlichen Funktion und der administrativen Festgelegtheit an schulische Lernprozesse herangetragen werden. Ein Bestimmungsmoment von emanzipatorischen Bildungsprozessen könnte sein, inwieweit expansive Lernbegründungen nahe gelegt oder diese durch konzeptionelle Zwänge und defensive Kommunikationsstrukturen unterminiert werden.

Im Folgenden möchte ich einige verbreitete Denk- und Arbeitsformen aus der politischen Jugendbildung diskutieren und untersuchen, inwieweit sie expansiv begründetes Lernen ermöglichen oder dem im Weg stehen. Dabei geht es mir nicht so sehr um die Kritik konkreter Bildungsträger und ihrer Praxis, sondern um eine konzeptionelle Analyse, in Holzkamps Sinne um (Ansätze für) eine Bedeutungsanalyse.

10 An anderer Stelle habe ich versucht zu zeigen, dass einige von Holzkamps Kritiken im neoliberalen Schulreformdiskurs aufgegriffen werden, allerdings ohne die selektive Funktion der Schule einzuschränken (vgl. Kaindl 2006).

2.1. Interessen der Teilnehmenden

Die meisten linken Bildungsveranstaltungen verstehen sich als partizipativ. Sie nehmen die Bedürfnisse der Teilnehmenden auf und regen dazu an, eigene Interessen zu äußern und einzubringen. Meist werden ‚Erwartungsabfragen' an den Anfang eines Seminars gestellt: „Es ist wichtig, dass die Teilnehmerinnen die Möglichkeit erhalten, ihre Erwartungen an das Seminar offen zu äußern" (Bausteine: 30). Allerdings sei es „für viele Teilnehmerinnen schwierig, ihre Erwartungen zu Beginn eines Seminars zu formulieren", und: „umsetzbare Änderungen des Ablaufs sollten möglich sein. Das Team sollte allerdings auch klar sagen, welche Erwartungen nicht erfüllt werden können" (ebd.). Die – sachlich begründete – Schwierigkeit der Teilnehmenden zu Beginn eines Seminars Interessen zu formulieren (sie wissen ggf. noch nicht, was sich hinter dem Thema und den Angeboten der Lehrenden verbirgt), kann als Versicherung dienen, dass der vorgestellte Ablaufplan wahrscheinlich nicht grundsätzlich in Frage gestellt wird.

Ohne den guten Willen vieler Lehrender zu leugnen, besteht bei diesem Modell der Interessenabfrage und Beteiligung die Gefahr, dass es sich eher um eine Sozialtechnik handelt, die den Teilnehmenden eher das *Gefühl* von Mitbestimmung vermitteln soll, als dass tatsächliche Beteiligungsmöglichkeiten bestehen.[11] Dies kann externe Gründe haben, etwa Vorgaben der Auftraggeber (wenn z.B. das Thema ‚Bewerbungstraining' von der Schule gebucht worden ist, muss das im Seminar vorkommen), aber auch mit Fragen der Arbeitseffizienz der Lehrenden zu tun haben: Das Modul ist bereits ausgearbeitet und Veränderungen im Seminarplan würden bedeuten, die dringend benötigte Erholungszeit im Verlauf des Seminars zur Umkonzipierung des Angebots zu nutzen. Ausgesprochene und unausgesprochene Erwartungen der beteiligten Institutionen können ebenso zu Versuchen führen, den Lernprozess der Teilnehmenden zu steuern, wie eigene Vorstellungen von inhaltlich sinnvollen Zielen oder prekäre Lebenssituationen, die zu knapper Zeitökonomie in der Vorbereitung führen und daher weitergehende Fragen leicht an die Grenzen eigener Kompetenz stoßen lassen. Die proklamierten Mitbestimmungsmöglichkeiten der Teilnehmenden stehen oft in einem Spannungsverhältnis zum fertigen Ablauf- und Methodenplan, der auf Seiten der Lehrenden existiert. Davon unbe-

11 Dies erinnert an die Hawthorne-Studie aus den 1940er Jahren, in der gezeigt wurde, dass das *Gefühl* der Beteiligung (hergestellt durch Befragungen zur Arbeitsrealität) die Arbeitsleistungen der Beschäftigten erhöht. Die Beeinflussung und Funktionalisierung der Emotionen der Arbeiter ist bereits von Osterkamp als Form der Herrschaft im Betrieb analysiert worden (vgl. Holzkamp-Osterkamp 1975: 28 ff).

rührt bleibt die Regulation von Interessenäußerungen der Teilnehmenden eine Herrschaftstechnik. Der ‚heimliche Lehrplan' solcher Interessenregulierung kann lediglich sein, dass Interessenäußerungen formal zugestanden werden, aber real nichts verändern – wodurch wahrscheinlich die Alltagserfahrung der Betroffenen lediglich verdoppelt wird, als dass sie neugierig werden auf Lerngegenstände, mit denen sie ihren Alltag besser verstehen und möglicherweise verändern könnten. Ggf. treten die Widersprüche zwischen den Aufrufen zur Beteiligung, Interessensäußerung und Kritik sowie ihr Einfluss auf den Seminarablauf offen zu Tage und zeigen sich in schlechter Laune oder gelangweilten Formen des Widerstands gegen Seminarablauf und -inhalte. Die so als ‚uninteressierte Jugendliche' o.ä. wahrgenommenen Teilnehmenden scheinen den Lehrenden erst recht Gründe zu geben, Themen und Abläufe vorzugeben.[12]

Auch wenn sich im Selbstverständnis von Jugendbildung meist von ‚reiner Wissensvermittlung' abgegrenzt wird, ist das Setzen von Zielen für die Teilnehmenden damit nicht ausgeschlossen: In einer Art ‚heimlichem Lehrplan' sind gewünschte Ergebnisse oft Teil der handlungsleitenden Vorstellungen von Lehrenden. In Seminaren, in denen Themen und Lerngegenstände klar benannt werden („Kapitalismuskritik in anarchistischer und marxistischer Tradition") stehen diese potenziell zur Diskussion. Auch hier impliziert der Wissensunterschied zwischen Lehrenden und Lernenden die Gefahr, dass Differenzen inhaltlicher Art oder in Bezug auf die Themen des Seminars nicht ‚auf gleicher Augenhöhe' ausgetragen werden (können) und so die Interessen der Lehrenden dominieren. Dennoch liegen die Inhalte und vertretenen Positionen darin recht offen.

Viele Methoden und didaktische Spiele dagegen implizieren Ziele, die den Teilnehmenden gegenüber nicht zur Disposition gestellt werden. Sie stehen etwa in den Methodenarsenalen der Bildungsarbeit am Rand oder

12 Werden solche Verweigerungshaltungen in Zusammenhang mit den fremdgesetzten Ziele gesetzt, gegen die sich die Teilnehmenden zur Wehr setzen, kann darin auch ein Moment gesehen werden, mit dem sich emanzipatorische Bildung verbünden kann: „Der Widerstand der Kinder/Jugendlichen hat potentiell ein emanzipatorisches Moment, da hier der ideologische Schein der Identität von ‚Erziehung' und Unterstützung der Kinder in deren Interesse brüchig und die durch Erziehung praktizierte Machtausübung in Weitergabe der herrschenden Unterdrückung an die Kinder deutlich werden könnte. Diese emanzipatorische Möglichkeit realisiert sich insbesondere da, wo die Kinder/Jugendlichen zu organisiertem Widerstand vordringen, wie in der Schülerbewegung, in der teilweise die personalisierenden Fixierungen auf die Lehrenden überwunden und die Schüler mit Lehrern und Eltern gemeinsam gegen die institutionellen Entwicklungsbehinderungen in den bürgerlichen Institutionen kämpfen." (Holzkamp 1997b: 146).

unter den Beschreibungen der Übungen. In den meisten Fällen sind sie allgemein überaus wünschenswert und reflektieren den ernsthaften emanzipatorischen Anspruch der Lehrenden, der Einrichtung oder des Programms. Sie können die Teilnehmenden aber vor die gleichen Dilemmata stellen wie Erziehungsziele allgemein: Indem sie von außen gesetzt sind, bedeutet ihre Übernahme eine Aufgabe eigener Selbstbestimmung; eine Verteidigung der eigenen Integrität ist für die ‚Zöglinge' dann nur im Widerstand gegen die fremdgesetzten Ziele möglich. Gerade wenn die Vernünftigkeit der Ziele für sie nachvollziehbar ist, wird dieser Widerspruch besonders deutlich: „Überall da, wo *zwischenmenschlich vermittelte Lernprozesse zwischen Erwachsenen und Kindern zur ‚Erziehung' der Kinder durch die Erwachsenen formiert werden,* geht es (ob die Beteiligten das nun wissen oder nicht) um *Beschränkungen der Entwicklungen* in Richtung auf erweiterte kollektive Selbstbestimmung als *Vorbereitung auf die fremdbestimmte Erwachsenenexistenz unter bürgerlichen Klassenverhältnissen.* Das Kind ‚lernt' so mit Hilfe der ‚Erziehung', indem es notwendige und nützliche Dinge lernt, gleichzeitig immer auch, *sich zu bescheiden, sich einzurichten und anzupassen*" (Holzkamp 1997b: 118 f, Herv. i.O.). Dies gilt auch für die Vermittlung von Fähigkeiten kritischen Denkens oder anderer sinnvoller Ziele: Solange sie Teil einer fremdgesetzten Anordnung zur Planung von Lernprozessen sind und der Umgang „erziehungsförmig" (Holzkamp 1997b: 149) gestaltet ist, können sie Probleme der Selbstbestimmung für die Teilnehmenden darstellen – und so nicht Teil eines emanzipatorischen Prozesses sein: Die „Kinder/Jugendlichen [...] werden sich also u.U. durch unsere ‚fortschrittlichen' Formierungsmaßnahmen genauso unter Druck gesetzt, bedrängt, belabert, genötigt sehen wie durch alle anderen erzieherischen Formierungsmaßnahmen, und sich also entziehen, abschalten, ausweichen, täuschen, Möglichkeiten der Entwicklung ihrer Subjektivität gegen und ohne uns suchen, womit sich das, was wir hier tun, also im Effekt von der ‚erziehungsförmigen' Durchsetzung irgendwelcher reaktionärer Ziele kaum unterscheidet" (ebd.).

In der Schule hängen die kommunikativen Versuche der Lehrperson, die Lernprozesse der Schüler ‚im Griff zu haben', mit administrativen Anforderungen zusammen. Wissensuchende Fragen zuzulassen, kann den Zeitplan durcheinander bringen. Aber auch in Seminaren der außerschulischen politischen Bildung lässt sich das Problem finden. Wenn die Interessen und Nachfragen der Teilnehmenden sich von dem vorgegebenen Zeitplan, den mit der Übung verbundenen Zielen entfernen, werden sie ggf. in ähnlicher Weise abgewürgt wie die Fragen der Schüler im Unterricht („das gehört nicht hierher, das führt uns zu weit weg, dafür ist jetzt nicht der Raum"). Die Problematik nimmt in dem Maße zu, in dem die Teilnehmenden nicht aus (gänzlich) freien Stücken an Seminaren teilnehmen, sie nicht jederzeit verlassen können oder interessengeleitete Fragen, die vom Seminarplan wegführen, als Störung des Gruppenprozesses gesehen werden.

So äußerten Jugendliche, die ich interviewte, nach einem Seminar:[13]

> „Er [Teamer] fragt uns halt, ob zu viel geredet wird und wir meinten, es wird zu viel geredet, aber ganz ehrlich: viel hat sich nicht geändert in den drei Tagen. Vielleicht hat er's ja versucht, aber es war nicht zu merken" – „und dann hat er gemeint, dass wir stopp sagen sollen, wenn er zuviel redet, dann hab ich stopp gesagt und er hat sich einfach nur hingesetzt und hat gar nichts mehr gemacht" – „wir haben vielleicht auch zu wenig von uns aus gesagt, was uns interessieren würde. Aber das waren immer nur so einzelne Sachen. Und die wurden dann auch nicht lange besprochen, die sind dann total schnell abgeschnitten worden und dann hat man gleich wieder was total Langweiliges gemacht, wir hätten lieber länger über die interessanten Sachen geredet".

Wie immer die konkreten Auseinandersetzungen zwischen Lehrenden und Teilnehmenden in dem Seminar gelaufen sein mögen, mir scheint in dieser Sequenz deutlich zu werden, dass die Interessen der Jugendlichen sich nicht mit den Vorstellungen des Seminarplans trafen und insofern auch nicht aufgegriffen wurden.

Verschärft wird das Problem der Kommunikations- und Interessenregulierung, wenn explizit auf Techniken der Unternehmensführung und Regulierung von Kommunikation zurückgegriffen wird. So geht etwa Schindler in seinem „Rangdynamikmodell" (1957) davon aus, dass sich in Gruppen immer bestimmte Rollendifferenzierungen herausbilden, die nach Führung (Alpha), Folgende (Gammas) und Gegner (Omegas) differenziert werden können. „Die Mehrzahl der Gruppenmitglieder, Gammas, identifiziert sich mit dem Führer, weil er die Ziele der Gruppe zu seinen gemacht hat. In der Verfolgung des Ziels fordert Alpha von den Gammas Leistung und Aufgabenbezug. Die Aggressionen, die er deshalb auf sich zieht, lenkt er auf das schwächste Mitglied der Gruppe: Omega. Von Omega wird angenommen, dass er sich mit dem Gegner identifizieren könnte; Omega wird damit zum stellvertretenden Gegner" (Wahren 2001: 145). Alle Re-Formulierungen dieses Modells im Rahmen von Balint-Gruppen oder anderen therapeutischen oder pädagogischen Zusammenhängen können nicht darüber hinwegtäuschen, dass es sich hierbei um eine Herrschaftstechnik handelt, die

---

13 Ich sehe hier von der Darstellung und Analyse des konkreten Aufbaus und Inhalts des betreffenden Seminars ab, da es mir um die Kommunikationserfahrungen der Jugendlichen geht.

ermöglichen soll, Interessenäußerung, Beteiligung von Gleichberechtigten, Argumente oder andere Infragestellungen der Ziel- und Ablaufvorstellungen der Lehrenden zu verhindern. Mit den Ansprüchen einer emanzipatorischen Bildung ist das nicht zu vereinbaren.

Soweit Bildungsseminare als Ablauf von verschiedenen Methoden konzipiert sind, implizieren sie einen Stundenplan und eine (didaktische) Aufarbeitung des potenziellen Lerngegenstandes. Das kann sinnvoll sein, wenn damit die Diskrepanzerfahrung der Lernenden, also der Unterschied zwischen schon Gewusstem und dem, was ‚ich mir' subjektiv als Lerngegenstand nehme, als bewältigbar erscheint. Ein Thema, an dem man keinen Zipfel fassen, keinen Zugang entwickeln kann, wird sich mir nicht als potenziell für mich zu Lernendes darstellen. Allerdings kann Didaktik kontraproduktiv sein, wenn sie das Thema in Häppchen zerlegt, die weder der inneren Struktur des Lerngegenstandes noch den Interessen der Lernenden gerecht werden. Bernhard kritisiert mit Blick auf die neoliberalen Bildungsreformen und „die Aneignung warenförmig zurechtgestutzter Bildungsinhalte", die ein fundamentales pädagogisches Element aus dem Bildungsvorgang herauslöst, die fehlende „ernsthafte Kommunikation mit den Lernenden, die ohne den Anspruch der Herausforderung des intellektuellen Subjektvermögens gegenüber den Bildungsinhalten nicht aufgebaut werden kann" (Bernhard 2002: 320).

Die Forderung nach einer „neuen Lernkultur", in der Lernen nicht so sehr Wissensvermittlung ist, sondern Identitätsfindung und soziale Erfahrungen ermöglichen soll, sieht er im Zusammenhang mit den Anforderungen einer postfordistischen, hochtechnologischen Produktionsweise, in der es nicht (mehr) um die Aneignung von Wissensbeständen ‚ein für alle Mal' gehen kann (ebd.: 313). Statt die neoliberalen Subjektanforderungen – wie Aktivierung, lebenslanges Lernen, Selbststeuerung und Selbstmanagement – in „Reformpädagogik" zu übersetzen, sieht er die Aufgabe in der Verteidigung von Bildung als kritische Aneignung von Welt, die zum Teil anstrengend sei. „Methodenfetischismus und Medienfixierung dienen wohl der Selbstrepräsentanz einer vorgeblichen pädagogischen Kreativität, allein sie bleiben extrem unpädagogisch, verstärken sie doch die schablonenhaften Wahrnehmungs- und Erfahrungsformen, die es gerade aufzubrechen gelte" (ebd.: 320). Ähnlich argumentiert Holzkamp dafür, dass expansive Lernbewegungen sich an der inneren Struktur des Lerngegenstandes und an den Verweisen auf andere Themen und Bedeutungsstrukturen orientieren. Emanzipatorische Bildung müsste also versuchen, die Anstrengungen des Lernens nicht an sich als Problem zu sehen, sondern dazu beitragen, zwischen der quälenden Langeweile und Widerständigkeit beim fremdbestimmten, defensiven Lernen und der gleichwohl an eigenen Erkenntnisinteressen orientierten Anstrengung expansiver Lernbewegungen zu unterscheiden.

3. „An den Erfahrungen der Teilnehmenden ansetzen" – aber wo geht die Reise hin?

Die Erfahrungen der Teilnehmenden in den Mittelpunkt zu stellen bzw. zum Ausgangspunkt von Bildungsarbeit zu machen, ist Voraussetzung, um die Teilnehmenden als Subjekte ihrer Lernhandlungen wahrnehmen zu können. Allerdings sind sie noch kein Garant für einen interessegeleiteten Lernprozess. Aus den subjektiven Erfahrungen ergeben sich nicht linear die Interessen der Teilnehmenden, Erfahrungen sind keine Letztheiten, sondern in ihrer gesellschaftlichen Vermitteltheit aufzuschlüsseln, und schließlich können die Erfahrungen der Teilnehmenden den Zielen untergeordnet werden, die die Lehrenden[14] für das Seminar/den Lernprozess setzen.

Dabei kann die Intention, durch das Aufgreifen von Erfahrungen die Bedeutung des Lerngegenstandes für die Einzelnen zu verdeutlichen und ihre Interessen ins Seminar einfließen zu lassen, unterlaufen werden, wenn die Lehrenden bereits wissen, in welche Richtung die Erfahrungen problematisiert und für den Bildungsprozess nutzbar gemacht werden sollen. „Wollen wir in der Bildungsarbeit einen handlungsorientierten Lernprozess anstoßen, müssen wir die konkreten Erfahrungen der TeilnehmerInnen in das Seminar hineinholen und sie zum Ausgangspunkt sowie dauernden Bezugspunkt machen" (Bausteine: 23). Dabei sind die Ziele der Thematisierung von Erfahrung, die eigenen Erfahrungen als „einzigartig" zu empfinden; gleichzeitig soll „deutlich werden, dass Menschen ihre Erfahrungen vergleichen können, weil sie alle Menschen sind, obwohl und weil jeder Mensch ein Original ist und sich nur frei entfalten kann, wenn sein/ihr Anders-Sein anerkannt wird" (ebd.).

Erfahrungen mit „den Anderen", Auseinandersetzung mit fremden Kulturen werden bisweilen eingesetzt, weil davon eine Verminderung rassistischer Vorstellungen erwartet wird.[15] Abgesehen von dem häufig kritisierten Problem, dass die Andersheit damit ggf. erst konstruiert wird, wird hier die persönliche Erfahrung nur zum Mittel zum Zweck etwa für den Abbau rassistischer Vorurteile über die Köpfe der Lernenden hinweg gesetzt. „Da

---

14 Ich verwende diese Bezeichnung im Folgenden für ‚TeamerInnen' und ‚JugendbildnerInnen'.

15 Aktuell erfahren solche Ansätze im Gewande der *diversity*-Pädagogik neuen Auftrieb; vgl. den Beitrag von Katrin Reimer in diesem Band.

sie somit keinen Grund haben, die mangelnde Vertrautheit mit der Kultur der ‚Ausländer' als subjektive Lernproblematik zu übernehmen, ist hier die geschilderte typische Konstellation defensiver Ausweichbewegungen im Lernprozess gegeben" (Holzkamp 1997a: 298).

3.1. Erfahrungszentrierung im historischen Lernen

Bei dem Versuch, Wissensvermittlung zu vermeiden, wird häufig auf Frage- und andere Techniken zurückgegriffen, die am Vorwissen der Teilnehmenden ansetzen bzw. aus diesem Kenntnisse und Vorstellungen zum Thema heraus ‚destillieren' sollen. Das mag bisweilen berechtigt sein, *soweit* allerdings tatsächliches Wissen, nicht Meinungen und Positionen gefragt sind, gerät der Kontakt häufig zu einer pädagogischen Sonderveranstaltung.

Im Zusammenhang mit geschichtlichen Themen (Nationalsozialismus oder auch Ost-West-Erfahrungen) wird der Zugang häufig über eine Auseinandersetzung mit der älteren Generation der Familie der meist jugendlichen Teilnehmenden gesucht (z.B. durch Interviews von Familienmitgliedern zu ihren Erlebnissen in der betreffenden Zeit oder durch Erstellung von ‚Stammbäumen', in denen Entwicklungslinien in den Familien deutlich gemacht werden sollen). Dieser Zugang hängt wohl mit der Problematisierung der alltäglichen Verstrickungen in den NS zusammen. Die Rückholung der verdrängten Vergangenheit war eine der zentralen Errungenschaften der 68er-Bewegung. Auch die Entzauberung der Großelterngeneration war und ist wichtig, soweit sie die Generation der Akteure verkörpert (wie etwa bei meinen Großeltern) – Harald Welzer u.a. (2002) haben auf die Mythenbildung um „Oma und Opa" im Familiengedächtnis hingewiesen. Für die wenigsten der heutigen Jugendlichen allerdings stimmt noch, dass ihre Großeltern Akteure des NS waren. Insofern kann eine Auseinandersetzung mit den Großeltern oder Urgroßeltern ein Stück Familien- und Geschichtsforschung sein, sie kann aber keinen Bezug der *eigenen Erfahrung* zum Thema NS herstellen. Das mag anders sein, wenn es im Rahmen von Diversity-Programmen um zuweilen aufgegriffene Erfahrungen aus der DDR geht – dort haben zumindest die Eltern noch Erinnerungen an ein aktives Leben. Die Jugendlichen selbst sind aber auch hier in den meisten Fällen ‚Nach-Wende-Kinder'.

Erfahrungen sind einerseits subjektiv, andererseits gesellschaftlich vermittelt. Eine Privilegierung familiärer Zusammenhänge als ‚Erfahrungsbestände' trifft sich oft nicht mit dem Selbsterleben der Jugendlichen, die ihre Erfahrungen möglicherweise viel stärker durch Medien, Schule und Diskussionen unter Gleichaltrigen bestimmt sehen. Dies nicht als ‚wirkliche'

Erfahrungen zu fassen, privilegiert sachlich unangemessen die ‚unvermittelten' zwischenmenschlichen und persönlichen Beziehungen. Besonders deutlich wird das bei den (schon aus historischen Gründen) problematischen Implikationen eines ‚Stammbaums'. Hier werden die Teilnehmenden aufgefordert, die Erfahrungen der Großelterngeneration dem Wurzelbereich zuzuordnen, die Eltern dem Stamm und ihre eigenen der Krone. Die lineare Verbindung der Generationen wird bildlich produziert, eigene Distanzierungen und Brüche können kaum dargestellt werden.

Eine weitere Methode, mit der historisches Wissen nicht ‚vermittelt', sondern quasi aus den Erfahrungen der Teilnehmenden konstruiert werden soll, ist der ‚Zeitstrahl'. Er wird in verschiedenen Zusammenhängen der historischen Bildung eingesetzt. Eine Möglichkeit der Umsetzung besteht darin, die Jugendlichen Bilder auswählen zu lassen, die mit dem entsprechenden Thema zu tun haben, und diese nach ihrer Einschätzung auf einem Zeitstrahl anzuordnen. Die Anordnung auf dem Zeitstrahl kann helfen, Strukturen in geschichtliche Abläufe zu bringen. Sofern die Teilnehmenden wenig Kenntnisse über die Abläufe mitbringen, kann die Aufforderung, einen Zeitstrahl nach eigenen Einschätzungen zu strukturieren, jedoch kaum zu etwas anderem führen, als dass sie anfangen zu raten:[16] „Was seht ihr auf dem Bild?", „Was macht die Frau?", „Arbeitet die in einer Fabrik?", „Was wird dort hergestellt, könnt ihr das erkennen?" etc.

Gisela Ulmann hat in teilnehmender Beobachtung die Techniken des Fragen-Weitergebens (im Schulunterricht) notiert: „Wenn der Lehrer zufrieden ist, zeigt er das nächste Bild, gibt den nächsten Satz vor oder stellt die nächste Rechenaufgabe. Und zwar völlig unabhängig davon, ob ihn nun ein Schüler zufrieden gestellt hat oder viele. Wenn es (objektiv, K.H.) eine richtige Antwort gibt und die sofort gegeben wird, holt er noch weitere Antworten ein, sonst kommt er ja zu schnell an das Ende der Stunde. Wenn es eine richtige Antwort gibt, und viele halbfalsche Antworten kommen, hört er erst auf mit aufrufen, wenn die richtige Antwort endlich kommt. Kommt die richtige Antwort im von ihm einkalkulierten Zeitraum nicht, gibt er sie selbst" (zit. n. Holzkamp 1992a: 10).

Die Kommunikation im Seminar kann sich schnell an die oben angeführte Klassenraumkommunikation anlehnen: die Teilnehmenden versuchen, die Denkbewegungen der Lehrenden vorweg zu ahnen, die Lehrenden antworten mit Nachfragen und Weitergeben der Fragen in die Runde, bis die

16 Bei eigener Durchführung wurde der Tod Hitlers von Jugendlichen auf die 1960er Jahre geschätzt, die Zahl der in den Konzentrationslagern ermordeten Menschen auf „ungefähr 180 Millionen".

richtige Antwort gegeben wurde – oder bis die vorgesehene Zeit gefüllt ist. Missstimmungen treten dann verstärkt auf, wenn die im Seminarplan vorgesehene Zeit so großzügig bemessen ist, dass sie durch wiederholte Fragen ‚gefüllt' werden muss. So kritisiert ein Jugendlicher in einem Auswertungsgespräch: „Es wird halt alles immer zehnmal hinterfragt, auch Sachen, die er [Teamer, CK.] sich selbst beantworten kann, oder wir machen Gruppenarbeit und hinterher wird doch jeder einzeln befragt oder manche Punkte, die wiederholt er einfach noch zehnmal, wir geben ihm die Antwort und er fragt dann noch zehnmal."

Der Versuch, die Teilnehmenden nicht zu Objekten von Belehrungen zu machen, hat sie so doch nicht zu Subjekten ihres Lernprozesses gemacht. Die Interessen der Teilnehmenden sollten soweit ernst genommen werden, dass darauf vertraut wird, dass sie etwas erfahren (nicht erraten) wollen. Gleichzeitig besteht eine wichtige Kompetenz, die es im Verlauf von Bildungsprozessen zu erarbeiten gilt, darin, zwischen sinnvollen Gegenständen von Diskussionen und Meinungsverschiedenheiten auf der einen Seite und gesichertem Wissen auf der anderen Seite unterscheiden zu können. Aus dem sicheren Umgang mit diesen Unterschieden kann Selbstvertrauen und eine Erweiterung von Handlungsmöglichkeiten entstehen.

3.2. Alternativen

‚Aber wie können denn nun emanzipatorische Ziele in Bildungsarbeit thematisiert werden?' – So oder ähnlich wird gemeinhin auch von aufgeschlossener Seite auf die Problematisierung von Lern- und Erziehungszielen geantwortet. Schließlich hätten viele Teilnehmende eine Änderung ihrer Auffassungen, auch im eigenen Interesse – etwa wenn rassistische Vorstellungen Solidarisierungen im Betrieb verhindern – dringend nötig. Auch wenn Einstellungsänderungen oft – nicht zuletzt weil sie als unrealistisch gelten – nicht zum expliziten Ziel von Bildungsarbeit gemacht werden, scheinen sie doch mindestens implizit gewünscht zu werden. Aus dem Dilemma der fremdgesetzten Ziele gibt es aber keinen trickreichen Ausstieg: Wenn man etwa den Teilnehmenden „unter Ausklammerung ihrer eigenen Subjektivität ihre rassistischen Einstellungen aberziehen will, sie also in ihrer Weltsicht und personalen Integrität von vornherein negiert, muss man sich eigentlich nicht wundern, wenn sie da nicht mitspielen, sondern durch die Demonstration von gewünschten Erziehungsresultaten sich gegenüber jeder Einmischung in ihre innere Angelegenheiten abschirmen" (Holzkamp 1997a: 285f).

In seiner Suche nach Alternativen *schulischen* Lernens setzt sich Holzkamp mit Konzepten eines Schulversuches – der „Farmschool" in den USA

– auseinander, der von Jean Lave lerntheoretisch begleitet wird (vgl. Holzkamp 1993: 501 ff). In dieser alternativen Schule sind die administrativen Anordnungen der normalen Beschulung (Anwesenheitspflicht, Klassenverbund, Stundenplan, Notengebung etc.) aufgehoben. Für unseren Zusammenhang wichtiger aber scheint mir die Grundidee des *partizipativen Lernens.* Der Begriff meint, dass es zwar ein asymmetrisches Verhältnis zwischen Lernenden und Lehrenden gibt, aber dennoch expansives Lernen möglich ist. Dies, indem die Lehrenden sich nicht vorrangig in Didaktik engagieren, sondern tun, was sie für interessant halten und den Schülerinnen und Schülern ermöglichen, daran teilzuhaben – selbst im Zusammenhang mit solch abstrakten Fragen wie der Mathematik. „Auch die häufig angewendete didaktisch gemeinte Taktik der Veranschaulichung mathematischer Probleme durch Alltagsbeispiele führt – [...] da im gängigen Transfer-Denken verhaftet – nicht weiter. [...] Die Lehrer sollen vielmehr in der Schule das tun, was Mathematiker tun, nämlich Mathematik praktizieren, und die Schülerinnen/Schüler daran partizipieren lassen“ (Holzkamp 1993: 504). Das spricht nicht dagegen, sich in seiner Sprache auf das Gegenüber einzustellen.

Vom Begriff des partizipativen Lernens setzt Holzkamp das *kooperative Lernen* ab: es bezeichnet Möglichkeiten des gemeinsamen, selbst organisierten Lernens, in denen es die Asymmetrien, die im partizipativen Lernen letztlich erhalten bleiben, nicht gibt. In den wenigsten Fällen politischer Jugendbildung scheint mir ein wirklich kooperatives Verhältnis in diesem Sinne vorhanden – es sollte deshalb auch nicht behauptet oder als Wunschbild gezeichnet werden. Dahinter würden nur mögliche Differenzen in Vorwissen, institutioneller Macht und Perspektivendivergenz unsichtbar gemacht, die leichter zu bearbeiten sind, wenn sie offen ausgesprochen werden.

Für die politische Bildungsarbeit könnte die Entwicklung partizipativen Lernens bedeuten, Bereiche der gesellschaftlichen Realität als Gegenstände von Auseinandersetzungen anzubieten. So könnten beim NS-Seminar etwa Biografien gemeinsam erforscht und geklärt werden, wie man an gesellschaftliches Wissen gelangen kann, um diese einzuordnen, und von hier aus auf Fragen stoßen, die sich möglicherweise sinnvoll in einem Zeitstrahl darstellen lassen könnten. Die Lehrenden nicht als „Repräsentanten fertiger Antworten und gelöster Probleme“ (Hans-Böckler-Stiftung 1999: 35) zu sehen, sondern als Wegbegleiter in einem Abenteuer des Weltaufschlusses, bei dem nicht von vornherein geklärt ist, an welchem Punkt die Reise als beendet erklärt wird, könnte für linke politische Bildungsarbeit basal sein.[17]

17 Dabei sollte nicht übersehen werden, dass derzeit neoliberale Konzepte diese Kritik

Ähnlich wie beim Mathematikunterricht der Farmschool scheint dabei besonders wichtig zu sein, Lerngegenstände, die das Denken von Vermittlungen und einer gewissen Abstraktheit erfordern, nicht auf das Niveau alltäglicher Anschauung festzunageln. Das Verhältnis von gesellschaftlichen Strukturen und individueller Erfahrung ist schwierig und interessant. Es kann als Problem und Gegenstand von Lernprozessen nur bearbeitet werden, wenn es als Spannungsverhältnis formuliert und zur Diskussion und Bearbeitung gestellt wird.[18]

Dies mag mit den Marktverhältnissen der politischen Bildungslandschaft nicht leicht vereinbar sein. Lehrerinnen und Lehrer wünschen klar formulierte Lernziele und wollen sicher stellen, dass sich ‚alternative Lernformen' vielleicht im Stuhlkreis abspielen, dass sich daraus aber keine Schüler entwickeln, die selbstbewusst einfordern, Subjekte ihrer Lernprozesse auch in der Schule zu werden. Solche Widersprüche der eigenen Praxis können in emanzipatorischen Bildungsformen nicht einfach verdeckt und an die Teilnehmenden weitergegeben werden, sondern sollten, sofern sie in den jeweiligen Seminaren einschlägig sind, zum Gegenstand gemacht werden – und „ihre mit dem Versuch fortschrittlicher Lebensführung in der bürgerlichen Gesellschaft notwendig verbundenen *eigenen* Widersprüche, konkurrenzförmigen Tendenzen zur individuellen Behauptung, Opportunismen, Halbheiten etc. nicht [...] verbergen" (Holzkamp 1997b: 151).

Für den Bereich der antirassistischen Bildungsarbeit argumentiert Holzkamp, dass die gesellschaftlich-institutionelle Seite von Rassismus wie auch die Angebote, die an die Einzelnen darin enthalten sind, als Lerngegenstand angeboten werden solle (vgl. Holzkamp 1997a: 298 ff). Es wäre zu fragen, was das Aufgreifen herrschaftlicher Diskurse und Anordnungen für die Einzelnen bedeutet, was sie damit denken können etc. Es müsse etwa „klar werden, dass mit dem institutionellen Rassismus, im politischen Raum, im juristischen Bereich, in den Medien, auch im pädagogischen Feld selbst, stets (auch) je ich selbst gemeint bin. Damit steht für mich permanent zur Debatte, wieweit die herrschenden Interessen, die über die rassistischen Diskurse in meine Handlungen durchschlagen (sollen), mit meinen Lebensinteressen übereinstimmen oder diesen widerstreiten" (ebd.: 294).

---

an herrschaftlichen Lehrkonstellationen reartikulieren: So geht es verstärkt um ‚Teamfähigkeit' statt Individualisierung, um den Lehrer als Moderator von Lernbewegungen statt um die Präsentation gelöster Probleme etc. Vgl. Kaindl 2006.

18 Dabei stellt sich die Herausforderung, darin nicht ‚über die Köpfe der Betroffenen hinweg' zu sprechen, ohne eine didaktische Verlangweiligung des Lerngegenstandes vorzunehmen.

Das ist in der emanzipatorischen Bildungsarbeit kein neuer Gedanke und gerade z.B. die Bausteine für eine nicht-rassistische Bildungsarbeit bieten eine Fülle von Material, mit dem dies ermöglicht werden kann. Eine emanzipatorische Bildungsarbeit setzt die Lerngegenstände allerdings nicht von außen, sondern stellt Inhalte zur Diskussion und greift die Interessen der Beteiligten real auf – nicht nur bezogen auf den Verlauf des Seminars, sondern auch in der Frage, warum das Aufgreifen bestimmter gesellschaftlich organisierter Denk- und Handlungsmöglichkeiten für sie Sinn macht.

Emanzipatorische Bildungsprozesse ermöglichen in Auseinandersetzung mit der Welt Selbstveränderung. Dieser Prozess ist nicht unanstrengend und sollte in unserer Bildungsarbeit gegen Erwartungen von Konsum und Kunden, Häppchen und Unterhaltung verteidigt werden, ohne über die Köpfe der Betroffenen hinweg die Ziele ihrer Selbst- und Weltveränderung zu bestimmen.

Emanzipatorisch werden Bildungsprozesse, wenn sie auch in den Formen ihrer Kommunikation, ihrer intersubjektiven Beziehungen, in der Art, wie die Interessen aller Beteiligten zur Geltung kommen und nicht die Lehrenden zu Subjekten der Lernprozesse der Teilnehmenden werden; wenn sie zum Hinterfragen der pädagogischen wie der allgemein-gesellschaftlichen Verhältnisse anregen, ohne Antworten vorzugeben; wenn sie Angebote machen und Argumente vorstellen, ohne Fragen abzuschneiden und eigene Widersprüche zu verdecken. Die Teilnehmenden von emanzipatorischen Bildungsveranstaltungen sind (potenzielle) Verbündete im Kampf für gesellschaftliche Verhältnisse, in denen der Mensch kein verächtliches, unterdrücktes, verlassenes Wesen ist, und so sollten sie auch behandelt werden. Anderenfalls werden sie keinen Grund sehen, ihre Interessen in diesem Kampf aufgehoben zu sehen – und sie hätten Recht.

Bibliographie

DGB-Bildungswerk Thüringen e.V. (Hrsg.) (o.J.): Bausteine zur nicht-rassistischen Bildungsarbeit, Erfurt, zit.: Bausteine.

Bernhard, Armin (2002): Neue Lernkultur und die marktkonforme Zurichtung der Bildung. Heydorns Theorie der Bildung als Bezugsrahmen der Kritik gegenwärtiger Bildungsreformen, in: Das Argument Nr. 246, Jg. 44, H. 3, S. 311-324.

Craik, Fergus/Lockart, Robert (1972): Levels of processing. A framework for memory research, in: Journal of Verbal Learning and Verbal Behavior, Nr. 11, S. 671-684.

Foucault, Michel (1977): Überwachen und Strafen. Die Geburt des Gefängnisses, Frankfurt a.M.

Hans-Böckler-Stiftung, Sachverständigenrat Bildung (1999): Jugend, Bildung und Zivilgesellschaft. Anregungen zur Bildungsdiskussion, Diskussionspapier Nr.3, Düsseldorf.

Heckhausen, Heinz (1980): Motivation und Handeln. Lehrbuch der Motivationspsychologie, Berlin.

Holzkamp, Klaus (1997a): Antirassistische Erziehung als Änderung rassistischer „Einstellungen"? Funktionskritik und subjektwissenschaftliche Alternative, in: Ders., Schriften 1, Hamburg, S. 279-299.

Ders. (1997b): Was kann man von Karl Marx über Erziehung lernen, in: Ders., Schriften 1, Hamburg, S. 136-155.

Holzkamp, Klaus (1983a): Grundlegung der Psychologie, Frankfurt a.M.

Ders. (1993): Lernen. Subjektwissenschaftliche Grundlegung, Frankfurt a.M.

Ders. (1992a): Lehren als Lernbehinderung?, in: Forum Kritische Psychologie, Nr. 27, S. 5-22.

Ders. (1992b): „Hochbegabung". Wissenschaftlich verantwortbares Konzept oder Alltagsvorstellung?, in: Forum Kritische Psychologie, Nr. 29, S. 5-22.

Ders. (1983): ‚We don't need no education...' , in: Forum Kritische Psychologie, Nr. 11, S. 113-25.

Holzkamp-Osterkamp, Ute (1975): Motivationsforschung 1, Frankfurt a.M.

Kaindl, Christina (2006): Lernverhältnisse im Neoliberalismus Teil II: Überlegungen zu einer Kritischen Psychologie des Lernens, in: Forum Kritische Psychologie, Nr. 49, S. 80-105.

Lewontin, Richard/Rose, Steven/Kamin, Leon J. (1984): Not in Our Genes: Biology, Ideology and Human Nature, New York.

Schindler, Raoul (1957): Grundprinzipien der Psychodynamik in der Gruppe, in: Psyche, Nr. 11, H. 5, S. 308-314.

Ulmann, Gisela (1991): Angeboren – Anerzogen? Antworten auf eine falsch gestellte Frage, in: Argument-Sonderband Nr. 175, S. 113-138.

Wahren, Heinz-Kurt E. (2001): Gruppen- und Teamarbeit in Unternehmen, Berlin.

Welzer, Harald/Moller, Sabine/Tschugnall, Karolin (2002): Opa war kein Nazi. Nationalsozialismus und Holocaust im Familiengedächtnis, Frankfurt a.M.

Pia Garske

Politische Bildung und die Interdependenz gesellschaftlicher Ungleichheiten

In meinem Beitrag möchte ich die These aufstellen, dass politische Bildungsarbeit, die auf gesellschaftliche Veränderung, Kritik herrschender Verhältnisse, Emanzipation und Erweiterung politischer Handlungsfähigkeit abzielt, ein ganz bestimmtes, kritisch-interdependentes Verständnis von Kategorien gesellschaftlicher Ungleichheit, Macht und Unterdrückung, ‚Identität' und ‚Differenz' benötigt. Dieses Verständnis muss – genauso wie die Bildungspraxis selbst – immer wieder reflektiert werden, um nicht im Bildungsprozess das, was eigentlich kritisiert bzw. überwunden werden soll, (unintendiert) wieder festzuschreiben. Ich werde hier deshalb einige Ansätze vorstellen, die die Interdependenz gesellschaftlicher Verhältnisse und die Zusammenhänge gesellschaftlicher Ungleichheit(en) denkbar machen. Gleichzeitig möchte ich für fest installierte Strategien kritischer Reflektion des eigenen Handelns und der eigenen Methoden im Sektor politischer Bildungsarbeit plädieren.

Im Weblog „anders deutsch",[1] in dem sich die Autorin „rassistischen Diskursen aus der Mitte der Gesellschaft" widmet (ebd.), fand sich unlängst ein Beitrag, der die Bildungsmethode ‚Die Geschichte meines Namens' thematisiert. Die Methode, die sich u.a. in der Social Justice Education wiederfindet,[2] sieht vor, dass Seminarteilnehmer_innen zu Beginn eines Workshops oder Seminars etwas über ihren Namen erzählen, etwa über seine Herkunft oder seine Bedeutung. So soll ein Setting entstehen, in dem deutlich wird, dass alle Namen (und damit auch ihre Träger_innen) unterschiedliche Herkünfte und Geschichten haben. Die allgemeine Verschiedenheit der Teilnehmer_innen soll durch diese Übung als Gemeinsamkeit verstanden und zur Grundlage einer weiteren Verständigung werden. Im Beitrag bei „anders deutsch" wird klar, dass diese Herangehensweise nicht zwingend ein gelungener Einstieg in ein antirassistisches Training sein muss: „Ich kann

1 *http://andersdeutsch.blogger.de/stories/1169431/* (Zugriff vom 31.07.08)

2 Dort unter dem Namen „What's in a Name?" (Adams et al. 2007: 154).

viel über die Geschichte meines Namens sagen. Aber nicht weil mich das je interessiert hat. Sondern weil ich mein Leben lang nach der Bedeutung meines Namens gefragt wurde. Mir gesagt wurde, wie interessant mein Name sei, viel interessanter als die deutschen Namen. Man bedauerte, dass ich die Bedeutung nicht kenne. Und mir die Geschichte meines Namens von anderen geradezu aufgedrängt wurde. Über genau diese Fragen wird mir immer wieder klar gemacht [...], dass ich nicht wirklich dazu gehöre, dass ich anders bin, dass ich woanders hingehöre. Deshalb habe ich mich der Übung auch heute wieder verweigert. Ich will bei einem antirassistischen Training nicht Rassismuserfahrungen wiederholen". In dieser Schilderung wird deutlich, dass Methoden, die ‚Differenz' als uneingeschränkt positiv bewerten, ohne den Begriff, seine kontextuelle Verwendung und seine diskursiven Funktionen zu reflektieren, problematisch sein können. Sie können dazu tendieren, rassistische und nationalistische Zuschreibungen zu reproduzieren, statt sie aufzubrechen. Bei „anders deutsch" heißt es weiter: „Die Übung müsste nur minimal abgeändert werden, damit auch ich sie gut finde. Die Frage sollte sein: welche Bedeutung(en) hat Dein Name für Dich? Dann kann ich von meinen Rassismuserfahrungen sprechen oder von meinem Spitznamen oder von meinen Eltern oder vielleicht auch von der Geschichte des Namens oder ... Dann kann Kennenlernen über diese Übung viel besser erfolgen".

Diese Kritik stellt für mich beispielhaft dar, dass nicht jedes Training, das ‚gut gemeint' ist und sich Emanzipation und Aufklärung auf die Fahnen schreibt, automatisch auch ‚gut gemacht' ist und so funktioniert, wie es intendiert ist. Ich möchte diese Episode zum Anlass nehmen, mich mit der Frage zu beschäftigen, wie mit Fallstricken, z.B. der Reproduktion von diskriminierenden Handlungen und Zuschreibungen in Bildungsangeboten, die um ‚Diversität', ‚Interkulturalität' und ‚Differenz' etc. kreisen,[3] umgegangen werden kann. Es geht mir um eine Bildungspraxis, die diese Fallstricke kritisch bearbeitet, kenntlich macht und überwindet. Meine These lautet, dass Theorien zur Interdependenz von Herrschaftsverhältnissen eine vielversprechende theoretische Grundlage für eine solche reflektierte Bildungspraxis sein können.

3 Im Folgenden werden Bildungsangebote dieser Art in Anlehnung an Gabriele Rosenstreich, die mit dem Begriff der ‚mehrdimensionalen Bildungsansätze' arbeitet, als ‚multidimensionale Bildungsansätze' bezeichnet. Auch wenn der Begriff möglicherweise immer noch unzureichend ist, soll das ‚multi' auf ein Verständnis von Bildungsansätzen hinweisen, das auch offen für nicht-additive, interdependente Konzepte ist.

1. Multidimensionale Bildungsansätze und Diversity

Seit einigen Jahren findet der Begriff bzw. das Konzept ‚Diversity' Eingang in wissenschaftliche Diskurse um ‚Differenz' und ‚Pluralität', aber auch in den Bildungsmarkt. Es existiert eine Vielzahl von Programmen, deren Schwerpunkt vor allem im Anbieten von ‚Diversity Trainings' liegt (vgl. dazu Rosenstreich 2007: 131). Gemeinsam ist den meisten dieser Ansätze ein Verständnis von Diversity als ‚Anerkennung' und ‚Wertschätzung' von Differenz und Pluralität, sowie eine Betonung gleicher Rechte aller Gesellschaftsmitglieder. Diversity-Ansätze können als Antwort auf die sich wandelnden Wahrnehmungen gesellschaftlicher Realitäten betrachtet werden. Diese finden ihren Niederschlag in Begrifflichkeiten wie der „Einwanderungsgesellschaft" und einem Erstarken von Diskursen, die Heterogenität und Pluralität positiv bewerten.

Nach Generationen von Bildungsprogrammen, die – zumindest dem Namen nach – entweder an (nur) einem Unterdrückungsverhältnis ansetzten (Antirassismus-Workshops, Gender-Awareness-Trainings etc.) oder eher präventiv bis unpolitisch angelegt waren (Anti-Gewalt-Workshops, Konfliktmanagement etc.), setzt sich in der Bildungslandschaft ein Trend zu multidimensionalen Ansätzen durch. Diese fokussieren nicht auf ein einzelnes Unterdrückungsverhältnis, sondern versuchen, unterschiedliche Formen von Ungleichheit und Diskriminierung gemeinsam zu thematisieren. ‚Diversity' ist dabei *ein* Schlagwort in diesem Feld, andere Ansätze führen Bezeichnungen wie ‚interkulturell' oder ‚plural' im Namen. Im weitesten Sinne geht es multidimensionalen Ansätzen darum, dass unterschiedliche gesellschaftliche Machtbeziehungen identifiziert und benannt werden sollen, die zur Diskriminierung und Privilegierung bestimmter Gruppen führen. Die an der Bildungsveranstaltung beteiligten Personen sollen dabei in die Lage versetzt werden Strategien zu entwickeln, um Diskriminierungen abzubauen.

An dieser Stelle kann nicht auf die großen Unterschiede in Konzeption und Zielsetzung der verschiedenen multidimensionalen Ansätze eingegangen werden. Ich werde mich im folgenden Abschnitt vor allem auf Diversity-Ansätze beziehen, diese jedoch als Bestandteil multidimensionaler Ansätze behandeln.

Angesichts ihrer wachsenden Popularität (vgl. Rosenstreich 2006: 204) wird auch Kritik an Diversity-Trainings geübt (vgl. u.a. Elverich/Kalpaka/Reindlmeier 2006, Broden/Mecheril 2007). Zwar *können* Diversity-Trainings durchaus zu einer Erweiterung eines individuellen Handlungsspielraumes führen, allerdings werden sie auch zunehmend in betriebswirtschaftlichen Kontexten eingesetzt, um Humanressourcen von Mitarbeiter_innen möglichst umfassend nutzbar zu machen (vgl. Mecheril[4]). Abgesehen von Einschränkungen, die sich daraus für ein emanzipatorisches Potenzial solcher Ansätze ergeben, lohnt es sich, diese Trainings auch aus anderen Blickwinkeln kritisch unter die Lupe zu nehmen. Gabriele Rosenstreich kritisiert beispielsweise in ihrem Aufsatz „The Mathematics of Diversity Training" (Rosenstreich 2007), dass die meisten Trainings in diesem Feld keine fundierte Theoriegrundlage aufweisen oder diese nicht offen legen, wenig selbstreflexiv sind und sich auch nicht mit den theoretischen Grundlagen des Diversity-Begriffs kritisch auseinandersetzen. Wie Rosenstreich gehe ich davon aus, dass die Theoriegrundlagen von Diversity-Trainings immer wieder kritisch reflektiert werden müssen, um Aussagen darüber treffen zu können, ob ein solches Training seine selbst gesetzten Ziele wirklich erreichen kann, oder ob es sie nicht nur verfehlt, sondern Privilegierung und Diskriminierung in der Trainingssituation fortführt. Eine kritische Reflexion der Theoriegrundlagen und der Bildungspraxis kann so als notwendiges Instrument der ‚Qualitätssicherung' betrachtet werden.

1.1. Mögliche Problematiken multidimensionaler Bildungsangebote

Um zu verdeutlichen, welche Problematiken und Risiken sich in multidimensionalen Bildungsansätzen ergeben können, möchte ich einige davon exemplarisch darstellen. Ich stütze mich dabei auf eigene Erfahrungen mit und Untersuchungen zu Methoden politischer Erwachsenenbildung[5] sowie auf Arbeiten von Gabriele Rosenstreich.[6] Diese Sammlung bedeutet nicht, dass sich die Probleme zwangsläufig ergeben *müssen*, eine nähere Betrachtung legt aber nahe, dass sie sich ergeben *können* – und damit dazu beitragen, wohlgemeinte Zwecke solcher Trainings systematisch zu verfehlen. Gruppieren lassen sich diese Fallstricke um drei Themenkomplexe: a) den Um-

4 *http://www.migration-boell.de/web/diversity/48_1012.asp* (Zugriff vom 31.07.08)

5 Hier vor allem das Trainingshandbuch „Teaching for Diversity and Social Justice" (Adams/Bell/Griffin 2007).

6 In ihrem Beitrag „The Mathematics of Diversity Training" stellt Rosenstreich die Ergebnisse ihrer Untersuchung zu Diversity-Trainings vor und bezieht sich dabei auf Beispiele aus „A World of Difference" der Anti-Defamation-League (1994), auf das „Diversity Tool Kit" von Gardenswartz und Rowe (1994), „Different in more ways than one" vom Ministerium für Gesundheit, Soziales, Frauen und Familie des Landes Nordrhein-Westfalen (2004) sowie „Combating Discrimination and Promoting Diversity in Public Authorities" von CEJI und NICEM (2004), alle Angaben vgl. Rosenstreich 2007.

gang mit Kategorien gesellschaftlicher Ungleichheit, b) die Konzeption von und den Umgang mit ‚Identität' und c) die Thematisierung von Macht und Unterdrückung. Die Übergänge zwischen diesen Komplexen sind allerdings fließend, die sich ergebenden Problematiken eng miteinander verbunden.

1. Additive Verrechnung von Kategorien und Strukturen sozialer Ungleichheit: Dazu kann es kommen, wenn der Eindruck vermittelt wird, dass beispielsweise Rassismus *und* Heteronormativität *und* Sexismus zu sich summierenden unterschiedlichen gesellschaftlichen Ausschlüssen führen, bzw. ‚Rasse', Sexualität und Geschlecht additiv als Kategorien gesellschaftlicher Ungleichheit wirken. Dabei wird schon konzeptionell nicht klar, ob und wie diese Verhältnisse zusammenhängen, sich gegenseitig verstärken (oder schwächen) oder aufeinander aufbauen. Meistens wird in diesem Zusammenhang über „Mehrfachdiskriminierung" gesprochen, aber nicht darüber, *wie* die verschränkte, gleichzeitige Existenz verschiedener Unterdrückungsverhältnisse die Gesellschaft durchdringt und wo umfassende Strategien zu ihrer Überwindung ansetzen können.

2. Willkürliche Auswahl und Eindruck von Austauschbarkeit der Kategorien: Was überhaupt als Kategorie gesellschaftlicher Ungleichheit betrachtet wird, und was dem gegenüber eher eine ‚persönliche Einschränkung' ist, bleibt unklar. Wie sich beispielsweise Sexismus (als ein gesellschaftliches Unterdrückungsverhältnis) qualitativ von einem Verbot von Schusswaffenbesitz (als einer Einschränkung bestimmter ‚Bedürfnisse') unterscheidet, mag auf den ersten Blick klar erscheinen. Dieser Unterschied wird aber nicht nachvollziehbar gemacht, wenn die Auswahl von Kategorien, die in einem Training behandelt werden, nicht begründet ist. Das Problem liegt darin, dass der Eindruck entstehen kann, Ungleichheitsverhältnisse ließen sich addieren oder anderweitig ‚verrechnen', als sei es egal, wer wodurch, von wem und warum in der eigenen Lebensführung eingeschränkt wird, oder als seien diese Einschränkungen gleichwertig. Die Verrechnung und die oft nur unzureichend begründete (Nicht-)Auswahl einzelner Verhältnisse für ein konkretes Training erwecken zudem den Eindruck, die Verhältnisse ‚funktionierten' alle auf die gleiche Art und Weise. Es kann zu unzulässigen Parallelisierungen von Unterdrückungsverhältnissen und Relativierungen von Diskriminierungserfahrungen kommen, deren Spezifik dann nicht mehr angemessen behandelt werden kann.

3. Fehlen der Kategorie Klasse/Kapitalismus: Der Amsterdamer Vertrag von 1997 stuft folgende sieben Diskriminierungen als bekämpfungswürdig ein:

„aus Gründen des Geschlechts, der Rasse, der ethnischen Herkunft, der Religion oder der Weltanschauung, einer Behinderung, des Alters oder der sexuellen Ausrichtung".[7] Da dieser Abschnitt des Vertrages vielfach als Grundlage für Förderkriterien öffentlicher Geldgeber_innen und für die Finanzierung von Bildungsarbeit herangezogen wird (vgl. Rosenstreich 2007: 142), setzt sich diese Auswahl dort oftmals fort. Sozioökonomische Verhältnisse, geschweige denn ‚Kapitalismus', tauchen in dieser Aufzählung nicht auf. So entsteht die skurrile Situation, über Unterdrückungsverhältnisse sprechen zu wollen, aber kein Instrument zu haben, deren materielle Auswirkungen oder ökonomische Kontexte zu benennen. Kapitalismus kann zudem auf diese Weise nicht als Herrschaftsverhältnis kritisiert werden. Das Fehlen der Kategorie ‚Klasse' erschwert nicht nur eine fundierte Auseinandersetzung mit allgemeinen ökonomischen Verhältnissen, sondern kann m.E. zudem negative Auswirkungen auf die Beschäftigung mit der (ökonomischen) Materialität anderer Kategorien, wie Geschlecht oder Sexualität, haben.

4. Überthematisierung von Unterdrückung und Diskriminierung, Dethematisierung von Widerstand und Privilegien: Vielfach fokussieren Diversity-Trainings auf die Position der ‚Unterdrückten'. Das kann zunächst in gewisser Hinsicht hilfreich sein, wenn Mehrheitsangehörigen erstmals Informationen über Lebensrealitäten von Minderheitsangehörigen und Kenntnisse über Unterdrückungserfahrungen zugänglich werden. Wird Widerstand gegen Unterdrückung dabei thematisch ausgespart, kommt es jedoch einerseits zu einem verzerrten Bild von Minderheitsangehörigen als ‚Opfer'. Es kann der Fall eintreten, dass der Kreis der Adressat_innen eines Trainings unterschwellig auf Angehörige der Mehrheitsgesellschaft beschränkt wird – nur für sie gibt es etwas zu ‚lernen', sie selbst und ihr Alltagshandeln sind dabei aber nicht mehr Gegenstand der Analyse.

Komplementär dazu kann nicht mehr bearbeitet werden, welche Rolle privilegierte Angehörige der Mehrheitsgesellschaft bei der Aufrechterhaltung von Diskriminierung spielen, wenn Unterdrückungsstrukturen vor allem als Problem der Unterdrückten, nicht aber als Problem der Gesamtgesellschaft erscheinen. Auch hier verschwindet die Möglichkeit, alternative Handlungsoptionen zu erarbeiten, sich kritisch mit dem Profit, den Mehrheitsangehörige aus Unterdrückung ziehen, zu beschäftigen und Strategien des Wandels zu entwickeln. Empowerment gehört deshalb als wichtiges

7 *http://eur-lex.europa.eu/de/treaties/dat/11997D/htm/11997D.html* (Zugriff vom 31.07.08)

(Selbst-)Ermächtigungsinstrument unbedingt zur Perspektivenentwicklung, und auch die ,andere Seite', d.h. Möglichkeiten des ,Powersharings'[8] sollten Bestandteil der Trainingssituation sein. Bei der Thematisierung von Privilegien und Überlegungen, wie diese abgebaut werden können, böte sich dann auch die Möglichkeit, mit Verleugnungsmechanismen oder Strategien zur ,Schuldabwehr' innerhalb privilegierter Gruppen umzugehen.

5. Essentialisierendes Verständnis von Identität und Ausklammerung von Identitätsbildungsprozessen: Wenn ein Bildungsangebot auf der theoretischen Annahme aufbaut, dass ,Identität', quasi im Zuge einer Gleichung,[9] als etwas gefasst werden kann, was eine Person ,ist', und soziale Zugehörigkeiten als ,persönliche Qualität' eines Individuums verhandelt werden, kann das den Effekt haben, dass soziale Ungleichheiten und differierende soziale Positionierungen nicht mehr als Ergebnis gesellschaftlicher Prozesse analysiert werden können, sondern naturhaft und unhinterfragbar erscheinen. Dabei mag ,Identität' zwar durchaus als multipel erscheinen, etwa wenn deutlich gemacht wird, dass Individuen nicht *eine einzige* Identität haben, sondern ,Mehrfachzugehörigkeiten' zu verschiedenen ,Gruppen' halten.[10] Doch auch dieses Verständnis ist eher konventionell und macht nicht deutlich, dass ,Identität' veränderbar sowie historisch gewachsen, fluide, kontextbezogen und ergänzbar ist, und als *interdependente Variabel* sozialer Konstruktionsprozesse wahrgenommen werden kann. Der letztere Zugang ist für Bildungskontexte möglicherweise produktiver, weil er Personen nicht auf ihre aktuelle gesellschaftliche Position festschreibt. Liegt Ansätzen oben beschriebenes konventionelles Identitätsverständnis zugrunde, ist es schwierig, in der Trainingssituation auf Prozesse der *Identitätsbildung* einzugehen. Doch auch wenn dies geschieht und im Training problematisiert wird, wie ,Gruppen von Minderheiten' in der öffentlichen Diskussion und durch institutionelle und individuelle Handlungen konstruiert werden, bleiben Fragen offen. Rosenstreich bemerkt dazu, dass es charakteristisch für die Mehrzahl der von ihr untersuchten Ansätze ist, dass dort eine gesellschaftliche Gruppe permanent unterrepräsentiert ist: Weiße, mittelalte Mittelklassemänner (vgl. Rosenstreich 2007: 140). Denn auch wenn Identitäts- und Gruppenbildungs-

---

8 Zu Powersharing und Empowerment als komplementären Strategien von Bildungsangeboten vgl. Rosenstreich 2006: 195-234.

9 Dies wäre z.B. der Fall, wenn von verschiedenen ,Teilidentitäten' ausgegangen wird, die eine Person anteilig hat, und die in ihrer Summe dann die ,Identität' der Person bilden.

10 Ein solcher Ansatz findet sich z.B. im „Identity Molecule" der Anti-Defamation League, besprochen in Rosenstreich 2007: 138.

prozesse behandelt werden, kann es dazu kommen, dass ausschließlich ‚die Anderen' Gegenstand der Auseinandersetzung sind, und die dominante(n) Gruppe(n) die implizite, unbenannte Norm bleiben. ‚Divers' ist dann immer nur die Abweichung von dieser Norm. So können wichtige Aspekte der Beteiligung privilegierter Gruppen an Unterdrückung nicht thematisiert werden.

6. Tokenism/Othering[11] *von Minderheitsangehörigen, Absolutsetzung der minorisierten/dominanten Position:* Hier passiert das, was im Blogbeitrag von „anders deutsch" ebenfalls thematisiert wurde: ‚Andersheit' wird in der Trainingssituation bewusst oder unbewusst hergestellt und nicht dekonstruiert. Dieser Mechanismus verstärkt sich, wenn Lebensrealitäten von Menschen mit Diskriminierungserfahrungen zum Lernobjekt für Angehörige der Mehrheitsgesellschaft(en) werden. Es kann zu einer Essentialisierung der ‚Opferposition' kommen, ebenso wie zu einer Festschreibung von Dominanz. Ein damit einhergehendes Problem kann sein, dass Angehörige minorisierter Gruppen zu deren ‚Repräsentant_innen' gemacht werden, wobei ihre ‚Herkunfts'-Gruppe als homogenes Ganzes erscheint. Weiterhin birgt die Absolutsetzung der sozialen Positionen die Gefahr einer ‚Romantisierung' sozialer Ungleichheit, bei der die minorisierte Position als ‚unbelasteter' gesellschaftlicher Standpunkt erscheint. Ein Effekt davon kann sein, dass gesellschaftliche Widersprüche und Brüche auch innerhalb der minorisierten ‚Gruppe' unthematisiert bleiben.

7. Thematisierung von Macht nur auf individueller, nicht auf gesellschaftlicher Ebene; keine Reflexion der institutionellen Bedingungen der Trainingssituation selbst: Werden gesellschaftliche Unterdrückungsverhältnisse vor allem als Problem individuellen Handelns oder persönlicher Vorurteile bearbeitet, geraten Fragen nach der gesellschaftlichen ‚Funktionalität' von Dominanz und Diskriminierung ebenso in den Hintergrund wie institutionelle und gesellschaftliche Strukturen der Unterdrückung und der Aufrechterhaltung von Privilegien. Ein solches Herangehen verschließt den Zugang zum Feld politischer, überindividueller Interventionsmöglichkeiten und klammert kritische Analysen von Gesellschaft aus. Das umfasst auch die institutionellen Bedingungen der Trainingssituation: Wenn Trainings im Rahmen von Institutionen angeboten werden, läge es nahe, die Strukturen dieser Institution

11 ‚Tokenism' und ‚Othering' sind zentrale Begriffe in der postkolonial-kritischen Debatte um Repräsentation, Vertretung und Paternalismus. Vgl. dazu u.a. Castro Varela/Dhawan 2003 u. 2005, Piesche 2005 sowie Broden/Mecheril 2007.

und die Rahmenbedingungen des Trainings zum Gegenstand einer herrschaftskritischen Analyse zu machen. Das Gleiche gilt für die Strukturen, in denen die Anbieter_innen solcher Trainings arbeiten. Viel zu oft gelangen diese jedoch nicht in den Fokus des Trainings, sondern bleiben außen vor.

8. Gleichsetzung/Relativierung differenter Diskriminierungserfahrungen: Der Weg, über das Bewusstwerden eigener Diskriminierungserfahrungen ein Verständnis für Diskriminierung im Allgemeinen, Empathie für andere und ein reflektiertes Alltagshandeln zu entwickeln, ist Bestandteil vieler multidimensionaler Ansätze. Problematisch wird er, wenn dabei die Spezifik verschiedener Unterdrückungsverhältnisse aus dem Blick gerät, diese als austauschbar erscheinen, Diskriminierungserfahrungen relativiert werden oder der Eindruck entsteht, ‚wir alle' seien gleichermaßen von Unterdrückung betroffen. Wie gesellschaftliche Strukturen zusammenwirken, was eigene Anteile an der Aufrechterhaltung dieser Strukturen sind und wie zerstörerisch Diskriminierung und gesellschaftliche Ungleichheit für das Leben der Betroffenen sind, kann dann nur schwer thematisiert werden. Dies gilt ebenso für die Frage, wie Normalisierungsprozesse verlaufen, die definieren, was ‚Norm' und was ‚Abweichung' ist, was ‚Mehrheitsgesellschaft' und was ihr ‚Anderes' ist. Gesellschaftliche Ungleichheit und Diskriminierung erscheinen dann schnell ahistorisch und die gesellschaftlichen Gruppen, die durch sie entstehen und von ihr betroffen sind, als beliebig.

Diese Risiken und Fallstricke sind nicht nur in multidimensionalen Ansätzen anzutreffen, sondern ergeben sich auch ganz allgemein in Kontexten von Bildungsarbeit. Dennoch erscheinen sie angesichts der Konjunktur des Diversity-Begriffs und der Ausbreitung multidimensionaler Bildungsansätze bedenkenswert. Wie das Eingangsbeispiel aus „anders deutsch" zeigt, sind Methoden, die in einem Fall problematische (Neben-)Wirkungen produzieren, oft schon durch eine leichte Modifikation so umgestaltbar, dass solche unintendierten Effekte verhindert werden können. Das erfordert jedoch eine sorgsame, nachhaltige Methoden- und Praxisreflexion.

2. Interdependenz-Theorien: Überschneidungen mit Problemlagen multidimensionaler Bildungsansätze

Während in Betrieben und Verwaltungen Diversity-Trainings mittlerweile immer mehr zum guten Ton gehören und im Bereich der außerschulischen Bildungsarbeit immer öfter auf Multidimensionalität Wert gelegt wird, findet im Wissenschaftsbereich (in Deutschland vor allem in feministischen und Gender-Studiengängen) eine Entwicklung statt, bei der das Konzept ,Intersektionalität' bzw. ,Interdependenz' an Popularität gewinnt (vgl. Walgenbach/Grohs 2006). Beide Entwicklungen können mit sich wandelnden Wahrnehmungen gesellschaftlicher Problemlagen in Zusammenhang gebracht werden, sind jedoch noch nicht auf breiter Ebene miteinander vernetzt. Ich möchte hier die These aufstellen, dass Interdependenztheorien helfen können, die oben skizzierten Probleme multidimensionaler Bildungsansätze zu bearbeiten, und sie eine produktive theoretische Grundlage für Bildungsarbeit sein können. Angesichts sehr unterschiedlicher Ansätze, die unter diesem Label firmieren, ist es jedoch notwendig, Interdependenz/Intersektionalität klarer zu bestimmen, zu operationalisieren. Denn auch hier gibt es große Unterschiede zwischen Ansätzen, und nicht immer sind die Konzeptionen klar erkennbar. Ähnlich den Problemen, die sich bei multidimensionalen Bildungsansätzen ergeben können, tendieren womöglich auch einige Theorien zur Interdependenz von Herrschaftsverhältnissen dazu, sich in Fallstricken zu verfangen, eigene weiße Flecken nicht zu bemerken und problematische Identitäts- und Kategoriekonstruktionen nicht weitreichend genug aufzubrechen (vgl. Castro Varela 2006).

Auf Grundlage einer Auseinandersetzung mit verschiedenen Theorien zur Verschränkung von Herrschaftsverhältnissen[12] möchte ich im Folgenden für die Nutzung bestimmter Konzeptionen von Kategorien gesellschaftlicher Ungleichheit, Identität sowie Macht und Unterdrückung als Grundlage für multidimensionale Bildungsansätze argumentieren. Diese Konzeptionen möchte ich hier kurz vorstellen und begründen, warum ausgerechnet sie zu einem Interdependenzbegriff hinführen können, den ich nicht nur als hilfreich für die Problemstellungen im Bereich politischer Bildung betrachte, sondern auch für die Fortentwicklung von Interdependenztheorien selbst anstrebenswert halte.

2.1. Intra-, inter- und antikategoriale Ansätze

Theorien zur Verschränkung[13] von Herrschaftsverhältnissen sind nicht neu, sondern existieren in der ein oder anderen Form, seit es soziale Bewegungen und – vor allem innerhalb dieser – eine kritische Auseinandersetzung mit

12 vgl. dazu auch Garske 2007. Konkret beziehe ich mich hier und im Folgenden auf „Gender als interdependente Kategorie" (Walgenbach 2007), „Dominanzkultur" (Rommelspacher 1998) und auf Konzepte von Davina Cooper (2004) sowie auf das Modell der „Dreifachen Vergesellschaftung" (Lenz 1995), „Intersectionality" (Crenshaw 1991) und die „Achsen der Differenz" (Klinger 2003),

13 Ich fasse darunter all das, was in Deutschland auch unter dem Begriff ,Intersektionalität'

diesen Bewegungen gibt.[14] Doch erst seit einigen Jahren finden diese Theorien, vor allem unter dem Label „Intersektionalität", Eingang in wissenschaftliche Auseinandersetzungen zu Herrschaftsverhältnissen. Zur Charakterisierung dieser Theorien schlägt Leslie McCall die Einteilung in inter-, intra- und antikategoriale Ansätze vor: Antikategoriale Ansätze arbeiten demnach vor allem mit der Dekonstruktion analytischer Kategorien. Jeder Versuch von Gesellschaftsanalyse mithilfe von Kategorien führe zu weiteren Ausschließungen und Ungerechtigkeiten. Diesem Ansatz gelingt es nach McCall am ehesten, gesellschaftliche Komplexität zu erfassen, er sei aber auch am schwierigsten nachzuvollziehen (vgl. McCall 2005: 1773).

Auf der anderen Seite stehen bei ihr interkategoriale Ansätze. Diese würden Kategorien (provisorisch-kritisch) als Analyseinstrument heranziehen, um Ungleichheitsverhältnisse entlang sozialer Gruppen und konflikthafter sozialer Dimensionen zu analysieren (vgl. ebd.: 1773).

Dazwischen liegen Ansätze, die McCall als intrakategorial bezeichnet. Ähnlich antikategorialen Ansätzen hätten sie ein kritisches Verhältnis zu Kategorien, und nähmen sich vor allen der Ungleichheitsverhältnisse an, die an sozialen Positionen herrschen, die von mehr als einer Kategorie beeinträchtigt werden oder dazwischen liegen (ebd.: 1774).

Ergänzen ließe sich McCalls Analyseraster noch um eine vierte Gruppe, nämlich Ansätze, die ein unproblematisches, nicht-strategisches Verhältnis zu Kategorien haben. Solche Ansätze könnten evt. als ‚real-kategorial' bezeichnet werden. Ich würde ihr Analyseraster, das vor allem den Umgang mit Kategorien gesellschaftlicher Ungleichheit zum Ordnungsmaßstab nimmt, gern dahingehend erweitern, dass auch das Verhältnis der Theorien zum Konzept ‚Identität' sowie die Konzeptionalisierung von Macht und Unterdrückung in den jeweiligen Theorien als Unterscheidungsmerkmal fungiert. Meine These dabei ist, dass sich vor allem der Umgang mit Identitätskonzepten in verschiedenen Interdependenzansätzen stark an den Grad der (De-)Konstruktion von Kategorien in ebendiesen anlehnt.

Gestützt auf McCall kann argumentiert werden, dass grundsätzliche Unterschiede zwischen Theorieansätzen vor allem darin bestehen, ob a) der

---

verhandelt wird. Warum ich später den Begriff ‚Interdependenz' statt ‚Intersektionalität' wähle, soll im folgenden Absatz deutlich werden.

14 Als Beispiele seien hier die Kritik von Clara Zetkin (1979) an der frühen ArbeiterInnen-Bewegung genannt, die Argumentation von Sojourner Truth (in Adams et al 2000) gegen Sklaverei in den USA, sowie Interventionen Schwarzer Feministinnen und Feministinnen of colour in den USA (vgl. z.B. Davis 1981/82, Cranshaw 1991, hooks 1984 sowie Combahee River Collective 1986) und in Deutschland (vgl. z.B. Oguntoye/Opitz/Schulz 1986).

Einstiegspunkt der Analyse eher das (marginalisierte) Individuum bzw. die Gruppe ist; ob b) eher *eine* Kategorie sozialer Ungleichheit in ihrer Bezogenheit auf andere Kategorien untersucht wird; oder ob c) vor allem Macht und Unterdrückung als gesellschaftliche Verhältnisse mit verschlungenen Mechanismen Ausgangspunkte der Analyse sind. Um McCalls Ordnungssystem exemplarisch zu verdeutlichen, seien an dieser Stelle drei Ansätze genannt, auf Basis derer im Anschluss diskutiert werden soll, welche anderen Kategorie-, Identitäts- und Machtkonzeptionen als Grundlage für multidimensionale Bildungsarbeit Verwendung finden können.

Ilse Lenz' Konzept der „dreifachen Vergesellschaftung" kommt beispielsweise über die Frage, „welche Bedeutung dem Geschlechterverhältnis als Strukturzusammenhang" (Lenz 1995: 19) zukommt, zu der Frage „Wie wird Geschlecht in dem Weltsystem geschaffen und welche Ungleichheiten legitimiert es" (ebd.: 33). Lenz' Perspektive setzt also an *einer* Kategorie an und untersucht, welche Bedeutung diese für soziale Positionierungen und Identitäten hat (hier: Frauen als heterogene Gruppe) und wie sie mit anderen Kategorien zusammen Ungleichheit herstellt und legitimiert. In Bezug auf McCalls Analyseraster ließe sich Lenz' Herangehensweise am ehesten zwischen realkategorial und interkategorial einordnen.

Kimberlé Crenshaws „Intersectionality"-Ansatz kommt zur Frage nach dem Zusammenhang sozialer Ungleichheit und Macht über die Analyse der Situation marginalisierter Individuen. Ihr Ziel ist „to advance the telling of the location by exploring the race and gender dimensions of violence against women of color", also die rassistischen und geschlechterpolitischen Dimensionen sozialer Positionierung, konkret von Gewalt gegen Frauen of Color, zu untersuchen (Crenshaw 1991). Ihre Perspektive setzt also an der multimarginalisierten Position von Individuen bzw. Gruppen an. Mit McCall ließe sich „Intersectionality" als intrakategorialer Ansatz beschreiben.

Einen dritten Weg bei der Frage nach Ursachen sozialer Ungleichheit schlagen beispielsweise Fenstermaker und West mit dem Konzept des „Doing Difference" ein. Sie fragen danach, unter welchen Umständen Differenz und Herrschaft gesellschaftlich hergestellt und legitimiert werden (vgl. Fenstermaker/West 1995: 33). Dafür kontextualisieren sie die Kategorien sozialer Ungleichheit in einer machtvollen Struktur sozialer Interaktion: „social situations do not so much allow for the expression of natural difference as for the production of [those] difference[s]" (ebd.: 31). Machtwirkungen sind Ausgangspunkt ihrer Fragestellung. Macht wirke an vielen Stellen, bringe die Kategorien hervor, und werde durch diese aufrechterhalten. „Doing Difference" entspricht am ehesten McCalls Konzeption eines anti- bis intrakategorialen Ansatzes.

2.2. Kategorien sozialer Ungleichheit

Ein wichtiger, wenn nicht *der* wichtigste Streitpunkt in Theorieentwicklungen zu Interdependenzen ist die Frage, was überhaupt als ‚Kategorie gesellschaftlicher Ungleichheit' angenommen werden soll. Gängig ist eine Form der Aufzählung, die gewöhnlich mit „etc." oder „..." endet, z.B.: Klasse, Alter, Gesundheit, Religionszugehörigkeit, Ethnizität bzw. *Rasse*,[15] sexuelle Orientierung, Geschlecht, „etc.". Diese Form der Aufzählung legt allerdings einen additiven Charakter der Kategorien nahe, und tatsächlich ist in verschiedenen Theorien zu Interdependenzen von Herrschaftsverhältnissen eine Herangehensweise weit verbreitet, die ‚mathematisch' mit Kategorien sozialer Ungleichheit umgeht. Diese werden addiert, multipliziert oder anders verrechnet – auch wenn der eigene Anspruch dabei lautet, eben dies nicht tun zu wollen (vgl. Fenstermaker/West 1995). Das Problem, das sich bei einer ‚Verrechnung' ergeben kann, wurde oben schon für die Praxis beschrieben und gilt ebenso für die Theorie. Additive Modelle vergeben leichtfertig die Möglichkeit, funktionale Abhängigkeiten, qualitative Unterschiede und historisch oder lokal differente Wirkungsweisen zwischen Kategorien sozialer Ungleichheit herauszuarbeiten. Sie tendieren dazu, schematisch zu sein und eröffnen wenig Raum für weitergehende Analysen komplexer gesellschaftlicher Verhältnisse.

Ein Ansatz, der ohne Verrechnung auskommt und deshalb vielversprechend erscheint, ist die Konzeption von „interdependenten Kategorien" (vgl. Walgenbach 2007, Walgenbach/Grohs 2006). Walgenbach konzeptionalisiert die Kategorie ‚Gender' so, dass es unmöglich erscheint, diese losgelöst von anderen Kategorien zu betrachten. Sie argumentiert, dass ‚Gender' keinen „reinen Kern" habe, sondern „in sich selbst heterogen strukturiert" (Walgenbach/Grohs 2006) sei. Der Blickwinkel liegt bei ihr nicht auf scheinbar ‚autarken' Kategorien, deren Verhältnis zueinander irgendwie untersucht werden kann und die miteinander ein Ganzes bilden, sondern sie betrachtet ein Ganzes, in dem quasi a-priori-interdependente Kategorien untrennbar und vielfach verschmolzen zusammen ein gesellschaftliches Feld strukturieren. Eine solche Kategorienkonzeption ermöglicht es erstens, die Anzahl möglicher Kategorien gesellschaftlicher Unterdrückung nicht von vornherein einzugrenzen, sondern offen zu halten. Zweitens wird nicht prinzipiell nahegelegt, dass Unterdrückungsverhältnisse austauschbar sind oder unspezifisch ‚funktionieren'. Vielmehr wird es so möglich, gezielter zu untersuchen, *wie genau* die Interdependenz von Kategorien beschaffen ist.

15 Zur Verwendung des Begriffs ‚Rasse' als Analysekategorie zur Bekämpfung von Rassismus siehe Eggers/Kilomba/Piesche/Arndt 2005: 12 f.

Weiter kann so untersucht werden, wie Unterdrückungsverhältnisse sich gegenseitig verstärken oder schwächen, aufeinander aufbauen oder sich historisch zueinander verhalten (haben). Es wird klarer und präziser, welche Akteure durch das interdependente Zusammenspiel von Kategorien handlungsfähig oder in ihrer Handlungsfähigkeit eingeschränkt werden und es kann besser untersucht werden, wie und welche Subjektpositionen durch die Interdependenz von Kategorien gesellschaftlicher Ungleichheit geschaffen oder verworfen werden.

Da durch die Konzeptionalisierung einer Kategorie als interdependent diese nicht im klassischen Sinne dekonstruiert wird, sondern sich das Verständnis von dem, was überhaupt unter einer Kategorie verstanden werden kann, grundsätzlich erweitert (vgl. dazu Hornscheidt 2007), lässt sich dieser Ansatz nicht mehr ohne weiteres in McCalls Schema einordnen. Am ehesten ließe er sich noch als antikategorial bezeichnen, weil starre Kategoriekonzeptionen aufgebrochen werden und der Begriff zu etwas qualitativ Neuem erweitert wird.

Im Folgenden wird, wenn von Theorien der Interdependenz die Rede ist, ein solches interdependentes Kategorieverständnis zugrunde gelegt. Dabei bleibt zu beachten, dass die anderen hier diskutierten Interdependenztheorien durchaus andere Kategoriekonzeptionen verwenden.

2.3. ‚Identität', gesellschaftliche Gruppen und Strukturen

Bei der Frage, wie Machtverhältnisse analysiert und angegriffen werden können, liegt ein weiterer Streitpunkt zwischen verschiedenen Theorieansätzen darin, worauf fokussiert werden soll: Geht es um die Perspektive(n) betroffener Gruppen oder um die Analyse gesellschaftlicher Strukturen? Historisch betrachtet zeigt sich, dass gruppenzentrierte Ansätze dazu tendieren können, problematische Identitäts- und Gruppenstrukturen zu verfestigen (vgl. Rommelspacher 2006).[16] Dies kann weiterhin dazu führen, dass Menschen mit Unterdrückungserfahrungen ausschließlich über den Status des Unterdrücktseins definiert werden, wodurch erstens Widerstand unsichtbar gemacht wird und zweitens Menschen per Zuschreibung zu ‚Gruppen' zusammengefasst werden, denen sie sich möglicherweise nicht zugehörig fühlen und deren Lebensrealitäten in sich stark heterogen sind.

---

16 Auf Debatten zu Vorzügen und Nachteilen von Identitätspolitiken kann an dieser Stelle nicht weiter eingegangen werden. Es soll nicht der Eindruck entstehen, Identitätspolitik sei per se problematisch oder ineffektiv. Ein gruppenzentrierter Ansatz kann dennoch Gefahr laufen, in bestimmten identitätspolitischen Dilemmata verfangen zu bleiben.

Mir erscheint ein strukturkritischer Ansatz, wie er beispielsweise von Birgit Rommelspacher mit ihrem Konzept der „Dominanzkultur" vertreten wird, an diesem Punkt weiterführend. Dabei wird nicht von diffusen ‚Gruppenzugehörigkeiten im Individuum' als Grundlage der Analyse von Unterdrückung ausgegangen, sondern von gesellschaftlichen Machtstrukturen und ihren vielschichtigen Wirkungen. Auf dieser Grundlage kann dann untersucht werden, wie die sozialen Positionierungen hervorgebracht werden, an denen Unterdrückung erfahrbar wird, und wie Subjektivität, ‚Identität' und ‚Gruppenzugehörigkeit' im gesellschaftlichen Kontext von Dominanz und Unterdrückung überhaupt entstehen.

2.4. Macht ...

Der Fokus auf Macht und Unterdrückung berührt unmittelbar auch die Frage nach Kategorie- und Identitätskonzeptionen, weshalb sie im Folgenden noch einmal gemeinsam diskutiert werden. Ebenso wie ‚Kategorien sozialer Ungleichheit' und ‚Identität', sind ‚Macht' und ‚Unterdrückung' zentrale Begriffe der Interdependenzdebatte und prinzipiell nicht voneinander trennbar.

Vor allem antikategoriale Ansätze beziehen multiple Wirkungen von Macht in ihre Analyse ein und arbeiten stärker als andere mit einem Machtbegriff, der an Foucault angelehnt ist. Macht wird darin nicht linear von ‚oben' nach ‚unten' wirkend verstanden, sondern an verschiedenen gesellschaftlichen Punkten analysierbar gemacht: „Die Macht […] muss analysiert werden als etwas, was zirkuliert und nur als Verkettung funktioniert. Sie ist niemals hier und dort anzutreffen, sie liegt nie in den Händen gewisser Leute, sie lässt sich nie aneignen wie Reichtum oder ein Gut. Die Macht funktioniert. Die Macht verteilt sich über Netze, und in diesen Netzen zirkulieren die Individuen nicht nur, sondern sind stets auch in der Position, diese Macht zugleich über sich ergehen zu lassen wie sie auszuüben" (Foucault 2001: 44). Der Vorteil des Foucaultschen Machtbegriffs für die Analyse interdependenter Ungleichheitsverhältnisse liegt m.E. darin, dass gestützt auf ihn Verschachtelungen und komplexe gesellschaftliche Beziehungs- und Unterdrückungsstrukturen möglicherweise besser analysiert werden können als mit linearen Machtmodellen. Es geht mir dabei nicht um eine Eins-zu-eins-Übernahme, sondern um einen Machtbegriff, der nicht *eine* Kategorie separiert und determinierend für die Existenz und innere Strukturierung aller anderen Verhältnisse setzt.

Besonders antikategoriale Ansätze stützen sich zudem in ihrer Dekonstruktion von ‚Identität' auf ein Modell, bei dem das Subjekt, bzw. seine soziale Positionierung, durch gesellschaftliche Machstrukturen hervorgebracht wird. Diese Figur weist ebenfalls Parallelen zu der auf Foucault, Butler und Althusser zurückgehenden Figur der ‚Interpellation' (vgl. Foucault 1983, Butler 2001, Althusser 1977) auf. Sie spielt wiederum bei der Dekonstruktion von ‚Identität' eine Rolle, die vor allem in antikategorialen Ansätzen nicht als ‚wesenhafte Bestimmung', sondern als soziale Positionierung verstanden wird. Wird auf diese Art die Konstruktion von *Identität als sozialer Positionierung* denkbar, ermöglicht dies auch eine kritische Analyse dessen, was unter Differenz im Kontext von Unterdrückungsverhältnissen verstanden werden kann: Erst eine aus dominanter Position erfolgende „interessengebundene Aufladung von ‚Unterscheidungskriterien' und ‚Unterscheidungsmerkmale[n]'" (Eggers 2005) mit Bedeutung ermöglicht es, überhaupt zu *differenzieren* in dem Sinne, dass ‚Eigenes' und ‚Fremdes' bzw. ‚Norm' und ‚Anderes' voneinander getrennt und als different wahrgenommen werden. Durch die Anrufung von Menschen als ‚Andere' – in Diskursen, politischen Praxen, Wissensproduktion und eben auch in der Bildungsarbeit – werden die Konstruktionsprozesse der ‚Differenz' unsichtbar oder naturalisiert und die dominante Position wird re-zentriert. Besonders antikategoriale Ansätze gehen auf diesen Prozess ein und ermöglichen Kritik an ihm.

Im vorangegangenen Abschnitt wurde thematisiert, welches Verständnis von Macht in Theorien zur Interdependenz von Herrschaftsverhältnissen möglicherweise weiterführend sein könnte. Im folgenden Abschnitt soll es um den *Stellenwert* gehen, den die Auseinandersetzung mit Macht und Unterdrückung in Theorien zur Interdependenz einnehmen kann. Mit Bezug auf Birgit Rommelspacher konnte schon festgehalten werden, dass Ansätze, die sich nicht auf (Gruppen)-Identität beziehen, sondern gesellschaftliche Strukturen analysieren, ergiebiger für kritische Analysen sind.

In ihrer Arbeit „Challenging Diversity" plädiert auch Davina Cooper dafür, (Handlungs-)Macht ins Zentrum von Gesellschaftsanalysen zu stellen und schlägt damit auch einen möglichen Weg aus dem Ungleichheitsdilemma von „Umverteilung vs. Anerkennung" (Fraser/Honneth 2003) vor: „Sowohl Ressourcen-Gerechtigkeit wie auch Anerkennungsgerechtigkeit können zum Fortschritt radikaler Politiken beitragen. Dennoch bieten sie – häufig – nur eine unzureichende Grundlage. Ich möchte deshalb eine dritte Möglichkeit vorschlagen, Gerechtigkeit/Gleichheit an Macht, die m. E. ein angemesseneres Modell darstellt als ressourcen- oder anerkennungsbasierte Ansätze. Gerechtigkeit/Gleichheit an Macht dringt bis an den sozial-konstitutiven Charakter von Ungleichheit vor und zwar auf Wegen, die ressourcenbasierten Modellen verschlossen bleiben. Anders als anerkennungsbasierte Ansätze, die aus dem Blick verlieren können, wem dort was angeboten wird, bleibt Gerechtigkeit/Gleichheit an Macht an der Frage dran, warum überhaupt Gerechtigkeit wichtig ist" (Cooper 2004: 77, eigene Übersetzung). Dies sei zwar ein in der Praxis schwer zu vermittelnder Ansatz, doch dürften mögliche Schwierigkeiten in der Umsetzbarkeit nicht dazu führen, den Wert von ‚Machtgerechtigkeit' als moralischen und ethischen Wegweiser bei der Lösung normativ begründeter Gerechtigkeitsprobleme zu schmälern (vgl. ebd.: 77 f).

2.5. ... und Unterdrückung

Nicht erst mit Coopers Forderung nach Gerechtigkeit bzw. Gleichheit in Bezug auf Macht stellt sich die Frage, was Ungerechtigkeit ist, oder anders gefragt, was in den Theorien zur Interdependenz als Ungleichheit und Unterdrückung gefasst wird – und welches Verständnis davon für die Bildungsarbeit weiterführend sein kann. Cooper entwickelt in „Challenging Diversity" ein vielschichtiges Analysemodell, das Macht in Verbindung mit Kategorien sozialer Ungleichheit thematisiert. Da es mir für die Suche nach produktiven Kategorie-, Identitäts- und Machtkonzeptionen[17] sehr hilfreich erscheint, möchte ich es an dieser Stelle kurz skizzieren und kommentieren.

Sie unterscheidet zwischen a) „organising principles of inequality" (Cooper 2004: 41), was sich vielleicht am ehesten mit „Kategorien sozialer Ungleichheit" übersetzen lässt, b) „social dynamics", also sozialen Dynamiken (die ich um die Dimension sozialer Strukturen ergänzen würde) und c) „normative principles", normativen Prinzipien sozialer Ungleichheit. Cooper argumentiert, dass während Kategorien sozialer Ungleichheit eher die Differenzen in der Machtverteilung zwischen Subjekten beschreiben, die dominant-normativen Prinzipien sozialer Ungleichheit sich durch ihre Kapazität auszeichnen, „to condense the space between description and social vision" (ebd.: 93). Anders ausgedrückt sind die *normative principles* die vorherrschenden Normen und Ideale der bestehenden Gesellschaft. Soziale Dynamiken (und Strukturen) hingegen (sie nennt als Beispiel Kapitalismus, Herstellungsmodi von sozialen Beziehungen und den Nexus von Öffentlichkeit und Privat-

17 Alle, auch antikategoriale Ansätze, arbeiten mit einer Konzeption von ‚Kategorien' – sei es, dass sie diese dekonstruieren, sei es, dass sie sie erweitern oder unhinterfragt eine faktische Existenz voraussetzen. Mir geht es hier darum, Kategoriekonzeptionen herauszuarbeiten (und letztlich weiterzuentwickeln), die den Spagat zwischen der Analyse einer realen Wirkmächtigkeit von Kategorien sozialer Ungleichheit und deren analytischer Dekonstruktion vor dem Hintergrund des Ziels einer realen Überwindung von Ungleichheit bewältigen.

heit) seien analytisch von Kategorien sozialer Ungleichheit wie Klasse, Geschlecht etc. zu trennen. Sie argumentiert mit Bezug auf Pierre Bourdieu, dass beispielsweise sozioökonomische Klassenverhältnisse ganz eindeutig durch kapitalistische Prozesse bestimmt würden, gleichzeitig jedoch auch durch andere Dynamiken beeinflusst seien, wie beispielsweise Familienbeziehungen, soziales Kapital, ‚Geschmack', aber auch ihre Situierung im Feld von Öffentlichkeit und Privatheit (vgl. ebd.: 55).

Soziale Ungleichheit, gefasst in Kategorien, sieht Cooper nun in unterschiedlichsten sozialen Dynamiken verankert, die ihrerseits wieder durch normative Prinzipien einer Gesellschaft geformt würden. Alle drei Ebenen – Kategorien, Dynamiken und Strukturen sowie normative Prinzipien – hängen vielschichtig verbunden miteinander zusammen, verstärken sich, prägen und formen Verhältnisse von Macht und Unterdrückung. Um bestimmen zu können, was eine Kategorie sozialer Ungleichheit ist, schlägt sie einen Rahmen vor, der um drei Elemente herum gruppiert ist: a) die soziale Produktion ungleicher gesellschaftlicher Positionen; b) die Art, in der die zu bestimmenden Ungleichheitskategorien durch unterschiedliche Wirkungen von (auch institutioneller) Macht geformt werden und sich wiederum in diesen manifestieren, z. B. Staat, korporative Einheiten, Erziehung und Bildung sowie Gesetze, und c) die Prozesse, innerhalb derer die Kategorien der Ungleichheit durch soziale Dynamiken und Strukturen aufrechterhalten und reproduziert werden (vgl. ebd.: 59f).

Eine Kategorie sozialer Ungleichheit (und damit auch ein Unterdrükkungsverhältnis) ist so dadurch von wahllosen Formen anderer Ungleichheiten bzw. ‚Unfairness' zu unterscheiden, dass sie (die Kategorie) sich in den beschriebenen Wechselwirkungen zu sozialen Strukturen, Dynamiken und Institutionen befindet. Nur wenn dieses Verhältnis gegenseitiger Wechselwirkungen vorzufinden ist, handelt es sich um eine Kategorie sozialer Ungleichheit.

Bei diesen Überlegungen handelt es sich allerdings um keinen ausgereiften Rahmen, und viele Fragen bleiben offen. Beispielsweise bleibt unklar, wer entscheidet, was als ‚soziale Dynamik' gilt und was nicht. Möglicherweise wird die Frage, was eine Kategorie sozialer Ungleichheit ist, nur auf eine andere analytische Ebene verlagert, während das Problem der Definitionshoheit nicht gelöst wird. Auch Kämpfe, die um gesellschaftliche Normen geführt werden, bleiben ausgeblendet, weil nur von den dominanten gesellschaftlichen Normen ausgegangen wird. Einerseits sind diese nur schwer empirisch zu erheben, andererseits wird so der Blick auf Gesellschaft verengt, weil Widerstände gegen hegemoniale Normen nicht benannt werden. Daraus erwachsen weitere Probleme. Etwa, dass die Vereinnahmung subversiver Praxen durch hegemoniale Strategien in einem neoliberalen Setting nicht untersucht werden kann; oder dass die Frage, inwieweit solche Praxen auch zur Stabilisierung des Status Quo beitragen können, nur schwer gestellt werden kann. Gleichfalls erscheint die Akteursebene seltsam leer. Handelnde Individuen, ihr Bewusstsein von und ihr Verhalten in gesellschaftlichen Strukturen tauchen hier zunächst nicht auf.

So kann Coopers Analyse als produktive, wenn auch unvollständige Arbeit verstanden werden. Es wird deutlich, dass der Kategoriebegriff, den Cooper verwendet, in sich schon interdependent ist, da Verschränkungen, Abhängigkeiten und Beeinflussungen mit anderen Unterdrückungsverhältnissen und der gesellschaftliche Kontext in der Definition per se enthalten sind. Was eine Kategorie sozialer Ungleichheit ausmacht, ist ihre sich in vielseitigen Wechselwirkungen ausdrückende Verschränkung mit anderen Kategorien, die ihrerseits ebenso bestimmt werden können. Weiterhin sind in dieser Konzeption keine essentialisierenden Identitätsvorstellungen enthalten, die Analyse setzt bei gesellschaftlichen Strukturen, nicht bei unscharf definierten ‚sozialen Gruppen' an, und die Vielschichtigkeit von Machtverhältnissen kann relativ präzise beschrieben werden.

3. Fazit

Ich habe zu Beginn die These aufgestellt, dass Interdependenztheorien eine produktive Grundlage für multidimensionale Bildungsansätze sein können. Weiterhin habe ich argumentiert, dass es dabei wichtig ist zu beachten, wie genau Interdependenz in diesen Theorien konzeptionalisiert ist. Dafür habe ich anhand der drei Kriterien ‚Kategorien gesellschaftlicher Ungleichheit/ Herrschaftsverhältnisse', ‚Identität' sowie ‚Macht und Unterdrückung' verschiedene Interdependenzansätze vorgestellt, die mir geeignet erscheinen, eine angemessene Theoriegrundlage für Bildungsansätze bieten zu können. Ausgangspunkt ist dabei die Annahme, dass ein Bildungsansatz, der (a) die Multidimensionalität von ‚Identität' im Zusammenhang mit Herrschaftsverhältnissen aufdecken will, (b) die Einbezogenheit der eigenen Subjektposition in diese Herrschaftsverhältnisse reflektieren will und (c) ermöglichen will, auf Grundlage dieser Erkenntnisse bündnis- und handlungsfähig in Richtung einer Überwindung dieser Herrschaftsverhältnisse zu werden, ein (bestimmtes) interdependentes Verständnis von Kategorien und Strukturen sozialer Ungleichheit braucht und gleichzeitig seine Theoriegrundlage offen legen sollte.

In Bezug auf mögliche Kategoriekonzeptionen erscheint dabei das Konzept der interdependenten Kategorie weiterführend, das von Katharina

Walgenbach vertreten wird und erlaubt, die additive Verrechnung von Kategorien gesellschaftlicher Ungleichheit zu umgehen. Diese Kategoriekonzeption löst m.E. am besten das Problem, in der Analyse gesellschaftlicher Ungleichheiten zu einem gewissen Grad auf Analysekategorien angewiesen zu sein, um gesellschaftliche Verhältnisse verhandelbar zu machen und in sie eingreifen zu können, ohne gleichzeitig durch eine – wenn auch nur analytische – Bezugnahme auf Kategorien diese immer wieder zu reproduzieren. Diese Konzeption löst sich davon, die Arbeit mit Analysekategorien per se abzulehnen, wie dies bei antikategorialen Ansätzen nahegelegt wird, oder aber sich unreflektiert und damit tendenziell essentialisierend auf diese zu beziehen, wie es bei realkategorialen Ansätzen der Fall sein kann.

Kategorien werden hier nicht einfach dekonstruiert, stattdessen wird der Kategoriebegriff als *in sich interdependent* reformuliert. So wird eine grundsätzlich neue Bestimmung dessen möglich, was unter Kategorien verstanden werden kann. Für die Bildungsarbeit kann dies bedeuten, auch bei Trainings, die an ‚nur' einem Unterdrückungsverhältnis ansetzen, dessen vielfache wechselseitige Verwobenheit mit anderen interdependenten Kategorien ins Zentrum der Analyse zu stellen. Dabei kann auf die Spezifik der jeweiligen Verknüpfungen eingegangen und die Komplexität gesellschaftlicher Verhältnisse besser dargestellt werden. Soziale Positionierungen der Dominanz oder der Marginalität können in diesem Rahmen besser auf ihre Abhängigkeiten und Handlungspotenziale abgeklopft werden, ohne dabei Menschen mit diversen Unterdrückungserfahrungen zu klaren ‚Gruppen' zu vereindeutigen oder in eine Opferrolle zu drängen.

Bei der Frage nach dem Umgang mit ‚Identität' erscheint ein Ansatz wie „Dominanzkultur" von Birgit Rommelspacher hilfreich. Er setzt an Strukturen gesellschaftlicher Ungleichheit an und löst so Problematiken, die sich in stärker identitätsbezogenen Ansätzen ergeben. Ein strukturbezogener Ansatz kann unterschiedliche Formen von Macht analysieren und ist deswegen anschlussfähig für die Frage danach, wie Macht und Identität miteinander verbunden sind. So kann ‚Identität' als nicht-essentialistische soziale Positionierung gefasst werden und nicht als Qualität oder Eigenschaft von Individuen. Eine solche Konzeption ermöglicht m.E. mehr Anschlüsse für politische Interventionen als ein Ansatz, der von vordefinierten Gruppen ausgeht und vor allem darum kreist, wie die Situation dieser Gruppen verändert werden kann – wobei auch die Kritik gesellschaftlicher Herrschaftsstrukturen die Verbesserung der individuellen Lebenssituation Einzelner zum Ziel hat. In Bildungskontexten ermöglicht eine solche Herangehensweise die Arbeit mit und Infragestellung von Differenz und Identitätsbildungsprozessen. Dabei müssen individuelle Zugehörigkeitsgefühle nicht übergangen werden, aber es wird möglicherweise leichter, diese auf ihre gesellschaftliche Eingebundenheit zu hinterfragen. So wird Menschen keine Gruppenzugehörigkeit qua ‚objektiver' Kriterien nahe gelegt, dennoch können reale Unterschiede in der sozialen Positionierung benannt und jeweils passende Handlungsspielräume zu deren Überwindung entwickelt werden.

Geht es um die Konzeption von Macht und Unterdrückung, ist es m.E. sinnvoll, Konzepte zu verwenden, die einen nicht-linearen und möglichst umfassenden Machtbegriff haben. Ein Konzept, das einerseits unterschiedlichste Machtwirkungen umfasst und gleichzeitig auch Kriterien anbietet, Probleme in der Analyse von Macht und Unterdrückung zu lösen, findet sich bei Davina Cooper. Sie legt Kategorien gesellschaftlicher Ungleichheit insofern als interdependent aus, als diese bei ihr nicht nur (wie beispielsweise bei Walgenbach) mit anderen Kategorien in einem interdependenten Verhältnis stehen, sondern auch mit Institutionen, Handlungsweisen und gesellschaftlichen Normen, die alle gleichermaßen hinterfragt und kritisch auf ihre Einbezogenheit in Unterdrückungsverhältnisse analysiert werden müssen. Gleichzeitig ist ihr Maßstab für Gerechtigkeit nicht nur der gleiche Zugang zu materiellen, kulturellen und sozialen Ressourcen oder die Anerkennung von Differenz, sondern die Gleichheit in Bezug auf Macht (die sich hier mit Handlungsfähigkeit ergänzen ließe). Auch wenn dieses Konzept noch theoretische Leerstellen aufweist und nicht einfach in die Praxis übertragen werden kann, bietet es doch für die Bildungsarbeit interessante Anregungen: Einerseits eröffnet es einen Ausgangspunkt, die Normen (auch emanzipatorischen) gesellschaftlichen Handelns zu hinterfragen. Zweitens bietet es die Aussicht, bei der Thematisierung von interdependenten Unterdrückungsverhältnissen möglichst viele Ebenen der Handlungsfähigkeit in den Blick zu bekommen und deren Verbindungen miteinander wiederum zu analysieren. Drittens eröffnet es die Möglichkeit, immer wieder die gesellschaftliche Machtfrage zu stellen. Es schlägt keine Kategorien von vornherein aus und verengt auch die Auswahl nicht, macht aber deutlich, dass nicht alles, was als ‚unfair' erlebt wird, auch ein gesellschaftliches Unterdrückungsverhältnis ist, während gleichzeitig untersucht werden kann, wie solche Verhältnisse konkret und historisch wirken, worauf sie sich stützen, und wie sie funktionieren. Auch diese Konzeption eröffnet damit ein differenziertes Feld vielfältiger politischer Interventionsmöglichkeiten und ermöglicht die explizite Berufung auf Kapitalismuskritik, die in vielen anderen Ansätzen untergeht.

Politische Bildungsarbeit hat Dynamiken, die sich von Dynamiken in der wissenschaftlichen Theorieproduktion unterscheiden. Es ist sicher nicht sinnvoll, in Bildungsarbeit ein Instrument zur Umsetzung von Theorien sehen zu wollen, ebenso kann auch Theorieproduktion nicht ‚auf Wunsch' von Bildungspraxen verlaufen. Besonders im Fall von Interdependenztheorien sowie multidimensionaler Bildungsarbeit halte ich es dennoch für angemessen, für eine stärkere Vernetzung von Theorie und Praxis zu plädieren. Einerseits können die Bildungsarbeit und die Fragen, die sich in ihr ergeben, Entwicklungen in der Theorieproduktion anstoßen und als Korrektiv funktionieren, das immer wieder danach fragt, wie vermittelbar Theorien sind und welche möglichen Auswirkungen ihre Umsetzung in die Praxis haben. Andererseits kann die Theorie wichtige Beiträge zu einer Reflexion von Methoden, Inhalten und Formen der Bildungspraxis liefern und neue Perspektiven auf gesellschaftliche Problemlagen eröffnen.

Ich möchte deshalb an dieser Stelle nicht für eine Umsetzung von Interdependenztheorien in die Bildungsarbeit plädieren, wohl aber für (noch) mehr Räume, in denen das Verhältnis von Theorie und Praxis diskutiert werden kann. Diese Räume könnten zur Reflexion und Fortentwicklung von Bildungsarbeit und Theorien genutzt werden. Gleichzeitig sollten sie Platz bieten für den notwendigen Streit darüber, was eigentlich in der Bildungsarbeit erreicht werden soll, welche Kompromisse aus welchen Gründen geschlossen oder abgelehnt werden, was die eigene Rolle innerhalb der Verhältnisse ist, die Gegenstand der Bildungsarbeit sind, und wie das eigene Verhältnis zu dem ist, was mensch da tut.

Bibliographie

Adams, Maurianne/Bell, Lee Anne/Griffin, Pat (Hrsg.) (2007): Teaching for Diversity and Social Justice, New York/London.

Althusser, Louis (1977): Ideologie und ideologische Staatsapparate, in: Aufsätze zur marxistischen Theorie, Hamburg/Berlin, S. 140-145.

Broden, Anne/Mecheril, Paul (Hrsg.) (2007): Re-Präsentationen. Dynamiken der Migrationsgesellschaft, Düsseldorf.

Butler, Judith (2001): Psyche der Macht. Das Subjekt der Unterwerfung, Frankfurt a.M.

Castro Varela, María do Mar (2006): Interrogating Intersectionality, in: Doing Intersectionality. Theorizing Practice – Practicing Theory; Abstract zur Podiumsdiskussion der AG Intersektionalität mit María do Mar Castro Varela, Nikita Dhawan und Hanna Hacker am 29.06.2006 im Rahmen des Graduiertenkollegs Geschlecht als Wissenskategorie am Zentrum für transdisziplinäre Geschlechterstudien der Humboldt-Universität zu Berlin.

Castro Varela, María do Mar/Dhawan, Nikita (2003): Postkolonialer Feminismus und die Kunst der Selbstkritik, in: Steyerl, Hito/Gutiérrez Rodiguez, Encarnación

(Hrsg.) (2003): Spricht die Subalterne deutsch? Migration und postkoloniale Kritik, Münster.
Combahee River Collective Statement (1986): Black Feminist Organizations in the 70s and 80s, New York.
Cooper, Davina (2004): Challenging Diversity. Rethinking Diversity and the Value of Difference, Cambridge.
Davis, Angela (1982): Rassismus und Sexismus. Schwarze Frauen und Klassenkampf in den USA, Berlin.
Eggers, Maureen Maisha (2005): Rassifizierte Machtdifferenz als Deutungsperspektive in der Kritischen Weißseinsforschung in Deutschland, in: Eggers, Maureen Maisha/Kilomba, Grada /Piesche, Peggy/Arndt, Susan (Hrsg.) (2005): Mythen, Masken und Subjekte. Kritische Weißseinsforschung in Deutschland, Münster.
Eggers, Maureen Maisha/Kilomba, Grada/Piesche, Peggy/Arndt, Susan (Hrsg.) (2005): Mythen, Masken und Subjekte. Kritische Weißseinsforschung in Deutschland, Münster.
Elverich, Gabi/Kalpaka, Annita/Reindlmeier, Karin (Hrsg.) (2006): Spurensicherung. Reflexion von Bildungsarbeit in der Einwanderungsgesellschaft, Frankfurt a.M.
Fenstermaker, Sarah/West, Candace (1995): Doing Difference, in: Gender & Society, Jg. 9, Heft 1, February 1995, S. 8-37.
Foucault, Michel (2001): In Verteidigung der Gesellschaft. Vorlesungen am Collège de France (1975-76), Frankfurt a.M., S. 14-57.
Ders. (1983): Sexualität und Wahrheit 1. Der Wille zum Wissen, Frankfurt a.M.
Fraser, Nancy/Honneth, Axel (2003): Umverteilung oder Anerkennung? Eine politisch-philosophische Kontroverse, Frankfurt a.M.
Garske, Pia (2007): Social Justice Education - Training gegen soziale Ungleichheit? Eine Analyse von Grundbegriffen der Interdependenzdebatte in der Social Justice Education, unveröff. Diplomarbeit, FU Berlin.
hooks, bell (1984): Feminist Theory from Margin to Center, Cambridge.
Hornscheidt, Antje (2007): Sprachliche Kategorisierung als Grundlage und Problem des Redens über Interdependenzen, in: Walgenbach, Katharina/Dietze, Gabriele/Hornscheidt, Antje/Palm, Kerstin (2007): Gender als interdependente Kategorie. Neue Perspektiven auf Intersektionalität, Diversität und Heterogenität, Opladen.
Kalpaka, Annita (2003): Stolpersteine und Edelsteine in der interkulturellen und antirassistischen Bildungsarbeit, in: Stender, Wolfram/Rohder, Georg/Weber, Thomas (Hrsg.): Interkulturelle und antirassistische Bildungsarbeit, Frankfurt a.M., S. 56-79.
Klinger, Cornelia (2003): Ungleichheit in den Verhältnissen von Klasse, Rasse und Geschlecht, in: Knapp, Gudrun-Axeli/Wetterer, Angelika (Hrsg.): Achsen der Differenz. Gesellschaftstheorie und feministische Kritik II, Münster.
Knapp, Gudrun-Axeli/Wetterer, Angelika (Hrsg.) (2003): Achsen der Differenz. Gesellschaftstheorie und feministische Kritik II, Münster.

Lenz, Ilse (1995): Geschlecht, Herrschaft und internationale Ungleichheit, in: Becker-Schmidt, Regina/Knapp, Gudrun-A. (Hrsg.): Das Geschlechterverhältnis als Gegenstand der Sozialwissenschaften. Frankfurt a.M./New York, S. 19-47.
McCall, Leslie (2005): The Complexity of Intersectionality, in: Signs. Journal of Women in Culture and Society, Jg. 30, Heft 3, S. 1771-1800.
Oguntoye, Katharina/Opitz, May/Schultz, Dagmar (Hrsg.) (1986): Farbe bekennen: Afro-deutsche Frauen auf den Spuren ihrer Geschichte, Frankfurt a.M.
Piesche, Peggy (2005): Das Ding mit dem Subjekt, oder: Wem gehört die kritische Weißseinsforschung?, in: Eggers, Maureen Maisha / Kilomba, Grada / Piesche, Peggy/Arndt, Susan (Hrsg.): Mythen, Masken und Subjekte. Kritische Weißseinsforschung in Deutschland, Münster.
Rommelspacher, Birgit (1998): Dominanzkultur. Texte zu Fremdheit und Macht, Berlin.
Rosenstreich, Gabriele (2007): The Mathematics of Diversity Training: Multiplying Identities, Adding Categories and Intersecting Discrimination, in: Broden, Anne/Mecheril, Paul (Hrsg.): Re-Präsentationen. Dynamiken der Migrationsgesellschaft, Düsseldorf.
Dies. (2006): Von Zugehörigkeiten, Zwischenräumen und Macht: Empowerment und Powersharing in interkulturellen und Diversity-Workshops, in: Elverich, Gabi/Kalpaka, Annita/Reindlmeier, Karin (Hrsg.): Spurensicherung. Reflexion von Bildungsarbeit in der Einwanderungsgesellschaft, London/Frankfurt a.M, S. 195-231.
Steyerl, Hito/Gutiérrez Rodiguez, Encarnación (Hrsg.) (2003): Spricht die Subalterne deutsch? Migration und postkoloniale Kritik, Münster.
Walgenbach, Katharina (2007): Gender als interdependente Kategorie, in: Walgenbach, Katharina/Dietze, Gabriele/Hornscheidt, Antje/Palm, Kerstin (2007): Gender als interdependente Kategorie. Neue Perspektiven auf Intersektionalität, Diversität und Heterogenität, Opladen.
Walgenbach, Katharina/Dietze, Gabriele/Hornscheidt, Antje/Palm, Kerstin (2007): Gender als interdependente Kategorie. Neue Perspektiven auf Intersektionalität, Diversität und Heterogenität, Opladen.
Zetkin, Clara (1979): Zur Geschichte der proletarischen Frauenbewegung Deutschlands, Frankfurt a.M.

Internetressourcen

http://andersdeutsch.blogger.de/stories/1169431/ (Zugriff vom 31.07.08)
Europäische Union – Amsterdamer Vertrag: *http://eur-lex.europa.eu/de/treaties/dat/11997D/htm/11997D.html* (Zugriff vom 31.07.08)
Crenshaw, Kimberlé (1991): Mapping the Margins, in: The Board of Trustees of Leland Stanford Junior University, Stanford Law Review July 1991; 43 Stan. L. Rev. 1241: *http://homepages.gac.edu/~arosenth/344/Crenshaw_Mapping_the_Margins.pdf* (Zugriff vom 31.07.08)
Mecheril, Paul (o.J.): Diversity. Die Macht des Einbezugs, in: Onlinedossier

Managing Diversity. Alle Chancen genutzt? der Heinrich-Böll-Stiftung; *http://www.migration-boell.de/web/diversity/48_1012.asp* (Zugriff vom 31.07.08)

Rommelspacher, Birgit (2006): Interdependenzen. Geschlecht, Klasse und Ethnizität, in: *http://www2.gender.hu-berlin.de/geschlecht-ethnizitaet-klasse/index5ae0.html?set_language=de&cccpage=referat&set_z_referentinnen=6* (Zugriff vom 31.07.08)

Truth, Sojourner (1851): Ain't I a Woman? (Rede auf der „Women's Convention" 1851, Ohio), in: *http://www.feminist.com/resources/artspeech/genwom/sojour.htm* (Zugriff vom 31.07.08)

Walgenbach, Katharina/Grohs, Telse S. (2006): Einleitung zum virtuellen Seminar im Mai 2006 „Interdependenzen. Geschlecht, Ethnizität und Klasse"; In: *http://www2.gender.hu-berlin.de/geschlecht-ethnizitaet-klasse/* und *www.geschlecht-ethnizitaet-klasse.de/index9068.html?set_language=de&cccpage=einleitung* (Zugriff vom 31.07.08)

Thomas Viola Rieske

Queere Biographien?

Möglichkeiten und Probleme von Aufklärungsarbeit über lesbische, schwule, bisexuelle und transgeschlechtliche Lebensweisen

> Den Versuch zu unternehmen, ein Leben als eine einzigartige und für sich selbst ausreichende Abfolge aufeinander folgender Ereignisse zu begreifen, ohne andere Bindung als die an ein Subjekt, dessen Konstanz zweifellos lediglich in der des Eigennamens besteht, ist beinahe genauso absurd wie zu versuchen, eine Metro-Strecke zu erklären, ohne das Streckennetz in Rechnung zu stellen, also die Matrix der objektiven Beziehungen zwischen den verschiedenen Stationen.
>
> *Pierre Bourdieu (1990: 80)*

Konzepte politischer Bildung legen gemeinhin einen großen Wert auf die Frage, wie ein bestimmtes Wissen oder Denken methodisch zugänglich gemacht werden kann bzw. wie Bedingungen geschaffen werden können, die den Teilnehmenden von Bildungsveranstaltungen eine Erprobung kritischen Denkens und Handelns ermöglichen. Die diese Methoden anwendenden Pädagog_innen[1] bekommen dabei zumeist eine Rolle der Mediation oder Moderation zugeschrieben. Gegenstand ihrer Vermittlung ist dabei entweder das Wissen über gesellschaftliche Vorgänge oder die dazu getroffenen Aussagen der Teilnehmenden von Bildungsveranstaltungen. Die persönlichen Erfahrungen und die soziale Position von Pädagog_innen hingegen spielen als potenzielle Gegenstände von Bildungsarbeit eine geringe Rolle. Diese Tendenz zur Intransparenz lehrender Subjekte unterscheidet pädagogisch formierte Kommunikation von alltäglichen Begegnungen, da in letzteren eine geplante systematische Nicht-Thematisierung der Erfahrungen einzelner Beteiligter die Ausnahme bildet. Das Ziel einer derartigen Kommunikationsform ist auf Seiten der Lernenden die Konzentration auf ihre *eigenen* Denkweisen bzw. auf ihren *eigenen* Bezug zur Welt; auf Seiten

1 Zur Benutzung des „_“ als Hinweis auf die Möglichkeit und Existenz von nicht-normativen Lebensweisen vgl. s_he (2003).

der Lehrenden bedeutet sie einen Schutz vor Angriffen gegen die eigene Person, Verletzungen und Verunsicherungen, deren man sich innerhalb des beruflichen Rahmens nur begrenzt entziehen könnte, wenn man nicht die eigene Reproduktionsfähigkeit gefährden will. Dies kann jedoch zu einer theoretischen Suspendierung des intersubjektiven Charakters der pädagogischen Begegnung führen, welcher in der Praxis beständig realisiert wird: einerseits in der Wahrnehmung der sozialen Position von Pädagog_innen durch die lernenden Subjekte und der Bedeutung dieser Wahrnehmung für den Lernprozess,[2] andererseits in der immer wiederkehrenden Praxis von Pädagog_innen, von eigenen Erfahrungen (z.B. mit Drogenkonsum), Ausgeherlebnissen oder Urlaubsplänen zu erzählen. Eine Reflexion solcher biographischer Bezüge ist kaum Teil von Konzepten politischer Bildung oder Gegenstand von Fortbildungen. Welche Lernmöglichkeiten bieten derartige Erzählungen? Wie können sich Pädagog_innen in ihrer Arbeit sinnvoll als sozial positionierte Subjekte einbringen? Welche Gefahren bergen biographische Bezüge von Pädagog_innen? Wie können sie reflektiert werden?

Um diese Fragen mit einer gesellschaftskritischen Perspektive beantworten zu können, ist ein Verständnis von Biographien und Erfahrungen notwendig, das diese als gesellschaftlich vermittelt fasst (vgl. Markard 1999) und deren Verhältnis zu Subjekten kein äußerliches ist: "it is not individuals who have experience, but subjects who are constituted through experience" (Scott 1999: 83). Wenn es außerdem darum geht, das kritische und pädagogische Potenzial des Erzählens von Erfahrungen einzuschätzen, ist ein Begriff notwendig, der Selbstentwürfe als politisch begreift und zugleich ihre kritische Reflexion ermöglicht. Mir scheint dafür der Begriff *queer* hilfreich zu sein. Erfunden von sexual- und geschlechterpolitischen Aktivist_innen und Theoretiker_innen, benennt er die gleichzeitige Notwendigkeit wie Unmöglichkeit der begrifflichen Fassung von sozialen Zugehörigkeiten und impliziert eine kritische Haltung gegenüber Regulierungen von Lebensformen und deren Instrumentalisierungen für die Legitimation sozialer Ungleichheit.[3] Seine politische und theoretische Geschichte ist von einem Begreifen der

---

2 So stelle ich einer von mir als weiß und heterosexuell wahrgenommenen Seminarleiterin bestimmte Fragen, von denen ich ausgehe, dass sie diese versteht, zu ihnen etwas sagen kann und mich daraufhin als respektablen Diskussionspartner anerkennt. Sobald sich meine Wahrnehmung verändert, stelle ich andere Fragen. Vgl. auch die Ausblendung der „heimlichen Gedanken" von Versuchspersonen in den Ergebnissen psychologischer experimenteller Forschung (Holzkamp 1996).

3 Von seiner Verwendung als potenziell Differenzen nivellierender Sammelbegriff für schwule, lesbische, bisexuelle, transgeschlechtliche, intergeschlechtliche und nicht-normativ heterosexuelle Lebensweisen sehe ich an dieser Stelle ab.

gesellschaftlichen Vermitteltheit scheinbar privater und intimer Phänomene gekennzeichnet und dem zornigen Aufstand gegen jene Epistemologien und Institutionen, die unser Denken über die Welt und uns selbst derartig strukturieren, dass wir immer wieder nicht anders können, als uns zu fügen und an Herrschaft zu beteiligen. Queer steht für den riskanten und fehlbaren Versuch, neue Subjektivitäten zu finden und die Verhältnisse zum Tanzen zu bringen (vgl. Smith 1996 und Sullivan 2003).

Für Selbsterzählungen in politischer Bildung ließe sich nun fragen, was queere Biographien sind, wie sie methodisch eingesetzt werden können und welche Lerneffekte sie haben. Dies scheint mir jedoch einen Teil des kritischen Potenzials von queer zu verschenken. Als Selbstbezeichnung führt dieser Begriff immer wieder dazu, ‚Kritik' zu einem Eigentum zu machen, dessen Besitz als Vollzug gilt und gleichsam unsere Ängste entsorgt, nicht kritisch genug zu sein.[4] Ich möchte demgegenüber queer im Sinne eines Verbs benutzen, d.h. für eine kritische und "deconstructive practice that is not undertaken by an already constituted subject, and does not, in turn, furnish the subject with a nameable identity" (Sullivan 2003: 50). Die Frage lautet dann nicht, wie queere Bildungsarbeit gestaltet werden kann, sondern wie man Bildungsarbeit queeren kann, was also die Fragen sind, die an Bildungsarbeit und darin verwendeten Selbsterzählungen gestellt werden sollten, um ein gesellschaftskritisches Potenzial zu haben.

Ich möchte dies im Folgenden für die Praxis von Aufklärungsprojekten machen, in deren Veranstaltungen Jugendliche die Möglichkeit haben, persönliche Fragen an lesbische, schwule, bisexuelle und transgeschlechtlich (lsbt) lebende Personen zu stellen und somit biographische Erzählungen zum zentralen Bestandteil der pädagogischen Arbeit gehören.[5] Lsbt Aufklärungsprojekte haben sich in Deutschland seit Anfang der 1990er Jahre zunehmend gegründet, um der Diskriminierung von lsbt[6] Lebensweisen in

4 Vgl. Ahmed (2004: 8): "I think the 'critical' often functions as a place where we deposit our anxieties."

5 Dieser Artikel beruht auf meiner von PD Dr. Gisela Ulmann betreuten Diplomarbeit. Erste Überlegungen zu der diskutierten Problematik fanden im Rahmen eines Konferenzbeitrags von Mitgliedern des Aufklärungsprojektes statt (Haarbrücker/Hutta/Linde/Mathar/Rieske 2004). Für wertvolle Hinweise zu einer früheren Version dieses Beitrages danke ich den Teilnehmenden des Forschungscolloquiums von PD Dr. Sabine Hark an der Technischen Universität Berlin.

6 Ich verwende dieses Kürzel an dieser Stelle, auch wenn die Dimensionen „bisexuell" und „transgeschlechtlich" zu jenem Zeitpunkt sicherlich kaum präsent waren. Sie nicht zu erwähnen, würde die Möglichkeit ausschließen, dass auch zu jenen Zeiten in lesbischen und schwulen Projekten bisexuelle und transgeschlechtliche Menschen mitarbeiteten.

Schulen und außerschulischen Jugendeinrichtungen entgegenzuwirken.[7] Ihre Entstehung fußt auf der Wahrnehmung von Schulen als zentralen Orten der Selbstbildung, in denen lsbt Lebensweisen nicht oder auf problematische Weise thematisiert werden, eine Normierung zu heterosexueller Zweigeschlechtlichkeit stattfindet und lsbt Jugendliche eher Diskriminierung erfahren, als dass sie in ihrem Selbstbildungsprozess unterstützt würden (vgl. Timmermanns 2003: 17-73). Da die meisten der in diesen Institutionen pädagogisch handelnden Personen kaum dazu in der Lage schienen, sexuelle Vielfalt positiv darzustellen, entwickelten lesbische und schwule Aktivist_innen die Idee, selbst in Bildungseinrichtungen aktiv zu werden. Entgegen der Behauptung einer West-Berliner Schulsenatorin im Jahr 1979, „fachkompetente Aussagen zum Problem der Homosexualität [seien] nicht von Homosexuellen selbst, sondern von Sexualwissenschaftlern, Medizinern, Psychologen und auch Soziologen zu erwarten" (zit. n. Mücke 1995: 67), gingen sie davon aus, dass gerade sie als von Homophobie direkt betroffene Personen die Kompetenz hätten, eine nicht-diskriminierende Bildungsarbeit zu machen. Zudem gingen sie davon aus, dass eine Begegnung mit realen lsbt lebenden Menschen Vorurteile abbauen würde und bei den Adressat_innen eine Wertschätzung sexueller und geschlechtlicher Vielfalt zur Folge hätte.[8] Lsbt Jugendlichen sollten derartige Angebote einerseits die Erfahrung bieten, dass nicht-heterosexuelle Lebensformen lebbar sind und es dafür unterstützende Netzwerke und Institutionen gibt, andererseits sollten sie dadurch abschätzen können, welche Mitschüler_innen potenzielle Bündnispartner_innen sind.[9]

---

7 Erste Projekte waren das Berliner Projekt *Kommunikations- und Beratungszentrum homosexueller Frauen und Männer e.V.* (1981 gegründet), das Hamburger Projekt *Sozialpädagogische Aufklärung mit homosexuellen Jugendlichen* (1989) und das *Aufklärungsprojekt* beim schwul-lesbischen Jugendnetzwerk *Lambda* (1990). Für ähnliche Projekte in anderen Ländern vgl. Rutherford (1998) und Bavinton/May/Hammond (2005).

8 Als Beleg für diese Vermutung werden Studien zu Einstellungen gegenüber Homosexuellen herangezogen: Befragte mit mehr Kontakten zu Homosexuellen zeigten positivere Einstellungen gegenüber Homosexuellen (z.B. Steffens/Wagner 2004). Allerdings ist die Kausalität derartiger Zusammenhänge ungeklärt: ob vorhandene Kontakte zu positiveren Einstellungen führten oder anderweitig entwickelte positive Haltungen mehr Kontakte ermöglichten (bzw. Homosexuelle im Umfeld dazu ermutigten, sich als lsbt zu outen), kann durch derartige Befragungen nicht erforscht werden.

9 Wie Hark (2002) heraushebt, teilen junge Lesben und Schwule anderen Menschen ihre sexuelle Orientierung erst nach einer „unter Umständen Jahre dauernden Phase sorgfältigen sozialen Screenings" (54) mit, in der sie versuchen, die zu erwartenden Reaktionen auf ein Coming Out als schwul bzw. lesbisch abzuschätzen.

Derzeit gibt es deutschlandweit 24 Aufklärungsprojekte, wovon ein Großteil in Nordrhein-Westfalen angesiedelt ist. Im Folgenden beschreibe ich die Arbeitsweise eines Berliner Projekts, in welchem ich selbst drei Jahre lang mitarbeitete.[10]

1. Die Arbeit des Berliner Aufklärungsprojektes

Das 1990 gegründete Aufklärungsprojekt war zunächst beim schwul-lesbischen Jugendverband Lambda angesiedelt und gehört seit 2005 zum eigens gegründeten Trägerverein ABqueer e.V. Es wird von einem hauptamtlich angestellten Pädagogen geleitet, dem dafür 20 Arbeitsstunden pro Woche zur Verfügung stehen. Zum Projekt gehören im Schnitt etwa 12 ehrenamtliche Mitarbeiter_innen, die zwischen 20 und 27 Jahre alt und meist weißdeutsche Studierende sind.[11] Sie führen pro Jahr etwa 100 Aufklärungsveranstaltungen durch, die in der Regel 90 Minuten dauern.[12] Das Team trifft sich einmal wöchentlich zur Besprechung vergangener Veranstaltungen, Terminvergabe zukünftiger Veranstaltungen und gelegentlicher inhaltlicher Diskussionen bzw. Fortbildungen. Darüber hinaus finden zweimal jährlich Fortbildungswochenenden statt.

Die meisten Veranstaltungen finden in geschlechtergetrennten Gruppen in den Schulen statt und folgen etwa dem folgenden Muster: Nach einer Vorstellungsrunde und einem Aufwärmspiel werden zwei bis drei Methoden benutzt, um mit den Jugendlichen über Themen wie Geschlechternormen, Familienbilder, Diskriminierung oder Sexualität ins Gespräch zu kommen.[13] Dazwischen wird den Jugendlichen angeboten, den Teamer_innen (die ebenfalls in geschlechtshomogenen Teams arbeiten)[14] persönliche Fragen zu stellen. Dies nutzen Jugendliche, um bspw. Fragen wie „Wann und

10 Die folgende Darstellung ist am Leitfaden für die Praktikumsdarstellung im Rahmen des Ausbildungsprojekts Subjektwissenschaftliche Berufspraxis orientiert (vgl. Ulmann/Markard 2000).

11 Mit dem Begriff „weiß-deutsch“ meine ich Personen, die in Deutschland leben, keinen Flüchtlings- oder Migrationshintergrund haben und als weiß durchgehen.

12 Andere Projekte führen häufiger dreistündige Veranstaltungen durch. Das Berliner Projekt machte die Erfahrung, dass längere Veranstaltungen seltener auf Interesse bei den Schulen stoßen und aufgrund von Zeitmangel schwieriger durch Ehrenamtler_innen besetzt werden können.

13 Z.B. Scharade zu Begriffen wie Mann, Lesbe, Eifersucht oder Rollenspiele zu Coming-Out-Situationen oder die Aufgabe, Fotos in Kategorien wie homo-/heterosexuell oder Mann/Frau einzuordnen (um dabei die Strittigkeit der äußerlichen Erkennbarkeit von Sexualität oder Geschlecht zu erfahren).

14 Transgender Projektmitglieder wählen selbst, zu welchen Gruppen sie gehen.

wie hast Du gemerkt, dass Du schwul/lesbisch bist?", „Wie hast du es deinen Eltern/Freunden gesagt und wie haben diese reagiert?", „Hast du einen Freund/eine Freundin und wie habt ihr euch kennen gelernt?", „Findest du das nicht unnormal/eklig?", „Wie haben Lesben Sex?", „Tut Analverkehr weh?" zu stellen. Zum Teil beantworten die Aufklärer_innen diese Fragen, teilweise nutzen sie diese aber auch für Gegenfragen, wie z.B: „Wie wäre es für Euch, wenn jemand in die Klasse käme und der/die schwul bzw. lesbisch ist?", „Wie habt ihr gemerkt, auf wen ihr steht?", „Was würden eure Eltern sagen, wenn ihr euch als schwul/lesbisch outet?". Häufig findet kurz vor Ende der Veranstaltung ein Wechsel der Teamer_innen statt, so dass die Jungen noch Fragen an Lesben stellen können bzw. die Mädchen Fragen an Schwule. Die Vorbereitung der Veranstaltungen variiert in Abhängigkeit davon, ob von den Schüler_innen ausgefüllte Fragebögen vorliegen, in denen sie ihre Vorkenntnisse zu lsbt Lebensweisen, sprachliche Vorlieben für sexuelle Handlungen und erste Fragen angeben können. Vorgespräche mit den jeweiligen Lehrer_innen führt die Projektleiter_in. Direkt nach den Veranstaltungen gibt es häufig kurze Nachbesprechungen der Teamer_innen mit der jeweiligen Lehrer_in. Die Veranstaltungen finden meist auf Veranlassung von Klassenlehrer_innen statt.

Zur Mitarbeit im Aufklärungsprojekt wird mittels Anzeigen in lsbt Printmedien, Plakaten und Vorstellungen bei Orientierungstagen an Hochschulen geworben. Voraussetzung zur Mitarbeit ist, offen lsbt zu leben und maximal 27 Jahre alt zu sein (vgl. Aufklärungsprojekt 2005). Die Ausbildung neuer Teammitglieder geschieht einerseits durch ein bundesweites Einstiegsseminar und andererseits durch anfängliche Hospitationen, bei denen das neue Mitglied zunehmend Aufgaben der Veranstaltungsdurchführung übernimmt.

2. „Ich habe es gemerkt, als ich fünfzehn war" – normalisierte Selbsterzählungen

Den Gegenstand der Aufklärungsveranstaltungen bilden Denkweisen über Geschlecht und Sexualität, deren gesellschaftliche Vermitteltheit sowie Erfahrungen mit den bestehenden Geschlechterverhältnissen. In der Ausbildung wird den zukünftigen Aufklärer_innen ein sozialkonstruktivistisches Verständnis von Geschlecht vermittelt, wie es Jutta Hartmanns Pädagogik vielfältiger Lebensweisen (2002; 2004) zugrunde liegt und mit dem Begriff der Heteronormativität benannt wird. Danach sind Männer und Frauen keine naturgegebenen Kategorien, sondern historisch spezifische soziale Konstruktionen, in welche die kulturellen Normen der Zweigeschlechtlichkeit und Heterosexualität eingeschrieben sind. Diese legen Menschen ein Selbstverständnis nahe, wonach sie von Natur aus eines von zwei Geschlechtern sind und haben, d.h. biologisch entweder männlich oder weiblich sind und einen dementsprechenden sozialen Ausdruck ihrer Geschlechtlichkeit finden müssen sowie Angehörige des jeweils anderen Geschlechtes sexuell begehren. Da Zweigeschlechtlichkeit aber eine soziale Konstruktion ist, ist der soziale Ausdruck von Männlichkeit oder Weiblichkeit selbst die Reproduktion dieser Konstruktion, ihre performative Inszenierung: „Geschlecht ... ist eine psychisch verwurzelte permanente Wiederholung einer Norm" (Hartmann 2004: 61). Genau diese vergeschlechtlichten Inszenierungen sollen Gegenstand der Aufklärungsveranstaltungen sein – sowohl im Sinne einer Analyse der jeweils darin geschehenden Reproduktion von Norm als auch im Sinne eines Ausprobierens von subversiven bzw. alternativen Inszenierungen. Eine solche Pädagogik soll „ihre AdressatInnen darin begleiten, ein kritisches Verhältnis zu den gesellschaftlichen Zwängen des Seins und damit Handlungsfähigkeit zu entwickeln" (ebd.: S. 67).

Hinsichtlich der biographischen Erzählungen findet keine derartig theoretisierte Ausbildung statt. In dem genannten Fortbildungsseminar werden die zukünftigen Aufklärer_innen darum gebeten, ihre Sexualbiographie graphisch darzustellen (z.B. als Fluss), was zu einer Vergegenwärtigung bedeutsamer Ereignisse, einer Aktualisierung von Jugenderinnerungen und der Reflexion darüber führt, was davon man in den Aufklärungsveranstaltungen einbringen möchte. Zwar besteht dabei ein Konsens darüber, dass die jeweiligen Biographien historisch und kulturell geprägt sind und die besagten Normen der Heterosexualität und Zweigeschlechtlichkeit der Rahmen sind, in dem sich die jeweilige Selbstbildung vollzog. Ein Wissen darüber, wie derartige Normen die Subjektwerdung strukturieren, wird jedoch nicht vermittelt.[15] Wie sich dies auf die konkreten Erzählungen in den Aufklärungsveranstaltungen auswirkt, ist Thema der folgenden Erörterungen.

Häufig beantworten Aufklärer_innen die Frage danach, wann und wie sie gemerkt haben, lesbisch oder schwul zu sein, mit einer Entdeckungsgeschichte im Kontext von Verliebt-sein: Man verliebte sich in eine Mitschülerin, den besten Freund oder einen Superstar, und wusste von dort an, dass man lesbisch oder schwul sei. Dieses „Wissen" gelang möglicherweise zögerlich zum Vorschein und war teilweise von vielen Selbstzweifeln begleitet, aber letztlich drängte es sich in den Vordergrund und wurde ab einem gewissen Zeitpunkt zumindest einigen Personen im nahen Umfeld mitge-

15 Dies entspricht dem Mainstream der sexualpädagogischen Ausbildung (vgl. z.B. Valtl 2001).

teilt.[16] Eine derartige Erzählung entspricht Phasenmodellen des schwulen bzw. lesbischen Coming Outs, wonach einer vor-schwul/lesbischen Phase ein inneres Coming Out (die Selbsterkenntnis), ein äußeres Coming Out (das Mitteilen der Erkenntnis gegenüber Teilen des sozialen Umfeldes), erste homosexuelle Erfahrungen und/oder Erkundungen schwul/lesbischer Subkultur folgen und schließlich eine Integration einer schwulen oder lesbischen Identität in das Selbstkonzept stattfindet (vgl. Tietz 2004). Es scheint sich bei der genannten Erzählung also um eine realistische Repräsentation homosexueller Biographien zu handeln, das Ziel der Sichtbarmachung scheint erreicht.

Aus der psychologischen Forschung ist allerdings bekannt, dass die menschliche Fähigkeit zur Selbstauskunft begrenzt ist. Auskünfte über die Ursachen des eigenen Handelns und vergangene Erlebnisse sind anfällig für Fehler und Suggestion (vgl. Groeben 1986). Darüber hinaus sind sie reaktiv, d.h. sie sind mit der Art der sie hervorrufenden Fragen und dem dabei kommunizierten bzw. dem von der befragten Person wahrgenommenen Interesse der fragenden Instanz vermittelt. Die Wahrnehmung dieses Interesses hängt wiederum mit bestehenden Diskursen über den Gegenstand der Erzählung zusammen. Eine biographische Frage bietet die Gelegenheit, in den Diskurs einzugreifen, der über einen geführt wird.[17] Dies ist bekanntlich das Ziel der Aufklärungsveranstaltungen, doch die Bedingungen und Begrenzungen dieser Intervention sind nicht hinreichend geklärt.

Wie Judith Butler betont, legen „die Bereiche der politischen und sprachlichen ‚Repräsentation' [...] vorab die Kriterien fest, nach denen die Subjekte selbst gebildet werden, so dass nur das repräsentiert werden kann, was als Subjekt gelten kann" (1991: 16). Die Repräsentationslogik moderner westlicher Gesellschaften ist dabei von Idealen wie Autonomie, Eindeutigkeit, Kohärenz und Stabilität geprägt. Identitätsbezogene Bewegungen, die die Interessen einer bestimmten Gruppe von Personen vertreten wollen, sind daher gezwungen, die Fragilität, Heterogenität, historische Kontingenz ihrer Position zu verschleiern, um ihre Ansprüche erheben zu können (vgl. Hark 1999).[18]

---

16 Dass dies nicht nur für das Berliner Projekt gilt, zeigt die Untersuchung von Timmermanns (2003), der in einer Evaluation von Aufklärungsveranstaltungen in Nordrhein-Westfalen ähnliche Beobachtungen machte.

17 Vgl. hierzu die Studie von Sabine Reh (2003). Die von ihr interviewten ostdeutschen Lehrer_innen waren durch den Diskurs über sie (als Agitator_innen sozialistischer Indoktrination und als durch die Wende politisch und didaktisch verunsichert) einem Rechtfertigungsdruck ausgesetzt, der sich in einer Forschungssituation nicht ausblenden ließ, da sie selbst Teil der Forderung ist, sich zu bekennen.

18 Vgl. auch Bourdieu (1990), der in biographischen Erzählungen eine „Sequenzlogik" wiederfindet: danach gibt es miteinander in Beziehung stehende Etappen, die eine

Sie müssen den Umstand, dass sie als soziale Gruppe erst im Moment ihrer Repräsentation konstruiert werden, negieren. Die festgestellte Kongruenz der Biographien der Aufklärer_innen mit hegemonialen Modellen des Coming Outs ist damit weniger ein Beleg für ihre Gültigkeit als ein Hinweis auf ein Problem, das innerhalb schwullesbischer Bewegungen bereits seit längerem diskutiert wird: die Normierung dessen, was als schwul oder lesbisch gelten kann und eine damit verknüpfte Fortschreibung heteronormativer Subjektivierung.

Dieses Problem hängt nicht nur mit den Kriterien für Darstellbarkeit zusammen, sondern auch mit der Logik der Inklusion in die Sphäre der liberalen Öffentlichkeit, wie sie von identitätsbezogenen Bewegungen angestrebt wird, „durch heteronormative und eurozentristische Standards bestimmt, die permanent Ausschlüsse produzieren" (Wünsch 2005: 33). Dies macht die Partikularität einer Politik der Sichtbarkeit deutlich, wie sie in der Selbstverständlichkeit, dass ein Coming Out Teil einer schwulen oder lesbischen Identität sei, praktiziert wird: Sichtbarkeit als Mittel und Ziel von Politik zu setzen ist nur sinnvoll für jene, die sich diese Sichtbarkeit leisten können und nicht bereits aus anderen Gründen von Hypervisibilität geplagt sind (vgl. ebd.). Das Risiko des Verlustes von sozialer Unterstützung, das mit einem Coming Out einhergeht, kann am ehesten eingehen, wer Zugang zu anderen sozialen Netzwerken hat. Wenn diese aber, wie z.B. schwullesbische oder queere Subkulturen, von ethnisierenden oder körpernormierenden Ausschlüssen gekennzeichnet sind (vgl. z.B. Miyake 2008), wird der vermeintliche Gewinn an Handlungsfähigkeit aufgrund eines Coming Outs bzw. vermehrter Sichtbarkeit ambivalent.

Das Ziel, lsbt Lebensweisen in Schulen (vollständig) zu repräsentieren, wird also durch das Aufklärungsprojekt nicht erreicht und ist politisch fragwürdig. Bereits die Einschränkung potenzieller Aufklärer_innen auf Personen, die offen lsbt leben bzw. „ihr Coming-Out bereits ‚absolviert' haben" (Aufklärungsprojekt 2005: 7), führt dazu, dass systematisch bestimmte lsbt Lebensweisen nicht Eingang in die Aufklärungsveranstaltungen finden und vor allem urbane weiß-deutsche zisgeschlechtliche Aufklärer_innen Projektmitglieder werden, weil für diese ein Coming Out und das offen lsb leben ein relativ geringes Risiko bedeutet.[19]

---

notwendige Entwicklung beschreiben, so dass Darstellungen von Laufbahnen als „eine Abfolge von nacheinander durch denselben Akteur [...] besetzten Positionen [...], in einem (sozialen) Raum, der sich selbst ständig entwickelt und der nicht endenden Transformationen unterworfen ist" (ebd.: 80), kaum als Biographien gelten können.

19 Im Gegensatz zu der Silbe ‚trans', die ‚über-, oder ‚jenseits von' bedeutet, steht ‚zis'

Eine Charakterisierung des Standards von „lsbt“ als weiß-deutsch, zisgeschlechtlich und bürgerlich ist jedoch nicht präzise genug, um das politische Potenzial der oben vorgestellten Selbsterzählung einschätzen zu können, da sie zumindest innerhalb des genannten Standards eine marginalisierte Lebensform zum Sprechen bringt und damit die Grenzen des Sagbaren zu erweitern scheint. Gayle Rubins (2003) Konzept der vieldimensionalen hierarchischen Bewertung sexuellen Verhaltens ist hilfreich, um weitere Probleme begreifen zu können: Das, was als „guter Sex“ gilt, ist Rubin zufolge nicht nur heterosexuell, sondern auch ehelich oder zumindest in einer Beziehung, monogam, zeugungsfähig, nicht käuflich, zu zweit, in derselben Generation, privat, nicht pornographisch, nur mit/am Körper und sauber (d.h. kein SM oder Spiele mit Körperausscheidungen). Ich will zu diesen von Gayle Rubin vorgeschlagenen Dimensionen noch zwei weitere hinzufügen: Als positiv bewerteter Sex geschieht zwischen kohärenten Körpern und zwischen gleich ethnisierten Personen. Diesen Formen von Sex wird emotionale Variabilität und Komplexität zugestanden; Menschen, die ihn ausüben (zu scheinen), werden materielle Vergünstigungen zugeteilt. Als „böser Sex“ (Rubin schreibt: „bad sex“) eingeordnet werden folgende Formen von Sexualität: homosexuell, mit beliebigen Partner_innen, promiskuitiv, unfruchtbar, käuflich, allein oder in Gruppen, zwischen den Generationen, öffentlich, pornographisch, mit künstlichen Objekten, sadomasochistisch. Auch hier möchte ich ergänzen, dass die Beteiligung von uneindeutigen bzw. verschieden ethnisierten Körpern zur Abwertung der jeweiligen Sexualität führt. Solche Formen sexuellen Verhaltens sind immer wieder Gegenstand von Ächtung, Sanktionen oder Pathologisierungen und haben, auch wenn sie teilweise als anderen Formen gleichwertig anerkannt werden, einen riskanten Status.

Von diesem Verständnis von Heteronormativität ausgehend, wird die oben beschriebene Praxis der Selbsterzählung noch auf andere Weise fragwürdig als hinsichtlich der Politik von Sichtbarkeit. Kann es wirklich sein, dass so viele Menschen erst bzw. genau in einer Situation von *Verliebt-Sein* ein *Begehren* wahrnehmen? Gab es keine Momente von Begehren in der geschlechtshomogenen Umkleidekabine, keine Phantasien von Dominanz/Unterwerfung mit der besten Freundin, keine feuchten Träume von dem Jungen aus dem vierten Stock? Wurden diese Gefühle tatsächlich als

im Lateinischen für ‚diesseits von‘ und kann für jene Existenzen verwendet werden, die nicht das bei der Geburt zugeschriebene und fortan gelebte Geschlecht verändern oder Zweigeschlechtlichkeit überschreiten. Ich bevorzuge die Endung „geschlechtlich“, da die Endung „sexuell“ das Missverständnis nahe legt, es handele sich bei Zis-/Transgeschlechtlichkeit um eine Variante sexueller Orientierungen.

Verliebt-Sein wahrgenommen oder ist diese Erzählung ein Versuch, gleichzeitig Sinn aus einem zunächst chaotischen und nicht versprachlichten Phänomen zu machen und die Normalität dieser Erlebnisse durch den Bezug auf Liebe als universelles und unkritisierbares Gefühl zu betonen? Hat man tatsächlich *gemerkt*, lesbisch zu sein, oder war dies vielleicht der einzige Begriff, der einer zur Verfügung stand und zu dessen identifikatorischen Übernahme sie gezwungen war, um artikulationsfähig zu sein, obwohl sie ihn gar nicht so passend fand? War das Coming Out etwas, das man machte, um sich aus einer unerträglichen Unsichtbarkeit zu befreien und womit man die Norm der heterosexuellen Zweigeschlechtlichkeit verletzte – oder ist es eine historisch gewachsene Praktik, die gleichzeitig Selbstermächtigung und Selbstunterwerfung bedeutet, da sie nicht über die Kriterien dessen verfügt, was als Subjekt gelten kann (s.o.) und durch die Performanz von Stolz, Sicherheit und Stabilität „weniger einen Ausbruch aus der Normalität als das Überwechseln von einer Norm in die nächste ermöglicht" (Woltersdorff 2004; vgl. auch Tietz 2004)? Die erzählte (und oft gefühlte) Wahrheit entpuppt sich als diskursiv formierte Wahrheit, die eine Auslassung genau jener Realitäten zur Folge hat, deren Erzählung möglicherweise heteronormativen Logiken widerständig begegnen würde.

Das Verständnis von Sexualität und Geschlecht als innerlich gegeben und im Kontext von gesellschaftlich als positiv bewerteten Beziehungsformen entdeckbare Eigenschaft von Individuen geht einher mit einer Theorie von der Unveränderlichkeit sexueller Orientierungen und geschlechtlicher Identifikationen. In projektinternen Diskussionen über die biographischen Erzählungen in den Aufklärungsveranstaltungen bestätigten einige Aufklärer_innen, dass sie z.B. ihre nicht-gleichgeschlechtlichen Erfahrungen eher nicht erwähnen. So sagte bspw. ein Aufklärer: „Bei mir war es so, nach meinem Coming Out hatte ich ein Jahr nur Sex mit einer Frau. Was ich in Schulklassen nie erzähle, weil ich halt denke, okay – ich will es jetzt hier nicht so kompliziert machen (Gelächter)." Eine andere Aufklärerin meinte, ihr sei in der Projektdiskussion „eingefallen, dass ich mich auch mal in Jungs verliebt habe, ... total vergessen". Das Prinzip dieser Erzählungen lässt sich mit dem Sexualwissenschaftler Gunter Schmidt als monosexuell bezeichnen, d.h. „den Ursprung und die Bedeutung der sexuellen Orientierung fest ins Innere des Individuums, in seine Biografie, seinen Charakter oder seine Biologie zu verankern" und dabei von der Regel der Unveränderlichkeit auszugehen (Timmermanns 2003: 42).

Die Begründungen der Projektmitglieder für ihre begradigten Erzählungen (deren Problematik sie größtenteils anerkannten), verweisen einerseits auf die Gefahr, schulische Spielregeln zu verletzen. Ein Teilnehmer sagte bspw., er würde nicht davon erzählen, in der Umkleide „nen Ständer" gekriegt zu haben, da dies „Irritationen" auslösen könnte. Auch wenn sein Vorschlag, den Schüler_innen zu erzählen, dass er es „irgendwie aufregender fand, mit Jungen zusammen zu sein", mit der von mir problematisierten heteronormativen Selbsterzählung bricht, weist seine Formulierung auf die bereits oben angedeutete institutionelle und kontextuelle Formierung von Sprachmöglichkeiten hin. Die mit dem Wort „Irritation" geäußerte Kritik impliziert eine Norm des gegenseitigen Respektes – aber nicht bezüglich persönlicher Grenzen, sondern bezüglich der hierarchischen Beziehung.[20] Der sprachlichen und thematischen Lockerheit der Aufklärer_innen, die einen Teil ihres Charmes ausmacht (s.u.), sind Grenzen gesetzt, da sie sich in öffentlichen Einrichtungen bewegen und von der Senatsverwaltung finanziert werden, die ganz sicher keine „Irritationen" auslösen will, besonders nicht bei Eltern, die sich Sorgen um ihre vermeintlich heterosexuellen Kinder machen, die womöglich von den Homos beeinflusst werden könnten.[21]

Andererseits verweisen die Aufklärer_innen auf (vermutete) Lerninteressen, Verstehensmöglichkeiten, Lebenslagen und persönliche Grenzen der Adressat_innen. So wurde bspw. argumentiert, dass insbesondere männliche Jugendliche Sexualität auch isoliert von Verliebtheit wahrnehmen würden und eine stärker auf Begehren fokussierende Thematisierung von Sexualität hegemonialer Männlichkeit entspräche, indem sie die Degradierung von Frauen zu Objekten männlicher Lust stärke. Gleichzeitig meinten einige Teilnehmer_innen, dass für Jungen gerade die Erkenntnis, als Mann von Männern begehrt zu werden, das Ideal des unangreifbaren Mannes, welches die Voraussetzung für den sexistischen Blick sei, problematisieren könne. Gegen den Vorschlag, Brüche im eigenen Coming Out zu erzählen und dementsprechend auch heterosexuelle Begegnungen zu erwähnen, wurde zunächst eingewendet, dass dies eine fundamentale Infragestellung des je

20 Weder meine Mitbewohnerin noch meine Eltern noch Schüler_innen einer brandenburgischen Gesamtschule würden mir mitteilen, ich hätte „Irritationen" bei ihnen ausgelöst. Eine derartige Formulierung würde ich eher von unserer Vermieterin, den Eltern meiner Mitbewohnerin oder der Schulleiterin der betreffenden Schule hören.

21 So ließ z.B. die neu ins Amt gesetzte nordrhein-westfälische Bildungsministerin Barbara Sommer im Sommer 2005 zwischenzeitlich das Handbuch „Mit Vielfalt umgehen: Sexuelle Orientierung und Diversity in Erziehung und Beratung" zurückziehen mit der Begründung: „Wir dürfen unseren Kindern nicht das Gefühl geben, dass schwul oder lesbisch zu sein bald Pflicht wird" (vgl. LSVD NRW 2005). Vgl. dazu auch die Erfahrungen von Timmermanns (2003) während der Vorbereitung seiner Studie.

eigenen Selbstbildes bedeuten könne, die manche bereits im Zuge heterosexueller Erfahrungen gemacht hatten: „ich mein, DAS KANN NICHT SEIN, das hab ich, ewig hab ich darum gekämpft, dass ich schwul bin und jetzt bin ich es doch nicht". Schüler_innen würden womöglich dasselbe denken: dass jemand, der sich vorstellen kann, auch heterosexuelle Begegnungen zu haben, eigentlich heterosexuell sei. Alternativ dazu könnten sie auch schlichtweg nicht verstehen, warum sich jemand als lesbisch bezeichnet, trotzdem sie sexuelle Begegnungen mit Männern hat. Diese Möglichkeit wurde als Scheitern der Idee des Aufklärungsprojektes gedeutet und es schloss sich eine Diskussion darüber an, ob man sich auf gegebene Normen positiv beziehen müsse, um von den Jugendlichen verstanden und akzeptiert zu werden, oder ob gerade der Bezug zu der Unerreichbarkeit von Normen eine Verständigungsbrücke herstellen könne. Ebenfalls strittig blieb, ob Aufklärer_innen bestehende Normen durch ihre bloße Existenz verletzen oder die Aufklärungsveranstaltungen selbst normierend wirkten.[22]

Insgesamt zeigt sich ein fundamentales Paradox von lsbt Aufklärungsarbeit: einerseits müsse man den Jugendlichen Bezugspunkte liefern (also Nachvollziehbarkeit gewährleisten) und dabei auf vorhandene Denkformen inklusive der damit verbundenen Wertungen zurückgreifen, andererseits seien genau diese Denkformen zu kritisieren, wozu nicht immer die Gelegenheit bestehe. Was genau potenzielle Bezugspunkte sind, blieb jedoch Gegenstand von Spekulationen darüber, was die Jugendlichen wollen, was ihnen zuzutrauen sei und was man im Rahmen von Aufklärungsveranstaltungen überhaupt leisten kann.

Derartige Spekulationen verweisen darauf, dass die Frage ungeklärt ist, warum die Jugendlichen etwas aus den Veranstaltungen lernen (wollen) könnten, aus welchen Gründen sie das Lernangebot übernehmen könnten. Damit verknüpft ist die in der Einleitung aufgeworfene Frage, inwiefern Selbstthematisierungen von Pädagog_innen sinnvoll sind. Viele kritische Abhandlungen zu pädagogischen Thematisierungen von Geschlecht und Sexualität (z.B. Stuve 2001; Hartmann 2002; Frey 2003) verzichten auf eine derartige Fragestellung. Sie behandeln ihren Gegenstand v.a. unter inhaltlichen Gesichtspunkten, also hinsichtlich der enthaltenen Geschlechterkonzepte. Theoretische Fragen der Organisation von Lernen werden hingegen nicht gestellt, jedenfalls nicht unter Berücksichtigung kritischer Theorien zu

22 Dies nicht nur hinsichtlich der oben benannten Norm des Verliebt-Seins, sondern auch hinsichtlich der Norm der Klassifikation und Identifizierung als vergeschlechtlichtes und monosexuell begehrendes Subjekt, vgl. auch Apel (2005) und Tuider (2004), nach der Aufklärungsprojekte als „kompensierende Defizitpädagogik die dichotomen Arrangements" stärken (ebd.: 125).

Lernen und Lernorten.[23] Besonders bezeichnend ist hier ein bereits angeführtes Zitat von Jutta Hartmanns ansonsten wunderbarem Konzept einer Pädagogik vielfältiger Lebensweisen: der Formulierung „AdressatInnen darin begleiten, ein kritisches Verhältnis zu den gesellschaftlichen Zwängen des Seins und damit Handlungsfähigkeit zu entwickeln" (a.a.O.) ist nämlich kein „soll", wie in meinem Text, sondern ein „wird" vorangestellt. Diesen Optimismus möchte ich gern teilen, doch theoretisch fundiert ist er nicht. Der Versuch, Jugendliche zu einem kritischen Verhältnis zu verhelfen, wird nur dann gelingen, wenn die Adressat_innen der bekannten Formulierung nach ‚dort abgeholt werden, wo sie stehen'. Doch wo stehen sie und warum würden sie aus freien Stücken einsteigen?

Ich möchte diese Fragen ebenfalls entlang des Konzeptes des Aufklärungsprojektes diskutieren. Erneut geht es mir nicht darum, ein schönes und glattes Konzept vorzulegen, sondern darum, kritische Fragen an eine bestehende Praxis, deren Intentionen ich zunächst teile, zu stellen. Dafür greife ich auf ein kritisch-psychologisches Verständnis von Lernen zurück (vgl. Holzkamp 1995). Das Spezifische an Lernhandlungen gegenüber anderem Handeln ist demnach die Herausgliederung einer Handlungsproblematik als Lernproblematik, d.h. der Versuch, eine gegebene Problematik durch die Erweiterung des eigenen Handlungsrepertoires zu überwinden, wozu eine Durchdringung eines Lerngegenstandes notwendig ist. Sofern diese Durchdringung zur Abwendung von Bedrohung bzw. Beeinträchtigung (bspw. durch schlechte Noten, sozialen Ausschluss oder Gewalt) geschieht, handelt es sich nach Holzkamp (1991) um defensiv begründetes Lernen, welches tendenziell durch das Vortäuschen von Lerneffekten und Widerstand/Entzug gekennzeichnet ist. Dies schließt zwar nicht aus, dass sich der jeweilige Lerngegenstand tatsächlich angeeignet wird, jedoch geschieht dies im Wesentlichen nur soweit, wie es zur Bewältigung der jeweiligen Situation notwendig ist. Demgegenüber liegt expansiv begründetes Lernen vor, wenn Lernen auf die Erweiterung von Verfügungsmöglichkeiten bzw. eine Verbesserung von Lebensqualität gerichtet ist. Diese Gegenüberstellung ist hilfreich für ein Verständnis von Lehr-/Lernproblemen: wenn jemand nicht das lernt, was gemäß bestimmter Lehr-/Lerntheorien gelernt werden sollte (und z.B. in einem Fragebogen nach Besuch einer Aufklärungsveranstaltung lediglich eine oberflächliche Toleranz zeigt, vgl. Timmermanns 2003), so

23 Hartmann (2004) verweist zwar auf Erzählungen von Aufklärungsprojektmitgliedern, die bei ihren Veranstaltungen auf Interesse seitens der Jugendlichen an Lebensweisen stießen, die sich klaren Binaritäten entzogen. Es bleibt m.E. aber unklar, unter welchen Umständen ein solches Interesse entsteht und wann es in Exotismus umschlägt.

wäre zu fragen, inwiefern dies mit der Ausklammerung subjektiver Lerninteressen zusammenhängt. In der Analyse von Bildungskonzepten kann demgemäß gefragt werden, inwiefern Adressat_innen darin die Möglichkeit haben, eine Lernproblematik als subjektiv gegebene zu übernehmen bzw. ob eine ‚Lernstörung' produziert wird, „die, weil sie eben bereits im *Lerngegenstand* begründet ist, durch keinerlei Didaktik oder Unterrichtsmethodik mehr geheilt werden kann" (Holzkamp 1997: 279, Herv. i.O.).

3. Queere Peers?

Das pädagogische Konzept, das dem Aufklärungsprojekt zugrunde liegt, ist Peer Education. Diese bezeichnet „das Lehren oder Teilen von Informationen, Werten und Verhaltensweisen ... durch Mitglieder gleicher Alters- oder Statusgruppen" (Sciaca, 1987, zit.n. Bundeszentrale für gesundheitliche Aufklärung 2001: 7). In Peer Education wird zum einen davon ausgegangen, dass gleichaltrige Jugendliche füreinander eine sozialisatorische Bedeutung haben, die für die Vermittlung von Wissen und Werten unter Umständen größer ist, als jene von Schule und Familie. Zum anderen wird darin versucht, Jugendlichen Mitbestimmungsmöglichkeiten einzuräumen und eine Pädagogik zu schaffen, in der Werte wie Selbstbestimmung und Demokratie stärker berücksichtigt werden, als dies im Schulalltag geschieht. Im Falle des Aufklärungsprojektes bedeutet die Anwendung des Peer Education Konzeptes, dass jungen Erwachsenen die Möglichkeit gegeben wird, in einem sie interessierenden Themenfeld ohne eine langjährige Ausbildung pädagogisch tätig zu werden und ihre relative Freiheit von Zwängen des Lehrplans sowie ihre altersbezogene Nähe zu Schüler_innen zu nutzen, um mit diesen in ein Gespräch zu kommen.

Der Bezug auf den Begriff *Peer* ist im Falle des Aufklärungsprojekts zunächst verwunderlich: Allgemein Personen gleichen Status' bezeichnend, wird er in pädagogischen und psychologischen Diskursen vor allem auf gleichaltrige Kinder und Jugendliche angewendet. Weitere Voraussetzungen dafür, dass Menschen füreinander Peers werden, sind nach Maria von Salisch (2001) eine gleiche Stellung innerhalb bestimmter Institutionen (insbesondere der Schule), ein ähnlicher Stand in der kognitiven, soziomoralischen und emotionalen Entwicklung, eine Konfrontation mit ähnlichen Entwicklungsaufgaben, eine gleichberechtigte Teilhabe an der eigenständigen Kultur der Kinder und Jugendlichen, und ein Anspruch auf Gleichrangigkeit. Diese Voraussetzungen sind im Aufklärungsprojekt freilich nicht gegeben: Weder besteht zwischen den Besucher_innen und Durchführenden der Aufklärungsveranstaltungen Altersgleichheit, noch gibt es einen gleichen Stand in der kognitiven, moralischen oder emotionalen Entwicklung oder gemeinsam geteilte Entwicklungsaufgaben. Im Vergleich zu den Lehrer_innen sind die Aufklärer_innen allerdings relative Peers: Sie können keine Noten geben, sind jünger als die Lehrer_innen und können umgangssprachliche Begriffe verwenden, ohne Sanktionen befürchten zu müssen. Ob die durch Peer Education angestrebte Lehr-/Lernform für das Aufklärungsprojekt gilt, ist daher nur unter Berücksichtigung der theoretischen Annahmen zu klären, die ihr zugrunde liegen.

Peer Education beruht auf Forschungen zum gegenseitigen Einfluss von Gleichaltrigen auf ihre individuelle Entwicklung. Darin wird davon ausgegangen, dass Peers versuchen, Unterschiede innerhalb der Peer Group auszugleichen und sich dabei implizit Kompetenzen wie Problemlösungsfertigkeiten oder Denkstrategien aneignen (vgl. Salisch/Kunzmann 2005).[24] Peer Education zielt auf die Nutzung der Bedeutung, die Peers demnach füreinander haben können, für pädagogische Zwecke, d.h. um soziale Kompetenzen zu fördern und Sachinformationen zu vermitteln bzw. eine „Modifikation von Verhalten bzw. Vermeidung (Prävention) eines nichtgewollten Verhaltens“ (Nörber 2003: 83) zu erreichen. Ihre Wirksamkeit wird mit verschiedenen psychologischen Theorien belegt (vgl. zum folgenden Kaestner 2003 und Kleiber/Appel/Pforr 1998). Die bereits dargestellte *entwicklungspsychologische* Argumentation beruht unter anderem auf den Forschungen Jean Piagets (1979), wonach die moralische Entwicklung von Kindern und Jugendlichen vor allem durch Gleichaltrige beeinflusst werde. In einer *lernpsychologischen* Argumentation wird in Anlehnung an Alfred Banduras (1976) sozial-kognitiver Lerntheorie davon ausgegangen, dass menschliches Handeln überwiegend durch Modelle vermittelt wird, wobei das Modelllernen von Faktoren wie dem Status des Modells und dessen Beziehung zur lernenden Person (bspw. Sympathie) abhängig sei. In einer dritten Argumentation wird auf Basis der *Theorie der sozialen Impfung* vermutet, dass Jugendliche gegenüber negativen sozialen Einflüssen immunisiert werden können, wenn sie in geringen Dosen mit schwierigen Situationen konfrontiert werden und dabei Umgangsweisen mit sozialem Druck ausprobieren können. Eine *gemeindepsychologische* Begründung führt die Bedeutung von sozialen Netzwerken für die eigene Lebensbewältigung an. Danach wirkt ein großes soziales Netzwerk präventiv und erhöht die Fähigkeit, Baumeister_in

24 Einige Autor_innen verweisen allerdings darauf, dass Peer-Gruppen hochselektiv sind und die Stratifizierungen der Erwachsenenwelt reproduzieren (vgl. Schmidt-Denter/Spangler 2005). Außerdem können Peer-Beziehungen eine Quelle von Stress sein, wenn Kinder von Gleichaltrigen abgelehnt werden (vgl. ebd.). Dies wird m.W. in der Grundkonzeption von Peer Education nicht berücksichtigt.

der eigenen Lebenswelt zu sein. Peer Education stelle eine Unterstützung solcher Netze dar. Mit einer fünften, *lebensweltorientierten* Perspektive wird schließlich darauf verwiesen, dass Jugendliche aufgrund eines zunehmenden Verfalls von Lebenswelten Angebote zur Bewältigung ihres Alltags bräuchten, die niedrigschwellig sein sollten, indem sie bspw. in ihrem nahen Umfeld bestehen.

Diese Begründungen für die Wirksamkeit und Legitimität von Peer Education weisen einen problematischen Kern auf: die Annahme, dass Menschen von ihrer Lebensumwelt bestimmt werden. Wenn man jedoch davon ausgeht, dass Menschen prinzipiell dazu in der Lage sind, sich zu den ihnen gegebenen Handlungsmöglichkeiten und -beschränkungen zu verhalten, so wird die Behauptung der Wirksamkeit von Peer Education fraglich. Ich möchte dies an der Perspektive des *Lernens am Modell* verdeutlichen: Wenn ich beobachte, dass jemand drogenfrei lebt und damit glücklich ist, so kann ich das beobachtete Verhalten übernehmen. Wenn ich dabei in einen Konflikt gerate (weil ich mich zum Beispiel in der Umgebung meiner betrunkenen Freunde nur wohl fühle, wenn ich auch alkoholisiert bin), dann frage ich diese Person eventuell, wie sie „das schafft" und lebe drogenfrei (oder konsumiere bewusst und kontrolliert Drogen). Ich kann dann aber die Erfahrung machen, dass es mir nicht möglich ist, das Verhalten meines Modells nachzuempfinden (weil ich zum Beispiel zu wenig Menschen kenne, die auch drogenfrei leben oder weil ich meine Lebenssituation anders nicht ertragen kann als durch ausgiebiges Kiffen). In diesem Fall hat mir das Modell nichts gebracht, außer der möglicherweise frustrierenden Erfahrung, nicht so (diszipliniert) wie die andere Person leben zu können – ohne begreifen zu können, woran dies liegen könnte.[25]

Die der Peer Education inhärente „begriffliche Kurzschließung von ‚Lehren' und ‚Lernen'" Holzkamp (1995: 391), führt also dazu, dass der Standpunkt des lernenden Subjekts ausgeblendet und eine von ihm unabhängige Wirksamkeit lehrenden Handelns hypostasiert wird. Wenn diese Wirksamkeit aber fraglich ist, so ist auch anzuzweifeln, dass Peer Education ein in bestimmten Fällen besonders gut funktionierender Ansatz zur Erziehung von Kindern und Jugendlichen ist, da die angeführten Begründungen nicht ausreichen, um die behaupteten Lerneffekte zu erklären. Empirische Studien zur Wirksamkeit von Peer Education Projekten stärken diesen Zweifel: Einen Zuwachs von als positiv bewerteten Kriterien (z.B. themen-

25 Vgl. zu dieser Reformulierung von Aussagen, die von der Bedingtheit menschlichen Handelns ausgehen, in einen Begründungsdiskurs, in welchem die prinzipielle Möglichkeit, sich zu gegebenen Handlungsmöglichkeiten zu verhalten, mitenthalten ist, Holzkamp (1995).

bezogenes Wissen oder Selbstvertrauen) ließ sich bislang vor allem und am abgesichertsten auf Seiten der Peer Educators selbst feststellen, während der Zuwachs bei den Adressat_innen eher niedrig ist und unklar bleibt, ob der gleiche Effekt auch im gewöhnlichen Schulunterricht eintreten würde (vgl. Kleiber et al. 1998; Nörber 2003).[26]

Angesichts dieser Zweifel stellt sich die Frage, inwiefern im Rahmen von Peer Education weitere Maßnahmen ergriffen werden, damit die Personen, deren „unerwünschtes Verhalten" verändern werden soll, keine andere Wahl haben, als eine der vorgeschlagenen Begründungen für sich zu übernehmen. In einer Auswertung eines Suchtpräventionsprogramms kommt Hans-Joachim Rieckmann (1998) zu dem Schluss, dass die Erziehungsförmigkeit der Veranstaltung lediglich durch die Verwendung spielerischer Elemente verschleiert, aber keineswegs abgeschafft wurde: „Der Spaß entschädigt für die fade Belehrung" (ebd.: S. 31). In seiner Analyse wird deutlich, dass es bei Peer Education darum geht, die moralische Entwicklung von (schwer erreichbaren) Jugendlichen zu beeinflussen, indem man ihr nahes soziales Umfeld für die Umsetzung pädagogischer Vorhaben gewinnt, wobei dessen Partizipation sich auf den Vollzug von Strategien beschränkt, die von Erwachsenen vorgegeben werden.[27] Peer Education ähnelt damit der Situation, die von Michel Foucault in Bezug auf bestimmte Entwicklungen an Schulen im 18. Jahrhundert beschrieben wurde. Dort wurden Schüler als Unterlehrer eingesetzt, um das Beibringen einer korrekten Federhaltung oder die Kontrolle der Tätigkeit der Schüler_innen zu unterstützen. Diese Strategie sieht Foucault als Teil einer hierarchisierten, stetigen und funktionellen Überwachung, mit der die „Disziplinargewalt ein ‚integriertes' System wird, das von innen her mit der Ökonomie und den Zwecken der jeweiligen Institution verbunden ist und das sich so zu einer vielfältigen, autonomen

26 Darüber hinaus zeigt sich, dass Peer Education nur Teile ihrer Zielgruppe erreicht. Jugendliche, die sich freiwillig zur Ausbildung als Peer Educator melden, sind häufig Mädchen bzw. Angehörige der Mittelschicht – die gemäß den Annahmen zur Bedeutung von Peers vor allem ihresgleichen erreichen. Zudem werden Peer-Projekte vor allem von Modellschulen oder Gymnasien angefragt, die sich ein positives Image geben wollen (vgl. Kleiber et al. 1998).

27 Kleiber et al. (1998) betonen zwar, dass Peer Education Trainer nicht den Anspruch hätten, Jugendliche für ihre Ziele zu instrumentalisieren, sondern diesen ermöglichen würden, eigene Themen und Ziele zu finden. Die Autor_innen begründen dies mit der Einsicht, dass jeder (junge) Mensch einen bedeutsamen Erfahrungsschatz mitbringe. Damit deuten die Autor_innen allerdings zugleich an, in welchem Bereich den Peers Selbstbestimmung eingeräumt wird: Ein ‚Erfahrungsschatz' ist eben nicht unbedingt ein großer Schatz an moralischen Werten oder Wissen – dafür brauchen die Peer Educators dann doch die erwachsenen Trainer.

und anonymen Gewalt entwickelt“ (Foucault 1994: 228). Mit anderen Worten: Während Peer Education Programme damit werben, Jugendlichen Partizipationsmöglichkeiten und Autonomie einzuräumen, ist ihr Ziel die effektivere Normierung von Jugendlichen durch die Verfeinerung und Vervielfältigung von Vermittlungsorten und -subjekten. Dass in einer Evaluation von Aufklärungsprojekten festgestellt wurde, dass deren Ziel eher oberflächlich erreicht wird, während Jugendliche bspw. Homosexualität bei den eigenen Geschwistern auch nach dem Besuch eines Aufklärungsprojektes eher negativ bewerten (vgl. Timmermanns 2003), weist darauf hin, dass nicht Homophobie bekämpft wird, sondern die öffentliche Sphäre von offenkundiger Homophobie befreit wird, während sie im privaten Bereich und latent auch weiterhin in der Öffentlichkeit ausagiert werden kann. Dies entspricht der Tendenz, (sexuelle) Vielfalt zum Zwecke der Produktivitätssteigerung als Norm zu setzen, während jene Bedingungen, in denen Subjektpositionen und Lebensweisen hierarchisch angeordnet werden, nicht zum Gegenstand der Reflektion und Intervention werden.[28]

Vor diesem Hintergrund stellt sich dem Aufklärungsprojekt angesichts der Widersprüchlichkeit der innerhalb der Peer Education eingeräumten „Partizipation“ die Frage, inwiefern der Peer Education Ansatz dazu führt, eine Autonomie zu suggerieren, wo keine ist. Wie oben ausgeführt, folgen die Narrationen der Aufklärer_innen heteronormativen Logiken von Repräsentation und Inklusion. Als Gründe dafür wurden die (inoffiziellen) Grenzen von Handeln in schulischem Kontext sowie die vermuteten Lerninteressen und -voraussetzungen der teilnehmenden Jugendlichen genannt. An dieser Stelle wird ein weiterer Grund deutlich: Der den Aufklärer_innen eingeräumte Spielraum in ihrem Handeln ist gleichbedeutend mit einer Individualisierung pädagogischer Entscheidungen. Es fehlen Kriterien dafür, um die Beantwortung bspw. der Frage danach, in welcher Form und wie genau man von bisherigen sexuellen Erfahrungen berichtet, nicht mehr ‚pi mal Daumen‘ anhand von Spekulationen darüber, was die Schüler_innen wohl okay finden, was man selbst nicht zu intim findet und womit man sich keinen späteren Ärger einhandelt, zu fällen, sondern aufgrund von systematischeren Reflexionen der Problematik von Repräsentationspolitiken.

Genau diese Reflexion wird aber durch die Bezugnahme auf das Konzept der Peer Education vermieden. Es dient als wissenschaftliche Legitimierung

28 Vgl. Reimers Kritik an Diversity-Ansätzen in der antirassistischen Bildungsarbeit in diesem Band und Duggans (2002) Beobachtungen sexueller Politiken in den USA, wo in den 1980ern die konservative Reaktion auf das Gay-Rights-Movement eine Einschränkung der Forderung nach sexueller Freiheit implizierte: „gay sex is fine in ‚private‘, but should not be ‚displayed‘ or ‚promoted‘ in public“ (ebd.: S. 181).

der pädagogischen Einsetzbarkeit von lsbt lebenden Menschen – als „queere Peers“ sind die Aufklärer_innen unhinterfragbare Expert_innen sowohl in inhaltlicher als auch in methodisch-pädagogischer Hinsicht – und hat zugleich einen Effekt der Vermeidung der Beschäftigung mit der womöglich unangenehmen Frage, warum eigentlich die Teilnehmer_innen von pädagogischen Veranstaltungen dort sind und warum sie den Teamenden zuhören.

In den Veranstaltungen des Aufklärungsprojektes sitzen die Jugendlichen zunächst, weil sie müssen. Es wird zwar das Prinzip der Freiwilligkeit betont; dieses besteht jedoch aufgrund der Schulpflicht lediglich in der Alternative, von der jeweiligen Lehrer_in anderweitig beschäftigt zu werden. Wie könnte unter diesen Bedingungen trotzdem expansiv begründetes Lernen möglich sein? Aus subjektwissenschaftlicher Perspektive müsste die Antwort auf diese Frage auf die Handlungsproblematiken eingehen, für welche die Schüler_innen im Rahmen der Veranstaltungen eine Hilfestellung bekommen können. Die thematisierten Diskurse von Geschlecht und Sexualität können als welche erscheinen, die für die Jugendlichen relevant sind und deren Reflexion die je eigene Lebensführung bereichern kann.[29] Sofern Erfahrungen von lsbt lebenden Menschen erzählt werden, so müssen diese derartig in Bezug zu den Erfahrungen der Jugendlichen begriffen werden, dass eine gemeinsame Struktur erkennbar und erfahrbar ist. Anderenfalls bleiben die Aufklärungsveranstaltungen Belehrungen, die ihre Besonderheit mehr aus der Abwechslung vom Schulalltag denn aus dem eingebrachten Thema gewinnen. Dies lässt sich übrigens auch von einem der Bezugstheoretiker der Peer Education lernen: Jean Piaget stellte keineswegs die These auf, dass Erwachsene für die moralische Entwicklung von Kindern keine Bedeutung hätten. Er verwies lediglich auf die Voraussetzung einer Moral, die nicht auf oberflächlicher Imitation beruht, sondern auf einem Verständnis für die Werte dieser Moral, eine Zusammenarbeit, die auf intellektueller Gleichheit beruht. „Der Erwachsene muß daher ein Mitarbeiter und kein Lehrmeister sein“ (Piaget 1979: 461).

Eine Struktur, von der Aufklärer_innen wie auch ihre Adressat_innen gemeinsam betroffen sind, wird mit dem Begriff Heteronormativität beschrieben, den ich oben erläuterte. Darin wird einerseits der Umstand berücksich-

29 In Bezug auf antirassistische Erziehung formuliert Holzkamp dementsprechend, dass klar werden müsse, „daß mit dem institutionellen Rassismus, im politischen Raum, im juristischen Bereich, in den Medien, auch im pädagogischen Feld selbst, stets (auch) je ich selbst gemeint bin. Damit steht für mich permanent zur Debatte, wieweit die herrschenden Interessen, die über die rassistischen Diskurse in meine Handlungen durchschlagen (sollen), mit meinen Lebensinteressen übereinstimmen oder diesen widerstreiten“ (Holzkamp 1997: 294).

tigt, dass Diskriminierung von lsbt Lebensweisen kein Unterdrückungsakt von (bösen und mächtigen) heterosexuellen Menschen gegenüber (guten und machtlosen) lsbt lebenden Menschen ist, sondern eine Erscheinungsform eines gesellschaftlichen Verhältnisses, das zwar privilegierte und weniger privilegierte Subjektpositionen produziert, diesen aber jeweils einen widersprüchlichen Bezug zu ihrer eigenen Position verschreibt: eine privilegierte Subjektposition ist nie ungefährdet, sondern erfordert Arbeit und hat auch negative Konsequenzen für die privilegierten Subjekte, die bestimmte Lebensmöglichkeiten nicht realisieren können, ohne ihre Privilegien zu riskieren; eine benachteiligte Subjektposition erfordert die Partizipation an der eigenen Benachteiligung, um überhaupt eine Subjektposition einnehmen zu können und die wenigen zugestandenen Lebensmöglichkeiten realisieren zu können.[30]

In einer derartig strukturierten Welt zu leben und an ihr teilzuhaben, bedeutet einerseits ein ständiges Zurückstellen eigener Lebensansprüche und ein ständiges auf sich Verworfen-Sein, wenn es darum geht zu entscheiden, wie man sich zur Welt verhält. Andererseits bedeutet es die subjektive Notwendigkeit, Behinderungen und Entscheidungsschwierigkeiten zur Sprache zu bringen, wobei die Abwehr dieser Notwendigkeit häufig psychische Kosten mit sich bringt.[31] Bildungsarbeit zu Heteronormativität hat unter dieser Perspektive die Aufgabe, soziale Selbstverständigung über vergeschlechtlichte und sexualisierte Lebensweisen und -entwürfe zu ermöglichen und dabei Individualisierungstendenzen entgegen zu treten. Sie kann ihre Adressat_innen nicht dazu zwingen, diesen Raum zu nutzen. Sie kann ebenso wenig sicherstellen, dass ein einmaliges Bereitstellen solcher Räume dauerhafte Veränderungen mit sich bringt. Dazu sind kontinuierliche Zusammenarbeit und institutionelle Veränderungen notwendig, die als politische Forderungen immer wieder gestellt, aber nur selten erfüllt werden.

4. Selbsterzählungen als Teil heteronormativitätskritischer Bildungsarbeit

Selbsterzählungen von Pädagog_innen können einen sinnvollen Beitrag zu heteronormativitätskritischer Bildung leisten, wenn sie als Teil sozialer Selbstverständigung über Heteronormativität begriffen werden, deren Ziel zwar eine lehrende Aufklärung ist, aber nicht im Sinne eines Aufoktroyierens

30 Zu der Bedeutung des Heteronormativitätsbegriffes für heterosexuell positionierte Subjekte und den Fallstricken queerer Heterosexualität vgl. Schlichter (2006).

31 Vgl. hierzu Arbeiten der Kritischen Psychologie, insbesondere der Forschungsgruppe Lebensführung (2004).

von Werten, sondern im Sinne einer Analyse von Erfahrungen/Handlungen als „gelebte Unterdrückung" (Ulmann 2005: 70). Im Falle von Aufklärungsveranstaltungen zu lsbt Lebensweisen müsste es also darum gehen, Bewältigungsweisen von Lebensproblemen zu thematisieren. Selbsterzählungen von Aufklärer_innen präsentieren dabei eine bestimmte Perspektive – eine, die aufgrund heteronormativer Entnennungen im Schulalltag kaum vorkommt. Ihre Erzählungen wären im Sinne des Modelllernens ein Angebot, das Schüler_innen übernehmen, modifizieren oder ablehnen können. Das Angebot sollte eine „begreifende Gesellschaftserkenntnis" (Forschungsgruppe Lebensführung 2004) ermöglichen, d.h. die Erkenntnis der gesellschaftlichen Vermitteltheit scheinbar individueller Probleme, der subjektiven Bedeutung gesellschaftlicher Verhältnisse und damit der widersprüchlichen Wirklichkeit eigenen Handelns als eingebunden in Normierung, Ausschluss und Unterdrückung, sowohl von einer selbst als auch von anderen.

Für die Vorbereitung von Erzählungen aus der geschlechtlichen und sexuellen Biographie ist eine intensive Ausbildung und Reflexion notwendig. Dazu gehört die Vermittlung eines umfassenderen Bildes von Heteronormativität, die im Rahmen der Selbsterzählungen tendenziell als repressive, unterdrückende Struktur dargestellt wird – nicht als auch Subjektpositionen ermöglichende, produktive und vielfältig wirkende Form von Macht. Das schließt ein anzuerkennen, dass Unsichtbar-Machen nur eine von vielen Techniken heteronormativer Macht ist und dass Sichtbarkeit nicht gleichbedeutend mit der Überwindung heteronormativer Verhältnisse ist.

Dies wäre die Voraussetzung, Biographien anders zu begreifen. Nicht ihre atheoretische Aktualisierung, sondern ihre reflektierte Rekonstruktion müsste Ziel der Ausbildung zu Aufklärer_innen (und allgemein: Sexualpädagog_innen) sein. Dies ließe sich methodisch umsetzen, indem nach einer Einführung in die Probleme biographischer Erzählungen (Auslassungen, Formierung durch sprachliche und politische Regeln des Sag- und Unsagbaren bzw. der In- und Exklusion) nicht nur gefragt wird: „Was hast du dann und dann erlebt" und „Wie würdest Du in der Aufklärungsveranstaltung Deine Biographie erzählen", sondern auch „Was hast Du gerade ausgelassen, möglicherweise vergessen?" und „Warum würdest Du dieses oder jenes nicht Schüler_innen erzählen?" Nicht die Frage, wer man ist, sollte in der biographischen Reflexion im Mittelpunkt stehen, sondern auf welche Weisen Erfahrungen und Lebensweisen heteronormativ strukturiert sind.

Es kann zweifellos nicht darum gehen, Pädagog_innen zum Ausplaudern möglichst perverser Einzelheiten aus der je eigenen Biographie anzuregen oder ihre Identitätskonstruktionen so grundsätzlich in Frage zu stellen, dass ihre jeweilige alltagspraktische Relevanz verloren geht – dem Dekonstruieren von Biographien ist eine Grenze gesetzt, die zwar Gegenstand von Verhandlungen werden muss, die selbst aber eine Belastung darstellen und zu einer Handlungsunfähigkeit führen kann. Es kann auch nicht darum gehen, Jugendlichen zu erzählen, Identitätszwänge hätten keine Bedeutung, denn auch dies würde sie in ihrem alltäglichen Handeln kaum unterstützen. Doch die Thematisierung von Brüchen, Dilemmata, Zwängen, Unlösbarem und unbefriedigenden Lösungen scheint mir ebenso wichtig wie das Präsentieren von erfolgreichen Lösungen und unzweideutigen Erfahrungen.

Bibliographie

Ahmed, S. (2004): Declarations of Whiteness: The Non-Performativity of Anti-Racism. Borderlands e-journal, 3(2). Verfügbar unter: *www.borderlandsejournal.adelaide.edu.au/vol3no2_2004/ahmed_declarations.htm* (Zugriff am: 21.03.2005).

Apel, O. (2005): Kleine Seiteneffekte. Gigi. Zeitschrift für sexuelle Emanzipation, Heft 36, S. 20-21.

Aufklärungsprojekt (2005): Einstiegsleitfädchen für das Aufklärungsprojekt von ABqueer e.V.

Bandura, A. (1976): Lernen am Modell. Ansätze zu einer sozial-kognitiven Lerntheorie, Stuttgart.

Bavinton, B./May, S./Hammond, L. (2005): FPA Health Same Difference Youth Panel Speaker Training: A Peer Education Model for Affirming Sexual Diversity and Challenging Homophobia in Education Settings. Verfügbar unter: *http://www.glhv.org.au/files/FPA Health Same Difference Youth Panel Speaker Training a Peer Education Model for Affirming Sexual Diversity Challenging Homophobia in Education Settings.pdf* (Zugriff am: 1.10.2008).

Bourdieu, P. (1990): Die biographische Illusion. BIOS, 3 (1), S. 75-81.

Bundeszentrale für gesundheitliche Aufklärung (Hrsg.) (2001): Peer Education – ein Handbuch für die Praxis, Köln.

Butler, J. (1991): Das Unbehagen der Geschlechter, Frankfurt a.M.

Duggan, L. (2002): The New Homonormativity: The Sexual Politics of Neoliberalism, in: R. Castronovo/D.D. Nelson (Hrsg.): Materializing Democracy. Toward a Revitalized Cultural Politics, Durham, S. 175-194.

Forschungsgruppe Lebensführung. (2004): Zum Verhältnis von Selbsterkenntnis, Weltwissen und Handlungsfähigkeit in der Subjektwissenschaft. Forum Kritische Psychologie, Heft 47, S. 4-38.

Foucault, M. (1994): Überwachen und Strafen. Die Geburt des Gefängnisses, Frankfurt a.M.

Frey, R. (2003): Gender im Mainstreaming: Geschlechtertheorie und -praxis im internationalen Diskurs. Königstein/Ts.

Groeben, N. (1986): Die Fähigkeit zur Selbstauskunft: artifizielle Grenzen und konstruktive Möglichkeiten, in: Ders. (Hrsg.): Handeln, Tun, Verhalten als Ein-heiten einer verstehend-erklärenden Psychologie, Tübingen, S. 133-139.
Haarbrücker, J./Hutta, J./Linde, P./Mathar, E./Rieske, T. (2004): 'Do lesbians have a uterus?' / 'Does gay sex hurt?': Queer theory meets educational practice. Präsentation auf der Konferenz Europe without homophobia: Queer-in(g) communities, Wrozlaw, Polen.
Hark, S. (2002): Junge Lesben und Schwule: Zwischen Heteronormativität und posttraditionaler Vergesellschaftung. Diskurs (1), S. 50-58.
Hark, S. (1999): deviante Subjekte: Die paradoxe Politik der Identität, Opladen.
Hartmann, J. (2004): Dynamisierungen in der Triade Geschlecht - Sexualität - Lebensform: dekonstruktive Perspektiven und alltägliches Veränderungshandeln in der Pädagogik, in: S. Timmermanns/E. Tuider/U. Sielert (Hrsg.): Sexualpädagogik weiter denken. Postmoderne Entgrenzungen und pädagogische Orientierungsversuche, Weinheim, S. 59-77.
Hartmann, J. (2002): vielfältige Lebensweisen. Dynamisierungen in der Triade Geschlecht - Sexualität - Lebensform. Kritisch-dekonstruktive Perspektiven für die Pädagogik, Opladen.
Holzkamp, K. (1997): Antirassistische Erziehung als Änderung rassistischer „Einstellungen"? Funktionskritik und subjektwissenschaftliche Alternative, in Schriften I. Normierung, Ausgrenzung, Widerstand. Hamburg, S. 279-299.
Holzkamp, K. (1995): Lernen. Subjektwissenschaftliche Grundlegung, Frankfurt a.M.
Holzkamp, K. (1991): Lehren als Lernbehinderung? Forum Kritische Psychologie, Heft 27, S. 5-22.
Kaestner, M. (2003): Peer Education – ein sozialpädagogischer Arbeitsansatz, in: M. Nörber (Hrsg.): Peer Education. Bildung und Erziehung von Gleichaltrigen durch Gleichaltrige, Weinheim, S. 50-64.
Kleiber, D./Appel, E./Pforr, P. (1998): Peer Education in der Präventionsarbeit. Begründungen, Erfahrungen und Entwicklungsanforderungen, in R. Gerdes/ I. Nuij-Brandt/L. Wronska/H. Backes (Hrsg.): Viele Wege führen nach Rom. Dokumentation der Fachtagung Peer Education, Berlin, 22.10.-24.10.1998. Berlin, S. 8-20.
LSVD NRW. (2005): Umstrittene Broschüre „Mit Vielfalt umgehen. Sexuelle Orientierung und Diversity in Erziehung und Beratung". Verfügbar unter: *http://nrw.lsvd.de/content/2005/aktuell_diversity.htm* (Zugriff am: 01.10.2008).
Markard, M. (1999): Selbsterfahrung, Selbstreflexion und Selbstbeobachtung als Aspekte des subjektiven Weltzugangs in der Kritischen Psychologie. Forum Kritische Psychologie, Heft 41, S. 5-11.
Miyake, E. (2008): The Voice of Silence. Interrogating the Silence of Queerness/ Raciality, in: A. Kuntsman/E. Miyake (Hrsg.): Out of place. Interrogating Silences in Queerness and Raciality, York.
Mücke, D. (1995): Es ist normal, verschieden zu sein, in: Aufklärungsprojekt (Hrsg.): Das Aufklärungsprojekt bei Lambda Berlin. Lesbisch-schwule Aufklä-

rungsarbeit mit Jugendlichen in Berliner Schulen und Jugendfreizeiteinrichtungen. Berlin, S. 67-69.

Nörber, M. (2003): Peer-Education – ein Bildungs- und Erziehungsangebot? Zur Praxis von Peer-Education in Jugendarbeit und Schule, in: Ders. (Hrsg.): Peer Education, Bildung und Erziehung von Gleichaltrigen durch Gleichaltrige, Weinheim, S. 79-93.

Piaget, J. (1979): Das moralische Urteil beim Kinde (L. Goldmann, Trans.). Frankfurt a.M.

Reh, S. (2003): Berufsbiographische Texte ostdeutscher Lehrer und Lehrerinnen als „Bekenntnisse". Interpretationen und methodologische Überlegungen zur erziehungswissenschaftlichen Biographieforschung, Bad Heilbronn.

Rieckmann, H.-J. (1998): Schüler als Lehrer. Schülerinnen als Lehrerinnen. Über Widersprüche in der schulischen Suchtprävention und den Versuch ihrer Überwindung durch peer education. Forum Kritische Psychologie, Heft 39, S. 3-41.

Rubin, G. S. (2003): Sex denken: Anmerkungen zu einer radikalen Theorie der sexuellen Politik, in: A. Kraß (Hrsg.): Queer denken. Gegen die Ordnung der Sexualität. Frankfurt a.M., S. 31-79.

Rutherford, I. (1998): Teens Educating and Confronting Homophobia: Space, Anti-Oppression Education and Identity. Unveröff. Master Thesis, University of Toronto, Toronto.

s_he. (2003): Performing the Gap. Queere Gestalten und geschlechtliche Aneignung, in: arranca!, Heft 28 (Winter 03/04), S. 22-25.

Salisch, M. v. (2001): Peers, in: G. Wenninger (Hrsg.): Lexikon der Psychologie, Bd. 3, Heidelberg, S. 225.

Salisch, M.v./Kunzmann, U. (2005): Emotionale Entwicklung über die Lebensspanne, in J. Asendorpf (Hrsg.): Soziale, emotionale und Persönlichkeitsentwicklung (Band C V 3 der Enzyklopädie der Psychologie), Göttingen, S. 1-74.

Schlichter, A. (2006): Queer at last? Heterosexuelle Intellektuelle und der Wunsch nach Transgression, in G. Dietze/S. Hark (Hrsg.): Gender kontrovers. Genealogien und Grenzen einer Kategorie. Königstein/Ts., S. 214-242.

Schmidt-Denter, U./Spangler, G. (2005): Entwicklung von Beziehungen und Bindungen, in: J. Asendorpf (Hrsg.): Soziale, emotionale und Persönlichkeitsentwicklung (Band C V 3 der Enzyklopädie der Psychologie). Göttingen, S. 425-523.

Scott, J. W. (1999): The Evidence of Experience, in: S. Hesse-Biber/C. Gilmartin/R. Lydenberg (Hrsg.): Feminist Approaches to Theory and Methodology. An Interdisciplinary Reader, New York, S. 79-99.

Smith, C. (1996): What Is This Thing Called Queer?, in: D. Morton (Hrsg.): The Material Queer. A LesBiGay Cultural Studies Reader, Boulder, S. 277-285.

Steffens, M.C. /Wagner, C. (2004): Attitudes toward Lesbians, Gay Men, Bisexual Women, and Bisexual Men in Germany, in: The Journal of Sex Research, Heft 41, S. 137-149.

Stuve, O. (2001): 'Queer Theory' und Jungenarbeit. Versuch einer paradoxen Verbindung, in: B. Fritzsche/J. Hartmann/A. Schmidt/A. Tervooren (Hrsg.): Dekonstruktive Pädagogik, Opladen, S. 281-294.

Sullivan, N. (2003): A critical introduction to queer theory, Melbourne.

Tietz, L. (2004): Gay Counseling: Schwulen- und lesbenakzeptierende Beratung und Therapie, in: L. Tietz (Hrsg.): Homosexualität verstehen. Kritische Konzepte für die psychologische und pädagogische Praxis, Hamburg, S. 60-91.

Timmermanns, S. (2003): Keine Angst, die beißen nicht! Evaluation schwul-lesbischer Aufklärungsprojekte in Schulen, Aachen.

Tuider, E. (2004): Im Kreuzungsbereich von Geschlecht – Sexualität – Kultur: Herausforderungen der Intersektionalität an eine queere (Sexual-)Pädagogik, in: L. Tietz (Hrsg.): Homosexualität verstehen. Kritische Konzepte für die psychologische und pädagogische Praxis, Hamburg, S. 115-141.

Ulmann, G. (2005): Werden Menschen massenhaft konditioniert? Zur Relevanz behavioristischer und subjektwissenschaftlicher Kategorien für die (Re-)Interpretation empirischer Daten zum Lernen, in: Forum Kritische Psychologie, Heft 48, S. 67-70.

Ulmann, G./Markard, M. (2000): Praktikums-Portrait, in: M. Markard/ASB (Hrsg.): Kritische Psychologie und studentische Praxisforschung. Wider Mainstream und Psychoboom. Konzepte und Erfahrungen des Ausbildungsprojekts Subjektwissenschaftliche Berufspraxis an der FU Berlin, Hamburg, S. 217-224.

Valtl, K. (2001): Sexuelle Biographie, in: Bundeszentrale für gesundheitliche Aufklärung (Hrsg.): Rahmencurriculum Sexualpädagogische Kompetenz: Qualifizierungsmaßnahmen im Bildungs-, Sozial- und Gesundheitswesen, Köln, S. 83-110.

Woltersdorff, V. (2004): Zwischen Unterwerfung und Befreiung. Konstruktion schwuler Identität im Coming out, in: U. Helduser/D. Marx/T. Paulitz/K. Pühl (Hrsg.): Under construction? Konstruktivistische Perspektiven in feministischer Theorie und Forschungspraxis, Frankfurt a.M., S. 138 - 149.

Wünsch, M. (2005): Die Politik queerer Räume, in: E. Haschemi Yekani/B. Michaelis (Hrsg.): Quer durch die Geisteswissenschaften. Perspektiven der Queer Theory, Berlin, S. 31-39.

Katrin Reimer

Mit Diversity-Pädagogik gegen Ethnopluralismus?

Für eine antirassistische Bildungsarbeit jenseits von *Corporate Diversity!*

Rassismen und Rechtsextremismus werden durch dominante Politiken reproduziert, zugleich tritt der Staat aber auch als anti-rassistischer und antifaschistischer Akteur auf. Dabei stehen die staatlichen Programme gegen „Rechtsextremismus, Fremdenfeindlichkeit und Antisemitismus" – neben Toleranz und Demokratie – vor allem unter dem Zeichen von „Vielfalt" und sind im „präventiv-pädagogischen Bereich" angesiedelt (BMFSJ 2007: 2).[1] In den sich eröffnenden Praxisfeldern werden *Diversity*-Seminare auch von linken Bildungsarbeiter/innen angeboten – einerseits schlicht deshalb, weil dieser oder ähnliche Terme in Programmleitlinien und Antragsrichtlinien auftauchen, andererseits werden aber auch Hoffnungen auf eine Weiterentwicklung antirassistischer/interkultureller Bildungsarbeit daran geknüpft. Gegen eine naive inter-kulturelle Pädagogik, die in antirassistischer Absicht die Homogenisierung und bipolare Entgegensetzung ‚deutscher' und ‚nichtdeutscher' Kultur reproduziert, verspricht die Vervielfältigung thematisierter Differenzlinien, Widersprüche innerhalb und Ähnlichkeiten zwischen den Entitäten ‚Deutsch'-‚Nicht-Deutsch' ansprechen zu können. Zudem soll es möglich werden, anstatt nur ein Machtverhältnis zu thematisieren, die realen Verschränkungen u.a. von Klassen- und Geschlechterverhältnissen sowie Rassismen einzuholen, die sich auch in den Positionierungen der Einzelnen wiederfinden: ‚Je ich' agiere nicht nur im Verhältnis zu rassistischen, sondern auch zu Männer-/Frauenformen usw., ebenso sind meine Beziehungen zu anderen mehrfach determiniert.[2]

1 Nach meinem Eindruck wertet das schwarz-rote Aktionsprogramm gegen Rechtsextremismus im Vergleich zum rot-grünen pädagogische Maßnahmen auf, mit Sicherheit aber schränkt es die auf eine Verschiebung von zivilgesellschaftlichen Kräfteverhältnissen ausgerichteten Strukturprojekte – Mobile Beratungsteams, Opferberatungsstellen und Netzwerkstellen – deutlich ein. Bereits hierin liegt eine Pädagogisierung politischer Auseinandersetzungen, auf deren Konsequenzen hier nicht eingegangen werden kann.

2 In den sozialen Bewegungen ging es insbesondere um die durch Rassismen produzier-

Paul Mecheril (2008) hat bereits darauf hingewiesen, dass beide Hoffnungen – die bipolare Homogenisierung zu durchkreuzen und reale Verschränkungen von Machtverhältnissen einzuholen – aufgrund theoretisch-empirischer Mängel nicht erfüllt werden. Des mangelnden kritischen Impetus soziologischer Analysen bewusst, hofft Albert Scherr (2008), die in gewisser Weise bestehende Unbestimmtheit des Terms *Diversity* dazu nutzen zu können, die unter seinem Label im anglo-amerikanischen Raum geführten gesellschaftskritischen Analysen, auch über Verschränkungen von Machtverhältnissen, in die deutschsprachige Diskussion einführen zu können. An beide Autoren möchte ich insofern anschließen, als dass ich versuche, theoretische und praktische Defizite einer Diversity-Pädagogik aus einer gesellschaftskritischen Perspektive genauer zu erfassen.[3]

Aus meiner Sicht steht eine dem Anspruch nach kritische Pädagogik der Vielfalt vor zwei Herausforderungen. Ihre Arbeitstechniken beziehen sich auf kritische Bildungsarbeiter/innen aus dem traditionellen Arsenal außerschulischer Bildungsarbeit, zu deren didaktischen Optionen auch ‚wissensorientierte' Methoden gehören. Nach meinem Eindruck konzentriert sich aber (gerade) auch kritische Bildungsarbeit auf ‚erfahrungsorientierte' Methoden (Rollenspiele/Übungen). Im Unterschied zum pädagogischen Mainstream geht kritische Bildungsarbeit andererseits davon aus, dass antiemanzipatorische Strömungen durch die Veränderung des Denkens (vieler) Einzelner *ohne Bezug zu dessen Reproduktion in Staat und Gesellschaft* nicht zu bekämpfen sind (vgl. exemplarisch Kalpaka 2003). Umgekehrt formuliert: Die Zusammenhänge einzelner Machtverhältnisse mit der Produktionsweise und der darin liegende Bezug zwischen Individuum und Gesellschaft müssen konzeptionell erfasst und methodisch angemessen umgesetzt werden; in Bezug auf Rassismus/Rechtsextremismus wurde diesem Anliegen

---

ten Widersprüche innerhalb der Frauenbewegung(en). Heute wird diese politisch wie gesellschaftstheoretisch allgemeine Problematik unter dem Modewort ‚Intersektionalität' geführt – mit Blick auf mehr Differenzlinien, aber teilweise ohne gesellschaftskritische Perspektive.

3 Allerdings meint Mecheril, dass Klassenverhältnisse Teil von Diversity seien, wenn er als dessen ‚Mantra' die analytisch unterbelichtete Rede von „gender, race, class, sexuality, handicap" (2008) bezeichnet. Und obwohl Scherr (2008) darauf hinweist, dass in wesentlichen Teilen der Debatte „Klassen- und Schichtungsunterschiede ausgeblendet" (ebd.: 57) bleiben, postulieren ihm zufolge gängige Diversity-Konzepte andererseits die Selbstverständlichkeit, dass „nicht allein Klasse, Schicht und Milieu, sondern auch die Kategorien Alter, Geschlecht und sexuelle Orientierung, Religion und Weltanschauung, Race bzw. Ethnizität sowie Behinderung" (ebd.: 54) bedeutsam seien – Klassenverhältnisse sind also doch (auch) Teil von Diversity. Die Frage der Klassenverhältnisse ist m.E. für die Einschätzung des Diversity-Diskurses entscheidend.

beispielsweise mit dem Konzept des ‚institutionellen Rassismus' und mit Übungen wie etwa ‚Wie im richtigen Leben'[4] (DGB-Bildungswerk Thüringen o.J.) versucht Rechnung zu tragen. Allerdings wird der Fokus in der Praxis meist „doch wieder auf individuelle Einstellungen" gelegt, „ohne diese in Zusammenhang mit den gesellschaftlichen Rahmenbedingungen zu thematisieren" (Reindlmeier 2006: 27f). Dieses Problem kritisch intendierter Bildungsarbeit hat – so meine These – mit Praxistheorien und entsprechenden Logiken gängiger Methoden zu tun, die die *Begründetheit* rassistischen etc. Denkens/Handelns Einzelner *in* unseren gegenwärtigen *gesellschaftlichen Verhältnissen* nicht angemessen erfassen. Dies wäre allerdings eine wesentliche Voraussetzung dafür, dass Teilnehmer/innen die Bildungsangebote motiviert übernehmen können.

Die zweite Herausforderung betrifft die Frage, ob ‚Diversity/Vielfalt' ein angemessenes Gegenkonzept zum Rechtsextremismus/Rassismus ist, ob also das pädagogische Ziel, einen produktiven Umgang mit ‚Differenzen' zu vermitteln, hinreichend ist. Auf den ersten Blick scheinen wir es mit einem einfachen Gegensatz zu tun zu haben: Die ethnopluralistische Vision der Rechten zielt auf eine Koexistenz ethnisch-kulturell homogener Völker in ‚ihren' Territorien, das Projekt für Vielfalt will eine heteroge Bevölkerung in einem Staatsgebiet. Genauer besehen gerät der Boden jedoch ins Wanken: Begreift man staatliche Kampagnen für Vielfalt als kulturpolitische Seite der Transformation zum trans-nationalen Kapitalismus, zeigt sich, dass *Diversity*-Pädagogik sich tendenziell ins *Management* dieses Übergangs einspannen lässt und an einer Wechselwirkung zwischen dem Projekt für Vielfalt ‚von oben' mit rassistischen Artikulationen ‚von unten' vorbei geht – jedenfalls insoweit, als Klassenverhältnisse ausgeblendet bleiben. Dies aber ist, so werde ich zeigen, sowohl im dominanten *Diversity*-Diskurs als auch in kritisch intendierten pädagogischen *Diversity*-Ansätzen der Fall.

Der Beitrag gliedert sich wie folgt: Im ersten Teil geht es um Zusammenhänge zwischen Methoden, Gegenstand (Individuum, Gesellschaft) und Motivation der Lernenden; im zweiten Teil lege ich dar, welches die m.E. wichtigste Wirkungsweise des gegenwärtigen Rechtsextremismus/Rassis-

---

4 Der Einfluss gesellschaftlicher Machtverhältnisse auf die Handlungsmöglichkeiten/-behinderungen der Einzelnen wird verdeutlicht, indem Rollen (sinngemäß: alleinerziehende mehrheitsdeutsche Frau, mehrheitsdeutscher Familienvater, Illegalisierte, Asylbewerber, Jugendliche mit Migrationshintergrund etc.) zugewiesen werden; alle stehen auf einer Startlinie und dürfen einen Schritt nach vorn tun, sofern sie auf von der Teamerin gestellte Fragen – sinngemäß: kannst du einfach so deine Eltern besuchen, abends auf eine Party in der nächstgrößeren Stadt fahren, einen guten Job bekommen – mit Ja antworten können.

mus ist, und zwar unter Einbezug des Zusammenhangs von Individuum und Gesellschaft. Damit ist auch der Hintergrund bereitet, um im dritten Teil danach zu fragen, was unter Diversity allgemein und in der Pädagogik zu verstehen ist, und inwieweit mit einer Diversity-Pädagogik gegen Rechtsextremismus/Rassismus anzukommen ist.

1. Wie Methoden den Gegenstand (de)konstruieren und Lernende (de)motivieren können...

Zur Lösung der Frage, wie rassistisches Denken/Handeln Einzelner mit gesellschaftlichen Verhältnissen vermittelt ist, bezieht sich kritische Bildungsarbeit u.a. auf Klaus Holzkamp (1997 [1994]) (vgl. Elverich/Reindlmeier 2006; Kalpaka 2003). In der Rezeption geraten jedoch entscheidende Gedankengänge aus dem Blick, die ich an dieser Stelle hervorheben möchte.

Aus Holzkamps Sicht ist für den ‚Erfolg' antirassistischer Bildungsarbeit entscheidend, wie „der pädagogisch vermittelte Lerngegenstand [...] konstruiert wird", weil davon abhängt, ob es *im Interesse* der Lernenden sein kann, „die pädagogische Lernanforderung als ihre eigene Lernproblematik engagiert zu übernehmen", oder ob sie, „wo immer die Möglichkeit dazu besteht – ausweichen oder gar Widerstand entgegensetzen werden" (Holzkamp 1997: 283). Deshalb ist, wie noch deutlich werden soll, die Einbeziehung gesellschaftlicher Verhältnisse kein Selbstzweck – etwa um der Forderung zu entsprechen, Rassismus ‚mehrdimensional' oder ‚umfassend' zu behandeln –, sondern entscheidend für die (De)Motivation der Lernenden. Die Erfahrung, dass Teilnehmer/innen von Bildungsangeboten diesen widerständig begegnen, indem sie miteinander tuscheln, sich mit ihrem Handy beschäftigen, gelangweilt in die Luft starren etc. dürfte Bildungsarbeiter/innen geläufig sein. Die Gründe werden in Bildungsferne, dynamischen Beziehungen zwischen Lehrenden und Lernenden, organisatorischen Rahmenbedingungen, Widerstand aufgrund verfestigter rassistischer, homophober etc. Denkweisen verortet. Diese Vermutungen sind allesamt sinnvoll, lassen aber außer Acht, dass ‚Lernstörungen', soweit sie „bereits im Lerngegenstand begründet" sind, „durch keinerlei Didaktik oder Unterrichtsmethodik mehr geheilt werden" (ebd.) können. Gemeint ist, dass Teilnehmerinnen Lernangebote in dem Maße nicht motiviert übernehmen, wie deren Konstruktionsweise jene gesellschaftlichen Verhältnisse zum Verschwinden bringt, in denen (ihre) ideologische(n) Denk- und Handlungsweisen begründet sind. Ähnlich wie sozialwissenschaftliche Methoden sind auch didaktische Methoden ihrem Gegenstand gegenüber nicht neutral, sondern selbst kategorial strukturiert. Sie entscheiden insofern darüber, was in ihnen ‚abbildbar' ist und was nicht. So wie die psychologische Methode des Experiments reduzieren sie ggf. auf ein abstrakt-kategoriales Niveau, was an theoretischen Überlegungen – etwa über die Reproduktion von Rassismus in Staat und Gesellschaft – über dieses hinausgeht. Mit solchen ‚Kategorien', die gängigen Methoden bzw. Praxistheorien inhärent sind, möchte ich mich im Folgenden befassen und dabei zeigen, wie sie gesellschaftliche Verhältnisse als Medium subjektiver Gründe rassistischen Denkens/Handelns kappen.

1.1. Vorurteil/Einstellung/Prägung

In der außerschulischen Bildungsarbeit ist eine Konstruktion des Lerngegenstandes durch Methoden verbreitet, die der kategorialen Logik von Vorurteil/Einstellung/Prägung folgen. Deren Genese wird im wissenschaftlichen Kontext als Resultat von ‚Sozialisation' gefasst, in gängigen Methoden (vgl. exemplarisch DGB-Bildungswerk Thüringen o.J.: 147ff) als „gelernte feste Schemata und Modelle oder auch Prototypen (‚Frames' und ‚Scripts')", die „sozial und ‚vorgegeben'" sind und „von Menschen im Verlauf ihrer Sozialisation angeeignet" (Holzkamp 1997: 287) werden. So scheint „der Rassismus, der doch ein Problem je gegenwärtiger Beziehungen zwischen Menschen ist, in seinem Entstehungszusammenhang verjährt" (ebd.: 283) zu sein, in jedem Fall wird die konkrete *Begründetheit* individuellen Denkens/Handelns *in gesellschaftlich-sozialen Bedeutungskonstellationen* zu ‚irgendwie' erlernten ‚Einstellungs-Vorurteils-Schemata' verflüchtigt. Der angebotene und ggf. übernommene Begründungszusammenhang zwischen Individuum und Gesellschaft bleibt daher abstrakt: ‚Ich denke in rassistischen Formen, weil ich (Feind)Bilder/Vorurteile/Einstellungen – von Bezugspersonen, aus den Medien etc. – übernommen habe.' Machtverhältnisse konzeptionell als Vorurteil aufzufassen legt auch nahe, deren Entstehung ahistorisch zu erklären, etwa als kognitive Funktion der Komplexitätsreduktion (vgl. DGB-Bildungswerk Thüringen o.J. : 158). Das aber gilt von den menschlichen Urgesellschaften über sämtliche geschichtlichen Epochen bis heute. Wie *spezifische* ideologische Formen in *unserer* Gesellschaft zustande kommen, *warum* ich mir diese Denkformen zu eigen mache, *warum* ich – als Mehrheitsangehörige – teilweise ‚gut begründet' meinen kann, dies im eigenen Interesse zu tun, wie solche Interessen von wem und wie ideologisch umgearbeitet werden, warum rassistische Denk- und Handlungsweisen ggf. widersprüchlich sind und ich meine Interessen besser in nicht-rassistischen Formen vertreten könnte – all das bleibt in der kategorialen Logik von ‚Vorurteil/Einstellung/Prägung' ausgeblendet.

1.2. Soziale Gruppen, Ausgrenzung/Diskriminierung, Perspektivübernahme/Empathie

Soweit Widersprüche rassistischer Denk- und Handlungsweisen thematisiert werden, geschieht dies mit dem Ziel, durch Perspektivenübernahme Empathie für *Diskriminierte* zu evozieren. Mit Methoden wie etwa In&Out (DGB-Bildungswerk Thüringen o.J.: 48) werden *Ausgrenzungs*situationen hergestellt und die Betroffenen anschließend u.a. über ihre (in der Regel: negative) Befindlichkeit befragt. In der Struktur solcher Übungen ist ein Begründungsmuster enthalten, das die potenzielle Dys-Funktionalität von *Ausgrenzung/Diskriminierung* vermitteln kann: ‚Ich habe erfahren, welche (emotionale) Befindlichkeit Ausgrenzung bei Betroffenen bewirkt. Weil ich dasselbe Gefühl nicht bei anderen in der Realität durch rassistische, homophobe etc. Äußerungen und Handlungsweisen hervorrufen möchte, unterlasse ich diese in Zukunft.' (Genauso ‚gut begründet' wäre es allerdings, wenn Teilnehmer/innen folgendes ‚lernten': ‚Ich werde, koste es, was es wolle, sicherstellen, dass ich immer zur In-Group gehöre, denn so beschissen soll's mir nicht gehen.') In der Praxis scheinen solche Strategien insofern zu ‚funktionieren', als Teilnehmer/innen signalisieren, die Konsequenzen (ihres) *ausgrenzenden* Verhaltens auf andere verstanden zu haben und dies unterlassen zu wollen. Allerdings bringt die Struktur solcher Übungen mit sich, dass sämtliche Machtverhältnisse auf denselben Nenner gebracht werden: Geschlechterverhältnisse, Rassismen, Homophobie, Antisemitismus werden zu Spielarten von Ausgrenzung/Diskriminierung, also als strukturell gleich oder ähnlich gesetzt. Die *spezifischen* Gründe (von Teilnehmer/innen), sich *rassistische* Denkweisen zu eigen zu machen oder bestimmte *Männer-/Frauenformen* unattraktiv zu finden, verschwinden dadurch.

Die Struktur solcher Übungen beruht zudem auf der impliziten Prämisse, dass *jedwede* Ausgrenzung illegitim ist. Damit bleibt auch die Frage nach realen und – je nach politischem Standpunkt – begründeten Interessengegensätzen außen vor: Spielräume von Rechtsextremen zu begrenzen heißt auch, sie an bestimmten Punkten ‚auszugrenzen', dasselbe gilt für den Umgang mit Streikbrechern.

Der pädagogische Erfolg basiert insofern auf der Ausblendung des Zusammenhangs zwischen der subjektiven Akzentuierung von *bestimmten* (ideologisch formierten) Prämissen in gesellschaftlichen Verhältnissen mit ihren Interessengegensätzen und Widersprüchen. Bleibt kritische Bildungsarbeit hier stehen, verschenkt sie ihre Handlungsspielräume, Einsichten über gesellschaftliche Dimensionen von Rassismen in ihrem Zusammenhang mit individuellem Denken/Handeln zu vermitteln.

1.3. Erfahrung/Emotion vs. Wissen/Kognition

Die Ausblendung von ‚Gesellschaft' wird auch durch die methodische Umsetzung der Vorstellung verstärkt, dass außerschulische Bildungsarbeit „Wert auf einen erfahrungsorientierten Zugang" legen sollte, wobei „die Vermittlung von Theorie und kognitivem Wissen" (Reindlmeier 2007: 25) in den Hintergrund rückt: ‚Erfahrung' wird mit Emotionalität verwoben und beide in einen Gegensatz zu Kognition/Wissenserwerb gebracht. Damit gerät auch kritisch intendierte Bildungsarbeit ins Fahrwasser der „Dissoziation der Emotionen von den realen [...] Lebensbedingungen, deren subjektive Wertung sie sind" (Holzkamp 1983: 404).

Zwar ist die – z.B. emotionale – „Unmittelbarkeit personaler Erfahrung [...] weder in Zweifel zu ziehen noch zu hintergehen, sie ist aber hinterfrag*bar*", weil es „[k]eine Erfahrung [...] ohne vermittelnde Kategorien, ohne vermittelndes Weltwissen" (Markard 2000: 17 f) gibt. Erfahrung ist immer Erfahrung von Etwas, sie wird immer in mehr oder weniger weit reichenden emotionalen und Denk-Formen *gemacht*. So wird im Falle von Ausgrenzungsübungen in der Auswertung ‚erfahrbar *gemacht*', dass *Ausgrenzung* – und hier kommt eine ‚Kategorie' ins Spiel – ggf. deshalb dysfunktional ist, weil man selbst nicht gern in der Rolle der Ausgegrenzten wäre. Entgegen dem Selbstverständnis ‚erfahrungsorientierter' außerschulischer Bildungsarbeit besteht also in ihrer Praxis real *kein* Gegensatz zwischen ‚Erfahrung' und Kognition, hier in Form von Kategorien. Die Frage ist vielmehr, *welche* Kategorien ins Spiel gebracht werden, und ob diese die gesellschaftliche Vermitteltheit von Gruppen- und interpersonalen Beziehungen umfassen oder nicht. Das implizite Begründungsmuster ‚Ich unterlasse diskriminierende Äußerungen/Handlungsweisen in Zukunft, weil ich selbst nicht gern in der Rolle der Ausgegrenzten wäre' umfassen sie jedenfalls nicht, die Teilnehmer/innen können also nichts darüber lernen, inwiefern (ihr) rassistisches Denken/Handeln in bestimmten gesellschaftlichen Verhältnissen begründet, aber möglicherweise widersprüchlich ist etc. (vgl. dazu den zweiten Teil).

So wenig subjektive Erfahrung und Kognition in einem Gegensatz stehen, so wenig auch Emotion und Kognition. Zwar können Erfahrungen aufgrund der relativen Verselbständigung der psychischen Funktionsaspekte subjektiv eher kognitiv oder eher emotional in Erscheinung treten. Gefühle sind aber eine verdichtete *Wertung* je konkreter Lebensumstände angesichts bestimmter subjektiver Interessen/Bedürfnisse. Es wäre fatal, Gefühle davon abzukoppeln, „was sie über die Lebensbedingungen des Individuums wirklich ‚aussagen'" und diese „Verdrängungsleistung [...] als

Qualität besonderer ‚Tiefe' des personalen Erlebens" (Holzkamp 1983: 404) zu mystifizieren. Diese Gefahr läuft aber eine Bildungsarbeit, die von einem Gegensatz zwischen Emotion und Kognition ausgeht und dementsprechend vorwiegend bzw. ausschließlich auf Methoden setzt, die Gefühle ansprechen oder hervorrufen sollen.

Tatsächlich steht in der pädagogischen Praxis (wiederum entgegen ihrem Selbstverständnis) auch Emotion nicht im Gegensatz zu Kognition: Nur über mit bestimmten ‚Kategorien' operierende, während des Ausgrenzungs-Rollenspiels intrapersonal oder in der pädagogischen Auswertung ablaufende ‚kognitive' Prozesse *erfahren* die Teilnehmer/innen, was ihr dumpfes Gefühl bedeuten könnte: ‚Ich fühle mich schlecht, weil ich ausgegrenzt wurde.' Wiederum kommt es auf die Art und Weise der ‚kategorialen' Vermittlung an. Ausgrenzung/Diskriminierung sind jedoch Kategorien, die in ihrem Fokus auf interpersonale bzw. Gruppenbeziehungen *deren* Gesellschaftlichkeit ausblenden: „Die Gesellschaft ist zwar ein reales System, durch das die Lebenserhaltung des Einzelnen vermittelt ist; Gesellschaft als System ist aber für sich genommen kein anschaulicher, unmittelbarer Erfahrungstatbestand" (Markard 2000, 18; Herv. entf., KR), sondern muss auf angemessene Weise in den Bildungsprozess hineingeholt werden.

Zwischenresumee

Ich habe bisher versucht, einige Schlaglichter darauf zu werfen, warum kritische Bildungsarbeit *ihren eigenen Anspruch*, den Zusammenhang zwischen Individuum und Gesellschaft zu thematisieren, dann nicht einlösen kann, wenn sie sich *überwiegend* oder *ausschließlich* auf Methoden und Herangehensweisen stützt, die genau diesen Zusammenhang ausblenden. Für alle angesprochenen Herangehensweisen gilt jedoch, dass sie als *Einstieg* in die gemeinsame Reflexion von Machtverhältnissen und deren Reproduktion im eigenen Denken und Handeln geeignet sind, weil sie gewohnte Sichtweisen überhaupt erst in Frage stellen. Bleibt Bildungsarbeit aber hier stehen, verschenkt sie die Möglichkeit, im Rahmen der u.a. durch Bundesprogramme eröffneten Handlungsspielräume einen Austausch darüber zu organisieren, wie rassistische etc. Denkweisen mit unserer Produktionsweise samt ihren Interessengegensätzen zusammenhängen, und Perspektiven solidarischen Handelns in Differenzen inklusive von Klassenverhältnissen sichtbar zu machen.

Um den Lerngegenstand auf eine solche Weise konstruieren zu können, müsste man einschlägige sozialwissenschaftliche Analysen von Rassismus/Rechtsextremismus etc. rezipieren und methodisch umsetzen. Da diese nicht einhellig zu denselben Schlüssen kommen, der Raum an dieser Stelle aber begrenzt ist, kann ich nur skizzenhaft darstellen, welches die aus meiner Sicht überzeugendste – weil die Verbindung zur trans-nationalen Produktionsweise und subjektiven Begründungszusammenhängen ansatzweise herstellende – Analyse einer wesentlichen Dynamik des gegenwärtigen Rassismus/Rechtsextremismus ist: der Ethnisierung der sozialen Frage.

2. Rassismus/Rechtsextremismus als Ethnisierung der sozialen Frage – Konkrete Zusammenhänge mit der Produktionsweise und subjektiven Begründungszusammenhängen

Die Durchsetzung des Neoliberalismus basierte in Deutschland zwar auf breiter Zustimmung, produzierte aber auch eine ‚Krise der Repräsentation' (Gramsci): Nach dem Einschwenken der Sozialdemokratie auf den ‚Dritten Weg' und dessen sichtbar werdenden negativen Folgen werden „im herrschenden Parteienspektrum die Interessen von relevanten Teilen der Bevölkerung nicht repräsentiert" (Kaindl 2006: 63).[5] In dieser Phase formiert sich einerseits die NPD als dominant nationalrevolutionäre Partei (vgl. Staud 2006: 69), andererseits schlägt die Stunde der christlich-konservativen Rechtspopulisten Koch und Rüttgers – beide Strömungen stoßen mit rassistischen Kampagnen in die entstehende Repräsentationslücke hinein, allerdings unter verschiedenen Vorzeichen: Der rechtspopulistische Rassismus fungiert als Integrationsdynamik in den High-Tech-Kapitalismus, der rechtsextreme als Antikapitalismus. (Ich beschränke mich an dieser Stelle weitestgehend auf den Rechtsextremismus, vgl. zum Rechtspopulismus Reimer 2008: 159 ff).

Die Mobilisierungs- und Wahlerfolge der NPD gelingen „mit der Kritik der Auswirkungen der neoliberalen Globalisierung auf die Lebens- und Arbeitsbedingungen der Menschen" (Kaindl 2006: 63). In den Publikationen, mit denen sich die NPD an mehrheitsdeutsche Bevölkerungsschichten wendet (Wahlkampfplakate, Flugblätter, Demo-Transparente, Internetauftritte), steht *nicht* die völkische Ideologie in Reinform und als Selbstzweck

5 In traditioneller Sozialforschung scheint diese Diskrepanz zwischen Interessen der Bevölkerung und deren mangelnder politischer Artikulation im parlamentarischen System als Politikverdrossenheit auf: 2002 waren 57% der Bevölkerung der Meinung, „dass eine politische Einflussnahme als Bürger nicht möglich ist" (Heitmeyer nach Candeias 2004: 336). Weitere Anzeichen für eine tiefe Krise des parlamentarischen Systems sind die zurückgehende Wahlbeteiligung und die schwindende Mitgliederbasis demokratischer Parteien.

im Vordergrund, vielmehr findet sich als zentrale Botschaft, dass die Partei für „soziale Gerechtigkeit" (Homepage-Banner) steht, und zwar exklusiv für ‚ethnisch Deutsche',[6] denn „sozial geht nur national" (u.a. Kampagne zur Wahlzulassung in Niedersachsen). Die NPD bietet sich an als Kämpferin für die Interessen *deutscher* Familien an besserer finanzieller und organisatorischer Unterstützung etwa durch Kita-Plätze, *deutscher* Arbeitsloser an Arbeitsplätzen, *deutscher* Frauen an Anerkennung und Aufwandsentschädigung für ihre reproduktiven Leistungen, *deutscher* Rentner/innen und Arbeitnehmer/innen an Sicherung ihrer Ansprüche aus den Sozial- und Krankenversicherungssystemen (NPD-Flugblätter aus dem Berliner Wahlkampf 2006). Durchzusetzen gedenkt sie diese Ziele auf Kosten all jener, die aus ihrer Sicht keine *ethnisch Deutschen* sind – diese sollen „aus dem deutschen Sozial- und Rentenversicherungssystem ausgegliedert" (NPD-EU-Wahlkampfflugblatt 2004) oder „rückgeführt" werden, wie es etwa im Antrag auf Umbenennung der Integrationsbeauftragten einiger Berliner Bezirke in „Beauftragte für die Rückführung von Ausländern" oder etwas deutlicher auf einem Wahlplakat mit der Formulierung „Gute Heimreise" über Frauen in langen Mänteln und Kopftüchern hieß.

Die rechtsextreme Ethnisierung der sozialen Frage besteht in der ideologischen Verschiebung realer sozialer Konflikte um Ressourcen. Die NPD greift die soziale Frage in Form von Desintegrationserfahrungen oder -ängsten von Mehrheitsdeutschen auf und deutet deren Ursachen rassistisch um. Im Unterschied zum christlich-konservativen Rechtspopulismus positioniert sie sich dabei direkt antikapitalistisch: „Nur wenige Wochen nach Voigts[7] Amtsantritt starteten NPD und JN eine Kampagne ‚Gegen System und Kapital, unser Kampf ist national!'. [...] Fast monatlich erschien die *Deutsche Stimme* nun mit einer sozialpolitischen Schlagzeile auf der Titelseite: [wie] ‚Großkapital vernichtet weitere Arbeitsplätze'" (Staud 2006: 69). Das, was im neoliberalen Block von CDU/CSU, FDP und SPD beschwiegen wird, die Klassenfrage, wird von der NPD in rassistischer Form thematisiert. Zudem greift die NPD die subjektiv als Politikverdrossenheit in Bezug auf alle etablierten Parteien virulente Repräsentationslücke auf und versucht sie gezielt zu vertiefen: Alle demokratischen Parteien, inklusive der im Osten Regierungsverantwortung tragenden Linken, werden als ‚System-

---

6 In der Beschäftigung mit rechtsextremen/rassistischen Denkformen muss immer wieder auf Identitätskonstruktionen Bezug genommen werden – ich möchte darauf hinweisen, dass ich diese ideologische Konstruktionsleistung durch Anführungszeichen bzw. Kursiv-Setzen anzeige. Sollte dies einmal unterblieben sein, ist sie dennoch mitgedacht.

7 Udo Voigt ist seit 1996 NPD-Parteivorsitzender.

parteien' angegriffen, die das neoliberale Projekt durchgesetzt und zu verantworten haben, deshalb gegen die Interessen der *deutschen* Mehrheit verstoßen, ergo undemokratisch sind.

Das rechtsextreme Politikangebot richtet sich dabei m.E. primär an die in besonderem Maße von Prekarisierung betroffenen Mehrheitsdeutschen, deren in ihren Arbeits- und Lebenszusammenhängen spontan[8] entstehenden Denkformen es in seinem Sinne ideologisch umzuarbeiten versucht. Dies lässt sich anhand von Studien über Zusammenhänge zwischen Prekarisierung und der Entstehung ‚rechter' Denkweisen plausibel machen, aus deren reichhaltigem Material ich einige Aspekte darstellen möchte. Zugleich werden mögliche Verbindungslinien zwischen individuellem Denken/Handeln in rassistischen Formen und der trans-nationalen Produktionsweise deutlich, also jene Zusammenhänge, die m.E. methodisch angemessen zum Gegenstand gemacht werden müssten, wenn antirassistische Bildungsarbeit den Zusammenhang von Individuum und Gesellschaft herstellen möchte.

2.1. Subjekte zwischen rechtsextremer Revolte und rechtpopulistischem Konformismus

Klaus Dörre (2006) fächert im Anschluss an Robert Castel die heutige Arbeitswelt in drei Zonen auf, die der Integration „mit formal gesicherten Normbeschäftigungsverhältnissen", die der Prekarität „mit heterogenen Beschäftigungsformen, die [...] oberhalb des kulturellen Minimums nicht dauerhaft existenzsichernd sind", und die der Entkoppelung, „in welcher sich die von regulärer Erwerbsarbeit Ausgeschlossenen" (ebd.: 153) befinden. Prekarisierung wird hier nicht schematisch, sondern dynamisch verstanden: Die „Zonen der Arbeitsgesellschaft [verhalten] sich zueinander wie ein System kommunizierender Röhren", insofern „die Abstiegsängste formal integrierter Gruppen einen wesentlichen Kristallisationspunkt von Prekarität bilden" und „der disziplinierende Druck, der von den Entkoppelten und Prekariern ausgeht, die pathologischen Seiten moderner Arbeitsformen [der Integrierten, KR] miterzeugt" (ebd.: 162). Rechte Orientierungen sind „weder ein exklusives Phänomen der ‚Gesicherten' noch der ‚Prekarier'", sie

8 Diese Vokabel ist meist unverständlich. Besagen soll sie, dass ohne direkte Dazwischenkunft konzeptiver Ideologen oder ideologischer Akteure wie der NPD Denk- und Praxisformen entstehen, die ideologisch umgearbeitet werden können. Damit ist das, was der Term anzeigen soll, zwischen ‚Kulturellem' und ‚Proto-Ideologischem' im Sinne des Projekts Ideologietheorie angesiedelt (vgl. Rehmann 2004: 751). So bspw. die weiter unten auftauchende ‚spontane' Gegenüberstellung von ‚Volk' und ‚denen da oben'.

entstehen vielmehr „in allen Positionen und Lagen“ (ebd.: 157), gehören aber zu jeweils unterschiedlichen – nämlich antikapitalistischen bzw. kapitalismus-konformen – politischen Strömungen.

Die generelle psychische Befindlichkeit der ‚Ausgegrenzten und Prekarier' geht nicht mit dem neoliberalen Umbau konform, sondern schwankt „zwischen Resignation und imaginärer Revolte“, in der sich Protest „gegen ‚die da oben‘ wie gegen ‚fremd‘ und ‚anders‘“ (ebd.: 160) mischt. Jörg Flecker und Gudrun Hentges (2006) beschreiben die Bildung solcher Denkformen: „Häufig nähren die Erfahrungen im Arbeitsalltag und die Umstrukturierungen im Unternehmen das Gefühl, dass ‚die da oben‘ [die ökonomischen und politischen Eliten, KR] […] nicht über die konkrete Arbeitssituation Bescheid wissen und nur auf ihren eigenen Vorteil bedacht sind.“ (ebd.: 132) Spontan entsteht die „Gegenüberstellung ‚des Volkes‘ mit ‚den Eliten‘“ (ebd.). Dabei ist mit „Volk“ hier nicht der ethnisch homogene Volkskörper gemeint, sondern das „Milieu, ‚in dem sich die Menschen ihren Lebensunterhalt korrekt verdienen, ohne sich weiß Gott was leisten zu können‘“ (ebd.). Das Politikangebot der NPD greift derartige Befindlichkeiten von Ausgegrenzten und Prekariern auf und versucht die in diesen Lebenslagen entstehenden Denkformen ideologisch um- und in ihre rechtsextreme Anti-Globalisierungsströmung einzuarbeiten: Sie vertieft mit ihrem Diskurs ‚gegen die Systemparteien‘ die als Politikverdrossenheit in Erscheinung tretende Krise der Repräsentation und verspricht mit ihrem reinen Ethnopluralismus „Zugehörigkeit jenseits von Wettbewerb“ (Kaindl 2006: 67), Integration auf dem Ticket des ‚Ethnisch-deutsch-Seins‘, nicht aufgrund von Leistung.

Integrierte Arbeitnehmer/innen „mit kontrollierenden Tätigkeiten“ stellen eher einen Teil der mit Varianten des neoliberalen Umbaus *konformen* sozialen Basis, denn sie zeichnen sich „durch eine affirmative Haltung zum marktzentrierten Umbau des Wirtschafts- und Gesellschaftsmodells der Bundesrepublik aus“ (Dörre 2006: 161). Sie sehen sich zwar „überwiegend mit einem erheblichen Problemdruck konfrontiert“ (ebd.), nehmen dies aber als Herausforderung an. In solchen Lebenslagen entstehen neo-sozialdarwinistische Sichtweisen. Wer nicht mithält, „läuft Gefahr, als nicht integrationsfähig, mithin ausgrenzbar, abqualifiziert zu werden“ (ebd.), und zwar unabhängig von ‚ethnischer Zugehörigkeit‘. Die Reinform dieses Zynismus hat der ehemalige Wirtschaftsminister Wolfgang Clement ausgedrückt, dem Bezieher von Transferleistungen nur deshalb nicht als Parasiten gelten, weil „Sozialbetrug nicht durch die Natur bestimmt, sondern vom Willen der Einzelnen gesteuert“ (zit.n. Schui 2007: 56) sei. Wille und Leistung – in dieser Beschwörungsformel werden die Effekte des stummen

Zwangs der gesellschaftlichen Verhältnisse genau von jenen mystifiziert, die sie mit entfesseln. Um an dieser Stelle vorzugreifen: Dieser Sozialdarwinismus ist die beschwiegene Kehrseite des Diversity-Diskurses: „Wir sollten die Unterschiedlichkeit in unserer Bank bejahen – die Unterschiede zwischen Regionen, Geschäftseinheiten, Funktionen und Personen. Diese Vielfalt ist ein besonderer Vorzug. [...] Ein Faktor muss aber überall gelten: Leistung." (Josef Ackermann zit.n. Vinz 2008: 48)

Ein zwischen rechtsextremer Revolte und rechtspopulistischem Konformismus schwankendes Segment dürfte bei den „formal integrierten Beschäftigten" *mit Abstiegsängsten* zu finden sein. „Ressentiments" werden hier „gezielt als Mittel in der Konkurrenz um Ressourcen und gesellschaftlichen Status eingesetzt"; „einig sind sich die Betreffenden darin, dass Zuwanderung Arbeitsplatzverluste für Deutsche bedeutet, deutschen Staatsbürgern Kosten verursacht und die Lebensqualität schmälert" (Dörre 2006: 160). Insbesondere dort, wo die NPD (bisher) keine wählbare Alternative darstellt (wie in Hessen und NRW), scheint es mit der rassistischen CDU/CSU-Oppositionsstrategie gegen die Liberalisierung des bundesdeutschen Arbeitsmigrationsregimes zu gelingen, Teile jener Bevölkerungsschichten ins neoliberale Projekt einzubinden.

Zwischenresumee

In diesem Teil ging es darum ansatzweise zu zeigen, wie jene gesellschaftlichen Verhältnisse beschaffen sind, in denen rassistische/rechtsextreme Denkweisen entstehen, die in antirassistisch intendierter Bildungsarbeit aufgrund der kategorialen Struktur gängiger Methoden oft ausgeblendet bleiben. Für die zu leistende methodische Umsetzung solcher Analysen in außerschulischer Bildungsarbeit zum Thema Rassismus/Rechtsextremismus ist aus meiner Sicht folgendes festzuhalten: Konjunkturen rechtsextremer/-populistischer Strömungen sind durch die Verschiebungen der politischen Kräfteverhältnisse im Zuge der Transformationen zum und im neoliberalen Kapitalismus entstanden. Die Sozialdemokratie des ‚dritten Wegs' räumte endgültig die Position der sozialen Gerechtigkeit im parlamentarischen Raum. Diese Lücke füllen rechtspopulistische wie rassistische Parteien(-spektren).

Um Rassismen wirkungsvoll zu begegnen, muss diese Lücke von links gefüllt werden. Bereits auf dieser Ebene zeigt sich, dass die Thematisierung von Rassismus/Rechtsextremismus mit der sozialen Frage verknüpft werden muss. Betrachtet man, wie rechte Politikangebote von Bevölkerungsteilen aufgegriffen werden, zeigt sich, dass es die durch den neoliberalen Umbau bewirkte Prekarisierung von Arbeits- und Lebensverhältnissen ist, die den *Resonanzboden* für die ideologische Transformationsarbeit rechter Strömungen bildet. Zum Teil werden nicht-rechte Denkformen (‚die da oben') völkisch umgedeutet, zum Teil rassistische Deutungen prekarisierter Lebenslagen (‚gegen fremd und anders', ‚Ressentiments als Mittel im Kampf um Ressourcen') vertieft. In beiden Fällen aber sind es Prekarisierungserfahrungen oder -ängste, die in rassistische Formen transponiert werden. Thematisiert Bildungsarbeit rassistische/rechtsextreme Denkweisen nicht als Ethnisierung sozialer Konflikte, geht sie an einem ihrer wesentlichen Begründungszusammenhänge vorbei.

Eine wichtige Herausforderung außerschulischer Bildungsarbeit liegt also darin Methoden zu entwickeln, durch die die nun etwas konkreter benannten gesellschaftlichen Vermittlungszusammenhänge rassistischer Denkweisen mit ihren realen Widersprüchen zum Lerngegenstand gemacht werden können: Konkurrenz um Ressourcen – Lehrstellen, Arbeitsplätze, Transferleistungen etc. – sind real, problematisch ist, dass ihre Ursachen rassistisch gedeutet werden. Es müsste also vor allem auch darum gehen, alternative Deutungen dieser Erfahrungen zu vermitteln.

Vor diesem Hintergrund möchte ich mich nun der Frage zuwenden, ob *Diversity* eine geeignete Grundlage einer Bildungsarbeit ist, die sich gegen den Ethnopluralismus bzw. die Ethnisierung der sozialen Frage wendet, die ich als wesentliche Dynamik im gegenwärtigen Rassismus/Rechtsextremismus ansehe.

3. Kritische Anmerkungen zur Diversity-Konjunktur

Dazu möchte ich eingangs skizzieren, was generell unter Diversity zu verstehen ist und die These vertreten, dass Diversity *insgesamt* ein Diskurs ist, dessen wesentliche Funktion darin besteht, Kritik an Macht- und Herrschaftsverhältnissen zu desartikulieren. Anschließend möchte ich zeigen, was der Gehalt des nach übereinstimmender Meinung vieler Betrachter/innen (vgl. exemplarisch GPJE 2008) einflussreichste, also des den Diskurs bestimmenden Bereichs ist: Corporate Diversity/Diversity Management. Hier komme ich auch auf die eingangs genannte These zurück, dass das Lob der Vielfalt vorwiegend als kulturpolitische Seite der Transformation zur trans-nationalen Produktionsweise fungiert und mit Rassismen zusammenhängt. Vor dem Hintergrund dieser vorläufigen Bestimmung des dominanten Gehalts von *Diversity* möchte ich mich der Diversity-Pädagogik zuwenden und fragen, ob sie sich konform oder widerständig zum Diversity-Diskurs verhält. Mein Eindruck ist, dass sie sich derzeit noch tendenziell im

Management der Herstellung einer trans-nationaler Verwertungsbedingungen förderlichen Lebensweise erschöpft und an der Wechselwirkung zwischen der Propagierung von Diversity ‚von oben' und ihrer Ablehnung ‚von unten' vorbei geht.

3.1. Diversity als diskursiver Knotenpunkt

Diversity ist zunächst einmal kein Konzept oder Begriff, sondern ein Wort, das einen *Diskurs* zusammenhält. Mit ihm sind jeweils unterschiedliche Praktiken in verschiedenen gesellschaftlichen Sphären verbunden: In der Wirtschaft, v.a. in trans-nationalen Unternehmen, geht es um eine bestimmte Art der Personalführung und Organisationsentwicklung (Diversity Management); in Legislative und Exekutive tauchen im Kontext des Terms Maßnahmen zur Antidiskriminierung und der Folgenabschätzung von Gesetzen bzw. der Funktionsweise von Verwaltungen auf (Allgemeines Gleichbehandlungsgesetz, Diversity Mainstreaming); und schließlich verknüpfen sich mit dem Wort bzw. seinen Bedeutungshöfen Ansätze der (außer)schulischen Bildungsarbeit und staatliche Kampagnen gegen Rechtsextremismus (z.B. Xenos – Leben und arbeiten in Vielfalt) und für Vielfalt (Charta der Vielfalt). Der Term bzw. die um ihn herum konstituierten Diskurse durchziehen also zentrale Regionen des Gesellschaftlichen – zudem jene, die für die Reproduktion des Ideologischen relevant sind: Staat, Ökonomie, Bildung/Erziehung.

Auch wenn die Praktiken durchaus verschieden sind (und als solche auf ihre konkreten Widersprüche hin jeweils gesondert zu analysieren wären), so scheint es doch einen gemeinsamen Nenner zu geben:[9] Fast immer wird *gesetzt*, dass *diversity* – Vielfalt, Heterogenität – ein spezifisches, tendenziell neues oder zumindest zunehmendes Merkmal unserer Gesellschaft sei; teils wird zwecks Plausibilisierung dieser These auf ‚die Globalisierung' verwiesen, seltener auch auf ‚die Pluralisierung von Lebenswelten und Individualisierung von Lebensstilen'. Diese eingängig klingende Ausgangs*behauptung* sollte nicht unhinterfragt bleiben.[10] Das Manöver läuft nämlich darauf hinaus, eine ‚Unübersichtlichkeit' der Gesellschaft zu behaupten, diese mit dem Term diversity – Vielfalt – positiv aufzuladen, um dann, wie es aller-

9 Ich beziehe mich hier u.a. auf den Überblick über Diversity-Ansätze in Recht, Wirtschaft, Politik und Bildung in: GPJE (2008).

10 In anderen kritischen Kommentaren zu Diversity-Ansätzen wird innerhalb derselben zwischen einer beschreibenden und einer normativen Ebene unterschieden. Während dort die Erstere aus dem Blickfeld der Kritik gerät, zielt meine Argumentation an dieser Stelle auf den normativen Gehalt jener scheinbar ‚wertfreien' Beschreibung.

orten heißt, einen ‚positiven Umgang' mit ihr bzw. ihre ‚Anerkennung' zu fordern.

Aus meiner Sicht handelt es sich beim Diversity-Diskurs um eine ideologische Verschiebung der ganzen Sichtweise auf gesellschaftliche Verhältnisse: Kritik an den durch Macht- und Herrschaftsverhältnisse (Klassen- und Geschlechterverhältnisse, Rassismen) produzierten Ungleichheiten ist in dieser Sprache – Unterschieden positiv begegnen/sie anerkennen – nicht möglich, wie Nancy Fraser (2003: 29) treffend an einem zugespitzten Beispiel zeigt: „Das letzte, was es [das Proletariat, KR] braucht, wäre die Anerkennung seiner Andersartigkeit. Im Gegenteil, der einzige Weg, der Ungerechtigkeit zu begegnen, ist der, das Proletariat als eigenständige Gruppe verschwinden zu lassen." Der Diversity/Anerkennungs-Diskurs bringt Macht- und Herrschaftsverhältnisse durch seine Semantik und Epistemologie zum Verschwinden.[11] Flankiert wird diese Desartikulation durch Redeschwälle über vielfältige andere ‚Unterschiede': Zwischen Jung und Alt, Vorlieben für bestimmte Musikrichtungen, Kleidungsstile, Sportarten usw. Die Haltung zum Gegenstand verschiebt sich entsprechend: Von der theoretisch fundierten Kritik und Perspektive der praktischen Überwindung von Ungleichheiten zu einer affirmativen, positiven Haltung – mit einer deutlichen Tendenz zum ‚produktiv machen' von Unterschieden im Sinne von *Corporate Diversity*. Beim Kratzen an der Oberfläche des Diskurses und seinen sprachlichen Effekten zeigt sich, dass dessen wesentliche Funktion die Desartikulation von Kritik an Macht- und Herrschaftsverhältnissen ist. Allein deshalb ist ernsthaft Vorsicht geboten in der Frage, ob kritische Bildungsarbeit sich den Term und die ihm automatisch nachfolgenden Deutungen und Haltungen zu eigen machen sollte.

3.2. Corporate Diversity – Progressive Momente in der Neu-Zusammensetzung globaler Eliten

Ich möchte im nächsten Schritt zeigen, dass der Diversity-Diskurs neben der repressiven auch eine produktive Wirkung hat: Differenzen werden als Motor in der Neu-Zusammensetzung globaler Eliten und als Schmiermittel in trans-nationalen Arbeitsteilungs- und Verwertungsketten genutzt. Die

---

11 Ganz abstrahieren kann der Diversity-Diskurs natürlich nicht von Macht- und Herrschaftsverhältnissen, diese kommen aber nicht mehr direkt vor, sondern nur nebulös als Negation einer unbestimmten, aber eben wünschenswerten Vielfalt: „Dennoch setzt sich, in Deutschland zumindest, nur langsam die Einsicht durch, dass gesellschaftliche Vielfalt etwas Wertvolles ist und dass es für die Zukunft erforderlich sein wird, dieses Potenzial zu nutzen." (GPJE 2008: 5)

Schwierigkeit liegt darin, dass auf diese Weise progressive Momente in die Reproduktion der kapitalistischen Produktionsweise eingebunden werden. Die Herausforderung liegt darin zu klären, wie diese Momente herausgelöst und in einen pluralen Universalismus ‚von unten' eingebaut werden könnten.

Ein geschichtlicher Block gewinnt „seine Stärke ‚spontan in den geschichtlichen Phasen', in denen die ihn tragende ‚gesellschaftliche Gruppe wirklich progressiv ist [...]' (Gramsci)[...] – im Falle des Neoliberalismus konkret durch das Management des Übergangs zur hochtechnologischen Produktionsweise und die Transnationalisierung der gesellschaftlichen Verkehrsverhältnisse" (Candeias 2004: 334). Letzteres wird wesentlich durch Migrationsregime geleistet, die darüber entscheiden, ob (und wie) Menschen eine Grenze überschreiten und welche sozialen und politischen Rechte ihnen zukommen (vgl. Karakayali/Tsianos 2002: 246 ff). In antirassistischen Diskussionen und Praxen liegt der Fokus auf dem ‚unteren' Ende der Regulation von Klassenverhältnissen durch Rassismen: Dem für viele tödlichen europäischen Grenzregime, der Produktion von aufgrund ihres illegalisierten Status extrem ausbeutbaren Arbeitskräften, der Entrechtung von Asylsuchenden etc. Aber die Gestaltung der ‚gesellschaftlichen Verkehrsverhältnisse' des High-Tech-Kapitalismus ist widersprüchlich, blickt man auf die Neu-Zusammensetzung der Eliten:

> „Es ist im Interesse der transnationalen Konzerne, dass sie in allen Kontinenten ihre Mitarbeiter rekrutieren können. Die transnationale Führungselite wird sich bis zu einem gewissen Grad in *united colours* präsentieren, ausgestattet mit *corporate identity*, während das Nicht-Identische dieser Welt als globales Subproletariat vegetieren mag." (Haug: 2000 [1992]: 92)

In der medialen Repräsentation der USA ist die Tendenz trans-nationaler Unternehmen, sich in *United Colours (and: Sexes)* zu präsentieren, deutlich ausgeprägt. Im *New York Times Magazine* vom September 2007 stellen *African, Chinese, Indian, Mexican* und *White Americans*, darunter überwiegend Frauen, das Gesicht von zehn trans-national operierenden Unternehmen dar. Eingeleitet wird diese 20-seitige Anzeigenserie mit knapp 100 kleinen Portraitfotos, auf denen möglichst jegliche partikulare Identität gezeigt wird – inklusive von jeweils zwei Frauen und Männern als Zeichen für Schwule und Lesben. Das Motto lautet „Leadership in Diversity and Integration". In der Einleitung wird beklagt, dass *Corporate America* noch darum ringt, mit seiner tatsächlichen Vielfalt umzugehen, während die innovativsten Unternehmen bereits neue Wege gefunden haben, um Vielfalt in ihrer Unternehmenskultur zu fördern – und zwar mit profitablen Ergebnissen.

Auf der Suche nach ähnlichen Unternehmensstrategien hierzulande wird man nicht so schnell fündig.[12] Während „etwa 90 Prozent der führenden Unternehmen aus den USA (Fortune 500) [...] eine Diversity-Politik" verfolgen, tun dies in Deutschland Schätzungen zufolge „bislang allenfalls 50 Unternehmen" (Stuber 2005: 2). Entsprechende Außendarstellungen sind nicht gerade Legion: Kürzlich setzte Siemens einen *United-Colours*-Werbespot in die PrimeTime vor der Tagesschau, in zielgruppenspezifischen Magazinen werden vor allem schwule Männer als potente Kunden angesprochen. Als systematischere Initiative mag die *Charta der Vielfalt* gelten, in deren Kontext Ende 2007 auch der erste Fachkongress *Diversity Management* stattfand. Die *Charta* wurde Ende 2006 auf Initiative der Deutschen British Petrol in Zusammenarbeit mit dem (damals so existierenden) DaimlerChrysler-Konzern, der Deutschen Bank und Deutschen Telekom in Anwesenheit der Integrationsbeauftragten des Bundes, Maria Böhmer, und unter der Schirmherrschaft von Bundeskanzlerin Angela Merkel unterzeichnet. Dass es um Zukunftsmusik geht, verdeutlicht der Umstand, dass die Unterzeichnenden fünf Weiße, darunter vier Männer und nur eine Frau, sind. Dennoch: Kerngedanke des Projekts angesichts der „Vielfalt der modernen Gesellschaften, beeinflusst durch die Globalisierung und den demographischen Wandel", ist: „Wir können wirtschaftlich nur erfolgreich sein, wenn wir die vorhandene Vielfalt erkennen und nutzen" (Charta). Dies gilt für alle relevanten Bezugsgruppen in der Unternehmensentwicklung: Belegschaften, Geschäftspartner sowie Kundinnen und Kunden. In die unternehmensinterne Nicht-Diskriminierung einbezogen werden die Kategorien Geschlecht, ‚Rasse', Nationalität, ethnische Herkunft, Religion oder Weltanschauung, Behinderung, sexuelle Orientierung und Identität (vgl. ebd.). Als konkreter Nutzen einer dem Diversity-Prinzip gehorchenden Organisationsentwicklung für die Unternehmen wird dic Transformation von „Wertschätzung" in „Wertschöpfung" genannt: „Anerkennung führt zu Motivation und der Bereitschaft, sich einzubringen", dem Unternehmen stehen „mehr Ressourcen an Kreativität und Ideenreichtum zur Verfügung", eine „offene Unternehmenskultur öffnet den Zugang zu neuen Arbeitsmärkten und damit Talenten", und schließlich werden nur Unternehmen mit einer „vielfältigen Belegschaft eine vielfältige Kundschaft ansprechen, erreichen, zufrieden stellen und halten können" (ebd.). ‚Vielfalt' als Moment von

12 Die Kampagne „Du bist Deutschland" sowie die Inszenierung der Fußball-WM unter dem Motto „Zu Gast bei Freunden" könnten allerdings auch als Kampagnen zur Produktion einer Lebensweise analysiert werden, die trans-nationalen Verwertungsstrategien förderlich ist. Dass der WM-Patriotismus nicht zum Abbau von ‚Vorurteilen' geführt hat, zeigen Becker et al. (2007).

Corporate Identity ist also *Mittel zum Zweck* der Produktivitätssteigerung von Arbeitskraft, der Verbreiterung des Pools, aus dem diese abgeschöpft werden kann, der Optimierung von Beziehungen in trans-nationalen Arbeitsteilungs- und Wertschöpfungsketten und von Warenästhetik als wichtigem Element der Mehrwertrealisierung.

So wünschenswert die Vision einer Gesellschaft ist, in der man ‚ohne Angst verschieden sein' kann (Adorno) – im Rahmen von *Corporate Diversity* ist sie Element einer Produktionsweise, die mit dem Ausschluss großer Bevölkerungsteile kalkuliert, also auch nicht gleiche Teilhabe-Rechte *aller* will oder durchsetzen wird, sondern lediglich die Chance der Durchlässigkeit nach oben für Wenige aus den überkommenen subalternen Bevölkerungsgruppen erlaubt: Es geht lediglich um die Rekrutierung von „‚Talentreserven' in benachteiligten Bevölkerungsgruppen", von „‚high potentials' aus allen Gruppen" (Vinz 2008 : 48), nicht die Aufhebung von Machtverhältnissen. Und auch für die tatsächlich Inkludierten, also Arbeitsplatzinhaber/innen, ist *Diversity Management* ambivalent: Erstens sind es dieselben „Unternehmen, die zugleich mit der Implementierung einer diskriminierungsfreien Personalpolitik für sich werben und im Zuge der Verschlankung von Organisationen und Outsourcing durch Entlassungen auf sich aufmerksam machen" (ebd.: 42), zweitens ist *Diversity Management* „mit der effizienten Ausnutzung von Leistungsreserven untrennbar verbunden" (ebd.), geht also „mit erhöhten Anforderungen an Selbstdisziplinierung und -kontrolle" samt „Risiken der Überforderung" (ebd.: 41) einher.

So sehr Corporate Diversity Impulse aus den sozialen Bewegungen aufgenommen hat und dafür steht, überkommene Grenzziehungen tatsächlich für ein paar Wenige zu perforieren, so sehr ist es zugleich Element jener Produktionsweise, die die Deklassierung und den Ausschluss der Vielen samt überkommener Rassimen und Geschlechterverhältnisse produziert. Der Diversity-Diskurs aber suggeriert: Jede und jeder kann sich nun, unabhängig von Geschlecht oder ethnischer Zugehörigkeit, in die Höhe schwingen, so denn die Leistung stimmt. Wer es nicht schafft, hat es sich selbst zuzuschreiben. Der Sozialdarwinismus ist die Kehrseite des Diversity-Diskurses. Vor diesem Hintergrund dürfte auch deutlicher werden, warum es paradox ist, mit Diversity gegen Rassismus/Rechtsextremismus angehen zu wollen. Dieser stellt ja gerade eine Reaktion auf den Sozialdarwinismus in ideologisch verschobener Form, nämlich der Ethnisierung des Sozialen, also der Ablehnung von kultureller Vielfalt dar. Insofern der Diversity-Diskurs die soziale Frage ausblendet, geht er auch am Kern des Rassismus/Rechtsextremismus vorbei.

Resumee

In der Einleitung hatte ich skizziert, welche Hoffnungen auf Weiterentwicklung antirassistischer/interkultureller Bildungsarbeit an Diversity geknüpft werden. Angesichts der überkommenen Herausforderungen (erster Teil) antirassistischer Bildungsarbeit und der Funktion des Diversity-Diskurses, Kritik an Machtverhältnissen zu verunmöglichen, sowie der Tatsache, dass mit *Corporate Diversity* gegen die Ethnisierung der sozialen Frage nicht gut anzukommen ist, dürfte zum mindesten große Vorsicht angebracht sein. Wenn Diversity als Konzept angeeegeignet wird, so mindestens in einer Form jenseits von *Diversity Management*, d.h. unter systematischer Berücksichtigung von Klassenverhältnissen. Allerdings scheint *Corporate Diversity* seine Sogwirkung bereits entfaltet zu haben.

Pädagogik der Vielfalt im Sog von Corporate Diversity

Für die Bildungsarbeit gilt, dass der Term Diversity durch die Gegend wabert, ohne dass damit ein bestimmtes Konzept verbunden wäre (vgl. GPJE 2008: 5 ff., 21 ff, 67ff). Karin Reindlmeier (2006: 25) zufolge gibt es aber so etwas wie einen gemeinsamen Nenner Diversity-pädagogischer Ansätze: Ausgegangen wird von der o.g. ideologieanfälligen Deutung, dass „Heterogenität konstitutiv für die gesellschaftliche Wirklichkeit" sei. Berücksichtigt werden ihr zufolge soziale Kategorien, „die den im ‚Allgemeinen Gleichbehandlungsgesetz' (AGG) aufgeführten" (ebd.: 28) entsprechen: „Rasse" reformuliert als „ethnische Herkunft", Geschlecht/sexuelle Orientierung, Religion/Weltanschauung, Alter und Behinderung. Sie bemerkt, dass „Kategorien wie Klasse" oder „die Herkunft aus Ost- oder Westdeutschland" (ebd.) aus dem Blick geraten, entnennt damit aber etwas Entscheidendes: Symptomal gelesen fehlt mit „Klasse" nicht eine neben anderen, sondern jene Kategorie, die Zusammenhänge von Differenzen mit der kapitalistischen Produktionsweise *entgegen* der Logik von *Corporate Diversity* herstellen könnte; ohne die Berücksichtigung von Klassenverhältnissen geht Diversity-Pädagogik konform mit dem Projekt, eine trans-nationalen Verwertungsbedingungen förderliche Lebensweise herzustellen.

Gerade in der Bildungsarbeit mit mehrheitsdeutschen Jugendlichen aus den Zonen der Ausgrenzung und Prekarität kommt allerdings noch hinzu, dass deren rassistische etc. *Ablehnung* von Vielfalt ein in ideologischen Formen befangener Protest gegen ihre Deklassierung ist, wie die Analyse des Rechtsextremismus/Rassismus und des Diversity-Diskurses zeigte (s.o.).

Um diesen Zusammenhang nochmals in anderer Weise zu veranschaulichen: Dörre (2006) zufolge äußern ,herkunftsdeutsche' Leiharbeiter eines Automobilherstellers ihren Rassismus in einer Arbeitssituation, in der sie Vorarbeiter ,mit Migrationshintergrund' haben: Sie sehen sich „als ,Ablassventil' von Ausländern" und „reagieren ihrerseits mit fremdenfeindlichen Klassifikationen. Aus ihrer Sicht werden tolerante Haltungen [...] ausgerechnet von jenen zur Norm erklärt, die die Verantwortung für die schwierige Situation von (Leih-)Arbeitern tragen. Dass diese ,Kosmopoliten' ihre Normen im Zweifel auch mit repressiven Mitteln durchsetzen, erzeugt Ablehnung." (ebd.: 159) Rassismus erscheint hier als ideologisch formierter Protest gegen Mechanismen des globalisierten Kapitalismus, subjektiv repräsentiert in der Figur ,nicht-deutscher' Vorgesetzter und eines ,kosmopolitischen' Managements als Repräsentanten von ,Vielfalt'. Mit prekarisierten Jugendlichen zu Diversity zu arbeiten, ohne ihre rassistische Ablehnung dieses Projekts mit Klassenverhältnissen in Verbindung zu bringen, geht an ihrer Lebensrealität vorbei: Wenn der subjektive Sinn der rassistischen Ablehnung von Vielfalt darin besteht, dass in ideologischer Form die Klassenfrage adressiert wird – warum sollte ,je ich' dann plötzlich für Vielfalt sein, ohne dass in diesem Projekt eine Lösung für meine prekäre Lebenslage enthalten ist?

Gesamtresumee

Angesichts der Tradition kritisch-psychologischer Praxisforschung sollten meine Anmerkungen zu einigen Dilemmata kritischer Bildungsarbeit nicht so verstanden werden, als ob sie aus individuell zu verantwortenden Unzulänglichkeiten der Praktiker/innen resultierten. Morus Markard (2000: 14) paraphrasierend gilt, dass „individuelle pädagogische Kompetenz nicht unabhängig von der Relevanz ihrer wissenschaftlichen Referenzdisziplinen[13] konzeptualisiert werden kann; tut man dies, findet eine ,gut bürgerliche' Personalisierung statt: Probleme des Fachs werden zu Unzulänglichkeiten der Praktiker gemacht und diesen in die Schuhe geschoben." *Gegen* die Unzulänglichkeiten der Referenz-Disziplinen antirassistischer/interkultureller Bildungsarbeit anzuarbeiten und Perspektiven emanzipatorischer Bildungs-Praxis aufzuzeigen, ist Sinn und Zweck dieses Beitrags.

Die entscheidenden Aufgaben antirassistischer Bildungsarbeit sehe ich vor diesem Hintergrund in Folgendem: Es wären mehr Methoden zu ent-

13 Ihre konzeptionellen Grundlagen bezieht Bildungsarbeit u.a. aus den Erziehungs- und Politikwissenschaften, Soziologie und Psychologie.

wickeln, deren kategoriale Struktur es zulässt, gesellschaftliche Verhältnisse in ihrem Bezug zu individuellem Denken/Handeln abzubilden. Inhaltlich sollten Rassismus/Rechtsextremismus auch als Ethnisierung der sozialen Frage thematisiert werden. Insofern dabei gesellschaftliche Verhältnisse zum Lerngegenstand gemacht werden müssten, könnten Teilnehmer/innen lernend begreifen, welche Handlungsmöglichkeiten und -behinderungen in ihnen be- bzw. entnannt sind. Von da aus wären rassistische etc. Denkweisen (von Teilnehmer/innen) als in diesen Verhältnissen begründete, aber *widersprüchliche* erkennbar.

Die Perspektive bestünde darin, alternative Denk- und Handlungsweisen aufzuzeigen, die als subjektiv begründet übernommen werden *könnten*, insofern man mit der Reproduktion ideologischer Formen nicht widerspruchsfrei „auf der Seite der Sieger" (Holzkamp 1997: 294) steht. In Bezug auf die Frage, ob es eine kritische Diversity-Pädagogik geben kann, ist Skepsis angebracht. In jedem Fall müsste sie Klassenverhältnisse systematisch einbeziehen, um sich jenseits des dominanten Diversity-Diskurses zu bewegen. Leistet kritisch intendierte Bildungsarbeit dies nicht, verfängt sie sich in der „politisch richtigen" Abwehr von Varianten des Ethnopluralismus/Rassismus im Namen von *Corporate Diversity*; „richtig politisch" (Haug) wäre das – entgegen dem eigenen Anspruch – nicht.

Bibliographie

Becker, Julia/Wagner, Ulrich/Christ, Oliver (2007): Nationalismus und Patriotismus als Ursache von Fremdenfeindlichkeit, *http://www.uni-bielefeld.de/ikg/Feindseligkeit/Ergebnisse_Nationalismus_2006.pdf* Zugriff am 10.5.2008.

BMFSJ – Bundesministerium für Familie, Senioren und Jugendliche (2007): Bundesprogramm Jugend für Vielfalt, Toleranz und Demokratie – gegen Rechtsextremismus, Fremdenfeindlichkeit und Antisemitismus. Leitlinien zum Programmbereich „Modellprojekte: Jugend, Bildung und Prävention", *http://www.vielfalt-tut-gut.de/content/e4458/e4478/Leitlinie_Modellprojekte.pdf*, Zugriff am 10.5.2008.

Candeias, Mario (2004): Neoliberalismus, Hochtechnologie, Hegemonie. Grundrisse einer transnationalen kapitalistischen Produktions- und Lebensweise. Eine Kritik, Hamburg.

Charta der Vielfalt (2006): *http://www.charta-der-vielfalt.de/* Zugriff am 10.5.2008.

DGB-Bildungswerk Thüringen (Hrsg., o.J.): Baustein zur nicht-rassistischen Bildungsarbeit, Erfurt.

Dörre, Klaus (2006): Prekarisierung der Arbeitsgesellschaft – Ursache einer rechtspopulistischen Unterströmung? In: P. Bathke/S. Spindler (Hrsg.): Neoliberalismus und Rechtsextremismus in Europa, Berlin, S. 153-166.

Elverich, Gabi/Reindlmeier, Karin (2006): „Prinzipien antirassistischer Bildungsarbeit“ – ein Fortbildungskonzept in der Reflexion, in: Elverich, Gabi/Reindlmeier, Karin/Kalpaka, Anita (Hrsg.): Spurensicherung – Reflexion von Bildungsarbeit in der Einwanderungsgesellschaft, Frankfurt a.M./London, S. 27-62.

Fraser, Nancy (2003): Soziale Gerechtigkeit im Zeitalter der Identitätspolitik. Umverteilung, Anerkennung und Beteiligung, in: Dies./A. Honneth: Umverteilung oder Anerkennung? Eine politisch-philosophische Kontroverse, Frankfurt a.M., S. 14-128.

GPJE (Hg.) (2008): Diversity Studies und politische Bildung, Schwalbach/Ts.

Haug, Wolfgang-Fritz (2000 [1992]): Zur Dialektik des Antirassismus, in: N. Räthzel (Hrsg.): Theorien über Rassismus, Hamburg, S. 74-103.

Hentges, Gudrun/Flecker, Jörg (2006): Die Sirenen-Gesänge des europäischen Rechtspopulismus, in: P. Bathke/S. Spindler (Hrsg.): Neoliberalismus und Rechtsextremismus in Europa, Berlin, S. 122-147.

Holzkamp, Klaus (1997) [1994]: Antirassistische Erziehung als Änderung rassistischer „Einstellungen“? – Funktionskritik und subjektwissenschaftliche Alternative, in: Schriften I. Normierung, Ausgrenzung, Widerstand, Hamburg, S. 279-299.

Huck, Lorenz/Kaindl, Christina/Lux, Vanessa et al. (2008): ‚Abstrakt negiert ist halb kapiert.‘ Beiträge zur marxistischen Subjektwissenschaft. Morus Markard zum 60. Geburtstag, Marburg.

Kaindl, Christina (2006): Antikapitalismus und Globalisierungskritik von rechts – Erfolgskonzepte für die extreme Rechte?, in: P. Bathke/S. Spindler (Hrsg.): Neoliberalismus und Rechtsextremismus in Europa, Berlin, S. 60-75.

Kalpaka, Anita (2003): Stolpersteine und Edelsteine in der interkulturellen und antirassistischen Bildungsarbeit, in: W. Stender/G. Rohde/Th. Weber (Hrsg.): Interkulturelle und antirassistische Bildungsarbeit. Projekterfahrungen und theoretische Beiträge, Frankfurt a.M., S. 56-79.

Karakayali, Serhat/Tsianos, Vassilis (2002): Migrationsregimes in der Bundesrepublik Deutschland. Zum Verhältnis von Staatlichkeit und Rassismus, in: M. Bojadzijev/A. Demirović (Hrsg.): Konjunkturen des Rassismus, Münster, S. 246-267.

Markard, Morus (2000): Praxisausbildung im Studium oder die Frage nach den Umständen, unter denen man aus Erfahrung klug werden kann, in: Ders./ASB (Hrsg.): Kritische Psychologie und studentische Praxisforschung, Hamburg, S. 9-27.

Mecheril, Paul (2008): Diversity. Die Macht des Einbezugs. *http://www.migration-boell.de/web/diversity/48_1012.asp* Zugriff am 10.10.2008.

Reindlmeier, Karin (2006): „Wir sind doch alle ein bisschen diskriminiert!“ Diversity-Ansätze in der politischen Bildungsarbeit, in: Widersprüche 104, S. 25-36.

Reimer, Katrin (2008): Umkämpfte Vielfalt – Antirassistische Pädagogik zwischen *corporate diversity* und Ethnopluralismus. In: Huck, Lorenz et al. (Hrsg.): Abstrakt negiert ist halb kapiert. Beiträge zur marxistischen Subjektwissenschaft.

Morus Markard zum 60. Geburtstag, Marburg, S. 153-176.
Scherr, Albert (2008): Diversity im Kontext von Machtbeziehungen und sozialen Ungleichheiten, in: GPJE (Hrsg.) (2008): Diversity Studies und politische Bildung, Schwalbach/Ts., S. 53-64.
Staud, Toralf (2006): Moderne Nazis. Die neuen Rechten und der Aufstieg der NPD, Köln.
Stuber, Michael (2005): Diversity: Mode oder Muss? *http://www.migration-boell.de/web/diversity/48_337.asp* Zugriff am 10.5.2008.

Anke Schu

Von Geiern, dem Mann mit dem Ziegenbart und normalen Menschen

Antisemitismus bei Jugendlichen mit muslimischem Hintergrund

Antisemitismus ist in Deutschland nach wie vor virulent, innerhalb spezifischer Gruppen oder Schichten kann er gar als konstitutiv gelten.[1] Mein derzeitiges Forschungsinteresse gilt der Gruppe männlicher muslimischer Jugendlicher hinsichtlich ihrer Einstellung, Bewertung und ihres Umgangs mit dem Thema Antisemitismus sowie etwaiger Faktoren, die sich begünstigend auf antisemitische Manifestationen auswirken können. Der folgende Text gewährt Einblicke in ein Forschungsprojekt, welches seine Aufmerksamkeit auf aktuelle antisemitische Sprach- und Handlungspraxen von in Deutschland lebenden muslimischen Jugendlichen richtet, ohne damit den Anspruch zu erheben, die gegenwärtigen Ausformungen von Antisemitismus in dieser Jugendgruppe erschöpfend darzustellen oder sie gar als ausschließlichen Ort antisemitischer Manifestationen zu deklarieren.

Den Anlass für das Forschungsprojekt gab die Häufigkeit antisemitischer Aussagen und Ressentiments von männlichen muslimischen Jugendlichen in der Jugendarbeit. Dass ich mich gerade muslimischen Jugendlichen zuwende, ist somit zum einen auf meine sozialpädagogische Praxiserfahrung zurückzuführen, zum anderen der Notwendigkeit geschuldet, antisemitische Haltungen von muslimischen Jugendlichen hinsichtlich ihres Ursprungs und ihrer Tiefe zu erfassen und damit einen bislang unzureichend bearbeiteten Bereich zu erschließen. Nicht zuletzt soll damit auch genauer überprüft werden, wann es sich bei antisemitischen Äußerungen lediglich um eine ‚Pose' handelt, die gewiss nicht zu verharmlosen wäre, die aber periodisch eingenommen und wieder abgelegt werden kann, und wann es sich um bewusst (re-)produzierte Deutungsmuster und um ein dahinter stehendes wirkmächtiges (mehr oder weniger) geschlossenes antisemitisches Weltbild handelt. Zugleich lassen sich mit Hilfe des in Interviews gewonnenen Materials Aussagen darüber treffen, welche Motive die Jugendlichen mitbringen und welche Funktion die entworfenen und vorgetragenen Bilder

---

1 Vgl. dazu die Ergebnisse der so genannten Heitmeyer-Studie (Heitmeyer 2002).

‚des Juden' für ihre Persönlichkeitsentwicklung und individuellen Identitätsentwürfe haben. So können Antwortmöglichkeiten auf die Frage nach Selbst- und Fremdbildern junger Deutscher mit muslimischem Hintergrund gegeben werden. Unter Einbezug der von den Befragten vorgenommenen Abgrenzungen soll der Fokus auf artikulierte Bilder der eigenen Person sowie deren Verortung im familiären, religiösen und gesellschaftlichen Kontext gerichtet werden. So kann untersucht werden, welche Rolle und Funktion Bilder des ‚Juden' hinsichtlich Suche und Stabilität der eigenen Identität spielen können und welche Faktoren in der bisherigen Biographie als verantwortbar dafür auszumachen sind, dass der Gebrauch antisemitischer Bilder und Ressentiments erfolgt.

Mit den im vorliegenden Text enthaltenen Beispielen, Anregungen und Erkenntnissen versuche ich, pädagogisch Handelnde zu erreichen und anzuregen, dem Phänomen des Antisemitismus aufgrund seiner Virulenz verstärkt Aufmerksamkeit zu schenken, soll Bildung im Sinne von Autonomie und Selbstreflexion ermöglicht werden. Dringend erforderlich ist die Erarbeitung entsprechender Konzepte, die nachdrücklich und vehement sämtlichen antisemitischen Tendenzen entschieden entgegengetreten. Obwohl mittlerweile in der Praxis einige Initiativen, Vereine und Organisationen ihren Schwerpunkt in der Aufklärungsarbeit gegen Antisemitismus sehen und begreifen,[2] ist die theoretische, vor allem die pädagogische Diskussion eher – im Verhältnis zur Vehemenz des Phänomens – auffällig dünn. Eine kritische und zugleich handlungsorientierte Pädagogik im emanzipatorischen Sinne kann und darf die Augen vor antisemitischen Manifestationen nicht verschließen. Das (An)Erkennen der gegenwärtig sich entwickelnden Tendenzen und Zustände bietet gleichsam den notwendigen Raum für Analyse und Theorie einer Kritischen Bildungsarbeit.

1. Die Ausgangssituation

Die Ergebnisse bisheriger Befragungen in Deutschland lebender Adoleszenten bezüglich ihrer Einstellung zu Antisemitismus[3] verweisen auf die kontinuierliche Reproduktion antisemitischer Ressentiments und Stereotype.[4]

2 Beispielsweise die Kreuzberger Initiative gegen Antisemitismus oder das Mädchenprojekt MaDonna in Berlin-Neukölln.

3 Der Heitmeyer-Studie zufolge ist Antisemitismus zu verstehen als „zielgerichtete Abwertung von Menschen jüdischen Glaubens und Herkunft sowie ihrer kulturellen Symbole" (Heitmeyer 2002: 20).

4 *http://www.welt.de/politik/article2673269/Antisemitismus-in-Deutschland-nimmt-stark-zu.html* (Zugriff 4.12.2008).

Sie markieren eine wichtige Interventionsstelle und ein zentrales Betätigungsfeld innerhalb der Erziehungswissenschaften wie auch der praktischen Pädagogik. Jedoch zeigen die Zunahme antisemitischer Äußerungen und Straftaten in Deutschland sowie die pädagogische Praxis selbst, dass Bemühungen um die tatsächliche Auseinandersetzung mit der Thematik teilweise auch fehlgeschlagen sind. Beispielhaft steht dafür die traurige Tatsache, dass ‚Jude' mittlerweile von Kindern und Jugendlichen nicht nur auf Schulhöfen als Schimpfwort gebraucht wird oder gar physische Übergriffe auf Juden zu verzeichnen sind: So attackierte in Frankfurt am Main ein junger Mann einen Rabbiner mit einem Messer. Mit den Worten „Ich bring dich um, Du Jude"[5] geht der junge Täter sein Opfer an, verletzt den Rabbiner durch mehrere Messerstiche. Auch der Vorfall an einer Schule in Sachsen-Anhalt, welche zum Schauplatz jener antisemitischen Attacke wurde, bei der junge Deutsche ihren Mitschüler dazu zwingen, sich auf dem Schulhof mit dem Schild „Ich bin am Ort das größte Schwein, ich lass mich nur mit Juden ein" zu stellen, greift auf historische Vorbilder zurück.[6] Ähnlich klingen jene Schlagzeilen in der Tagespresse, die da lauten „Jüdische Schüler fliehen vor Neonazis und aggressiven Muslimen."[7] Aufgrund der Brisanz und der Gefahr wurde beispielsweise an einer Grund- und Hauptschule in Berlin Kreuzberg eine Kontaktstelle für Opfer antisemitischer Gewalt eingerichtet.[8]

Die Skandalisierung und Öffentlichkeitsarbeit zu diesen pogromartigen Übergriffen verbleibt nicht selten allein bei den jüdischen Gemeinden oder ihnen nahe stehenden Interessensverbänden. Allem Anschein nach ereignen sich die gewalttätigen Akte gegen Juden und Jüdinnen eben nicht in einem geistigen und gesellschaftlichen Klima, das Ansätze zur Wiederholung antisemitischer Hetze zu unterbinden bestrebt ist oder gar in Gänze verunmöglicht. Stattdessen scheint die Wahrnehmung als ‚Juden' nahezu vollständig auszureichen, um negativ konnotiert, als minderwertig betrachtet oder gar verbal und/oder physisch angegriffen und diffamiert zu werden. An dieser Stelle sind die Möglichkeiten von Pädagogik und Bildungseinrichtungen mitsamt ihren Zielen, Methoden, Konzepten und Vorstellungen gefragt. Obliegt es doch gerade ihnen, didaktisch wie methodisch, Bemühungen um

---

5 *http://www.hr-online.de/website/fernsehen/sendungen/index.jsp?rubrik=3058&key=standard_document_33061258* (Zugriff 09.09.2007).

6 *http://www.spiegel.de/politik/deutschland/0,1518,442376,00.html* (Zugriff 13.10.2006).

7 *http://www.spiegel.de/politik/deutschland/0,1518,453133,00.html* (Zugriff 7.12.2006).

8 Weitere Informationen dazu unter *http://www.reachoutberlin.de*

Bildung und Aufklärung auf sich zu nehmen und zum Gegenstand ihrer Anstrengungen zu machen. Tatsächlich hat es aber den Anschein, dass Pädagogik im Sinne einer kritischen Theorie der Erziehung entweder ausbleibt oder von anderen Effekten dominiert wird.

Angesichts dieser Situation bleibt die Frage, inwiefern der einst von Theodor W. Adorno formulierte Imperativ, „[d]ie Forderung, dass Auschwitz nicht noch einmal sei, ist die allererste an Erziehung" (Adorno 1971: 88), hinsichtlich seiner praktischen Erfüllung noch zu denken ist. Der Gründe sind genug, genauer hinzuschauen und sowohl die AdressatInnen pädagogischer und sozialarbeiterischer Interventionen als auch die professionelle Hintergrundfolie als Resultat historischer, ökonomischer, politischer und gesellschaftlicher Zusammenhänge genauer in den Blick zu nehmen.

2. Pädagogenalltag?!

Im Rahmen meiner aktuellen sozialpädagogischen Praxis mit Kindern und Jugendlichen in Hessen sehe ich mich nahezu täglich mit Situationen konfrontiert, die durch antisemitische Sprachpraxen und Reproduktion entsprechender Stereotype gekennzeichnet sind. Beschimpfungen als „Jude(n)" oder Bezeichnungen unfairer Handlungen als „Judenaktion" sind nahezu üblich und gehören zur Tagesordnung, werden von den Kindern und Jugendlichen unhinterfragt reproduziert. Bei Jugendlichen mit muslimischem Hintergrund findet sich zusätzlich die rhetorische Frage nach Jüdischsein sowie der gleichzeitigen Aufforderung, sich in diesem Falle schnellstmöglich um Konversion zum Islam zu bemühen. Im zuweilen auch ironischen Unterton verbirgt sich keineswegs die Reflexion des Gesagten, vielmehr wird die latente Ebene antisemitischer Aussagen bestätigt: Juden und Jüdinnen stünden a priori außerhalb akzeptierbarer Kategorien und repräsentierten das schlechthin Negative. Nachfragen bezüglich (empirischer) Kenntnisse über ‚Juden', religiöse Vorstellungen oder Hinweise auf ressentimentgeladene Affekte und Äußerungen werden mit der Begründung einer prinzipiellen Ablehnung von Juden (manchmal auch der Lustlosigkeit zur Kommunikation) zurückgewiesen. Berichte über praktische Erfahrungswerte oder Quellenangaben der Jugendlichen zu antisemitischen Deutungsmustern, Bildern und Stereotypen fallen zwar unterschiedlich aus; die Gemeinsamkeit, dass Juden Objekte der Feindseligkeit und des Misstrauens sind, bleibt.

In diesem Zusammenhang deutet sich eine altersspezifische Einteilung an. Bei Kindern im Alter von sieben bis zwölf Jahren bleiben Angaben über ihre Motive zum Gebrauch antisemitischer Bilder und ihrer Diskriminierungsbereitschaft gegenüber Juden meist diffus („Weiß nich, is halt so.") oder werden mit Schulterzucken, Grinsen und trotziger Wiederholung antisemitischer Schimpfworte („Trotzdem Jude!") kommentiert. Gespräche, in denen genau dies zum Gegenstand gemacht wurde, haben gezeigt, dass ein Großteil der Kinder über kein oder nur peripheres Wissen über die Bedeutung des Wortes ‚Jude' und dessen pejorativen Gebrauch verfügt. Die Artikulation antisemitischer Bilder kommt einer Art Trend gleich, der von Älteren vorbildhaft gelebt und etabliert wird. Unaufgeklärte Jüngere übernehmen antisemitisch konnotierte Bilder und Attribute zumeist ohne Nachfragen oder Kritik. Weder Familie noch Schule oder sonstige (Bildungs-) Institutionen scheinen dafür Sorge zu tragen, dass ein Gegengewicht in Form von Aufklärung über manifesten wie latenten Antisemitismus wirksam wird. Aus welchen Gründen auch immer, hier fehlen zielgerichtetes Interesse sowie adäquate Methoden, Antisemitismus so zu thematisieren, dass er als das beschrieben, analysiert und thematisiert werden kann, auf was er abzielt: Was der Antisemit wünscht und vorbereitet, ist der Tod des Juden (Sartre). Zunächst und zuförderst wäre in einer emanzipatorischen Bildungsarbeit Sensibilität im Umgang mit antisemitischen Tendenzen, Äußerungen und Manifestationen aller Art zu erwirken.

Als Quellenangaben antisemitischer Äußerungen werden von den migrantischen Jugendlichen häufig Inhalte aus den Unterrichtseinheiten in der Moschee sowie die Hadîthe und Suren des Koran angeführt. Deren Angebot vermag die Gruppe der 11- bis 13-Jährigen scheinbar so zu erfassen, dass Aussagen über Juden und Jüdinnen meist negativ ausfallen und Bilder der klassischen Judenfeindschaft[9] gezeichnet werden. Damit ist keineswegs in Abrede gestellt, dass den Erzählungen in der Moschee nicht auch die Vermittlung allgemein gültiger Werte inhärent ist. Doch ist stets zu bedenken, dass der islamische Antisemitismus ein weithin unterschätztes Problem bildet und antisemitische Manifestationen in einer Moschee, als dem Ort von Begegnung und Vermittlung, durchaus Einzug halten. Beweise hierfür lassen sich im Koran selbst zur Genüge finden, obwohl die jeweilige Religionsausübung und -auslegung noch immer den Subjekten selbst unterliegt.

Nicht verharmlost werden darf jedoch, dass Jugendlichen Instrumentarien an die Hand geliefert werden, die als Fundament für antisemitische

9 Hierzu zählen traditionelle Bilder vom Wucherer und jüdischen Weltverschwörer ebenso wie diejenigen vom listigen Intellektuellen oder Kapitalisten. In den Vorstellungen und folglich auch in den Artikulationen der Jugendlichen bleiben derartige Bilder und Konzepte zunächst diffus, können in keinen kausalen Zusammenhang gebracht oder gar erklärt werden.

Sprach- und Handlungspraxis fungieren können. So ist in den von mir geführten Interviews, die im Folgenden noch genauer und ausführlicher dokumentiert und dargestellt werden, gerade bei älteren Jugendlichen und jungen Erwachsenen (13 bis 19 Jahre alt) eine erklärungsbedürftige latent und zuweilen auch manifest geäußerte ressentimenthafte Erzählung aufzufinden, die sich durch ein scheinbares wirkliches Wissen über ‚Juden an sich', ihre Persönlichkeitsstrukturen, Eigenschaften und Interessen, so geriert, als handele es sich tatsächlich um reales Wissen und konkrete Erfahrung. Das diese dann doch eher auf Phantasmen, Ressentiments und Vorurteilen beruht, wird nicht erst in der Reflexion der Interviewpassagen rasch deutlich. Tatsächliche Erfahrungen mit Juden, jüdischem Leben, waren nicht empirisch nachzuweisen. Um nicht falsch verstanden zu werden: Selbst wenn es ‚reale Erfahrungen' gibt, ist das Ressentiment noch lange nicht erledigt – die Geschichte des Rassismus und des Antisemitismus hat dies zur leidvollen Genüge gezeigt.

Doch frappierend erscheint mir als eines der ersten Ergebnisse in der Auswertung ein mangelndes Erfahrungswissen. Erfahrungen aus zweiter Hand (die in den Interviews aus den Erzählungen in Moscheen hergeleitet werden) ermöglichen nicht nur das Festhalten an einer allzu offensichtlichen Unwissenheit, sondern auch gerade die starre Fixierung auf den scheinbar tatsächlichen Wahrheitsgehalt. Dabei entzieht sich den jeweiligen Feststellungen gerade die faktische reale Basis. Einmal getätigte Aussagen über Juden werden aufgenommen, als Tatsache akzeptiert und als Einstellungen gegenüber Juden bereitwillig verallgemeinert.

Beispielhaft erwähnt sei das klassische Stereotyp vom raffenden Juden, der Wucher betreibt und zugleich geizt. Im antisemitischen Stereotyp wird ‚der Jude' zum Geizhals, der nicht gibt, obwohl er hat, zum Wucherer, der Verbotenes tut,[10] zum eingebildeten Intellektuellen, der mit Wissen und List andere zu schädigen gedenkt. Er wird zur (konstruierten) Gefahr, die es (real) zu bannen gilt. In der Eigenwahrnehmung kann dies durchaus funktional (im Sinne der Aufrechterhaltung der eigenen Identität) sein: So werden doch (zu Recht) diejenigen angegangen, die als Mitverantwortliche für die missliche Lage ausgemacht werden, möglicherweise die eigene Existenz gefährden, die der Familie oder der Glaubensbrüder bedrohen und, wenn dies nicht der Fall ist, zumindest solche Absichten hegen. Hinter antisemitischen Sprach- und Handlungspraxen steht ein Ich-schwaches Subjekt, gekennzeichnet

10 Im Koran heißt es hierzu in Sure 2: 276: „Die nun vom Wucher (Zinseszins) leben, werden einst mit Krämpfen auferstehen als vom Satan Besessene; deshalb weil sie sagen: ‚Handel ist mit Wucher (Zinsgeschäften) gleich.' Aber Allah hat den Handel erlaubt und den Wucher (Zinsnehmen) verboten."

durch ein Konglomerat aus innerer Spannung, Unsicherheit und Angst. Angst davor, zu kurz zu kommen, zu den Verlierern zu gehören, auf der Strecke zu bleiben.

Anstatt sich mit Ambivalenzen und ungeklärten Fragen von Identität und Rolle reflexiv auseinanderzusetzen, werden Gegenbilder gesucht und schnell gefunden, auf die die eigenen Ängste in Form von Gefahr projiziert werden. Dabei wird die Gefahr übersteigert, die Aggression auf sie nimmt zu und drängt zum Ausdruck. Ergänzend kommt hinzu, dass im Islam, dessen Zugehörigkeit die von mir interviewten Jugendlichen stolz und bereitwillig demonstrierten und verteidigten, nicht wenige antisemitische Bilder bereitgehalten werden. Diese Kombination aus individuell ablaufenden Prozessen und Adaption sowie Reproduktion antisemitischen Gedankenguts bildet insgesamt die Basis einer ressentimentgeladenen Grundhaltung.

Berichte aus der sozialpädagogischen Praxis von KollegInnen aus Berlin, Köln, Hamburg und Saarbrücken haben mir gezeigt, dass muslimischer Antisemitismus innerhalb der Pädagogik, allgemein der Bildungsarbeit ein weithin und oft vernachlässigtes Phänomen darstellt.

Um mir ein differenziertes Bild von der Situation machen und meine bisherigen Annahmen gegebenenfalls verifizieren zu können, habe ich im Rahmen meiner Forschung an besagten Orten teilnehmende Beobachtungen sowie Einzelinterviews mit männlichen, muslimischen Jugendlichen durchgeführt. Im Folgenden sollen einige wenige Auszüge aus den geführten Interviews vorgestellt werden, die den LeserInnen einen Eindruck darüber vermitteln können, wie pejorativ die Kommunikation junger Muslime über Juden ausfallen kann, auf welche Stereotype und Ressentiments dabei zurückgegriffen wird. Damit schließe ich selbstverständlich nicht aus, dass innerhalb der beforschten Gruppe Jugendliche über die Fähigkeit verfügen, sich differenziert und (selbst)kritisch mit Antisemitismus auseinander zu setzen und einen sensible(re)n Umgang mit der Thematik zu finden. Jedoch wurden im Rahmen der von mir geführten Interviews, bis auf eine Ausnahme, welche im folgenden ebenfalls auszugsweise vorgestellt werden wird, ausschließlich pejorative Aussagen bezüglich Juden und deren Religion getätigt.

In einem Berliner Jugendclub spreche ich mit dem 16-jährigen Jungen A. mit türkischem Migrationshintergrund. Als wir über Religionen sprechen, fördert das Gespräch Folgendes zu Tage:

I.: „Weißt du etwas über das Judentum?"
A.: „Über was?"
I.: „Die Religion der Juden?"

A.: „Die Juden solln alle sterben."

I.: „Die sollen alle sterben? Wie kommst du darauf?"

A.: „Ja, halt, ich weiß noch, ich war einmal in der Moschee halt und äh, wie immer in der Moschee, ist ein Mann, der da redet, der erzählt dann immer so zwei, drei Stunden lang übers Leben, so wie es früher war, wie es jetzt is und das Leben ausmacht. Und einmal hat der erzählt, dass die Juden früher immer, Türken und Araber immer hatten Streit und so was und hamm sich auch bekämpft und so zu früheren Zeiten. Und ja, die Juden waren immer gegen uns und deswegen irgendwie, ich bin ja auch, ich bin kein normaler Türke, ich bin Buskot [Bozkurt = Anhänger der ‚Grauen Wölfe'] also, ich bin so was wie ein türkischer Nazi. [...] Und Buskot sind die, die kämpfen und so, gegen die, die, äh, das sind die mit den drei Monden und ein Wolf. Vielleicht kennen Sie die, das ist unsre Partei. Und weiß ja nicht, aber also aus D., aus der Stadt aus wo ich komme, gehört das zur Familie."

I.: „Du hast eben einen Streit zwischen Juden, Türken und Arabern erwähnt. Um was ging es denn damals?"

A.: „Na, die Juden hamm unsre Kinder und Frauen abgeschlachtet zu früheren Zeiten, so wie ich das gehört hab, ja. (4)[11] Und wie ich von Arabern weiß, hamm die Araber auch was gegen Juden, also auf jeden Fall. Und, ähm, ja ich weiß eigentlich gar nix sonst dadrüber. Ich bin hier aufgewachsen, hab nie irgendwie was richtig gelernt."

I.: „Hast du denn schon mal persönliche Erfahrungen mit Juden gemacht?"

A.: „Nee. Halt Videos hab ich gesehen. Äh, und schomma zwei Araber und ein Türke hamm in der U-Bahn einen Jungen gesehen, weil der so ein Judenzeichen umhatte, und da sind die mit dem Messer auf den losgegangen. Hamm das aufgenommen und so und hamm den da ermordet irgendwie halt. Da hamm die den irgendwie in den Wald gebracht und hamm dem den Kopf abgetrennt."

I.: „Weißt du, warum die das gemacht haben?"

A.: „Ja einfach so, weil er Jude ist."

I.: „Wie findsten das? Kannst du nachvollziehen, dass jemand so was macht?"

A.: „Ich würds selber machen, ganz ehrlich. Aber nich so übertrieben mit Kopf ab und so. Aber sonst so schon, weil das ist einfach so Tradition. Und wie die Juden früher warn, so sind sie heute noch und wie die früher

---

11 In den Klammern angegebene Ziffern stehen für die Sekundendauer der Sprechpause.

gedacht hamm, so denken die immer noch, die gleichen Gedanken wie immer."

I.: „Was meinst du, was das für Gedanken sind?"

A.: „Kann ich nicht sagen, weiß ich nix zu. [...] Hab ja nich viel gelernt, kann ja nix."

Am prägnantesten fällt in dieser Sequenz auf, dass der Glaube an Juden und Jüdinnen als dem personifizierten Bösen aktiv und affirmativ reproduziert wird. Erfolgreiche Interventionen gegen dieses ‚Böse' werden entweder als Notwendigkeit oder als traditionsbewusstes Vorgehen klassifiziert und entsprechend gewürdigt. Die Faszination über an Juden vollzogenen Grausamkeiten geht so weit, dass auch Morde gebilligt, möglicherweise als gerechte Strafe angesehen werden. Zudem profiliert sich der Jugendliche mit der Eigendefinition als türkischer Nazi, wobei seine Bereitschaft, Grausamkeiten am ausgemachten Bösen selbst zu verrichten, eine merkwürdig anmutende Grenze erfährt: Köpfen würde er nicht, alles andere würde er vollziehen. Um was es sich dabei genau handelt, bleibt diffus. Klar, deutlich und sicher ist für ihn aber das Negative, für das der Jude steht. Weiterhin wird in diesem Fall sichtbar, wie eigene Unzulänglichkeiten, Unwissenheit und Schwächen auf den Gegenüber übertragen werden. Der Jugendliche scheint zwar eine Wahrnehmung seiner vermeintlichen Unzulänglichkeit zu haben. Er selbst scheint wenige Erfolge verbuchen zu können: Er hat sowohl die Schule als auch seine Lehre abgebrochen und steht kurz vor der Inhaftierung. Befriedung erfährt er durch die Erzählung, in der ein Jude, welcher mit einem Zeichen versehen gewesen sei soll, von dreien seiner ‚Glaubensbrüder' getötet wird. „Das Ausagieren der Wut über die eigene Schwäche am nochmals physisch Schwächeren stabilisiert das frustrierende Herrschaftsgefüge" (Mitscherlich 1974: 172), indem der Jude, auf unterster Stufe sich befindend, am besten gar nicht existieren soll. Die eigene Person wird aufgewertet, indem sich mit denen solidarisiert wird, die Stärke beweisen und den Kampf mit dem Feind erfolgreich aufgenommen haben. Zumindest temporär werden die eigenen Unzulänglichkeiten darüber kompensiert.

In einem Jugendhaus in Frankfurt am Main spreche ich mit einem 17-Jährigen mit türkischem Migrationshintergrund. Auf die Frage, warum sie im Freundes- und Bekanntenkreis einander als „Jude" bezeichneten, gibt er folgende Auskunft:

J.: „Ja, ach so, ja und ‚Eh, du Jude' dann, wenn jemand so geiert oder etwas nicht gibt oder so, dann nennen wir ihn Jude oder wenn er so ne scheiß Aktion macht, dann nennen wir ihn Jude."

I.: „Was ist denn geiern?"
J.: „Geiern is, wenn, ja, sagste zu einem: ‚Eh gib ma 2 Euro' und er hat 2 Euro, gibt sie aber nicht und das nennen wir dann geiern, also, wie soll ich sagen, Geizhals, der is geizig."
I.: „Wieso nennt ihr die dann Juden?"
J.: „Weil ich Erfahrung mit Juden gemacht hab und weil, wie soll ich sagen, einer hat's mal gesagt und jetzt in jedem Kopf isses so. Wenn ma jetzt so geiert oder so, sacht ma halt Jude."
I.: „Aha."
J.: „Ja, (5) is so." (4)
I.: „Findest du das in Ordnung?"
J.: „Ja. Was soll ich dazu sagen? Is halt so."
[...]
I.: „Welche Erfahrung hast du denn mit denen gemacht?"
J.: „Die Erfahrung war scheiße, die wollt ich eigentlich gar nich machen. Ich weiß nich, die Leute, die ich bisher kennen gelernt hab, die Juden sind, mag ich nich."
I.: „Was war denn da passiert?"
J.: „Ich weiß nich. Ich hab den angeguckt und gefragt: ‚Eh, bist du Jude?', und da hat der gesagt: ‚Ja!', weil ma hats gemerkt und der hat auch so en kleinen, so en Ziegenbart gehabt, hat auch so was angehabt, was die Juden anziehn. Hab den auf der Straße gesehen, hab mit dem geredet und da hat der gedacht, er sei was Besseres. Ja, dann hab ich's dabei belassen und bin weiter gelaufen."

Auch hier wird sichtbar, dass der blinde Rückgriff auf Stereotype und Ressentiments dominiert. Im antisemitischen Stereotyp erscheint der Jude geizig, zudem raffend. Das einst Vernommene wird als Tatsache mit rationalem Kern deklariert. Dafür steht die ausgewählte Sequenz beispielhaft. Denn die Aussagen des Jugendlichen darüber, er habe entsprechende Erfahrungen mit Juden gemacht, stehen in keinem kausalen Zusammenhang zu seiner aktuellen Annahme. Weder in dieser noch in anderen Passagen des Interviews werden Situationen geschildert, in denen er mit einem Juden, der ihm Geld oder andere materielle Dinge verweigerte, Kontakt hatte. Auch handelt es sich bei keiner der beschriebenen Erfahrungen um eine beängstigende, brutale, unfaire oder anderweitig negative, die als „scheiß Erfahrung" zu bezeichnen wäre. Er selbst liefert damit die Antwort auf die Frage nach der Struktur des antisemitischen Ressentiments: jegliche Erfahrung bleibt ihm äußerlich. Antisemitismus ist zugleich mythisch, speist sich aus irrationalen Momenten, Konstrukten und Projektionen.

Ein Interview mit dem 17-jährigen O. mit türkischem Migrationshintergrund enthält folgende Sequenz:

I.: „Und was weißt du übers Judentum?"

O.: „Die, ach, (lacht) die Juden. Die kleinen Juden. (2) Ich weiß nich, ich interessier mich nicht für Juden." (lacht und dreht sich weg)

I.: „Warum lachst du jetzt?"

O.: „Ich lach gar nicht. (6) Die Juden, die Gasopfer. (3) Nee, jetzt, die sind doch auch Menschen. Ich hab nix gegen die, (2) nur der Hitler hat was gegen die. (3) Aber na ja, is halt so."

Deutlich und auffällig ist das Fehlen jeglicher Sensibilität im Umgang mit der Thematik Antisemitismus sowie der Shoa. Der Jugendliche spricht dermaßen abwertend von Juden, als handele es nicht um Individuen. Den Stempel als „Gasopfer" hat er ihnen bereits aufgedrückt, in diesem Status sieht er sie sechzig Jahre nach Auschwitz weiterhin. Die Vorstellung, dass sechs Millionen Menschen in Gaskammern und auf Todesmärsche geschickt wurden, scheint ihn zu belustigen – sie führt zumindest zu einem Lachen. Das Lachen kann zwar Unsicherheit im Umgang mit der Situation und der Abscheulichkeit des historischen Geschehens bedeuten, enthält aber gleichwohl die Implikation von Gleichgültigkeit, Schadenfreude oder Zustimmung. Er spricht von den „kleinen Juden", von nicht ernst zu nehmenden Wesen oder Objekten. Objekte, die man belächelt und für die man sich nicht interessiert, so als kämen sie materiellen Dingen gleich, für die man ein Interesse entwickeln kann oder eben nicht. Das Sprechen über Juden als „die kleinen Juden" kommt einer Verniedlichung wie auch einer Erniedrigung gleich. Die Betonung, dass es sich bei Juden auch um Menschen handelt, verweist auf einen Umstand, der scheinbar zur Diskussion stünde bzw. noch zu prüfen sei.

Weiterhin auffällig ist die Tatsache, dass der Jugendliche gegenwärtig von Hitler und dessen Antisemitismus spricht. Dies Sprechen von Hitler in der Gegenwart könnte zum einen auf ein Perpetuieren des Antisemitismus innerhalb Deutschlands hinweisen und in der Person Hitlers seinen Stellvertreter finden, wobei diffus bleibt, aufgrund welcher Umstände und aus welchen Inhalten heraus der Antisemitismus sich installiert. Es ist anzunehmen, dass er aufgrund von mangelnden Informationen und Desinteresse von Hitler als dem vereinzelten Judenhasser spricht. In der Passage „nur der Hitler hat was gegen die" findet sich neben der historischen Uninformiertheit auch eine Verharmlosung des Geschehenen. Des Weiteren könnte das Sprechen in der Gegenwart als Ausdruck einer Unwissenheit über die Person Adolf Hitlers, dessen Lebensdaten und Handlungen gewertet werden. Die

Person Adolf Hitler allein steht somit für das Grauen, von dem der Jugendliche eine Ahnung zu haben scheint, es jedoch nicht direkt zu benennen vermag. Zwar distanziert sich O. in seiner Rede vom Antisemiten Hitler, indem er darauf hinweist, nichts gegen ‚Juden' zu haben. Was jedoch bleibt, sind das Desinteresse und die Gleichgültigkeit hinsichtlich der Existenz von Antisemitismus und der scheinbaren geschichtlichen Invarianz und Rechtfertigung („Aber, naja, is halt so").

Im Folgenden eine Passage, die dem Interview mit J., ein ebenfalls 17-Jähriger mit türkischem Migrationshintergrund aus Frankfurt am Main, entnommen wurde. Ich unterhalte mich mit dem Jungen über den Islam und das Christentum, bevor ich das Gespräch auf andere Religionen lenke.

I.: „Und wie ist das in anderen Religionen, was meinst du?"

J.: „Bei den Juden meinen Sie? Wie soll ich sagen? Juden (2) ich weiß, ich mag die nich so. Ich mag sie nich. Ja ok, ich kann nich sagen alle Juden jetzt, ich hab en paar Juden kennen gelernt und die hass ich eben, ich weiß nich. Die hamm so, wie soll ich sagen, en negativen Eindruck auf mich. Die denken, die sind was Besseres oder was weiß ich, lassen sich so en Bart wachsen, ok. mit dem Bart hab ich eigentlich kein Problem, aber ich weiß nicht. Die denken allgemein, die sind was besseres, die ich kenne jetzt von den Juden. Von den paar Jugendlichen und ja, en paar Erwachsene waren auch dabei."

[...]

I.: „Führst du das auf seine Religion zurück oder ...?"

J.: „Ja, das is en religiöses Ding. Das is en religiöses Ding, hundertprozent, denn ein normaler Mensch würde so was nicht denken, der keine Religion hat, ob er Jude ist oder Christ ist oder Moslem ist. Er würde sagen Mensch ist Mensch. Ja, das hat was mit den Juden zu tun halt, mit ihrer Religion also."

I.: „Wen meinst du denn eigentlich mit den normalen Menschen?"

J.: „Normale Menschen. Wie soll ich Ihnen das sagen, die, die nicht eingebildet sind, die jeden gleich betrachten, die keinen Unterschied setzen zwischen den Menschen."

I.: „Und das tust du?"

J.: „Wie soll ich sagen? Ich setze keinen Unterschied zwischen den Menschen, nur bei den Leuten, die ich kenne, da hab ich en Unterschied ge-, weil es Juden sind. Wie soll ich sagen? Ich hab ja diese Erfahrung mit den Juden gemacht und jetzt bei den andern Juden, wenn ich mit denen so rede oder so, dann geh ich vorsichtiger an die Sache ran, da, wie soll ich sagen, da kann schnell ein Konflikt zwischen uns entstehen, da können wir uns direkt hauen oder so. Deswegen lass ich den leise reden, ma gucken, was er sagt und je nach dem, weil ich will diesen Konflikt nicht anfangen."

Der Jugendliche bemüht erneut die bereits oben erwähnte fragliche (Negativ-)Erfahrung mit Juden, um seine Abneigung oder zumindest Skepsis gegenüber Juden zu untermauern. Dabei bleibt die Erfahrung weiterhin inhaltslos und unkonkret. Viel eher speist sie sich aus diffusen Gefühlen, die einem ersten Eindruck entspringen („Die hamm so, wie soll ich sagen, en negativen Eindruck auf mich".) sowie aus Gerüchten, wie dem, dass „die denken, die sind was besseres oder was weiß ich". Auch diese Aussagen bleiben zwangsläufig ohne Inhalt, da sie jeder realen Basis entzogen sind. Zugleich greift der Jugendliche auf die Kategorie der Normalität bzw. Abnormalität zurück, um darüber eine Grundlage für die artikulierten antisemitischen Ressentiments und Stereotype zu erschließen, wobei er diese wiederum an den Aspekt der Religion koppelt. Mit Hilfe dieser Kategorien wird eine Haltung gegenüber Jüdinnen und Juden erschlossen, letztlich auch gerechtfertigt und nachvollziehbar gemacht. Der Rede wohnt dabei eine Logik inne, nach der die Zugehörigkeit zum Judentum als Indikator für bzw. gegen eine Aufnahme in die Kategorie der Normalität dient. Wer folglich als Zugehöriger des Judentums auszumachen ist, fällt den negativen Aspekten dieser Religion anheim und ist fortan nicht mehr als ‚normaler Mensch' fassbar. Er steht außerhalb der Norm, wird zum Anormalen, Marginalisierten, Nicht-Kategorisierbaren, Anderen. Darüber wird eine legitime Grundlage geschaffen, den Juden anders zu behandeln („nur bei den Leuten, die ich kenne, da hab ich en Unterschied ge-, weil es Juden sind.")

Das artifizielle, auf Konstruktion und Widersprüchlichkeit basierende, eben klassisch antisemitische Moment wird gleichsam in dem überhöhten Einwand bezüglich des Bartes sichtbar.[12] Dass diese Erscheinung keinerlei Grundlage für seine Rede gegen Juden bietet und ihm selbst die Sinnlosigkeit seiner Anklage vor Augen führt, kann daran abgelesen werden, dass er die Abwertung des äußeren Merkmals zurücknimmt, in Verbindung mit dem Juden als Träger jedoch aufrecht erhält. Was bleibt, sind Gerüchte, unbegründbare Gefühle der Skepsis, der Ablehnung und des Hasses, welche auf jeden, der als Jude in Erscheinung tritt, übertragen werden. An Hand dieses Materials kann beispielhaft herausgearbeitet werden, was Adorno bereits recht früh erkannt hatte: „Der Antisemitismus ist das Gerücht über die Juden" (Adorno 2001: 200).

12 Einen Bart tragen auch Menschen, die er seine Glaubensbrüder nennen würde, oder Männer, die sich aufgrund eines Ästhetikverständnisses einen Bart wachsen lassen.

In einem saarländischen Jugendzentrum spreche ich mit zwei 16-jährigen Jungen mit kosovarischem Migrationshintergrund, die im Vergleich zu anderen Jugendlichen eine eher diffus naive als aggressiv pejorative Haltung gegenüber Juden einnehmen, obwohl auch sie antisemitische Stereotype reproduzieren. Der nun folgenden Interviewsequenz ging die Frage nach ihrer Einschätzung des Konflikts zwischen Israelis und Palästinensern voraus, zu dem sich beide eher verhalten äußerten, da ihren Aussagen zufolge kein Interesse an der Thematik besteht.

I.: „Kennt ihr Juden?"

M.: „Nee, nich. Also so vom Dorf her oder sonst was, nein. Ich weiß nicht, ob da wer wohnt [odda so]"

B.: „[Doch, der] Y. is doch Jude."

M.: „Ahh, jo? Der ist Jude? Echt?"

B.: „Ei, weische nimme, wie der sich domols die Auge[braue]?"

M.: (lacht) „Ahh, stimmt, jo."

I.: „Was hat der gemacht?"

M.: „Ei, der hat sich domols so do so ‚Jude' in die Augenbraue reingemacht."

B.: (lacht) „In die Augenbrauen hat er sich das reinrasiert."

I.: „Aha. Wie war das denn genau und wie fandet ihr das?"

M.: „Ei zuerst hab ich das ja net gedacht, ne. Weil, äh [...]"

B.: „[Der] is en ganz normaler Junge. Ein Deutscher, normal halt."

M.: „Ich hab halt gedacht, der is en normaler Junge und net ein Jude, weil äh, das war jo erstensmal das erste Mal. Am Anfang war das jo für mich en ganz normaler Deutscher. Ich hab ja nicht gewusst, dass der [Jude ist]."

B.: „[Unn weisch] de noch der (unverständlich)."

M.: „Jo, stimmt, der" (lacht)

B.: „Der da" (B. stimmt in das Gelächter von M. ein. Was B. weiterhin sagt, bleibt unverständlich)

M.: „Ja, das, das war normal so erst. Dann war das neu für mich, weil das war der erste Jude, den ich gesehen hann. Am Anfang war das für mich wie en normaler Deutscher. Do hab ich jo net drüber nachgedacht. Unn dann, wo ich das gehört hab, wollte man sich ach mol mehr darüber, äh, damit äh, informiere."

Im Vergleich zu vorherigen Interviewpassagen fällt in dieser Sequenz auf, dass die Haltung gegenüber Jüdinnen und Juden weniger aggressiv vorgetragen, Bilder von Juden nicht offensichtlich negativ konnotiert werden. Diesem Gestus wohnt jedoch nicht zwangsläufig ein reflektierter Umgang mit antisemitischen Ressentiments und Bildern der Judenfeindschaft inne.

Denn auch hier wird zum einen die Normalitätskategorie bemüht, um die Besonderheit in der Begegnung mit Juden und Jüdinnen oder die Erkenntnis tatsächlich existierender Juden zu markieren.

Zum anderen greift das Stereotyp, Juden seien aufgrund ihrer Anatomie eindeutig von Nicht-Juden zu unterscheiden und hinsichtlich ihrer Physiognomie zu erkennen. Dem Juden kommt das Attribut des Unbekannten, Geheimnisvollen sowie Fremden oder gar Exotischen zu. Unglaube bezüglich der Existenz von Juden im direkten Umfeld wird sichtbar, ebenso Unwissenheit hinsichtlich des Umgangs mit ihnen sowie Erstaunen darüber, dass sie aufgrund äußerer Merkmale nicht als Juden zu identifizieren seien. Diese ‚unvermutete Gleichheit' sorgt für Unsicherheit und manifestiert geradezu das Stereotyp vom jüdischen Körper. In der abstrakten Vorstellung bereiten Juden den beiden Interviewten weniger Sorge oder Verwunderung, aber sie bleiben fremd und unfassbar. In der konkreten Situation allerdings, im direkten Kontakt konfrontieren sie sie mit ihrer Existenz und lösen etwas in den Jungen aus, was mit bisherigen zur Verfügung stehenden Kategorien nicht erfasst werden kann („Dann war das neu für mich, weil das war der erste Jude, den ich gesehen hann"). Damit einher geht die Unmöglichkeit, ‚Jude' und ‚ein normaler Junge' bzw. ‚Jude' und ‚Deutscher' gleichzeitig zu sein. In der Vorstellung kommt die Gleichzeitigkeit dieser Kategorien einer unvereinbaren Parallele gleich und verweist auf das nach wie vor existente Vorurteil, der Jude sei als solcher sichtbar, da er sich hinsichtlich physischer wie psychischer Verfasstheit von anderen Menschen unterscheide.

Beide Jungen gehen zwar naiver und weniger aggressiv mit der Situation um, bekunden gar ein Interesse an der Thematik und beabsichtig(t)en, sich „ach mol mehr darüber, äh, damit äh, [zu] informiere." Was jedoch bleibt, ist die Tatsache, dass sie ‚Jüdisch Sein' außerhalb der Kategorie des Normalen ansiedeln und das Stereotyp vom jüdischen Körper reproduzieren.

Zwar werden in allen Interviews die klassischen Elemente des Antisemitismus sichtbar, doch steht nicht hinter allen Aussagen ein geschlossenes antisemitisches Weltbild. Teilweise wird Antisemitismus als temporäre ‚Pose' eingenommen, die wieder abgelegt werden kann, was gerade Gespräche mit Jüngeren sichtbar machten. Auffällig jedoch ist, dass bei den Befragten kaum Reflexionen in Bezug auf Vorurteile, Ressentiments oder antisemitische Projektionen vorzufinden sind. Sensibilität oder Empathie waren kaum nachzuzeichnen oder festzustellen. Was bleibt ist, dass die interviewten Jugendlichen in der aktuellen Situation des Sprechens und mit dem eingenommenen Habitus ihre Bereitschaft demonstrieren, Taten der Verrohung folgen zu lassen. Adornos Maxime sowie weitere Forderungen seiner erziehungsoptimistischen Texte, welche er in der Textsammlung

„Erziehung zur Mündigkeit“ (Adorno 1971) veröffentlichte, scheinen somit in ihrer Umsetzung und unter gegebenen Verhältnissen weitestgehend ins Leere zu laufen. Angesichts der oben aufgezeigten Entwicklungen und Tatsachen bleibt unklar, ob nach Auschwitz, dem Umschlagen der Aufklärung in Barbarei, die Pädagogik diesbezüglich und in ihrer Rolle als Kind der Aufklärung nicht an die Grenzen ihrer eigenen Grundlagen stößt. Zumal sie sich, nimmt man Adornos Imperativ ernst, im Spannungsfeld von prinzipiell optimistischen Denkfiguren der neuzeitlichen Pädagogik und der oft als resignativ wahrgenommenen kultur- und vernunftkritischen Perspektive der Kritischen Theorie bewegt (vgl. Meseth 2001: 22).

3. Aussichten

Trotz – oder vielleicht gerade wegen – resignativer Einsichten in die aktuelle Praxis, wie auch vor den Aussagen der älteren Kritischen Theorie zur Erziehung, besteht nach wie vor die Notwendigkeit, Antisemitismus zum Reflexionsgegenstand theoretischer und praktischer Pädagogik zu machen. Zudem kann, wer sich darauf einlässt, entdecken, dass Adornos Erkenntnisse Raum für optimistische Entwürfe und Handlungsperspektiven lassen, indem beispielsweise die Hinwendung zum Subjekt gefordert wird (Adorno 2003a: 571 f): Eine Forderung, die weder an Aktualität eingebüßt hat, noch aus dem Feld pädagogischer Aufmerksamkeit verschwinden darf, will kritische Pädagogik ernsthaft sich mit Antisemitismus auseinandersetzen. Bereits 1966 hält Adorno fest: „Da die Möglichkeit, die objektiven, nämlich gesellschaftlichen und politischen Voraussetzungen, die solche Ereignisse ausbrüten, zu verändern, heute aufs äußerste beschränkt ist, sind Versuche, der Wiederholung entgegenzuarbeiten, notwendig auf die subjektive Seite abgedrängt.“ (Adorno 2003b: 675 f)

Übertragen auf das gegenwärtige Praxisfeld der Bildungsarbeit, die in ihrer Zielgerichtetheit „sinnvoll überhaupt nur als eine zu kritischer Selbstreflexion“ (Adorno 1971: 90) zu begreifen ist, enthält dies m.E. zweierlei Versuch, welchem all jene nicht abgeneigt sein sollten, die um die Versäumnisse der pädagogischen Theorie und Praxis wissen und gerade deshalb eigeninitiativ tätig zu werden hätten, um nachhaltig emanzipatorische Prozesse in Gang bringen zu können. Altbekannte Floskeln der Betroffenheit, die sich bei pädagogisch Orientierten nicht gerade selten finden lassen, besitzen genauso wenig Nachhaltigkeit wie eine Blitzdiät und rangieren auf gleicher Ebene wie das Beschweigen der Taten. Denn genau diese Reaktionen sind es, die für eine Fortsetzung der antisemitischen Abscheulichkeiten sorgen. In solchen Fällen kann es, so ernüchternd es auch klingen mag, nur ratsam sein, offen zuzugeben, dass man als PädagogIn überfordert, sprachlos oder ohnmächtig dasteht und selbst mit Sanktionen an die Grenzen des eigenen Handlungsradius stößt. Dies zumindest ließe Raum für die Entwicklung besserer Konzepte. Der Großteil staatlicher Schulen ist gefangen im Alltagstrott und weiß sich zuweilen nur mit dem Ruf nach der staatlichen Ordnungsinstanz zu behelfen. Außerschulische Institutionen wie Jugendzentren oder Kindertagesstätten stehen nicht selten desinteressiert, vielleicht auch geängstigt und mutlos vor der Schwierigkeit, Antisemitismus zu problematisieren, oder sie sehen sich nicht in der Verantwortung. Daraus resultiert m. E. einzig und allein die Einsicht, dass auch eine Emanzipation von landläufig bekannten kirchlichen und staatlichen Trägern der pädagogischen Arbeit sowie deren Methoden, Konzepten und Lerninhalten sinnvoll und notwendig sein kann.

Zum anderen meint die erwähnte Hinwendung zum Subjekt, das einzelne Kind bzw. den einzelnen Jugendlichen in den Fokus zu nehmen. Dazu bedarf es erstens der Erkenntnis und auch der Bereitschaft prophylaktisch zu handeln, wofür die Mechanismen bei jedem Einzelnen ins Bewusstsein zu rufen sind, „die die Menschen so machen, dass sie solcher Taten fähig werden“ (Adorno 2003b: 676) – und damit ist mehr gemeint als der obligatorische Schulklassenbesuch einer Gedenkstätte und die von vielen SchülerInnen als langweilig und nervend empfundene Abhandlung über ‚Das Dritte Reich‘ im Geschichtsunterricht. Zweitens lässt sich daraus die Aufforderung an die aktuelle Bildungsarbeit ableiten, die jeweiligen Akteure antisemitischer Sprach- und Handlungspraxen hinsichtlich ihres ‚So-Geworden-Seins‘ in den Blick zu nehmen und dahingehend tätig zu werden, dass sich im Anschluss an eine Analyse etwaiger Entstehungszusammenhänge zumindest die notwendige Sensibilität bezüglich Antisemitismus nachhaltig wirksam konstituieren ließe. Dazu gilt es auch, die vorgängigen Erfahrens- und Erlebensprozesse, welche die Biographien der Einzelnen kennzeichnen und schließlich zu gegenwärtigen Haltungen wie dem aktuellen Ort des Sprechens führen, zum Gegenstand des Interesses zu machen. So ließen sich wichtige Informationen und Quellen über das ‚So-geworden-Sein‘ und der damit verbundenen Funktion des Gebrauchs antisemitischer Bilder und der Diskriminierungsbereitschaft gegenüber Juden erschließen.

Angesichts der Tatsache, dass – im Vergleich zu ihren Altersgenossen – insbesondere antisemitische Manifestationen bei Jugendlichen mit islamischem Migrationshintergrund kaum thematisiert, bearbeitet oder gar zur Kenntnis genommen werden, müsste dieser spezifische Antisemitismus von migrantischen Jugendlichen ebenso in das Blickfeld außerschulischer Bildung gerückt werden wie die Thematisierung antisemitischer Stereotype in allen anderen gesellschaftlichen Bereichen auch. Es gilt damit einen bislang unzureichend bearbeiteten Bereich der (außerschulischen) Pädagogik bzw. der Bildungsarbeit zu erschließen, um darauf bezogene und nachhaltig wirksame Konzepte zu installieren.

Die Aufmerksamkeit solcher Konzepte sollte insbesondere auf Aspekte wie Lebenslage und Identitätsfindung von Jugendlichen mit migrantischem Hintergrund gelegt werden. Auch die Erschließung der Kategorien Zugehörigkeit, Nationalität, Fremdheit und Integration, wobei der Gruppe junger Menschen islamischen Glaubens häufig die Rolle der passiv Duldenden zuteil wurde, muss einbezogen und reflektiert werden. Erfahrungen mit ihnen entgegengebrachten Vorurteilen, Rassismus und Ablehnung und daraus resultierenden aggressiven Aktionen, in denen sich ihre Wut, Enttäuschung und Hilflosigkeit (z.B. bezüglich undurchschaubarer Bürokratie, staatlicher Repression, Armut, etc.) äußert, gehören selbstverständlich dazu – ein wichtiges pädagogisches wie auch soziologisches und politisches Feld, das eruiert werden muss(te), um zur Verbesserung ihrer Lebensumstände beizutragen. Unabdingbar ist gleichzeitig die Thematisierung, Offenlegung und das engagierte Eingreifen und Angehen gegen antisemitisch motivierte Äußerungen oder Handlungen. Es geht mir darum, sich zu vergegenwärtigen, dass gerade im Rahmen der Debatten über antisemitische Manifestationen muslimischer Jugendlicher nicht selten eine kulturrelativistische Argumentation Einzug und damit auch die Konstruktion von Entschuldigungen aufrecht hält.

Dies halte ich, egal ob es sich um Sexismus, Chauvinismus oder Antisemitismus handelt, für mit emanzipatorischen (Bildungs-)Zielen nicht vereinbar. Denn wenn ernsthaft kein Unterschied gemacht werden soll zwischen den Einzelnen, dann gilt die Absage jedem, der menschenverachtende Hasstiraden und Diffamierungen ablässt, egal welche Haut- oder Haarfarbe, welchen Pass oder welche Religion er hat. Mehr Sinn macht in diesem Zusammenhang der Einbezug von Arbeiten zur interkulturellen Dimension der Annäherung an und Auseinandersetzung mit Geschichtsbezügen und hier im Besonderen mit der Shoa (vgl. Georgi 2003, Georgi 1997) sowie Erkenntnisse über Affinität und Akzeptanzbereitschaft junger Muslime gegenüber islamischen, auch islamisch-fundamentalistischen und -extremistischen Orientierungsmustern (vgl. Heitmeyer 1997).

Diese fanden bislang nur nischenbezogen Beachtung, wurden entweder falsch verstanden oder gar rechtspopulistisch interpretiert. Sie können aber als eine wichtige Grundlage dafür dienen, jenes Feld genauer zu analysieren, das bislang kaum thematisiert wurde. Es gilt herauszuarbeiten, welche Funktion dem Gebrauch und der Reproduktion antisemitischer Bilder und

Stereotype bei muslimischen Kindern und Jugendlichen zukommen kann und inwiefern die Sphäre islamisch beeinflusster Erziehungsmomente mitzudenken ist. Das Einbeziehen von theoretischem Wissen über islamisch motivierte und geprägte Erziehungsinhalte, -ideale und -praxen, über das Verständnis von Kultur, Religion, Gesellschaft, Familie und Subjektivität sowie Bestrebungen hinsichtlich praktischer Umsetzung ist dabei das zweite Fenster, das sich jede politische BildnerIn vergegenwärtigen sollte. Dieses Feld ist deshalb unverzichtbar, weil sich mit Hilfe dieses Wissens zum einen das Spannungsfeld von Tradition und modernen Einflüssen, in dem sich junge Muslime zwangsläufig bewegen, hinsichtlich seiner Komplexität und Vielschichtigkeit erschließen lässt. Zum anderen gewährt es Einblick in Genese und Tradition des Antisemitismus innerhalb des Islam.

Bei der Beschäftigung mit den jeweiligen Akteuren könnten sich pädagogisch Handelnde von folgenden Fragen leiten lassen: Wer greift auf welche Bilder, Metaphern und Stereotype zurück? Wo verbergen sich die jeweiligen Vermittlungsinstanzen? Was sind die Motive für den Gebrauch und welche Wirkung haben sie beim Sprecher selbst? Welche Feindbilder/Fremdbilder sind der Judenfeindschaft weiterhin inhärent? Welche Verortung im komplexen Zusammenhang von kultureller, religiöser und sozialer Identität nehmen sie, bezogen auf sich selbst und auf andere Individuen/Gruppen vor? Gibt es Bereiche in der sinnlichen, sozialen oder dinglichen (Um)Welt, die angstbesetzt sind und falls ja, woraus resultiert die jeweilige Angst vor dem etwaigem Gegenstand und wie äußert sie sich?

Neben Empathie für die Lebenssituation und Verfasstheit der einzelnen Jugendlichen sollten klare Regeln und Sanktionen Einzug halten. Denn wenn geschichtsrelativierend bzw. geschichtsrevisionistisch mit der Shoa umgegangen wird, Morde an Juden gebilligt und eigene Unzulänglichkeiten oder Ambivalenzgefühle mit Antisemitismus ausgebügelt werden, gibt es keine Alternative zu entschlossenem, engagiertem Handeln. Solch ein Handeln könnte damit begonnen werden, dass Professionelle der pädagogischen Praxis gemeinsame Handlungsstrategien erarbeiten und verfolgen, welche sich um Aufklärung bemühen und klare Grenzen zu setzen, wenn es zu antisemitischen Manifestationen kommt. Diese Grenzen können sich beispielsweise darin äußern, dass Besuchern eines Jugendzentrums bei Regelüberschreitung oder -missachtung in Form antisemitischer Sprüche Hausverbot erteilt wird. Einer Verschiebung von aufklärendem Tun hin zu akzeptierender Hinnahme und Erschöpfung wäre die entgegengesetzte fatale Entwicklung.

Abschließend sei daher festgehalten, dass dieser Beitrag als Motivation für diejenigen verstanden werden darf, die endlich damit zu beginnen hätten, die Erziehungswirklichkeit unter der Frage zu untersuchen, wie in bisherigen Konzepten über Antisemitismus kommuniziert worden ist, warum die Diskussion in der Peripherie angesiedelt bleibt bzw. konzeptionelle Aufarbeitung und Umsetzungen (zwar nicht in Gänze, aber dennoch) weitestgehend erfolglos geblieben sind und wie die notwendig radikale Wende zu vollziehen ist. Denn „Mißerfolg bei der Verbesserung des Bestehenden kann und darf nicht die Rückkehr zur Normalität der untragbaren Zustände bedeuten" (Gruschka 2004: 19).

Bibliographie

Adorno, Theodor W. (2003a): Was bedeutet: Aufarbeitung der Vergangenheit, in: Kulturkritik und Gesellschaft II, Frankfurt a.M., S. 555-572.

Ders. (2003b): Erziehung nach Auschwitz, in: Kulturkritik und Gesellschaft II, Frankfurt a.M., S. 674-690.

Ders. (2001): Minima Moralia. Reflexionen aus dem beschädigten Leben, Frankfurt a.M.

Ders. (1971): Erziehung zur Mündigkeit, Frankfurt a.M.

Georgi, Viola (2003): Entliehene Erinnerung. Geschichtsbilder junger Migranten in Deutschland, Hamburg.

Dies. (1997): Migrantenjugendliche und NS-Geschichte, in: Kiesel, Doron et al. (Hrsg.): Pädagogik der Erinnerung. Didaktische Aspekte der Gedenkstättenarbeit, Frankfurt a.M.

Gruschka, Andreas (2004): Negative Pädagogik, Wetzlar.

Heitmeyer, Willhelm (2002): Deutsche Zustände I, Frankfurt a.M.

Heitmeyer, Wilhelm/Müller, Joachim/Schröder, Helmut (1997): Verlockender Fundamentalismus. Türkische Jugendliche in Deutschland, Frankfurt a.M.

Meseth, Wolfgang (2001): Theodor W. Adornos „Erziehung nach Auschwitz". Ein pädagogisches Programm und seine Wirkung, in: Fechler, Bernd/Kößler, Gottfried/Lieberz-Groß, Till (Hrsg.): „Erziehung nach Auschwitz" in der multikulturellen Gesellschaft. Weinheim/München, S. 19-30.

Mitscherlich, Alexander (1974): Toleranz. Überprüfung eines Begriffs, Frankfurt a.M.

I. Niowe Bark/Birgit Halberstadt

Selbstbehauptung und Identität

Grenzen und Möglichkeiten emanzipatorischer Jugendbildungsarbeit

Ausgehend von unserer langjährigen Arbeit als Seminarleiterin in der politischen Bildungsarbeit und Selbstbehauptungstrainerin für Mädchen und Frauen, berichten wir in diesem Artikel von unseren Erfahrungen und den von uns entwickelten Seminarkonzepten in der emanzipatorischen Arbeit mit Jugendlichen.

Zu Beginn benennen wir unsere Ziele und Ansätze für eine emanzipatorische Bildungsarbeit, die selbstverantwortliches Handeln von Jugendlichen fördern und ihr Selbstbewusstsein stärken soll. Im ersten Kapitel geben wir dann einen Einblick in die Grenzen und Möglichkeiten von Jugendarbeit jenseits der Reproduktion hierarchischer Gesellschaftsstrukturen. Als eine der wichtigsten Vorraussetzungen reflektieren wir insbesondere das Prinzip der Freiwilligkeit und die Vorbildfunktion der GruppenleiterInnen. Im zweiten Kapitel fordern wir eine generelle Problematisierung von Identitätskonzepten als Methode emanzipatorischer Bildungsarbeit, um den Jugendlichen den Zusammenhang zwischen verschiedenen Identitätskategorien wie kulturellem und sozialem Hintergrund oder Geschlecht und ihren damit in Verbindung stehenden Ausgrenzungserfahrungen deutlich zu machen. Sowohl ein kultursensibler als auch ein geschlechtsspezifischer Ansatz und die Arbeit in geschlechtshomogenen Arbeitsgruppen sind hier unerlässlich. Dabei zeigt sich, inwiefern die Bereitschaft der GruppenleiterInnen, sich mit eigenen Identitätskonzepten auseinanderzusetzen, den gesamten Arbeitsprozess bestimmt. Am Ende werden diese Ergebnisse zusammengefasst und in Verbindung mit den strukturellen Bedingungen politischer Jugendbildungsarbeit reflektiert.

Selbstverständnis

Wir arbeiten zum einen als Seminarleiterin von Wochenseminaren in verschiedenen politischen Bildungsstätten in Berlin und Brandenburg, zum anderen als Wendo-Trainerin für Mädchen und junge Frauen an Schulen in Form von Projekttagen und Wochenendworkshops sowie fortlaufenden Wochenkursen in Mädchen- und Jugendzentren. Bei Wendo handelt es sich um speziell für Mädchen und Frauen entwickelte Selbstbehauptung und Selbstverteidigung, die bewährte Kampfsporttechniken mit Selbstbehauptungsübungen und Rollenspielen zur Prävention von sexualisierter Gewalt und Diskriminierung verbindet.

In unseren Seminaren mit Jugendlichen und jungen Erwachsenen unterschiedlichster Herkunft beobachten wir immer wieder, dass Bildung und eine erfolgreiche schulische Laufbahn nicht in erster Linie von der Intelligenz der Jugendlichen abhängen, sondern von der Entwicklung und Förderung des Selbstvertrauens und des Selbstbewusstseins. Die familiäre Situation, aber auch strukturelle Faktoren, wie die Zugangsmöglichkeit zu verschiedenen gesellschaftlichen Bereichen, sind hierfür grundlegend. Insofern ist die Chance auf Bildung immer eng verbunden mit individueller Unterstützung und Förderung sowie gesellschaftlicher Anerkennung, die die Jugendlichen erfahren. Wir können also von Vorraussetzungen sprechen, die zu einem gewissen gesellschaftlichen Status – abhängig von Einkommen, Herkunft oder Geschlecht – in einem direkten Verhältnis stehen und soziale Ungleichheitsverhältnisse ständig reproduzieren.

Der Großteil der Jugendlichen, mit denen wir arbeiten, kommt aus armen Familien und besucht die Hauptschule, viele haben einen Migrationshintergrund. Unter einem emanzipatorischen Ansatz in der Bildungsarbeit verstehen wir, diese Mädchen und Jungen darin zu unterstützen, Diskriminierungen verschiedenster Art bewusst wahrzunehmen und zu benennen. Viele von ihnen sind tagtäglich konfrontiert mit Ausgrenzungserfahrungen in Bezug auf Geschlecht, soziale Herkunft und andere kulturell-gesellschaftlich geprägte Identitäten. Sie nehmen ihre Situation häufig als unveränderlich wahr und fühlen sich von Ausmaß und Komplexität ihrer oft strukturell bedingten Probleme überfordert. Wir wollen ihnen vor allem Werkzeuge in die Hand zu geben, um gesellschaftliche Ursachen und Zusammenhänge durchschauen und die eigene Lebenssituation als veränderbar begreifen zu können. Grundlegende Vorraussetzungen dafür sind sowohl die freiwillige Teilnahme an den Seminaren als auch ein transparenter Umgang mit den Hierarchien, die zwischen uns, den GruppenleiterInnen, und den Jugendlichen bestehen. Indem wir sie Struktur und Inhalte der Seminare weitestgehend mitbestimmen lassen, immer begründen, wenn wir etwas verbieten, erlauben oder einfordern, bieten wir eine klare Orientierung für Freiräume und Grenzen innerhalb des Seminars und unterstützen die Jugendlichen dabei, innerhalb der Gruppenarbeit selbstverantwortliches

Handeln zu üben. Das bedeutet, dass wir die Seminare prozessorientiert gestalten, immer wieder offen sind für Aushandlungsprozesse und uns an gemeinsame Vereinbarungen ebenso halten, wie wir dies von den Jugendlichen erwarten. Es geht uns bei der Förderung von selbstverantwortlichem Handeln nicht darum, staatliche und gesellschaftliche Institutionen aus ihrer Verantwortung zu entlassen und den Jugendlichen im Sinne eines neoliberalen Empowermentansatzes die alleinige Verantwortung für ihre soziale Situation zu übertragen, sondern sie zu befähigen, gesellschaftliche Zusammenhänge in ihrer Repressivität zu erkennen und sich kritisch mit diesen auseinanderzusetzen. Um soziale Ungerechtigkeit überhaupt als solche wahrzunehmen und gesellschaftspolitische Forderungen für sich und andere formulieren und stellen zu können, ist es unserer Meinung nach vor allem wichtig, ihr Selbstwertgefühl und Selbstbewusstsein zu stärken.

1. Politische Jugendbildungsarbeit jenseits hierarchischer Gesellschaftsstrukturen?

1.1. Die TeilnehmerInnen

Die meisten Jugendlichen, mit denen wir arbeiten, haben einen eher bildungsfernen Hintergrund und kommen aus schwierigen sozialen Verhältnissen. Es fällt ihnen schwer, Vertrauen zu fassen und sich auf Gruppenprozesse einzulassen. Viele haben große Schwierigkeiten, sich zu konzentrieren und anderen zuzuhören. Ein offener und produktiver Austausch der TeilnehmerInnen untereinander setzt jedoch einen vertrauensvollen und achtsamen Umgang miteinander voraus. Es zeigt sich immer wieder, dass die Jugendlichen, die zu uns kommen, nie gelernt haben, auf ihre eigenen Grenzen zu achten und diese zu äußern. Dementsprechend fehlt es ihnen häufig an der Fähigkeit, Grenzen anderer wahrzunehmen und zu respektieren. Bei vielen spiegelt sich ein äußert ambivalentes Verhalten der Erziehungsberechtigten und LehrerInnen wider, die eigene Grenzen und Bedürfnisse selten direkt nachvollziehbar, sondern indirekt oder überhaupt nicht kommunizieren. Sowohl Verbote und Bestrafungen als auch Äußerungen von Anerkennung oder Zuneigung werden als unvermittelt und teilweise widersprüchlich oder willkürlich erlebt. Durch das Fehlen von verlässlichen Strukturen, Orientierung und Kontinuität im Verhalten der Erwachsenen bleiben sie haltlos. Den Heranwachsenden fehlt ein Abgleich zwischen eigener Wahrnehmung und Außenwelt, um sich mit dieser in Beziehung setzen und die Konsequenzen ihrer Handlungen einschätzen zu können. Für die meisten gehören darüber hinaus Erfahrungen von Missachtung, Diskriminierung und Ausgrenzung aufgrund von kultureller oder sozialer Herkunft sowie Geschlecht zum Alltag. Durch ihr geringes Selbstwertgefühl gelingt es den Wenigsten, geeignete Schutzmechanismen gegen derartige Verletzungen zu entwickeln. Sie reagieren schnell emotional aufbrausend, verlieren die Kontrolle und sind dadurch gezielten Provokationen ausgeliefert. Die meisten von ihnen haben verletzende Zuschreibungen schon so weit verinnerlicht, dass sie sich bereits durch einen bestimmten Blick in Frage gestellt und angegriffen fühlen. Dies kann zu Missverständnissen führen, die dann nicht selten in gewaltsamen Eskalationen enden.

1.2. Die Stärkung des Selbstbewusstseins der Jugendlichen

Die Methoden und Übungen, die wir mit den Jugendlichen durchführen, sind grundsätzlich darauf angelegt, ihre bereits vorhandenen Ressourcen und Fähigkeiten herauszuarbeiten und zu fördern. Ziel unserer Seminare ist dabei vor allem, das Selbstbewusstsein der Jugendlichen zu stärken. Wir wollen, dass sie ihre eigene Besonderheit und Einzigartigkeit erkennen und erfahren, dass sie letztendlich immer einen Einfluss darauf haben, in welche Richtung sich eine bestimmte Situation in ihrem Leben weiterentwickelt. Um dafür frühzeitig Signale oder Hinweise erkennen und deuten zu können, ist es wichtig für die Jugendlichen, sich über sich selbst und andere bewusst zu sein. Das heißt, es geht in den Übungen zur Selbstwahrnehmung[1] erst einmal darum, dass sie sich ein Bild von sich selbst machen, um sich dann mit ihren Stärken und Schwächen, auch im Unterschied zu anderen, auseinanderzusetzen. Sie sollen sich der Fähigkeiten, die sie besitzen, bewusst werden und diese wertschätzen, um einen respektvollen Umgang mit sich selbst und anderen zu entwickeln. Jugendliche mit sehr geringem Selbstwertgefühl haben kaum Maßstäbe dafür, was sie von Anderen erwarten können, und erheben demzufolge sehr geringe Ansprüche an das Verhalten ihrer Umwelt. Leider lässt sich dies nach wie vor besonders bei Mädchen beobachten. Hier gilt es diese Maßstäbe zu prüfen, sich Bedürfnisse bewusst zu machen, ihnen einen Wert beizumessen und zu lernen, sie vorwurfsfrei zu äußern. Selbstbehauptungsübungen in geschlechtshomogenen Arbeitsgruppen für Mädchen sind dafür besonders geeignet. In Übungen zu Fremdwahrnehmung reagieren die TeilnehmerInnen meist erstaunt, was sie alles durch Kleidung, Mimik und Gestik vermitteln, ohne sich dessen

1 Übungen zur Selbstreflexion zum Thema ‚Was kann ich besonders gut und was fällt mir schwer', Körperumrisse, Traumreisen, das Malen von abstrakten Bildern als Versuch Gefühle auszudrücken, das Herstellen von Collagen, Rappen, etc.

bewusst zu sein. Oft entstehen dadurch Missverständnisse, die vermeidbar gewesen wären, oder es verfestigen sich Vorurteile, die sich bei genauerer Betrachtung als haltlos erweisen.[2] Anhand von Wahrnehmungsübungen und Spielen zu Körpersprache, Stimme, Nähe und Distanz haben die Jugendlichen die Möglichkeit zu lernen, ihre Gefühlslage und innere Haltung für andere sichtbar zu machen, ob es nun darum geht, sich anderen gegenüber zu öffnen oder aber sich zu schützen und so wenig Angriffsfläche wie nur möglich zu geben. Die TeilnehmerInnen lernen, zwischen eigenen Unsicherheiten und Befürchtungen und dem Verhalten der anderen zu unterscheiden und mit ihrer Wut umzugehen, ohne sich selbst in schwierige Situationen zu bringen. Selbstbehauptung bedeutet hier vor allem, den anderen ein Bild meiner Selbst zu vermitteln, das mich in meiner Einzigartigkeit und Besonderheit herausstellt und einen respektvollen Umgang einfordert.

Oft werden in der bildungspolitischen Arbeit Themen wie Selbstbehauptung, Konfliktbewältigung oder Kommunikation auf eine intellektuelle Ebene reduziert. Dadurch besteht gerade bei Heranwachsenden mit bildungsfernem Hintergrund die Gefahr, dass sich die Erfahrung verfestigen kann, den an sie gestellten Anforderungen nicht gewachsen zu sein. Spielerische Übungen zur Selbstbehauptung in Bezug auf *non*verbale Kommunikation[3] und Konfliktverhalten[4] sind gerade bei Jugendlichen unserer Zielgruppe besonders hilfreich, weil sie dabei lernen, ihre Körpersprache bewusst in die Interaktionen mit einzubeziehen.

Jugendliche sind sehr offen für diese Übungen und lassen sich schnell auf sie ein. Hier entdecken sie Möglichkeiten und Spielräume, sich und ihre Vorstellungswelt zu äußern, und die Vielfalt ihrer Ausdrucksformen kann anerkannt und gefördert werden. In Bezug auf ihren Körper und seine verschiedenen Darstellungs- und Inszenierungsmöglichkeiten scheint es für sie noch einen unbesetzten und gestaltbaren Raum der Phantasie und Vorstellungskraft zu geben, der ihnen erlaubt, die sie sonst begrenzenden Erfahrungen hinter sich zu lassen.

---

2 Hierzu gehören z.B. Übungen wie ‚Litfasssäule', bei der sich die Jugendlichen gegenseitig Bilder voneinander spiegeln, die im Anschluss aufgelöst werden.

3 Dazu gehören Übungen zur Wirkung von Mimik und Gestik wie Stimmungen und Gefühle raten, Spielen mit verschiedenen Körperhaltungen, Standbilder, kurze Situationen pantomimisch darstellen, Atemübungen, Rhythmusübungen und Tanz.

4 Hier eignen sich unserer Erfahrung nach vor allem die theaterpädagogischen Übungen von Augusto Boal, Konfliktsituationen nachzuspielen und dadurch Lösungsstrategien zu finden (vgl. Boal 1989, Haug 2005, Odierna/Letsch 2006).

1.3. Grenzen und Möglichkeiten emanzipatorischer Jugendarbeit

Eine der größten Herausforderungen politischer Bildungsarbeit besteht darin, den Jugendlichen in der relativ kurzen Zeit von wenigen Tagen zu vermitteln, dass die von uns angebotenen Seminare vor allem das Ziel haben, ihnen den Raum zu eröffnen, sich über persönliche Themen und Probleme, die ihren Alltag bestimmen, auszutauschen. Viele Jugendliche sind nicht gewöhnt, sich mit sich selbst und anderen auseinanderzusetzen. Mit dem emanzipatorischen Anspruch auf freiwillige Teilnahme und Mitbestimmungsrecht der Jugendlichen stoßen wir auf das Problem, dass viele nicht gelernt haben, ihre Bedürfnisse zu äußern und sich nicht in der Lage fühlen, Prozesse eigenverantwortlich mitzugestalten.

Viele erwarten klar vorgegebene Strukturen, in die sie sich einzufügen haben, und reagieren ratlos und irritiert, wenn sie gefragt werden, was sie von dem Seminar erwarten und wie sie die Projekttage gestalten wollen. Jugendliche, die überwiegend Strukturen leistungsorientierter Schulen gewöhnt sind und das herrschende Konkurrenzdenken tief verinnerlicht haben, erwarten auch von uns eine klar erkennbare hierarchische Struktur mit Bewertungssystemen, in die sie sich selbst und andere einordnen können. Wenn ihnen diese gewohnte Orientierung durch einen emanzipatorischen, nicht-hierarchisch konzipierten Seminaransatz fehlt oder gar konsequent verweigert wird, reagieren viele überfordert.

Hinzu kommt, dass das Selbstbewusstsein vieler Jugendlicher, wie bereits erläutert, so gering ist, dass sie aus Angst zu versagen und sich vor den anderen bloßzustellen, häufig unfähig sind, sich auf Übungen im Seminar überhaupt einzulassen. Gerade dadurch aktualisiert sich fatalerweise ihre Erfahrung des Scheiterns. Sie reagieren ungeduldig und mutlos, sobald ihnen etwas nicht auf Anhieb gelingt, werden schnell wütend, beschimpfen sich gegenseitig oder verweigern die weitere Teilnahme. Begeisterung und rege Mitarbeit können plötzlich umschlagen in eine aggressive Abwehr, die alle bisherigen Prozesse in der Gruppenarbeit in Frage stellt. Oft ist dieses Verhalten begleitet von sich selbst extrem abwertenden Äußerungen der Jugendlichen, in denen ihre enttäuschten Hoffnungen und ihre fortschreitende Resignation offenbar werden. Vor allem bei HauptschülerInnen zeigt sich immer wieder, wie sehr sie die Zuweisung auf die untersten Ränge der Gesellschaft verinnerlicht haben.

Das bundesdeutsche dreigliedrige Bildungssystem trägt durch frühzeitige Festlegungen dazu bei, dass sich viele dieser Jugendlichen bereits früh auf einem gesellschaftlichen Abstellgleis befinden (vgl. Heinrich-Böll-Stiftung

2004a). Sie erhalten sehr wenig individuelle Förderungen und müssen immer wieder erleben, dass es für sie kaum Perspektiven gibt, ihr Leben selbstbestimmt zu gestalten. Gerade deshalb halten wir es für äußerst wichtig, immer wieder deutliche Erwartungen an die Jugendlichen zu stellen, um sie zu fordern und ihnen klar zu vermitteln, dass sie von uns ernst genommen werden und ihre Handlungen Konsequenzen haben. Es geht uns nicht nur darum, durch Erfolgserlebnisse das Selbstbewusstsein der Jugendlichen zu stärken und ihnen zu zeigen, dass sich auch schwierige Situationen bewältigen lassen, sondern uns ist ebenso wichtig, dass sie lernen, mit Misserfolgen und Enttäuschungen produktiv umzugehen und diese auszuhalten. Das bedeutet letztlich, auch Misserfolge und Umwege als Lernprozesse annehmen zu können. Dies setzt allerdings eine Bereitschaft und vor allem den Mut zur Veränderung herkömmlicher Sichtweisen und Verhaltensmuster voraus. Generell beobachten wir, dass Jugendliche nicht gewöhnt sind, ihre gewohnten Verhaltensmuster und angeeigneten Konfliktlösungsstrategien zu reflektieren. Selten ist ihnen bewusst, wie sehr sie sich oft selbst behindern und dadurch in scheinbar ausweglosen, sich immer wiederholenden negativen Erfahrungsmustern gefangen bleiben.

Es ist eine Illusion, innerhalb von wenigen Tagen diese lang eingelebten Muster durchbrechen zu können. Vielmehr geht es darum, ihnen neue Handlungsmöglichkeiten aufzuzeigen und spielerisch erfahrbar zu machen. Im Seminarprozess stellt sich immer wieder heraus, dass viele im Laufe der Woche offener werden, sich gesellschaftliche Zusammenhänge und ihre Rolle darin bewusst machen und plötzlich Fragen stellen, die helfen können, festgefahrene Erwartungsmuster aufzubrechen oder Widersprüche sichtbar werden zu lassen. Können diese Fragen dann innerhalb der Arbeitsgruppe zusammen mit den anderen TeilnehmerInnen geteilt und diskutiert werden, ist eines der wichtigsten Ziele der Jugendarbeit erreicht.

Eine prinzipielle Abwehrhaltung gegenüber den Seminarinhalten oder eine Verweigerung der Gruppenübungen sind wichtige Signale, die keinesfalls übergangen und weder bestraft noch durch Freizeit oder besondere Aufmerksamkeit belohnt werden sollten. Denn abwehrendes oder aggressives Verhalten der TeilnehmerInnen kann unseres Erachtens eine Form sein, Überforderung zu signalisieren. Vielmehr ist es uns bei der Arbeit mit Jugendlichen wichtig, den Ursachen dieser Widerstände nachzugehen und diese für den Seminarverlauf fruchtbar zu machen. Es ist nicht unproblematisch, die lang geübten Abwehrmechanismen der Jugendlichen zu durchbrechen, sind diese doch meist eine Strategie, sich vor erneuten Verletzungen zu schützen. So dürfen die Prozesse, die während der Gruppenarbeit schon in wenigen Tagen angestoßen werden, weder über- noch unterschätzt werden, und es ist ausgesprochen wichtig, dass jede TeilnehmerIn in ihrem individuellen Prozess betrachtet und gefördert wird. Das impliziert, dass bereits vorhandene Handlungsstrategien und Schutzmechanismen in ihrer Bedeutung anerkannt werden müssen und letztendlich nur von der jeweiligen Person selbst in Frage gestellt werden können. Dies spielt vor allem bei Jugendlichen mit unterschiedlichem kulturellem Hintergrund eine große Rolle, wo es keinesfalls darum gehen soll, verschiedene Lebenskonzepte als falsch oder richtig, schlechter oder besser zu bewerten.

Insofern verstehen wir unsere Arbeit in den Seminargruppen als grundsätzlich prozessorientiert. Das bedeutet, dass wir es nicht für sinnvoll halten, Inhalte und Methoden für ein Seminar oder einen fortlaufenden Kurs unveränderlich festzulegen, ohne die Arbeitsgruppe in ihrer konkreten Zusammensetzung wenigstens einen Tag lang erlebt zu haben. Wie bereits oben erwähnt, gibt es natürlich gewisse Ziele, die wir in jedem Seminar verfolgen und die im Zentrum unserer Arbeit stehen, wie die Erweiterung von Handlungskompetenzen und die Stärkung des Selbstbewusstseins. Allerdings können diese Ziele je nach der Zusammensetzung der Arbeitsgruppen mit ganz unterschiedlichen Methoden erreicht werden. Manchmal ist es schon ein Ziel, überhaupt Vorbedingungen zu schaffen, um gemeinsam arbeiten zu können und sich aufeinander einzulassen.

Die konkreten Ziele der Seminarwoche sollten sich immer den jeweiligen sozialen Fähigkeiten der Jugendlichen anpassen und sie weder unter- noch überfordern. Das verlangt von der Seminarleitung unter Umständen eine hohe Flexibilität und eine äußerst genaue Einschätzung der Jugendlichen, was in dieser kurzen Zeit oft schwierig ist. Insofern ist der Austausch mit anderen SeminarleiterInnen nach den Seminareinheiten wichtig. Denn je nach Gruppe können sich bei den TeilnehmerInnen ganz unterschiedliche Bedürfnisse äußern und Übungen mehr oder weniger geeignet sein. Indem wir darauf eingehen, einen kreativen Rahmen anbieten, der die gewohnten hierarchischen Kategorien und Bilder in Frage stellt und kooperatives Verhalten fördert, geben wir den Jugendlichen den Raum und die Möglichkeit, Neues auszuprobieren und sich selbst anders zu erleben. Festgefahrene Gruppenstrukturen innerhalb von Schulklassen können aufgebrochen und Konflikte bearbeitet werden. Damit die Jugendlichen die Chance haben, gewohnte Selbst- und Fremdzuschreibungen zu überprüfen und zu revidieren, halten wir es für grundlegend, feste Bezugs- und Autoritätspersonen wie LehrerInnen, Sozialarbeiter oder Eltern nicht an den Kleingruppen teilnehmen zu lassen, und zwar weder als Co-LeiterInnen, noch als Teilnehmende oder BeobachterInnen. Dies gilt ausdrücklich völlig unabhängig von der fachlichen und sozialen Qualifikation der BetreuerInnen oder der Qualität ihrer Beziehung zu den Jugendlichen. Unserer Ansicht nach spielt die Unabhängigkeit der GruppenleiterInnen von schulischen Institutionen eine zentrale Rolle. Die klare Positionierung außerhalb dieser in der Regel hierarchischen Strukturen ist eine der wichtigsten Voraussetzungen emanzipatorischer Jugendbildungsarbeit. Durch diese Positionierung ist es möglich, einen Raum zu schaffen, der offen ist für einen vertrauensvollen Austausch zwischen Teilnehmenden und GruppenleiterInnen, in dem die Jugendlichen glaubhaft erfahren, dass sie Abläufe und Inhalte der Seminare mitbestimmen und eigenverantwortlich mitgestalten können. Hierfür ist eine freiwillige Teilnahme am Seminar unumgänglich.

2. Voraussetzungen emanzipatorischer politischer Jugendarbeit

2.1. Das Prinzip der Freiwilligkeit

Wenn wir davon ausgehen, dass ein Bildungsseminar oder ein Wendokurs den Jugendlichen die Möglichkeit bieten soll, ihre Bedürfnisse und Vorstellungen mit einzubringen und im Idealfall Inhalte und Verlauf eigenverantwortlich mitzugestalten, spielt die Freiwilligkeit eine sehr große Rolle. Es ist kontraproduktiv, Jugendliche unter Zwang dazu zu bringen, sich mit ihren Stärken und Schwächen auseinanderzusetzen. Vielmehr sollte man sie darin unterstützen, ihre eigenen Grenzen wahrzunehmen und die der anderen zu respektieren. Oftmals fällt es schwer, sich sowohl gegenüber nahen Personen wie Familienangehörigen oder Freunden, als auch gegenüber Autoritätspersonen oder Institutionen zu behaupten und eigene Ansprüche durchzusetzen. Die Bereitschaft hierzu entsteht aus der Einsicht und aus einer tiefen Not-Wendigkeit heraus, d.h. aus dem Wunsch, der Notsituation eine Wende zu geben.

Bei Wendo-Kursen für Mädchen stellt die Freiwilligkeit bereits seit 20 Jahren eines der wichtigsten Grundprinzipien dar. Ein Prinzip, das auch für die Jungenarbeit und die gemischt geschlechtliche Bildungsarbeit gelten sollte. Werden konkrete Inhalte und Regeln von vornherein vorgegeben, ohne diese mit den Erwartungen und Bedürfnissen der Jugendlichen abzugleichen, besteht die Gefahr, dass sich Trotz und Ohnmachtsgefühle bei den Jugendlichen weiter festigen und sich kein Vertrauen zu den erwachsenen GruppenleiterInnen bilden kann. Deshalb verfolgen wir das Prinzip der Freiwilligkeit. Das bedeutet beispielsweise, dass die TeilnehmerInnen nicht aktiv bei einem Rollenspiel mitspielen müssen. Sie können auch eine betrachtende Rolle einnehmen oder ganz aussetzen. Bei allen Übungen in den Arbeitsgruppen ist es wichtig, den Jugendlichen zu spiegeln, dass für uns als GruppenleiterInnen ihre aktive Teilnahme nur dann sinnvoll ist, wenn sie sich selbst immer wieder dafür entscheiden. In unserer langjährigen Erfahrung mit Mädchen- und Jungenarbeit stellen wir immer wieder fest, dass sich bei nahezu allen die Bereitschaft mitzumachen und sich einzubringen erhöht, wenn sie erfahren, dass die Übungen freiwillig sind und dass es eine Möglichkeit des Rückzugs gibt. Für diese Rückzugsmöglichkeit bedarf es klarer Regeln:

- Es gibt einen festen Ort innerhalb des Seminarraums, an den sich die Teilnehmerinnen zurückziehen können, ohne Gründe dafür nennen zu müssen, unter der Bedingung, von dort aus die anderen TeilnehmerInnen nicht zu stören oder abzulenken.
- Die TeilnehmerInnen melden sich für alle deutlich erkennbar ab und wieder an, um klar zu signalisieren, wann sie an der Gruppenarbeit teilnehmen und wann nicht.

Oft erleben wir, dass Jugendliche mehr als eine Stunde an dem Rückzugsort verbringen und plötzlich unerwartet aktiv werden und sich sehr persönlich einbringen. Andere wiederum lehnen es für sich strikt ab, die Rückzugsmöglichkeit zu nutzen und empfinden es als eine Art von Versagen, sich aus dem Gruppenprozess herauszuziehen. Insofern ist es äußerst wichtig, den Jugendlichen klar zu machen, dass das Wahrnehmen und Äußern eigener Bedürfnisse und Grenzen eine der wichtigsten Voraussetzungen für ein selbstbestimmtes Leben darstellt. Es geht also um die bewusste Aufwertung der Fähigkeit, eigenen Bedürfnissen nachzuspüren und mit diesen verantwortungsbewusst umzugehen. Das kann eventuell heißen, sich aus einem Gruppenprozess zu entfernen, wenn ich mich gerade nicht in der Lage fühle, mich einzulassen und dadurch auch andere TeilnehmerInnen an der Gruppenarbeit hindern würde. Die Entscheidung, sich aus der Gruppe herauszuziehen, bedeutet dann gegenüber sich selbst und den anderen TeilnehmerInnen Verantwortung zu übernehmen.

Bei freiwilligen Schul-AGs und Projekttagen können sich die Jugendlichen direkt für oder gegen die Teilnahme und die zu behandelnden Inhalte entscheiden. Wenn Jugendliche als Schulklasse zum Seminar anreisen, ist eine freiwillige Teilnahme von vornherein nur bedingt gegeben. Insofern muss unserer Ansicht nach bei diesen Seminaren der Rahmen gegeben sein, dass Jugendliche sich in Absprache mit den SeminarleiterInnen gegen eine weitere Teilnahme am Seminar entscheiden können. Dies sollte allerdings nur in Ausnahmefällen passieren und nach einem ausführlichen Gespräch mit der Jugendlichen über die genauen Hintergründe für diese Entscheidung. Darüber hinaus sollte dieser Entschluss weder belohnt noch bestraft und alternative, sinnvolle Aufgaben für die Jugendlichen gefunden werden. Die Beaufsichtigung sicherzustellen, wenn diese aus versicherungstechnischen Gründen notwendig ist, sollte dann nicht Aufgabe der GruppenleiterInnen sein, sondern muss durch Aufsichtspersonen der Schulen gewährleistet werden. Oftmals erleben wir, dass die Seminarthemen von den Jugendlichen nicht selbst gewählt, sondern von den LehrerInnen vorgegeben werden. Dadurch begegnen die Jugendlichen den Seminaren und den SeminarleiterInnen mit Vorbehalten, und das nötige Vertrauensverhältnis stellt sich erst sehr spät oder gar nicht ein. Der Unterschied zwischen einer schulischen Einrichtung, in der feste Inhalte vorgegeben werden, die wiederum eng an Bewertungssysteme geknüpft sind, und den Ansprüchen emanzipatorischer politischer Bildungsarbeit kann so für die Jugendlichen nicht deutlich werden. Um ihnen alternative Handlungskonzepte jenseits hierarchischer Strukturen glaubwürdig vermitteln zu können, spielt neben dem Prinzip der Freiwilligkeit die Haltung der Gruppenleitung eine entscheidende Rolle.

2.2. Die Vorbildfunktion der GruppenleiterInnen

Oft wird vergessen, dass viele Jugendliche, außer zu ihren Eltern und LehrerInnen, wenig Kontakt haben zu erwachsenen Bezugspersonen, mit denen sie sich über ihre Bedürfnisse, Wünsche, Ängste oder Vorstellungen austauschen können. Besonders problematisch ist es, wenn auch vertrauensvolle Gespräche mit Gleichaltrigen so gut wie gar nicht stattfinden, was bei Jungen häufiger der Fall ist. Insofern ist es äußerst wichtig für Jugendliche einen Rahmen zu schaffen, der die Möglichkeit für einen vertrauensvollen Austausch bietet, und zwar jenseits gesellschaftlicher Strukturen, die vorbelastet sind durch strukturelle oder emotionale Abhängigkeitsverhältnisse.

Die Bedeutung von Gesprächen und individueller Aufmerksamkeit, die Jugendliche in den relativ kleinen Seminargruppen erfahren, ist nicht zu unterschätzen. Oft kann schon eine aufmerksame Ermunterung oder ein konkretes Feedback zum richtigen Zeitpunkt Prozesse in Gang setzen, die Jugendliche dabei unterstützen, sich in ihrem Leben zu orientieren und ihre Wünsche ernst zu nehmen. Die Funktion als Identifikationsfigur für die Jugendlichen sollte dabei von uns als GruppenleiterInnen nicht unterschätzt werden. Hier spielen der Respekt und das Vertrauen gegenüber der GruppenleiterIn eine ausschlaggebende Rolle. Jugendliche achten sehr darauf, ob die mit ihnen vereinbarten Abmachungen und Regeln von uns auch eingehalten werden. Ebenso erkennen sie genau, inwiefern wir als GruppenleiterInnen Inhalte, die im Seminar besprochenen werden, selbst verinnerlicht haben und umsetzen. Ich kann Seminarinhalte nur dann überzeugend vermitteln, wenn ich mich intensiv und kritisch mit diesen auseinandergesetzt habe. So kann ich Jugendlichen die Relevanz von Selbstbewusstsein und Selbstbehauptung für ihr Leben nur adäquat vermitteln, wenn sich diese Fähigkeiten auch in meinem Verhalten widerspiegeln. Das bedeutet im Idealfall, auf Äußerungen und Handlungen der Jugendlichen immer wieder souverän reagieren zu können und sich flexibel, aber bestimmt dazu zu verhalten.

Ein relativ vertrauter und offener Umgang während der Gruppenarbeit setzt voraus, dass die GruppenleiterIn sowohl eigene Grenzen deutlich wahrnehmen und setzen kann, als auch die der Jugendlichen anerkennt und respektiert. Dadurch, dass die Jugendlichen erfahren, dass sie ernst genommen werden und wir nichts von ihnen erwarten, was sie nicht auch von uns einfordern können, bieten wir ihnen eine klare und verlässliche Struktur, in der unterschiedliche Wünsche und Bedürfnisse artikuliert und gemeinsam ausgehandelt werden können. Dazu gehört allerdings, dass die GruppenleiterIn den TeilnehmerInnen nicht die Verantwortung für ihr eigenes Handeln abnimmt, sondern ihnen klar macht, dass sie die daraus entstehenden Konsequenzen für den Seminarverlauf selbst tragen müssen.

Das kann manchmal sehr viel schwerer sein, als Inhalte oder Lösungen vorzugeben oder einfach Abläufe zu bestimmen und dabei über die TeilnehmerInnen hinweg zu gehen. Denn auf diese Art und Weise muss ich mich als GruppenleiterIn viel mehr mit den unterschiedlichen Voraussetzungen, Fähigkeiten und Bedürfnissen der einzelnen TeilnehmerInnen auseinandersetzen und diese ernst nehmen. Das erfordert Einfühlungsvermögen und einen kritischen Umgang mit eigenen Bildern und Vorstellungen. Selbstverständlich stellt die Arbeit mit den Jugendlichen für die Seminarleitung immer wieder eine Herausforderung dar. Für die Vor- und Nachbereitung der Seminare sind daher der kritische Austausch und die Unterstützung unter den KollegInnen unabdingbar. Es geht nicht darum, als SeminarleiterIn unfehlbar zu sein und immer auf alle Situationen adäquat reagieren zu können, sondern um die Bereitschaft zu einem ständigen Lern- und Reflexionsprozess und einer grundsätzlichen Offenheit gegenüber den Jugendlichen. So ist es auch im Bezug auf die TeilnehmerInnen äußerst wichtig, Konsequenz zu zeigen und Fehler oder Versäumnisse ehrlich einzugestehen und sich gegebenenfalls auch zu entschuldigen. Dabei können sie lernen, dass es bei selbstbewusstem Auftreten nicht darum geht perfekt zu sein, sondern mit eigenen Schwächen transparent und souverän umgehen zu können. Viele Missverständnisse und Konflikte zwischen den Jugendlichen und ihrem sozialen Umfeld könnten dadurch vermieden werden.

Der Großteil der Jugendlichen hat allerdings Probleme, die weit komplexer sind und gesellschaftspolitische Ursachen haben. Sie sind ständig konfrontiert mit Ausgrenzungserfahrungen in Bezug auf Geschlecht, soziale Herkunft und andere kulturell-gesellschaftlich geprägte Identitäten. Durch diese strukturellen Diskriminierungsmechanismen begreifen sie ihre Situation immer wieder als ausweglos und resignieren. Wenn wir den Jugendlichen vermitteln wollen, dass es immer möglich ist, die Bedingungen, unter denen sie leben, zu verändern und ihr Leben selbstbestimmt zu gestalten, bedeutet das grundsätzlich auch, ‚Identität' als durchlässig und veränderbar zu begreifen. Insofern halten wir die Problematisierung der Kategorie ‚Identität', die feste Zuschreibungen impliziert, in unserer Arbeit für unumgänglich.

3. Identitätskonzepte in der politischen Bildung

3.1. Sinn und Unsinn kultureller Selbstverständlichkeiten

Selbstbewusstsein geht bei Jugendlichen oft einher mit dem Zugehörigkeitsgefühl zu einer oder zu mehreren Gruppen oder Communities. Es kann gestärkt oder angegriffen werden durch Zuschreibungen anderer. Der Wunsch nach Zugehörigkeit wird häufig durch Habitus, Kleidung, Sprache, etc. ausgedrückt. Dies kann an Bedeutung gewinnen, wenn sie qua Herkunft zu gesellschaftlich weniger anerkannten Gruppen gehören. Insofern ist es wichtig, sich immer wieder vor Augen zu führen, dass die Jugendlichen in unseren Seminaren aus Familien und Zusammenhängen mit sehr unterschiedlichen sozialen und kulturellen Hintergründen kommen.

Bildungspolitische Konzepte sollten offen sein für alle Jugendlichen, statt sich, wie so oft, an Mittelschichtkindern bildungsbürgerlicher Herkunft und bundesdeutscher Sozialisation zu orientieren. Dies setzt voraus, dass wir als GruppenleiterInnen den eigenen sozialen Hintergrund reflektieren und uns über die gesellschaftliche Bedeutung von Privilegien, wie z.B. weiße Hautfarbe, männlich, deutscher Pass, Abitur usw. im Klaren sind. Sobald wir uns mit unserer eigenen Geschichte auseinandersetzen, wird deutlich, dass die meisten Biographien vielschichtig sind, dass es Brüche gibt und kaum eine Person nur einer einzigen Kultur zugeordnet werden kann. Das kann helfen, offener für die Biographien und Selbstdarstellungen der Jugendlichen zu sein, sie in ihrer Vielschichtigkeit und Vielseitigkeit zu sehen. Selbstverständlich sollte für eine kultursensible Jugendarbeit das Bewusstsein der GruppenleiterInnen sein, dass die eigene Art und Weise, die Welt zu betrachten, aufgrund von bestimmten Wertvorstellungen und Idealen geschieht und somit kulturell geprägt und erziehungsbedingt ist. Dies betrifft auch das Konzept der heterosexuellen Kleinfamilie, das leider in der Jugendarbeit noch lange nicht entthront ist. Viele GruppenleiterInnen orientieren sich bei Rollenspielen, Beispielen und Lehrgeschichten unreflektiert an traditionellen Familiennormen und lassen zahlreiche Jugendliche ratlos zurück.

Dabei entsprechen so genannte Patchworkfamilien, Familien mit allein erziehenden Müttern/Vätern oder Familienkonstellationen mit mehr als zwei oder auch gleichgeschlechtlichen Erziehungsberechtigten, nicht nur in großen Städten wie Berlin, immer mehr der Lebensrealität. Wenn wir möglichst viele Jugendliche erreichen wollen, ist es wichtig, nicht selbstverständlich davon auszugehen, dass alle Kinder zuhause Weihnachten feiern oder dass alle wissen, was beispielsweise eine Patin ist, also christlich geprägtes Traditionswissen vorauszusetzen. Auch hier geht es darum, die eigenen Kindheitserfahrungen nicht zu verallgemeinern, sondern nachzufragen nach prägenden Traditionen und Festen, wobei ein Wissen um nichtchristliche Feiertage oft freudig registriert wird. Durch das signalisierte Interesse an der Geschichte ihrer Eltern und ihren eigenen Erfahrungen spüren die Jugendlichen, dass sie ernst genommen werden und dass ihre persönliche Geschichte bedeutungsvoll ist. Wertvorstellungen und Ideale müssen unter den TeilnehmerInnen erst erfragt und diskutiert werden, um herausfinden, inwieweit man sich auf gemeinsame Werte einigen kann und in welchen Punkten vielleicht auch nicht. Dies kann z.B. die Betonung der Individualität betreffen, deren Ausbildung in so genannten ‚westlichen Gesellschaften' ausgesprochen hoch eingeschätzt wird. Was bedeutet dieser Begriff aber zum Beispiel für Jugendliche, deren Eltern aus Gesellschaften kommen, bei denen die Familie mehr zählt als das Individuum und dem Individuum vor allem als Teil der Familie Bedeutung zukommt?

Genauso wenig können wir davon ausgehen, dass bestimmte Erziehungsideale wie gewaltfreier Umgang, ‚jedes Kind hat das Recht auf eigenen Raum', ‚mein Körper gehört mir' etc. in allen Familien als selbstverständlich angesehen werden. Für die Arbeit im Seminar heißt das, gemeinsam Haltungen zu finden, um sich mit differierenden Erfahrungen konstruktiv auseinander setzen zu können, statt TeilnehmerInnen wegen ihrer Vorstellungen abzuwerten oder diese gar mit einer wie auch immer definierten Kultur in Verbindung zu bringen. Schwierig kann es werden, wenn sich TeilnehmerInnen nicht auf Werte einigen können, die der Gruppenleitung als Grundlage für emanzipatorische Bildungsarbeit erscheinen, sei es die Gleichberechtigung von Männern und Frauen oder das Recht auf Selbstbestimmung.

Selbstdefinitionen von Jugendlichen wie „Bei uns Moslems ist das eben so" können Abgrenzungsversuche sein, um die Haltung der GruppenleiterInnen zu prüfen, oder ein Zeichen dafür, dass sie eine Identität suchen, zu der sie sich zugehörig fühlen und in der sie akzeptiert sind. Inwiefern sie sich letztlich darin wieder finden, zum Beispiel in den Widersprüchlichkeiten kulturell geprägter Geschlechterbilder, sei dahingestellt. Indem wir mit ihnen beispielsweise über den Unterschied zwischen Religion und traditionellen Vorstellungen sprechen, kann für sie deutlich werden, dass Moral- und Wertvorstellungen, Familienbilder und Lebensentwürfe an Traditionen gebunden und kulturell gewachsen sind und nicht zwangsläufig einer bestimmten Religion zugeordnet werden können. Gerade wenn es um Traditionen geht, sind viele Kinder und Jugendliche ein Spiegel der Meinungen und Vorstellungen ihrer Eltern. Auch wenn sie sich in der Pubertät von ihnen abzugrenzen versuchen, sitzt nicht nur bei Kindern mit Migrationshintergrund die Struktur der häuslichen Erziehung sehr tief.

Trotzdem ist in Bildungsseminaren der Einfluss der GruppenleiterInnen nicht zu unterschätzen. Wenn sich Jugendliche ernst genommen und nicht in feste Bilder gesteckt fühlen, besteht die Chance, dass sie sich öffnen und über den Rückhalt oder auch die Probleme, die sie in der Familie oder der Community haben, sprechen können. Wir sind uns dessen bewusst, dass der Begriff der Kultur ungenau ist und nicht dazu geeignet, die Vielschichtigkeit der Lebenserfahrungen der meisten Menschen zu fassen. Zentral für unsere Arbeit ist daher, dass wir die Jugendlichen nicht von vornherein durch ein ‚Wissen' um ihre Herkunft oder ihren sozialen Hintergrund auf bestimmte Meinungen und Verhaltensweisen festlegen, sondern dass wir jede Person im Seminar individuell betrachten und immer bereit sein sollten, uns überraschen zu lassen. Unterschiede jeglicher Art können – genauso wie Gemeinsamkeiten – sehr produktiv in Seminaren mit TeilnehmerInnen verschiedenster Hintergründe genutzt werden, z.B. bei Kooperations- und Solidaritätsspielen. Dies gilt auch für mädchenspezifische Ansätze wie Wendo. Hier gibt es viele Themen wie autoritäres Verhalten der Eltern, als ungerecht empfundene Aufgabenverteilung im Haushalt oder Angst vor und Erfahrungen mit sexualisierter Gewalt, die die Mädchen über verschiedenste Hintergründe hinweg verbinden können. Gerade für interkulturelle Gruppen empfehlen wir Übungen, die mit den verschiedenen Bildern und Klischeevorstellungen arbeiten, um diese gemeinsam als solche zu entlarven und zu dekonstruieren.[5]

---

5 Hilfreich sind auch Übungen, bei denen die Gruppenzugehörigkeit je nach Themengebiet häufig wechselt, wodurch sich Gemeinsamkeiten zeigen können, die für manche TeilnehmerInnen überraschend sind.

4. Zur Kategorie ‚Geschlecht' in der politischen Bildungsarbeit

4.1. ‚Geschlecht' als Basis gesellschaftlicher Identitätskonzepte

Wir leben in einer Gesellschaft, in der Menschen den Kategorien ‚männlich' und ‚weiblich' und ‚Mädchen/Frau' oder ‚Junge/Mann' klar zugeordnet werden. Es existiert gemeinhin kein Zweifel an dieser binären Einteilung und an der Natürlichkeit des biologischen Geschlechts. Bereits bei dem Versuch, einen Menschen als geschlechtsunbestimmt zu betrachten, wird deutlich, dass eine Person ohne die Kategorie Geschlecht, also ohne die Zuordnung zu der Kategorie ‚Mann' oder ‚Frau', nur schwer gedacht werden kann. Jeglicher Identitätsentwurf, der jenseits dieser Binarität oder irgendwo dazwischen begriffen werden will, wird als ‚unnatürlich' angesehen und von vielen als Provokation empfunden. Menschen mit alternativen Identitätsentwürfen in Bezug auf ihr Geschlecht, seien es lesbische, schwule, transidentische oder intersexuelle Identitäten, sind dadurch immer wieder aggressiven Reaktionen ausgesetzt, werden durch Nicht-Anerkennung und Missachtung an den gesellschaftlichen Rand gedrängt und mit starken sozialen Sanktionen belegt, bis hin zu einer Aberkennung individueller Rechte und politischer Verfolgung. In Anlehnung an die poststrukturalistische Theoretikerin Judith Butler vertreten wir die Position, dass die ‚Geschlechtsidentität' von dem, was in unserer Kultur gemeinhin als Identität des Subjekts verstanden wird, nicht unterschieden werden kann (vgl. Butler 1991). Insofern stellt die Einteilung des Menschen in ‚männlich' und ‚weiblich' eine entscheidende Voraussetzung jeglichen Identitätskonzeptes dar. Wenn wir Dynamiken von Interaktionen – die immer kulturell geprägt sind – verstehen und gesellschaftliche Herrschaftsstrukturen kritisch betrachten und hinterfragen wollen, kann und muss die Kategorie ‚Geschlecht' insofern als eine der zentralen Grundlagen angesehen werden, auf der und mit deren Hilfe sich Herrschaftsstrukturen aufbauen und weiterhin verfestigen. Insofern ist es für eine emanzipatorische politische Bildungsarbeit mit Jugendlichen unerlässlich, die Kategorie ‚Geschlecht' nicht nur immer mitzudenken und zu problematisieren, sondern sie auch konkret inhaltlich zum Thema zu machen und auf die Zusammenhänge zwischen gesellschaftlichen Ungleichheits- und Herrschaftsverhältnissen jeglicher Art und der Kategorie ‚Geschlecht' hinzuweisen. Es ist uns hierbei wichtig, die als ‚natürlich' und ‚ursprünglich' geltende Binarität der Geschlechter in Frage zu stellen und geschlechtsspezifisches Rollenverhalten aufzubrechen. Dabei sollen herkömmliche Geschlechterbilder reflektiert, als Konstrukte entlarvt und in ihrer Brüchigkeit dargestellt werden. Es geht uns ausdrücklich nicht darum, herkömmliche Identitätskonzepte zu verurteilen oder den Jugendlichen die bereits für sie wichtigen Orientierungslinien zu nehmen. Vielmehr sollen sich die TeilnehmerInnen erst einmal darüber klar werden, welche Identitätskonzepte sie haben und welche es darüber hinaus noch gibt und geben kann. Es gilt darüber nachzudenken, weshalb diese verschiedenen Entscheidungen darüber, wer ich bin und wie ich mein Leben führen möchte, gesellschaftlich unterschiedlich anerkannt und gewertet werden. Dies funktioniert unserer Erfahrung nach vor allem durch die Reflektion der eigenen Identitätskonzepte und der damit in Verbindung stehenden starren Fremd- und Eigenbilder sowie der Selbstbeschränkungen, die damit einhergehen.

Mit der Einsicht, dass die Interpretation von Geschlecht ebenso vielfältig sein kann wie es verschiedene Individuen gibt, eröffnet sich eine Perspektive zur eigenen Lebensgestaltung, die bisherige Lebenskonzepte nicht negiert oder ausschließt, sondern vielmehr um andere erweitert und bereichert. So entsteht eine größere Fülle von Möglichkeiten, aus der jede für sich wählen kann, ohne darauf für immer festgeschrieben zu sein. Indem sie erkennen, dass das Geschlecht einer Person nichts über deren Charakter, ihre Möglichkeiten oder die Art, wie sie handeln, lieben und leben will aussagt, sondern im Gegenteil nur oft die Funktion eines weiteren Regulierungs- und Unterdrückungsmechanismus erfüllt, der gesellschaftliche Ungleichheitsverhältnisse aufrecht hält und als ‚natürlich' und unveränderbar darstellt, gibt man den Jugendlichen die Möglichkeit der eigenen Gestaltung ihres Lebens zurück und damit auch das Bewusstsein, dass sie die Gesellschaft, in der sie leben, bewusst mitgestalten und verändern können.

4.2. Zur Reproduktion binärer Geschlechterstereotypen durch die GruppenleiterInnen

Das Konzept der geschlechtsspezifischen Bildungsarbeit setzt die intensive Beschäftigung und Auseinandersetzung der Gruppenleitung mit aktuellen Geschlechterdebatten voraus, um auf herkömmliche geschlechterstereotype Vorurteile und biologistische Zuweisungen angemessen reagieren zu können. Das bedeutet im konkreten Fall, eine beispielsweise sexistische Äußerung sofort aufzugreifen und mit der gesamten Gruppe zu diskutieren. Oftmals haben derart offensichtliche Beleidigungen von Seiten der TeilnehmerInnen die Funktion, etwas über die Haltung der GruppenleiterInnen in Erfahrung zu bringen. Ein Nicht-Reagieren auf diese Art von Provokation, die als solche vielfach gar nicht sichtbar wird, kann nicht sofort erkennbare, aber dennoch fatale Folgen für den weiteren Verlauf des Seminars haben, vor allem im Bezug auf das Vertrauensverhältnis gegenüber den GruppenleiterInnen. Für ein entspanntes, offenes und produktives Arbeitsklima im Seminar ist eine Atmosphäre gegenseitigen Vertrauens unerlässlich und die Sicherheit, dass beleidigendes oder grenzüberschreitendes Verhalten von den GruppenleiterInnen nicht geduldet wird. Es ist wichtig, dass jede TeilnehmerIn sich anerkannt und respektiert fühlt. Manchmal kommen von den Jugendlichen Äußerungen diskriminierender Art in Form von Selbstzuweisungen wie ‚Ich bin eben ein Mädchen und muss nachgeben'. Selbstzuschreibungen dieser Art sollten immer aufgegriffen werden und je nach Situation als das begriffen werden, was sie sind: Fragen bzw. Aussagen, die implizit Widerspruch herausfordern. Da Jugendliche es aber nicht gewöhnt sind, herkömmliche Identitätskonzepte in Frage zu stellen, fällt es ihnen oft schwer, ihre inneren Konflikte als Thema zu formulieren, und meist noch schwerer, das Bedürfnis zu äußern, sich darüber auszutauschen. Insofern sollten persönliche Beleidigungen unter den TeilnehmerInnen oder auch provokante Zwischenrufe nicht einfach als störend oder pubertär abgetan, ignoriert oder unkommentiert bestraft werden, sondern als wichtiger und immanenter Teil der inhaltlichen Arbeit im Seminar begriffen werden, der manchmal tatsächlich, so wenig transparent er auch leider ist, eine Form der inhaltlichen Beteiligung sein kann, die oft zu den ergiebigsten inhaltlichen Diskussionen führt.

Körperliche und verbale Diskriminierungen aufgrund von Geschlecht sind jedoch meist nur die offensichtlichsten Äußerungen repressiven Verhaltens gegenüber einer bestimmten Geschlechtsidentität. Die Reproduktion von binären Geschlechterstereotypen ist bei weitem komplexer und vielschichtiger und spielt sich vor allem im Bereich alltäglicher Handlungen und nonverbaler Interaktions- und Kommunikationsprozesse ab. Am grundlegendsten sind diese Stereotypen jedoch in den individuellen Identitätskonzepten und in den gesellschaftlich vorgegebenen Körper- und Geschlechterbildern verinnerlicht. Daher sollte jede Gruppenleitung neben der Sensibilisierung für strukturelle Formen geschlechtsspezifischer Diskriminierung (Verteilung von Aufgaben, Verantwortlichkeiten in der Gruppe, Redeverhalten etc.) vor allem bewusst mit der Tatsache umgehen, eine Identifikationsfigur für die Gruppe zu sein. Entscheidend ist vor allem, dass die Gruppenleiterin ihren Einfluss auf die Ausbildung und Konkretisierung, das Infragestellen oder Verwerfen von Identitätskonzepten nicht unterschätzen sollte. Insofern ist es unserer Ansicht nach unerlässlich, sich als GruppenleiterInnen mit eigenen verinnerlichten Geschlechterstereotypen und Vorurteilen gegenüber alternativen oder abweichenden Darstellungen jenseits der Kategorien ‚Mann'/‚Frau' auseinanderzusetzen. Eine gewinnbringende Auseinandersetzung der Jugendlichen mit diesem Thema ist immer auch davon abhängig, wie intensiv und kritisch die GruppenleiterIn sich selbst im Vorfeld mit diesem Thema auseinandergesetzt hat. Jegliche Reproduktion von binären Geschlechterkategorien mit ihren eindeutigen Zuschreibungen wirkt bestärkend und festigend auf das stereotypische Verhalten der Jugendlichen und wird von ihnen eindeutig als Widerspruch zu den Versuchen, sie für dieses Thema zu sensibilisieren, wahrgenommen.

Darüber hinaus können durch eine wiederholte Brechung bestimmter Erwartungsmuster und Rollenbilder bei den Jugendlichen Irritationen entstehen, die für das Aufbrechen binärer, geschlechtsspezifischer Vorurteile fruchtbar gemacht und methodisch sinnvoll eingesetzt werden können, vor allem im Bezug auf Akte geschlechtlicher Inszenierung wie Auftreten, Verhalten, Körperinszenierungen, Schmuck etc.

4.3. Zum Sinn geschlechtshomogener Gruppenarbeit

Neben weiteren identitätsstiftenden Faktoren wie sozialer Status, Herkunft der Eltern oder Cliquenzugehörigkeit, die dazu dienen können, sich von den ‚Anderen', bzw. den als ‚anders' Definierten abzusetzen, sind Geschlechterrollen für Jugendliche eine wichtige Kategorie, um sich ihrer selbst zu versichern. Insofern erachten wir es für äußerst sinnvoll, in geschlechtshomogenen Gruppen zu arbeiten. Wir sind uns des Widerspruchs bewusst, dass die Aufteilung in Mädchen- und Jungengruppen wiederum den gesellschaftlichen Vorstellungen von zwei Geschlechtern entspricht. Aber es wäre unserer Ansicht nach ein großer Fehler, neben dem bereits oben aufgeführten Überlegungen zur Kategorie ‚Geschlecht' nicht zu berücksichtigen, dass Individuen nach wie vor geschlechtsspezifisch als ‚Jungen' bzw. ‚Männer' und ‚Mädchen' bzw. ‚Frauen' sozialisiert werden. Aufgrund der immer noch sehr unterschiedlichen gesellschaftlichen Stellung von Männern und Frauen in einer patriarchal geprägten Gesellschaft und den damit verbundenen Rollenerwartungen gibt es noch immer immense Unterschiede, wie Mädchen und Jungen sich selbst und andere wahrnehmen und erleben. Diese Tatsache zu umgehen, würde unserer Ansicht nach an den Alltagserfahrungen, Bedürfnissen und Nöten der Jugendlichen vorbei gehen.

In gemischtgeschlechtlichen Gruppen lässt sich beobachten, dass Mädchen wie Jungen auf Stereotype zurückgreifen, die den geschlechtsspezifischen Rollenerwartungen entsprechen, vor allem wenn es ihnen an ernstzunehmenden Vorbildern mangelt, die ihnen alternative Identitätskonzepte vorleben. Das kann so weit gehen, dass sie gängige Rollenklischees fast bis zur Karikatur übertreiben. In geschlechtshomogenen Gruppen mindert sich dieser Darstellungsdruck, der gerade in der Zeit der Pubertät bei Jugendlichen jeglichen Geschlechts unter Umständen ungeheuren Stress produzieren kann. Viele Jugendliche sind überfordert von geschlechtsspezifischem Konkurrenzverhalten und erleichtert, wenn sie erfahren, dass wir in geschlechtshomogenen Gruppen arbeiten. In diesem geschützteren Rahmen haben sowohl Mädchen als auch Jungen die Möglichkeit, sich in ihrer Einzigartigkeit und Vielfalt zu zeigen und Unsicherheiten zuzulassen. Gerade wenn sie nicht den gängigen hetero- und geschlechternormativen Vorstellungen entsprechen (wollen), haben sie hier eher die Möglichkeit, sich jenseits rollenstereotyper Bilder darzustellen.

Vor allem Jungen sehen sich von Seiten der Mädchen oft mit widersprüchlichen Erwartungen konfrontiert: Einerseits sollen sie stark und selbstbewusst sein, gleichzeitig aber auch sensibel, einfühlsam und verständnisvoll. In Gesprächen wird deutlich, dass sie jenseits von ‚machohaften Rambos' oder ‚edlen Helden' kaum männliche Vorbilder haben, die sich auch weich und verletzlich zeigen. Jungen, die diese Seiten offen zulassen, werden gemobbt und sind häufig extrem gewalttätigen Übergriffen ausgesetzt. Aus Angst vor derartigen Sanktionen legen sich viele eine Art Schutzpanzer zu, der sie nach außen abschirmt und Stärke suggeriert, durch den sie sich jedoch selbst kaum noch fühlen und auch andere kaum mehr an sich heran lassen können. Besonders, wenn Jungen wegen ihrer sozialen Herkunft immer wieder die Erfahrung mangelnder gesellschaftlicher Wertschätzung machen, kann sich diese Diskrepanz zwischen forschem Auftreten und innerer Unsicherheit noch verstärken. Sie fühlen sich schnell in Frage gestellt, lassen sich leicht provozieren und reagieren nicht selten mit körperlicher Gewalt. Aufgrund ihrer geschlechtsspezifischen Sozialisation sind viele Jungen sehr konfliktscheu, wenn es um den Umgang mit Emotionen geht, und befürchten schnell, sich eine Blöße zu geben, wenn sie Gefühle zeigen. In Rollenspielen wird deutlich, wie Stresssituationen entschärft werden können, indem sie ihrem Gegenüber signalisieren, was seine oder ihre Handlung in ihnen auslöst. Übungen, die Körperwahrnehmung und einen sensiblen Umgang mit Grenzen vermitteln, fördern die Jugendlichen zusätzlich darin, sich in Konfliktsituationen besonnener zu verhalten und Ideen zu entwickeln, wie sie sich auch gewaltfrei schützen und verteidigen zu können.

Sexuelle Gewalt gegen Jungen ist immer noch ein gesellschaftliches Tabuthema. Für Jungen, die diese Gewalt erlebt haben oder damit innerhalb der Familie konfrontiert sind, ist es oft schwer, nach außen zu gehen und sich Hilfe und Beratung zu holen. Viele Jungen haben den Anspruch verinnerlicht, mit Problemen selbst fertig werden zu müssen. Sie halten ihre Gewalterfahrungen geheim und verschließen sich. Es kann ein langer

Prozess sein, bis sie sich mit ihren Verletzungen und Unsicherheiten jemandem anvertrauen. In der Arbeit mit Jungengruppen sollte daher unbedingt vermittelt werden, dass es keine Schwäche ist, Hilfe anzunehmen, sondern dass es sogar viel Mut beweisen kann. Viele Jungen sind zuhause in ihren Familien, vor allem durch die Erwartungen ihrer Väter, einem enormen Druck ausgesetzt. In Gesprächen über ihre Rolle und Verantwortung in der Familie, über Partnerschaft und Sexualität können sie feststellen, dass sie mit ihren Ängsten und Unsicherheiten nicht allein sind und dass es anderen Jungen ähnlich geht.

Auch Mädchen brauchen viel Zeit und Vertrauen zu den anderen Teilnehmerinnen und der Gruppenleiterin, bis sie sich öffnen und von Dingen erzählen, die ihnen nahe gehen. Dabei kann es sich um die erste Verliebtheit handeln, um Fragen zu Partnerschaft und Sexualität, aber auch um sexualisierte Gewalt auf der Straße und in der Familie, grenzüberschreitende Brüder, schlagende Väter und Mütter. Für viele Mädchen ist es nicht einfach, ihre Verletzungen und auch ihre Wut zu spüren. Es fällt ihnen schwer zu artikulieren, was mit ihnen los ist und was sich ändern soll. Gespräche über den Umgang mit Wut, Scham, Verletzungen und Trauer machen deutlich, dass Mädchen Aggressionen häufig nach innen gegen sich selbst wenden. Der dahinter stehende Druck äußert sich nicht selten in allgemeinem körperlichen Unwohlsein, Kopfschmerzen, Schlafproblemen oder Essstörungen.

Andere Mädchen agieren ihre Wut und Aggressionen zunehmend aus, lassen sich von außen betrachtet nichts gefallen, fordern vielleicht die Gruppenleiterin erst einmal heraus, um zu prüfen, ob sie sich provozieren lässt. Es ist wichtig, sich von dieser vermeintlichen Stärke nicht täuschen zu lassen. Auch aggressiv auftretende Mädchen sind oft selbst sehr verletzt. Hinter einem abgeklärten und resoluten Auftreten verbirgt sich nicht selten Überforderung aufgrund verschiedener Rollenerwartungen zuhause und in der Schule oder auch Gewalterfahrung im häuslichen Bereich. Diese Mädchen wollen auf gar keinen Fall auf die Rolle des Opfers festgelegt werden und das sollten wir sehr ernst nehmen. Dazu gehört auch, ihnen klar zu machen, dass schlechte Erfahrungen keine Gewalt gegen Unbeteiligte und Schwächere rechtfertigen. Es gibt die individuell unterschiedlichsten Strategien, wie Mädchen mit den an sie gestellten gesellschaftlichen Rollenerwartungen umgehen. Diese differieren je nach Erziehung, Bildung, Vorbildern und Gruppenzugehörigkeiten. Genau von dieser Unterschiedlichkeit können Mädchen verschiedensten Hintergrunds bei der Arbeit in der Kleingruppe sehr profitieren. Auch Mädchen, die innerhalb der Klassengemeinschaft zuvor eher kaum etwas miteinander zu tun hatten oder sich sogar skeptisch gegenüber standen, können Empathie und Solidarität füreinander entwickeln. Gerade der Austausch über verschiedene Rollenerwartungen in Bezug auf Rechte, Pflichten und sich daraus ergebende Konflikte in der Familie führen oft zu Einsichten in die strukturelle Benachteiligung von Mädchen, mit der sie täglich konfrontiert sind, ohne sie bisher grundlegend in Frage gestellt zu haben. In den persönlichen Erzählungen der Mitschülerinnen aber horchen sie auf und nehmen plötzlich leidenschaftlich Anteil. Hier erweisen sie sich oft als unglaublich reflektierte und gute Ratgeberinnen, die den Zuspruch geben, den sie oft selbst benötigen. Durch diesen persönlichen Austausch mit anderen ist es ihnen oft möglich, ihre Wahrnehmungen abzugleichen und in ähnlichen Erfahrungen mit gesellschaftlichen Unterdrückungsmechanismen strukturelle Zusammenhänge zu erkennen. Diese gegenseitige Anteilnahme, Achtung und Stärkung ist ein wichtiges Ziel geschlechtshomogener Gruppenarbeit, das bei einer gemischtgeschlechtlichen Gruppe so nicht umsetzbar wäre.

In Seminaren, an denen feste Gruppen wie Schulklassen teilnehmen, ist es oft sinnvoll, die Woche mit einer gemeinsamen Arbeitsphase aller Arbeitsgruppen zu beenden, um sich Ergebnisse und Wünsche mitzuteilen, sich auszutauschen und gemeinsam Änderungsmöglichkeiten für den Klassenalltag zu finden. Hier können Bilder infrage gestellt, Vorurteile diskutiert und eventuell ausgeräumt werden. Sexistisches Verhalten innerhalb der Klassen kann direkt kritisiert und besprochen werden.

Schlussbemerkungen

Ein emanzipatorischer Ansatz von Jugendarbeit jenseits hierarchischer Strukturen scheitert nicht selten an seinen wichtigsten Voraussetzungen: Freiwilligkeit und die konsequente Förderung von verantwortlichem Handeln. Mit der freiwilligen Teilnahme, der Bereitschaft der Jugendlichen, sich mit sich selbst und anderen auseinanderzusetzen, und mit einem konsequenten Verhalten der GruppenleiterInnen kann politische Bildungsarbeit überaus emanzipatorisch sein: Die Jugendlichen werden gehört, sie werden ernst genommen, es wird nicht über sie hinweg gegangen und bestimmt. Wie entscheidend hierfür die eigene Haltung der GruppenleiterInnen und ihre Bereitschaft, sich mit sich selbst auseinander zu setzten, ist, wurde sowohl in dem Abschnitt zum Thema Selbstbewusstsein, als auch bei den Überlegungen zur Auseinandersetzung mit eigenen kulturellen und herkunftsspezifischen Hintergründen sowie beim Konzept der geschlechtsspezifischen Bildungsarbeit sehr deutlich. Allgemein kann nur immer wieder darauf hingewiesen werden, dass behandelte Inhalte und ihre methodische Umsetzung nur angenommen werden können, wenn die Gruppenleiterin diese im eigenen Verhalten konsequent und glaubwürdig spiegeln kann.

Was vor allem bei HauptschülerInnen – aber nicht nur bei diesen – zu beobachten ist, sind Erfahrungen von Scheitern und Misserfolg, Kränkungen und Demütigungen. Sie haben sehr wenig Selbstvertrauen und sind, insbesondere was ihre Zukunft angeht, meist sehr resigniert. Die wenigsten haben gelernt, dass es sich lohnt, sich selbst und ihre Umwelt kritisch zu hinterfragen, und somit erfahren sie nicht, dass sie ihr Leben und ihr Umfeld selbstbestimmt gestalten können. Oft ist ihnen nicht bewusst, dass die Situation, in der sie sich befinden, vor allem das Resultat sozialer Ungerechtigkeit ist und es wichtig ist, sich gesellschaftliche und soziale Unterstützung zu holen und auch einzufordern. Entscheidend ist hierbei, die Jugendlichen nicht auf einen Opfer- oder Täterstatus festzulegen, sondern ihnen sowohl die Eigenverantwortung für ihr Handeln klar zu machen, als auch ihr Selbstbewusstsein zu stärken, um Forderungen an andere stellen und formulieren zu können. Sich selbst wertzuschätzen sowie das Wissen um die eigene Einzigartigkeit sind hierfür ganz besonders wichtig. Nur so werden sie in der Lage sein, starre Identitätskonzepte wie Geschlecht oder kulturelle und soziale Herkunft zu hinterfragen und darin gesellschaftliche und politische Hintergründe und Zusammenhänge zu erkennen.

Grenzen und Möglichkeiten emanzipatorischer Bildungsarbeit zeigen sich vor allem an den mehr oder weniger erreichten Bezügen zu der realen Lebenswelt der Jugendlichen, an den Übergängen oder auch bewussten Abgrenzungen zu gesellschaftlich hierarchisch orientierten Institutionen wie Schule oder Familie. Unsere Seminare geben einen weitgehend stabilen und geschützten Rahmen, den die meisten Jugendlichen so nicht kennen. Am Ende kehren sie wieder in ihr gewohntes soziales Umfeld zurück, in dem sie sich letztlich zurechtfinden müssen. Es bleibt fraglich, ob sie das in den wenigen Tagen Erfahrene und Gelernte dort auch versuchen umzusetzen oder ob sie es, angesichts der schwierigen strukturellen Gegebenheiten, wieder aufgeben. Es ist immer problematisch, wenn mit den Jugendlichen beispielsweise faire Umgangsregeln erarbeitet werden, sich aber weder ein Schulsystem bzw. LehrerInnen daran gebunden fühlen, noch die Eltern oder das soziale Umfeld. Der Erfolg unserer Arbeit steht immer im direkten Zusammenhang mit der klar erkennbaren Unabhängigkeit von gesellschaftlich hierarchisch strukturierten Institutionen. Gleichzeitig sind wir als selbstständig arbeitende Seminar- und KursleiterInnen auch sehr auf finanzielle Mittel, Förderungen und damit verbundene Kooperationen mit Schulen angewiesen. Um ausschließen zu können, dass unsere Seminarkonzepte aufgrund von strukturellen oder inhaltlichen Vorgaben staatlicher

Institutionen nicht umgesetzt werden können, müsste eine finanzielle Unabhängigkeit gewährleistet sein. Dies betrifft nicht nur bildungspolitische Einrichtungen wie Jugendbildungsstätten, sondern auch kiezbezogene Jugendeinrichtungen mit Jungen- und Mädchenprojekten. Hier fehlt die finanzielle Wertschätzung der aufgrund von langjähriger Erfahrung oft hoch qualifizierten Arbeit.

Verbesserte Arbeitsbedingungen würden mehr Kapazitäten freisetzen und in der politischen Jugendarbeit gäbe es mehr Möglichkeiten für kritischen Austausch, Vernetzung, Qualitätssicherung und Weiterentwicklung geeigneter Methoden, was beispielsweise in der Mädchenarbeit und im Bereich der Prävention sexualisierter Gewalt schon lang, allerdings kaum oder nur gering bezahlt, stattfindet.

Bibliographie

Arbeitsgruppe SOS – Rassismus NRW (Hrsg.) (1996): Spiele, Impulse und Übungen zur Thematisierung von Gewalt und Rassismus in der Jugendarbeit, Schule und Bildungsarbeit. Schwerte.

Bitzan, Maria/Daigler, Claudia (2004): Eigensinn und Einmischung. Einführung in Grundlagen und Perspektiven parteilicher Mädchenarbeit. Reihe: Geschlechterforschung, Weinheim.

Blum, Melanie (2004): Baustein zur nicht-rassistischen Bildungsarbeit, in: DGB-Bildungswerk Thüringen e.V. (Hrsg.): Bausteine zur nicht-rassistischen Bildungsarbeit, Erfurt.

Boal, Augusto (1989): Theater der Unterdrückten. Übungen und Spiele für Schauspieler und Nicht-Schauspieler, Frankfurt a.M.

Buskotte, Andrea/Reiter, Karoline (2008): Sexueller Mißbrauch. Was tun bei Verdacht? Ein Leitfaden für pädagogische Fachkräfte. Hrsg. von der Landestelle Jugendschutz Niedersachsen, Kinderschutzzentrum, Hannover.

Butler, Judith (2001): Psyche der Macht. Das Subjekt der Unterwerfung. Frankfurt a.M.

Butler, Judith (1991): Das Unbehagen der Geschlechter, Frankfurt a.M.

Ender, Ursula (Hrsg.) (2001): Zart war ich, bitter war's. Sexueller Missbrauch an Mädchen und Jungen. Erkennen – Schützen – Beraten, Köln.

Ha, Kien Nghi (1999): Ethnizität und Migration, Münster.

Hall, Stuart (2000): Rassismus und kulturelle Identität. Ausgewählte Schriften 2, Hamburg.

Haug, Thomas (2005): ‚Das spielt keine Rolle!' Theater der Befreiung nach Augusto Boal als Empowerment-Werkzeug im Kontext von Selbsthilfe. Hrsg. von Harald Hahn, Stuttgart.

Haumersen, Petra/Liebe, Frank (1999): Multikulti: Konflikte konstruktiv. Trainingshandbuch Mediation in der interkulturellen Arbeit, Mülheim a.d. Ruhr.

Heinrich-Böll-Stiftung/Bildungskommission der Heinrich-Böll-Stiftung Berlin (Hrsg.) (2004a): Selbständig lernen. Bildung stärkt Zivilgesellschaft, Berlin.
Heinrich-Böll-Stiftung/Bildungskommission der Heinrich-Böll-Stiftung Berlin (2004b): Schule und Migration, in: Dies. (Hrsg.): Selbständig lernen. Bildung stärkt Zivilgesellschaft, Berlin.
Hoppe Siegrid (1998): Klotzen Mädchen. Spiele und Übungen für Selbstbewusstsein und Selbstbehauptung, Mülheim a.d. Ruhr.
Hotanen, Johanna/Schmitz, Ka/Stollenwerk, Jelle et al. (Hrsg.) (2007): frauenMachtWendo. Selbstbehauptung und Selbstverteidigung für Frauen und Mädchen, Berlin/Hamburg/Lübeck/Frankfurt a.M.
Lichthard, Christiane (1995): Laut(er) starke Mädchen. Selbstverteidigung und Selbstbehauptung an Schulen, Münster.
Mücke, Thomas/Korn, Judy (2000): Gewalt im Griff. Deeskalation- und Mediationstraining. Band 2, Weinheim/Basel.
Odierna, Simone/Letsch, Fritz (Hrsg.) (2006): Theater macht Politik. Forumtheater nach Augusto Boal. Ein Werkstattbuch, Gauting.
Portmann, Rosemarie (2001): Spiele, die stark machen, München.
Rommelspacher, Birgit (2005): Dominanzkultur. Texte zu Fremdheit und Macht, Berlin.
Toprak, Ahmet (2007): Das schwache Geschlecht – die türkischen Männer. Zwangsheirat, häusliche Gewalt, Doppelmoral der Ehre, Freiburg.
Yuval-Davis, Nira (2001): Geschlecht und Nation, Emmendingen.
Zitzmann, Christina (2007): Alltagshelden: Aktiv gegen Gewalt und Mobbing – für mehr Zivilcourage. Praxishandbuch für Schule und Jugendarbeit, Schwalbach/Ts.

Mart Busche/Ines Pohlkamp

Gendertrainings als Praxis der politischen Bildung

Ein Beitrag zu mehr (Geschlechter-)Emanzipation?!

Kann Gender[1] bzw. Geschlecht trainiert werden? Kann es vielleicht sogar – als etwas, das sich individuell und gesellschaftlich begrenzend auswirkt – abtrainiert werden? Und was ist das Trainingsziel? Die Bezeichnung „Gendertraining" legt diese voranstehenden Fragen durchaus nahe, benennt ein Training doch in der Regel einen Prozess des Übens mit dem Ziel der Leistungsverbesserung. Etwas anders als im Sport schwingt jedoch bei Gendertrainings in der politischen Bildung[2] neben der Verbesserung der persönlichen ‚Leistung' in Sachen Geschlechterreflektion, Geschlechterwissen und praktische Umsetzung[3] zumeist auch ein gesellschaftliches Trainingsziel mit: das Erreichen von mehr Geschlechtergerechtigkeit. Außerdem – und damit unterscheidet sich die Vision von Gendertrainings ebenfalls gravierend vom Feld des Sports – geschieht dies nicht in Konkurrenz, sondern kann nur unter Beteiligung aller umgesetzt werden.

Oftmals verknüpft mit dem Feld der Erwerbsarbeit (in der Berufsorientierung, als Qualifizierung, Weiterbildung oder originäre Maßnahme der politischen Bildung), spielen Gendertrainings eine interessante Rolle hinsichtlich der Vermittlung und Bewertung sozio-ökonomischer Veränderungen. Sie müssen eine Brücke schlagen zwischen den persönlichen Ressourcen, Erfahrungen und Positioniertheiten der Teilnehmenden, einer Analyse

---

1 Der Begriff ‚Gender' meint das soziale und kulturelle Geschlecht. Das soziale und kulturelle Geschlecht ist die Präsentation eines Geschlechts unabhängig von dem zugewiesenen biologischen Geschlecht (sex), welches zumeist zweigeschlechtlich, d.h. als männlich und weiblich festgelegt wird.

2 Wir beziehen uns hier nicht auf Gendertrainings, die der unternehmerischen Image- und Effizienzverbesserung oder der formalen Umsetzung der europäischen Richtlinie des Gender Mainstreamings dienen, sondern explizit auf Gendertrainings, die einen Beitrag zu gesellschaftlichen Veränderungsprozessen hin zu mehr sozialer Gerechtigkeit intendieren.

3 Margitta Kunert-Zier arbeitet dementsprechend für das Erlangen von Genderkompetenz drei Elemente heraus: „1. Genderbezogenes Wissen, 2. Genderbezogene Selbstkompetenz und 3. Genderbezogene Praxiskompetenz" (Kunert-Zier 2005: 284).

der strukturellen geschlechtsbezogenen Ungleichheiten der internationalen, regionalen und lokalen Arbeitsteilungen[4] sowie den sich ausdifferenzierenden Geschlechterinszenierungen (vgl. Bauer et al. 2007, Schröter 2002, Engel 2002), Familien- und Beziehungsformen (vgl. Rauchfleisch 1997, Senatsverwaltung für Arbeit, Soziales und Frauen Berlin 2001, Hartmann 2002) und den damit verbundenen Spielräumen und Begrenzungen. Vor diesem ambitionierten ‚Trainingsplan' fragt der vorliegende Artikel anhand einer qualitativen Untersuchung nach dem ‚realen' emanzipatorischen Potenzial der Trainings und versucht, durch eine theoretische Reflexion der Praxis nützliche Impulse zu geben. Der Artikel beleuchtet zunächst die Geschichte der Gendertrainings, bietet dann einen empirischen Einblick in die Praxis der Gendertrainings in der politischen Bildung aus der Sicht von Gendertrainerinnen[5] und zeigt relevante Dimensionen emanzipatorisch-kritischer Geschlechterbildung auf.[6] Er fokussiert, wie heute Geschlecht unter den aktuellen, komplexen gesellschaftlichen Bedingungen thematisiert wird und wie der emanzipatorisch-kritische Gehalt dieser Angebote aussieht.

1. Eine kurze Geschichte der Gendertrainings

Gendertrainings wurden Anfang der 1990er Jahre im entwicklungspolitischen Kontext eingeführt und haben nach der Weltfrauenkonferenz in

---

4 Die „realen Tendenzen einer allgemeinen Entgrenzung der Arbeit" (Kurz-Scherf 2004: 8) sowie deren zunehmend „marktgesteuerte Regulation" (Peinl 2004: 165) bringen nicht nur eine „Entgrenzung der Männlichkeit" in der Externalisierung des Wachstums mit sich (Böhnisch 2003), sondern auch zunehmende „Prekarisierung" (Schultheis/Schulz 2005) mit geschlechtsbezogenen Auswirkungen. „Feminisierung von Arbeit" (Informalisierung von Arbeitsverhältnissen, Lohnangleichung auf dem Niveau mehrheitlich weiblicher Beschäftigungsverhältnisse; vgl. Sauer 2001: 70 ff), die schlechtere Bezahlung von Frauen für gleichwertige Arbeit (Sinus Sociovision 2008: 4) und die unterschiedliche Betroffenheit innerhalb der einzelnen Geschlechtergruppen (z.B. weibliche migrantische Akademiker_innen als Hausangestellte) sind einige Beispiele. Im Bezug auf Pflege- und Reproduktionstätigkeiten leisten Mädchen nach wie vor deutlich mehr Familien- und Hausarbeit als ihre männlichen Altersgenossen (vgl. Cornelißen/Blanke 2004) und es mangelt an Männern, die sich gleichberechtigt an der gesellschaftlich notwendigen Pflege- und Erziehungsarbeit beteiligen (vgl. BMFSFJ 2005; Cremers 2007).

5 Wir haben die Gendertrainer_innen nicht nach ihrem persönlichen Geschlechterkonzept oder ihrem Benennungswunsch gefragt, deshalb benutzen wir hier die mittlerweile auch in akademischen Texten geläufige Praxis des Unterstrichs, die wir auf alle anderen Akteur_innen anwenden. Der Unterstrich markiert die Existenz von Geschlechtern zwischen oder jenseits von Frau und Mann bzw. die Unabgeschlossenheit und Konstruiertheit dieser Kategorien.

6 Wir danken den Gendertrainer_innen für ihre Beteiligung an unserer Untersuchung.

Peking 1995 auch Eingang in Institutionen von Bildung, Wirtschaft, Politik und Verwaltung in Deutschland gefunden (vgl. www.genderkompetenz.info, Frey/Zdunnek 2002, von Braunmühl 2002). Gendertrainings stehen in der Tradition emanzipatorischer feministischer Bildungspolitik. Inhaltlich beziehen sich kritische Gendertrainings auf die Kämpfe und Forderungen von (internationalen) Frauenbewegungen, Quotenpolitiken, Gleichstellungsgesetzen und Geschlechterpolitiken.

Ende der 90er Jahre setzte sich Gender Mainstreaming als ein neues politisches Instrument der Gleichstellungspolitik durch. Die deutsche Bundesregierung hat sich mit der Ratifizierung des Amsterdamer Vertrages von 1997 zur Aufgabe gemacht, die „Gleichstellung von Männern und Frauen zu fördern" (Art. 2) und „bei allen Tätigkeiten [...] Ungleichheiten zu beseitigen" (Art. 3). Das unter dem Schlagwort Gender Mainstreaming formulierte Ziel ist, die Geschlechterperspektive in allen Entscheidungsprozessen in der Politik zu berücksichtigen.[7] Da eine Voraussetzung für Gender-Mainstreaming-Prozesse eine Sensibilisierung und Qualifizierung aller Mitarbeiterinnen ist, entstehen seitdem vielfältige Formen und Anlässe für Gendertrainings und es erfolgt ein kleiner Nachfrage-Boom in der bundesdeutschen Bildungslandschaft. Gendertrainings heute haben verschiedenste Inhalte, Zielgruppen, Trainingsdauer, Zielsetzungen und beziehen sich auf verschiedene theoretische Grundlagen (vgl. Burbach/Schlottau 2001). Mit der Einführung von Gender Mainstreaming als Top-Down-Verfahren ist die Teilnahme an Gendertrainings für viele Mitarbeiter_innen, z.B. in politischen Verwaltungen oder in durch den Europäischen Sozialfonds geförderten Projekten und Nichtregierungsorganisationen (NGOs) verpflichtend (vgl. Barz 2001, Jansen et. al. 2003, Fichtner o.J.). Klassische Inhalte sind: Sensibilisierung zu Gender, Konstruktionen von Geschlecht und Geschlechterverhältnissen, Wissensvermittlung zu Genderpräsentationen und -inszenierungen, Einführung und ggf. Umsetzungsstrategien von Gender Mainstreaming sowie Vermittlung von Umsetzungsmöglichkeiten am Arbeitsplatz (vgl. Fichtner o.J.).

Konzepte und Durchführungen der Gendertrainings wurden bereits von

7 Die Bedeutung des Geschlechterthemas und die vermeintliche Wirkmächtigkeit einer Verwaltungsrichtlinie, wie sie das Gender Mainstreaming quasi darstellt, wird deutlich bei Betrachtung der Argumente der Gegenseite. So versteht das „Forum deutscher Katholiken" Gender Mainstreaming sogar als Maßnahme, die Geschlechteridentität von Mann und Frau aufzulösen und als „kulturelle Revolution der internationalen Homo- und Lesbenorganisationen zur Schaffung des neuen Gender-Menschen" *(www.fdk2000.de/index.php?item=declarations/decl-20080913-gender*, Stand: 5.10.2008).

verschiedenen Autor_innen untersucht und kritisiert. So fordern die Autorinnen des „Gendermanifests", einem „Plädoyer für eine kritisch reflektierende Praxis in der genderorientierten Bildung und Beratung", ein offenes Verständnis von Gender durch das Ablegen von Stereotypisierungen, durch die Thematisierung neoliberaler Reproduzierungslogiken und durch eine gezielte Sichtbarmachung einer Vielfalt von Geschlechtern, um zu einer „Überwindung einer ungerechten Gesellschaft und Geschlechterordnung" beizutragen (vgl. Frey et. al. 2006: 4). Martina Pfeifer zeigt auf, dass Gender Mainstreaming zu einer Verwaltungs- und Personalstrategie wird und sich an makroökonomischen Thematisierungen von Geschlechtsspezifik beteiligt, anstatt kritisch duale Geschlechterverhältnisse zu dekonstruieren (vgl. Pfeifer 2006). Dennoch sieht sie in Gender Mainstreaming als normativem Regularium Potentiale, einen Beitrag zur Geschlechtergerechtigkeit zu leisten, um „Machtungleichheiten und Verteilungskonflikte aufzuweichen" (ebd.: 86). Regina Frey und Johannes Dingler (2001) kritisieren Gendertrainings aufgrund ihrer Verwurzelung im Feld der Zweigeschlechtlichkeit (vgl. Frey/Dingler 2001). Sie konstatieren, dass Gendertrainings oftmals eine bessere Kommunikation zwischen Männern und Frauen befördern, um Effizienzsteigerungen und ein besseres Betriebsklima zu ermöglichen, aber kaum zu einer Infragestellung der zweigeschlechtlichen Ordnung beitragen.

2. Praxisnah – Eine Studie zu Gendertrainings und Gesellschaftskritik

Insgesamt wurden für diese Untersuchung fünf Gendertrainer_innen interviewt, die Gendertrainings im Rahmen von Multiplikator_innen-Fortbildungen und politischer Bildung durchführen. Sie arbeiten in der Heimvolkshochschule Alte Molkerei Frille *(www.hvhs-frille.de)*, bei der DGB-Jugend Bremen/Niedersachsen *(www.gewerkschaftsjugend-niedersachsen.de)* und beim „Zusammenschluss unabhängiger GendertrainerInnen und GenderberaterInnen" genderWerk in Berlin *(www.genderwerk.de)*. Ziel dieser nicht-repräsentativen Befragung war es, einen Blick hinter die Kulissen von Gendertrainings zu werfen, um deren emanzipatorischen Gehalt und deren Grenzen aus Sicht der Trainer_innen erfassen zu können.

Die Auswahl der Interviewpartner_innen erfolgte entlang der Kriterien Regionale Differenz (NRW, Bremen/Niedersachsen, Berlin), Verortung in der politischen Bildung und langjährige Erfahrung in unterschiedlichen Settings (Jugendliche, Erwachsene, monoedukative und koedukative Gruppen, deutsche und internationale Seminare). Die Interviewpartner_innen sind zwischen 30 und 50 Jahre alt, weiß-deutsch und seit mindestens vier

Jahren als Gendertrainer_innen aktiv. Die Daten wurden anhand eines offenen Fragebogens erhoben und die Aussagen der Interviews entlang der Themenfelder „Konzeption von Gender“, „Theoretische und strategische Grundlagen“, „Ziele und emanzipatorischer Gehalt“, „Jenseits von Zweigeschlechtlichkeit“, „Über Geschlecht hinaus“ und „Grenzen“ analysiert.

Dabei fokussieren wir insbesondere den Umgang mit Zweigeschlechtlichkeit als gesellschaftlicher Realität, die sich über die (Re-) Produktion von zwei dualistisch organisierten Geschlechtern vermittelt.[8] Hierarchien im Geschlechterverhältnis, patriarchale Strukturen und damit auch die Zentralität von Heterosexualität als geschlechtlicher Lebensweise sind trotz der Transformationen der letzten Jahrzehnte immer noch bestimmend. Eine Aufgabe reflektierter Gendertrainings ist u.E., Naturalisierungen und Essentialisierungen von Zweigeschlechtlichkeit zu dekonstruieren. Innerhalb des Dualismus kann es keine Geschlechtergerechtigkeit geben, da geschlechterdualistische Bewertungen und Zuschreibungen immer ein hierarchisches Verhältnis implizieren.[9] Da es uns in unserer Untersuchung nicht um die gegenseitige Abgrenzung einzelner Projekte geht, sondern um das Ausloten kritischer Potentiale und das Aufgreifen von Impulsen, haben wir die Aussagen aus ihrem jeweiligen Kontext gelöst und behandeln sie komplementär.

2.1. Konzeptionen von Gender

Das Verständnis von Gender, das einem Training zugrunde liegt, vermittelt sich grundsätzlich in den durchgeführten Übungen, Vorträgen und Interventionen und bildet somit auch den Bezugsrahmen für mögliche Bildungs-

8 Bspw. Toiletten, Wahrnehmung der Gesprächspartner_innen, Interaktionen, Status, Sport, Mode, Personenstand, Kontaktanzeigen etc.

9 (Gender-)Dualismen sind immer geprägt von einem Entweder-Oder und verhindern einen Blick auf die Möglichkeit eines Sowohl-Als-Auch. Hagemann-White benennt drei Merkmale der Wahrnehmung von Geschlecht in unserer Kultur: „Ohne jede bewusste Überlegung wird davon ausgegangen, dass jeder Mensch entweder weiblich oder männlich sein müsse, was im Umgang erkennbar zu sein hat (Eindeutigkeit); dass die Geschlechtszugehörigkeit körperlich begründet sein müsse (Naturhaftigkeit); und dass sie angeboren ist und sich nicht ändern könne.“ (Hagemann-White 1988: 228). Die Existenz von Transgender-Personen, Intersexuellen, Transsexuellen und auch der Blick in andere, nicht-zweigeschlechtlich organisierte Kulturen sollte uns eines Besseren belehren und macht den historischen und konstruierten Charakter der Zweigeschlechtlichkeit deutlich. Neben dem Ausschluss alles Uneindeutigen und damit auch dem Verlust von individuellen Handlungsspielräumen geht mit dem Geschlechterdualismus die strukturelle Höherbewertung des Männlichen einher und dessen Konstruktion als Norm.

prozesse. Somit ist die zugrundeliegende Konzeption für den gesamten Bildungsprozess ausschlaggebend.[10]

Die Gendertrainer_innen unterteilen die Kategorie Gender in drei verschiedene Dimensionen: Gender wird erstens als „Analysekategorie“[11] benutzt, um gesellschaftliche Bedingungen zu beschreiben. Gender wird zweitens als „soziale Realität“ auf den Ebenen von Körper, Zuschreibungen, Prozessen, Symboliken, Interaktionen und Wertevorstellungen thematisiert. Dies geschieht auf der individuellen Ebene (Körper, Sprache, Inszenierung etc.) der Teilnehmer_innen und Trainer_innen sowie auf der Ebene gesellschaftlicher Machtstrukturen (Organisation, Arbeit, Wissen, Machtverhältnisse, etc.). Gender ist drittens für die Trainer_innen eine „produktive Bedeutungskategorie, die ein dualistisches und hierarchisches Verständnis von Geschlecht als eine Kategorie von Mann und Frau erzeugt“ und als „System eine gesellschaftliche Wirkmächtigkeit“ in alle Ebenen hinein besitzt. Damit ist gemeint, dass Gender als Klassifizierungsinstrument die zweigeschlechtliche Ordnung in Benennungs- und Handlungsprozessen immer wieder neu hervorbringt und damit auch die Hierarchien zwischen und innerhalb der Geschlechter. Hier findet sich auch in der Theorie mit dem Bild der beständigen Wiederholung und damit auch Veränderbarkeit der Inszenierungsprozesse von Gender ein Ansatzpunkt für Veränderungen (Butler 1991).

Insbesondere in der Funktion als Analysekategorie wird Gender als „verdammt notwendig“ bewertet, um Hierarchien deutlich machen zu können. In der Durchführung notwendig widersprüchlich dazu, soll es als soziale Realität „perspektivisch abgeschafft“ werden bzw. „seiner zweigeschlechtlichen Bedeutung enthoben werden“. Die Kritik an der dualistischen Wirkungsweise von Gender enthält den Wunsch nach Enthierarchisierung bzw. Bedeutungslosigkeit der Kategorie, welcher sich über das Bewusstsein von Gender als produktiver und historischer Kategorie, also der permanenten Möglichkeit von Veränderbarkeit legitimiert. Dieses dritte Verständnis von Gender fungiert gewissermaßen als Klammer für die beiden anderen.

In der Bewertung der Kategorie Gender zeigen die Aussagen der Trainer_innen auf, dass es sich um eine paradoxe Kategorie handelt, die nützlich

10 Ist beispielsweise ein Seminar zweigeschlechtlich konzipiert und berücksichtigt nur Frauen und Männer, so ist der Bildungsprozess aller Wahrscheinlichkeit nach auf diese beiden Geschlechter und deren Interaktionen beschränkt.

11 Im Folgenden stammen alle in Anführungszeichen verwendeten Begriffe aus den analysierten Interviews. Die Sprecher_innen sind nicht namentlich oder entlang ihrer Projekte markiert, da nicht die Projekte im Mittelpunkt stehen, sondern die Frage nach einem emanzipatorisch kritischen Gehalt der Trainings.

ist, um erfahrungsorientierte Geschlechterverhältnisse aufzuzeigen, um darauf aufbauend geschlechtliche und gesellschaftliche Machtverhältnisse komplexer durchleuchten zu können. Gleichzeitig birgt dies oftmals die Gefahr einer Stabilisierung von herrschaftlichen Geschlechterverhältnissen, z.B. indem durch die Individualisierung von Erfahrungen einer Entpolitisierung Vorschub geleistet wird. Auch kann die Dramatisierung von Geschlecht (Faulstich-Wieland et al 2004), die in einem Gendertraining quasi unausweichlich stattfindet, zur Restrukturierung der dichotomen Geschlechterordnung führen.

Die angedeutete Vielschichtigkeit der Kategorie birgt gleichzeitig das Gefahrenpotential der Unschärfe von Erkenntnissen durch Widersprüche zwischen persönlichem Erleben und strukturellen Verhältnissen.[12] Die unhinterfragte Zentralität von Gender und seine potenzielle Bedeutung als intersektionale Kategorie (Crenshaw 1991, Knapp 2005), in der die Überlagerungen (intersections) mit anderen ungleichheitgenerierenden Zuschreibungs- und Zugehörigkeitskategorien wie soziale Klasse oder Ethnisierungen gefasst werden, werden nicht thematisiert. Alle Interviewpartner_innen haben jedoch den Anspruch, dem Zusammenhang von Gender mit anderen Kategorien immer eine hohe Bedeutung in den Seminaren beizumessen.

2.2. Theoretische und strategische Grundlagen

Alle interviewten Gendertrainer_innen beziehen sich sowohl auf feministische Theorien in ihren Unterscheidungsformen von Gleichheit, Differenz und Dekonstruktion[13] als auch auf Theorien zur geschlechtsbezogenen Sozialisationsforschung und zur kritischen Männlichkeitenforschung. Ein

12 So zweifelte bspw. ein alleinerziehender, berufstätiger Vater die strukturelle Benachteiligung von Frauen an, da er dies in seinem Alltag nicht erlebt und er sich benachteiligt sieht. Hier geht es darum, die konkreten Erfahrungen und Verletztheiten nicht abzusprechen und die gesellschaftlichen Strukturen trotzdem vermitteln zu können.

13 Die Dekonstruktion geht auf den Philosophen Jacques Derrida zurück. Grundsätzlich richtet sie sich gegen die hierarchisch geordneten Dualismen im abendländischen Denken. Dabei verfolgt sie zwei wichtige Grundmomente: 1. deutlich machen, dass bei dualistischen Begriffen zwar der eine als der höherwertige konstruiert wird, er aber vor allem von der Existenz des anderen Begriffs abhängt; 2. damit eine Verschiebung des Systems bewirken, indem bspw. gezeigt wird, dass die beiden aufeinander verweisenden Begriffe keine abgeschlossenen Entitäten sind, sondern dass sie für ihre Existenz den Ausschluss anderer Möglichkeiten benötigen (Derrida 1976). So könnte der Mann als Prototyp des Menschen nicht existieren ohne seine Verweiskategorie ‚Frau'. Die Existenz von Intersexuellen, Transsexuellen und Transgendern zeigt dann die Ausschlusslogik des Systems der Zweigeschlechtlichkeit auf und bringt das ganze Konstrukt ins Wanken.

Gendertraining-Team bezieht explizit Biologie, Gehirnforschung und Neuropsychologie in der Rezeption durch kritische Feminist_innen mit ein. Die theoretischen Grundlagen und vermittelten Inhalte der Gendertrainings scheinen oftmals abhängig vom beruflichen Hintergrund der Gendertrainer_innen.[14]

Von Biologisierungen berichten vier Gendertrainer_innen. Sie schildern ihr oft vergebliches Bemühen, die populistische zweigeschlechtliche Naturhaftigkeit à la „Warum Männer nicht zuhören und Frauen schlecht einparken" (Pearse/Pearse 2000) in Frage zu stellen. Die Angst vor der Konfrontation mit der normierten zweigeschlechtlichen Körperlichkeit durch die Teilnehmenden kann tabuisierende Züge annehmen. In der Praxis bedeutet das zugespitzt eine Gratwanderung zwischen der Kritik an Zweigeschlechtlichkeit durch die Trainer_innen und dem Bestehen auf der zweigeschlechtlichen Einteilung durch die Teilnehmenden. Momentan gibt es hier weder durch theoretische Ansätze im Sinne einer noch zu entwickelnden „Pädagogik der Widersprüche", noch durch entsprechende dekonstruktionsorientierte Medien und Materialien Unterstützung, die helfen könnte, die eigene Uneindeutigkeit zur Sprache zu bringen und die Gewaltsamkeit der Zweigeschlechtlichkeit zu vermitteln.

Erstaunlicherweise bezog sich keine der Interviewpartner_innen explizit auf Queer Theory oder auf kapitalismuskritische Ansätze, die eine Reflexion in der Arbeitsgesellschaft und horizontale sowie vertikale geschlechtliche Segregationen, Transformationen im Arbeits- und Erwerbslosenkontext und die Verstetigungen von Geschlechterhierarchien mitberücksichtigen. U.E. könnte gerade hier die Einbeziehung von anderen differenzevozierenden Kategorien in einer vermeintlich geschlechtshomogenen Gruppe (z.B. ethnisierte oder soziale Positionen als Marker für die Erwartbarkeit von Bildungserfolgen oder die Positioniertheit auf dem Arbeitsmarkt) fruchtbar sein. Außerdem könnte die zwanghafte Vereindeutigung und Fitmachung von Körpern im Sinne der (internationalen) Arbeitsteilung die Konstruktion einer bestimmten zweigeschlechtlichen, gesunden Körperlichkeit als Norm deutlich machen.

Gezielt wurden die Gendertrainer_innen nach der Rolle von Gender Mainstreaming in ihrer Praxis befragt. Alle vermittelten Definitionen sowie die Entwicklungsgeschichte und zeichneten ggf. auch die Fallstricke dieser Strategie nach. Je nach Zielgruppe wurde herausgearbeitet, wie die Top-Down-Strategien des Gender Mainstreamings auch für die Basis einer

14 Erlernte Berufe der Interviewpartner_innen: Yogalehrer_in, Gestalttherapeut_in, Pädagog_in, Sozialwissenschaftler_in und Biolog_in.

Institution fruchtbar gemacht werden könne. „Leider", so bedauert eine Gendertrainer_in, seien „Gendertrainings oft nicht in größere Gender-Mainstreaming-Prozesse eingebunden", womit sie betont, dass oftmals keine institutionellen Einbettungsprozesse für Gender Mainstreaming auf anderen Ebenen stattfinden. Eine Gendertrainer_in berichtet von ihrer distanzierten Haltung zu Gender Mainstreaming und dass diese Strategie leider zum einen dazu „missbraucht wird, um langjährige gewachsene Strukturen und Projekte der Frauen- und Mädchenförderung abzuschaffen"[15] und zum anderen dafür benutzt wird, um „Profitsteigerung im neoliberalen Umbau" zu erlangen und damit schließlich „Geschlechterverhältnisse individualisiert und sie zum Problem der einzelnen macht". Letztendlich, so rekapituliert die Interviewpartner_in, könne eine geschlechterpolitische Veränderung nicht durch eine Strategie wie Gender Mainstreaming herbeigeführt werden, sondern nur durch politische Akteur_innen. Mit der unter den Interviewten einzigen Forderung nach politischer Aktion wird auch der begrenzte Rahmen deutlich, in denen sich Gendertrainings bewegen, nämlich vor allem auf der Ebene der individuellen und organisationsbezogenen Entwicklungen und zuweilen noch auf der Ebene von Reflexion vereinzelter gesellschaftlicher Bereiche (z.B. die fehlende Aktivität von Männern im Pflege- und Erziehungsbereich). Letzteres gilt aber u.E. vor allem für Trainings, die eine gesellschafts- und herrschaftskritische Analyse als Teil ihres konzeptionellen Grundverständnisses begreifen.

2.3. Ziele der Gendertrainings und emanzipatorischer Gehalt

Die in den Interviews genannten zentralen Ziele der Trainings lassen sich in vier Gruppen aufteilen: Reflexion, Wissen, Handlungserweiterungen/Aktionen und Veruneindeutigungen. Gruppe eins befasst sich mit der Reflexion der eigenen Vergeschlechtlichung: „Gesellschaftliche Zuschreibungen zu reflektieren", „Grenzen setzen/wahrnehmen", „Bewusstwerdung über eigene Geschlechterbilder und biografische Reflexion selbiger". In der zweiten Gruppe sind Ziele rund um das Wissen gesellschaftlicher Bedingungen und geschlechtlicher Normierungen angesiedelt: „Wissen um die Historizität und um den Ist-Zustand der Geschlechterverhältnisse", „Kenntnisse der grundlegenden Paradigmen der feministischen Geschlechterforschung und

15 Einzelne Interviewpartner_innen berichten von Fällen, in denen langjährige Mädchen- und Frauenarbeitskreise nicht mehr finanziert werden, da sie nicht in die Strategie von Gender Mainstreaming passen, in der zwei Geschlechter berücksichtigt werden sollen. Neue Projekte sollen somit mit zwei Geschlechtern arbeiten.

den daraus resultierenden geschlechterpolitischen Strategien", „Sensibilisierung für Gender-Equality und nicht-hegemoniale Geschlechterverhältnisse" sowie „Kenntnisse geschlechterrelevanter sozialer Bewegungen". Die dritte Gruppe der Ziele handelt von der Erweiterung von Handlungsmöglichkeiten, von Veränderungspotentialen und von Utopien: „Alternativen kennenlernen (z.B. zu gängigen Lebensentwürfen, Sexualitäten)", „unterschiedliche, nichtstereotype Interaktionsmuster probieren", „Alternativen zu hegemonialen Zuschreibungen eröffnen" und „Diskriminierungen erkennen und ihnen entgegen wirken können". Die Ziele in der letzten Gruppe beschreiben das Zulassen und Erkennen von Uneindeutigkeiten, Ambiguitäten, Widersprüchen und Ambivalenzen in der Geschlechterreflexion: „Irritation der gewohnten zweigeschlechtlichen/heteronormativen Perspektiven", „[zeigen] was es heißt, Selbstverständlichkeiten in Frage zu stellen".

Die Geschlechterverhältnisse werden in Gendertrainings häufig normiert zweigeschlechtlich zum Thema gemacht, indem zumeist von Männern und Frauen geredet wird. Die Zielformulierungen der hier interviewten Gendertrainer_innen betreten u.E. deshalb neues Terrain gegenüber einer ausschließlich zweigeschlechtlichen Perspektive, da sie Regelbrüche und die Irritation von Seh-, Hör- und Handlungsgewohnheiten wollen: In diesen Trainings ist es nicht mehr selbstverständlich, dass Beziehungen immer heterosexuell sind, dass Personen mit Brüsten oder langen Haaren Frauen sind, dass Kinder immer zwei Elternteile haben oder dass Weiß-Sein als wirkmächtiges Privileg verschwiegen werden kann. Damit machen sie vermeintlich Unbewusstes bewusst und muten ihren Teilnehmer_innen einen erhöhten Aufwand an Informationsverarbeitung zu (vgl. Degele 2005).

Die Praktiker_innen sehen in ihren Trainings weitere Chancen für gesellschaftliche Veränderungen, die sich in der Ermutigung zu individuellen und politischen Handlungsschritten zeigen. Sie betonen, dass ein Gefühl der Solidarität und Bereitschaft zum politischen Handeln entstehen kann, wo oft nur ein „Gefühl der Vereinzelung existiert". Das „persönliche Empowerment" erfolgt demnach über den Weg der Selbsterfahrung und soll – durch individuelle und gemeinsame Reflexion – Erkenntnistore öffnen und zur Veränderung der Geschlechterverhältnisse im privaten und beruflichen Raum beitragen.[16]

16 An dieser Stelle wäre interessant, ob die Teilnehmer_innen einen (re-)politisierenden Impuls verspüren. Dies kann leider aufgrund der Forschungsperspektive hier nicht beantwortet werden. Interviews dazu müssen noch geführt werden.

2.4. Jenseits von Zweigeschlechtlichkeit

In allen Gendertrainings erfolgt das Aufzeigen nicht-hegemonialer Lebenskonzepte und sexueller Orientierungen über direkte Thematisierung, zufällige Thematisierung und über die Verwendung von geschlechtergerechter Sprache. Grundsätzlich ist es jedoch keine Selbstverständlichkeit, Heteronormativität[17] dekonstruieren zu können, da es im Seminaralltag durch hegemoniales zweigeschlechtliches Erfahrungswissen erschwert wird, Themen wie Homosexualität, Transsexualität, Intersexualität, nicht-traditionelle Familienkonzepte, Feminisierung der Arbeit, Pluralisierung von Geschlechterkonzepten bei gleichzeitiger Unterdrückung von Weiblichkeiten/Frauen usw. integrieren zu können.

Alle Interviewpartner_innen berichten von Ansätzen, geschlechtlich nonkonforme Lebenskonzepte zum Beispiel über Filme, kurze Inputs der Teamer_innen oder über (weiter-) entwickelte Methoden und Übungen aufzuzeigen und einzubinden. Eine Gendertrainer_in berichtet z.B.: „Wir zeigen zum Beispiel gerne einen Film,[18] der Homophobie auf dem Pausenhof zum Thema hat. In dem Film werden die Reaktionen von Schüler_innen auf ein lesbisches bzw. ein schwules sich küssendes Paar gezeigt. Es werden Schüler_innen auf dem Pausenhof und im Anschluss auch die Küssenden befragt. [...]. Er hält ihnen einen Spiegel vor. [...] Über die Interviews mit Schwulen und Lesben im Film werden queere Sichtweisen deutlich."

Manchmal erfolge die Thematisierung nicht-hegemonialer Lebensentwürfe jedoch allein durch die Teilnehmer_innen. Dies ist insofern problematisch, als dass das Vorhandensein von Homosexualität, Transsexualität, Intersexualität u.v.a.m. damit ausschließlich von der Offenheit Einzelner abhängt, von ihren Erfahrungen zu berichten.[19] In diesem Fall widersprechen die Trainer_innen ihren eigenen Zielen, sich wider die Zweigeschlechtlichkeit zu verhalten. Dies würde in der Konsequenz bedeuten, nicht nur auf

---

17 Michael Warner führt den Begriff 1991 in die Diskussion ein, mit dem Ziel, Sexualität zur Grundlage der Analyse zu machen. Warner propagiert eine Abkehr von der Betrachtung des Besonderen hin zu einer Kritik des Allgemeinen. Die Vorläufer des Begriffs sind in Debatten der 70er und 80er Jahren zu finden: Heterosexismus, Heteropatriarchat und Zwangsheterosexualität (Rich 1980), „Heterosexuality as a social contract" (Wittig 1989). Vgl. Butler 1991, Soine 2002, Engel 2002, Hartmann et al 2007, Wagenknecht 2007.

18 Gezeigt wurde „Ekelhaft" von der Wuppertaler Medienwerkstatt (Wuppertaler Medienwerkstatt 2003/2004).

19 Dies deckt sich mit den Ergebnissen zu Kulturen/Ethnizitäten. Die Studie zeigt, dass es eine Offenheit für nicht-dominante Themen gibt, dass diese aber oft von den Teilnehmer_innen gesetzt oder eingefordert werden müssen.

angebotenes Erfahrungswissen zu setzen, sondern gezielt anderes Wissen und Irritationen der selbstverständlichen Annahmen in die Übungen, Vorträge und Kommentare zu integrieren.

Eine Gendertrainer_in berichtet außerdem, dass „durch die Infragestellung dualistischer Normierungen", durch die „Verwendung geeigneter Schriftformen"[20] und in der „verbalen Sprache" eine Distanzierung von Gender als dualistischem Prinzip stattfindet. Dennoch beschreiben alle Gendertrainer_innen den Seminaralltag als grundsätzlich zweigeschlechtlich und stehen damit vor einer persistenten Paradoxie, mit der ein produktiver Umgang erst noch gefunden werden muss.

Das zwangsläufige Leben in der Kultur der Zweigeschlechtlichkeit (vgl. Hagemann-White 1984, Butler 1991) kann ein wichtiger Ansatzpunkt für Hierarchiekritik sein, sind doch alle von geschlechtlichen Arbeitsteilungen, den Ein- und Ausschlüssen in Funktionen sowie von der Verteilung von Macht und Ressourcen betroffen (vgl. Klinger 1999). Deshalb bedürfen vor allem Gendertrainings eines reflexiven Umgangs mit Zweigeschlechtlichkeit, d.h. sie müssen mitunter einen „strategischen Essentialismus"[21] (vgl. Spivak 1988) zulassen, ohne eine kritische Perspektive auf die Gewaltförmigkeit der dualistischen Geschlechterhierarchie zu vernachlässigen, und dabei zugleich die Veränderbarkeit, die Konstruiertheit und die Offenheit der Kategorie Geschlecht thematisieren.

2.5. Über Gender hinaus?

Deutsche Gendertrainings werden, sofern sie nicht im ‚Entwicklungshilfekontext' stattfinden, überwiegend von weiß-deutschen Gendertrainer_innen geleitet. Gendertrainer_innen mit Migrationshintergrund sind in vielen Projekten noch eine Minderheit, transkulturelle Teams (vgl. Akka/Pohlkamp 2007, Bremer JungenBüro 2004) werden aber vielerorts als Notwendigkeit diskutiert. Ebenso sind die Trainings inhaltlich sehr auf eine weiße (westdeutsche) Feminismusrezeption fokussiert oder beziehen sich im We-

20 Gemeint ist der Unterstrich als Symbol für eine Lücke im Geschlecherdualismus, als Raum für all diejenigen, die sich weder als Mann noch als Frau identifizieren oder als Mann und Frau.

21 „Strategischer Essentialismus" meint den strategischen Rückgriff auf essentialistische Diskurse, um einen konkreten Missstand deutlich zu machen, ohne eine empirische Realität zu setzen. So kann es im Sinne von Verständlichkeit, Sichtbarkeit und Solidarisierung durchaus sinnvoll sein, strategisch von ‚Frau' zu sprechen – im Bewusstsein der Unmöglichkeit, diesen Begriff eindeutig fassen zu können.

sentlichen auf westliche Genderdiskurse. Nur äußerst selten wird auf Schwarzen Feminismus, Kolonialismus, Migrationsgeschichte oder ostdeutsche Entwicklungen Bezug genommen. Ebenso ist die Berücksichtigung von Klassenverhältnissen in den Seminaren eher auf der abstrakten Ebene als auf der Erfahrungsebene der Teilnehmenden oder Trainierenden zu finden, und Themenfelder der Arbeiterinnenbewegung und des sozialistischen Feminismus bleiben ungenannt. In dem bereits erwähnten „Gendermanifest" wird stark gemacht, die „Möglichkeiten der Verknüpfung von Gender mit anderen sozialen Kategorien" mitzudenken (Frey et al 2006). Geschlecht ist eine relationale, intersektionale bzw. interdependente Kategorie (vgl. Walgenbach et al 2007), die von anderen Zugehörigkeiten/Zuordnungen abhängt sowie durchkreuzt und überlagert wird, und deren Zentralität manchmal auch vor anderen Bedeutungsgeber_innen in den Hintergrund treten muss. In der Überbetonung von einer einzelnen Kategorie liegt die Gefahr der Vereinheitlichung (vgl. Busche 2004).

Mit dem Wissen um Diversität müssen sich Gendertrainings mit der Kritik an der Kategorie Geschlecht als weißer, bürgerlicher, universalisierender und heterosexistischer Kategorie von feministischer, poststrukturalistischer, postkolonialer und queerer Seite beschäftigen, um der Gefahr entgegenzuwirken, bestehende Stereotypisierungen, Kulturalisierungen und Naturalisierungen zu reproduzieren (vgl. Mecheril 2003, Castro Varela/Dhawan 2005). Diese Lücken sind den befragten Trainer_innen durchaus sehr bewusst und die meisten planen für ihre Zukunft Projekte, die explizit Bezug auf Mehrdimensionalität der Kategorien nehmen. Auch auf den Ebenen von Team, Konzept und Methoden wird die Reflexion von unterschiedlichen Lebenslagen und Zugehörigkeiten einbezogen und neue Praxen werden angestrebt. Dennoch bleiben die Fragezeichen hinsichtlich des Bewusstseins der historischen Kämpfe und hinsichtlich der historischen Errungenschaften und Auseinandersetzungen, die in den Konzepten bislang keinen oder kaum einen Niederschlag finden.

2.6. Grenzen

Bezüglich der Grenzen der Gendertrainings wurden die Gendertrainer_innen gefragt: Welche Ziele werden warum nicht erreicht? Fünf Bereiche wurden als problematisch beschrieben.

Nichtplatzierung von Genderirritationen

Die „Sichtbarkeit von unterschiedlichen Lebensentwürfen und Sexualitäten [...] [werde] nur sehr begrenzt" erreicht. Eine „Irritation zweigeschlechtlicher Muster" finde oft nicht statt.[22] Außerdem böten die zumeist zweigeschlechtlichen Teams wenig offensive Anknüpfungspunkte für die Infragestellung von Zweigeschlechtlichkeit, da die Teams oft streng männlich und weiblich besetzt seien und eine Reproduktion von vermeintlich monogeschlechtlicher Erfahrungskongruenz stattfindet.[23] Dies führt zu einer gewissen „Scheinheiligkeit" in der Setzung des Lehrinhalts der Überwindung von Zweigeschlechtlichkeit und ihrer Reproduktion auf der Ebene der Trainerinnen (vgl. Bereswill 2004).

Training-Praxis-Transfer

Es stellt sich die „Frage nach der Realitätstauglichkeit", da „der Transfer der persönlichen Erkenntnisse in berufliche, schulische oder universitäre Strukturen, Politik und Theorie oftmals nicht stattfindet". Eine Interviewpartner_in betont, dass es oft an „geschlechterpolitischem Bewusstsein der Teilnehmer_innen" mangelt. Damit verharren Gendertrainings häufig in persönlicher Reflexion und verlieren somit ihren weiterreichenden emanzipatorischen Charakter. Die meisten Trainings seien zu kurz, um tiefere Einsichten in strukturelle gesellschaftliche Zusammenhänge zu vermitteln.[24]

Theorie-Praxis-Gap: Dekonstruktion[25]

Die Idee der Dekonstruktion sei ins Alltagswissen als „Auflösung von Geschlecht" übertragen worden. Die Idee der Dekonstruktion als ein „Infragestellen" zweigeschlechtlicher Vorstellungen werde oft durch das zumeist geschlechterfixierende Erfahrungswissen der Teilnehmer_innen blockiert. Die Konstruktionen von Geschlecht werden nur partiell erfasst.[26] Komplexere Analysen der Geschlechterverhältnisse, die über die Zweige-

22 Viele Teilnehmer_innen seien nicht zuletzt durch die eigene klare geschlechtliche Zuordnung an einem „klaren geschlechtlichen Setting" interessiert. Eine Gendertrainer_in berichtet, dass Teilnehmer_innen verstärkt „Patentrezepte" für Organisations-, Verhaltens-, Beziehungs- und Pädagogiksituationen wünschen.

23 D.h. dass weibliche Trainerinnen sich auf Erfahrungen von Frauen beziehen, ohne die Unterschiedlichkeiten und Brüche darin sichtbar zu machen, ohne selbst durch Uneindeutigkeit zu irritieren und ohne die Existenz von Uneindeutigkeit zu thematisieren. Stattdessen wird gehofft, dass die Thematisierung durch eine Teilnehmer_in geschehen möge.

24 Dennoch zeigen positive Beispiele neu entwickelte Denkprozesse: Ein Teilnehmer entdeckte Pierre Bourdieu für sich und referierte dessen Erkenntnisse zur „männlichen Herrschaft" in Bezug zu seinem persönlichen Erleben.

25 Vgl. Fußnote 13.

26 So leuchtet z.B. jeder Teilnehmer_in ein, dass die Farben rosa und blau Anfang des 19. Jahrhunderts anders herum geschlechtlich konnotiert wurden, d.h. der Junge trug rosa und das Mädchen trug blau.

schlechtlichkeit hinausweisen, führen jedoch nicht dazu, die eigene Beteiligung an hierarchischen Konstruktionen erkennen zu können, geschweige denn sie in eine berufliche, soziale oder politische Praxis münden zu lassen.[27]

Umgang mit Widerständen

Außerdem stellen die Trainings für einige Teilnehmende eine Herausforderung dar, da in den Selbsterfahrungsprozessen oft „schmerzhafte und erkenntnisreiche Eigenreflexionen" stattfinden und erst in einem zweiten Schritt die „Kopplung mit analytischem Vorgehen" vollzogen wird. Die Studie zeigt, dass persönliche Widerstände in Selbsterfahrungsprozessen je nach Training den Ablauf stark strukturieren. Voraussetzung für den reziproken Lernprozess ist eine offene Haltung der Teilnehmer_innen, um einen gemeinsamen Gruppenlernprozess eingehen zu können. Tritt eine Störung im Gruppenprozess durch persönliche Widerstände auf, sei der gesamte Bildungsprozess gefährdet.

Rahmenbedingungen

Zudem zeigt die Studie, dass Rahmenbedingungen existieren, die ein Gendertraining mit den Zielen von Reflexion, Wissen, Handlungserweiterung/Aktion und Veruneindeutigung erschweren. Dazu zählen beispielsweise die Leistungsorientierung an Universitäten, die Zertifikatfixierung in der Weiterbildung, die Nicht-Akzeptanz der Bedeutung von Geschlechterverhältnissen von Seiten der institutionellen Leitungsebenen, Geldmangel, Zeitmangel, Freiwilligkeit sowie die Teilnahme von Personen mit unterschiedlicher Positioniertheit innerhalb beruflicher Hierarchien am Training. Dieser Zustand lässt sich kurz auf die Formel bringen: Je marktförmiger (kurz, unfreiwillig, zweigeschlechtlich, profit- und kompetenzorientiert) und hierarchie-heterogener ein Training ist, desto weniger Möglichkeiten zur Entwicklung von kritischem Denken und Handeln bietet es.

3. Ausblick: Emanzipatorisch-kritische Geschlechterbildung

Wir haben beschrieben, wo Gendertrainings sich ‚gegen den Strich' der gesellschaftlichen Konventionen verhalten und wo sie an ihre Grenzen stoßen. Die empirische Annäherung warf eher einen Blick auf Schwierigkei-

27 Trotzdem bleiben viele mögliche Transferleistungen hier ungenannt, da wir nur die Gendertrainings betrachten und keine Erhebung mit Teilnehmer_innen nach Gendertrainings gemacht haben.

ten und Desiderata als auf eine originalgetreue Abbildung eines hochkomplexen Seminarsettings. Mechthild Bereswill stellt zu Recht in Frage, dass Gendertrainings ein Instrument zur Emanzipation der Geschlechter sind, denn „[s]oziale Ungerechtigkeit lässt sich nicht weg trainieren" (Bereswill 2004:55). Vor diesem Hintergrund beschäftigt sich dieser Ausblick mit der Frage: Was fehlt der politischen Bildung bzw. den Gendertrainings, um Konzepte zur ‚emanzipatorisch-kritischen Geschlechterbildung' zu entwickeln, die der „Bürokratisierung des Geistes" (Freire 1993) z.B. im Sinne eines vorgefertigten Denkens in engen Geschlechterschubladen entgegenwirkt?

3.1. Ein anderer Subjektbegriff, ein offeneres Bildungsziel, die Reflexion eigener Normsetzungen

Die humanistisch-aufklärerische Denktradition hat Bildbarkeit und Autonomie des Subjekts als Bildungsziele etabliert und geht dabei von kohärenten, vernunftgeleiteten und eigenständigen Individuen aus (vgl. Heitger 1987). Insbesondere von dekonstruktivistischer Seite ist der vermeintlich neutrale Subjektbegriff als androzentrisch kritisiert worden und entlarvt die Autonomie als Effekt verschleierter Abhängigkeiten, die zur Subjektkonstitution notwendig sind (Butler 1993: 44).[28] Im Sinne Michel Foucaults ist das Subjekt weder frei noch unfrei, vielmehr finden Freiheit und Unfreiheit als Ereignis in den Subjekten statt.[29] Dabei kann das Subjekt seine Handlungsmacht in sozialen Möglichkeitsräumen nutzen, reproduziert aber zugleich die Verhältnisse stets erneut mit. Verabsolutierte Autonomie wird vor diesem Hintergrund zu einem fragwürdigen Trainingsziel, das Begreifen der Möglichkeiten eines Lebens zwischen Autonomieansprüchen und gleichzeitiger Abhängigkeit kann hingegen sehr wohl als vielversprechender Ansatz für politische Bildung begriffen werden.

(Geschlechter)Gerechtigkeit als Perspektive muss immer wieder neu vor unterschiedlichen Kontexten, aber auch in Verbindung mit strukturellen Bedingungen diskutiert werden und Differenz auch als Ursache struktureller

---

28 Rudolf Leiprecht betont, dass Teilbereiche der Erziehungs- und Bildungswissenschaften nach einem Subjektbegriff streben, „bei dem das individuelle Subjekt weder als vollständig determiniert noch als völlig losgelöst von den sozialen Bedingungen betrachtet wird" (Leiprecht 2008: 95).

29 Jürgen Martschukat konkretisiert diese Ideen für die Subjekte: „Freiheit ist also nicht einfach das Gegenteil von Unfreiheit. Vielmehr existiert Freiheit immer nur innerhalb einer komplexen Gemengelage, die eine ganz bestimmte Lebensform und einen ganz bestimmten Gebrauch von Freiheit sinnvoll oder gar zulässig werden lässt. Dies erscheint den Subjekten in der Regel gar nicht als aufgezwungen, sondern vielmehr als Ergebnis ihrer freien Wahl." (Martschukat 2006: 12)

Dominanz sichtbar gemacht werden, nicht zwangsläufig als persönliches Versagen der nachteilig Betroffenen. Dies könnte etwa bedeuten, wachsam zu sein gegenüber Individualisierungstendenzen, z.B. Konkurrenzlogiken aufzudecken oder der Entgrenzung von Erwerbsarbeit nachzuspüren. Ein Training könnte vor dieser Folie Räume für Austausch, Solidarität, Freundschaft und Freundlichkeit anbieten.

Dabei wandelt sich auch die Rolle der Trainer_in, die zwar Fachkompetenz im Bereich Gender zur Verfügung stellt, ansonsten aber die Teilnehmer_innen als Expert_innen für ihre eigene Lebensführung anerkennen und befragen kann. Denn von pädagogischer Seite kann heute weniger denn je gesagt werden, was die ‚richtige' Lebensführung für jede Einzelne sei (Blomberg 2005: 131). Die Existenz eines ‚Masterplans' für dieses gute Leben, der für alle gilt, ist aufgrund von Individualisierung, Komplexität des Lebens, der Widersprüchlichkeit und Fragmentierung des Subjekts, der Unmöglichkeit von Autonomie und Sicherheit mindestens in Frage gestellt. Deshalb muss sich die politische Bildung fragen lassen, ob sie – jenseits der kritischen Gesellschaftsanalyse, die sie immer freimütig geben sollte – ihre Rollen als Ratgeberin, Expertin und letztendlich Besserwisserin weiter aufrecht erhalten will.

Als diese ist sie oft auch (unsichtbarer) Teil der Verwertungs- und Kontrollmaschinerie, die das Denken der Menschen eher kanalisiert, als seine Unvernunft auszuhalten (Bataille). Emanzipatorisch-kritische Geschlechterbildung muss sich deshalb fragen lassen und v.a. selbst fragen, inwiefern sie in der Lage ist, ihren eigenen inneren Herrschaftscharakter produktiv zu reflektieren und ihre eigenen Normsetzungen innerhalb pädagogischer Begründungszusammenhänge zu benennen, um Veränderungen und Verschiebungen, auch innerhalb der anzuerkennenden Grenzen im Geschlechterverhältnis, zu ermöglichen (vgl. Blomberg 2005: 132). Das hieße auch, das Ziel der Geschlechtergerechtigkeit mit Blick auf sein großes Überforderungspotenzial unter Zuhilfenahme großer Gelassenheit und eines wohlwollenden Umgangs mit Fehlern zu bearbeiten.

3.2. Umgang mit Widersprüchlichkeiten, Dualismen, Heterogenität

Es sollte selbstverständlicher werden, z.B. mit Unterstützung der Queer Studies, Uneindeutigkeiten zum Ausgangspunkt des Gendertrainings zu machen, um Machtdominanzen von Anfang an zu hinterfragen. Selbstverständlichkeiten werden entselbstverständlicht. Das Wissen um die Historizität der Geschlechter, der Geschlechterbrüche, der Normalisierungen und der Gender-Theorien sowie das Wissen um die politischen Frauen-, Männer- und Homosexuellenbewegungen, als auch das Wissen um soziologische Erkenntnisse, um die Lebenswelten verschiedener geschlechtlicher Existenzweisen und das Wissen um die eigene (weiße, Schwarze, ost-, westdeutsche, schwule, heterosexuelle, bürgerliche, etc.) Perspektive sind grundlegend für eine kritische Geschlechterbildung. Mit dem bislang u.W. kaum rezipierten Wissen der Ausgeschlossenen können die Ausschließungsprozesse und Selbstverständlichkeiten der geschlechtsbezogenen Dominanzkulturen sichtbar gemacht werden. Dies erhöht die Chance, sich gegen eine hegemoniale Geschlechtergeschichte zu wenden, sich als Akteur_innen in und mit Machtverhältnissen zu begreifen und das eigene Wirken darin emanzipatorisch-kritisch zu durchleuchten. Von den Rändern der Gesellschaft auf die Gesellschaft zu schauen ermöglicht, eine Vielfalt von Geschlechtern und die Wirkmächtigkeit der gewalttätigen Geschlechterstruktur zu erkennen. Die Existenz von Geschlechtern jenseits von Männern und Frauen ist also miteinzubeziehen, ebenso wie die eigene Widersprüchlichkeit. Entgegen einem gesellschaftlichen Trend geht es bei kritischen Gendertrainings nicht um die Reduktion von Komplexitäten, sondern um die Erhöhung der Fähigkeit, diese wahrzunehmen und produktiv mit ihnen umzugehen.[30]

Es gilt des Weiteren, in den Trainings Antagonismen und Dualismen des Alltags zu hinterfragen. So ist es oft nicht notwendig, die Belange von Jungen/Männern und Mädchen/Frauen gegeneinander zu verhandeln: Wenn es beispielsweise Personen aus der einen Gruppe schlecht geht, dann ist es durchaus möglich, dass es auch Personen aus der anderen Gruppe schlecht geht, vielleicht sogar aus den gleichen Gründen.[31] Es ist notwendig, unaufgeregte aber detaillierte Analysen auch der strukturellen Rahmenbedingungen anzustellen, um Logiken bspw. der Opferkonkurrenz oder -hierarchien zu entkommen.

Dualismen fördern Homogenisierungstendenzen und begünstigen die Abwertung des als ‚anders' Deklarierten. Deshalb sollte sich die Erkenntnis durchsetzen, dass Ethnizität und soziale Klasse neben vielen anderen Zuge-

---

30 Degele schlägt vor, sich als Beispiele für Veruneindeutigungen des Handelns Akte der Verweigerung anzusehen, die den Aufwand der Informationsverarbeitung für die jeweilige Umwelt erhöhen (Degele 2005: 22 f). Hier könnte die Ehefrau und Mutter gemeint sein, die die Babypause *nicht* nimmt oder die Weigerung von Frauen, sich die Beine oder Achseln zu rasieren.

31 So lässt sich zum Abschneiden bei Schulabschlüssen zwar sagen, dass Jungen mit Migrationshintergrund schlechter dastehen als Mädchen mit Migrationshintergrund. Differenziert man die Gruppe der Mädchen aber weiter aus, wird deutlich, dass auch Mädchen mit Migrationshintergrund schlechter abschneiden als ihre autochthonen Altersgenossinnen (vgl. Herwertz-Emden 2008).

hörigkeitsmöglichkeiten die Kategorie Gender entscheidend ausdifferenzieren und dass Gender allein als Beschreibungs- und Erklärungsansatz zu kurz greift.

3.3. Repolitisierung der Trainings

Das feministische Ziel einer grundlegenden Gesellschaftsveränderung tauchte bei den Interviewpartner_innen kaum auf, ihr Fokus blieb die Geschlechterperspektive in dieser Gesellschaft. Grundsätzlich haben sich die Interviewpartnerinnen auf die feministische Theorie bezogen, doch durch die Ausdifferenzierung des Themas Geschlecht scheint es heute ausreichend oder einfacher zu sein, die patriarchalen Strukturen zu kritisieren, ohne eine Gesellschafts- und Staatstheorie zu vermitteln. Deshalb wäre eine Repolitisierung der Trainings notwendig, in denen die Verortung in Bezug auf den Gender-Boom, auf die Gender Mainstreaming Prozesse, auf aktuelle Geschlechter- und Gewaltverhältnisse und in Bezug auf gesellschaftliche Veränderungspotentiale eine wichtige Rolle spielt, auch wenn das im Widerspruch zu den vielfältigen oft zweigeschlechtlichen und zumeist neoliberalen Ansprüchen an Gendertrainings steht.

4. Fazit: Geschlechterbildung und Geschlechterpolitik als Teamsport

Um auf die Eingangsfrage zurückzukommen: Nein, soziale Ungerechtigkeiten lassen sich nicht wegtrainieren. In Gendertrainings kann aber eine Haltung gewonnen werden, die den Blick auf soziale Ungerechtigkeiten schärft. Für die Untersuchung der Interviews gingen wir davon aus, dass nach bell hooks ein emanzipatorisch-kritischer Ansatz sich durch Raum für kritisches Denken kennzeichnet. Erst diese Grundbedingung ermöglicht Veränderungspotentiale (vgl. hooks 1994: 202). Gender bietet sich als Anker für solche Denkprozesse geradezu idealtypisch an, nicht zuletzt aufgrund seiner Komplexität und multiplen Verschränktheit mit anderen Kategorien. Das Training als Raum des Ausprobierens, der Anregungen und des Austauschs ist wichtig als kritischer Raum, die Voraussetzungen für die Möglichkeit von sozialer Gerechtigkeit immer wieder abzuklären. Dabei darf nicht aus dem Blick geraten, dass Gerechtigkeit Teamsport ist. Lustvolle Anknüpfungspunkte für diese Perspektive zu bieten, ist Intention der vorliegenden Studie.

Bibliographie

Akka, Abousoufiane/Pohlkamp, Ines (2007): Pädagogik der Oberfläche. Gender und Ethnizitäten in der antirassistischen Mädchen- und Jungenarbeit, in: Riegel, Christine/Geisen, Thomas (Hrsg.): Jugend, Zugehörigkeit und Migration. Subjektpositionierung im Kontext von Jugendkultur, Ehtnizitäts- und Geschlechterkonstruktionen, Wiesbaden, S. 323-342.

Barz, Monika (2001): Gender-Mainstreaming – Eine europäische Perspektive, in: Burbach, Christine/Schlottau, Heike (Hrsg.): Abenteuer Fairness. Ein Arbeitsbuch zum Gendertraining, Göttingen, S. 73-85.

Bauer, Robin/Hoenes, Josch/Woltersdoff, Volker (Hrsg.) (2007): Unbeschreiblich männlich. Heteronormativitätskritische Perspektiven, Hamburg.

Bereswil, Mechthild (2004): Wandel im Geschlechterverhältnis – nur eine Frage des Trainings? Theoretische und methodische Fallen von Gender Trainings, in: Zur Nieden, Birgit/Veth, Silke (Hrsg.): Feministische. Geschlechterreflektierend. Queer? Perspektiven aus der Praxis politischer Bildungsarbeit, Berlin, S. 55-59.

Blomberg, Christoph (2005): Pädagogische Apokalypse: Zu den Problematiken einer dramatisierenden Denkfigur am Beispiel des Geschlechterdiskurses, in: Rose, Lotte/Schmauch, Ulrike (Hrsg.): Jungen – die neuen Verlierer? Auf den Spuren eines öffentlichen Stimmungswechsels, Königstein/Ts., S. 117-141.

Böhnisch, Lothar (2003): Die Entgrenzung von Männlichkeit: Verstörungen und Formierungen des Mannseins im gesellschaftlichen Übergang, Opladen.

Bremer JungenBüro (Hrsg.) (2004): respect – Antirassistische Jungen- und Mädchenarbeit. Gegen Ausgrenzung und Gewalt. Dokumentation, *www.bremer-jungenbuero.de/respect.html*, Stand 10.9.2008.

Bundesministeriums für Familie, Senioren, Frauen und Jugend (Hrsg.) (2005): DJI Gender-Datenreport. Kommentierter Datenreport zur Gleichstellung von Frauen und Männern in der Bundesrepublik Deutschland, *www.bmfsfj.de/Publikationen/genderreport/root.html*, Stand 8.08.2008.

Burbach, Christine/Schlottau, Heike (Hrsg.) (2001): Abenteuer Fairness. Ein Arbeitsbuch zum Gender Training, Göttingen.

Busche, Martina (2004): Gender im (Re)Konstruktionsprozess: Perspektiven geschlechtsbezogener Bildung, in: Boeckle, Bettina/Ruf, Michael (2004): Eine Frage des Geschlechts. Ein Gender Reader, S. 133-152.

Butler, Judith (1993): Für ein sorgfältiges Lesen, in: Benhabib, Seyla/Butler, Judith/ Cornell, Drucilla/Frazer, Nancy: Der Streit um Differenz. Feminismus und Postmoderne in der Gegenwart, Frankfurt a.M., S. 122-132.

Dies. (1991): Das Unbehagen der Geschlechter, Frankfurt a.M.

Castro Varela, María Do Mar/Dhawan, Nikita (2005): Postkoloniale Theorie – Eine kritische Einführung, Bielefeld.

Cornelißen, Waltraud/Blanke, Karen (2004): Zeitverwendung von Jungen und Mädchen, in: Statistisches Bundesamt (Hrsg.): Alltag in Deutschland – Analysen zur Zeitverwendung. Band 43 der Schriftenreihe Forum der Bundesstatistik, Stuttgart, S. 160-174.

Cremers, Michael (2007): Neue Wege für Jungs?! Ein geschlechtsbezogener Blick auf die Situation von Jungen im Übergang Schule-Beruf. Expertise im Auftrag des Kompetenzzentrums Technik-Diversity-Chancengleichheit e.V., *http://www.bmfsfj.de/bmfsfj/generator/RedaktionBMFSFJ/Broschuerenstelle/Pdf-Anlagen/neue-wege-f_C3_BCr-jungs-brosch_C3_BCre,property=pdf,bereich=,sprache=de,rwb=true.pdf*, Stand 21.10.2008.

Crenshaw, Kimberlé W. (1991): Mapping the Margins: Intersectionality, Identity Politics and Violence Against Women of Colour, in: Stanford Law Revue, Jg. 43, Heft 6, 1991, S. 1241-1299, *www.wcsap.org/Events/Workshop07/mapping-margins.pdf*, Stand 8.10.2008.

Degele, Nina (2005): Heteronormativität entselbstverständlichen: Zum verunsichernden Potenzial von Queer Studies, in: Freiburger FrauenStudien: Queering Gender-Queering Society, Heft 17, Freiburg, S. 15-39.

Derrida, Jacques (1976): Randgänge der Philosophie, Frankfurt a.M.

Engel, Antke (2002): Wider die Eindeutigkeit. Sexualität und Geschlecht im Fokus queerer Politik der Repräsentation, Frankfurt a.M.

Faulstich-Wieland, Hannelore/Weber, Martina/Willems, Katharina (2004): Doing Gender im heutigen Schulalltag. Empirische Studie zur sozialen Konstruktion von Geschlecht in schulischen Interaktionen, Weinheim.

Fichtner, Jörg (o.J.): Gendertrainings – zwischen Brainwashing oder der Vermittlung von Binsenweisheiten, Vortrag auf der Tagung „Feminismus neu denken", *http//:www.sociae.soziologie.lmu.de/Magazin/a4_veranstaltungen05femworkshopnachlese.html*, Stand 11.08.2008.

Flurschuetz, Uwe (2004): Thesen zu politischer Bildung und dem Versuch der Verwirklichung in der Praxis, *www.linksnet.de/de/artikel/18698*, Stand 3.08.2008.

Freire, Paolo (1993): Pädagogik der Unterdrückten. Bildung als Praxis der Freiheit, Reinbek.

Frey, Regina/Dingler, Johannes (2001): Wie Theorien Geschlechter konstruieren, in: Heinrich Böll Stiftung (Hrsg.): Alles Gender? Oder was? Theoretische Ansätze zur Konstruktion von Geschlecht(ern) und ihre Relevanz für die Praxis in Bildung, Beratung, Politik, Dokumentation der Heinrich Böll Stiftung 18, S. 7-25.

Frey, Regina/Zdunnek, Gabriele (2002): Gender Mainstreaming in der Entwicklungspolitik: Ansätze, Instrumente und Erfahrungen, in: Nohr, Barbara/Veth, Silke (Hrsg.): Gender Mainstreaming. Kritische Reflexion einer neuen Strategie, Rosa Luxemburg-Stiftung, Texte 7, Berlin, S. 71-79.

Frey, Regina/Heilmann, Andreas/Nordt, Stephanie/Hartmann, Jutta/Kugler, Thomas/Smykalla, Sandra (2006): Gendermanifest, *www.gender.de/mainstreaming*, Stand 11.08.2008.

Hagemann-White, Carol (1984): Sozialisation: Weiblich – männlich?, Wiesbaden.

Hagemann-White, Carol (1988): Wir werden nicht zweigeschlechtlich geboren..., in: Hagemann-White, Carol/Rerrich, Maria S. (Hrsg.): FrauenMännerBilder, S. 224-235.

Hartmann, Jutta (2002): vielfältige Lebensweisen. Dynamisierungen in der Triade Geschlecht Sexualität Lebensform. Kritisch-dekonstruktive Perspektiven für die Pädagogik, Opladen.

Hartmann, Jutta/Kleese, Christian/Wagenknecht, Peter/Fritzsche, Bettina/ Hackmann, Kristina (Hrsg.): Heteronormativität. Empirische Studien zu Geschlecht, Sexualität und Macht, Wiesbaden.

Heitger, Marian (1987): Pädagogische Führung oder Verhaltenssteuerung? Vom Verlust des Subjekts in der modernen Erziehung und Erziehungswissenschaft, in: Heitger, Marian (Hrsg.): Vom Verlust des Subjekts in Wissenschaft und Bildung der Gegenwart, Münster, S. 20-40.

Herwertz-Emden, Leonid (2008): Interkulturelle und geschlechtergerechte Pädagogik für Kinder im Alter von 6 bis 16 Jahren, Landtag NRW, Düsseldorf.

hooks, bell (1994): Teaching to transgress, New York/London.

Jansen, Mechthild M./Röming, Angelika/Rohde, Marianne (2003): Gender Mainstreaming. Herausforderung für den Dialog der Geschlechter, München.

Klinger, Cornelia (1999): Essentialismus, Universalismus und feministische Politik, in: Lutter, Christina / Menasse-Wiesbauer, Elisabetz (Hrsg.): Frauenforschung, feministische Forschung, Gender Studies: Entwicklungen und Perspektiven, Wien, S. 95-115.

Knapp, Gudrun Axeli (2005): „Intersectionality" – ein neues Paradigma feministischer Theorie? Zur transatlantischen Reise von „Race, Class, Gender", in: Feministische Studien, Jg. 23, Heft 1, 2005, S. 68-81.

Kunert-Zier, Margitta (2005): Erziehung der Geschlechter. Entwicklungen, Konzepte und Genderkompetenz in sozialpädagogischen Feldern, Wiesbaden.

Kurz-Scherf, Ingrid (2004): „Hauptsache Arbeit?" – Blockierte Perspektiven im Wandel von Arbeit und Geschlecht, in: Baatz, Dagmar/Rudolph, Clarissa/ Satilmis, Ayla (Hrsg.): Hauptsache Arbeit? Feministische Perspektiven auf den Wandel von Arbeit, Münster, S. 24-46.

Leiprecht, Rudolf (2008): Von Gender Mainstreaming und Interkultureller Öffnung zu Managing Diversity. Auf dem Weg zu einem gerechten Umgang mit sozialer Heterogenität als Normalfall in der Schule, in: Seemann, Malwine (Hrsg.): Ethnische Diversitäten, Gender und Schule. Geschlechterverhältnisse in Theorie und schulischer Praxis, Oldenburg.

Lorber, Judith (1999): Gender-Paradoxien, Opladen.

McCall, Leslie (2005): The Complexity of Intersectionality, in: Journal of Women in Culture and Society, Jg. 30, Heft 3, Chicago, S. 1771-1800.

Mecheril, Paul (2003): Prekäre Verhältnisse. Über natio-ethno-kulturelle (Mehrfach-)Zugehörigkeit, Münster.

Morell, Saskia (2004): Das Thema „Heterosexualität" in Gender Trainings. Eine queere Sicht auf die Praxis der Gender Trainings, in: Zur Nieden, Birgit/Veth, Silke (Hrsg.): Feministische. Geschlechterreflektierend. Queer? Perspektiven aus der Praxis politischer Bildungsarbeit, Berlin, S. 49-54.

Peinl, Iris (2004): Transformationen von Erwerbsarbeit und Konturen des Geschlechterregimes, in: Baatz, Dagmar/Rudolph, Clarissa/Satilmis, Ayla (Hrsg.):

Hauptsache Arbeit? Feministische Perspektiven auf den Wandel von Arbeit, Münster, S. 165-176.

Pease, Allan/Pease, Barbara (2000): Warum Männer nicht zuhören und Frauen nicht einparken können: Ganz natürliche Erklärungen für eigentlich unerklärliche Schwächen, Berlin.

Pfeifer, Martina (2006): Gender Trainings. Ein Beitrag zur Transformation der Geschlechterverhältnisse? Eine qualitative Studie, Diplomarbeit, Innsbruck, *www.freiklick.at/index.php?option=com_content&task=view&id=1671*, Stand 04.08.2008.

Rauchfleisch, Udo (1997): Alternative Familienformen. Eineltern, gleichgeschlechtliche Paare, Hausmänner (Sammlung Vandenhoeck), Göttingen.

Rich, Adrienne (1980): Compulsory Heterosexuality and Lesbian Existence, in: Signs 5, S. 631-660. Dt. 1993: Zwangsheterosexualität und lesbische Existenz, in: Dagmar Schulz (Hrsg.): Macht und Sinnlichkeit. Ausgewählte Texte von Audre Lorde und Adrienne Rich, Berlin, S. 138-168.

Sauer, Birgit (2001): „Feminisierung“ eines männlichen Projektes? Sozialstaat im Zeitalter der Globalisierung, in: Appelt, Erna/Weiss, Alexandra (Hrsg.): Globalisierung und der Angriff auf die europäischen Wohlfahrtsstaaten, Hamburg/Berlin, S. 67-84.

Schröter, Susanne (2002): FeMale. Über Grenzverläufe zwischen den Geschlechtern, Frankfurt a.M.

Schultheis, Franz/Schulz, Kristina (Hrsg.) (2005): Gesellschaft mit begrenzter Haftung. Zumutungen und Leiden im deutschen Alltag, Konstanz.

Senatsverwaltung für Arbeit, Soziales und Frauen Berlin/Senatsverwaltung für Schule, Jugend und Sport Berlin (2001): Regenbogenfamilien. Wenn Eltern lesbisch, schwul, bi- oder transsexuell sind, Berlin.

Sinus Sociovision (2008): Entgelt*un*gleichheit zwischen Frauen und Männern, Einstellungen, Erfahrungen und Forderungen der Bevölkerung zum „Gender Gap“, Bundesministerium für Familie, Senioren, Frauen und Jugend, *www.bmfsfj.de/bmfsfj/generator/Kategorien/Publikationen/Publikationen,did=109914.html*, Stand 11.08.2008.

Soine, Stefanie (2002): Das heterosexistische Geschlechterdispositiv als Produktionsrahmen für die Gewalt gegen lesbische Frauen, in: Dackweiler, Regina-Maria /Schäfer, Reinhild (Hrsg.): Gewaltverhältnisse? – Feministische Perspektiven auf Geschlecht und Gewalt, Frankfurt a.M./New York, S. 135-159.

Spivak, Gayatari Chakrovorty (1988): Can the Subaltern speak?, in: Nelson, Cary/ Grossberg, Lawrence (Hrsg.): Marxism and the interpretation of culture, Urbana, Illinois, S. 271-316.

Von Braunmühl, Claudia (2002): Gender Mainstreaming: neue Konzepte – neue Chancen, in: Nohr, Barbara/Veth, Silke (Hrsg.) (2002): Gender Mainstreaming. Kritische Reflexion einer neuen Strategie, Rosa Luxemburg-Stiftung, Texte 7, Berlin, S 17-25.

Wagenknecht, Peter (2007): Was ist Heteronormativität? Zu Geschichte und Gehalt des Begriffs, in: Hartmann, Jutta/Kleese, Christian/Wagenknecht, Peter/

Fritzsche, Bettina/Hackmann, Kristina (Hrsg.): Heteronormativität. Empirische Studien zu Geschlecht, Sexualität und Macht, Wiesbaden, S. 17-34.
Walgenbach, Katharina/Dietze, Gabriele/Hornscheidt, Antje/Palm, Kerstin (Hrsg.) (2007): Gender als interdependente Kategorie. Neue Perspektiven auf Intersektionalität, Diversität und Heterogenität, Opladen/Farmington Hills, S. 23-64.
Warner, Michael (Hrsg.) (1991): Fear of a Queer Planet. Queer Politics and Social Theory, Minneapolis/London.
West, Candance/Zimmerman, Don H. (1987): Doing gender, in: Gender & Society, Heft 1, 1987, S. 125-151.
Wittig, Monique (1989): On the Social Contract, Feminist Issues, Jg. 9, Heft 1, S. 3-12.

Internetressourcen

GenderKompetenzZentrum: Netzwerk für Genderkompetenz der Humboldt Universität Berlin, *www.genderkompetenz.info*, Stand 11.08.2008.
GenderKompetenzZentrum: Geschichte von Gender Mainstreaming, *www.genderkompetenz.info/gendermainstreaming/grundlagen/geschichten*, Stand 11.08.2008.
Gender Dialogues – Women and Men in Dialogue – Experiental Courses in Gender Issues for Trainers, *www.personales.ya.com/genders/method.html*, Stand 12.08.2008.
„Zusammenschluss unabhängiger GendertrainerInnen und GenderberaterInnen" genderWerk-genderwerk, *www.genderwerk.de*, Stand 5.10.2008.
DGB-Jugend Bremen/Niedersachsen, *www.gewerkschaftsjugend-niedersachsen.de*, Stand 5.10.2008.
Heimvolkshochschule Alte Molkerei Frille, *www.hvhs-frille.de*, Stand 5.10.2008.

Film

Wuppertaler Medienwerkstatt 2003/2004 (Hrsg.): Ekelhaft, in: Queer gefilmt, Wuppertal

Christian Geißler-Jagodzinski/Verena Haug

Gedenkstättenpädagogik – Ziele, Grenzen und Widersprüche

Prolog: Rausschmiss statt Debatte? Über die Kontroversitätsbefähigung der Institution Gedenkstätte und ihrer Mitarbeiter/-innen[1]

Bereits seit Herbst 2007 gibt es in der KZ-Gedenkstätte Neuengamme einen Streit, der das Selbstverständnis der (KZ-)Gedenkstätten als gesellschaftskritische Institutionen im Kern berührt.

Ein langjähriger freier Mitarbeiter hatte sich geweigert, weiterhin Bundeswehrgruppen durch die KZ-Gedenkstätte zu führen. Damit versuchte er zum einen, eine Debatte darüber zu erzwingen, dass die Gedenkstättenleitung einen Angehörigen der Bundeswehr als Honorarmitarbeiter in der Gedenkstätte beschäftigte. Er berief sich dabei u.a. auf die pazifistische Tradition der Orte, in der diese durch die Losung ehemaliger Häftlinge – „Nie wieder Faschismus! Nie wieder Krieg!" – stehen. Zum anderen wollte der Mitarbeiter die Gedenkstättenleitung dazu bewegen, mit den freiberuflichen und festangestellten Mitarbeiter/-innen über den Zutritt uniformierter Besucher/-innen zur Gedenkstätte zu diskutieren. Er selbst, aber auch andere freie Mitarbeiter/-innen hatten eine zunehmende ‚Instrumentalisierung des Gedenkens' für die Rechtfertigung von Auslandseinsätzen der Bundeswehr wahrgenommen.

Die Debatte wurde durch einen Brief der Gedenkstätte an den freien Mitarbeiter beendet – man verzichtete auf eine weitere Zusammenarbeit. Die Proteste von Kolleg/-innen und Häftlingsverbänden haben an dieser Entscheidung bisher nichts geändert.

In der geschilderten Auseinandersetzung geht es einerseits um die Frage, ob eine Gedenkstätte ein ausschließlich ziviler oder gar pazifistischer Ort ist. Darf aber ein Mitarbeiter einer Gedenkstätte im Namen ‚der Häftlinge' den Auftrag der Institution als per se pazifistisch vereindeutigen und darauf

---

1 Für den gesamten Prolog vgl. den Artikel von Andreas Speit: Guide ist nicht gleich Guide. taz vom 05.06.2008. Quelle: *http://www.taz.de/regional/nord/nord-aktuell/artikel/?dig=2008%2F06%2F05%2Fa0001&cHash=91160f3c39*

drängen, dass ein anderer aufgrund seiner Zugehörigkeit zur Bundeswehr nicht als freier (nichtuniformierter) Mitarbeiter tätig sein darf? Wäre dem so, müssten die Gedenkstättenleitungen ihrer zweitgrößten Besucher/innengruppe – Angehörige von Bundeswehr und Polizei – das in den letzten Jahren üblich gewordene Betreten der Gedenkstätte in Uniformen möglicherweise untersagen. Ob sie Angehörige der Bundeswehr als freie Mitarbeiter beschäftigen dürften, wäre dann außerdem zu diskutieren.

Andererseits geht es darum, ob freiberufliche pädagogische Mitarbeiter/-innen Führungen oder Projekte in der Gedenkstätte mit jeder angemeldeten Gruppe durchführen müssen oder ob sie sich aus Gewissensgründen oder politischen Überzeugungen auch gegen die Arbeit mit bestimmten Gruppen entscheiden dürfen.

Kann es innerhalb von Institutionen, die mittlerweile zur kulturellen Grundausstattung der Bundesrepublik gehören (vgl. Knigge 2001: 136), eine kritische Debatte über die staatliche Militär- und Geschichtspolitik geben? Gilt das Kontroversitätsgebot des Beutelsbacher Konsenses[2] nur für die Inhalte politischer Bildung, nicht aber für deren Akteur/-innen und Institutionen in der Ausgestaltung von Arbeitsverhältnissen? Klärt das Hausrecht den politischen Dissens? Bedeutet die Etablierung der Gedenkstätten in den letzten zehn Jahren das Ende dieser Institutionen als Orte kritischer Gegenerzählungen? War die pädagogische Arbeit an diesen Orten überhaupt jemals gesellschaftskritisch und wenn ja: Wie lässt sich dieses kritische Moment beschreiben?

1. Gedenkstättenpädagogik als gesellschaftskritische politische Bildung? Eine Annäherung[3]

Dass heute so selbstverständlich von einer so genannten Gedenkstättenpädagogik gesprochen wird, zeigt zweierlei: Zum einen scheint sich eine weitere Bindestrichpädagogik etabliert zu haben, die mehr ist als eine Selbstbeschrei-

2 Der Beutelsbacher Konsens entstand als das Ergebnis einer Tagung der Landeszentrale für politische Bildung Baden-Württemberg im Herbst 1976 und legte die Minimalbedingungen für politische Bildung fest. Die drei wichtigsten Prinzipien sind das Überwältigungsverbot, das Kontroversitätsgebot und die Orientierung an den Lernenden.

3 Der Aufsatz fokussiert die pädagogische Arbeit in NS-bezogenen Gedenkstätten, ohne damit suggerieren zu wollen, dass es bezüglich pädagogischer Fragestellungen, Chancen und Begrenzungen keine Gemeinsamkeiten mit Gedenkstätten für die Opfer stalinistischer Verfolgung und SED-Diktatur zu entdecken gäbe. Die inhaltliche Beschränkung auf die Gedenkstätten für die Opfer des Nationalsozialismus begründet sich zum einen damit, dass diese unseren Arbeits- und Forschungsbereich

bung.[4] Zum anderen wird ein gesellschaftskritisches Potenzial in dieser Pädagogik vermutet. Diese Einschätzung ist auf den ersten Blick kaum erstaunlich, denn Gedenkstättenpädagogik hat sich an Orten ehemaliger Verfolgungsstätten des Nationalsozialismus entwickelt, deren Erhalt und Pflege zumindest in der alten Bundesrepublik Kulminationspunkte heftiger politischer Auseinandersetzungen waren. Zum Teil bis zur Unkenntlichkeit überbaute und umgenutzte Gelände einstiger Konzentrationslager und anderer nationalsozialistischer Folter- und Haftstätten, aber auch vergessene Orte jüdischen Lebens mussten im wahrsten Sinne des Wortes wieder an die Oberfläche und so in das gesellschaftliche Gedächtnis gebracht werden. Das Selbstverständnis der Akteurinnen und Akteure war insofern von Beginn an so gesellschaftskritisch wie pädagogisch.

Heute jedoch sind die Ziele der Gedenkstättenpädagogik gesellschaftspolitisches Allgemeingut. Der Nationalsozialismus ist zum integralen Bestandteil der deutschen Geschichte geworden. Die Notwendigkeit der Auseinandersetzung mit dem Nationalsozialismus wird nicht länger bezweifelt, und das Gedenken an die Opfer des Massenmordens ist Teil des bundesrepublikanischen Selbstverständnisses. Den Gedenkstätten wird dabei eine mehr und mehr pädagogische Daseinsberechtigung verliehen. Deshalb soll im Folgenden der Frage nachgegangen werden, welches gesellschaftskritische Potenzial einer Gedenkstättenpädagogik heute innewohnt.

Der Beitrag gibt zunächst einen Überblick über die historische Entwicklung der Gedenkstätten und der mit ihnen verbundenen historisch-politischen Bildung. Anschließend wird die normative Selbstbeschreibung der Gedenkstättenpädagogik, d.h. ihre selbst gesteckten Ziele und Aufgaben, unter Berücksichtigung neuerer empirischer Untersuchungen kritisch hinterfragt. Dabei lassen sich einige grundsätzliche Widersprüche aufzeigen, die aus dem Konflikt zwischen selbst- und fremdgesetzten Zielen resultieren. Exemplarisch wollen wir zudem ein aktuelles Modellprojekt zur Verbindung von Demokratielernen und Gedenkstättenpädagogik vorstellen, denn an diesem Beispiel lassen sich die Schwierigkeiten einer gesellschaftskritisch

---

bilden. Darüber hinaus unterscheiden sich die historischen Ereignisse, an die die unterschiedlichen Gedenkstättentypen erinnern, nicht nur hinsichtlich der Opferzahlen und des Ausmaßes der Verbrechen, sondern auch hinsichtlich der Bedingungen ihrer gesellschaftlichen Aufarbeitung und ihrer erinnerungspolitischen Repräsentation derart, dass wir bei der differenzierten Beschreibung von Gemeinsamkeiten und Unterschieden nicht mehr zum eigentlichen Kern des Artikels – der Darstellung der pädagogischen Arbeit – vordringen würden.

4 Der Begriff ‚Gedenkstättenpädagogik' etabliert sich seit ca. 20 Jahren, vgl. Lehrke 1988, Ehmann u.a. 1995, Haug/Thimm 2007.

intendierten Pädagogik in staatlich anerkannten und geförderten Institutionen exemplarisch sichtbar machen.

Für uns sollte eine gesellschaftskritische politische Bildung eine Beschreibung der Gegenwartsgesellschaft leisten – im Falle historisch-politischer Bildung von deren Entstehungsbedingungen und deren Entwicklung –, die zugleich eine Kritik derselben ist. Sie würde also (historische) Strukturen und Entwicklungen aufdecken und durch dieses ‚Sichtbarmachen' die Notwendigkeit und Möglichkeit von gesellschaftlichen Veränderungen belegen.

2. Eine kurze Entwicklungsgeschichte der Gedenkstättenpädagogik

2.1. An den Rand gedrängt – Gedenkstätten in der Bundesrepublik in den 1950–70er Jahren

Nach der Befreiung bzw. Übernahme der Lager durch die Alliierten zum Ende des zweiten Weltkriegs wurde vielerorts die Bevölkerung in der Nachbarschaft von Konzentrationslagern und Todesmarschrouten mit den bis dahin unvorstellbaren Verbrechensausmaßen konfrontiert. Volkhard Knigge weist darauf hin, dass diese erste Repräsentation der Lagerwirklichkeit mit dem Versuch einherging, „den Zustand des Lagers, wie er vor der Befreiung gewesen war, so lange als möglich gegenwärtig zu halten, ihn gleichsam einzufrieren, zu konservieren" (Knigge 2004: 19). Daran werde deutlich, so Knigge, „dass die Akteure bewusst oder unbewusst der Überzeugung gewesen sein müssen, dass es für die Repräsentation der Lagerwirklichkeit – als augenscheinliche Aufgipfelung der nationalsozialistischen Verbrechen – außer dieser selbst keine angemessenen Mittel gab" (ebd.). In Buchenwald wurden die ersten erzieherischen Praktiken eingestellt, als die Beweise für das Grauen nicht mehr unmittelbar gezeigt werden konnten. Diese frühe, eher Tatort- als Gedenkstättenpädagogik wurde danach nicht fortgeführt. Die Spuren der Verbrechen verflüchtigten sich in Friedhofsarchitektur und Landschaftsbau, in Umnutzung und Neudefinition der historischen Orte. Nur kleine Teile der einstigen Lagerareale wurden als Gedenkorte gestaltet und selbst dies erfolgte nur auf Drängen der Alliierten und vor allem der internationalen Häftlingsverbände. Nicht zuletzt deren teils jahrzehntelange politische Kämpfe für den Erhalt der KZ-Gelände und gegen ihre Nutzung als Flüchtlingssiedlungen, Industrieflächen oder Gefängnisareale[5] führten

5 So diente beispielsweise das ehemalige KZ Flossenbürg ab 1947 als Lager für Flüchtlinge und Vertriebene, später zur gezielten Ansiedlung von vornehmlich Vertriebenen in Eigenheimen auf dem Areal der einstigen Baracken. Der Appellplatz und

später zu den heute üblichen Gedenkstättengestaltungen, die die Geschichte vor Ort wieder sichtbar machen sollten.

Zwar wurde in der Bundesrepublik die historische Verantwortung zumindest deklamatorisch schon relativ früh in eine pädagogische, also eine an die nächsten Generationen gerichtete Aufgabe verwandelt. So empfahl die Kultusministerkonferenz (KMK) unter dem Eindruck öffentlicher antisemitischer Vorfälle 1959/60 im Februar 1960 nach Jahren der „Restauration" (Ehmann/Rathenow 2000: 8) die Behandlung der NS-Geschichte in der Schule nachdrücklich,[6] denn die Ereignisse wurden als Ausdruck mangelnden historischen Wissens verstanden. Curricular hatte die Vorgabe, sich mit der NS-Geschichte zu beschäftigen, auch vorher bestanden. In der Schule wurde dies jedoch kaum umgesetzt, was sich auch nach der KMK-Empfehlung nicht wesentlich veränderte. Mit Initiativen für den Erhalt der einstigen Konzentrationslager gingen diese Ereignisse nicht einher.

Die nach heutigem Verständnis erste KZ-Gedenkstätte wurde erst im Mai 1965 in Dachau eingeweiht. Sie bezog neben einer Ausstellung in einem historischen Gebäude auch Teile des ehemaligen Lagers ein und verfügte lediglich über ein Minimum an Personal. Auch Bergen-Belsen und Flossenbürg erhielten Mitte der 1960er Jahre erste bescheidene, personell unbetreute Dokumentationen. 1965 wurde in Neuengamme ein größeres Denkmalsensemble der Öffentlichkeit übergeben – allerdings ohne eine entsprechende Dokumentation.

Die Gedenkstättengestaltungen dieser Jahre standen im Kontext beginnender gesellschaftlicher Diskussionen um NS-Täter und -Taten, ausgelöst durch den Ulmer Einsatzgruppenprozess 1958, den Eichmannprozess 1961/62, die Ermittlungen Fritz Bauers im Rahmen der Auschwitzprozesse 1963-65 und den Beginn der so genannten Verjährungsdebatten über die Verbrechen in den Konzentrationslagern. Insofern erstaunt es kaum, dass eine über die Ausstellung hinausgehende pädagogische Vermittlungsarbeit kein Bezugspunkt der ersten Konzeption war. Zunächst ging es doch vor allem darum zu belegen, dass Terror und Mord überhaupt stattgefunden hatten, denn die Phase von Wiederaufbau und ‚Wirtschaftswunder' war vor allem durch die Wahrnehmung der Zuschauer/-innen, Mitläufer/-innen und Täter/-innen von sich selbst als Opfer von Krieg, Flucht und Vertreibung geprägt. Die Eröffnung einer historischen Ausstellung an einem Ort verüb-

einige historische Gebäude wurden bis in die 1990er Jahre industriell genutzt. Auf dem Gelände des einstigen KZ Neuengamme wurden bis 2006 Gebäude für die Justizvollzugsanstalt (JVA) Vierlanden genutzt.

6 Vgl. KMK-Empfehlung zur „Behandlung der jüngsten Vergangenheit im Geschichts- und gemeinschaftskundlichen Unterricht an den Schulen" (1960).

ter Massenverbrechen bedeutete somit eine wichtige Neuerung, denn erstmals wurde das Gedenken vor Ort auch mit einer Form der Geschichtsvermittlung verbunden. Dennoch blieben die einstigen Konzentrationslager im Wesentlichen Gedenkorte der Opfer und ihrer Angehörigen und wurden vorerst nicht zu Orten pädagogischer Aktivitäten.

2.2. Mit Adorno in der Gegenöffentlichkeit – Gedenkstätten in der Bundesrepublik in den 1970–80er Jahren

Für die ‚68er' wurde die Thematisierung der NS-Verbrechen in der Auseinandersetzung mit den kompromittierten Eliten zu einem konstitutiven (Generationen-) Konflikt. Die Kinder der Erlebnisgeneration auf Täter/-innenseite setzten sich aber nicht unbedingt kritisch mit der NS-Geschichte und den personellen Kontinuitäten bis in die eigene Familie auseinander. Sie postulierten vor allem einen Neuanfang und eine Abgrenzung zur Elterngeneration. Die Strukturen des NS-Regimes und der Mittäter- oder Mitläuferschaft[7] sowie die Erfahrungen der Verfolgten blieben weitgehend unthematisiert und Auschwitz wurde nicht selten als universelles Symbol von Unterdrückung und Gewalt durch Faschismus und Imperialismus vereinnahmt. Dies beeinflusste eine ganze Generation von Lehrer/-innen und außerschulischen Pädagog/-innen zum Teil bis heute. So bearbeiten viele von ihnen den Nationalsozialismus seit den 70er Jahren kaum familienbiographisch oder erschließen ihn nur selten über die Rolle der ‚ganz normalen Deutschen' in Volksgemeinschaft und Wehrmacht.[8]

Auch die Pädagogisierung – das vielzitierte ‚Lernen aus der Geschichte' – und die Auseinandersetzung mit Schuld beziehungsweise Verantwortung als Lehre aus der Geschichte gehören zu den Elementen einer generationsspezifischen Auseinandersetzung (Schneider 1998). Zentral ist in diesem Zusammenhang die Rezeption des Rundfunkvortrags „Erziehung nach Auschwitz" Theodor W. Adornos aus dem Jahr 1966. Wie kein zweiter Text prägte er sowohl die Diskussionen zur schulischen und außerschulischen Auseinandersetzung mit der Geschichte des Nationalsozialismus als auch das Selbstverständnis der pädagogischen Akteure und Akteurinnen. Vielseitig

7 Die Rolle der Frauen im NS-Staat wurde zu dieser Zeit wenig thematisiert. Eine breitere Diskussion dazu entsteht erst Mitte der 80er Jahre mit den Publikationen von Gisela Bock, Christina Thürmer-Rohr und Angelika Ebbinghaus.

8 Erstmals mit dem Erscheinen der Untersuchungen zur familialen Tradierung von Welzer u.a. (2002) werden die Familiengeschichten der weißen, nichtjüdischen deutschen Pädagog/-innen von ihnen selbst breiter auf Tagungen und in Fortbildungen thematisiert.

interpretiert, und in Bezug auf die Handlungsmöglichkeiten Einzelner auch durchaus missverstanden, diente die Radioansprache zur Legitimierung pädagogischer Vorhaben, die im Einklang, aber auch im Widerspruch zu einzelnen Thesen Adornos standen (vgl. Meseth 2000; 2005).[9]

Seit dem Ende der 1970er Jahre stehen das bürgerschaftliche Engagement zur Aufarbeitung der NS-Geschichte und zur Gestaltung von Gedenkstätten sowie die schulische und außerschulische Auseinandersetzung mit dem Nationalsozialismus im Zeichen des Gedenkens an die Opfer der NS-Verbrechen. Bürgerschaftliche Initiativen und Geschichtswerkstätten setzten zumeist gegen die örtlichen Bewohner/-innen und ihre lokalpolitischen Vertretungen an oft fast vergessenen Orten nationalsozialistischer Verfolgung regionale Gedenkstätten durch. Der Widerstand und das Schweigen der Anwohner/-innen, der eigenen Eltern und Großeltern wurden in einer doppelten Bedeutung erfahren: als Schweigen der Zuschauer/-innen in der Zeit des Nationalsozialismus und als Beschweigen der eigenen Verstrickung in das Regime des Terrors in der Nachkriegszeit (vgl. Haug/Kößler 2009). Diese ‚neuen' Gedenkstätten befanden sich im Gegensatz zu jenen an den Orten ehemaliger Konzentrationslager oft inmitten der Ortschaften. Ausstellungen oder Veranstaltungsräume an ehemaligen Verfolgungsorten oder Synagogen boten den Rahmen für eine explizit kritische Auseinandersetzung mit der NS-Geschichte und den Kontinuitäten von Personen und Werten in der Bundesrepublik. Forschen, Lernen und Gedenken fand in einer ‚Gegenöffentlichkeit' statt, welche sich behaupten musste gegen die Intention politischer Verantwortungsträger/-innen und eine über die NS-Verbrechen schweigende Mehrheit der Bevölkerung, die lautstark einen Schlussstrich in der Auseinandersetzung mit den NS-Verbrechen forderte. Gedenkstätten sollten dagegen als Orte der ‚aktiven Erinnerung' die örtlichen Anwohner/-innen durch Ausstellungen und Gedenksteine mit dem historischen Geschehen konfrontieren und ‚Lernorte' für jugendliche und erwachsene Besucher/innen sein. In den 80er Jahren regten projektorientierte Arbeitsformen wie Spurensuche am Heimatort, Befragungen von Zeitzeug/-innen oder Gedenkstättenfahrten, z.B. im Rahmen des Schülerwettbewerbs „Deutsche Geschichte um den Preis des Bundespräsidenten",[10] lokalgeschichtliche Re-cherchen zur Geschichte jüdischer Gemeinden, vergessener Konzentrations- und Arbeitslager und zur Lebens- und Leidensgeschichte vergessener

9 Vgl. ausführlich zu den pädagogischen Vorstellungen und Ansätzen Adornos den Beitrag von Stefan Müller und Alexander Witzig in diesem Band.

10 Anfang der 80er Jahre beteiligten sich unter dem Thema „Alltag im Nationalsozialismus" ca. 18 000 Schüler an diesem Wettbewerb.

Opfer an. Um den 50. Jahrestag der Pogromnacht herum entstand eine Vielzahl von Initiativen, die mit Gedenktafeln und -steinen, Spurensuchprojekten und öffentlichen Veranstaltungen an die Ermordung der Juden und Jüdinnen erinnerten.

Die Art der historischen Aufarbeitung und des Gedenkens an die NS-Verbrechen brach mit den bis dahin gültigen Formen des Gedenkens, die sich z.B. in den Kriegerdenkmälern für die beiden Weltkriege zeigten: Zum einen wurde nicht der ‚eigenen' Opfer gedacht,[11] zum anderen ging es nicht um erlittene, sondern um zu verantwortende Verbrechen. Das komplementäre pädagogische Angebot zu dieser ‚negativen Erinnerung' (Knigge) hieß und heißt ‚Verantwortungsübernahme'. Seit der Rede des damaligen Bundespräsidenten Richard von Weizsäcker zum Jahrestag der Befreiung am 8. Mai 1985 ist sie zu einem Gemeinplatz in der Zielbestimmung historisch-politischer Bildung zum Nationalsozialismus geworden. Verantwortungsübernahme durch die Nachfahren der Täter/-innen und Mitläufer/-innen trat an die Stelle der Übernahme von ‚Schuld'. Der generationelle Abstand recht-fertigte einerseits diese veränderte Perspektive. Die Popularität dieser oftmals inhaltlich unbestimmten Zielstellung rührte andererseits vermutlich aber auch daher, dass sie eine Möglichkeit schuf, die Geschichte der Verbrechen positiv gewendet zu thematisieren – als eine Geschichte, aus der etwas gelernt und etwas Gutes für die Gegenwart gemacht werden kann (vgl. Meseth 2005). Dass das ‚Unfassbare' der industriellen Massenvernichtung so aber möglicherweise ebenso zugedeckt wurde wie die Auseinandersetzung mit in den Nationalsozialismus verstrickten Eltern und Großeltern, wird zum Teil bis heute kaum reflektiert. Adornos Kritik an der Aufklärung, seine Analyse der Gesellschaft, die Auschwitz ermöglicht hatte, sowie die von ihm geforderte Analyse der Motivationen und Taten der Verfolger/-innen und Mörder/-innen wurden weitgehend übergangen. Die (geschichtswissenschaftliche) Auseinandersetzung mit den Täter/-innen nahm erst seit Mitte der 90er Jahre zu. Dabei blieb die Beschäftigung mit Täter/-innen, Helfer/

11 In der Formulierung der ‚nicht-eigenen Opfer' stecken mehrere Schwierigkeiten. Zunächst werden damit Vereindeutigungen von Menschen hinsichtlich ihrer nationalen, traditionalen Herkunft oder Religion vorgenommen und die definitorischen Zuweisungen der NS-Zeit übernommen. Der misshandelte polnische Kriegsgefangene, die ermordete Jüdin aus Deutschland oder die ins KZ deportierte Bibelforscherin erfahren so einen erneuten Ausschluss aus dem deutschen ‚Wir'-Kollektiv. Zudem repräsentiert der Terminus eine Mehrheitsperspektive. Es gab und gibt es einen starken Bezug des Gedenkens auf die ‚eigenen Opfer' bei den sozialen oder politischen Gruppen, die aus einer Minderheitenperspektive versuchen, das Gedenken an die ‚vergessenen Opfer' zu etablieren, wie z.B. an verfolgte Homosexuelle, Sinti/Roma oder die Euthanasieopfer.

-innen oder Mitläufer/-innen jenseits der NS-Eliten bis heute in der pädagogischen Arbeit eher marginal.

Während einige der bürgerschaftlichen Initiativen also noch versuchten, der Bundesrepublik und ihren Eliten den Spiegel vorzuhalten und über personelle und ideologische Kontinuitäten zur NS-Zeit zu streiten, wurde die konfrontative Auseinandersetzung durch das Postulat einer gesamtgesellschaftlichen und generationenübergreifenden ‚Verantwortung' bereits wieder entschärft. Die politische Diskussion trat immer mehr in den Hintergrund, indem die Aufarbeitung der NS-Verbrechen zunehmend in das pädagogische und geschichtswissenschaftliche Feld delegiert wurde, was eher zu einer affirmativen als zu einer gesellschaftskritischen Perspektive beitrug.

2.3. „Der Aufbau einer neuen Welt [...]"[12] – Pädagogik in den Nationalen Mahn- und Gedenkstätten der DDR

In der DDR wurden zwischen 1958 und 1961 drei so genannte Nationale Mahn- und Gedenkstätten auf den Geländen der ehemaligen Konzentrationslager Buchenwald, Ravensbrück und Sachsenhausen errichtet, die bereits früh über pädagogische Abteilungen verfügten. Zudem existierte eine Vielzahl kleinerer Gedenkstätten und Geschichtskabinette („antifaschistische Traditionskabinette") an unterschiedlichen Orten. Ab den 50er Jahren vereinheitlichte sich die Erinnerungspolitik und damit auch die Ausrichtung der Gedenkorte auf ein Gedenken an die antifaschistischen Helden, in deren Sinne ein ‚anderes Deutschland' aufzubauen sei. Der Faschismus galt als ‚ausgerottet', die Verstrickung großer Teile der Bevölkerung wurde nicht thematisiert. Damit entsprach die Funktion von Gedenkorten allerdings der von klassischen deutschen Krieger- und Heldendenkmalen: Der Tod und das Leiden der eigenen Opfer – der Antifaschisten – bestätigt die Staats- und Gesellschaftsform, in diesem Fall die des Sozialismus. Gedenkstätten, Geschichtskabinette und auch der zeitgeschichtliche Unterricht dienten weniger der historischen Aufklärung oder gar der Kritik an der Gesellschaft, als einer entsprechend der Staatsräson einseitig verstandenen antifaschistischen Erziehung (Fiala 1992). Sie waren Orte, an denen Jugendliche und junge Erwachsene ritualisiert in staatliche Organisationen aufgenommen wurden, wie z.B. im Rahmen der Jugendweihe, der Vereidigungen für die Nationale

12 Aus dem „Schwur von Buchenwald" – eine Deklaration, die von den politischen Gefangenen des KZ Buchenwald zur Totengedenkfeier am 19.04.1945 verlesen wurde.

Volksarmee oder die Kollektive der Pioniere, der Freien Deutschen Jugend oder der Betriebe. Die grundsätzlich kritisch ausgerichtete Auseinandersetzung mit der NS-Geschichte konnte also kaum gesellschaftskritisch sein, da sie die DDR-Gegenwartsgesellschaft und ihre Ideologie weder aktuell noch in ihrer Entstehung in Frage stellte. Der Begriff des Antifaschismus wurde als der „heldenhafte Kampf der deutschen Arbeiter unter Führung der Kommunisten gegen Unterdrückung, Krieg und Faschismus" (zit.n. Ehmann 2001: 183) mit dem kommunistischen Widerstand gleichgesetzt, andere Gruppen der Verfolgten und Widerstandskämpferinnen wurden weitestgehend ausgeblendet. Erst spät und nur marginal wurde die Verfolgung und Vernichtung der Juden und Jüdinnen in geschichtswissenschaftlichen Forschungen, Ausstellungen, Schulbüchern und in der pädagogischen Praxis behandelt. Analytisch wurde zwischen der Verfolgung aus rassistischer und politischer Motivation nicht unterschieden (vgl. Ehmann/Rathenow 2000: 15).

2.4. Die (un-) freiwillige Feuerwehr – Gedenkstätten in den 1990er Jahren in der Bundesrepublik Deutschland

Nach der deutschen Vereinigung erfuhren die Gedenkstätten aus mehreren Gründen eine größere öffentliche Aufmerksamkeit und Unterstützung: Im Sinne einer außenpolitisch ausgerichteten Erinnerungskultur sollte den ehemaligen Alliierten und den deutschen Nachbarstaaten deutlich gemacht werden, dass ein wiedervereinigtes Deutschland in keiner Weise an die Großmachtpolitik des Deutschen Reiches anknüpfen würde. Die Gedenkstätten waren die Orte, an und mit denen öffentlichkeitswirksam gezeigt werden konnte, dass man aus der NS-Geschichte gelernt hatte. Zudem erschien der Bundesregierung und den Landesregierungen eine Umgestaltung der Mahn- und Gedenkstätten auf dem Gebiet der neuen Bundesländer unumgänglich, galt es doch, der antifaschistisch tradierten Interpretation des Nationalsozialismus eine scheinbar wertneutrale geschichtswissenschaftliche Sichtweise auf die Geschichte der NS-Verbrechen entgegenzusetzen.

In pädagogischer Hinsicht wurden die Gedenkstätten durch die These ‚Rechtsradikale und Antisemiten haben aus der Geschichte noch nicht oder das Falsche gelernt' vom ‚Lernort' zum ‚Umlernort' aufgewertet. Im Rahmen der Aktivitäten von Bundes- und Landesprogrammen gegen Gewalt, Rechtsextremismus und Fremdenfeindlichkeit waren die Gedenkstätten plötzlich Orte, an denen mittels pädagogischer Projekte Rechtsextreme durch Aufklärung über die NS-Geschichte demokratietauglich erzogen werden sollten. Insbesondere wurde angestrebt, durch die Auseinandersetzung mit den

Opfern der NS-Verbrechen rassistisch argumentierende und handelnde Jugendliche moralisch zu läutern und sie davon abzuhalten, so genannte ‚Ausländer' oder ‚Asylanten' zu bedrohen. Die Pädagog/-innen begegneten diesen Anforderungen sehr unterschiedlich. Lehnten einige diese Vorhaben als undurchführbar und unsinnig ab,[13] führten andere viele Jahre Projekte mit Rechtsextremen durch.[14] Der Zusammenhang zwischen aktuellen politischen Einstellungen, dem Handeln und dem Wissen über die NS-Geschichte blieb konzeptionell weitgehend unausgeführt. Die rassistischen oder homophoben Einstellungen der deutschen Mehrheitsgesellschaft waren kein (gegenwartsbezogener) Lerngegenstand; ebenso wenig wie die deutschen Mitläufer/-innen und Zuschauer/-innen Thema des historischen Lernens waren. Man schaute – wenn man überhaupt hinsah – sowohl aktuell als auch im Lernen über die NS-Geschichte auf Opfer und grenzte sich von Täter/-innen ab.

Die Diskussionen um den Gegenwarts- und Zukunftsbezug gedenkstättenpädagogischer Formate – das Lernen für Demokratie und Zivilcourage – prägten übergreifend die Fachdiskussionen und vor allem die praktische Arbeit in den Gedenkstätten auf dem Gebiet der neuen Bundesländer. In den alten Bundesländern wurden die in den 1980er Jahren eingeschlagenen Wege fortgeführt: historische Forschung im Rahmen bürgerschaftlicher Initiativen und Gedenken an die Opfer.

Die pädagogische Arbeit in Gedenkstätten, so ist resümierend festzuhalten, hat in diesem Jahrzehnt bereits einen größeren Teil ihrer gesellschaftskritischen Konzepte aufgegeben oder aufgeben müssen. Einerseits etablierten und professionalisierten sich die Einrichtungen. Die Suche nach Fördermitteln oder die Einordnung in kommunale Strukturen forderten politische Kompromisse und banden zeitliches Engagement. Andererseits wurden Gedenkstätten und ähnliche Einrichtungen gerade in den fünf neuen Bundesländern zu wichtigen Säulen der sich entwickelnden Zivilgesellschaft. Diese sah und sieht sich mit der Herausforderung konfrontiert, zunächst für demokratische Mindeststandards – die Durchsetzung des Grundgesetzes – streiten zu müssen. Kritik an der (demokratischen) Gegenwartsgesellschaft

13 Dass ‚die Türk/-innen nicht die Jüd/-innen von heute sind' und dass ‚man nicht von Auschwitz gehört haben müsse um, zu wissen, dass man Schwarze/People of Color nicht bedrohen oder ihnen Gewalt antun darf', ist bereits in den 90er Jahren mehrfach in die Debatte eingebracht worden.

14 So z.B. das Thüringer Trainings- und Bildungsprogramm für jugendliche rechtsextreme Straftäter in der Gedenkstätte Buchenwald (Begleitung durch Universität Jena /Sebastian Jende; siehe auch *www.trainingkurse.de*). Zur kritischen Reflexion eines mehrfach durchgeführten Programms vgl. Nickolai/Lehmann 2002.

erschien insofern als weniger dringliches Problem, zumal sich diese Demokratie gerade als Siegerin im ‚Kampf der Systeme' durchgesetzt hatte.

2.5. Gedenken als Staatsaufgabe – Zur Situation in der Bundesrepublik nach 2000

Eine klare erinnerungspolitische Veränderung bedeutete der Regierungsantritt der rot-grünen Koalition 1998. Gedenken und Gedenkstätten wurden mit der Verantwortlichkeit des Staatsministers für Kultur für das „Mahnmal für die ermordeten Juden Europas" oder die „Konzeption der künftigen Gedenkstättenförderung des Bundes"[15] zu einer bundespolitischen Aufgabe. Seither ist eine Förderung von Gedenkstätten durch den Bund möglich.

Ein Förderkriterium auch in der „Fortführung der Gedenkstättenkonzeption des Bundes gemäß Koalitionsvertrag vom 11. November 2005" ist die Existenz eines pädagogischen Konzepts. Neben der Anerkennung des Gedenkens als öffentlicher Aufgabe stellt dies die Verleihung eines staatlichen Bildungsauftrags an die Gedenkstätten dar.

Die Institutionalisierung der Gedenkstätten und ihrer pädagogischen Angebote wird jedoch nicht von allen Akteur/-innen uneingeschränkt begrüßt. Zwar bedeutet sie, wenn auch auf niedrigem Niveau, eine finanzielle Sicherung der historischen Orte und der (gedenkstätten-) pädagogischen Arbeit. Die Kehrseite der Medaille zeigt sich jedoch in der Befürchtung, die gesellschaftliche Etablierung bedeute gleichzeitig ein Ende der Gedenkstätten als Orte der kritischen Gegenerzählungen (vgl. Haug/Geißler-Jagodzinski 2005). Nicht zuletzt verweist zudem die formale Gleichbehandlung der NS-Gedenkstätten und der Gedenkstätten für die Opfer der NKWD- und

15 Der Bundestag hatte Anfang der 90er Jahre eine Aufarbeitung der Staatsverbrechen in der sowjetischen Besatzungszone, aber auch derer, die während der SED-Diktatur verübt wurden, beschlossen. In zwei Legislaturperioden wurden dazu erstmals Enquête-Kommissionen eingesetzt. Eine vergleichbare parlamentarische Aufarbeitung der NS-Verbrechen hatte es bis dato nicht gegeben. Nur der Hartnäckigkeit einiger Politiker wie Siegfried Vergin (SPD) war es zu verdanken, dass auch der Umgang mit den Gedenkstätten für NS-Opfer in die Konzeption einbezogen wurde (vgl. Lutz 2009). Diese besagte, ‚Gedenkstätten von besonderer Bedeutung' durch den Bund zu fördern und nicht wie bisher die Finanzierung allein den Ländern und Kommunen zu überlassen.
Die nach 1990 eingerichteten Gedenkstätten für die Opfer der NKWD-Verbrechen und der SED-Diktatur werden in der Konzeption bzw. ihren Förderrichtlinien als gleichgestellte Einrichtungen behandelt. Dies ist politisch stark umstritten und wird insbesondere von den Vertreter/-innen der NS-Gedenkstätten kritisiert, so z.B. in der Stellungnahme von Volkhard Knigge in der Anhörung vor dem Ausschuss für Kultur und Medien des Deutschen Bundestags am 07.11.2008.

DDR-Diktatur in der Gedenkstättenkonzeption des Bundes darauf, dass auch die NS-Gedenkstätten zum festen Bestandteil einer Erinnerungskultur des ‚antitotalitären Konsenses' geworden sind. Dies ist geeignet, das Selbstbild jener in Frage zu stellen, die einstmals wegen ihres gesellschaftskritischen politischen Engagements in Initiativen für ein Gedenken an die Opfer der NS-Verbrechen eingestanden hatten.

Wenn im Folgenden die Ziele gedenkstättenpädagogischer Formate und die aktuellen Versuche ihrer Umsetzung beschrieben werden, so wird zu konstatieren sein, dass das Selbstverständnis der Gedenkstättenpädagogik als gesellschaftskritischer Pädagogik ernsthaft in Frage gestellt werden muss.

3. Normative Selbstbeschreibung – Ziele und Aufgaben der Gedenkstättenpädagogik

Die in den letzten Jahren unternommenen Versuche, die Binnenperspektive der Gedenkstättenpädagogik zu systematisieren, stimmen darin überein, dass es ihr im Wesentlichen um drei Ziele geht: die (historische) Aufklärung am und über den konkreten Ort, die Ermöglichung empathischer Hinwendung zu den Opfern und die Entwicklung (politisch-moralischer) Handlungsorientierungen (vgl. Scheurich 2000, Zumpe 2003, Pampel 2007, Eberle 2008). Darüber hinaus werden aber auch die Förderung von Geschichtsbewusstsein, kognitiven Kompetenzen und „affektiv-emotionalem Lernen", die Förderung des Wertebewusstseins und Subjektbezugs sowie die „Bildung zu kritischer Selbstreflexion, Autonomie und Selbstbestimmung" genannt (vgl. Zumpe 2003: 49). Während die veränderte demografische Konstellation entlang der Themen Migration und Generation sowie das damit zusammenhängende Thema des Schwindens der so genannten Zeitzeug/innen in dieser Auseinandersetzung berücksichtigt werden,[16] spielt die veränderte erinnerungspolitische Situation – die Etablierung der Gedenk-

16 Berücksichtigung heißt in erster Linie, dass die zunehmende Heterogenität der Besucherinnen als Problem konstatiert wird. Wir haben uns bereits an anderer Stelle (Haug/Geißler-Jagodzinski 2005) über diese Heterogenitätsüberraschung gewundert, bestanden doch die Besucher/innengruppen schon immer aus Menschen unterschiedlichster Herkunft, Geschlecht oder familiären Verstrickungen in die NS-Geschichte. Da es zur Frage einer interkulturellen oder sogar inklusiven Gedenkstättenpädagogik bisher keine theoretisierten Überlegungen oder empirische Befunde gibt, werden wir darauf im Weiteren nicht eingehen. Verwiesen sei jedoch auf die Projekte von Elke Gryglewski mit Jugendlichen mit arabischem Hintergrund am Haus der Wannseekonferenz (Gryglewski 2006a, 2006b) sowie die Arbeitsgruppe „Gender und Gedenkstättenpädagogik", zu deren Arbeiten bisher noch keine Publikationen vorliegen.

stätten und die von Knigge so bezeichnete Nationalisierung ‚negativen Gedenkens' – in der gedenkstättenpädagogischen Fachdebatte kaum eine Rolle (vgl. Scheurich 2006). Das Hauptaugenmerk der gedenkstättenpädagogischen Reflexion liegt damit inzwischen tatsächlich auf den pädagogisch-didaktischen Fragen der Umsetzung der von außen an die Gedenkstätten explizit herangetragenen Vermittlungsaufgaben.

Eine wesentliche Aufgabe der Gedenkstättenpädagogik wird in der Erschließung der Orte selbst gesehen. Dass Gedenkstätten als erläuterungsbedürftig und keinesfalls als selbsterklärend gelten, zeigt sich auch in der für sie häufig verwendeten Metapher der ‚steinernen Zeugen', die zum Sprechen gebracht werden müssten. Erläutert werden muss aber nicht nur die visuelle Gestalt der Gedenkstätten. Über das Sichtbare hinaus muss gewissermaßen die unsichtbare Geschichte gelegt werden. Ebenso gilt es, eine aus dieser Geschichte erwachsende Verhaltenskonvention zu vermitteln.

3.1. Historisches Wissen vermitteln

Die Vermittlung historischer Kenntnisse und Zusammenhänge gilt als wichtigste Aufgabe der Gedenkstättenpädagogik. Dies umfasst neben der jeweiligen Geschichte des Ortes dessen historische Kontextualisierung im verzweigten nationalsozialistischen Verfolgungssystem. Der Ort soll den Ausgangspunkt für die Auseinandersetzung mit den NS-Verbrechen bilden und exemplarisches Lernen ermöglichen. Die Vermittlungsinhalte sind dabei vielfältig und komplex: Neben der Rekonstruktion des historischen Geschehens vor Ort aus möglichst unterschiedlichen Perspektiven (Täter/innen, Opfer, Zivilbevölkerung) sollen beispielhaft etwa die Funktionsmechanismen des NS-Regimes, die Ideologien und politischen Ziele, Radikalisierungsprozesse, Zusammenhänge von Volksgemeinschaft und Ausgrenzung wie denen von Krieg und KZ-System erläutert werden. Der Nationalsozialismus soll dabei nicht als isoliertes Geschichtsereignis erscheinen, sondern in seinen historischen Zusammenhang vor 1933 und nach 1945 eingebettet werden.

Nicht zuletzt geht es darum, Erklärungen für den „mit den nationalsozialistischen Massenverbrechen [...] am schwierigsten zu verstehenden und am schwersten zu ertragenden Wesenskern" (Scheurich 2000) zu finden. Damit wird einer vermeintlichen ‚Unerklärlichkeit des Holocaust' entgegengetreten und verstärkt auf das Täter/-innen- und Mitläufer/-innenhandeln fokussiert. Dabei ist allerdings vor allem im Bereich der KZ-Gedenkstätten bislang keine Einigung darüber erzielt, inwieweit insbesondere das Täterhandeln in seiner Motivation nachvollziehbar gemacht werden soll und darf (vgl.

Zumpe 2003: 48). Die zunehmende Integration der Thematik „Täter/-innen" in Dauerausstellungen oder ihre Darstellung in Sonderausstellungen schafft dafür zumindest die institutionellen Voraussetzungen. Dennoch sind es die Geschichten und die Perspektive der Opfer, die vor allem thematisiert werden. Die sowohl von Außen an die gedenkstättenpädagogischen Akteur/-innen herangetragene Zielvorstellung eines Lernens aus der Geschichte, das häufig auch dem Anspruch an die eigene Arbeit entspricht, verweist jedoch auf eine Auseinandersetzungsnotwendigkeit mit den Motivationen von Täter/-innen und Mitläufer/-innen: Habgier, Ignoranz und Indifferenz, blinder Gehorsam oder Überlegenheitsdenken und Menschenverachtung. Dies wiederum stellt die Pädagog/-innen vor die Aufgabe, die radikale Unselbstverständlichkeit des gesellschaftlichen Guten (Knigge 2001: 143) und die strukturellen Bedingungen zu diskutieren, unter denen Massenverbrechen stattfanden und stattfinden.

Es erfordert nicht nur pädagogische Kompetenz, um diese Zumutung vermitteln zu können. Zuerst muss eine solche Deutung auch für sich selbst zugelassen werden. Das hieße auch, Primo Levis Diktum ernst zu nehmen: „Es ist geschehen und es kann wieder geschehen". Aktuelle Bedingungen sowie gesellschaftliche Strukturen wären daraufhin zu untersuchen, inwiefern sie Massenverbrechen zulassen oder menschenfeindliches Verhalten nahe legen. Auch die eigene Rolle in der Gegenwartsgesellschaft bliebe von einer solchen Untersuchung nicht ausgenommen. Statt in einer schiefen Analogisierung sich und andere zu fragen, was man damals getan hätte, müsste die Frage lauten, was man heute tut. Möglicherweise liegt auch in der Brisanz dieser Fragen eine Begründung für den Dissens, ob das Handeln der Täterinnen und Mitläuferinnen zum Gegenstand von Auseinandersetzungen zu machen sei.

Einigkeit besteht aber darin, dass die Erklärung der Verbrechen sich auf Wissenschaftswissen zu berufen habe und insofern an eine fachliche Kompetenz und Sachkenntnis gebunden ist. Die gedenkstättenpädagogische Aufgabe, nationalsozialistische Geschichte am Beispiel eines bestimmten Ortes zu erklären, ist also die einer in vielerlei Hinsicht spezialisierten Vermittlung eines enorm ausdifferenzierten, interdisziplinären Wissens über den Nationalsozialismus allgemein sowie über die je konkreten Orte und die Nach- und Wirkungsgeschichte des Nationalsozialismus. Betont wird dabei, dass das Wissen ohne Einbettung „in einen Wertehorizont [...] bedeutungslos und ohne praktische Relevanz" bliebe (Knigge 2001: 141). Die im engeren Sinne pädagogische Arbeit in Gedenkstätten wird deswegen mit einem Vermittlungsanspruch begründet, der über die Informationsvermittlung weit hinausgeht.

3.2. Den kulturellen Ort ‚Gedenkstätte' erschließen helfen

Gedenkstättenpädagogik muss nicht nur die Geschichte des Ortes, sondern auch dessen Wesen vermitteln. Gedenkstätten sind in spezifischer Weise kulturell codiert und unterscheiden sich von anderen Orten der Geschichtsvermittlung wie Museen oder dem Klassenzimmer. Während öffentliche Räume wie Museen oder Bibliotheken mit ähnlichen kulturellen Konventionen verbunden sind und ebenfalls ein ‚angemessenes' Verhalten erfordern (vgl. Gudehus 2006: 26), orientiert sich der Verhaltenskodex in der Gedenkstätte am kulturellen Umgang mit Sterben und Tod. Anders aber als ein Friedhof, der an sich Ausdruck einer würdigen Totenbestattung ist, befinden sich Gedenkstätten an Orten, an dem die massenhaft und entwürdigt Gestorbenen erst spät und keinesfalls selbstverständlich in die (nationale) Erinnerungsgemeinschaft aufgenommen wurden. Gedenkstätten an Orten, wo ehemalige Häftlinge gelitten haben, gequält und getötet wurden und zum Teil begraben sind, fordern eben darum Respekt ein. Dieser Respekt muss als kulturelles Wissen ebenso erworben werden wie das Wissen um die Geschichte des Lagers. Er ist nicht in jedem Fall gewissermaßen von selbst vorhanden bzw. wird er nicht unbedingt gezeigt.

Den Gedenkstätten wird als so genannten authentischen oder ‚auratischen' Orten ein besonderes Potenzial zugewiesen, insbesondere weil sie ‚ganzheitliches Lernen' ermöglichen sollen. Die Annahme von Authentizität und Aura an Orten von Massenverbrechen wird in der Gedenkstättenpädagogik durchaus kontrovers diskutiert. Während einige die Attraktivität und Wirksamkeit der pädagogischen Angebote über den ‚authentischen' Ort begründen, merken andere kritisch an, dass Authentizität etwas ist, das die Betrachtenden einem Ort zuschreiben, das dieser jedoch nicht selbst besitzt. Ebenso muss ‚Aura' innerlich hergestellt (wahrgenommen) werden – sie existiert nicht aus sich selbst heraus.[17] Unabhängig von der Sichtweise besteht aber für die Pädagog/-innen die Aufgabe, Authentizität und Aura zu thematisieren. Sei es, um den Lernenden eine Verbalisierung und einen Austausch über die mitgebrachten inneren Bilder zu ermöglichen oder um Transparenz über die ‚unsichtbare Be-Deutung' des Ortes herzustellen.

17 Der Ersatzbegriff ‚historisch' überzeugt allerdings ebenso wenig – haben doch alle Orte eine Geschichte und sind damit historische Orte. Zum Begriff der Authentizität vgl. Hoffmann 2002. Zu einem positiven Bezug auf die Authentizität für die Gedenkstättenpädagogik vgl. Lutz 2009; zur kritischen Diskussion um pädagogische Konzepte, die sich mit Aura/Authentizität begründen, vgl. Heyl 2009.

3.3. Empathieentwicklung anbahnen

Die Wirkung der Gedenkstätten als ‚authentische Orte' wird verstärkt durch die Vermittlung der Perspektive der Opfer. Sie berührt zum einen das Selbstverständnis der Einrichtungen als autorisierte Vertretungen der ehemaligen Häftlinge und ist insofern moralisch. Zum anderen ist sie mit den spezifischen Erkenntnismöglichkeiten pädagogisch begründbar, die gerade die persönlichen Zeugnisse im Gegensatz zu den offiziellen Dokumenten der nationalsozialistischen Verfolgung bergen. Über die Rekonstruktionen einzelner Schicksale soll Empathie mit den Verfolgten ermöglicht werden. Betont wird, dass keine Identifikation mit den Opfern, sondern eine distanziertere Form der Perspektivenübernahme angestrebt wird, die im Begriff der Empathie ihren Ausdruck gefunden hat. Galt als pädagogisches Ziel bis in die 1990er Jahre noch, bei den Besucher/-innen Betroffenheit zu erzeugen,[18] so lässt sich in den Selbstbeschreibungen inzwischen die konsensuelle Ablehnung einer ‚Betroffenheitspädagogik' feststellen. Wolf Kaiser sieht für die Abkehr von der Betroffenheitspädagogik, die vielleicht als willentlich herbeigeführte Emotionalisierung mit der Absicht und dem Ziel der Läuterung umschrieben werden kann, vor allem eine pädagogische Begründung als ausschlaggebend. Er beschreibt Situationen, in denen „die Zumutung einer von Seiten der Erwachsenen erwarteten emotionalen Reaktion bei Jugendlichen oft Konformismus oder trotzige Ablehnung hervorrief, die beide einer intellektuellen und emotionalen Auseinandersetzung nicht zuträglich sein konnten" (Kaiser 2000: 7).

Trotzdem ist die persönliche Auseinandersetzung mit den NS-Verbrechen und seinen Auswirkungen auf die Verfolgten ein, wenn nicht das wesentliche Ziel der Pädagogik zum Nationalsozialismus. Weiterhin wird die gedenkstättenpädagogische Aufgabe, eine gedenkende Hinwendung zu den Opfern durch Empathie bzw. mit dem Ziel der Empathie zu ermöglichen, vom Terminus der Betroffenheit auf der semantischen Ebene strikt getrennt. Von jener Betroffenheit, von der sich die Praktiker/-innen so vehement abgrenzen, fehlt allerdings ein klares Konzept. Ebenso herrscht Uneinigkeit darüber, wie Empathie herzustellen, zu aktivieren oder zu erreichen sei. Soll sie eher durch ein sich Hineinversetzen nahegelegt werden? Oder lässt sie sich durch assoziative Perspektivübernahmen anbahnen, indem gegenwarts- und lebensweltorientierte Anknüpfungspunkte geschaffen wer-

18 Beispielhaft soll hier die Dissertation von Gisela Lehrke erwähnt werden, in der die Eignung der Gedenkstätte als Lernort gerade daran gemessen wird, inwieweit sie „Betroffenheit hervorrufen" kann (vgl. Lehrke 1988: besonders 66 f)

den, die eine Vorstellbarkeit der Ausgrenzung, Diskriminierung und Verfolgung ermöglichen? Die theoretische Unklarheit darüber, was und wie affektiv-emotional gelernt werden soll und ob moralisches Lernen oder die Anbahnung von Empathie wirklich in den Bereich des emotionalen Lernens gehören und nicht etwa der Aneignung kognitiver Wissensbestände bedürfen, ist und bleibt ein zentrales Problem der Gedenkstättenpädagogik. Eine praxisorientierte theoretische Weiterentwicklung ist dringend geboten. Wenn damit vielleicht auch nicht verhindert werden kann, dass Lernende durch die Pädagog/-innen weiterhin – implizit oder explizit – moralisierend belehrt werden, so ließe sich zumindest die möglicherweise verborgene Absicht besser reflektieren. Eine genauere Bestimmung dessen, wie Empathie erreicht werden kann und warum sie erreicht werden soll, wäre ebenso hilfreich, um zu begründen, warum es nicht völlig offen bleiben kann und soll, mit wem sich die Lernenden empathisch zeigen wollen.

3.4. In das Gedenken unterweisen

Der Lernort Gedenkstätte ist dadurch geprägt, dass ihn die Bezeichnung keineswegs hinreichend beschreibt. Gedenkstätten sind ehemalige Mordstätten und Friedhöfe, an denen erinnert wird und erinnert werden soll. Darüber, dass das Gedenken an die Opfer der NS-Verbrechen ohne Lernen nicht möglich sei, besteht eine gewisse Einigkeit. Dass aber Lernen ohne Gedenken im Sinne einer zweckfreien Hinwendung zu den Opfern dem Auftrag der Gedenkstätten nicht gerecht werde, scheint ebenso deutlich. An historischen (Lern-) Orten wie etwa dem Reichsparteitagsgelände geht es um ein Gewahrwerden der Faszination des Nationalsozialismus aus der Perspektive der Volksgemeinschaft, zu der über die pädagogischen Angebote und Ausstellungsinszenierungen eine mentale und moralische Distanz hergestellt werden soll.

In KZ-Gedenkstätten hingegen sollen zeitliche und emotionale Distanz gerade überwunden und eine Annäherung an konkrete Geschichte und Lebensgeschichten einzelner Menschen ermöglicht werden. Dass eine von Micha Brumlik geforderte ‚Unterweisung ins Eingedenken' als Lehrziel nicht ausreicht, „wenn man darunter „nicht die Unterrichtung einer andächtig schweigenden Zuhörerschaft versteht" (Kaiser 1995: 112), verweist auf eine kaum auflösbare Spannung zwischen Lernen und Gedenken am Ort Gedenkstätte. Pädagogisch wird mindestens zweischrittig vorgegangen, indem dem ‚Lernen' eher kognitive Elemente des Geschichtslernens zugerechnet werden, dem ‚Gedenken' eher emotional-affektive Anteile. Dabei gilt das Lernen fast immer als Voraussetzung des Gedenkens, soll es doch darum gehen, solche „Angebote zu entwickeln, die ein angemessenes Erinnern an die Opfer erst initiieren können" (Scheurich 2000). Inwiefern in umgekehrter Reihenfolge jedoch Erinnern/Gedenken als Voraussetzung des Lernens fungiert, wird selten gefragt. Dabei stellen die Verhaltenskonventionen an den Orten früherer Konzentrationslager auch Ermöglichungsbedingungen des Lernens dar und werden vor allem mit ‚Erinnern/Gedenken' begründet. Essen, Rauchen oder Musikhören gelten dann nicht einfach als einer pädagogischen Veranstaltung unangemessen, sondern als unangemessen gegenüber dem Ort und denjenigen, die dort gelitten haben.

3.5. Einen Raum für Fragen oder die richtigen Antworten anbieten?

Lernen in Gedenkstätten soll über die Aneignung bloßer historischer Fakten hinausgehen. Dies unterscheidet das gedenkstättenpädagogische Programm kaum von dem, was von einer ‚Erziehung nach Auschwitz' auch in außerschulischen Bildungseinrichtungen oder im Schulunterricht erwartet wird. Paradoxerweise sollen Empathie mit den historischen Akteur/-innen, kritische Auseinandersetzung mit der NS-Geschichte und ihrer Rezeption sowie Schlussfolgerung aus der Beschäftigung mit der Geschichte für die Gegenwart jedoch verwirklicht werden, indem auf die eindeutige Bestimmung von Lernzielen verzichtet wird. So wird darauf hingewiesen, dass Gedenkstättenpädagogik die Aufgabe habe, Fragen zu stellen, anstatt Antworten zu geben (z.B. Heyl 2005), und dass die Betreuungsangebote vor allem eine Orientierungshilfe böten: „Vielfältige Bezüge zu den Schülern sind hier wichtiger als einfache Lehrsätze" (Gaede 2000: 72). Insgesamt wird also gerade in Gedenkstätten ein Freiraum des Nachdenkens vermutet, der im Sinne der Gegenwarts- und Zukunftsorientierung historischen Lernens insbesondere die Lehren aus der Geschichte zur Sprache bringen und zur Diskussion stellen soll.

Unausgesprochene und auch unreflektierte Beschränkungen dieses Freiraumes existieren in mehrfacher Weise. So bleibt die Gedenkstättenpädagogik an den öffentlichen Bildungsauftrag gebunden und durch diesen bestimmt. Und auch von den Akteur/-innen selbst wird beansprucht, ganz bestimmte (Handlungs-) Orientierungen zu bieten bzw. andere zu verhindern. Zweitens werden wegen des Themas Nationalsozialismus/Holocaust Grundprinzipien des historischen Lernens wie Multiperspektivität, Pluralität und Kontroversität häufig außer Kraft gesetzt. „Von den Orten selbst geht ein gewisser Konformitätsdruck aus. Angesichts der Schrecken der Konzentrationslager scheint ein Meinungsstreit hier ganz unangebracht zu sein, gehört doch zum Vermächtnis der Opfer ein klarer Erziehungsauftrag, der für Meinungen wenig Raum zu lassen scheint" (Kaiser 1995: 119). Wegen der eindeutigen gesellschaftlichen Bewertung der NS-Geschichte ist sowohl für Lernende als auch für Lehrende ein völlig autonomer Umgang mit dieser Geschichte unwahrscheinlich. Es ist im Gegensatz zur Behandlung anderer historischer Ereignisse kaum möglich, historische Informationen in Frage zu stellen, ohne revanchistisch zu argumentieren bzw. mit diesem Vorwurf konfrontiert zu werden. Auch wird man nicht kontrovers über z.B. die Kriegsschuld debattieren können. Diese Einschränkungen mögen bei der Erarbeitung der NS-Geschichte angemessen sein, für ein auf plurale Geschichtsbilder und auf die Mündigkeit der Einzelnen zielendes historisches Lernen sind sie problematisch. So wird durch Pädagog/-innen häufig korrigierend moralisiert und konventionelle bzw. dem erinnerungskulturellen Mainstream angepasste Äußerungen werden positiv bewertet. Jugendliche sind dann aufgefordert, keine ‚Nazisprache' zu benutzen, also z.B. ‚so genannte Euthanasie' oder ‚so genannte Asoziale' zu sagen, ohne dass der Gegenstand einer umfangreicheren und auch ergebnisoffenen Auseinandersetzung ist, auf welchen Sprachgebrauch man sich innerhalb einer Lerngruppe einigen möchte.[19] Und die Schülermeinung „Es ist wichtig, etwas über die NS-Geschichte zu lernen" wird sicherlich auf größere Zustimmung stoßen als die Frage „Warum sollen wir überhaupt etwas darüber lernen, das ist doch schon ewig her."

Eine neuere Studie zu den „Herausforderungen der schulischen Thematisierung von Nationalsozialismus und Holocaust" verweist darauf, dass die befragten Jugendlichen fast alle angaben, „vom Besuch authentischer Orte des Nationalsozialismus berührt und betroffen gewesen zu sein" (vgl. Kühner/Langer o.J.), so dass man zu dem Schluss kommen könnte, Kontroversität sei in Gedenkstätten per definitionem ausgeschlossen. Die wenigen empirischen Studien, die auf das Vermittlungsgeschehen in Gedenkstätten fokussieren, zeigen, dass weder Führungsnarrative noch pädagogische Dialoge in gedenkstättenpädagogischen Veranstaltungen dazu eignen, kontroverse Diskussionen zu erzeugen (vgl. Gudehus 2006, Meseth 2008). Vielmehr stellt gerade die Führung – als wichtigste und häufigste gedenkstättenpädagogische Methode – eine Art stellvertretende Deutung dar, die die öffentlich anerkannte Redeweise über den Nationalsozialismus in jedem Fall

19 Interessant erscheint uns, dass die moralisierende und betroffen machende Belehrung, die von den Pädagog/-innen eigentlich abgelehnt wird (vgl. den Abschnitt „Empathieentwicklung anbahnen"), mittels der scheinbar sachlichen Korrektur falscher Sprache oder Wissensbestände durch die Hintertür wieder Einzug in die Interaktion hält.

markiert.[20] Dies gleicht vielfach eher einer gemeinschaftlichen, fast rituellen Vergegenwärtigung der besonderen Valenz des so genannten authentischen Ortes. Anders als zum Beispiel im Unterricht wird das Gespräch dabei von den Redebeiträgen der Guides (das Personal, welches die Führungen durch die Gedenkstätten realisiert) dominiert. Den Teilnehmer/-innen wird vornehmlich die Rolle von Stichwortgeber/-innen zugewiesen (vgl. Meseth 2008). In längerfristigen Seminaren wird auf die – unter den Gedenkstättenpädagog/-innen umstrittene Vermittlungsform – ‚Führung' reagiert, indem andere Gesprächsformen und methodische Ausdrucksvarianten genutzt werden. Als gleichberechtigte Kommunikationsform wird oft die ‚Runde' gewählt, in der jede/r Teilnehmende dasselbe Rederecht besitzt und die Beiträge unkommentiert bleiben. Gleichwohl stellt die Runde keine freie Kommunikationsform dar, sondern wiederholt den moralischen Konsens. Weil dieser aber auch den Schüler/-innen nicht neu ist, können auch sie seine Einhaltung gegenseitig kontrollieren. Die Runden entsprechen formal der Sichtbarmachung des Gelernten, in ihnen zeigt sich aber selten etwas, was nicht bereits zu Beginn der Veranstaltung deutlich wurde. Sie werden häufiger als sozialer Abschluss des Seminars oder Seminartages eingesetzt und sollen die subjektiven Eindrücke offenbaren. Auf diese Feedbackrunden wird fast nie verzichtet. Im Gegensatz dazu werden bei Zeitmangel die neu gelernten Inhalte nur kurz präsentiert und kommentiert oder gleich ganz der Bearbeitung durch den Unterricht übereignet. So zeigt sich die deutliche Priorität, die die affektiven Anteile des Gedenkstättenbesuchs vor seinen kognitiven Elementen haben.[21]

Im Gegensatz zur Selbstbeschreibung der Gedenkstättenpädagogik realisieren sich in ihren Angeboten offensichtlich keine Freiräume für kreative und kontroverse Fragestellungen, sondern sie ‚inszenieren' in der Praxis häufig lediglich einen emotionsorientierten Austausch, in dem die Teilnehmer/-innen einander sagen, was die meisten von ihnen schon vorher über die Bewertung der NS-Verbrechen wussten. Alle anderen haben den gültigen

---

20 In diesem Zusammenhang wirkt die Beobachtung Bert Pampels allerdings fast ironisch, der in seiner Studie nach Wirkungen von Gedenkstätten auf ihre Besucher/-innen gefragt hat. Zwar geht er nicht von gedenkstättenpädagogischen Veranstaltungen aus, konstatiert aber, dass die Besuche die bereits mitgebrachten Vorerwartungen kaum irritierten (vgl. Pampel 2007: besonders 356 ff).

21 Die Beobachtungen beziehen sich auf gedenkstättenpädagogische Veranstaltungen, die im Rahmen des Forschungsprojekts „Der Umgang mit den Paradoxien politisch-moralischer Erziehung" (Universität Frankfurt a.M.) und dem daran angelehnten Dissertationsprojekt zur pädagogischen Kommunikation in KZ-Gedenkstätten erhoben wurden. Zum Forschungsprojekt und ersten Ergebnispublikationen siehe *http://www.uni-frankfurt.de/fb/fb04/forschung/paradoxien.html*

moralischen Konsens spätestens nach der gedenkstättenpädagogischen Veranstaltung kennengelernt. Bezüglich des historischen Geschehens scheint es ohnehin eine Grenze für Fragen und Zweifel zu geben. Diese kann positiv Pietät oder negativ Revanchismus bzw. Menschenverachtung heißen. In jedem Fall erscheint diese Grenze uns und wohl auch den meisten anderen Akteur/innen als richtig und wichtig, schon um die eigene Integrität in der ständigen Auseinandersetzung mit dieser Geschichte zu wahren. Wenn jedoch die ‚Geschichte' nur begrenzt kritisch durch die Teilnehmenden befragbar ist, müssen dann die Pädagog/-innen nicht eine Transparenz über ihre erinnerungskulturelle *hidden agenda* schaffen? Dies wäre zumindest eine Grundlage für einen freien Raum, in dem stärker gleichberechtigte Auseinandersetzungen stattfinden können.

3.6. Gegenwartsbedeutungen der Geschichte aufzeigen

Dass die Vermittlung historischer Fakten keine Wirkungen auf der Handlungsebene haben muss, dass sie rechtsextreme Einstellungen nicht neutralisieren oder verwandeln und grundsätzlich sogar zu affirmativen Haltungen gegenüber dem Täterhandeln führen kann, ist hinlänglich bekannt. Trotzdem wird die Beschäftigung mit den nationalsozialistischen Verbrechen als Grundbedingung eines politisch-moralisch ‚guten' und demokratischen Bewusstseins gesehen (vgl. Zumpe 2003: 58). Dieses Bewusstsein soll weiterhin handlungsmotivierend sein, indem die Auseinandersetzung mit der Geschichte „nicht als aufgetragene erdrückende Belastung, sondern als angebotene, ermutigende Bereicherung angenommen werden kann" (Gaede, zit. nach Zumpe 2003: 58), um dann nicht nur etwas über die Geschichte zu wissen, sondern sich für Demokratie und Partizipation zu engagieren, sensibel und tolerant zu sein im Umgang mit Verschiedenheiten oder sich für die Menschenrechte einzusetzen.[22] Dabei kann historisch-politische Bildung zum Nationalsozialismus die Verbindung zwischen den NS-Verbrechen und der Verabschiedung der Allgemeinen Erklärung der

22 Paradigmatisch für solche Vorhaben sind die Projekte von Gedenkstätten und anderen Einrichtungen der historisch-politischen Bildung, die unterstützt und forciert durch spezifische Förderprogramme versuchen, die theoretisch nicht entwickelte Verbindung zwischen dem historischen Lernen über die NS-Verbrechen (und die stalinistischen Massenverbrechen) und einer gegenwartsorientierten Menschenrechtsbildung oder Demokratieerziehung praktisch pädagogisch umzusetzen. Zuletzt haben Ulrike Hormel und Albert Scherr (2007) in ihrer Evaluation von mehr als 100 Praxisprojekten die Schwierigkeiten eindrucksvoll beschrieben, die auch schon in den Evaluationen solcher im Rahmen des CIVITAS-Programms realisierten Projekte sichtbar wurde.

Menschenrechte (1948) aufzeigen. Diese inhaltliche Verbindung hat jedoch nicht zwangsläufig die Konsequenz, sich für die Durchsetzung der Menschenrechte heute einzusetzen. Folgerichtig und realistischerweise müssten auf der Ebene des ‚Lernens aus der Geschichte' den Lernenden eigene Schlussfolgerungen überlassen bleiben. Es wird Jugendliche geben, für die es plausibel oder einleuchtend ist, aufgrund der Erfahrungen, die sie über den NS gewonnen haben, eigene Einstellungen zu gesellschaftlichen Gruppen zu hinterfragen und zu verändern oder sich bestenfalls im Sinne der hier beschriebenen Zielsetzungen gesellschaftlich-politisch zu engagieren. Aber es wird auch Jugendliche geben, die diese Lehren aus der Geschichte nicht ziehen, weil Geschichte für sie vielleicht generell kein Feld ist, das sie zu Veränderungen eigener Einstellungen veranlasst. Dennoch herrscht an normativen gegenwartsbezogenen Zielbeschreibungen für die Gedenkstättenpädagogik kein Mangel.

4. Zur komplementären Passung zwischen Selbstverständnis und Außenanspruch

Der institutionellen Gedenkstättenpädagogik kommt die anspruchsvolle Aufgabe zu, nicht nur ein enorm verzweigtes wissenschaftliches Wissen zum Nationalsozialismus allgemein und dem Lagersystem mit dem Spezialwissen zum je konkreten Ort zu vermitteln und dies mit den mitgebrachten Kenntnissen und Bildern zu verknüpfen. Zudem sollen die ortsbezogenen Einzelgeschichten und Schicksale von Häftlingen so erzählt werden, dass die Besucher/-innen und Adressat/-innen von Bildungsveranstaltungen ein empathisches Verhältnis zu diesen und damit einen persönlichen Bezug zur Geschichte, vor allem aber zu konkreten Personen entwickeln können. Sie sollen so historische wie soziale und emotionale Zusammenhänge gleichermaßen erfassen. Im Sinne einer politischen Bildung sollen darüber hinaus demokratische Einstellungen, Verhaltensweisen und Handlungsorientierungen erzeugt und bestärkt werden.

Dies verweist einerseits auf gestiegene externe Anforderungen an die Pädagogik in Gedenkstätten. Als staatlich geförderte Einrichtungen – Lernorte der historisch-politischen Bildung – mit sich professionalisierendem Personal sollen sie ihren Beitrag zur Erziehung mündiger Staatsbürger/-innen leisten. Zum anderen sagt dies aber auch etwas über das Selbstbild der Gedenkstättenpädagog/-innen aus. Aufgrund des sich immer stärker ausdifferenzierenden historischen Wissens sowohl zum Nationalsozialismus allgemein als auch zu den jeweiligen Orten wird ein eigenständiges pädagogisch-professionelles Profil postuliert – Gedenkstättenpädagogik. Es umfasst nicht nur fachliches Spezialwissen, sondern ebenso spezifische Kompetenzen im Umgang mit den Orten in ihrer gegenwärtigen Funktion und ihren Wirkungsmöglichkeiten. Die Erarbeitung ‚dessen, was gewesen ist' bzw. ‚dessen, was erinnert wird' scheint aber weder den Anforderungen von außen noch denen der Pädagog/-innen an sich selbst zu genügen – addiert wird der Anspruch, durch die Beschäftigung mit der Geschichte zu einer Verbesserung der Gegenwartsgesellschaft beizutragen. Aus Sicht staatlicher Fördermittelgeber mag dies, selbstverständlich mit Verweis auf den ‚Boden des Grundgesetzes', verständlich sein. Warum richten jedoch die Pädagog/-innen selbst Ansprüche an sich, die nicht nur konzeptionell schwer zu fassen, sondern auch in den Rahmenbedingungen vor Ort schwierig umzusetzen sind? Die Standardführung von zwei oder das Kurzprojekt im Umfang von vier Stunden erscheinen ja schon für die Einführung des historischen Ortes und seiner Geschichte als zu knapp. Weshalb dann auch noch gegenwartsbezogene Fragen des Menschenrechtsschutzes oder des Demokratielernens in den Blick nehmen?

Hier erscheint es uns, als hätte sich mit der Gegenaufklärung aus den zivilgesellschaftlichen Initiativen der 1980er Jahre heraus ein Anspruch etabliert, die Beschäftigung mit der Geschichte müsse mit (Handlungs-) Orientierungen für eine Veränderung der Gesellschaft verbunden werden. Dies war in den 80er Jahren folgerichtig, ging es doch darum, eine Annahme und Beschäftigung mit der NS-Vergangenheit in der deutschen Gesellschaft zu erreichen. Formal ist dies heute geschehen, es existieren Gedenktage, Museen und Gedenkstätten, und die Geschichte des Nationalsozialismus ist fester Bestandteil der schulischen Curricula. Die Beschäftigung mit der NS-Geschichte scheint so ihr gesellschaftskritisches Moment verloren zu haben. Der Anspruch der Pädagog/-innen, Gesellschaft durch ihre Arbeit zu gestalten, bleibt jedoch bestehen. Folgerichtig werden aktuell virulente Fragen von Toleranz gegenüber bestimmten sozialen Gruppen, Zivilcourage im Alltag oder das Einstehen für die Menschenrechte direkt oder indirekt zum Thema gemacht. Jenseits der Frage, ob dies konzeptionell überhaupt sinnvoll umzusetzen ist, muss jedoch überprüft werden, inwiefern durch die Integration dieser Themen in gedenkstättenpädagogische Vorhaben überhaupt das Ziel gesellschaftskritischer historisch-politischer Bildung umgesetzt werden kann.

Dies soll im Folgenden beispielhaft an einem Projekt zur Erarbeitung von Seminarkonzepten „zur Vermittlung der NS-Geschichte insbesondere an Gedenkstätten im Kontext einer historisch-politischen Bildungsarbeit in Demokratie fördernder Perspektive" (Haug/Thimm 2007: 1) geschehen.

4.1. „[...] dem Ziel einer demokratischen Gesellschaft verpflichtet [...]“[23]

Die Initiatorinnen des Projekts „Aus der Geschichte lernen?“, bundesweit anerkannte Expert/-innen der historisch-politischen Bildung, eint eine Skepsis gegenüber Analogisierungen und Aktualisierungen. Trotzdem haben sie ein Projekt entwickelt, in dem Gedenkstättenpädagogik als Möglichkeit des Demokratielernens gedacht und erprobt werden sollte. In Bezug auf ihre Skepsis gegenüber einem ‚Lernen aus der Geschichte‘ bezeichnen sie dies selbst als Paradox, gibt es doch keine Kausalität zwischen dem Lernen über und der Ablehnung von NS-Verbrechen einerseits und der Achtung von Menschenrechten und dem Einsatz für Demokratie andererseits. Dies sei zunächst ein geschichtskultureller und symbolischer Zusammenhang, der durch eine gegenwartslegitimierende Perspektive hergestellt würde. Ziel sei es deshalb „die grundlegende demokratische Werteorientierung in der Beschäftigung mit der Geschichte des Nationalsozialismus zu verdeutlichen, ohne die Geschichte so darzustellen, als münde sie zwangsläufig in die Achtung von Menschenrechten und Demokratie“ (ebd.: 9). Ausgangspunkt des Projekts war eine seit den 1990er Jahren zunehmend zu beobachtende gedenkstättenpädagogische Praxis der Universalisierung, die das Lernen über die Verbrechen im Nationalsozialismus in einen engen Zusammenhang mit einer affirmativen Haltung gegenüber Demokratie und Menschenrechten stellte (ebd.: 10). Deshalb sollte eine Verbindung von Gedenkstättenpädagogik und Demokratielernen auf die Möglichkeiten theoretisch-konzeptioneller und methodischer Stringenz hin untersucht werden. Interessant für die Frage nach gesellschaftskritischen Potenzialen solch einer Verbindung sind die Lerninhalte, mittels derer die Beschreibung der Gegenwartsgesellschaft bzw. ihrer historischen Entwicklung unternommen wird und auf welche Form der Demokratie als (Zukunfts-) Gestalt der Gesellschaft die Bildungsmaßnahmen zielen.

Folgerichtig zu den Ausgangsüberlegungen des Projekts wird historisches Lernen in den Seminarkonzepten des Praxisforschungsprojekts mit gegenwartsorientierten Fragestellungen verbunden, die nicht auf den Erwerb historisch-politischen Wissens zielen. Ideologische, politische oder personelle Kontinuitäten zwischen dem ‚Dritten Reich‘ und den deutschen Nachkriegsgesellschaften, also die Geschichte der Gegenwartsgesellschaft, werden nicht untersucht. Stattdessen werden lebensweltbezogene Fragen wie Partizipation, der Umgang von Mehrheiten mit Minderheiten oder die

23 Aus der Zielbeschreibung des benannten Projekts (vgl. Haug/Thimm 2007: 9).

Bearbeitung von Konflikten in den Blick genommen.[24] So sollen die jugendlichen Seminarteilnehmenden befähigt werden, sich kompetenter an Aushandlungsprozessen zu beteiligen, wird doch Demokratie als ein offener Prozess und eine bedrohte Errungenschaft gesehen (ebd.: 11). Demokratie ist so verstanden eine von Personen gestaltete und gestaltbare Form des Sozialen und des politischen Systems zugleich. Damit verweist das Projekt auf die Veränderungsmöglichkeiten der Gegenwartsgesellschaft, womit sich zumindest ein gesellschaftskritisches Potenzial des Vorhabens annehmen ließe.

Im Ergebnis des Projekts erweisen sich Themeneinheiten wie ‚Ausgrenzung heute' oder der Verweis auf aktuelle Fragestellungen jedoch als konzeptionell nicht integrierbar. Die thematischen Gegenwartsbezüge führen zu schiefen Analogien. Auf der Ebene der Lerninhalte scheint also ein kritisches Lernen über die Gegenwartsgesellschaft nicht realisierbar. Demokratiebildung kann sich, so die Projektautor/-innen, in Gedenkstätten nur durch einen demokratischen und offenen Bildungsprozess realisieren (ebd.: 39). Entsprechend sollen Pädagog/-innen für „die dem Ort Gedenkstätte eingeschriebene Wertorientierung stehen und andererseits für möglichst offene Diskussions- und Aushandlungsprozesse verantwortlich sein" (ebd.: 40). Die Einschränkung auf „möglichst offene Prozesse" heißt aber, dass bestimmte Meinungen und Handlungsweisen unterbleiben müssen. Pädagog/-innen, die für eine dem Ort eingeschriebene Wertorientierung stehen, sind nicht gleichberechtigte Teilnehmende an einem Aushandlungsprozess. Denn sie vertreten eine moralisch hoch aufgeladene Geschichte und deren Deutung – deutlich mehr als eine eigene Meinung. Um den geforderten demokratischen und offenen Bildungsprozess umzusetzen, wäre demzufolge eine Transparenz darüber erforderlich, welche Wertorientierung dem Ort innewohnt und wer diese definiert. Hier läge auch das kritische Potenzial einer solchen Annäherung: Die Offenlegung gesellschaftlich gültiger erinnerungskultureller Codes und ihrer Durchsetzungsstrukturen.

24 Dies geschieht unter Verwendung der vom CAP München entwickelten Programme „Eine Welt der Vielfalt", „Betzavta" sowie „Achtung (+) Toleranz". Ziel aller dieser Programme ist eine politische Bildung für die Anerkennung des Rechtes aller auf freie Entfaltung bzw. Freiheit. Dies geschieht u.a. durch die Arbeit mit Dilemmata und einem spezifischen Konzept von Toleranz. Beides zielt auf eine Politisierung des Sozialen ab (Haug/Thimm 2007: 15). Diskussionsgegenstand sind weniger reale gesellschaftliche Macht- und Herrschaftsverhältnisse als durch die Seminarleitung induzierte Konflikte innerhalb der Lerngruppe. Inwiefern diese Programme bzw. ihre theoretischen Prämissen damit dem Anspruch einer gesellschaftskritischen politischen Bildung entsprechen, kann hier nicht näher ausgeführt werden, dies wäre jedoch eine eigene Untersuchung wert.

4.2. Ein Plädoyer für das historische Lernen

Die Pädagogik in NS-bezogenen Gedenkstätten ist ein anspruchsvolles Vorhaben. In zwei bis vier Stunden zur Verfügung stehender Zeit soll die Geschichte des Ortes erarbeitet, eine empathische Annäherung an die Opfer realisiert und Handlungsorientierung für die Gegenwartsgesellschaft vermittelt werden. Die pädagogischen Programme in den Gedenkstätten setzen deshalb bei den Lernenden eigentlich voraus, historisches Wissen über Strukturen und wichtige Personen bzw. Gruppen bereits mitzubringen, was, wie die Praxis zeigt, höchst selten der Fall ist. Zudem bedürfen sie auch eines grundlegenden Verständnisses darüber, dass Geschichtsrepräsentationen wie Schulunterricht oder Gedenkstätten eben nicht darstellen, wie es gewesen ist, sondern das, was Lehrer/-innen, Ausstellungsmacher/-innen, Politiker/-innen und andere Akteure und Akteurinnen wissen und präsentieren können bzw. wollen. Doch auch dieses Wissen bringt ein Großteil der Besucher/-innen von Gedenkstätten nicht mit. Nur dann wäre es aber möglich, sich in der Auseinandersetzung mit den Gedenkstättenpädagog/-innen vor Ort eine eigene kritische Perspektive auf die präsentierte Geschichte als ihre gegenwartsbezogene Aneignung zu erarbeiten.

Deshalb plädieren wir für eine Beschränkung auf das historische Lernen über die NS-Verbrechen, ihre Kontextualisierung in der Geschichte der NS-Gesellschaft und der des Zweiten Weltkriegs sowie ihre Einbindung in Vor- und Nachgeschichte. Es liegt unseres Erachtens genügend (gesellschaftskritisches) Potenzial im historischen Lernen über den Nationalsozialismus und die Verbrechen sowie deren Wirkungsgeschichte. Wenn in Führungen und Seminaren jene Strukturen herausgestellt werden können, die verbrecherische Handlungen begünstigen oder fördern sowie die Handlungsmotivationen der Täter/-innen und Mitläufer/-innen beschrieben werden, dann haben die Lernenden bereits ein Instrumentarium erhalten, mit dem sie die Gegenwartsgesellschaft anschauen können. Ebenso verrät die Analyse erinnerungskultureller Praktiken viel über ihr Selbstverständnis und Selbstbild.

Ob und wie die Lernenden das angebotene Instrumentarium für sich nutzen, muss nicht mehr die Angelegenheit der Gedenkstättenpädagog/-innen sein. Dies enthebt die Pädagog/-innen auch von der Schwierigkeit, Analogien aufzuzeigen, die nicht schief oder verkürzt sind. Zudem liegt in einer Absage an alle gezielte Gegenwartsorientierung oder die Definition dessen, was die ‚richtige' Lehre aus der Geschichte ist, viel kritisches Potenzial. Stellt doch ein offensives sich Sperren gegen gegenwartslegitimatorische Aneignungen Anfragen an all diejenigen, die mit dem Hinweis auf ‚Auschwitz' aktualitätsbezogene Forderungen argumentativ verstärken.

Dies führt zum Konflikt in der Gedenkstätte Neuengamme bzw. zur Frage zurück, wer in den Gedenkstätten eigentlich ‚die Führung übernehmen' darf und wie ein angemessenes Auftreten der Besucher/-innen definiert werden kann. Gesellschaftskritisches Potenzial hätten die Gedenkstätten dann, wenn die hier Tätigen ihre Entscheidungen und Motive transparent machten und sie als gleichberechtigte Perspektiven neben anderen gelten ließen. Es wäre dann ein politischer Streit, ob und wie zivil bzw. pazifistisch Gedenkstätten sein sollen. Die Notwendigkeit von Transparenz gilt für dienstliche Anweisungen (Neuengamme) ebenso wie für pädagogische Planungen. Anstatt mit der ‚richtigen' Meinung auf der ‚richtigen' Seite zu sein, wären die Pädagog/-innen dann jedoch ‚nur noch' Vertreter/-innen einer von mehreren gültigen Perspektiven. Bedeutet dies einen Rückschritt, nachdem sich ‚ihre' Perspektive nach fast 30 Jahren etabliert hat? In letzter Konsequenz wäre man zumindest wieder sehr viel angreifbarer, als bliebe man beim aktuellen status quo. Nur durch Relativierung und Transparenz der eigenen Position kann jedoch der angezielte offene Dialog initiiert werden, der ‚echte' Lernprozesse aller Beteiligten ermöglichen würde. Gedenkstättenpädagogik könnte (wieder) zu einer Kultur finden, die Emanzipation nicht im Konsens über das Gute zu verwirklichen sucht, sondern die Voraussetzungen emanzipativen und mündigen Handelns schafft, indem sie (politischen) Streit zulässt.

Bibliographie

Eberle, Annette (2008): Pädagogik und Gedenkkultur. Bildungsarbeit an NS-Gedenkorten zwischen Wissensvermittlung, Opfergedenken und Menschenrechtserziehung. Praxisfelder, Konzepte und Methoden in Bayern, Würzburg.

Endlich, Stefanie u.a. (1999): Gedenkstätten für die Opfer des Nationalsozialismus Band 2, Bonn.

Ehmann, Annegret (2000): Auseinandersetzung mit Nationalsozialismus und Holocaust in der historisch-politischen Bildung, in: Fechler, Bernd u.a. (Hrsg.): „Erziehung nach Auschwitz" in der multikulturellen Gesellschaft. Pädagogische und soziologische Annäherungen, Weinheim/München, S. 175-192.

Ehmann, Annegret/Rathenow, Hanns-Fred (2000): Nationalsozialismus und Holocaust in der historisch-politischen Bildung, in: Brinkmann, Annette u.a. (Hrsg.): Lernen aus der Geschichte: Projekte zu Nationalsozialismus und Holocaust in Schule und Jugendarbeit. Ein wissenschaftliches CD-ROM-Projekt mit Begleitbuch, Bonn.

Ehmann, Annegret u.a. (Hrsg.) (1995): Praxis der Gedenkstättenpädagogik. Erfahrungen und Perspektiven, Opladen.

Fiala, Hans-Joachim (1992): Gedenkdidaktik in Schulen der ehemaligen DDR, in:

Karl Pellens (Hrsg.): Historische Gedenkjahre im politischen Bewusstsein, Hannover, S. 173-182.

Gaede, Daniel (2000): Pädagogische Konzeption der Gedenkstätte Buchenwald, in: Thüringer Institut für Lehrerfortbildung, Lehrplanentwicklung und Medien: Sehen, Verstehen und Verarbeiten. KZ Buchenwald 1937–1945, KZ Mittelbau-Dora 1943–1945. Materialien für die Vorbereitung von Besuchen in den Gedenkstätten, Bad Berka, S. 70-72.

Gryglewski, Elke (2006a): Neue Konzepte der Gedenkstättenpädagogik: Gruppenführungen mit Jugendlichen nichtdeutscher Herkunft in der Gedenk- und Bildungsstätte Haus der Wannsee-Konferenz, in: Jahrbuch zur Geschichte und Wirkung des Holocaust, Frankfurt a.M./New York, S. 299-309.

Dies. (2006b): Pädagogische Konzepte für multiethnische Gruppen im Haus der Wannsee-Konferenz, in: Politisches Lernen, Nr. 24, H. 1/2, S. 42-45.

Gudehus, Christian (2006): Dem Gedächtnis zuhören. Erzählungen über NS-Verbrechen und ihre Repräsentation in deutschen Gedenkstätten, Essen.

Haug, Verena/Geißler-Jagodzinski, Christian (2005): Tagungsbericht: Lernen für die Gegenwart? Perspektiven der historisch-politischen Bildung zur NS-Geschichte an außerschulischen Lernorten. 17.11.2005-19.11.2005. Dachau, in: H-Soz-u-Kult, 14.12.2005, *http://hsozkult.geschichte.hu-berlin.de/tagungsberichte/id968* (Zugriff am 18.11.2008).

Haug, Verena / Kößler, Gottfried (2009): Vom Tatort zur Bildungsstätte. Gedenkstätten und Gedenkstättenpädagogik, in: Horn, Sabine/Sauer, Michael (Hrsg.): Geschichte und Öffentlichkeit, Göttingen (im Erscheinen).

Haug, Verena/Thimm, Barbara (2007): Projektdokumentation „Aus der Geschichte lernen?" Entwicklung zeitgemäßer Seminarkonzepte zur Vermittlung der NS-Geschichte insbesondere an Gedenkstätten im Kontext einer historisch-politischen Bildungsarbeit in Demokratie fördernder Perspektive. Dachau. *http://www.fritz-bauer-institut.de/texte/dokumente/Aus-der-Geschichte-lernen.pdf* (Zugriff am 18.11.2008).

Heyl, Matthias (2009): „Forensische Bildung" am historischen Tat- und Bildungsort. Ein Plädoyer gegen das Erspüren von Geschichte, in: Geißler-Jagodzinski, Christian/Overwien, Bernd (Hrsg.): Elemente einer zeitgemäßen politischen Bildung, Münster (im Erscheinen).

Ders. (2005): Neue Formen jugendgerechter Aneignung der Geschichte. Die Jugendbegegnungsstätte Ravensbrück, in: Standbein – Spielbein. Museumspädagogik aktuell, Nr. 72, H. 8, S. 32-36.

Hoffmann, Detlef (2002): „Authentische Orte". Zur Konjunktur eines problematischen Begriffs in der Gedenkstättenarbeit, in: Gedenkstättenrundbrief, Nr. 110, H. 12. *http://212.68.78.12/Gedenkstaettenforum/gr.htm* (Zugriff am 18.11.2008).

Hormel, Ulrike/Scherr, Albert (2008): Ergebnisse der Evaluation des Förderprogramms „Geschichte und Menschenrechte" der Stiftung „Erinnerung, Verantwortung und Zukunft". Berlin. *http://www.stiftung-evz.de/w/files/publikationen/evaluation_g_m.pdf* (Zugriff am 18.11.2008).

Kaminsky, Anne (2007): Orte des Erinnerns. Gedenkzeichen, Gedenkstätten und Museen zur Diktatur in SBZ und DDR, Bonn.
Kaiser, Wolf (2000): Gedenkstätten als Lernorte – Ziele und Probleme, in: Haus der Wannseekonferenz/Jugendgästehaus Dachau: Beiträge zur Fachtagung „Pädagogik in Gedenkstätten", 12.-15. Oktober 2000 (unveröffentl. Reader), Berlin, S. 12-24. *http://www.ghwk.de/deut/tagung/kaiser.htm* (Zugriff am 18.11.2008).
Ders. (1995): Zur Pädagogik in Gedenkstätten für die Opfer des Nationalsozialismus 50 Jahre nach Kriegsende, in: Politisches Lernen, H. 1-2, S. 111-125.
Knigge, Volkhard (2004): Museum oder Schädelstätte? Gedenkstätten als multiple Institutionen, in: Stiftung Haus der Geschichte der Bundesrepublik Deutschland, Gedenkstätten und Besucherforschung, Bonn, S. 17-33.
Ders. (2001): Abschied von der Erinnerung, Gedenkstättenrundbrief Nr. 100, H. 4, S.136-143. *http://212.68.78.12/Gedenkstaettenforum/gr.htm* (Zugriff am 18.11.2008)
Kühner, Angela/Langer, Phil C. (o.J.): Aktuelle Herausforderungen der schulischen Thematisierung von Nationalsozialismus und Holocaust. Überblick über zentrale Ergebnisse der Pilotstudie. *http://www.psy.lmu.de/sps-rs/Aktuelles/Forschungsprojekte/mainColumnParagraphs/00/document/Projekt_HCE_Ueberblick.pdf* (Zugriff am 18.11.2008).
Lehrke, Gisela (1988): Gedenkstätten für die Opfer des Nationalsozialismus. Historisch-politische Bildung an Orten des Widerstands, Frankfurt a.M./New York.
Lutz, Thomas (2009): „Der historische Ort ist unverzichtbar". Ausstellungen in Gedenkstätten für Nazi-Opfer als außerschulische Lernangebote, in: Geißler-Jagodzinski, Christian/Overwien, Bernd (Hrsg.): Elemente einer zeitgemäßen politischen Bildung, Münster (im Erscheinen).
Meseth, Wolfgang (2008): Schulisches und außerschulisches Lernen im Vergleich. Eine empirische Untersuchung über die Vermittlung der Geschichte des Nationalsozialismus im Unterricht in außerschulischen Bildungseinrichtungen und Gedenkstätten, in: Kursiv – Journal für politische Bildung, H. 1, S. 74-83.
Ders. (2005): Aus der Geschichte lernen. Über die Rolle der Erziehung in der bundesdeutschen Erinnerungskultur, Frankfurt a.M.
Ders. (2000): Theodor W. Adornos „Erziehung nach Auschwitz". Ein pädagogisches Programm und seine Wirkung, in: Fechler, Bernd u.a. (Hrsg.): „Erziehung nach Auschwitz" in der multikulturellen Gesellschaft. Pädagogische und soziologische Annäherungen, Weinheim/München, S. 19-30.
Nickolai, Werner/Lehmann, Henry (Hrsg.) (2002): Grenzen der Gedenkstättenpädagogik mit rechten Jugendlichen, Freiburg i.Br.
Pampel, Bert (2007): „Mit eigenen Augen sehen, wozu der Mensch fähig ist". Zur Wirkung von Gedenkstätten auf ihre Besucher. Frankfurt a.M./New York.
Puvogel, Ulrike/Stankowski, Martin (1996): Gedenkstätten für die Opfer des Nationalsozialismus, Band 1, Bonn.
Scheurich, Imke (2006): Historisch-politische Bildung in KZ-Gedenkstätten. Ein

Forschungsprojekt zur aktuellen Fachdebatte, in: Jah, Akim u.a. (Hrsg.): Nationalsozialistische Lager. Neue Beiträge zur NS-Verfolgungs- und Vernichtungspolitik und zur Gedenkstättenpädagogik, Münster, S. 187-201.
Dies. (2000): Aktuelle Fragen der Gedenkstättenpädagogik, in: *http://www.polwiss.fu-berlin.de/erwachsenenbildung/aktuelle_fragen_gedenkstaettenpaedagogik.htm* (Zugriff am 18.11.2008).
Schneider, Christian (1998): Schuld als Generationenproblem, in: Mittelweg, Nr. 36, Jg. 7, H. 4, S. 28-40.
Welzer, Harald u.a. (2002): Opa war kein Nazi, Frankfurt a.M.
Zumpe, Helen (2003): Tagesveranstaltungen der Gedenkstättenpädagogik – Konzeption, Zielsetzungen, Arbeitsformen und Nutzergruppen, in: Politisches Lernen, H. 1-2 (Denk mal! Politische Bildung in Gedenkstätten), S. 35-82.

Mitja Sabine Lück/Kevin Stützel

Zwischen Selbstreflexion und politischer Praxis: Weißsein in der antirassistischen Bildungsarbeit

Der folgende Artikel reflektiert unsere Auseinandersetzungen mit Rassismus und Weißsein[1] innerhalb der Politischen Bildungsarbeit. Die Ausführungen beruhen auf Erfahrungen, die wir als Teamer_innen[2] von Seminaren und Workshops zu Weißsein gemacht haben. Es geht uns im Artikel darum aufzuzeigen, warum wir uns mit Weißsein auseinander setzen (mussten), welche Erfahrungen wir gemacht haben und welche Möglichkeiten und Grenzen wir bei diesen Auseinandersetzungen in der politischen, antirassistischen Bildungsarbeit sehen.

Nach einer theoretischen Einführung in den Ansatz der Critical Whiteness Studies wird es im Text zunächst um Seminare gehen, die sich nur an *weiße* Menschen richten und die Reflexion von Weißsein zum Ziel haben. Im zweiten Teil werden Beobachtungen aus Seminaren zu Rassismus reflektiert, in denen sowohl das Anleitungsteam als auch die Gruppe zu gleichen Teilen aus Menschen mit und ohne Rassismuserfahrungen bestand. In diesen Seminaren wurde die Gruppe zeitweilig in eine *weiße* und eine Gruppe

1 ‚Weiß' und ‚Schwarz' verstehen wir als politische Begriffe, die in der bestehenden rassistisch strukturierten Gesellschaft auf dominante (*weiß*) bzw. widerständige (Schwarz) Standorte verweisen. Während *weiß* als Begriff auf die Machterfahrungen der Menschen hinweist, die als *weiß* konstruiert sind, verweist Schwarz auf einen gesellschaftlichen Standort, der ein hohes Risiko für Unterdrückungs- und Widerstandserfahrungen in sich birgt. Die genannten Standorte verstehen wir dabei als konstruierte, aber wirkungsmächtige Strukturen. An dieser Stelle wird ein Dilemma deutlich: Die Benennung von Differenzen reproduziert diese wieder neu. Um aber Unterdrückungsverhältnisse thematisieren zu können, ist es wichtig, die genannten Standorte zu benennen. Da in der Schreibweise des Begriffes Schwarz ein Widerstandspotenzial als Bezeichnung Schwarzer Menschen ausgedrückt wird, haben wir uns gegen eine Großschreibung der Kategorie *weiß* entschieden (vgl. Eggers et al. 2006: 13). Ausführlich zur Begriffsdiskussion vgl. Wollrad 2005: 19 f.

2 Der Unterstrich, das so genannte gap, soll sprachlich den Platz für alle Personen symbolisieren, die sich nicht an einem der beiden Pole der hegemonialen Zweigeschlechtlichkeit verorten (vgl. Hermann 2003).

of Color[3] getrennt und in der *weißen* Gruppe mit dem Ansatz des Critical Whiteness gearbeitet. Anknüpfend an unsere Erfahrungen skizzieren wir im Fazit Schlussfolgerungen für die antirassistische Bildungsarbeit.

Unsere Fokussierung auf Weißsein und Rassismus in diesem Artikel bedeutet jedoch nicht, dass wir die Existenz und Verschränkung anderer Machtdimensionen ignorieren. Wir verstehen unsere Auseinandersetzung vielmehr als Teil einer integralen Analyse von Achsen strukturierter Ungleichheit und konstruierter Differenz, wie sie gerade in den letzten Jahren im deutschen Kontext vermehrt diskutiert wird (Klinger/Knapp 2005). Aus dieser Debatte folgt für uns eine ‚sowohl als auch'-Strategie, die einerseits die Machtdimensionen race, class und gender nicht isoliert in den Blick nimmt, andererseits aber auch nicht allein ihre Überschneidungen thematisiert.

Auf Grund des deutlich unterschiedlichen Diskussionsstandes in Bezug auf Weißsein und Rassismus in der englischsprachigen und der deutschen Debatte haben wir uns dafür entschieden, den Schwerpunkt des Artikels stärker auf die historischen und kontextbezogenen Besonderheiten von Weißsein in Deutschland und auf die damit verbundene Auseinandersetzung in der antirassistischen Bildungsarbeit zu legen.

Eigener Zugang

Die eigene Verortung stellt einen wichtigen Ausgangspunkt für die Auseinandersetzung mit Weißsein dar. Uns ist es daher wichtig aufzeigen, warum wir uns als Autor_innen mit Weißsein auseinandersetzen und welchen Hintergrund diese Auseinandersetzung hat.

Unsere Auseinandersetzungen führen wir aus *weißen* Perspektiven. Die kritischen Analysen und Beobachtungen aus unseren Seminaren, die im folgenden Text thematisiert werden, betreffen uns als Anleiter_innen in gleichem Maße wie die Teilnehmenden, von denen die Rede sein wird. Auch unsere Reflexionsprozesse dauern an, jedes Seminar bringt auch neue

3 Im Artikel wird, in Anlehnung an aktuelle Debatten um rassistische Bezeichnungen, abwechselnd von Menschen/People of Color, Schwarzen Menschen und Menschen mit Rassismuserfahrungen die Rede sein. Wir wählen diese Begriffe, weil sie von verschiedenen Menschen of Color als Selbstbezeichnungen verwendet werden. Mit Begriffen, die Menschen gesellschaftlich als „Andere" markieren, verbinden wir aus unserer *weißen* Perspektive ein gewisses Unbehagen, da sie letztlich diese wieder auf bestimmte Merkmale (wie Rassismuserfahrungen) festschreiben und damit erneut binäre Zuschreibungen reproduzieren. Wir verstehen die verwendeten Begriffe dabei als „Hilfskonstrukte", um sprechen zu können. Dies schließt ein, dass viele Menschen diese Begriffe für sich ablehnen. Für ausführliche Ausführungen zum Begriff People of Color vgl. Ha 2007.

Erkenntnisse über unser eigenes Weißsein und unsere Verstrickungen in rassistische Verhältnisse hervor. Es ist insofern wichtig, uns bewusst darüber zu sein, dass wir als *weiße* Teamer_innen nicht außerhalb der Reflexionsprozesse stehen, die wir anregen. Eine Kritik an *weißen* Privilegien und Dominanzen ist immer auch eine Kritik an uns selbst als *weißen* Menschen.

Mitja Sabine Lück

Mein praktischer Einstieg in die antirassistische Bildung begann 2001 in der feministischen Mädchenarbeit. Der Mädchentreff, in dem ich arbeitete, wurde überwiegend von Schwarzen Mädchen und Mädchen of Color besucht. Um Empowermenträume für Mädchen mit Rassismuserfahrungen zu schaffen und *weiße* Mädchen zu sensibilisieren, initiierten meine Kollegin Güler Arapi und ich gemeinsam das Projekt „girls act – antirassistische Bildungsarbeit für Frauen und Mädchen“ (Arapi/Lück 2005a).[4] Neben Workshops für Mädchen boten wir auch Fortbildungen für Multiplikator_innen an, in denen wir unsere Erfahrungen aus der Arbeit mit Mädchen weitergaben. Später öffneten wir unsere Angebote auch für Jungen und Männer und sind seitdem beide hauptberuflich in der Bildungsarbeit zu Rassismus und Diskriminierung tätig.

In unseren ersten Seminaren wurde schnell deutlich, dass es bezogen auf Rassismus unterschiedliche Perspektiven und Verletzungsrisiken gibt, die sich daraus ergeben, selbst Rassismuserfahrungen zu machen und damit eine Innensicht einzunehmen oder als *weiße* Menschen eine Außensicht auf Rassismus zu haben und selbst „Performer of racism“ (vgl. Kilomba 2008: 21) zu sein. Sowohl in unserer Arbeit mit den Frauen und Mädchen als auch innerhalb unseres Teams erlebten meine Kollegin und ich Situationen, die uns – teilweise schmerzhaft – verdeutlicht haben, wie risikoreich das Sprechen über Rassismus in Seminaren ist, an denen sowohl Personen of Color als auch *Weiße* teilnehmen.

Aus dieser Einsicht ergab sich für uns die Konsequenz, in unseren Seminaren geschützte Räume für Mädchen und Frauen of Color zu schaffen. So begannen wir, unsere Seminare für bestimmte Einheiten in eine *weiße* und eine Schwarze Gruppe zu trennen. Der *weiße* Raum entstand somit zunächst nur aus dem Grund, dass ein Schutzraum für Schwarze Frauen und Frauen of Color geschaffen werden sollte. Doch es zeigte sich, dass auch der *weiße* Raum als wichtiger Reflexionsraum wahr- und angenommen wurde.

---

4 Das Projekt war von 2001 bis 2005 im Mädchentreff e.V. verankert und wurde im Rahmen des Programms „entimon – gemeinsam gegen Gewalt und Rechtsextremismus“ des Bundesministeriums für Familie, Senioren, Frauen und Jugend gefördert.

Dies gilt, wenn auch in unterschiedlicher Form, sowohl für Mädchen als auch für Frauen.

In den Fortbildungen für Multiplikator_innen zeigten *weiße* Frauen sich teilweise überrascht davon, welche intensiven und ernsthaften Prozesse innerhalb dieser Räume möglich waren. Der ‚Knackpunkt' bestand darin, sich nicht mehr auf die Frauen of Color zu fokussieren und diese damit erneut in eine exponierte Position zu bringen, in der von ihnen erwartet wird, von ihren Rassismuserfahrungen zu berichten, sondern sich mit der eigenen Positionierung als *weiße* Frauen auseinanderzusetzen und diese kritisch zu reflektieren. Dies ermöglicht auch die Entwicklung von *eigenen* Handlungsstrategien, die nicht nur als Reaktion auf benannten Rassismus entstehen. Vor dem Hintergrund von Selbstreflexion entwickelten die Teilnehmer_innen teilweise eigene Motivationen, sich gegen rassistische Machtstrukturen z.B. in ihren Einrichtungen zu wenden.

Die Erfahrungen aus diesen Fortbildungen führten mich dazu, neben Antirassismusseminaren in Teams mit Kolleg_innen of Color auch Seminare zur kritischen Reflexion *weißer* Privilegien und Dominanzen für *weiße* Zielgruppen anzubieten. Ich mache überwiegend gute Erfahrungen mit diesen Seminaren. Der folgende Text reflektiert diese, wirft jedoch auch kritische Aspekte und Fragen im Zusammenhang mit Critical Whiteness in Deutschland auf.

Kevin Stützel

Meine kritische Auseinandersetzung mit Weißsein resultiert aus den Erfahrungen, die ich als *weißer* Teamer in der antirassistischen Bildungsarbeit gemacht habe.

Die Bildungsprojekte gegen Rechtsextremismus, in denen ich seit 2002 tätig bin, richten sich an *weiße* Schülerinnen in strukturschwachen Gebieten in Ostdeutschland. Im Rahmen von Projekttagen sollen rechtsextreme Einstellungsmuster kritisiert werden. Alltagsrassismus sowie struktureller und institutionalisierter Rassismus in Deutschland sind demgegenüber jedoch kaum Thema. Meiner Erfahrung nach wird die Auseinandersetzung mit Rassismus in den Projekten oftmals auf die Kritik rechtsextremer Denkbilder reduziert. Die Projekte konzentrieren sich dabei einseitig auf die Arbeit mit *weißen* Schülerinnen. Ostdeutschland wird in diesem Zusammenhang vorwiegend als *weißer* Raum aufgefasst, in dem es anscheinend keine Menschen of Color gibt. Die Perspektiven von Schüler_innen of Color sind innerhalb der Bildungsprojekte kein Thema.

Ich begann, mein eigenes Weißsein zu reflektieren, als ich in unterschiedlichen Projekttagssituationen am stärksten von Schüler_innen of Color kritisiert wurde. Die Schüler_innen kritisierten, dass ich ihnen gegenüber paternalistisch auftrete und sie als bloße Opfer von Rechtsextremismus und Rassismus betrachte, die anscheinend *weißer* Solidarität bedürfen. Sie verweigerten meine Solidarisierungsversuche und machten deutlich, dass sie ihre eigenen Widerstandsstrategien gegen rechtsextreme Angriffe und Alltagsrassismus haben, von denen ich keine Ahnung hätte. Die Schüler_innen ließen sich außerdem nicht von mir für eine Kritik am Rassismus und den rechtsextremen Einstellungsmustern ihrer *weißen* Mitschüler_innen instrumentalisieren.

Mich irritierte diese Kritik. Meinem damaligen Verständnis nach konnten mich eigentlich nur *weiße* Schüler_innen kritisieren. Ich dachte, dass ich mit meiner Arbeit auf der Seite von Menschen mit Rassismuserfahrungen stehe und von Schüler_innen of Color nur Zustimmung zu erwarten habe. Meine eigene gesellschaftliche Verortung als *weißer* Teamer war für mich kein Thema. Diese *weiße* Expertenhaltung, die ich an den Tag legte und die diese Schüler_innen kritisierten, habe ich in den antirassistischen Projekten, in denen ich bisher gearbeitet habe, erlernt. *Weißer* Experte zu sein bedeutete für mich, auf Distanz zu gehen zu meiner eigenen Verwobenheit in rassistische gesellschaftliche Verhältnisse. Die Legitimation meiner Tätigkeit in antirassistischen Bildungsprojekten gründete ich auf die Dauer meiner ‚professionellen' Auseinandersetzung mit Rassismus.

Durch die wiederholte Kritik von Schüler_innen of Color an meiner dargestellten Haltung begann ich mich selbst als Teil der rassistischen gesellschaftlichen Verhältnisse in Deutschland zu begreifen; Verhältnisse, die ich in den Seminaren kritisieren möchte. Meine kritische Auseinandersetzung mit Weißsein steht in diesem Sinne für den Wunsch und die Notwendigkeit, eine andere Haltung in der Bildungsarbeit und der Auseinandersetzung mit Rassismus zu entwickeln, die Perspektiven von Menschen mit Rassismuserfahrungen wahrzunehmen und mich mit meiner gesellschaftlichen Position als *weißer* Teamer in meine Bildungsarbeit einzubeziehen. Der folgende Text reflektiert diese Auseinandersetzung.

1. Critical Whiteness Studies

1.1. „Wir haben uns vorgenommen, mal was zu Whiteness zu machen"

Bei der Anfrage für ein Seminar zu Critical Whiteness äußern viele Auftraggebende, dass sie „von diesem neuen Ansatz" gehört hätten und sich ansehen wollten, ob das etwas für sie und ihre Arbeit sei. Die Begründungen reichen vom „wichtigen" oder „interessanten Thema" bis hin zur Neugier oder auch einfach, dass „alle gerade über Whiteness sprechen". Insgesamt, so scheint uns, ist Weißsein als Thema bei *weißen* Akademiker_innen, in der Bildungsarbeit und in überwiegend *weißen* antirassistischen Gruppen gerade en vogue.[5] In der Bildungsarbeit nehmen wir seit etwa zwei Jahren eine steigende Nachfrage nach Seminaren wahr, die Weißsein kritisch reflektieren. Und obwohl wir es als sehr positiv empfinden, dass *weiße* Bildungsarbeiter_innen sich wieder vermehrt mit Rassismus und ihren eigenen Privilegien auseinandersetzen und wir als Teamende von der steigenden Nachfrage profitieren, erachten wir die momentane Situation durchaus als problematisch.

Zum einen wird Critical Whiteness in der aktuellen Debatte oftmals als ein möglicher rassismuskritischer Ansatz und nicht als grundlegende Analysekategorie gesehen. Es entsteht der Eindruck, Critical Whiteness sei ‚neu' und ‚besonders zeitgemäß'. Diese teilweise vorherrschende Ent-Kontextualisierung von Weißsein ignoriert die schmerzhaften Erfahrungen von Schwarzen Menschen und People of Color mit Weißsein, die historisch immer wieder formuliert wurden.[6] Zum anderen findet die aktuelle Auseinandersetzung in vielen Fällen losgelöst von Schwarzen Perspektiven und Perspektiven of Color statt. Die Relevanz von Rassismuserfahrungen fehlt häufig in der aktuellen Diskussion. Wir halten die Tendenz vieler antirassistisch engagierter *weißer* Menschen für problematisch, Rassismus als ‚spannendes' oder ‚interessantes Thema' zu betrachten und dabei zu ignorieren, dass Rassismuserfahrungen Schwarze Menschen und Menschen of Color traumatisieren können.

Es besteht die Gefahr, dass Schwarze Perspektiven und Perspektiven of Color nicht wahrgenommen werden und die Auseinandersetzung zu einem *weiß-weißen* Selbstgespräch wird. Diese Gefahr wird beispielsweise daran ersichtlich, dass Seminare zur kritischen Reflexion von Weißsein innerhalb der politischen Bildungsarbeit derzeit bessere Chancen haben gefördert zu

---

5 Trotz der Zunahme von Diskussionen und Publikationen im Kontext von Critical Whiteness in Deutschland ist jedoch hervorzuheben, dass im Vergleich zur englischsprachigen Debatte erhebliche Unterschiede und Defizite bestehen. Selbst bei rassismuskritischen Arbeiten ist es immer noch keine Selbstverständlichkeit, dass Whiteness thematisiert wird. Die Arbeiten von Akademiker_innen of Color wie Grada Kilomba, Maureen Maisha Eggers und Peggy Piesche und *weiße*n Akademiker_innen wie Susan Arndt, Eske Wollrad und Astrid Messerschmidt, um nur einige zu nennen, stellen eher die Ausnahme als die Regel dar.

6 Siehe den folgenden Abschnitt zu Schwarzen Gegenblicken und Gegenblicken of Color.

werden als die Empowermentarbeit von Schwarzen Bildungsarbeiter_innen und Bildungsarbeiter_innen of Color. Im Kontext eines Artikels zu Bildungsarbeit, der Weißsein kritisch in den Blick nimmt, ist es uns daher wichtig, darauf hinzuweisen, dass wir diese in einem untrennbaren Zusammenhang mit Empowermentprojekten sehen. Der Boom von Critical Whiteness beinhaltet aus unserer Sicht die Gefahr der Verdrängung von Empowerment; so dominieren *weiße* Themen wiederum die Bildungslandschaft zu Rassismus und Seminare zu Critical Whiteness binden den Großteil der – ohnehin knappen – Projektgelder.

1.2. Schwarze Gegenblicke und Gegenblicke of Color

Der Beginn der politischen Auseinandersetzung mit Weißsein ist vermutlich so alt wie das rassistische Ungleichheitsverhältnis, das Weißsein zu Grunde liegt. Die Geschichte von Gegenblicken auf die herrschende, *weiße*, patriarchale gesellschaftliche Ordnung verläuft parallel zur Geschichte von Kolonialismus und Rassismus. Lesarten, die die (akademische) Auseinandersetzung mit Weißsein im deutschsprachigen Raum auf das Ende der 1990er Jahre datieren, laufen Gefahr, frühere Arbeiten zu vernachlässigen und die fortlaufenden Auseinandersetzungen mit Weißsein in den politischen Kämpfen von Schwarzen Menschen und People of Color zu ignorieren (vgl. Piesche 2006: 15). Im Zusammenhang mit der Auseinandersetzung mit Weißsein in Deutschland sind daher zunächst die politischen Kämpfe von Schwarzen Menschen und People of Color von Bedeutung. Diese finden ab Mitte der 1980er Jahre in der BRD ihren Ausdruck in Gruppen wie der ISD (Initiative Schwarzer Deutscher) oder ADEFRA (Initiative Afrodeutscher Frauen) und in der DDR in Ansätzen afrodeutscher Organisierung wie der „IG Farbig". Außerdem sind die feministischen Diskussionen in und außerhalb der Universitäten Ende der 1980er/Anfang der 1990er Jahre hervorzuheben, in denen das eigene Weißsein für *weiße* politische Aktivist_innen erstmals zum Thema wurde und Schwarzen Perspektiven ein eigenständiger Platz eingeräumt worden ist (vgl. Oguntoye et al 1986, Joseph 1993).

Eine breitere politische und akademische Auseinandersetzung mit Whiteness setzte in den USA gegen Mitte der 1980er Jahre ein. Anstoß für die Einbindung der *weißen* Dominanzposition in die Analyse von rassistischen Verhältnissen und damit für einen Perspektivenwechsel war in erster Linie die Kritik von Schwarzen Feminist_innen und Feminist_innen of Color an *weißen* Feminist_innen innerhalb der US-amerikanischen Frauenbewegung. Schwarze Frauen kritisierten die Dominanz von *weißen* Frauen und eurozentristischen Tendenzen im Feminismus und forderten ein, in ihrer besonderen gesellschaftlichen Positionierung auf Grund von Rassismuserfahrungen anerkannt zu werden. Schwarze US-amerikanische Autor_innen wie Toni Morrison, bell hooks und Audre Lorde schilderten in ihren literarischen, kulturwissenschaftlichen und sozialwissenschaftlichen Arbeiten die rassistischen Effekte von Whiteness. Sie bezogen sich dabei auf die weit zurückliegenden Arbeiten von Schwarzen Autor_innen wie David Walker, W.E.B. du Bois und James Baldwin im anglophonen Raum um die Jahrhundertwende[7] und machten deutlich, dass die meisten Menschen of Color ein historisch weit zurückreichendes, sehr bewusstes und schmerzhaft-klares Wissen von Whiteness haben. Obwohl sich in Folge der Auseinandersetzungen innerhalb der US-amerikanischen Frauenbewegung mit Forschungsrichtungen wie White Studies, Critical White Studies oder Whiteness Studies in den USA ein neues akademisches Feld herausgebildet hat, kann eine kritische Perspektive auf Whiteness nicht als etwas Neues bezeichnet werden. Vielmehr haben auch Afrodeutsche Autor_innen wie May Ayim, Ika Hügel-Marshall und Aretha Schwarzbach-Apithy eindrücklich darauf verwiesen, dass ihr Wissen um Whiteness für sie schon immer überlebensnotwendig war, um das Gefährdungspotenzial, dem sie auf Grund *weißer*, rassistischer Machtverhältnisse ausgesetzt sind, einschätzen zu können.

1.3. Localizing Whiteness im deutschen Kontext

Autorinnen, die sich auf die Critical Whiteness Studies beziehen, versuchen die Mechanismen *weißer* Dominanz aufzubrechen, indem sie die politischen, rhetorischen, kulturellen, sozialen, ökonomischen und historischen Konstruktionsprozesse von Whiteness nachvollziehen und kenntlich machen. Whiteness repräsentiert dabei innerhalb des vorherrschenden rassistischen gesellschaftlichen Machtverhältnisses den Standort und den Blickwinkel *weißer* Menschen und bezeichnet sowohl die Position als auch die Handlungen der Dominanz und Privilegierung, die sie in einer rassistisch strukturierten Gesellschaft einnehmen (vgl. Pech 2003: 52). Whiteness funktioniert als soziopolitische Platzzuweisung, die *weiße* und Schwarze Menschen an je unterschiedliche Plätze in der Gesellschaft verweist, und symbolisiert ein Machtsystem, dessen Ausgrenzungslinien mit anderen sozialen und politischen Konstruktionen wie Geschlecht, Nation oder Religion und ökonomischen Kategorien wie Klasse verknüpft sind (vgl. Wachendorfer 2001: 87) Allerdings, darauf verweist die *weiße* Sozialwissenschaftlerin Ruth Frankenberg in ihren Arbeiten, stellt Whiteness eine

7 Vgl. beispielsweise du Bois 1903, 1920.

flexible und relationale Dimension von Rassismus dar, die sich durch Zeit und Raum verändert. Es existiert keine übergeordnete essentielle und transhistorische Ausprägung von Whiteness, sondern eine Vielzahl von „Local Whitenesses" (vgl. Frankenberg 1997). Diese verschiedenen Bedeutungen und Ausprägungen von Whiteness gilt es zu untersuchen.

Gegen einen Transfer der angloamerikanischen Whiteness-Debatte auf den bundesdeutschen Kontext wird oftmals eingewandt, dass sich die gesellschaftlichen Verhältnisse in Deutschland signifikant von den USA oder Großbritannien unterscheiden würden. Ohne die historisch je spezifischen Eigentümlichkeiten zu leugnen, zeigen verschiedene Analysen jedoch, dass der Verweis auf die angebliche Irrelevanz der Whitenesskonzeption für den bundesdeutschen Kontext gerade die Stabilität der *weißen* Position in Deutschland reproduziert (Pech 2003: 60, Walgenbach 2005a: 377). Sie betonen, dass Whiteness im bundesdeutschen Kontext keine Brüchigkeit erfahren hat und immer noch als natürlich, unfreiwillig und unhinterfragbar hingenommen wird (vgl. Pech 2003: 60). Die Vorstellung einer vornehmlich *weiß*-deutschen Gesellschaft – die nicht der Realität entspricht – spricht daher gerade für eine Adaption der Critical Whiteness Studies, weil die Gleichsetzung von deutsch = *weiß* hinterfragt werden müsse und in diesem Zusammenhang zu untersuchen sei, „was *gesellschaftspolitisch getan wurde, um Deutschland vornehmlich weiß zu halten*" (Walgenbach 2005a: 377, Herv. i.O.).

Zum Bezug auf den deutschen Kontext, der für eine Weiterentwicklung der Whitenesskonzeption im deutschen Bezugsrahmen wichtig ist, liegen allerdings bisher nur wenige (historische) Arbeiten vor;[8] ein Umstand, der letztlich den Abwehrmechanismen in Deutschland zuarbeitet. Die existierenden Analysen zeigen jedoch auf, dass die zentralen deutschen Identitätsdiskurse um ‚Nation' und ‚Heimat' *weiß* markiert sind. Weißsein und ‚Deutschsein' waren nicht nur im deutschen Kolonialismus untrennbar miteinander verbunden, sondern auch im nationalsozialistischen Rassismus höchst relevant (vgl. Walgenbach 2005a: 383, 386). In Deutschland hat sich in diesen und anderen historischen Diskursen ein äußerst restriktives Verständnis nationaler Zugehörigkeit herausgebildet, das den Grundstein für eine rassifizierte, nationale deutsche Identität darstellt und bis heute fortwirkt.[9]

---

8 Neben den historischen Arbeiten von Katharina Walgenbach (2005a, 2005b) sei hier unter anderem auf die Analysen von Nicola Lauré al-Samarai (2004), Astrid Messerschmidt (2007) und Stefan Gerbing/Rona Torenz (2007) verwiesen.

9 An dieser Stelle sei auf die Arbeiten von Kien Nghi Ha verwiesen, die aus einer postkolonialen Perspektive heraus die restriktive Konstruktion nationaler Identität in Deutschland an Hand der aktuellen Debatten um Migration und Integration eindrucksvoll aufzeigen (vgl. Ha 2003, 2008 und Ha/Schmitz 2006).

2. Weißsein in der antirassistischen Bildungsarbeit

Fragen danach, an wen sich Seminare zur kritischen Reflexion von Weißsein richten sollten und welche Ausschlüsse bzw. Dominanzen (re)produziert werden, wenn sie sich nur an *Weiße* richten, sind von verschiedenen Autor _innen thematisiert worden und sollten fortwährend diskutiert werden (vgl. Wollrad 2005: 176).

Wir haben uns dafür entschieden, die Seminare für Personen anzubieten, die sich als *weiß*-mehrheitsdeutsch verorten. Diese Entscheidung basiert auf der Überzeugung, dass wir als *weiße* Teamer_innen nicht in der Lage sind, Schutzräume für Menschen mit Rassismuserfahrungen in gemischten Seminaren zu schaffen und wir eine erneute Reproduktion von rassistischen Verletzungen verhindern wollen.

Unsere Veranstaltungen werden vorwiegend von Personen besucht, die sich in linken, antirassistischen Kontexten bewegen. Viele von ihnen sind in der Bildungsarbeit tätig, andere studieren oder sind in antirassistischen Initiativen aktiv. Einige der Teilnehmenden kommen aus der Sozialen Arbeit. Die Teilnehmer_innen unserer Seminare verorteten sich dabei überwiegend als *weiß* und mehrheitsdeutsch. In den Seminaren geht es explizit um die kritische Hinterfragung von *weißer* Dominanz und *weißer* Biographie, das heißt *weiße* Themen dominieren den Raum. Seminare, die den Versuch machen, dies in einem Raum zu reflektieren, in dem auch Schwarze Perspektiven auf Weißsein sichtbar sind, müssten daher in einer anderen Teamkonstellation durchgeführt werden. Die inhaltliche Arbeit beginnt so auch damit, die genaue Teilnehmenden-Zusammensetzung abzufragen. Wird bei einem potentiellen Auftrag deutlich, dass auch Personen teilnehmen möchten, die diskriminierende Erfahrungen in Bezug auf Rassismus machen, sollte diesen die Konzeption des Seminars in einem Vorgespräch offen gelegt werden. Gemeinsam kann überlegt werden, welche Bedingungen geschaffen werden müssen, um das Seminar durchzuführen. Vor allem ist es wichtig, die Teamkonstellation neu zu überdenken. So können Kolleg_innen of Color hinzugezogen und es sollte geprüft werden, ob es möglich ist, parallel einen Empowerment-Workshop anzubieten.

Letztlich sollte den Interessierten die Entscheidung überlassen werden, ob sie am Seminar teilnehmen möchten. Ziel sollte es sein, Rahmenbedingungen zu schaffen, innerhalb derer *alle* Interessent_innen mit Rassismuserfahrungen geschützte Räume vorfinden.[10]

---

10 Es kommt zum Beispiel immer wieder vor, dass Menschen mit einem osteuropäischen Migrationshintergrund Seminare zu Weißsein besuchen, weil sie sich selbst als

2.1. Ziele

Mit Seminaren zur kritischen Reflexion von Weißsein wollen wir die theoretischen Grundlagen des Ansatzes vermitteln und eine Reflexion auf biographisch-persönlicher Ebene anregen.
Der Schwerpunkt unserer Seminare liegt auf der Auseinandersetzung mit der *eigenen* gesellschaftlichen Positionierung, bezogen auf Rassismus und den eigenen Privilegien als *weiße* Person. Unsere Praxiserfahrungen zeigen, dass *Weiße* sich der Auseinandersetzung mit Rassismus häufig ausschließlich auf einer theoretischen Ebene nähern und sich damit sozusagen ‚hinter der Theorie verstecken'. Die Fokussierung auf Theorie in Seminaren zur kritischen Reflexion von Weißsein verhindert unserer Erfahrung nach oftmals eine Auseinandersetzung mit eigenen Rassismen und fördert Konkurrenzen unter *Weißen*. In theoretischen Debatten um Weißsein geht es für *Weiße* oft darum, anderen deutlich zu machen, dass sie selbst sich schon eingehend mit Rassismus und Critical Whiteness beschäftigt haben. Hier entsteht eine konkurrente Atmosphäre, die Fragen nach der ‚richtigen' Haltung aufwirft. Es kommt dann häufig zu Ausschlüssen von Personen, die mit ihrer Auseinandersetzung zu Rassismus gerade erst beginnen. Die Folge ist, dass *Weiße* in rassismuskritischen Seminaren oftmals eher Selbst*darstellung* als Selbst*reflexion* betreiben. Die Annäherung an Weißsein sollte daher weniger auf einer theoretischen Ebene als vielmehr auch auf einer persönlichen (Gefühls)-Ebene reflektiert werden.

Trotz aller Skepsis gegenüber einem rein theoretischen Zugang möchten wir allerdings betonen, dass die eigene individuelle Reflexion nicht losgelöst von der strukturellen und institutionellen Ebene von Rassismus erfolgen sollte. Vielmehr ist es notwendig, die persönliche Reflexion auf die gesellschaftlichen Ausschlüsse und Wirkungsweisen von Rassismus rückzubeziehen, um nicht in einem quasi therapeutischen Setting zu landen, das sich fortwährend mit sich selbst und den eigenen *weißen* Themen beschäftigt.

---

weiß verorten. Im Verlauf des Seminars wird die Brüchigkeit dieser Verortung deutlich, da *weiße* mehrheitsdeutsche Perspektiven den Raum dominieren und Teilnehmende mit osteuropäischem Hintergrund ihre Perspektiven in der *weißen* Gruppe nicht repräsentiert sehen. In anschließenden Reflexionsgesprächen beantworteten diese Personen die Frage nach Räumen, in denen es ihnen möglich sei, ihre eigenen Erfahrungen zu reflektieren, mit der Idee, einen dritten Raum zu eröffnen. Idealerweise ermöglicht eine adäquate Teamkonstellation die Schaffung von mehreren Räumen. So würde ein Raum für Menschen zur Verfügung stehen, die gesellschaftlich in manchen Kontexten als *weiß* verortet werden, die jedoch ständig damit rechnen müssen, in anderen Situationen zur/zum ‚Anderen' gemacht zu werden.

2.2. Methoden

In unseren Seminaren haben sich verschiedene methodische Zugänge bewährt, von denen wir im Folgenden zwei vorstellen werden. Wichtig ist uns der Hinweis, dass es dabei weniger um die richtige Methode zu Weißsein geht. Vielmehr bedarf es generell in der politischen Bildungsarbeit einer kritischen Reflexion, die Weißsein als Dimension von Rassismus mitdenkt und (eigene) Privilegien in die Auseinandersetzung um Rassismus einbezieht. Hierfür ist die Haltung der Teamenden entscheidender als ihr Methodenrepertoire.

Die Übung „Privilegien-Galerie" haben wir in Anlehnung an einen Text von Peggy McIntosh entwickelt. In „White Privilege and Male Privilege: A personal account of coming to see correspondences through work in Women's Studies" nimmt McIntosh eine Aufzählung von *weißen* Privilegien aus der Ich-Form vor (McIntosh 1988). Von den ‚fünfzig' Punkten, die die *weiße* Professorin in ihrem Text benennt, soll im Folgenden eine Auswahl genügen:

White Privilege and Male Privilege

- I can turn on the television or open the front page of the paper and see people of my race widely represented.
- When I am told about our national heritage or about ‚civilization', I am shown that people of my color made it what it is.
- I can be sure that my children will be given curricular materials that testify to the existence of their race.
- I do not have to educate my children to be aware of systemic racism for their own daily physical protection.
- I can swear, or dress in second hand clothes, or not answer letters, without having people attribute these choices to the bad morals, the poverty or the illiteracy of my race.
- I am never asked to speak for all the people of my racial group.
- I can easily buy posters, post-cards, picture books, greeting cards, dolls, toys and children's magazines featuring people of my race.
- I can worry about racism without being seen as self-interested or self-seeking.
- If my day, week or year is going badly, I need not ask of each negative episode or situation whether it had racial overtones.
- I can think over many options, social, political, imaginative or professional, without asking whether a person of my race would be accepted or allowed to do what I want to do.
- If I have low credibility as a leader I can be sure that my race is not the problem.

- I can easily find academic courses and institutions which give attention only to people of my race.
- If I want to, I can be pretty sure of finding a publisher for this piece on white privilege.

Im Seminar arbeiten wir so, dass die Statements auf Karteikarten übertragen und in einem langen Gang als Ausstellung aufgehängt werden. Die Teilnehmenden werden gebeten, nacheinander in Stille diesen Gang entlang zu gehen, die Karten zu lesen und sich Notizen zu den Gefühlen zu machen, die bei ihnen während des Lesens auftauchen. Anschließend werden die Stichworte auf Karteikarten übertragen und an die Wand gehängt. Sie werden nun von der Seminargruppe nach ähnlichen Empfindungen geclustert. In der Reflexion kann herausgearbeitet werden, dass diese Gefühle nicht erst während der Übung entstanden sind, sondern in Bezug auf die Thematisierung von Rassismus und *weißen* Privilegien bereits da waren und durch die Übung zutage getreten sind.

In der Auswertung zeigt sich, dass in den Seminaren immer wieder ähnliche Gefühle und Gedanken geäußert werden. Diese sind im Wesentlichen Unbehagen, Schuld und Scham, Abwehr, Wut, Verwunderung, Bestätigung, Verunsicherung, Frustration, Empörung, Betroffenheit, Selbstaggression, Mitleid, aber auch Sicherheit und Erleichterung sowie der Wunsch nach Handlungsfähigkeit und Widerstandsstrategien.

Der Effekt der Übung ist in jeder Gruppe unterschiedlich. Die meisten Teilnehmer_innen lassen sich auf die Übung ein und fühlen sich berührt und betroffen von der deutlichen Veranschaulichung der eigenen Privilegien und den Folgen, die dies für Menschen hat, die keine *weißen* Privilegien besitzen. Dies wird dadurch verstärkt, dass die Teilnehmenden die Übung schweigend und allein erleben. Unangenehme Gefühle können so nicht durch Sprechen übergangen werden.

Häufig erleben wir im Seminar nun einen intensiven Reflexionsprozess. Sehr stark wird oftmals der Wunsch nach Handlungsfähigkeit benannt. Es taucht die Frage auf, wie nun mit diesen Privilegien umgegangen werden kann und welche Konsequenzen sich aus den eigenen Einsichten ergeben.

Allerdings wird auch häufig die Methode selbst kritisiert und/oder demontiert. Beispielsweise werden Fragen nach der Person Peggy Macintosh gestellt oder der Kontext hinterfragt, in dem ihre Arbeit entstanden ist. Hier wird problematisiert, ob die genannten Privilegien nicht eher auf den US-amerikanischen Raum zuträfen und auf Deutschland nicht übertragbar seien.

Wie Rassismustheoretiker_innen of Color immer wieder deutlich machen, kann Abwehr eine typische Strategie von *weißen* Menschen sein, um eine tiefere Auseinandersetzung mit den eigenen Privilegien zu vermeiden.

In der Auswertung der genannten Übung zeigen sich weitere Abwehrstrategien. Einige Teilnehmende distanzieren sich etwa nach der Übung von den Thesen und äußern, viele dieser Privilegien nicht zu haben. In manchen Fällen wird die eigene Betroffenheit von anderen Diskriminierungsformen ins Spiel gebracht, so z.B.: „Als lesbische Frau profitiere ich nicht in allen Punkten von diesen Privilegien, bin ich z.B. betroffen von Homophobie" oder: „Ich erlebe auch immer wieder, dass im Kaufhaus ein Detektiv hinter mir steht und mich misstrauisch beäugt."

Auch wenn die Benennung anderer Ungleichheitsdimensionen wichtig und nicht zu ignorieren ist, wir außerdem keine simplifizierenden Täter-Opfer-Kategorisierungen vornehmen wollen, dienen diese Einwände unseres Erachtens nach an dieser Stelle[11] dazu, die eigene *weiße* Identität zu differenzieren und damit erneut heterogene Repräsentationen von Weißsein vorzunehmen.

Auch ist in der Auswertung der Methode (wie überhaupt bei der Thematisierung von Rassismus) eine Tendenz zu beobachten, dass die Frage nach der Umkehrbarkeit von Rassismus gestellt wird. So berichten *Weiße* häufig von Diskriminierungserfahrungen in anderen europäischen und außereuropäischen Ländern – hier sind Reisen auf den afrikanischen Kontinent ein viel zitiertes Beispiel –, die sie als Rassismus bezeichnen. Der historisch spezifische Entstehungskontext von Rassismus wird so außer Acht gelassen, es scheint der Wunsch durch, als *Weiße* nicht automatisch auf der Täterinnenseite zu stehen.

Es kommt ebenfalls vor, dass Einzelne beginnen, über Personen of Color zu sprechen und zu spekulieren, wie Menschen mit Rassismuserfahrungen wohl verschiedene Aspekte sähen. So werden teilweise Diskussionen aufgegriffen und kritisiert, die in Empowerment-Kontexten geführt werden, z.B. über die Definition von POC[12] oder ob es Rassismus unter Schwarzen Menschen und Personen of Color gibt. Es wird auch nicht selten Bezug auf Erlebnisse mit POC genommen. Z.B. werden Unsicherheiten im Kontakt und der Wunsch nach Handlungsfähigkeit und Handlungssicherheit benannt. Hieran wird einmal mehr deutlich, dass Weißsein für *weiße* Menschen erst in der Begegnung und Interaktion mit Schwarzen Menschen/People of Color ein Thema wird. Eine Teilnehmerin beklagte in dem Zusammenhang beispielsweise, dass die Auseinandersetzung mit *weißen* Privilegien ihr den

11 Das heißt, dass sich die Seminarteilnehmer_innen mit dem *eigenen* Weißsein auseinandersetzen sollen. Damit wird die Existenz und die Überschneidung mit anderen Machtachsen nicht geleugnet. Diese sollen allerdings an dieser Stelle nicht im Vordergrund stehen.

12 POC ist die Abkürzung für People of Color.

Kontakt mit POC nun eher erschwere, weil eine „Leichtigkeit“ fehle, die sie früher gehabt habe. Diese Äußerung könnte unsere Beobachtung erklären, dass *weiße* Antirassist_innen, die sich bereits mit Rassismus auseinandergesetzt haben, sehr starke Unsicherheiten in Seminaren zeigen, in denen die Gruppe aus Menschen mit und ohne Rassismuserfahrungen besteht.

Der Wunsch nach ‚Sicherheit‘ und Leichtigkeit im Umgang mit Schwarzen Menschen widerspricht u.E. jedoch der notwendigen Phase der Verunsicherung des *weißen* Standings. Er ist Ausdruck von Dominanzgewohnheit und der lebenslangen Gewissheit, sich im Kontext von Rassismus sicher fühlen zu können. Es ist unsere Überzeugung, dass *weiße* Menschen wissen, dass sie bezogen auf Rassismus eine privilegierte Position einnehmen, auch wenn dies häufig verleugnet wird. Laut der Schwarzen Psychoanalytikerin Grada Kilomba geschieht diese Verleugnung, weil Rassismus und *weiße* Dominanz „an unpleasant truth“ darstellen. Die Frage an Weiße sei daher nicht, was sie über Rassismus wissen, sondern was sie über Rassismus wissen wollen:

> „They say they do not know! But if I know, they too have to know as we coexist in the same scenario. They say they never heard of it! But how come, if we have been speaking it since 500 years. Five hundred years is such a long time. What do they want to know? And what do they want to hear?“ (Kilomba 2008: 21).

Die geschilderten Abwehrprozesse führen oft dazu, dass die Gruppe nicht mehr über *weiße* Privilegien und Rassismus spricht. Dies kann durch eine adäquate Anleitung jedoch thematisiert und gespiegelt werden. Wichtig ist beispielsweise, nach dem Interesse zu fragen, das hinter Diskussionen steckt, die Empowermentkontexte betreffen. Hier kann deutlich gemacht werden, dass es nicht um ein ‚Sprechen über Andere‘, sondern um die Reflexion des eigenen (*weißen*) Standortes geht. Der Effekt der Übung liegt damit nicht nur in der Sensibilisierung für eigene Privilegien, sondern auch in der Thematisierung der Abwehr, die auftaucht, wenn jene benannt werden.

Es geht uns an dieser Stelle nicht um eine Bewertung, allerdings möchten wir *weiße* Personen dazu ermutigen, Verunsicherung zuzulassen und auszuhalten. Dass das eigene Selbstbild dabei ins Wanken gerät, ist die Voraussetzung für Handlungsfähigkeit, die ein Bewusstsein für die eigenen *weißen* Privilegien beinhaltet.

2.3. Rolle der Teamer_innen

Die Teamer_innenrolle in Seminaren zu Weißsein steht vor besonderen Anforderungen. Sie steht vor dem Dilemma, zwischen *weißem* Expert_innenstatus und *weißer* Kompliz_innenschaft agieren zu müssen. Es ist somit eine Herausforderung, *weiße* Abwehr- und Ausweichversuche wahrzunehmen und zu reagieren, ohne sich wiederum als die bessere *Weiße* zu profilieren. Hierfür braucht es eine Sensibilität für Abwehrmechanismen.

Darüber hinaus bildet die eigene Reflexion als Teamer_in die Voraussetzung für Interventionen in die Prozesse im Seminar. Eigene Körperreaktionen und Wahrnehmungen der Teamer_in können hierbei wichtige Hinweise auf Gruppenthemen sein und sollten ernst genommen werden. So kann es sein, dass die Anleiter_in bei manchen Diskussionen und Gruppendynamiken eine gewisse Ungeduld und fehlende Konzentration oder auch Ärger bei sich selbst registriert.

Diese Wahrnehmungen können der Gruppe zur Verfügung gestellt werden. Die Gruppe hat dann die Gelegenheit, den eigenen Prozess zu reflektieren. In der Moderation kann das Anleitungsteam die Gruppe fragen, ob sie denkt, dass sie gerade über *weiße* Privilegien und Rassismus spricht. Unserer Erfahrung nach ist es manchmal so, dass die Gruppe nun selbst bemerkt, dass sie sich in Ausweichversuche flüchtet. In der Folge kann der eigene Eindruck gespiegelt werden. Oft ist dies ein Wendepunkt im Seminar, an dem die Gruppe die Struktur *weißer* Kommunikation über Rassismus und ihre eigene Verstrickung darin versteht. Dies kann wiederum ein guter Anlass für ein Gespräch über dahinter liegende Gefühle sein. Der Gruppenprozess steht hierbei im Mittelpunkt, d.h. es geht weniger um ‚klassische' aufklärende Bildungsarbeit, sondern vielmehr darum, dass die Gruppe von allein *weiße* Strukturen erkennt.

Die konfrontierende Interaktion der Teamer_innen kann wichtig sein und wird von vielen Teilnehmenden in der Reflexion unserer Seminare als hilfreich benannt. Wichtig ist, die Gruppe nicht bloßzustellen; die Methode des Spiegelns kann ein Weg sein, den Prozess offen zu legen und die Anleiter_in des Seminars einzubeziehen. Diese kann und sollte auch ihre eigenen Reflexionsprozesse mitteilen und zur Verfügung stellen, schon deshalb, um deutlich zu machen, dass es kein *Verlernen* von Weißsein gibt. Privilegien sind, wie Peggy Macintosh betont, ein unsichtbares Gepäck. Dieses können wir uns bewusst machen, es lässt sich jedoch nicht ‚wegreflektieren'.

2.4. Seminare für Menschen mit und ohne Rassismuserfahrungen

Seminare, in denen POC und *Weiße* sich gemeinsam mit Rassismus auseinander setzen, entwickeln andere Dynamiken als Seminare, an denen nur *weiße* Menschen teilnehmen. Das Anleitungsteam in einem solchen Seminar sollte beide Perspektiven repräsentieren. Integraler Bestandteil der Seminare sind gemeinsame und getrennte Gruppenphasen, bei denen die Seminargruppe in eine Schwarze und eine *weiße* Gruppe getrennt wird. Der Moment der Trennung der Gruppen kann ein erster Schritt zur Bewusstwerdung des eigenen Weißseins sein. Bereits in der Trennung zeigen sich die unterschiedlichen Perspektiven auf Rassismus. Es wird deutlich, dass es kein Außerhalb von rassistischen Strukturen gibt, auch antirassistische Kontexte sind von diesen durchzogen. *Weiße* Teilnehmende werden hier – möglicherweise zum ersten Mal bewusst – als *weiß* verortet; eine Differenzlinie, die manchen kognitiv bereits klar ist, wird nun benannt. Sie wird räumlich und körperlich umgesetzt und dadurch spürbar.

Es zeigt sich, dass die Anwesenheit von POC oftmals eine Unsicherheit bei *weißen* Teilnehmenden auslöst, die einen offenen Reflexionsprozess mitunter erschwert. Wir haben die Erfahrung gemacht, dass die *weiße* Gruppe nach der Gruppentrennung unter enormen Stress geraten kann, wenn sie Ergebnisse präsentieren soll. Dies ist selbst dann der Fall, wenn vorher eine produktive Kleingruppenphase stattfand. Oft schweigen *weiße* Teilnehmende im gemeinsamen Plenum und wirken verunsichert. Dies kommt auch körperlich zum Ausdruck, z.B. in Unruhe, Vermeiden von Blickkontakten, Lachen oder Nebengesprächen. Die *weiße* Gruppe bezieht sich nicht mehr aufeinander: Es scheint, als säßen nur noch lauter Einzelpersonen im Raum. Bei Wortbeiträgen sprechen einige stockend oder reden viel, sagen aber inhaltlich wenig über den Prozess in der Kleingruppe. Auf Nachfrage von POC, was genau inhaltlich besprochen worden sei, erfolgt häufig keine klare Antwort. So wird vielleicht beschrieben, dass die *weiße* Kleingruppe zu keinem Ergebnis gekommen sei, weil man sich in theoretischen Diskussionen verstrickt habe oder dass der Prozess schleppend verlief. Sehr selten wird das gegenwärtige Gefühl der Verunsicherung benannt. Aus Angst, etwas ‚Falsches' zu sagen, Grenzen von POC zu übertreten oder aus Scham, entsteht eine lähmende Atmosphäre.

Häufig haben wir erlebt, dass Teilnehmende of Color sich als Reaktion darauf zunächst irritiert, dann nachfragend und schließlich verärgert zeigen. Es kommt vor, dass POC ihre Wahrnehmung formulieren, dass die *weiße* Gruppe sich nicht zeigt und sich hinter Schweigen versteckt, verbunden mit Kontaktangeboten und Aufforderungen, sich zu zeigen oder die Motive offen zu legen, warum sich die *weißen* Teilnehmenden mit Rassismus auseinandersetzen. Oft wird an dieser Stelle eine Reproduktion von rassistischen Verhältnissen benannt. Doch selbst dann fällt es (uns) *Weißen* schwer zu sprechen.

Diese und ähnliche Situationen haben wir sowohl als Teilnehmer_innen als auch als Anleiter_innen erlebt. Für die *weiße* Gruppe besteht dennoch die Chance, den ‚schief gelaufenen' Prozess zu reflektieren.

Seminarbeispiel

In einem Seminar wandten wir zur Auswertung einer Situation, wie sie oben beschrieben wurde, die Methode des Statuentheaters nach Augusto Boal (1989) an. Hier haben die Teilnehmenden die Möglichkeit, sich körperlich in Bezug auf eine bestimmte Frage zu positionieren.

Die Teilnehmenden wurden zunächst dazu aufgefordert, sich durch den Raum zu bewegen. Die Anleitung bat sie im Anschluss, sich an die vorangegangene Plenumssituation, in der sie sich unwohl gefühlt haben, zu erinnern. Die Teilnehmenden sollten Wörter formulieren, die ihre Haltung zu der Fragestellung ausdrückten und dazu eine Statue bilden, d.h. eine körperliche Haltung einnehmen. Auf die Frage „Welche Gefühle hast du zu der Plenumssituation, als die *weiße* Gruppe ihre Ergebnisse im Plenum vorstellen sollte?" wurden vornehmlich Gefühle wie Schock, dem Wunsch wegzulaufen, Überforderung und Anspannung, einem Vernichtungsgefühl, Gefühlen von Angst, Hilf- und Sprachlosigkeit, Verwunderung über sich selbst und dem Unwillen, mit Sprechen anzufangen geäußert. Auch ein Gefühl von Durchatmen und das Bewusstsein, dass es genau darum ginge, wurden genannt. Im zweiten Schritt wurden die Teilnehmer_innen nach ihren Vorstellungen darüber befragt, wie es idealerweise ablaufen könnte, wenn keine Anspannung vorhanden wäre und für die *weiße* Gruppe die Möglichkeit bestände, offen über ihre Prozesse zu reden, ohne Grenzen zu verletzen. Als Wunsch- und Zielvorstellungen wurden die Möglichkeit, zu sich selbst zu stehen, sich einzubringen und sich verstanden zu fühlen, Selbstbewusstsein und Handlungsfähigkeit ebenso genannt wie der Wunsch, einfach reden zu können, ohne weglaufen zu wollen und die *weiße* Gruppe als Gruppe wahrzunehmen.[13] Bei der Auswertung der Übung wurde betont, dass auch Widerstand stehen gelassen werden müsse, Zeit nötig sei, tiefe Traurigkeit und der Wunsch aufkamen, von POC anerkannt und gelobt zu werden. Die Gruppe äußerte die Vermutung, momentan noch nicht an dem Punkt zu sein, in den Austausch mit der POC-Gruppe treten zu können. Bezüglich der Offenlegung der *weißen* Prozesse wurde die Frage aufgeworfen, wie eine Verständigung mit POC darüber stattfinden könne, ohne

13 Weitere genannte Wünsche betrafen die Fähigkeit, ‚Stopp' sagen zu können, Kontakt zu den eigenen Gefühlen zu haben, sich selbst kritisch sehen zu können, sich zu öffnen, präsent zu sein, eine Balance halten zu können, mutig und angstlos zu sein und Solidarität ohne das Gefühl von Seltsamkeit empfinden zu können.

erneut Grenzen zu überschreiten. Außerdem tauchte die Frage auf, ob die Präsentation von Ergebnissen in diesem Sinne eigentlich möglich und sinnvoll sei. Einige *weiße* Teilnehmer_innen äußerten in der Reflexion die Angst, Freund_innen of Color zu verlieren, die am Seminar teilnahmen. Die unterschiedlichen Perspektiven auf Rassismus in Freundschaften und Beziehungen zwischen Menschen mit und ohne Rassismuserfahrungen wurden vermutlich vorher kaum oder gar nicht benannt und erschien nun als Bedrohung.

Nach dem Statuentheater wurde sehr deutlich, dass die Stimmung in der *weißen* Gruppe viel gelöster war als kurz nach der angespannten Situation im Seminar. Über die Thematisierung verdrängter Gefühle war eine stärkere Sensibilität füreinander entstanden. Diese ermöglichte es, über *weiße* Dominanz und ihre Auswirkungen zu reden und *gemeinsam* nach möglichen Wegen zu suchen, als *Weiße* zum Abbau (auch eigener) rassistischer Strukturen beizutragen.

3. Grenzen der Thematisierung von Rassismus in Gruppen mit POC und *Weißen*

In mehrperspektivischen Seminaren zu Rassismus wird deutlich, dass *Weiße* in Bezug auf Rassismus häufig auf Kosten von Schwarzen Personen und POC lernen. Das Dilemma, dass der Lernprozess für die *weiße* Gruppe wichtig ist, für POC aber oft eine bekannte rassistische Situation reproduziert, lässt sich schwer auflösen. Von entscheidender Bedeutung ist hier die Trennung des Seminars in eine Empowermentgruppe und eine *weiße* Gruppe. Nur so wird ermöglicht, dass beide Prozesse – die Stärkung von POC in der Empowermentgruppe und die Verunsicherung und Infragestellung *weißer* Privilegien in der *weißen* Gruppe – in einem Seminar stattfinden können und mit einseitigen Lernprozessen zugunsten der *weißen* Gruppe bewusster umgegangen wird.

Die unterschiedliche Wirkung der Gruppenphasen zeigt sich in der Bewertung seitens *weißer* Teilnehmer_innen und Teilnehmer_innen of Color. Einen wichtigen Unterschied zwischen Empowerment-Räumen und wei*ßen* Räumen macht Maureen Maisha Eggers[14] deutlich, indem sie ausführt, dass die grundsätzliche Haltung in Empowerment-Räumen eine „einander zugewandte" sei. Diese Haltung ist, unserer Erfahrung nach, in kritischen *weißen* Räumen seltener vorhanden und zudem auch vielen *weißen*

14 Aus einem Vortrag auf der Fachtagung „Normalität und Alltäglichkeit des Rassismus". Fachgespräch des IDA-NRW in Kooperation mit Paul Mecheril, Pädagogische Fakultät der Universität Bielefeld; 14./15. September 2007, CJD Bonn.

Teilnehmer_innen verdächtig. Demgegenüber hat die Gruppe of Color oftmals eine klare Haltung und erlebt die Gruppentrennung als sinnvoll und wohltuend. Auch in der Präsentation der Ergebnisse zeigt sich bei Empowerment-Gruppen eine große Klarheit in Bezug auf eigene Grenzen und Offenheit. Im Gegensatz dazu ist in *weißen* Gruppen die Unsicherheit darüber vorherrschend, was POC über *weiße* Reflexionen wissen möchten und was nicht. Erstaunlicherweise wird dies aber selten direkt nachgefragt. Ein gewisser Paternalismus könnte in der Frage „Was kann ich als *Weißer* der POC-Gruppe zumuten?" durchaus eine Rolle spielen.

Aus unserer Sicht ist es wichtig, Menschen mit Rassismuserfahrungen die Erkenntnisse und Prozesse, die in *weißen* Räumen entstehen, zugänglich zu machen, wenn sie etwas darüber erfahren möchten. Im Austausch mit Bildungsarbeiter_innen of Color, mit denen wir zusammenarbeiten und vernetzt sind, wird deutlich, dass Reflexionsräume für *Weiße* tendenziell begrüßt werden, teilweise jedoch nur bedingt Interesse an detaillierteren Informationen über die Prozesse, die in diesen Räumen stattfinden, besteht. So kann es unpassend oder grenzüberschreitend sein, *weiße* Themen ungefragt in Gespräche einzubringen und damit den Rahmen zu dominieren. POC sollte die Entscheidung darüber obliegen, ob und was sie über diese Reflexionen wissen möchten. In Seminaren, in denen Schwarze und *weiße* Perspektiven repräsentiert sind, ist eine klare Positionierung des Anleitungsteams gefragt, das einschreiten sollte, wenn Grenzen überschritten werden. Die interne Reflexionsfähigkeit der Anleiter_innen ist dabei von entscheidender Bedeutung (vgl. Arapi/Lück 2005b). Denn auch das schwarz-*weiße* Anleitungsteam ist von gesellschaftlichen und individuellen rassistischen Machtstrukturen durchzogen, was sich in unterschiedlichen Analysen von Seminarsituationen zeigen kann. Mitunter werten *weiße* Anleiter_innen eine Diskussion zwischen POC und *weißen* Teilnehmenden als gelungen, während die Kollegin of Color sich fragt, für wen diese Lernprozesse sinnvoll waren und für wen sie eventuell eine Reproduktion bekannter Verhältnisse darstellen. Die Frage nach Schutzräumen für die Kolleg_innen of Color ist daher genauso bedeutend wie für Teilnehmende of Color.

4. Fazit: Die Auseinandersetzung geht weiter

Noch immer wird die Landschaft der Bildungsarbeit zu Rassismus, Rechtsextremismus und Diskriminierung von *weißen* Menschen dominiert; vielerorts wird diese Tatsache nicht hinterfragt. Durch die Kritik Schwarzer Menschen und POC schleicht sich allerdings ein Unbehagen in Bezug auf die Dominanz *weißer* Teamkonstellationen ein und es wird deutlich, dass

Bildungsarbeit, die Rassismus thematisiert, auf den Perspektiven von Menschen beruhen sollte, deren Biographien durch Rassismuserfahrungen geprägt sind. *Weiße* (uns als Autor_innen eingeschlossen) müssen also für sich rechtfertigen (können), in diesem Feld ihren Arbeitsplatz zu finden. Sie befinden sich in dem Dilemma, auf Grund ihrer privilegierten Situation, in der von rassistischen Ausschlussmechanismen durchzogenen deutschen Gesellschaft ungewollt und in paradoxer Weise rassistische Diskurse zu reproduzieren und in ihrem Alltag an einem Unterdrückungsverhältnis teilzuhaben und privilegiert zu werden, das sie ablehnen (vgl. Weiß 1998: 279, Weiß 1999: 30).

Vielleicht ist gerade deshalb der Wunsch nach Handlungsfähigkeit in jedem Seminar einer der zentralen und umstrittensten Punkte. Handlungsfähigkeit im Sinne von Handlungssicherheit ist im Kontext von Rassismus unseres Erachtens nach nicht möglich. Das Ziel, eine kritische und verortete *weiße* Identität zu entwickeln, die sich aus eigener Motivation gegen Rassismus wendet und die eigenen Privilegien reflektiert, ist ein langwieriger Prozess. Die Verantwortungsübernahme für die eigene *weiße* Position erachten wir dabei als entscheidend. Der widersprüchlichen Anforderung, aus der *weißen* Dominanzposition heraus *weiße* Vorherrschaft zu bekämpfen, kann nur entsprochen werden, wenn die Reflexion von Weißsein gleichsam als Auseinandersetzung „nach Innen (im eigenen Kopf und den eigenen Vorstellungswelten) wie nach Außen (in die jeweiligen sozialen Zusammenhänge und in die gesellschaftlichen Verhältnisse hinein)“(Pech 2006: 89) verstanden wird. Diese Auseinandersetzung muss strukturiert und auf die eigene akademische, politische oder pädagogische Praxis übertragen werden. Die Verortung und kritische Reflexion von Weißsein kann hierzu einen Beitrag leisten. Sie ermöglicht es, Fragen nach den Gründen für *Weiße*, sich mit Rassismus auseinanderzusetzen, und nach *weißem* positioniertem Sprechen aufzuwerfen. Wie sich beispielsweise in der Auswertung des Statuentheaters zeigt, bieten die Seminare die Möglichkeit, nach der Bedeutung einer kritischen Solidarität in *weißen* Gruppen zu fragen. Rassismus und *weiße* Privilegien können so in den Blick genommen werden; die Auseinandersetzung geht weiter.

Wichtig bleibt, dass die Auseinandersetzung nicht zum Selbstzweck für eine neue „*weiße* ‚antirassistische Kritikelite‘ wird, die ihr eigenes Weißsein analysiert und von dieser Nische aus Diskurse produziert, die es ihr ermöglichen, sich wieder in ihrer eigenen *weißen* Progressivität zu verlieren.“ (Piesche 2005:16) Denn auch wir als *weiße* Autor_innen können uns, in Anlehnung an die Aufzählung *weißer* Privilegien von Peggy McIntosh, ziemlich sicher sein, dass wir jemanden finden, der diesen Artikel publiziert.

Bibliographie

Al-Lauré Samarai, Nicola (2004): Schwarze Menschen im Nationalsozialismus, in: ADB Köln/cyberNomads (Hrsg.): The Black Book. Deutschlands Häutungen, Frankfurt a.M./London, S. 50-53.

Arapi, Güler/Lück, Mitja Sabine (Hrsg.) (2005a): Mädchenarbeit in der Migrationsgesellschaft. Eine Betrachtung aus antirassistischer Perspektive. *http://maedchentreff-bielefeld.de/antira/tagungs-dokumentation-transkulturelle-teams.pdf* Zugriff am 20.11.2008.

Dies. (Hrsg.) (2005b): Transkulturelle Teams – ein Qualitätsstandard in der sozialen Arbeit?! Dokumentation der Tagung vom 11.-13.11.2005 im Haus Neuland/Bielefeld.

Boal, Augusto (1989): Theater der Unterdrückten, Übungen und Spiele für Schauspieler und Nicht-Schauspieler, Frankfurt a.M.

DuBois, W.E.B. (1920): The Souls of White Folk, in: Ders.: Darkwater. Voices from Within the Veil, New York.

Ders. (1903): The Souls of Black Folk, Chicago.

Eggers, Maureen Maisha/Kilomba, Grada/Piesche, Peggy/Arndt, Susan (Hrsg.) (2006): Mythen, Masken und Subjekte. Kritische Weißseinsforschung in Deutschland, Münster.

Eggers-Raburu, Maureen Maisha (1999): Antirassistische Mädchenarbeit – Sensibilisierungsarbeit bezogen auf Rassismus mit Mädchen und jungen Frauen, Kiel.

Frankenberg, Ruth (1997): Introduction. Local Whitenesses, Localizing Whiteness, in: Dies. (Hrsg.): Displacing Whiteness: Essays in Social and Cultural Criticism. Durham, S. 1-34.

Gerbing, Stefan/Torenz, Rona (2007): Kritische Weißseinsforschung und Deutscher Kontext. Über das Verhältnis von Deutschsein, Weißsein und die Konstruktion des Ariers, Saarbrücken.

Ha, Kien Nghi (2008): „Erdarbeiter" – „Gastarbeiter" – „Computerinder": Arbeitsmigrationspolitik und innere Kolonialisierung, in: Golly, Nadine/Cohrs, Stephan (Hrsg.): Deplatziert! Interventionen postkolonialer Kritik, Berlin, S. 1-36.

Ders. (2007): People of Color – Koloniale Ambivalenzen und historische Kämpfe, in: Ders./Al- Lauré Samarai, Nicola/Mysorekar, Sheila (Hrsg.): re/visionen. Postkoloniale Perspektiven von People of Color auf Rassismus, Kulturpolitik und Widerstand in Deutschland, Münster, S. 31-39.

Ders. (2003): Die kolonialen Muster deutscher Arbeitsmigration, in: Steyerl, Hito /Gutiérrez Rodríguez, Encarnación (Hrsg.): Spricht die Subalterne deutsch? Migration und postkoloniale Kritik, Münster, S. 56-107.

Ha, Kien Nghi/Schmitz, Markus (2006): Der Nationalpädagogische Impetus der deutschen Integrations(dis)kurse im Spiegel post-/kolonialer Kritik, in: Mecheril, Paul/Witsch, Monika (Hrsg.): Cultural Studies und Pädagogik. Kritische Artikulationen, Bielefeld, S. 225-262.

Hermann, Steffen Kitty (2003): Performing the Gap – Queere Gestalten und geschlechtliche Aneignung, in: arranca!, Nr.28, Berlin, S. 22-26.

Joseph, Gloria I. (1993) (Hrsg.): Schwarzer Feminismus. Theorie und Politik afroamerikanischer Frauen, Berlin.

Kilomba, Grada (2008): Plantation Memories. Episodes of Everyday Racism, Münster.

Klinger, Cornelia/Knapp, Gudrun-Axeli (2005): Achsen der Ungleichheit – Achsen der Differenz. Verhältnisbestimmungen von Klasse, Geschlecht, „Rasse"/ Ethnizität, in: Klinger, Cornelia/Knapp, Gudrun-Axeli/Sauer, Birgit (Hrsg.): Achsen der Ungleichheit. Zum Verhältnis von Klasse, Geschlecht und Ethnizität. Frankfurt a.M./New York, S.19-41.

McIntosh, Peggy (1988): White Privilege and Male Privilege: A Personal Account of Coming To See Correspondences through Work in Women's Studies, Working Paper Nr. 189, Wellesley. Wiederabgedruckt u.a. in: Delgado, Richard/ Stefanic, Jean (Hrsg.) (1997): Critical Whiteness Studies. Looking behind the Mirror, Philadelphia, S. 291-299.

Messerschmidt, Astrid (2007): Repräsentationsverhältnisse in der postnationalsozialistischen Gesellschaft, in: Broden, Anne/Mecheril, Paul (Hrsg.): Re-Präsentationen. Dynamiken der Migrationsgesellschaft, Düsseldorf, S. 47-68.

Oguntoye Katharina/Opitz, May/Schultz, Dagmar (1986): Farbe bekennen. Afrodeutsche Frauen auf den Spuren ihrer Geschichte, Frankfurt a.M.

Pech, Ingmar (2006): Whiteness – akademischer Hype und praxisbezogene Ratlosigkeiten? Überlegungen für eine Anschlussfähigkeit antirassistischer Praxen, in: Elverich, Gabi/Kalpaka, Anita/Reindlmeier, Karin (Hrsg.): Spurensicherung – Reflexion von Bildungsarbeit in der Einwanderungsgesellschaft, Frankfurt a M./London, S. 63-92.

Ders. (2003): „The Negro is not." – And so is the White! Zur Bedeutung von Whiteness in (antirassistischen) Praxen im bundesdeutschen Kontext. Unveröff. Diplomarbeit.

Piesche, Peggy (2006): Das Ding mit dem Subjekt oder Wem gehört die Kritische Weißseinsforschung?, in: Eggers, Maureen Maisha/Kilomba, Grada/Piesche, Peggy/Arndt, Susan (Hrsg.): Mythen, Masken und Subjekte. Kritische Weißseinsforschung in Deutschland, Münster, S. 14-17.

Wachendorfer, Ursula (2001): Weißsein in Deutschland. Zur Unsichtbarkeit einer herrschenden Normalität, in: Arndt, Susan (Hrsg.): AfrikaBilder. Studien zu Rassismus in Deutschland. Münster, S. 87-101.

Walgenbach, Katharina (2005a): „Weißsein" und „Deutschsein" – Historische Interdependenzen. In: Eggers, Maureen Maish/Kilomba, Grada/Piesche, Peggy/ Arndt, Susan (Hrsg.): Mythen, Masken und Subjekte. Kritische Weißseinsforschung in Deutschland, Münster, S. 377-393.

Walgenbach, Katharina (2005b): „Die weiße Frau als Trägerin deutscher Kultur." Koloniale Diskurse zu Geschlecht, ‚Rasse' und Klasse im Kaiserreich. Frankfurt a.M./New York.

Weß, Anja (1999): Identitätspolitik ohne „passende" Identität? Zum Paradox eines

weißen deutschen Antirassismus, in: Psychologie und Gesellschaftskritik, Jg. 23, Nr. 91, H. 3, Frankfurt a. M., S. 28-45.
Dies. (1998): Antirassistisches Engagement und strukturelle Dominanz. Was macht weißen Deutschen die Auseinandersetzung mit Rassismus so schwer?, in: Castro Varela, María do Mar et al. (Hrsg.): Suchbewegungen. Interkulturelle Beratung und Therapie. Tübingen, S. 275-285.
Wollrad, Eske (2005): Weißsein im Widerspruch. Feministische Perspektiven auf Rassismus, Kultur und Religion, Königstein/Ts.

Sebastian Bischoff

Union Check

Über rechte Einstellungen bei Gewerkschaftsmitgliedern und emanzipatorische Gegenbestrebungen in der gewerkschaftlichen (Bildungs-)Arbeit

Als im Jahr 2005 die Studie „Gewerkschaften und Rechtsextremismus" von Bodo Zeuner, Richard Stöss, Joachim Kreis und Michael Fichtner erschien (Zeuner et al. 2007), hatten viele auf einen Aufschrei in den deutschen Gewerkschaften gehofft. Die Sozialwissenschaftler der Freien Universität Berlin hatten im Auftrag der Hans-Böckler-Stiftung ermittelt, dass 20 % der Mitglieder deutscher Gewerkschaften eine rechtsextreme Einstellung haben, und formulierten auf dieser Grundlage Anregungen für die Bildungsarbeit. Bei genauerem Hinsehen sind die Ergebnisse noch erschreckender. Um nach den Kriterien der Studie als rechtsextrem zu gelten, mussten die Befragten eine Reihe von Faktoren aufweisen, die jeweils für sich schon Grund zur Besorgnis geben sollten. Bei den Bestandteilen, aus denen der Rechtsextremismus-Index der Studie gebildet wurde, waren chauvinistische und den Nationalsozialismus verharmlosende Einstellungen mit jeweils rund 30% am stärksten verbreitet. Ein noch beunruhigenderes Bild bieten andere weit verbreitete Thesen: Ca. 45% der Befragten waren einverstanden mit den Aussagen „Das oberste Ziel der deutschen Politik sollte es sein, Deutschland die Macht und Geltung zu verschaffen, die ihm zusteht" und „Was unser Land heute braucht, ist ein hartes und energisches Durchsetzen deutscher Interessen gegenüber dem Ausland". 68% waren der Ansicht: „Wir sollten endlich einen Schlussstrich unter die Nazi-Vergangenheit ziehen", und 59% stimmten der Aussage zu: „Andere Völker haben in ihrer Geschichte mindestens genauso viel Schuld auf sich geladen wie die Deutschen in der Nazi-Zeit".

Das heißt jedoch nicht, dass die anderen Elemente eines rechtsextremen Weltbildes keine Rolle mehr spielen würden. So wies auch rund ein Viertel der Befragten rassistische und antisemitische Einstellungen auf; ein knappes Fünftel befürwortete eine rechtsautoritäre Diktatur (wobei dem Satz „Was Deutschland jetzt braucht, ist eine einzige starke Partei, die die Volksgemeinschaft insgesamt verkörpert", besonders stark beigepflichtet wurde) und immerhin 13% vertraten sozialdarwinistische Positionen (wobei wiederum fast 40% der Ansicht waren, „Geisteskranken [solle] man verbieten, Kinder zu bekommen"). Auch der nicht in die Berechnung des Rechtsextremismus-Index eingegangenen Aussage, „Es gehört zu den Aufgaben der Gewerkschaften, Arbeitsplätze in erster Linie für Deutsche zu verteidigen", wurde von rund 30% der Befragten beigepflichtet.

Besonders auffällig ist, dass sich im Hinblick auf die Gesamtbevölkerung der BRD in den untersuchten Einstellungen kaum Unterschiede zwischen Nichtmitgliedern und Mitgliedern von Gewerkschaften ergaben. Doch ein anderes Bild zeigt sich bei der Untersuchung hinsichtlich der Klassenzugehörigkeit: Demnach finden sich unter Gewerkschaftsmitgliedern aus der so genannten Mittelschicht mit 19% weitaus mehr Rechtsextreme als unter Nichtmitgliedern aus dieser Schicht. Gerade die Berufsgruppen, die nicht nur den Großteil der Basis, sondern auch der Funktionär/-innen der Gewerkschaften stellen, sind also besonders empfänglich für rechte Argumentationen.

Das mag verwundern, gelten doch gerade die Gewerkschaften als eine der wichtigsten Institutionen im Kampf gegen organisierte Nazis und Rassismus. Die Gewerkschaften sollten jedoch, so eine wichtige Handlungskonsequenz der Studie, begreifen, dass sie nicht nur Akteur antirassistischer Bildung, sondern zugleich Adressat derselben sind.

Der folgende Text will sich, dieser Handlungskonsequenz verpflichtet, an einem Abriss der aktuellen Debatten rund um die Themen Autoritarismus, Rassismus, Antisemitismus und Nationalismus in den Gewerkschaften mit Schwerpunkt auf der Vereinigten Dienstleistungsgewerkschaft (ver.di) versuchen. Hierbei sind im Sinne einer antirassistischen wie antifaschistischen Ausrichtung einige positive Entwicklungen, aber auch Rückschläge zu vermelden. Wie sich derweil verschiedene gewerkschaftliche Bildungskonzepte mit diesen Themen beschäftigen, soll in einem zweiten Teil ausführlich dargestellt werden.

1. Erfolge und Rückschläge in den Gewerkschaften

1.1. Die Studie wird diskutiert ...

Bedurfte es schon der Intervention u.a. der Vorsitzenden Sommer und Bsirske, dass die FU-Studie überhaupt gefördert wurde, war lange auch die Finanzierung des Drucks nicht gesichert. Aber auch die Rezeption und Diskussion der Ergebnisse der Studie kam nur schleppend voran, und dabei ist es vor allem bei der IG Metall auch geblieben, während ver.di und der

DGB größeres Interesse zeigten. Doch auch dort fanden die Ergebnisse und die daraus abzuleitenden Handlungskonsequenzen erst langsam über die schon zum Thema arbeitenden Gremien hinaus Verbreitung. Im Dezember 2006 nahm schließlich der ver.di-Bundesvorstand die jahrelangen Forderungen nach einem Zentralen Arbeitskreis zu den Themen Rechtsextremismus/Rassismus auf, wozu sicherlich auch die Studie einen Beitrag geleistet hat. Einen solchen Arbeitskreis hatte bis dato erst die ver.di-Jugend vorzuweisen, was spiegelbildlich für die Situation der antirassistischen wie antifaschistischen Arbeit in ver.di schien. Denn noch stärker als in Parteien gelten in den Gewerkschaften die Jugendgremien als Spielwiese, die nicht politisch ernst genommen wird. So werden diese Gremien bevorzugt durch Kontrolle handzahm gehalten und durch Belächeln in ihrem Einfluss beschnitten. Dies führte dazu, dass, von einigen regionalen Ausnahmen[1] abgesehen, das Thema in ver.di als Jugendthema identifiziert wurde und so ein Schattendasein fristete. Gerade aus dem Arbeitskreis des Bundesjugendvorstands heraus wurde so auch am stärksten die Einrichtung eines Arbeitskreises auf Gesamtorganisationsebene gefordert. Beim ersten Treffen von aktiven Antifaschist/innen in ver.di, aus denen sich später der Arbeitskreis bilden sollte, wurde so Ende 2006 die FU-Studie das erste Mal auf Bundesebene vorgestellt, während das höchste ver.di-Gremium zwischen den Bundeskongressen, der Gewerkschaftsrat, die Studie erstmalig im März 2008 diskutierte. Der 2. ordentliche Bundeskongress 2007 in Leipzig hob dann den Zentralen Arbeitskreis Offensiv gegen Rassismus und Rechtsextremismus, kurz ZAKO, aus der Taufe.[2]

Neben diesen erfreulichen Entwicklungen gab es jedoch auch große Rückschläge für die antirassistische wie antifaschistische Arbeit in den Gewerkschaften, von denen im Folgenden drei Fälle herausgegriffen werden sollen.

---

1 Solche Ausnahmen bilden z.B. die AG ‚Rechtsextremismus' in ver.di Berlin-Brandenburg, der AntiRassistische Arbeitskreis im ver.di-Bezirk NRW-Süd und vor allem die seit über zwanzig Jahren bestehende gesamtgewerkschaftliche Düsseldorfer Initiative ‚Mach meinen Kumpel nicht an!'

2 Dieser versucht sich seitdem einerseits an einer Vernetzung der Gruppen und Einzelpersonen, die zu dem Themen teilweise seit vielen Jahren in ver.di und deren Vorläufergewerkschaften arbeiten. Zugleich geht es aber auch um den Aufbau neuer Strukturen mit dem Fernziel einer flächendeckenden Struktur von regionalen und bezirklichen ver.di-Gremien. Für diese soll der ZAKO die Funktion der inhaltlichen Koordination übernehmen. Auch beim DGB ist die Bildung eines zentralen Arbeitskreises in Planung. Das erste sondierende Treffen, zu dem Vertreter/-innen aller Einzelgewerkschaften eingeladen waren, fand im Januar 2009 statt.

1.2. Rückschlag No 1: Wie verhält sich die Gewerkschaft, wenn Mitglieder von Nazis bedroht werden

Angelo Lucifero, jahrelang Landesleiter der ver.di-Vorläufergewerkschaft Handel-Banken und Versicherungen (HBV) und zuletzt ver.di-Gewerkschaftssekretär, wurde durch den Aufbau einer effektiven Kommunikationsstruktur sowie umtriebiger Bündnisarbeit schnell zur zentralen Figur der antifaschistischen Bestrebungen in Thüringen. Seit 1991 war er deshalb auch kontinuierlichen, teils lebensgefährlichen Angriffen der thüringischen Nazi-Szene ausgesetzt – er erhielt Drohanrufe, die Bremsschläuche seines Autos wurden durchtrennt und er wurde mehrfach körperlich angegriffen. Dieser Bedrohungssituation meinte Lucifero nur noch durch Bewaffnung begegnen zu können: Als ihn am 15. März 2007 Faschisten inmitten einer Anti-Nazi-Demo angriffen, schoss er mit einer Gaspistole auf die Angreifer. Ob dies aus einer Notwehrsituation heraus geschah, prüfen seitdem die Gerichte.

Erstaunlich ist dabei die Reaktion von ver.di Sachsen, Sachsen-Anhalt und Thüringen auf diesen Fall: Anstatt sich bis zu einer gerichtlichen Klärung jedes Kommentars zu enthalten und Angriffe von ausgewiesenen Nazis auf polizeilich geschützten Gewerkschaftsdemonstrationen zu skandalisieren, meinte der Leiter des ver.di-Landesbezirks Thomas Voß in einer Pressemitteilung gleich nach dem Vorfall: „Wir können und wollen uns nicht der gleichen Mittel bedienen, wie man sie auch aus dem rechtsradikalen Raum kennt." Auch Thüringens DGB-Vorsitzender Steffen Lemme ging „auf Distanz zu seinem Gewerkschaftskollegen Angelo Lucifero".[3] Der Kampagne in der regionalen Presse, die während des laufenden Verfahrens von Lucifero als „radikallinkem" „Pistolero" sprach und seine Tinnitus-Erkrankung hämisch kommentierte,[4] wurde gar nicht erst versucht entgegenzutreten. Lucifero wurde stattdessen von Voß abgemahnt und Ende des Jahres 2007 schließlich, trotz Protesten des Betriebsrates, gekündigt.

Auch wenn diese Kündigung wahrscheinlich nicht mit Luciferos antifaschistischem Engagement im Zusammenhang stand, ging Voß doch bewusst das Risiko ein, dass die Kündigung als Entsolidarisierung mit dem angegriffenen Kollegen erscheinen musste, was wiederum dessen Stellung vor Gericht verschlechterte. Die Reaktion folgte auf dem Fuße: Die thüringischen Nazis jubelten, forderten ihre Kamerad/-innen zum Eintritt in die nun ‚nationale Gewerkschaft' auf und nannten in den Beitrittserklärungen

3 Thüringische Landeszeitung vom 16.3.2007.
4 Vgl. Ostthüringische Zeitung vom 18.1.08.

Thomas Voß als Werber. Dies löste inner- und außerhalb ver.dis eine breite Kampagne für den Kollegen aus, worauf durch Vermittlung des ver.di-Bundesvorstands die Kündigung zurückgenommen wurde.[5] Doch der Schaden für ver.di blieb. Mit dem Argument, sich generell zu laufenden arbeitsrechtlichen Fragen nicht äußern zu wollen, reagierte der ver.di-Bundesvorstand auf den Protest monatelang nicht. Damit versäumte der Bundesvorstand aber gleichzeitig, sich in diesem Fall antifaschistisch zu positionieren.

Der Fall Lucifero zeigt eins sehr deutlich: Dass der Kampf gegen Rassismus, Faschismus und Nationalismus eine zentrale Aufgabe der Gewerkschaften sein muss, ist in ver.di noch immer umstritten. Der Arbeitsbereich von Gewerkschaften wird von vielen in erster Linie in der Lohnpolitik gesehen, alles andere gilt als Orchideen-Thema. Die Auseinandersetzung mit jenen Themen ist zwar im Rahmen einer lebendigen Gewerkschaftskultur erwünscht, wird aber inhaltlich nicht ernst genommen. Doch Autoritarismus, personalistische Erklärungen gesellschaftlicher Prozesse und die Vorstellung vom großen Ganzen (Allgemein- und Betriebswohl, oft rassifiziert in der Volksgemeinschaft), dem das eigene Interesse sich unterzuordnen habe, sind rechte Ideologien, deren Bekämpfung zentrales Anliegen der Gewerkschaften sein sollte – allein schon deshalb, weil sie klar gewerkschaftsfeindlich sind. Schließlich gilt eine klare gewerkschaftliche Interessenpolitik im rechten Weltbild als ‚zersetzend', das Ziel ist die Aufhebung des Klassengegensatzes in der negativen Utopie der Volksgemeinschaft. Nur der Kampf des ‚ehrlichen, deutschen Arbeiters' um seinen ‚gerechten Lohn', den ihm der ‚blutsaugende', zylindertragende, meist ‚ausländische' Kapitalist verwehrt, hat in der rechten Vorstellung einen anerkannten Platz. Die Aufgabe, dem ‚deutschen Arbeiter' zu seinem ‚Recht' zu verhelfen, wird dem starken Staat überantwortet. Selbstbewusste Subjekte, die ihre Köpfe zusammenstecken, um den Preis ihrer Arbeitskraft nicht ins Bodenlose fallen zu lassen, sind im rechten Denken ebenso wenig erwünscht wie letztlich die Aufkündigung des Staats- wie Betriebsfriedens. Doch nicht nur der Fall Lucifero zeigt den politischen Dissens in der Frage, was für eine Art von Gewerkschaft vonnöten ist.

5 Höhepunkt der Solidaritätskampagne war dabei der Beschluss A 121 des Bundeskongresses 2007, der erklärte: ver.di ist „solidarisch mit dem von Nazis angegriffenen Kollegen Angelo Lucifero und lässt ihm jede mögliche Unterstützung, auch juristischer Art, zukommen". Gleichzeitig wurde Thomas Voß aufgefordert, die Abmahnung zurückzunehmen.

1.3. Rückschlag No 2: Gewerkschaften für die Aussperrung von ‚ausländischen' Kolleg/-innen – Ein fataler Irrtum mit langer Tradition

Im Jahr 2007 wurden von Seiten der Bundesregierung mit Unterstützung der Unternehmerverbände Pläne diskutiert, die Freizügigkeit für die Arbeiter/-innen der neuen EU-Staaten früher als geplant herzustellen. Gegen dieses Vorhaben protestierte der DGB vehement. Die stellvertretende DGB-Vorsitzende Annelie Buntenbach begründete die Ablehnung damit, dass dieser Schritt „ein Lohndumping ungeahnten Ausmaßes"[6] zur Folge haben werde. Nun kann der ehemaligen Vertreterin des linken Flügels der Grünen und Rechtsextremismus-Expertin sicherlich nicht vorgeworfen werden, sie wolle damit einfach nur sagen, dass ‚die Polen den Deutschen die Arbeitsplätze wegnehmen' würden. Und doch zeigt diese Wortmeldung exemplarisch, wie wenig bisweilen Gewerkschafter/-innen wahrnehmen, dass ihre Aussagen anschlussfähig an rechte Vorstellungen sind. In diesem Fall versuchte Buntenbach gar nicht erst, dem ressentimentgeladenen Bild, das Lohndumping mit Lohnarbeiter/-innen mit anderem Pass oder anderer Herkunft verknüpft, entgegenzutreten.[7]

Dies bedeutet keineswegs, dass Lohndumping nicht ein großes Problem wäre. Der Lohn, ohnehin kein Garant für ein Leben über dem Existenzminimum, wird so weiter gesenkt. Dabei können die – für die Unternehmer immer ‚zu hohen' – Lohnkosten auf vielerlei Weise gesenkt werden. Meistens geschieht dies durch Verlängerung des Arbeitstages, Intensivierung und Ausweitung der Arbeitsteilung o.a. Lohndumping ist ein grundlegendes Phänomen der kapitalistischen Produktionsweise und resultiert daraus, dass abhängig Beschäftigte, die nichts als ihre Arbeitskraft verkaufen können, in

---

6 *http://www.dgb.de/dgb/gbv/beitraege_buntenbach/2007/buntenbach_arbmarktoeff.html/* (Zugriff vom 21.11.08).

7 Und so bleiben auch theoretische Arbeiten wie die von ver.di 2007 herausgegebene Broschüre ‚Trittbrettfahrer der Sozialen Frage. Sozialdemagogie von NPD und Neonazis', für die Annelie Buntenbach verantwortlich zeichnete, in der Luft hängen. Aber auch in dieser Broschüre wird das Phänomen nicht wirklich begriffen. So schreibt Buntenbach im Vorwort, die Nazis würden „die soziale Frage als Köder zur Verbreitung ihrer völkischen und rassistischen Weltanschauung ... benutzen" (5). Doch wer von „Köder" und „benutzen" spricht, also eine klare Manipulationsvorstellung à la ‚Die meinen das nicht wirklich so' hegt, nimmt die nationalistische Erklärung von Ökonomie nicht ernst. Die Analyse derselben wäre aber die Grundvoraussetzung dafür, die Anschlussfähigkeit einer nationalen wie rassistischen Interpretation der Produktionsweise und des dadurch in die Welt gesetzten Elends an die eigene Argumentation zu verunmöglichen.

Konkurrenz gesetzt sind. Diese Konkurrenz ist unerbittlich und so ist auch unter diesen Bedingungen ein „Arbeitsmarkt", der „vollständig vor Lohndumping geschützt"[8] ist, unmöglich. Normalerweise versuchen Gewerkschaften notdürftig zu verhindern, dass die Konkurrent/-innen sich gegeneinander ausspielen lassen.

Dieser Versuch einer Koalition zur Aufhebung der Konkurrenz der Lohnarbeiter/-innen, um von den Unternehmen überlebensnotwendige Schranken der Ausbeutung zu erzwingen, birgt jedoch viel Spielraum für Rückschläge und stößt permanent an systemimmanente Grenzen: Trotzdem ist er die einzig halbwegs Erfolg versprechende wie emanzipative Strategie innerhalb der engen Grenzen dieser Wirtschaftsweise. Im Fall ‚ausländischer' Arbeiter/-innen vergessen die Gewerkschaften aber nicht selten diese Strategie und sehen Lohndumping als von außerhalb der Landesgrenzen kommende Gefahr. Das Phänomen, dass sich in der Konkurrenz Lohnabhängige gegeneinander ausspielen lassen, hat jedoch nichts mit den unterschiedlichen Pässen zu tun: Lohndumping hat zahllose Gesichter – ‚polnisch' oder ‚chinesisch' ist keines davon.[9]

Bei der momentan sehr beliebten Variante von Unternehmen, Lohnkosten zu senken, indem Teile der Belegschaft aus dem Konzern ausgegliedert werden, um den Tarifvertrag zu umgehen, käme keine Gewerkschaft auf die Idee, die Entlassung der geringer Entlohnten zu fordern. Auch die Ausgrenzung eines geburtenstarken Jahrgangs aus dem Arbeitsmarkt käme wohl für die Gewerkschaften nicht in Frage. Doch nichts anderes ist die Abwehr der Freizügigkeit von Arbeiter/-innen aus anderen Ländern. Diese Hetze gegen die Konkurrent/-innen, wo es um die Kritik der Konkurrenz ginge, hat in der Geschichte der Gewerkschaften eine lange Tradition.[10] Dabei wäre die einzig

---

8 Wieder Annelie Buntenbach, vgl.: *http://www.dgb.de/dgb/gbv/beitraege_buntenbach/2007/buntenbach_arbmarktoeff.html/* (Zugriff vom 21.11.08).

9 Der Grund für diesen Fehler scheint mir darin zu liegen, dass der DGB offenbar kein Problem mit dem Grund der Armut z.B. der polnischen Arbeiter/-innen hat, ja gerade den Erfolg der deutschen Unternehmen als eigenen Zweck betrachtet. So nimmt er die derzeitige Situation, dass die Armut polnische Arbeiter-/innen noch einmal zu ganz anderen Konzessionen als die deutschen Arbeiter/-innen zwingt, als gegeben und normal hin und fordert vom deutschen Staat die Abschottung.

10 Berühmtestes Beispiel sind sicherlich die von den australischen wie US-amerikanischen Gewerkschaften im 19. Jahrhundert erwirkten sog. Exclusion-Acts vor allem gegen abhängig Beschäftigte aus China. Doch die deutschen Beispiele sind ebenfalls Legion, wenn auch weniger bekannt. So kamen im Deutschen Kaiserreich schreckliche Argumente zur Anwendung, als Gewerkschaften sowie Sozialdemokraten gegen die Anwerbung von chinesischen Arbeiter/-innen aufbegehrten. Auch aus den 1960er und 1970er Jahren gibt es zahlreiche Fälle, in denen die BRD-Gewerkschaften migrantische Arbeiter/-innen ausgrenzten.

realistische Strategie gegen die Senkung des Lohnniveaus, die von Staats wegen eingeführte Trennung von ‚Ausländern' und ‚Inländern' nicht selbst zu propagieren und die einen gegen die anderen auszuspielen. Vielmehr sollte es Ziel sein, alle Menschen – ob lohnabhängig oder erwerbslos, ob mit deutschem oder anderem Pass, ob mit legalem Aufenthaltsstatus oder illegalisiert – zu organisieren.

Von ernsthaften Versuchen einer breiten, länderübergreifenden Organisierung[11] und Angeboten für illegalisierte Lohnarbeiter/innen kann jedoch keine Rede sein. Zwar sprechen die Gewerkschaften in letzter Zeit viel von *organizing*. Doch scheinbar hat nur der Begriff, nicht das Konzept die Landesgrenzen überschritten, sonst würde nicht gegen Freizügigkeit und für Abschottung gekämpft werden. Neben dem Problem der Anschlussfähigkeit an den rassistischen Diskurs über ‚die Polen' etc. und der Propagierung falscher Erklärungen der Ökonomie geht zusätzlich viel Zeit für eine effektive Organisierung verloren. Folge dieser falschen Politik wird sein, dass Rassismus angeheizt sowie der karge Lohn noch weniger wird: The ground is the limit.

1.4. Rückschlag No 3: Shareholder-Value-Geist essen ehrliche Unternehmerseele auf – Die ‚Heuschrecken'-Broschüre von ver.di

Nachdem bereits die IG Metall im Mai 2005 durch die Bezeichnung von Private Equity-Unternehmen als „Aussauger",[12] klassisch dargestellt als grinsende Mücke mit Stars-and-Stripes-Zylinder, gebogenem Rüssel, blitzendem Goldzahn und Euro-Zeichen in den Augen, Anlass für Proteste gab, legte ver.di im Oktober 2007 nach. Der Bereich Wirtschaftspolitik (WIPO) des ver.di-Bundesvorstands publizierte die Broschüre ‚Finanzkapitalismus – Geldgier in Reinkultur!',[13] die vor allem als Argumentationshilfe für Betriebsräte und Vertrauensleute dienen sollte.

11 Einzelne positive Initiativen wie die schon seit Jahren bestehenden Interregionalen Gewerkschafts- und Betriebsräte sind zwar zu begrüßen, aber andererseits gibt es viele aus Geldmangel eingestellte Initiativen. So wurde die 2004 gegründete Wanderarbeitergewerkschaft EMWU Ende 2008 aufgelöst und in die IG Bau integriert, wie auch die ZAPO (Zentrale Anlaufstelle für Pendler/-innen aus Osteuropa) seit Jahren geschlossen ist und ein Ersatz bisher nicht geschaffen wurde. Die Interregionalen Gewerkschaftsräte können nur soviel tun, wie es ihnen knappe EU-Mittel erlauben. Hier wäre eine breite Finanzierung durch die Gewerkschaften notwendig, die vor allem in die Unterstützung von Organisierungsbemühungen von unten, Austauschmaßnahmen und Bildungsarbeit fließen sollte. Die europäischen Betriebsräte mit ihren teilweise nur jährlichen Treffen bedürften ebenfalls einer Stärkung.

Die Broschüre beginnt mit einer richtigen Erkenntnis: „Kapital einsetzen und mit einem maximalen Profit zurückbekommen – das ist Grundprinzip kapitalistischen Wirtschaftens. Jeder Unternehmer verfährt so“ (Seite 1 der Broschüre). Doch der nächste Satz verkehrt diese Analyse in ihr Gegenteil: Denn im Gegensatz zum Kreditwesen hätten ‚normale‘ Unternehmer/-innen „noch einen Bezug zu den arbeitenden Menschen.“ So würde verhindert werden, dass diese ihre Lohnarbeiter/-innen nur als Kostenfaktor sehen. Nun kann die Vorstellung, der Vorstand von Siemens oder AEG würde sich um das Arbeiter/-innenwohl scheren, täglich blamiert werden, doch manche Gewerkschafter/-innen wollen trotz aller Erfahrung von dieser Illusion nicht lassen. Könnte mensch sich sonst weiterhin täglich entsetzt und entrüstet zeigen, dass Arbeiter/-innen nur (noch) Kostenstellen wären, es hier also so zuginge wie im Kapitalismus?

Die WIPO-Broschüre versucht nicht erst zu beweisen, dass diese Art von moralischer Ökonomie wirklich in nennenswertem Ausmaß existiert,[14] in der die Rendite nicht mit „brutalen“ (10) Mitteln wie Stellenstreichung, Auslagerung und Erhöhung des Arbeitsdrucks gesteigert wird, sondern mit den „traditionellen Mitteln wie Investitionen, Innovationen und Produktivitätsfortschritt“ (10). Es reicht, dieses falsche Urteil in die Welt gesetzt zu

---

12 Vgl. metall – Mai 2005: *http://www.igmetall.de/cps/rde/xchg/internet/style.xsl/view_4764.htm* (Zugriff vom 21.11.08).

13 *wipo.verdi.de/broschueren/finanzkapitalismus/data/finanzkapitalismus.pdf* (Zugriff vom 21.11.08).

14 Die Bebilderung ihrer These können die Autor/-innen so auch getrost dem Arbeitgeberverband oder Anne Will überlassen, die sicherlich einen Unternehmer findet, der sich als guter Patriarch noch für seine Belegschaft, ‚seine Leute‘ verantwortlich fühlt und lieber am eigenen Gehalt spart als einen Menschen zu entlassen, dessen Familiensituation er kennt und mit dem er im Sommer immer Segeln ging (in dieser Rolle immer wieder schön: Lothar Späth). Zur Erklärung dieses Phänomens: Es mag in kleinen und mittleren Betrieben der Fall sein, dass persönliche Bindung bisweilen eine Entlassung herauszögert (andererseits sind Arbeitsbedingungen in kleineren Betrieben meist weit grausamer als in anonymisierten Großbetrieben mit Arbeitsschutzabteilung). *Doch*: Auch dies geschieht in den engen Grenzen der Konkurrenz und kann deswegen nur ein temporärer Einzelfall sein. Als solcher ist er für die Erklärung der Produktionsweise zu vernachlässigen. Ganz anders die WIPO-Welterklärung, die von dieser Konkurrenz nichts wissen will und stattdessen den gesellschaftlichen Grundwiderspruch zwischen moralischer Unternehmer/-in und geldgeiler Hyper-Banker/-in ausmacht. Dies gilt auch bei der irrigen Behauptung, ein „Autohersteller oder eine Softwareherstellerin“ könnten nicht einfach in andere Geschäftsfelder investieren, sie wären vielmehr „fest mit ihrem Unternehmen verbunden“ (15). Da sollte sich die Abteilung Wirtschaftspolitik mit der breiten Produktpalette von Unternehmen beschäftigen, von Mischkonzernen oder ganzen ‚Sphärenwechseln‘ einmal ganz abgesehen.

haben und im Folgenden mit Hilfe dieses Rasters allerlei Schädiger der deutschen Ökonomie zu entdecken: Hedge-Fonds, Private Equity und Real Estate Investment Trusts (REITS).

Wenn auch die Trennung von ‚ehrlicher Unternehmerseele' und ‚aussaugendem Schädling' nicht zufällig zwischen produktivem Kapital und Kreditwesen verläuft, wartet die Argumentation mit einer besonderen Variante auf. Denn die Autor/-innen der WIPO pflegen nicht einfach die handelsübliche Finanzkapitalkritik, sondern spalten das Kreditwesen selbst in Gut und Böse, wobei sogar der Zins noch im Bereich des Guten verbleibt. Böse sind die beschriebenen „Räuber" (10), die Spekulanten; das ganz Andere, Bewahrenswerte hingegen die guten alten Banken. Diese sind mit der Unternehmerin auf Du und Du und fördern sie, wenn sie Geld braucht, ihre „Ideen" (15) umzusetzen. Mittlerweile würden die ‚Räuber' aber die Mehrheit an den Finanzgeschäften anstreben, dadurch liefen „Finanzmärkte und Realwirtschaft auseinander" (15). Die WIPO-Broschüre spaltet somit – ähnlich der seit einem Jahr geführten Debatten anlässlich der Kreditmarktkrise – die Funktion des Finanzkapitals, Dienstleister für das Waren produzierende Kapital zu sein, durch das dieses in die Lage versetzt wird sich per Warenproduktion zu akkumulieren, von der Spekulation der Banken ab. Diese Spekulation versetzt jedoch das Kreditwesen erst in die Lage, Geld anbieten zu können und gehört somit untrennbar zum letzteren.[15] Wenn auch die WIPO nicht die Begriffe ‚raffend' und ‚schaffend' benützt, schwingen diese Vorstellungen immer mit: ‚Raffend' ist nach WIPO-Meinung dann nicht das ganze Finanzwesen, sondern nur der Teil, der den Kredit ermöglicht, während der ‚auszahlende' Teil der Banken, der dafür Zinsen nehmen darf, dem ‚schaffenden Kapital' zugeordnet wird. Wie von Horst Köhler abgeschrieben wird hier die Ideologie von den „Tugenden des soliden Bankiers" propagiert, der bewusst vom Tugend vergessenden „Banker"[16] geschieden wird. Mit dieser ideologischen Zweiteilung in Gut und Böse des Finanzsektors kann die Neuerung, die z.B. Hedge-Fonds darstellen, weder begriffen

15 Spekulation ist im Wortschatz dieser Gesellschaft reserviert für das unmoralische Geschäft. Dieses entdeckt die Ideolog/-in erst einmal überall, ob in der Finanzsphäre oder beim Wohnungsmakeln. Der Begriff wird einem angeblich „soliden", „langfristigen" (16) Geschäft in der Realwirtschaft entgegengestellt. Dabei hat auch das Geschäft von ‚normalen' Unternehmen immer ein spekulatives Moment. Sie wollen durch Verkauf von immer mehr Waren Geld verdienen an einer Gesellschaft, die zwar arbeitsteilig, aber anarchisch funktioniert. Jeder Kapitaleinsatz hat somit etwas Spekulatives.

16 In seiner Rede Ende November 2008 betont Köhler: „Ich sage bewusst Bankiers und nicht Banker" *(http://bundespraesident.de/-,2.650794/Rede-von-Bundespraesident-Hors. htm*, Zugriff: 21.11.08).

noch im Kontext der üblichen Prinzipien der Beziehung von Geld und produktivem Kapital analysiert werden.[17]

Die Geschäftsmanöver der neuen Kreditinstrumente können mit ihren oft katastrophalen Auswirkungen nur kritisiert werden, wenn der Ausgangspunkt, warum diese Instrumente vom Staat gefördert wurden, in den Blick genommen wird. Doch gerade Planungssicherheit und Wirtschaftsförderung sind für die WIPO-Broschüre nicht kritikabel, propagiert sie doch die Standortlogik, ‚gesunde' deutsche Unternehmen seien auch im Interesse von Gewerkschaften und im Grunde sei die kapitalistische Produktionsweise ein Segen. Wenn da nicht der Feind von Außen kommen würde – in einer nationalstaatlich verfassten Welt ist dieses nicht zufällig gleichbedeutend mit dem Ausland. Die Heuschrecke fällt so über „gesunde Unternehmen" (10) her und weidet sie aus; „diesmal" habe in einem beschriebenen Arbeitskampf „noch Oldenburg gegen New York" (7) gewonnen, doch wie lange noch? Nicht erst an diesem Punkt wird eine falsche Vorstellung der Ökonomie, die am ‚normalen' Geschäftsvorgang, also an der Vernutzung der Arbeits- wie Lebenskraft der eigenen Mitglieder für die Akkumulation von Mehrwert, nicht Schlechtes entdecken will, gepaart mit nationalistischer Rhetorik und Schädlings-Metaphorik, zur eindeutigen Gefahr.

Die Broschüre und ihre falsche Kapitalismusanalyse lösten innerhalb von ver.di große Proteste aus. Gegenpapiere entstanden[18] und der ver.di-Bundesjugendvorstand forderte den Bundesvorstand auf, die Broschüre „sofort aus dem Sortiment und dem Internet zu entfernen".[19] Dieser wies jedoch die Forderung zurück und kündigte an, bei Bedarf diese sogar noch nachzudrukken. Mit dem Vorwurf, die Broschüre würde personalistischer Kritik apersonaler Herrschaft Vorschub leisten, haben die Autor/-innen erst recht kein Problem: In ihrer Replik auf die Kritik verkünden sie stolz, in einer Zuschrift wäre ihnen gedankt worden, dass sie „Ross und Reiter"[20] nennen – um von

17 Hedge-Fonds sind eine, z.B. vom deutschen Staat, sehr geförderte Antwort auf das Bedürfnis von Unternehmen, Planungssicherheit bei Währungen und für ihre Produktion wichtigen Rohstoffen zu erhalten. Hierfür bieten Hedge Fonds mit ihren Futures und Options eine Versicherung an, die das Risiko minimieren (to hedge = eingrenzen). Gleichzeitig hat die Versicherung, die z.B. den Einkauf eines bestimmten Rohstoffs zu einem festen Preis in einem Jahr zusichert, damit Interesse an (für sie positiven) Schwankungen. Mit diesem Interesse versucht die Versicherung also auf die Rohstoffmärkte einzuwirken.

18 Ausführliche Dokumentation der Debatte: *http://www.labournet.de/diskussion/gewerkschaft/real/insekten.html* (Zugriff vom 21.11.08).

19 Beschluss des ver.di-Bundesjugendvorstandes vom 30.11.-2.12.2007, vgl. *http://www.labournet.de/diskussion/gewerkschaft/real/insekten_bjv.pdf* (Zugriff vom 21.11.08).

20 Replik der Abteilung Wirtschaftspolitik auf die breite Kritik inner- und außerhalb

Markt, Konkurrenz und deren menschenfeindlichen Gesetzmäßigkeiten nicht reden zu müssen.

2. Argumente vs. Ressentiments – Strategien der gewerkschaftlichen Bildungsarbeit gegen Rechtsextremismus

Eine zentrale Handlungskonsequenz, die die Verfasser der FU-Studie für die Gewerkschaftsarbeit fordern, ist die selbstbewusste Aufnahme des Kampfes um die Deutungsmacht: Die in die Konkurrenz gesetzten abhängig Beschäftigten erklären und deuten ihre Situation. Damit die Gründe der Konkurrenz in den Blick geraten und nicht z.B. in den Konkurrent/-innen die Schuldigen gesucht werden, bedarf es einer gezielten Bildungsstrategie. Multiplikator/-innen müssen ausgebildet werden, damit sie in die Lage versetzt werden, adäquat um die Deutung zu streiten und dies dann in die Bildungsarbeit und in die Betriebe tragen können.

Wie verschiedene gewerkschaftliche Bildungskonzepte den Kampf um die Deutungsmacht führen, soll im Folgenden analysiert werden. Dafür wurden aus der Vielzahl von Seminarkonzepten, die sich in den Gewerkschaften mit Rassismus und Rechtsextremismus auseinandersetzen – von der Gedenkstättenarbeit bis zu Schulungen für Betriebsrät/-innen im Umgang mit Diskriminierung im Betrieb, vom gesellschaftspolitischen Seminar bis zum Versuch, Jugendauszubildendenvertreter/-innen für eine kämpferische Gewerkschaftspolitik zu gewinnen – drei Konzepte ausgewählt, die ausführlich dargestellt werden sollen.[21]

Dabei stellt das erste Konzept zum Standortnationalismus einen Versuch dar, eine zentrale rechte Interpretation der Produktionsweise zu hinterfragen. Das zweite Konzept tritt rechten Thesen vor allem indirekt, durch das Ziel, dass Teilnehmende auf Grundlage ihrer Bedürfnisse selbstbewusst und kollektiv ihre Interessen vertreten lernen, entgegen. Das dritte, bekanntere Bildungskonzept ist ein Versuch, die Auseinandersetzung mit rechten Erklärungen von Gesellschaft, Staat und Ökonomie in Seminare zu unterschiedlichen Themen zu implementieren.

---

ver.dis *(http://www.labournet.de/diskussion/gewerkschaft/real/insekten_wipo.pdf)*. Die Replik enthält eine ganze Reihe klassischer Figuren autoritärer Kritikabwehr.

21 Für den Artikel konnten aufgrund der hohen Anzahl nicht alle bestehenden Konzepte gesichtet werden. Die vorliegenden Beispiele wurden einer Vorauswahl von fast dreißig Konzepten entnommen.

2.1. Liegeplätze statt Standorte – Workshopkonzept gegen Standortnationalismus

Mit dem für die Gewerkschaftsarbeit wohl wichtigsten ideologischen Gegner, dem Standortnationalismus, beschäftigt sich ein Seminarmodul aus dem AK Antirassismus des ver.di-Bundesjugendvorstandes, das vor allem für Jugend- und Auszubildendenvertreter/-innen und andere Azubis konzipiert wurde. Der auf fünf Stunden angelegte Workshop soll hier kurz dargestellt werden.

Mit dem ‚Standort' wird seit Anfang der 1990er Jahre so manches begründet: Für die Unternehmer/-in liefert er die Erklärung, warum nur unbezahlte Mehrarbeit sie abhalten würde, Arbeitsplätze ins Ausland zu verlagern, und Politiker/-innen begründen damit die Kürzung von Sozialleistungen. Klar soll durch mantrahafte Wiederholung eins werden: ‚Wir', d.h. Menschen mit deutschem Pass oder auch die, die hier arbeiten, sitzen alle in einem Boot und jede soll sich nur noch fragen, was er fürs große Ganze leisten kann, wie eng sie den eigenen Gürtel noch schnallen kann, die eigenen Interessen herunterzuschrauben vermag und diesen Verzicht auch noch befriedigend finden kann. Dass in dieser Vorstellung jede Lohnforderung eine Dreistigkeit ist, ja im Grunde selbst schon die Organisierung in Gewerkschaften eine Schädigung der nationalen Agenda darstellt, wurde nicht zuletzt während der letzten Rezession deutlich gemacht.

Das Seminar will nun fragen, was an solchen Vorstellungen richtig und falsch ist und wie sie adäquat zu kritisieren wären. In einem ersten Schritt sollen anhand von Zitaten verschiedene Positionen von Unternehmer/-innen, Politiker/-innen, Gewerkschafter/-innen zum Thema Standort vorgestellt und diskutiert werden. Dadurch stehen verschiedene Aussagen im Raum, die nach einem Fragekatalog der Teamenden bearbeitet und diskutiert werden.[22]

In der zweiten Phase in Form von Textarbeit nach dem Placemat-Verfahren wird in einem ersten Text[23] der Verweis auf Sachzwänge auf seinen

22 Fragen sind u.a., an wen das Zitat gerichtet ist, welche Einschätzung von Konkurrenz propagiert wird, ob die Aussage von einem objektiven Sachzwang spricht oder eher auf die Suche nach Schuldigen geht, ob der Schuldige eine Personengruppe oder ein anderer Staat ist etc.

23 Ein zweiter kurzer, gemeinsam zu lesender Text geht auf Gegenargumente gegen Lohndumping sowie gegen personalistische Erklärungen von Konkurrenz durch das Entdecken von bösen Umtrieben von ‚Heuschrecken' oder ‚Ausländer/-innen' ein. Im Workshop wird zunächst eine Folge der ‚Simpsons' gesehen und diskutiert, in der das lokale Kraftwerk an deutsche Investoren verkauft und Homer Simpson entlassen wird. Daran schließt sich die Diskussion des zweiten Textes an.

Wahrheitsgehalt überprüft. Bei den Unternehmen ist recht klar, dass sie aufgrund der Konkurrenz unter Sachzwängen stehen. Notwendig ist die Arbeiterin nur Kostenstelle, da hilft kein Appell an die Moral. Vielmehr ist genau dieser Appell schon ein Teil des Problems, denn er fordert den ,verantwortungsvollen Unternehmer' ein und verlagert die kapitalistische Kalkulation des Unternehmens z.B. bei Standortverlagerungen in das Reich der boshaften, geldgeilen Willkür. Dabei müsste gezeigt werden, dass auch Ackermann & Co. als „Charaktermasken"[24] innerhalb der engen Grenzen dieser Gesellschaft agieren und sie, falls sie denn wollen würden, nicht anders handeln könnten. Diese engen Grenzen zu vermessen, die Gesetzmäßigkeiten und ihre fatalen Folgen für das Leben der Menschen zu erklären, wäre vielmehr Aufgabe emanzipatorischer Kritik.

Verweisen jedoch Staaten bei der gewaltvollen Zurichtung ihres Humankapitals auf einen Sachzwang, der die Feder z.B. bei dem Abbau von Sozialleistungen führe, wird der Fall schon schwieriger. Zwar sind die Staaten abhängig davon, dass ihre heimische Ökonomie hohe Erträge abwirft. Deshalb versuchen die Regierungen, möglichst gute Bedingungen zu schaffen, damit Kapital bei ihnen investiert wird und nicht woanders. Auch die Staaten stehen also in Konkurrenz zueinander. Doch gleichzeitig haben die Staaten, anders als die Unternehmen, ihre Sachzwänge selbst geschaffen. Durch ein Bündel politischer und wirtschaftlicher Maßnahmen, die die westlichen Staaten seit den 1970er Jahren selbst erlassen haben, besteht die internationale Konkurrenz nun nicht mehr nur im Vergleich von Produkten, sondern viel stärker von Produktionsstandorten selbst: Durch gesetzliche Erleichterungen können Unternehmen heute leicht entscheiden, wo auf der Welt sie am profitabelsten produzieren können. Dies verschärft die Konkurrenz um den Reichtum der Welt.

Wenn also Unternehmensführungen oder Politiker/-innen ihre Maßnahmen mit Sachzwängen begründen, dann müssen diese Argumente ein Stück weit Ernst genommen werden – auch gegen ,linke' Argumente, die alternative Regulationen der Wirtschaftsweise präsentieren. Aber gleichzeitig heißt die Analyse von systemimmanenten Sachzwängen nicht, dass mensch sich damit zufrieden geben und nicht fragen sollte, wie die Produktionsverhältnisse beschaffen sind, in denen solche ,Versachlichungen' gesellschaftlicher Prozesse möglich werden. Noch weniger bedeutet das, sich auf die Seite des ,eigenen' Unternehmens oder Deutschlands oder des Staates, in dem mensch wohnt, zu schlagen. Vielmehr zeigt sich, dass das Wohlergehen von Arbeiter/-innen und Staatsbürger/-innen gar nicht der Zweck von Staat

24 Marx 1984: 163. Ausführlich zum Begriff vgl. Elbe (o.J.).

und Unternehmen ist. Einziger Zweck ist das relativ zu den Kontrahenten bessere Abschneiden in der Konkurrenz, für die mensch rücksichtslos eingespannt wird. Diesen nicht unhinterfragt mitzutragen, ist das Ziel kämpferischer gewerkschaftlicher Interessenpolitik, die mit jeder Sozialpartnerschaftsillusion und Stellvertreter/-innenpolitik bricht. Wie das erfolgreich laufen kann, zeigt den Seminarteilnehmer/-innen das Beispiel GateGourmet. Über Grenzen hinweg organisierten sich die nationalen Belegschaften und verhinderten so, dass sie gegeneinander ausgespielt wurden. Demgegenüber bot das Beispiel Airbus längere Zeit ein Schreckensbild, denn die Belegschaften in Frankreich und Deutschland ließen sich nicht nur gegeneinander ausspielen, sondern betrieben eine nationalistische Kampagne gegen die jeweils andere Belegschaft. So ließen französische Betriebsratsmitglieder in Studien feststellen, dass die Produktivität an den französischen Produktionsstätten höher sei und deswegen die Airbus-Kolleg/-innen in anderen Ländern entlassen werden sollten. Erst als sich die Einsicht durchsetzte, dass dies die Kampfkraft schwächte, wurde davon abgesehen. Diese Einsicht in die Notwendigkeit grenzüberschreitender Organisierung zu fördern, bei gleichzeitiger Ablehnung jeglicher patriotischer Argumentation für den ‚eigenen Standort', ist erklärtes und begrüßenswertes Ziel des Workshops.

2.2. Es rettet uns kein höh'res Wesen – Seminarkonzept ‚Fight-Club'

Ein gelungenes Konzept, vor allem Jugend- und Auszubildendenvertreter/-innen für ihre eigenen Bedürfnisse und Interessen zu sensibilisieren und gleichzeitig aufzuzeigen, dass diesen systemische Zwänge entgegenstehen, denen nur kollektiv begegnet werden kann, stellt ‚Fight-Club' dar. Es wird von der ver.di-Jugend Niedersachsen seit 2003 pro Jahr etwa zehnmal (teilweise in abgewandelter Form) als Wochenendseminar eingesetzt und ist klar einer Reflektion und Überwindung von Stellvertreter/-innenpolitik verschrieben.

Der Einstieg ins Seminar findet dabei über den Film ‚Bread & Roses' von Ken Loach statt, der die Organisierung von zum Teil illegalisierten Migrant/-innen in den USA beschreibt, die sich als Reinigungskräfte verdingen. Die Diskussion des Films soll vor allem dem Abgleich mit eigenen Erfahrungen dienen. Dadurch erfährt die Gruppe nicht nur mehr voneinander, sondern es kann über die Diskussion ein Erfahrungsaustausch entstehen zwischen denen, die verschiedene Formen des politischen Prozesses Arbeitskampf erlebt haben und anderen, die diesen nur aus den Medien kennen. Auf dieser Grundlage lässt sich auch diskutieren, ob die im Film dargestellten Arbeitskämpfe realistisch waren und ob sich Unterschiede zwischen Arbeitskämpfen in den USA und der BRD zeigten.[25]

Am zweiten Tag beginnt dann die Sensibilisierung der Teilnehmenden für ihre eigenen Bedürfnisse. Durch manche ideologische Schere im Kopf sind diese oft gar nicht präsent. Zwar wissen viele von sich, dass ihnen am Strand liegen, faulenzen, Musik hören, mit Freunden treffen, spielen, lesen o.ä. Freude bereitet. Doch sind diese Aktivitäten klar in die immer zu knappe Zeit der so genannten Freizeit oder in die drei Wochen Jahresurlaub verbannt. Denn schon sehr früh[26] lernt mensch in dieser Gesellschaft, dass das eigene Leben Arbeit und damit Fremdbestimmung der eigenen Lebenszeit heißt und eigene Bedürfnisse nicht viel zählen: Nicht nur das evangelische Jugendwerk Baden-Württemberg propagiert: ‚Verzichten lernen'. Warum das entweder nicht anders möglich sei (war ja schon immer so, die Konkurrenz, wer soll das bezahlen?, Leiden als göttliches Schicksal) oder so auch ganz gut sei (Gemeinwohl vor Eigennutz, Standort Deutschland sichern, zuviel Glück macht träge), erscheint vielen Menschen zunächst einleuchtend.

Um diese Scheren, die die eigenen Bedürfnisse abschneiden, hinter sich zu lassen, sollen die Teilnehmenden in Kleingruppen ihre Ausbildungs- und Berufspraxis nach schönen Erlebnissen und unangenehmen Erfahrungen durchsuchen. Dadurch entsteht eine Wandzeitung, auf der negativ und positiv bestimmt wird, wie ein idealer Job beschaffen sein müsste. Daraufhin sollen die Teilnehmenden eine weitere Wandzeitung verfassen, auf der sie fixieren, was sie sich unter einem guten Leben vorstellen.[27] Ziel ist, gedanklich materielle Absicherung und Lohnarbeit zu entkoppeln. Dadurch wird ein Widerspruch vermieden, in den Menschen, die in dieser Gesellschaft sozialisiert wurden, bei der Frage nach ihren Bedürfnissen schnell geraten.[28]

---

25 Dieser Punkt kann eventuell vorhandene Stereotypen über die USA abbauen helfen, indem mögliche Unterschiede als Resultate früherer Arbeitskämpfe erklärt werden und nicht als Ausdruck rassistisch interpretierter Andersartigkeit ‚der Amerikaner/-innen'.

26 Nicht nur Michael Schumacher hat als Leitsatz für die Erziehung seines Kindes: „Man muß nicht alles wollen, nur weil man es haben kann" (Michael Schumacher in „Cosmopolitan" 4/04, 46 f).

27 Dazu gehört, welche Tätigkeiten sie mögen, mit wie viel Geld sie entspannt leben könnten, wie viel Urlaubszeit sie brauchen würden und welche Stundenzahl sie arbeiten würden, wenn die Finanzen gesichert wären.

28 Einerseits wird Lohnarbeit als Last empfunden – nicht nur der Count-Down der Radio-Moderatorin, die für die Zuhörenden die Tage/Stunden bis zum Wochenende zählt, ist ein Zeugnis hierfür. Anderseits nehmen Menschen, wenn sie in Diskussionen auf diese Last angesprochen werden, sofort das eigene Bedürfnis zugunsten eines so genannten Gemeinwohls zurück und bekunden sogar bisweilen, dass sie

Anschließend wird gemeinsam der Frage nachgegangen, was denn den eigenen Ansprüchen entgegensteht. Hier sollen die Scheren im Kopf zur Sprache kommen: Ob es die Vorstellungen sind, dass es Sachzwänge gäbe, dass sich die Arbeiter/-innen ja einigen würden oder dass der Mensch ‚nun mal nicht so sei'. Durch die Erörterung der einzelnen Punkte schälen sich die Interessengegensätze von Unternehmer/-innen und abhängig Beschäftigten, aber auch die Konkurrenzsituation, in der beide Lager stecken, heraus. In einem Rollenspiel können diese gemeinsam erarbeiteten Sachverhalte ‚erlebt' werden. Klar wird, dass der Interessengegensatz nicht auf unmoralischem Verhalten basiert, sondern ein objektiver ist, denn für die Unternehmer/-innen sind die Arbeiter/-innen notwendig nur Kostenstellen, die sie möglichst niedrig halten müssen, wollen sie in der Konkurrenz bestehen. Die Belegschaften spüren gleichzeitig ihre Ohnmacht, wenn sie nur innerbetrieblich agieren und sich mit der Belegschaft konkurrierender Einrichtungen nicht verständigen. Deutlich wird, warum erst die überbetriebliche Organisierung die Konkurrenzsituation, in der sich die Belegschaften gegenseitig ausspielen lassen, überwinden kann.

Doch auch unter Kolleg/-innen gibt es viele Gegner/-innen der gewerkschaftlichen Organisierung, so dass sich im folgenden Schritt mit solchen Argumenten auseinandergesetzt wird. Die Teilnehmenden sollen in die Lage versetzt werden, die Gegenargumente ernst zu nehmen und den Ehrgeiz zu entwickeln, diese adäquat zu kritisieren. Schließlich sollen keine braven Gewerkschaftssoldat/-innen herangezogen werden, die identitär ‚ihre' Gewerkschaft gegen alle Kritik ohne Auseinandersetzung mit den gegnerischen Argumenten in Schutz nehmen. Ebenso sollen sie sich in die eigene Gewerkschaft einmischen und verstehen lernen, dass Gewerkschaftsarbeit ein politischer Prozess ist, in dem mensch für seine Positionen mit Argumenten streitet. Das folgende Modul ist genau diesem Thema gewidmet: Wohin sich ver.di entwickelt, darüber entscheiden nicht allein die Funktionär/-innen oder der Bundesvorstand, sondern jede/-r sollte sich als Akteur/-in in

---

ohne Lohnarbeit nicht leben könnten. Dieser Widerspruch mag sich für die Einzelne genau so darstellen, denn wer den größten Teil seiner Lebenszeit mit Lohnarbeit verbringt, kann sich das Leben in Freiheit oftmals nicht mehr vorstellen. So ist für viele Freizeit gleichbedeutend mit Langeweile, gerade ein Wochenende vor dem Fernseher kann zermürben. Anderseits wird die Position dann vollständig widersprüchlich, wenn die Sprache auf Sozialleistungen und Arbeitszwang kommt. Wurde gerade noch behauptet, dass ‚der Mensch der Arbeit wie des Essens' bedürfe, so wird nun der ALG2-Empfänger/-in unterstellt, dass sie sich in der angeblichen ‚sozialen Hängematte' ausruhe und somit zur Arbeit gezwungen werden müsse.

diesem Prozess begreifen, Beteiligungsmöglichkeiten einfordern und jedem Kritikverbot entgegentreten.[29]

Der Dreischritt des Seminarkonzepts überzeugt: Zuerst werden die Teilnehmenden mit ihren Bedürfnissen ernst genommen, vielleicht wird ihnen sogar erstmalig der Rahmen geboten, in dem Bedürfnisse entdeckt werden. Darauf kann mit neuem Selbstbewusstsein festgestellt werden: Ich will meinen Gürtel nicht mehr enger schnallen. In der anschließenden Analyse der systemischen Zwänge kann geklärt werden, mit welchen Sachzwängen argumentiert wird, warum die eigenen Bedürfnisse nichts zählen und wie ein argumentatives Kontra beschaffen sein müsste. Gleichzeitig werden diese Forderungen und Sachzwänge als dem eigenen Bedürfnis äußerlich begriffen: Die Teilnehmenden setzen sich selbst als politische Subjekte ein. Diese Bedürfnisse verteidigen zu wollen und zu erkennen, dass innerhalb der engen Grenzen dieser Gesellschaft die überbetriebliche bis hin zur internationalen Organisierung ein Mittel zu dieser Verteidigung bietet, zerbricht jede autoritäre Stellvertreter/-innenpolitik – außerhalb der Gewerkschaften und innerhalb. Denn auch die Gewerkschaften und ihre Hauptamtlichen sind keine höheren Wesen, die alles richten und denen mensch Gefolgschaft schuldet. Es kommt auf jeden Einzelnen und ihr Bedürfnis an, ist das Credo des Workshops. Wenn den Teilnehmenden gesagt wird, dass sie die Gewerkschaft sind, ist das kein Marketing-Trick, der doch nur die Gefolgschaft sichern will, sondern entspringt einem emanzipatorischen Politikverständnis. So kann – auch wenn die Namenswahl ‚Fight Club' meines Erachtens eher unglücklich ist und der emanzipatorischen Intention des Konzepts zuwiderläuft[30] – nur gewünscht werden, dass dieses Konzept weit über die Grenzen von ver.di Niedersachsen Verbreitung findet.

---

29 Gerade letztere sprießen in Großorganisationen in so reichem Maße, dass ihnen früh begegnet werden muss. Dem ‚Argument', offene Diskussionen würden in der Öffentlichkeit das Bild der Zerstrittenheit entstehen lassen, so dass sie zu unterbleiben hätten, muss entgegengetreten werden. Sicherlich nimmt die bürgerliche Öffentlichkeit in ihrem schneidigen Autoritarismus Diskussionen als Beweis, dass es der Führung bedarf. Doch dem sollte keinesfalls beigepflichtet werden, indem politischer Streit mit dem Verweis auf die Außenwirkung oder die Einheit der Bewegung unterbunden wird. Vielmehr muss selbstbewusst der emanzipatorische Charakter der offenen Diskussion verteidigt werden.

30 Der gleichnamige Film ‚Fight Club' von 1999, an den mensch wohl unweigerlich denkt, ist eine zwar glänzend gelungene, zugleich aber unkritisch ästhetisierende Darstellung rechter Gesellschaftskritik: Ein gebrochener Patriarch, der den Widerspruch zwischen internalisierten Männlichkeitsphantasien und dem monotonen, gar nicht heldenhaften Alltag eines Büroangestellten als schizoide Psychose erlebt, entdeckt den Kampf als inneres Erleben, Schmerz als Lebenselixier. Nicht zufällig vermutet der Protagonist im Finanzwesen den Grund allen Übels (gleichbedeutend

2.3. Baustein zur nicht-rassistischen Bildungsarbeit

Der ‚Baustein' des DGB-Bildungswerks Thüringen, der erstmals 1998 veröffentlicht wurde und seit 2005 in der dritten Auflage vorliegt, versucht sich nicht einfach an einem weiteren Seminarkonzept zum Thema Rassismus, sondern will vielmehr Module für Seminare, Workshops und Unterrichtseinheiten jeglichen Themas bieten.[31] Während der erste Teil des Konzepts die theoretische Grundkonzeption und notwendige Vorbereitungsmaßnahmen jedes Seminars darlegt, soll der Fokus meiner Darstellung auf dem zweiten Teil liegen. Dieser versammelt vom Beginn bis zur Auswertung eines Seminars Planungshilfen, Aktivitätsmodule und Arbeitspapiere/Hintergrundinfos. Unter Letzteren findet sich ein Text, der detailliert die Zunahme von rechten Einstellungen unter gewerkschaftlich Organisierten darstellt (78-81). Während Anfang 1980 Gewerkschafter/-innen rechte Welterklärungsversuche noch stärker als die Mehrheitsgesellschaft ablehnten, wandelte sich dieses Bild in den 1990er Jahren. Im Fazit fordert das Papier einerseits, den Fokus der Bildungsarbeit auf die Kritik dieser Vorstellungen zu legen, andererseits sollte endlich die gewerkschaftliche Praxis diesen Ideologien entgegenlaufen.[32]

Die kritisierte Gewerkschaftsarbeit wird schlagend anhand des Beispiels der Teilnahme der Gewerkschaften am ‚Bündnis für Arbeit' in den 1990ern dargestellt. Dieses Bündnis reproduzierte als solches schon die ideologische Vorstellung, Gewerkschaften, Lohnarbeiter/-innen, Staat und Unternehmen hätte dieselben Interessen und es bräuchte nur Absprachen und ‚bessere Politik', um alle gleich zu bedienen. Doch nicht nur die Existenz dieses

---

mit Konsum, Verweichlichung, Langeweile). Die im Film geäußerte Gesellschaftskritik wie auch die danach real gegründeten ‚Fight Clubs' lassen die Namenswahl als unpassend erscheinen.

31 Ein ähnliches Konzept, das jedoch qualitativ weit hinter dem ‚Baustein' zurückbleibt, verfolgt der seit 2008 in aktualisierter Form vorliegende Ordner ‚Demokratie Macht Schule' der DGB-Jugend Nord *(www.dgb-jugend-nord.de)*.

32 Die Autor/-innen ziehen für die Erklärung von Ideologie jedoch eine m.E. nicht ganz unproblematische Ableitungstheorie heran, die sich den ganzen Band über durchzieht. Sie erklären, die kritisierten Ideologien hätten „ihre Ursachen in gesellschaftlichen Strukturen" (81). Nun stimmt, dass rassistische Theorien nicht ohne die staatliche Einteilung von Inländern und Ausländern, von In-Dienst-Genommenen und von Menschen, die per se als illoyal betrachtet werden, analysiert werden können. Doch gleichzeitig ist die rassistische Vorstellung des Einzelnen nicht einfach der Nachvollzug der staatlichen Politik. Die Termini von Ursache und Wirkung verbieten sich generell bei Ideologien, weil sie die individuelle Leistung der Subjekte durchstreichen.

,Bündnisses', sondern auch das Scheitern der Illusion einer Sozialpartnerschaft kann der Gesellschaft dabei einen Ideologisierungsschub geben. Dies umso mehr, wenn den landläufigen Interpretationen eines solchen Scheiterns, das aufgrund des Klassengegensatzes unausweichlich ist, von Gewerkschaftsseite nicht entgegengetreten wird. Denn die üblichen Interpretationen – vom ew'gen Parteienzank bis zur Raffgier und dem Unvermögen Einzelner, vom böswilligen Ausland bis zu den vaterlandslosen Gewerkschaften – stehen jeder emanzipatorischen Politik entgegen und es bedarf adäquater Gegeninterpretationen.

Ein weiterer Text aus dem Bereich der Arbeitspapiere und Hintergrundinformationen mit dem Titel „Warum wir keine Gegenüberstellungen von Geldsäcken und Aktien mit ehrlichen Fabriken und Arbeitern mögen" (69-71) verdeutlicht prägnant diese gern gewählte Kritikfigur, wenn auch die Kurz-Einführungen in die Marxsche Terminologie bisweilen nicht gelungen sind.[33] Unter den Aktivierungsmodulen finden sich so aufschlussreiche Übungen wie In & Out (48), bei dem zwei, drei TeilnehmerInnen auf hermetische, eine Aufnahme verweigernde Gruppen treffen. Dies zu erleben, kann, auch wenn die spielerische Situation sicherlich die Möglichkeit zur emotionalen Distanzierung bietet, alte „Erfahrungen heben",[34] in denen der Ausschluss real war und intensiv erlebt wurde. Die Nachbereitung fragt so auch, wo solche Situationen schon einmal durchlebt wurden und was das Kriterium des Ausschlusses war. Letztendlich kann der Blick für Ausschlüsse gestärkt werden, die eben den einen oder die andere nicht ,nur' kurzfristig ereilen, sondern aufgrund von Pigmentierungsgrad der Haut, sexueller Orientierung, Behinderung etc. sehr viele Situationen bestimmen. Ein anderes Aktivierungsmodul spielt die Situation einer rassistischen Pöbelei durch. Es heißt „Betriebsfrieden" (98-99), denn als gegen die Pöbeleien

33 Ob an dieser Stelle die Kategorie ,Wert' eingeführt werden muss, kann diskutiert werden, doch wie es geschieht, verwirrt eher in seiner verschwurbelten bis missverständlichen Abstraktheit: „Vermittlung geschieht über den Wert, eine abstrakte Dimension der Vermittlung, die die Gesellschaft im Kern zusammenhält" (69). Bisweilen sind Bestimmungen auch nicht ganz richtig. Z.B. wird in der Bestimmung über Ware und Arbeit, diese hätten „einen doppelten und deshalb ,übersinnlichen' Charakter" (69), eine falsche Kausalität behauptet. Vielmehr entsteht nicht durch die doppelte Bestimmtheit von Ware und Arbeit der übersinnliche Charakter, sondern diesen hat nur die abstrakte Seite, Wert und abstrakte Arbeit.

34 Grundgedanke des ,Bausteins' ist es, nicht einfach Wissen zu schulen, sondern an den Erfahrungen, die die Teilnehmer/innen gemacht haben, anzusetzen. Durch zahlreiche Übungen und Methoden sollen diese Erfahrungen, wie es der ,Baustein' nennt, „gehoben" werden und in das Seminar einfließen. Vgl. hierzu den ausführlichen Teil zu diesem Grundgedanken Einheit B.2 (41-50).

protestiert wird, verweisen Werksleitung und Betriebsrat auf diesen repressiven ‚Frieden', der zu bewahren sei. Das Modul bietet dabei die Möglichkeit, sich generell über die Forderung nach Betriebsfrieden Gedanken zu machen, bei der schnell klar wird, dass sich Wohlergehen und die Bedürfnisse der Einzelnen einem Prinzip unterzuordnen haben, welches ungestörte Produktion heißt.

Neben den zahlreichen emanzipativen Modulen gibt es auch einzelne Übungen, die stark kritikwürdig sind. So ist beim Modul „Welcome Diversity", bei dem die einzelnen Teilnehmer/-innen für ‚Eigenschaften' (wie z.B., dass sie „schon mal einen Leserbrief geschrieben haben", „Frauen sind" oder „Verwandte in Osteuropa haben"), Applaus von der Gruppe erhalten sollen, die Vorstellung am Werk, dass man die Unterschiedlichkeit einfach nur benennen müsse. Dass es aber auf den Inhalt der Unterschiedlichkeit ankommt und der Zuruf „Mein Vater war in der SS" meinen Applaus nicht finden würde, werden die Autor/-innen teilen, doch die Übung geht leider in eine andere Richtung.

Anti-Rassismus als „Prinzip in allen Seminaren zu verankern" (4) ist das erklärte Ziel des ‚Bausteins'. Sind doch die Teilnehmenden originärer Rechtsextremismus- oder Rassismus-Seminare zumeist bereits überzeugt von antirassistischen Argumentationen, während Unterstützer/-innen rechter Thesen selten den Weg in solche Seminare finden. So wichtig auch der Verweis ist, dass diese Themen in allen Seminaren Querschnittsaufgabe sein sollten, so wenig darf dies aber in einem Gegensatz zu ‚reinen Theorieseminaren' über Rassismus und Nationalismus, über Kapital und Staat, diskutiert werden. Denn diese bieten für Multiplikator/-innen die Möglichkeit, sich im politischen Streit über die theoretische Analyse der Phänomene in die Lage zu versetzen, rechten Parolen entgegenzutreten. Das Wissen sollte dann wiederum in jedes gewerkschaftliches Seminar einfließen – für die Frage, in welcher Form das geschehen kann, stellt der ‚Baustein' eine bis dato unübertroffene Hilfe dar.

3. Fazit

Jeder Versuch einer emanzipatorischen Bildungsarbeit hat mit dem Widerspruch umzugehen, dass die Teamenden einerseits den Teilnehmenden nicht autoritär entgegentreten möchten und der kooperative Lernprozess auf der Diskussion von Argumenten beruhen muss; die Teamenden andererseits jedoch genaue inhaltliche Vorstellungen davon haben, was sie den Teilnehmenden vermitteln wollen. Da die Aneignung von Wissen in dieser Gesellschaft zudem mit der großen Hypothek behaftet ist, dass es in der Schule, zum Funktionswissen zusammengestaucht, nur als Nebenprodukt der schulischen Selektion eingebläut wird, ist besondere Vorsicht geboten. Hat der/die Lehrer/-in doch einen klar umrissenen Auftrag – auch wenn mittlerweile „eine festlegende oder indoktrinierende Darstellung einer einzelnen Position" zu unterbleiben hat, ist doch der „Unterricht nicht wertneutral", wie es z.B. im Berliner Lehrplan heißt.[35] Dass hierfür noch die entmündigendste Lehrmethode herhalten muss, weil die doch sehr langweiligen ‚Wahrheiten' von der Besten aller Welten dem Einzelnen als seine ureigenste Überzeugung erscheinen sollen, bedarf ebenfalls der Reflexion. Hierauf sollten Teamende nicht nur dadurch eingehen, indem klar gestellt wird, dass die Teilnahme völlig freiwillig ist, wer keine Lust hat, einfach rausgehen kann und jedes Bedürfnis nach einer Pause von Belang ist. Sondern es bedarf weiterer Schritte: Neben dem Prinzip, dass es keine argumentativen Tabus geben sollte – was in der antirassistischen Bildungsarbeit kein Konsens ist,[36] – sollte am Ende des Seminars die gewählte Vorgangsweise gemeinsam reflektiert werden: Nach welchen Kriterien wählten die Teamer/-innen die Texte, was wollten sie mit welcher Methode, welche Alternativen hätte es gegeben und wie fühlten sich Teamer/-innen und Teilnehmer/-innen in den jeweiligen Arbeitsphasen. Dadurch wird klar, dass die Teamer/-innen nicht die allwissenden Lehrer sind, sondern lediglich die didaktische Auswahl getroffen haben. Möglicherweise besitzen sie zwar einen Wissensvorsprung, der aber nicht esoterisch-autoritär wie in der Schule allein dem gegeben ist, der zudem noch über den relativen Elendsgrad der Zukunft jedes/-r Schüler/-in entscheidet.

35 Rahmenlehrplan Berlin: *http://www.berlin.de/sen/bildung/schulorganisation/lehrplaene/* (Zugriff vom 21.11.08)

36 So heißt es im ‚Baustein zur nicht-rassistischen Bildungsarbeit' des DGB-Bildungswerks Thüringen: „Diskussionen mit organisierten Rechten sind unseres Erachtens nicht nur zwecklos, sondern sie bestätigen ihnen, dass ihre Meinungen diskutierenswert sind." Dem ist m.E. entgegenzuhalten, dass es sicherlich schwierig ist, gegen geschulte Rechte zu argumentieren, da zum Beispiel ein geschlossenes antisemitisches Weltbild noch jede Kritik als Beweis der Wahrheit der Allgegenwart ‚des Juden' umzukehren weiß. Kann aber detailliert dargestellt werden, dass jede personalistische Vorstellung von Staat und Ökonomie falsch ist, läuft die Einsetzung ‚des Juden' oder anderer angeblicher Schuldiger ins Leere. Generell lässt sich in der Auseinandersetzung mit dem Rechtsextremismus oft feststellen, dass die Kritiker/-innen nicht in der Lage sind, rechte Ideologien adäquat zu kritisieren. Doch Bildungsarbeit mit emanzipatorischen Zielen sollte diesem Zustand gerade durch eine detaillierte Auseinandersetzung mit Argumenten und Gegenargumenten entgegenwirken. Natürlich hat die Diskussion mit Rechten Grenzen, sobald andere Teilnehmende nicht mehr zu Wort kommen, das Diskussionsverhalten autoritär ist oder sich Teilnehmende gar bedroht fühlen. Doch der sofortige Ausschluss untergräbt den eigenen antiautoritären und auf Argumenten basierenden Anspruch so nachhaltig, dass das Seminar gleich ganz abgebrochen werden könnte.

Vielmehr wird dieses Wissen argumentativ dargelegt und verliert so im Idealfall viel von seinem Schrecken, was mehr Lust auf Wissensaneignung und politische Aktivität macht.

Die FU-Studie zu ‚Gewerkschaften und Rechtsextremismus' fordert als Handlungskonsequenz, dass die Gewerkschaften ihre Kompetenz als Bildungsträger nutzen, um rechtsextremen Deutungen der kapitalistischen Konkurrenz[37] entgegenzutreten. Stärker als die Jugend- und Erwachsenenbildung anderer Träger bietet die gewerkschaftliche Verankerung in den Betrieben eine Möglichkeit zur Intervention, wenn rechte Erklärungsversuche ökonomischer Prozesse Anhänger/-innen finden: Wenn das Management den Abbau von Arbeitsplätzen ankündigt und die Belegschaft daraus schließt, dass die ‚Polen' oder andere als Lohndumper wahrgenommene Gruppen Grund ihres gesteigerten Elends sind – also die Vorstellung populär wird, die Konkurrent/-in und nicht die Konkurrenz sei das Problem; wenn der sog. Standort Deutschland, der (noch) auf dem ‚Rheinischen Kapitalismus' beruhe, vor dem anglo-amerikanischen Hire und Fire bewahrt werden müsse; immer dann ist es wichtig, dass Gewerkschafter/-innen Gegenargumente parat haben und sich deren Verbreitung zur prioritären Aufgabe machen. Gegen die Verbreitung solcher Ideologien im Arbeitsalltag muss die gewerkschaftliche Bildungsarbeit rüsten (ohne natürlich das technische Know-How für die Betriebsarbeit zu vergessen).

Dabei darf es nicht darum gehen, bloß Argumente gegen Rassismus einzupauken, vielmehr sollte die gewerkschaftliche Bildungsarbeit einen Rahmen schaffen, in dem sich etwa durch Formen kooperativen Lernens jede in die Lage versetzen kann, adäquate Gegenargumentationen selbstständig zu formulieren. Die Forderung nach verstärkten Anstrengungen der gewerkschaftlichen Bildungsarbeit ist aber auch deshalb nicht leicht umzusetzen, weil die gewerkschaftlichen Argumentationen selbst bisweilen eher Teil des Problems als Teil der Lösung sind. Dies zeigt nicht zuletzt der dargestellte gewerkschaftliche Kampf um Aussperrung ‚ausländischer' Kolleg/-innen sowie die falsche bzw. verkürzte Kritik am Finanzkapital. Es bedarf daher zugleich großer Bildungsanstrengungen innerhalb der Gewerkschaften. Ein erster Schritt könnte sein, überhaupt eine gewerkschaftliche Streitkultur zu fördern: Denn im Gegensatz zu den Parteien sehen viele Gewerkschafter/-innen ihre Organisation als eher apolitische Institution an,

37 In den Gewerkschaften ist es üblich, von Unterbietungskonkurrenz zu sprechen. So sehr dadurch die Konsequenz der Konkurrenz herausgestellt wird, besteht auch die Gefahr, dass zwischen einer angeblich heilsamen, in der Ideologie den Fortschritt vorantreibenden Konkurrenz und deren notwendigen negativen Folgen getrennt wird.

was von Gewerkschaftsseite gefördert wird. So verordnet das zentrale Strategiepapier des ver.di-Bundesvorstands ‚Chance 2011' eine Verbetriebswirtschaftlichung ver.dis. Es trägt insofern zur Entpolitisierung bei, als dass es politisch-inhaltliche Diskussion und gewerkschaftliche Alltagsarbeit strikt trennt. In letzterer ‚Sphäre' sollten allein die Pragmatiker/-innen, die Prozessmanager/-innen und Effizienzler das Sagen haben. Sicherlich könnten bestimmte Bereiche der Organisierung des recht schwerfälligen ver.di-Apparats, in dem aufgrund fehlender Kommunikation das Rad täglich neu erfunden wird, effektiver ablaufen. Aber genuin politische Prozesse, die sich mit Verfahren des Managements nicht erfassen lassen, einem Effektivitätsdiktum unterzuordnen, heißt auch, beteiligungsorientierte Gewerkschaftspolitik und politische Bildungsarbeit zu opfern. Denn das Papier lässt nur mehr Bildungsarbeit gelten, die technisches Know-How für den Betriebsrat bereitstellt und Mitglieder wirbt. Doch damit wird der Kampf um die Deutungsmacht schon verloren, bevor er angenommen wurde.

Das hat Auswirkungen auf die Schlagkraft der Gewerkschaften. Denn Vorstellungen, dass z.B. die Gewerkschaften ihren Beitrag zum Standort-Erfolg beizutragen hätten, lassen nur noch gewerkschaftliche Rückzugsschlachten zu. Damit wird die eigene Kampfkraft bereits zu Beginn der Verhandlungen auf dem Altar des ‚verantwortungsvollen' Maßhaltens für den Standort abgegeben. Dass sich diese auch von Gewerkschaftsseite propagierte Vorstellung einer Partnerschaft von Staat, Gewerkschaften und Unternehmen nicht zufällig, wenn durch Einschnitte bei den abhängig Beschäftigten die unterschiedlichen Interessen deutlich wurden, an der Suche nach Schuldigen beteiligt; dass die Suche nach einem Schuldigen in einer durch apersonale Herrschaft gekennzeichneten kapitalistischen Gesellschaft sinnlos, aber gefährlich ist; dass eben diese Suche keine Abgrenzung vom rechten Ressentiment mehr ermöglicht – diese Zusammenhänge stehen offenbar noch nicht allen gewerkschaftlichen Akteur/-innen deutlich vor Augen. So stellt sich auch heute die Frage, welche Rolle den Gewerkschaften in dieser Gesellschaft zukommt, mit ungebrochener Aktualität. Der innergewerkschaftliche Streit um die möglichen Antworten, der sich dann in einer emanzipatorischen Bildungsarbeit niederschlagen könnte, wäre dabei auch ein wichtiger Beitrag, Rassismus und Nationalismus endlich zu Geschichte zu machen.

Bibliographie

Arbeitsgruppe ‚Rechtsextremismus' in ver.di Berlin-Brandenburg (2005): Rechte Gespenster? Die extreme Rechte im Anti-Hartz-Protest, Broschüre, Berlin.

http://www.agrexive.de/cms/front_content.php?client=1&lang=1&parent=2&subid=2&idcat=3&idart=100 (Zugriff vom 21.11.08).
Bremme, Peter/Fürniß, Ulrike/Meinecke, Ulrich (Hrsg.) (2007): Never work alone. Organizing – ein Zukunftsmodell für Gewerkschaften, Hamburg.
Brinkmann, Ulrich u.a. (2008): Strategic Unionism: Aus der Krise zur Erneuerung. Umrisse eines Forschungsprogramms, Wiesbaden.
Bundesvorstand des Deutschen Gewerkschaftsbund (2000): Schlussbericht der Kommission Rechtsextremismus, Berlin.
Bundesvorstand ver.di (2007): Finanzkapitalismus – Geldgier in Reinkultur!, Broschüre, Berlin.
Candeias, Mario/Röttger, Bernd (2007): „Nicht widerstandslos enthaupten lassen!" Beteiligungsorientierte Betriebspolitik und lokale Arbeiterbewegung: Wege aus der gewerkschaftlichen Defensive? rls standpunkte 16/2007.
DGB-Bildungswerk Thüringen (2005): Baustein zur nicht-rassistischen Bildungsarbeit, 3. Auflage, Erfurt. *http://baustein.dgb-bwt.de/* (Zugriff 21.11.08).
DGB-Bundesvorstand (2007): Trittbrettfahrer der Sozialen Frage. Sozialdemagogie von NPD und Neonazis, Broschüre, Berlin. *http://www.dgb.de/themen/themen_a_z/abisz_doks/t/trittbrettfahrer.pdf/file_view_raw* (Zugriff 21.11.08).
DGB-Jugend Nord (2008): Demokratie Macht Schule, aktual. Aufl., Hamburg.
Marx, Karl (1984): Das Kapital. Kritik der Politischen Ökonomie, Band 1-3, Berlin.
Moody, Kim (2007): US Labour in trouble and transition. The failure of reform from above, the promise of revival from below, London.
Elbe, Ingo (o.J.): Thesen zum Begriff der Charaktermaske, *http://www.rote-ruhr-uni.org/texte/elbe_charaktermaske.pdf* (Zugriff: 21.11.08).
Zeuner, Bodo u.a. (2007): Gewerkschaften und Rechtsextremismus. Anregungen für die Bildungsarbeit und politische Selbstverständigung der deutschen Gewerkschaften (Einsprüche Band 19), Münster. Langfassung unter: *http://www.polsoz.fu-berlin.de/polwiss/forschung/oekonomie/gewerkschaftspolitik/materialien/GEWREXSCHLUSS/index.html* (Zugriff vom 21.11.08).

Verzeichnis der Autorinnen und Autoren

I. Niowe Bark, M.A. Neuere deutsche Literaturwissenschaft, Philosophie und Soziologie, Doktorandin der Literaturwissenschaft. Dozentin für Seminare in der politischen Jugendbildungsarbeit seit 2003, u.a. für die Jugendbildungsstätte Kurt Löwenstein.

Sebastian Bischoff, promoviert über rassistische Feindbildproduktion im Deutschen Kaiserreich. Aktiv in der politischen sowie in der gewerkschaftlichen Bildungsarbeit, im Organisations-Team des Zentralen Arbeitskreis des ver.di-Bundesvorstandes ‚Offensiv gegen Rassismus und Rechtsextremismus' und Koordinator des Zentralen Arbeitskreis ‚Anti-Rassismus' des ver.di-Bundesjugendvorstandes. Ehem. wissenschaftlicher Mitarbeiter im Europäischen Parlament. Letzte Veröffentlichung: „‚Chinesenpest' in Ostpreußen: Wie die Sozialdemokraten bei den ‚Hottentotten-Wahlen' 1907 in den östlichen Provinzen um Stimmen warben" (mit Frank Oliver Sobich). In: U. v.d. Heyden/ J. Zeller: Kolonialismus hierzulande. Eine Spurensuche in Deutschland, 2008.

Mart Busche, Diplom-Politikwissenschaftler_in, wissenschaftliche Mitarbeiter_in bei Dissens e.V. Berlin im Bereich Gewalt und Männlichkeit(en), z.Z. Koordinator_in des EU-Projekts PeerThink – Fostering intersectional prevention of peer violence *(www.peerthink.eu)*, Feminist_in und DJane.

Bettina Dettendorfer, Diplom-Pädagogin, Schwerpunkt Jugend- und Erwachsenenbildung, Diplomarbeit zum Thema „Politische Bildung gegen Rassismus und Ausgrenzung – ein Vergleich ausgewählter antirassistischer Trainingsansätze – Schlussfolgerungen für die politische Bildungsarbeit". Bildungsreferentin in der Jugendbildungsstätte Kurt Löwenstein. Arbeitsschwerpunkt: Seminare der politischen Bildung mit Kindern und Jugendlichen sowie internationale Jugendbegegnungen.

Torsten Feltes, Diplom-Pädagoge, studierte Erziehungswissenschaft an der Universität Flensburg, gegenwärtig Doktorand bei Prof. Dr. Armin Bernhard an der Universität Duisburg-Essen, Titel der Dissertation: Bildungstheoretische und philosophische Voraussetzungen gegenwärtiger empirischer Bildungsforschung. Autor des Buches „Nationale Bildungsstandards. Von der Bildungs- zur Leistungspolitik" (zusammen mit Marc Paysen), 2005.

Pia Garske, Diplom-Politikwissenschaftlerin. Arbeitsschwerpunkte: Postcolonial Studies, Feministische Theorien und Intersektionalität, wozu sie auch im Rahmen ihrer Promotion arbeitet. Gründungsmitglied von reflect! – Assoziation für Politische Bildung und Gesellschaftsforschung. Verschiedene Seminardurchführungen zum Thema Antirassismus.

Christian Geißler-Jagodzinski, Lehramt Sonderpädagogik und Politik. Seit 2001 freiberuflicher Referent der politischen Jugend- und Erwachsenenbildung mit den Schwerpunkten Geschichte des 20. Jahrhunderts, Pädagogik in Gedenkstätten, Bildung gegen Diskriminierung, Menschenrechtsbildung und Methoden der politischen Bildung. Gründungsmitglied Lernen aus der Geschichte e.V. (Berlin).

Birgit Halberstadt, Lehramtsstudium Deutsch, Sozialkunde und Geschichte. WenDo Trainerin (Selbstbehauptung/Selbstverteidigung für Mädchen und Frauen) seit 1985, Mediatorin, Lehrerin der Deutschen Qigong Gesellschaft.

Verena Haug, Diplom-Pädagogin. 2001–2004 wissenschaftliche Mitarbeiterin in der Pädagogischen Abteilung des Fritz Bauer Instituts. Seit 2005 Doktorandin am Fachbereich Erziehungswissenschaften der Universität Frankfurt. Dissertation zur pädagogischen Kommunikation in KZ-Gedenkstätten im Rahmen des Forschungsprojekts „Der Umgang mit den Paradoxien politisch-moralischer Erziehung".

Christina Kaindl, Diplom-Psychologin. Promoviert am Fachbereich Politikwissenschaft der FU Berlin. Lehrbeauftragte an der FH Stendal. Mitarbeit in den Redaktionen der Zeitschriften „Argument" und „Forum Kritische Psychologie". Forschungsschwerpunkte: Kritische Psychologie, Rechtsextremismus, Neoliberalismus, Kritische Wissenschaften. Letzte Veröffentlichungen u.a.: Subjekte im Neoliberalismus, 2007 (Verf. und Hrsg.); Kritische Wissenschaften im Neoliberalismus, 2005 (Verf. und Hrsg.).

Mitja Sabine Lück, Diplom-Pädagogin, Diplomarbeit zum Thema: Postkoloniale feministische Theorie und mögliche Konsequenzen für eine antirassistische Bildungsarbeit in Deutschland. Freiberufliche Teamerin für antirassistische Bildungsarbeit, Supervisorin. Letzter Artikel: Lück, Mitja Sabine/Arapi, Güler: „,I feel a little bit weird...' Beispiele für Intersektionalität von Diskriminierung." In: L. C. Czollek/H. Weinbach: Lernen in der Begegnung. Theorie und Praxis von Social Justice Trainings. Reader für MultiplikatorInnen in der Jugend- und Bildungsarbeit, 2007.

Janne Mende, Studium der Psychologie, Ethnologie und Politikwissenschaft. Tätig in der politischen Bildung u.a. für die DGB-Jugend, reflect e.V. und die Jugendbildungsstätte Kurt Löwenstein. Schwerpunkte u.a.: Rassismus, Sexismus, Antisemitismus, Kritische Theorie. Letzte Veröffentlichungen: Antirassismus als Selbstermächtigung? Rassismus und Anti-Bias-Training aus Kritisch-psychologischer Sicht. In: G. Jilek/S. Kalmring/S. Müller: Von Honig und Hochschulen. Dreizehn gesellschaftskritische Interventionen, 2007; Kritik mit Methode? Forschungsmethoden und Gesellschaftskritik, 2008 (Hrsg. mit U. Freikamp, M. Leanza, S. Müller, P. Ullrich, H.-J. Voß).

Stefan Müller, Diplom-Soziologe und Kindergärtner. Studium der Soziologie, Philosophie, Sozialpsychologie und Psychoanalyse in Frankfurt/Main. Promoviert über dialektische Motive in der freudschen Psychoanalyse. Letzte Veröffentlichung: Dialektik und Methode. Ein kleiner Blick auf eine große Diskussion. In: Kritik mit Methode? Forschungsmethoden und Gesellschaftskritik, Berlin 2008 (Hrsg. mit U. Freikamp, M. Leanza, J. Mende, P. Ullrich, H.-J. Voß).

Ines Pohlkamp, Diplom-Sozialpädagogin, Kriminologin (M.A.), Leitung der Mädchenarbeit in der HVHS Alte Molkerei *(www.hvhs-frille.de)*, pädagogische Mitarbeiterin im Projekt respect: antirassistische Mädchen- und Jungenarbeit *(www.bremer-jungenbuero.de/respect.html)*. Themenschwerpunkte: Gender, Feminismus, nicht-rassistische Bildung, Antisemitismus.

Katrin Reimer, Diplom-Psychologin, promoviert zum Thema Diversity-Pädagogik und Intersektionalität. Freie Bildungsarbeiterin, u.a. Argumentationsworkshop gegen recht(sextrem)e Positionen, ehemalige Mitarbeiterin der Mobilen Beratung gegen Rechtsextremismus in Berlin, Entwicklung von Standards und Empfehlungen zum Umgang mit Rechtsextremismus in der Jugendarbeit. Letzte Veröffentlichungen: Erfahrungen im Berliner Bezirk Treptow-Köpenick. In: Deutsche Jugend 01/2009 (i.E.); Politik ums Kopftuch, 2005 (Hrsg. mit Frigga Haug).

Thomas Viola Rieske, Diplom-Psychologe, Studium der Psychologie und Gender Studies in Berlin und Sydney. Promoviert zum Thema: Pädagogische Handlungsmuster in der Jungenarbeit. Mehrjährige Mitarbeit in einem Projekt zur Aufklärung über lesbische, schwule, bisexuelle und transgender Lebensweisen. Assistant Editor beim Journal of LGBT Youth.

David Schneider, Diplom-Sozialpädagoge, Abschlussarbeit zum Zusammenhang zwischen dem gesellschaftlich präformierten Umgang mit „psychisch Kranken“ und einem spezifischen Begriff von Arbeit in Deutschland. Soziologie-Student, verfasst zur Zeit eine Abschlussarbeit zur Kritik soziologischer Narzissmus-Konzeptionen. Tätig in der „Drogenhilfe“ und Begleitung verschiedener Bildungs-Projekte.

Anke Schu, Erzieherin, Studium der sozialen Arbeit, Studium der Erziehungswissenschaft, promoviert zum Thema Antisemitismus bei männlichen Jugendlichen muslimischen Glaubens. Aktuell tätig als Streetworkerin in Frankfurt/Main im Bereich der offenen Jugendarbeit. Von 2001 bis 2006 Sozialarbeiterin im Bereich der Sucht- und Gesundheitshilfe.

Kevin Stützel, Diplom-Sozialpädagoge. Tätig in schulischen Programmen gegen Rechtsextremismus und Rassismus in Berlin und Sachsen-Anhalt. Schwerpunkte der politischen Bildungsarbeit für verschiedene Träger: Rassismuskritik, Weißsein, Rechtsextremismus und Jugendkultur.

Alexander Witzig, Studium der Soziologie und der Sozialpsychologie in Frankfurt/Main. Forschungsschwerpunkt: Möglichkeiten der Aktualisierbarkeit Kritischer Theorie.